Franz Fühmann (1922–1984) schrieb Erzählungen, Novellen, Filmdrehbücher, Hörspiele, Libretti, Gedichte, Essays und einen Fragment gebliebenen Roman; nicht zuletzt machte er sich als Autor von Kinderbüchern einen Namen. Das Thema «Mythos» beschäftigte ihn seit seinen schriftstellerischen Anfängen. Im Mythos fand Fühmann eine Möglichkeit, «individuelle Erfahrung an Modellen von Menschheitserfahrung zu messen». Stets verhandelt er im Überlieferten auch unverkennbar heute Bewegendes. Der Bogen dieser Sammlung spannt sich von seiner gleichermaßen für Kinder wie für Erwachsene geschaffenen Nacherzählung «Prometheus. Die Titanenschlacht» bis hin zu seinen späten mythologischen Erzählungen; auch sein großer Essay «Das mythische Element in der Literatur» ist enthalten.

Franz Fühmann

Marsyas

Mythos und Traum

Die Griechen

RECLAM VERLAG LEIPZIG

Herausgegeben von Jürgen Krätzer

ISBN 3-379-01449-4

© Reclam Verlag Leipzig 1993 (für diese Ausgabe)
Quellen- und Rechtsnachweis am Ende des Bandes

Reclam-Bibliothek Band 1449
1. Auflage, 1993
Reihengestaltung: Hans Peter Willberg
Umschlaggestaltung: Matthias Gubig unter Verwendung
eines Ölbildes von Olaf Nicolai «Gabe»
Printed in Germany
Satz: Mitterweger Werksatz GmbH, Limbach-Oberfrohna
Druck und Binden: Ebner Ulm
Gesetzt aus Stempel-Garamond

Marsyas

Für Heinrich Böll
17. Oktober 1977

Diodors Historische Bibliothek
III 58/59
Apollodors Mythologische Bibliothek
I 4,2

Marsyas war einer, der sich vermaß, mit Apollon in einen Wettkampf zu treten, und mit einem Instrument, das Athene verflucht hatte. – Er war ein Silen. – Seine Geschichte wurde oftmals gemalt und in Stein gehauen, und man vermutet auch, daß ein berühmter Dichter ihr eine Tragödie gewidmet habe. Sonst ist sie verschollen, außer das Chronisten sie nach Chronistenart erzählen.

Das Instrument war die Doppelflöte, und Athene hatte sie erfunden, es gehört ja zu ihrem Wesen, einen Blick für das Hilfreiche zu haben, das in den nahesten Dingen steckt. Ein daumenstarker Erlenzweig; sie klopfte ihn aus und erkannte dabei, daß diese Höhlung erst vollkommen war, wenn ihr Klang von der Tiefe des Nachtigallenschlags bis zur Helle des Lerchengeschmetters reichte. Dazu bedurfte es zweier Rohre; sie vereinigte sie in einem Mundstück. Der Klang war süß. Nymphen traten aus den Weiden, und brüllende Stiere besänftigten sich.

Athene eilte in die Burg, den Göttern die neue Milde zu gönnen, doch kaum daß die ersten Töne erklangen, begann die Hohe, Hera, zu lachen, und gleich darauf lachte auch Aphrodite und beugte sich aus ihrem goldenen Sessel zum gähnenden Ares an ihrer Seite und flüsterte ihm etwas von solcher Eindringlichkeit zu, daß der, sich auf die Schenkel klatschend, vor Lachen brüllte. Verwirrt, noch im Spiel, schaute Athene auf Hermes, der ihr, gesenkten Kopfes, lauschte, doch unter ihren Blicken blickte auch er auf, und da er sie ansah, lachte auch er.

Bestürzt verließ Athene den Olymp.

Es war nicht ihre Art, sich Kränkungen willenlos hinzugeben. – Beim Nachsinnen über ihr Mißgeschick fiel ihr bald ein, daß Hermes nicht gelacht hatte, solange er, zuhörend, seine Augen gesenkt hielt. Sie eilte zum Spiegel des nächsten Sees, und dort sah sie es: Prustender Mund, geblähte Backen, die Schläfenadern dick und blau. Und plötzlich begriff sie den kichernden Ton im Lachen gerade Aphrodites: Zwei Mannsruten in ihren Lippen.

Der Ekel, mit dem die Unberührte die Flöte wegwarf, trug die in der Heftigkeit ihres Wurfs über den Pontos bis nach Phrygien. Athene sandte ihr einen Fluch nach: Wer immer dies Instrument an die Lippen hebe, möge sich keinem Himmlischen nahen, seine Strafe werde sonst grimmender sein als ein Gelächter.

Dann wusch sie ihr Gesicht im salzigen Meer.

Marsyas, den Strand durchstreifend, fand die Flöte. – Wir sagten schon, daß er ein Silen war, Nachfahre des berühmten Gefährten des Bakchos, eines jener zottigen, arglosen Geschöpfe von der Geduld des Esels, der Zutraulichkeit von Ziegen und dem schaukelnden Gang, den ein Schmerbauch verleiht. Sie trinken Wein, tragen Hufe und lange Ohren, und manche, so Marsyas, sind ein wenig geschwänzt. Man leidet sie gern, auch wenn sie manchmal betrunken in den Gärten schnarchen. Sie sind lustige Saufkumpane, ausgepicht, Durchwacher von Nächten, und nun noch die Flöte: die Luft voll von Wein! Marsyas spielte, und Phrygien, das sich nach der Schleifung Trojas in die Höhlen der Berge zurückgezogen hatte, kroch wieder an den Tag und begann zu tanzen.

Athene war fern.

Die Flöte lockte auch Kybele an, die schwarzäugige Göttin des phrygischen Ida, von den Bauern und Schmieden dort auch Ammas genannt. Sie erschien als Tempelmagd, mit nackter Brust, lagerte sich, trank Wein, wiegte sich zu den Klängen, lachte, und es gefiel ihr zu sagen, daß Marsyas schöner als Apollon spiele. Der Silen war harmlos genug, auf sie zu hören, und selig die Flöte in den Westwind schwenkend, forderte er den Gott zum Wettstreit heraus.

Der warnte ihn durch einen Traum: Marsyas sah sich wieder an der Küste wandeln, die Augen zum Himmel erhoben, der so entrückt war, daß man nichts als flimmernde Leere sah, und da er die Augen anstrengte, ein Zeichen zu suchen, stolperte er über die Flöte im Sand. Er wollte sie aufheben, doch sie war so schwer, daß er sie nicht vom Boden brachte, und als er, mit beiden Händen zupackend, es trotzdem versuchte, platzten seine Leisten, und die Eingeweide brachen heraus.

Tagsüber mied er sein Instrument, doch am Abend war wieder Wein und warmes Behagen, und wenn Kybele auch nicht mehr erschien, so hatten die Trunkenen ihren Spruch noch nicht vergessen. – Tönendes Mondlicht. – Schöner als Apollon! jauchzte es um die Feuer, und da der wonneberauschte Silen dem Gott erneut einen Wettkampf vorschlug, erfuhr er zur Nacht einen zweiten Traum.

Diesmal erschien ihm, und wieder unter dem leeren Himmel, eine Lyra, die schräg von oben niederfuhr, und als sie eine Saite wie einen Bogen schnellte, war ihr Ton ein klirrender Pfeil, der Marsyas durchstieß, abermals durchs Gekröse, vom Nabel zum Steiß. – Angst, und ziehender Schmerz: Am nächsten Tag blieb Marsyas im Schilf, und er kam auch nicht hervor, als die Schwärmenden nach ihm verlangten. Da waren es die Nymphen, die ihn baten, und als sie Wein brachten, und bloße Brüste, und sich zu drehen begehrten, konnte er nicht mehr widerstehn. Er hob die Flöte an die Lippen, und alles, was Sehnsucht im Sumpf ist, sang und schluchzte aus ihr. Der eigene Klang berauschte Marsyas, und am heftigsten, als er, sich bettend, ihm in Glückseinfalt nachsann.

Welche Süße, wie wollte Apollon sie übertreffen?

Zum dritten Mal: Wo er denn bleibe?

Scheue er sich?

Ah: Der leere Himmel, und die Lyra, die stürzte!

Marsyas schlief ein. Apollon erschien.

Er stand plötzlich mit der Lyra am Schilfsaum, die dunklen Augen auf dem Silen, der selig überrascht aus dem Schlaf kroch, ein wenig verwirrt, und noch nicht einmal stolz, und die Flöte in beiden Händen. Der Gott, vorm Grün, auf blankem Kies, ließ kein unnützes Wort zu, nicht einmal ein Willkommen. Marsyas bot ihm Wein an; er trank ihn allein, ein paar Schlucke, bis er endlich begriff, daß sein Gegner wartete. Mühselig brachte er sich auf die hufigen Beine.

Über das Weitere einigten sie sich in dem Augenblick, da Apollon es nannte: Jeder, Apollon beginnend, ein Lied, keine Schaulustigen, jedem gleiche Bedingungen, der Kampfplatz der Saum des idäischen Waldes, und das Schiedsgericht die Musen, die Kundigsten des Sagens und Singens, die immer da sind, wo Apollon auch ist, mit seinem übrigen Gefolge in solch ferner Nähe, daß der Abstandgebietende sie noch erträgt.

Und ein Kampfpreis?

Apollon musterte ihn.

Marsyas bemerkte es nicht einmal. – Sie waren indes bereits auf dem Weg, auf den sich im Morgengrün schließenden Berg zu, im Rücken das Ried, das leise gluckste. – Spähen aus den Wurzeln; wispernde Farne. – Der Silen, der Apollons Blick nicht wahrnahm, spürte tausend Augen, die auf ihn schauten, den Begleiter des Unnahbaren, vor dem sich, außer Zeus, alle Götter des Olymps erheben und dem er, der Marsyas, nun gar die Aussetzung eines Kampfpreises angetragen, was, durch den behaglich wachsenden Stolz hindurch, den Silen allerdings auch wieder verlegen machte. – Ein Kampfpreis, als zögen sie zu einem Fest, wo sich Helden einfinden, um Speere zu werfen oder Scheiben zu schleudern oder Wagen um Pfähle herumzulenken: Konnte es Apollon wirklich so ernst sein? – Der schwieg; offenbar überlegte er. – Würde er abstehn? – Sie schritten aus. – Marsyas fürchtete nun einen goldenen Becher, der ihm hier im Schilfreich nur Neider schüfe; daran, daß er unterliegen könnte, dachte er kaum. – Vielleicht die Flöte, ah, sicher die Flöte! – Sei's drum! – Er lachte gluckernd: Darum also! – Doch wenn er, Marsyas, Sieger würde, was sollte er fordern?

Apollon blieb noch immer stumm.

Einen Schlauch Wein? schlug Marsyas vor.

Er sah auf und sah, daß Apollon ihn ansah.

Der Preis sei nichts Drittes, erklärte der Gott, der Besiegte gebe sich in die Hand des Siegers, auf daß der mit ihm beliebig verfahre.

Beliebig?

Nach Belieben und Maß.

Marsyas, im wackren Ausschreiten, auf polternden Hufen, kratzte sich am Bauch. – Nach Belieben und Maß!, das war ein Wort. Es klang zwar etwas geheimnisvoll, doch sein Beginn klang gut für den Sieger und sein Abschluß für einen Besiegten nicht schlecht. – Außerdem hegte der Silen keine Zweifel. – Er schulterte die Flöte und lachte: Also wenn er, der Marsyas, gewinne, müsse Apollon ihm eine Idahöhle voll mit Weinschläuchen schleppen, ob das zuviel sei? – Raschelnder Kies. – Marsyas gluckste: Eine Höhle voll Wein, und vom süßesten, wie er auf Samos wächst, das sei das rechte Maß, darunter gehe er nicht! – Sie schritten zum Berghang, und da Apollon weiterhin stumm blieb: Was, wenn er sich, der Gott, doch als Sieger erwiese, was er dann mit Marsyas zu tun gedenke?

Das werde er gewahren, kam die Antwort, und da Marsyas fröhlich mutmaßte, er werde dann wohl einen Mondlauf hindurch den Himmlischen droben aufspielen müssen, damit sie, und da kicherte er, damit sie der lieblichsten Töne auch einmal genössen, sprach Apollon, er werde ihn ergründen.

Ihn, Marsyas?

Ihn.

Ihn ergründen?

Ergründen.

Großäugiges Aufstaunen: Wie das geschehe?

Durch Ergründen, erwiderte der Gott: Er werde den Ort seiner Seele suchen und, fügte er hinzu, und Marsyas verstand nicht: den Sitz ihrer Überhebungskraft.

Seine Seele töne ja aus diesem Rohr! lachte der Silen.

Dunkles Wort: Ob man Leere denn reinigen könne?

Aus dem Wald verworren schwirrendes Tosen, und zwischen den Stämmen, im Reigen des Lichts, das die ziehenden Wolken dem Hang mitteilten, die anmutsvoll schreitenden Neun Schwestern.

Sie hielten am Kampfort.

Wie der Wettstreit der beiden nun verlaufen sein soll, wird von den Chronisten höchst mühsam und verdichtet weitschweifig erzählt. In den Einzelheiten weichen ihre

Schilderungen voneinander ab, doch im wesentlichen laufen sie darauf hinaus, daß der Gott den Sieg mit Mitteln errungen habe, die man schwerlich als lauter bezeichnen kann. So hätte, als die Musen nach dem Spiel des Marsyas überwältigt in Jubel ausgebrochen und den Gehuften zum Sieger zu erklären sich anschickt, Apollon geistesgegenwärtig geäußert, der Silen habe die Regel verletzt, daß für beide gleiche Bedingungen gälten: Marsyas habe Lippen und Hände gebraucht, er aber, Apollon, bislang nur die Hände, nun wolle auch er die Lippen bewegen, oder falls dies seinem Gegner nicht passe, möge der ausschließlich die Finger bemühen, worauf, da der also Überrumpelte notgedrungen habe zustimmen müssen, der Gott noch ein weiteres durchgesetzt: Man sei ja bislang nur mit einer Seite seines Instruments tätig geworden, doch es gelte, dies allseitig auszuweisen, er werde daher die Lyra umdrehn, was der Silen dann mit seiner Flöte ebenso zu halten habe, und nun, im zweiten Kampfgang, zur gewendeten Lyra, sei ihm ein Gesang zum Preis der Musen von den Lippen geflossen, so weihend, so rühmend, so weisheitsvoll, daß es, um dem Gott den Sieg zuzusprechen, wahrhaftig nicht mehr des Gequäks bedurft hätte, das dem Tölpel dann aus den mundstückabwärts gehaltenen Rohren entquollen –: So also das umständliche Mühn der Chronisten, eine Durchdringung gegensätzlicher Sphären erklärend einsträhnig zu entwickeln, da doch nichts andres als dies geschah, daß Apollon, der gewölbte Kosmos seine Lyra und ein Strahl der lebendigen Sonne sein Plektron, eine Hymne auf das allwirkende Licht sang, Pfeiler des Tages und Pfeil der Sinnkraft, die als Preislied auf das Walten der Himmlischen notwendig auch ein Preis derer sein mußte, die bestimmt sind, diesem Walten Wort zu verleihen, da ihnen Sinnen und Sein im Gesang wesenseins ist, der Musen also, und daß nach diesem Werk des Gottes, das den Kosmos durchschütterte, ein gehufter, eselsohriger Schmerbauch eine löcherige Rinde an die Lippen geführt, um solch Unerhörtes verlauten zu lassen, daß den Schwestern in einem unbegreiflichen Schaudern alle Sprachgestalt erzitternd zerbrach. – Sie konnten, die Sagegewährenden, nicht sagen, was geschah, wiewohl es geschah, und vor ihren Ohren geschah, und ihnen geschah:

sie faßten es nicht. – Das Unerhörte. – Denn was da einer sinnzerschmelzenden Süße entquoll, war bei der Gegenwart des Gottes nicht mehr nur jene befriedende Beglückung, mit der Athene Stiere besänftigt, es war nun das von einer Gottheit Verfluchte, und die Musen wußten von dem Fluch: Sie, Kündenbewirkende, sind ja die, denen alles, was je offen zutag trat, kund ist und denen offenbart wird, was die Tiefe verbirgt. – Daß Eines Beides sein kann: süß und abscheulich, und vielleicht gerade darum, weil abscheulich, so süß. – Denn die Süße, die sie betörte, war abscheuliche Süße, Süße des Verworfenen, des Unreingewordenen, des Ungemäßen, des schlechthin Undenkbaren, alles fast beliebig zu vermehrende Namen für stets Dasselbe stets derselben Verneinung, das eben deswegen so vielnamig ist, weil es, aus der Ordnung geworfen, in ihr keinen Ort hat, wiewohl es doch da ist und, also unbestimmt geworden, als Unfaßliches Allgestalt birgt und damit der Ordnung Kontur bedroht. – Und dennoch Süße, das ist der Schauder. – Die Versuchung des Frevels, das eben war es, doch erst im Gefühl, noch nicht im Wort. – Das, was da sang, warf die ins Schweigen, die geschaffen sind, Wort zu verleihen: Wie hätte es da eine Wahl geben können? – Es gibt keine Wahl gegen das eigene Sein, wiewohl die Möglichkeit dazu als unbegreiflicher Frevel lockt. – Heiles und Verfluchtes, Kosmos und Chaos, Feste und Sumpf, Lyra und Flöte, gleiche Bedingungen eines einzigen Kampfgangs, und die Musen, ins Unsagbare überwältigt, sprachen mit stummer Gebärde Apollon den Sieg zu. – Das war der Hergang. – Marsyas, arglos, unterwarf sich, worauf, in die Finsternis hinein, der Gott seinem Gefolge winkte.

Kybele war fern.

Wolfslicht, und aus der Waldtiefe traten zwei Skythen, Männer des Nordens, auch Apollons Gefolge, Darmsaiten und Messer in den Händen, schmale Klingen aus Eisen, in Firnwasser geschliffen.

Marsyas sah ihnen neugierig zu, wie sie herankamen, mit unhörbaren Tritten, und er verstand selbst dann noch nicht, als sie ihn, Arme und Beine in die Schräge zerrend, packten und, Kopf nach unten, als zottiges Xi, an zwei schwarzstämmige Fichten banden.

14

Die Därme schnitten in die Gelenke.

Kopfabwärts könne er aber nicht aufspielen, ächzte er. – Er versuchte zu lachen; es mißlang. – Die Flöte lag unter dem pendelnden Schädel; Apollon wies mit dem Fuß nach ihr: Darin also stecke seine Seele?

Ein Scherz! beteuerte Marsyas.

Unterm Fell?

Alles Scherz!

Niederfahrender Blitz.

Erst als die Skythen seinen Balg von den Leisten her aufzuschlitzen begannen, begann Marsyas zu begreifen, und sogleich ging alles im Heulen unter. – Er war unsterblich.

Die Skythen schälten ihn aus der Haut, zuerst die Beine, beidseitig, vom Schritt her: die Schenkel, die Knie, die Waden bis zu den Wulstansätzen der Hufe, in denen Leder und Knorpel verschmolzen sind.

Ins heulende Warum tropfte Blut.

Der Schnitt von den Leisten bis in die Achselhöhlen.

Wimmern um Gnade.

Apollon: Die Bildner stellen dar, daß er zusah, und dabei die Saiten bewegte, und sang. – Doch keiner bekundete, daß der Sieger sich weidete: In all seinen Blicken liegt ein Ernst, der sich zusammenzieht statt überzuquellen: der Gott bis zu jenem Äußersten angespannt, das dem Wesen von Himmlischen noch gemäß ist, und er überwindet seine Fernheit in solchem Maße, daß er das heulende Fragen des ihm in die Hand Gegebenen auch noch für diesen faßbar zu machen vermag. – Der, den Apollon ergründet, erkennt sich selbst, in seinen Grenzen und nach seinen Maßen, wenngleich Apollon nicht deshalb am Werk ist, sondern aus andrer Notwendigkeit.

Wir versuchen zu erzählen, wie es sich vollzog.

Noch da Marsyas gegrätscht in die Fichten geknüpft wurde, hatte er an einen Scherz geglaubt, einen rauen Scherz, nach der Art der Nordleute, mit denen die Phrygier bisweilen in Handelsverbindungen getreten waren. Selbst das Blitzen ,der Klingen nahm er noch als Spaß: Es solle ihn ein Schrecken kitzeln, auf daß er dann um so lieblicher flöte. – Der Einstich war das Unbegreifliche: Es gab doch nichts, das er nicht aus freien Stücken geleistet hätte:

Aufspielen, Aufwarten, Possenreißen, das, was einem Silen zu leisten eben gegeben ist! Er wollte beteuern, er wollte erklären, er wollte aufspringen, er wollte niederfallen, er wollte die Knie des Siegers umfassen, er wollte die Füße des Gottes küssen, er wollte sich anbieten mit all seinem Vermögen, und er zuckte nur zappelnd in den Schnüren, und das Beteuern seines Erbötigseins war ein heulend langgezogenes Warum.

Die Lyra Apollons warf es zurück.

Warum? – die Zeit dieser Frage sei abgelaufen, jetzt gelte die andere: Was geschieht? – Dies sein ödes Warum, das der Silen nun unablässig durchs Tageslicht heule, es wäre an der Zeit gewesen, als er am Strand auf die Flöte gestoßen: Warum sie dort liege, und warum so verloren, und warum so wie vom Himmel gefallen, und warum, wenn sich jemand ihrer entledigt, der dies getan, und mit welcher Beladung, mit der eines Segens oder der eines Fluchs. Und auch dann noch, als er, den Wettkampf begehrend, Warnungen erfahren habe, die auch Silene begreifen mußten, und sichere Ahnungen in der Milz und den Nieren, da wäre noch Zeit für ein Warum gewesen, das ins Kommende hätte wirken können, doch seit dem Erscheinen des Gottes laufe es in die Frage zurück, warum Marsyas ein Silen sei oder, was das gleiche bedeute, warum er im Wettkampf unterlegen. – Wie? – Was er da murmele, der Weinschlauch, im verworrenen und unentschiednen Geheul? Wäre (und da war der Einschnitt bis zum Hufwulst beendet, und das Schälen begann), wäre es so zu verstehen, daß er nun alles wisse, und daß er begriffen habe, und daß er bereue?

Wie? – Ebenso, just ebenso?

O die Einfalt: als ob der Kampf darum gehe und damit dann alles geendet sei! Einen Gott gefordert und wieder entlassen, so wie man eine Rinde aufhebt und wegwirft? – So nicht? – Wie dann? – Arglos arger Silen, deine Reue ist auch nur deine Überhebung: Einst: daß du den Gott besiegen werdest; nun: daß du ihm gebietest abzustehn! Ach, unverändert das alte Wesen: Könne der Silen denn nicht aus seiner Haut?

Die Klingen nach ihrem Armauf-Armab drangen durch die Schulterschwarten über die Kinnladen und Schläfen, um sich, der Grenze des schütteren Haares folgend, stumpfwinklig im Scheitel zu vereinen.

Danach gruben sie Steiß und Rücken heraus.

Das Heulen, längst Wimmern geworden, zog die Kehle hinunter, hundehaft, dumpfe Schwingung der Gurgel, und in den Höhlen des Waldes begannen, da die Lyra nun schwieg und die Messer den Balg von den Wirbeln kerbten, die Nymphen für den Geschundenen zu flehen, die lieblichen Schwestern der Satyrn und Silene, die auch die Schwestern der Musen sind.

Wehe dem Fleisch, so klagten die hilfreichen Frauen, müsse es immer leiden, daß es nicht Geist sei, und Marsyas Apollon nicht gemäß? Sei dies denn ein Kampfpaar: Silen und Gott? Könne solch ein geschwänztes Einfaltsgeschöpf einen Gott wie Apollon denn überhaupt fordern, und bestätige sich die Gottheit denn darin, ihren rasch Unterlegenen brüllen zu machen? Ach, Gnade dem Fleisch, dem arglos armen, seine Lust sei so flüchtig wie seine Süße, und wenn man es prüfe, sei es nur Schmerz! Doch den vollbrächten auch Ratten und Wespen, ja Läuse und Dornen, und noch der Staub! Wolle der Himmlische mit denen sich messen? Das heulende Klaffen des nassen Fleisches – wäre dies das Opfer, das dem Reinsten gemäß sei? Dieser fade Blutdunst das Mahl seiner Nüstern, dies Wimmern die Speise seiner Ohren, dieses Zucken glitschiger Fibern sein Augenschmaus? Sie dürften nicht rechten, doch sie wagten zu bitten: Er sei doch der Himmlische, der Heilung bewirke: Wäre ihm da nicht Gnade gemäß?

Flüsterndes Flehen, sie zeigten sich nicht, aber das Moos duftete ihr Verlangen.

Das Heilende, holde Schwestern, ist das Erkennen, doch es kommt nicht darauf an, daß Marsyas erkennt, und was geheilt werden muß, ist nicht sein Balg.

Seufzender Wald.

Die Musen lauschten.

Das Werk war inzwischen so weit gediehen, daß Hinterschädel, Rücken und Steiß und, von der Leistenschräge bis zu den Hufen, die Beine von der Decke abgeschält waren, doch da sowohl Balg wie Fleisch in den Hufen vereint blieben, fiel die Schwarte nicht über des Marsyas Kopf, den, um sich dem Gesicht zuzuwenden, die knienden Skythen nun auf ihre Oberschenkel legten.

In diesem Moment kreuzten sich beider Blicke: der des Silens und der des Gottes.

Das Auge des Geistes, sprach die Lyra, fange erst an, scharf zu sehen, wenn das leibliche von seiner Schärfe verliere, und da dies für den Besiegten nun nahe rücke, stelle sich ihm vielleicht auch jenes ein. Der Marsyas sehe jetzt schon genauer: sich und den Gegner als nicht gleich geartet und nicht mit demselben Maß zu messen; er erkenne sie zwar nur als Geschundnen und Schinder, das dringe nicht tief in beider Wesen, aber es weise auch einen Weg. – Wer Apollon sei, brauche Marsyas nicht mehr zu begreifen, es genüge ja, daß es die Musen erfuhren; was der Silen sei, zeige sich ihnen, und dies, da das Auge seines Leibes erlösche, vielleicht sogar noch dem Marsyas.

Die Skythen, einer den schütteren Schopf in der Faust, zogen, mit lockernden Klingen, den Balg samt den Augäpfeln und, gleich darauf, mit den schnappenden Lippen über die Backenknochen und das Kinn.

Die Zunge im kahlen, röhrenden Schlund; die offene Gurgel; Blasebälge der Lungen.

Die Brustwarzen.

Schmer und Gallert.

Die Rute.

Der Balg war nun vom Fleisch abgelöst, doch der Leib hielt noch immer in den Hufen zusammen. Das Wimmern drang nun aus dem wabbelnden Bauchfett, und die Klingen gruben sich ein. Langer Zug durch die Muskeln: Das Innen des Fleisches, das hüpfende Herz, Milz, Leber, Magen, die rollenden Därme, schwarze Galle, das honiggelbe Schimmern der Nieren und, bleiches Gewölbe, das Gebein.

Im Sack des Magens oder dem des Herzens: wo sitze die Seele eines Silens, das Ärgernis seiner Arglosigkeit?

Die Klingen stachen ins Gekröse, da begannen auch die Musen zu seufzen, die ja Schwestern der Nymphen sind.

Habe Apollon bedacht, daß nicht sterben könne, was sich da zwischen den Fichten winde?

Die Musen sind die, denen Wünschen nicht zukommt, da sie Kunde geben von dem, was geschieht: dem Willen des

Zeus im Vollzug seiner Allsicht. Dies aber bedeutet teilnahmslos sein. – Ihr Erbarmen war jenseits des Gemäßen. Apollons Gnade der Geduld.

Was, Schwestern, sich in den Fichten enthülle, sei das, was jenen Frevel geleistet, den niemand zurückzunehmen vermag: den Zwang, daß die Gottheit sich offenbare, denn wenn dies geschehe, geschehe es ganz. – Semeles Schicksal: Auch sie habe gefordert, daß Zeus in Gottfülle über sie komme; es sei geschehen, und sie sei verbrannt. – Es gebe nur zwei Kräfte, die solches erzwängen, und beide nur über alle Maßen: Liebesverlangen und Einfältigkeit.

Ein Wink; die Klingen hielten ein.

Die Musen wagten zu erinnern: Semeles Verlangen sei Dionysos entsprungen, der Gott des Weins und des helfenden Wahnsinns, was aber entbinde der Silen?

Seine Seele, Schwestern, die wir suchen!

Ein neuer Wink, stumpfes Knirschen der Messer, die nun ins Innre des Inneren drangen, Schläuche des Geschlinges, Kapseln des Gebeins.

Roter Springquell, gelbsickernde Jauche, Blut, Kot, Hirn, Galle, Schleim, Mark, Urin.

Welcher Strom, Silen, trägt deine Seele?

Ein dritter Wink.

Die Skythen kappten den Knorpel der Hufe, zusammensackende glitschige Klumpen, und da der Leib in den Balg niederstürzte, brauste Kybele durch den Wald. Dunkler Sturm, und die Flöte tönte, vielhundertfacher Aufschrei der Nymphen, und das Fleisch des Silens zog in die Haut ein, Säfte, Fasern, Fett, Gekröse, und die Haut, aufschwellend, goldbraun, strotzend, begann sich in den Klängen zu wiegen, spitze Ohren, stampfende Hufe, wackelnder Schmerbauch, hüpfender Schwanzstummel, die aufrechte Rute zum offenen Himmel, und die Arme umschlangen die schwarzen Fichten, und ihr Wiegen bewegte den Berg und den Wald.

In unbegreiflicher Süße die Flöte.

Die Skythen stürzten sich auf den Balg, doch die Wucht ihrer Hiebe verstärkte sein Wiegen, und die Schnitte, spurlos, schlossen sich.

Apollon wies sie ins Dunkel zurück.

Und dann geschah das Unglaubliche, doch die Musen sahen es mit Augen: Apollon, der Reinste der Reinen, rührte die Haut an, mit einem Tupfen des Fingers, mit dessen Hülle, und die Haut zerklaffte bei seiner Berührung, aber auch diese Stelle schloß sich.

Der Herr des Delphischen Orakels spricht nicht und schweigt nicht, er bedeutet. – Was geschehen mußte, war geschehen. – Kybele verrauscht, der Wald verstummt, der Reigen der Schwestern schwang ins Dämmern, und Apollon, die Kundegewährenden an jene seiner Gestalten mahnend, die ebenfalls seinem Wesen gemäß ist, trabte, der Wolf, lautlos nach Norden, und zwischen den Fichten ein blutiger Balg.

Dann kam der Abend, mit dem Frieden derer, die arglos und dick sind und Höhlen bewohnen und den Wein lieben und alle Süße, die nicht Gewalt ist, nicht zwischen den Völkern und nicht zwischen den Leibern, und die Nymphen traten aus den Bäumen, und Feuer an den Quellen des Ida, und die Flöte schluchzte, und die Haut tanzte, und Kybele erschien, mit nackter Brust.

Dann wurde Phrygien erobert, von hageren Völkern mit sehnigen Gliedern, den Galatern, den Bithyniern, den Syrern, den Römern, und wieder erschienen Männer mit Klingen, lang, spitz, in Firnwasser geschliffen, und wieder wurden Leiber zerschnitten, von Männern, von Frauen, von Kindern, von Greisen, auch der Balg des Marsyas, noch und noch. Soldaten schnitten ihn in Stücke und flickten Tornister und Stiefel und Börsen und Schilde, doch kaum, daß sie fortgezogen waren, schloß sich das Leder, und wenn dann die Soldaten verfaulten, in den Gräben am Weg, im Sumpf, in den Wüsten, blieben die unzerstörbaren Schwarten, von Würmern zernagt, von Vögeln zerpickt, und zerstreuten sich langsam über das Erdrund.

Und Marsyas, die unverwüstliche Haut? Man erzählt, daß aufständische Soldaten sie entführten und als Banner der Freiheit aufs Forum ihrer Stadt pflanzten, zwischen Königsburg und Ältestenhaus, und daß sie dem Ausgeweideten opferten, als Ihresgleichen und ihrem Schutzherrn, mit Flötenspiel, an offenen Feuern, und Einfalt, und hilfegewährenden Frauen. Man kennt den Namen der Stadt nicht mehr, aber man weiß, daß sie danach erobert wurde, und geschleift, und ihre Behauser zerstückelt, und daß die Wiederhersteller der Ordnung die Haut in der Höhle von Kelainai verwahrten, und daß Rebellen sie von dort entführten, diesmal Rebellen mit hagren Gesichtern, aber dann lischt die Kunde aus. – Nur der Bericht der Chronisten, nach Chronistenweise, und die Bilder der Maler, und die Statuen, und die Stücke am Weg, die wandern und wandern, vielleicht auch zur Sohle deiner Schuh.

Und die Süße der Flöte, unbegreiflich.

Und das Erinnern.

Und der Fluch.

Der Geliebte der Morgenröte

Homers Hymne an Aphrodite
219–239

Eos, die Göttin der Morgenröte, schlief einmal mit Ares, mit dem jede Rosenfingrige einmal schläft.

Aphrodite überraschte sie.

Das Tun der beiden war ihr geheiligt, doch Ares gehörte nun einmal ihr. – Sie bestrafte Eos mit der Gnade des Fluches, die Liebe Sterblicher so begehren zu müssen, daß die Gier, sich ihnen hinzugeben, die Schmach der Hingabe überwog.

Dieser Fluch war noch in der Nacht ausgesprochen, und Eos lachte über ihn. – Ihr Mann war der Titan Astraios, ihm hatte sie den Morgenstern geboren und die vier Winde, die das Luftmeer durchbrausen, und er genügte ihr vollauf. – Ares war die unvermeidliche Ausnahme gewesen, und auch die hätte für lange Zeit genügt. – Doch sobald die Stunde da war, den Tag in seiner Höhle zu wecken und der Nacht den Weg unters Meer zu weisen, erspähte sie, da sie gipfelab stieg, auf dem Feld unter einem Feigenbaum einen schlafenden Hirten. Er lag, in eine Decke gehüllt, auf dem Bauch, die Beine ein wenig angezogen, das Gesicht in der Ellenbeuge vergraben.

Seine Hilflosigkeit rührte sie.

Sie konnte nicht widerstehen, unter ihn zu schlüpfen.

Hornige Hände. Braune Haut. Schweißgeruch. Ach...

Er träumte und erschöpfte sich im Traum und erwachte beglückt im roten Leuchten aller Berge: Schamglut der Eos nach ihrer Schmach.

Nachdem sie den Tag geweckt und die Nacht geleitet, verschloß sie sich in ihrer Kammer und weinte ob der doppelten Demütigung, denn sie empfand das Geschehene als schandbar und das Schandbare süß. – Nachts reizte sie den Astraios, daß er sie sättige, und am Morgen wählte sie einen anderen Weg, und da war es ein anderer Jüngling. – Seine offenen Lippen, die wehrlose Brust. – Ein Jäger; selbst

Wild; sie legte sich zu ihm. – Weindunst und Knoblauch; unter den Fingernägeln geronnenes Blut. – Er erwachte verwirrt, und die Berge glühten.

Immer ein anderer, Morgen für Morgen, andere Unreinheit, anderes Zartsein. – Hinreißend Unvollkommene, und immer im Traum. – Sie mied ihren Mann, dem war es nicht unlieb: Sie empfanden beide einander als kalt und lästig zudringlich zugleich. – Er übernahm Botenwege zu den Gestirnen, und bei der Heimkehr hielt er sich an Nymphen, die in lauernder Brunst das Schilf behausen, am Peneios, am Skamandros, am Nil, überall.

Sie vermißte ihn nicht.

Mehr als einmal, wenn die Scham zu arg quälte, war Eos auf dem Weg zu Aphrodite, sie zu bitten, den Fluch von ihr zu nehmen, und jedesmal zögerte sie und hielt schließlich ein. – Gnade im Fluch. – Lange Zeit gelang es ihr, so unbemerkt zu enthuschen, wie sie genaht war, doch eines Morgens lag sie bei Tithonos, einem der fünfzig Trojerprinzen des lendenstarken Königs Tros. – Jeder Prinz bewohnte ein eigenes Gemach; Tithonos aber hatte einen Lieblingsbruder, den nachmals hochberühmten Ganymed, und ihre Kammern trennte nur eine Wand aus Leinen. – Manche sagen auch, daß sie Zwillinge waren. – Da nun sein Bruder nebenan stöhnte, fuhr Ganymed aus dem Schlaf und kam gerade zurecht, die entfliehende Eos festzuhalten. – Er gebe sie frei, wenn sie wiederkomme, diesmal zu ihm. – Was blieb ihr übrig? – Sie beschwor weinend ihr Versprechen, bittere Tränen einer Ertappten, und dann brannte sie, es einzulösen. – Die Brüder waren Brüder; sie teilten das Begehren der Morgenröte ohne Neid und Arg. Sie gelobten, einander nicht feind zu werden und keiner andren Frau sich zu nahen, solange Eos sie besuche, und Eos schlüpfte jede Früh zu ihnen, heute zu Ganymed, morgen zu Tithonos. Ihre Scham war ins Freundliche gemindert; sie fühlte sich nicht mehr als Diebin, wenngleich sie noch immer verstohlen sein mußte. Den übrigen Brüdern blieb ihr Kommen verborgen, allein vom Leuchten des rosigen Fleisches erstrahlte allmählich das ganze Haus.

Morgenröte zur Mitternacht: Astraios, auf seinen Botengängen durch die dunkelfirnigen Sphären, stutzte: Entstand da, an Asias Küste, zwischen Meer und Gebirge, ein irdischer Stern? Er berichtete Zeus, und der schaute nieder, da Ganymed gerade den Vorhof durchquerte, doppelt schön in verzückter Erwartung. – Der Gott war betroffen: Da stand sein Mundschenk! – Wie bekannt, fuhr er als Adler hinunter und trug den Jüngling mit weichen Krallen auf den Olymp, in den Festsaal der Burg. – Der Maler sieht es auf seine Weise, und es mag schon sein, daß der Erschreckte zwischen Gipfeln und Wolken sein Wasser nicht mehr halten konnte, aber sicher ist es unrichtig, daß er noch ein Kind war; er hatte schon Löwen und Eber getötet und einen halben Sommer hindurch das Verlangen Morgenrötes gestillt.

Die war verzweifelt: Begann die Unstete nun neu? – Doch Tithonos enttäuschte sie nicht. – Auch den Herbst hindurch jeden Morgen Frieden, dazu die Süße des Ungeteilten und die ungeheure Erfahrung, daß auch Einer unausforschbar sein kann. Und dennoch blieb immer noch die Zerknirschung, süchtig nach Menschenliebe zu sein. Denn die Sterblichen sind unreine Geschöpfe, sie nähren sich von Flechsen und Blut, und ihre Leiber sind kotdurchwandert. Zwar muß ein Mann-Gott manchmal hinunter, dem Menschengeschlecht Heroen zu zeugen, und deshalb bleibt er auch ohne Makel, wenn ihn nur Begierde überwältigt. Göttinnen aber beflecken sich, wenn sie sich mit Sterblichen vermischen; nur: Die lieben inniger als die Götter, und ihre Unvollkommenheit macht sie begehrenswert. – Ihre Unreinheit auch, sie ist ein Stachel. – Die Kürze ihrer armen Leben drängt ihre Leidenschaften zusammen und macht sie erfinderisch im Genuß des Vergehenden: Sie sind zärtlicher als die Unsterblichen. Und sie müssen sich ihrer selbst immer wieder versichern, das ist rührend und hinreißend zugleich. Und sie finden ihr Glück erst in dem des Andern. – Kein Gott hätte den Flaum ihrer Achsel geküßt, wenn ihr Kreuz sich höhlte. Kein Unsterblicher konnte sich so erschöpfen, daß seine Lust zugleich letzte Hingabe war. Götter opfern einander nicht.

Ewig mit Tithonos, doch er war sterblich.

Mit ihm sterben können; sie war eine Göttin. – Sie begehrte diese Gunst von Zeus: In den Armen des Tithonos einschlafen und nicht mehr erwachen! – Der Herr über Götter und Menschen runzelte unwillig die Brauen: Das stehe außer seiner Macht, sie wisse das doch! – Sie wußte es: Die Moiren selbst hatten verfügt, daß Unsterblichkeit nicht aufhebbar sei.

Dann verleihe ihm ewiges Leben, das gestatten die gnädigen Schwestern! – Sie sah Ganymed in des Herrschers Gemach; er blickte über sie hinweg, und sie glaubte zu sehen, daß er lächelte. – Vorüber. – Sie kniete vor Zeus: Erlaube, daß ich ihn mit Ambrosia speise. Nimm die Schmach, Sterbliche zu lieben, von mir. Gewähre uns, was du auch andern gewährt hast!

Das ewige Leben?

Ja: das ewige Leben!

Es sei...

Und Zeus tat noch ein übriges: Er sandte den Astraios weitab durchs Gewölbe, nach Menschenzeit dreimal zwölf Jahre. – Eos nahm Tithonos zu sich. – Sie waren füreinander geschaffen: dreimal zwölf Menschenjahre Beglückung. – In dieser Zeit wurde Helena geraubt, fiel Troja, wurde Agamemnon erschlagen, kehrte Odysseus zu Penelope zurück. – Auch einer der Söhne, die Eos dem Tithonos gebar, Memnon, König von Aithiopia, Burgherr zu Susa, kämpfte für Troja und wurde von Achilles in der Hüfte zerhauen. – Tithonos, wiewohl Trojerprinz, nahm nicht am Kampf teil. Er erfuhr nicht einmal, daß seine Stadt zertrümmert wurde, und er fragte auch nie nach ihrem Schicksal. Er lebte bei Eos, in ihrem Haus unter den Wurzeln des Meeres. Er beweinte auch seinen Sohn nicht. Er liebte Morgenröte, das war Werk genug.

Ein Unsterblicher; nichts mehr von Zerknirschung, wenngleich manche Unvollkommenheit blieb. Um so süßer, und auch sie wurde unvollkommen und versäumte über den Geliebten manchmal ihr Amt. Einige murrten; Zeus sah es ihr nach. – An solchen Morgen fuhr unmittelbar Tag in die Nacht, mit jäher Helle, und die Sterblichen taumelten aus dem Schlaf, das waren die Stunden der Fehlgeburten und der wüsten Grausamkeiten. An solch einem Tag wurde Hektor geschleift, des Tithonos Neffe. Tithonos erfuhr es nie.

Tage ohne Morgenrot; aber auch dann, bei jenem Erstenmal, nach der Mitternacht der verzweifelten Fragen: Was ihm fehle? Was er vermisse? Was er begehre? Ob er ihrer überdrüssig sei? Ob er Augen für Andere habe? – Eine Sirene? Hekate? Eine Nereide? – Düstere Nacht, düsterer Morgen, düsterer Tag: Was hatte ihm sein Haar gebleicht? Was die Haut gerunzelt? Was das Auge getrübt? – Das lange schon unmerklich Gewordene und lange auch schon unmerklich Gewahrte offenbarte sich jählings, und Eos begriff: Tithonos war alt geworden. Sie hatte vergessen, zum ewigen Leben auch ewige Jugend für ihn zu erwirken.

Und Zeus gewährt, in derselben Sache, seine Gunst stets nur einmal.

Es kam das Alter, da Sterbliche sterben. Tithonos starb nicht. – Astraios kehrte zurück; verreiste; kam wieder. – Nun zeigte sie ihm den Tithonos.

Es sei ein spaßiges Ding, erklärte sie, und es sei hilflos am Ufer gelegen, vom Meer angespült, da habe sie es in Pflege genommen. Es scheine eine Art Sprache zu haben, aber man verstehe sie nicht: Mäusepiepsen und Rabengekrächze. Sie befahl: Sag was! – Und Tithonos krächzte und piepste in einem, daß er nur Morgenröte liebe. – Sie verstand, was er krähte, Astraios nicht. Der lachte; Tithonos durfte bleiben, in einem Verschlag zwischen Kammer und Stall. Und sie, die nun nach langer Zeit wieder miteinander schliefen, sie ergötzten sich anfangs an ihm. – Eos sagte jeden Morgen: Tanze! Und Tithonos begann sich zu drehen. Astraios sagte: Zeig, ob du ein Mann bist! Und Tithonos entblößte sich.

Manchmal nahm sie ihn dann auf die Knie und streichelte sein borstiges Kinn.

Zeit rann hin, ein zweites Troja, ein drittes, ein viertes, ein fünftes, ein sechstes, und Tithonos, zusammengeschrumpft, gichtknotig, verhutzelt, triefäugig, lebte, und jeden Morgen erwachte seine ohnmächtige Gier. Nachts lag er beinahe ohne Schlaf und wartete nur, daß es nebenan sich rege, dann lauschte er, das Ohr auf dem dünnen Holz: Morgenröte stand auf. – Sie ging hin und her. – Sie wusch sich, kämmte sich, sie gürtete sich, sie küßte Astraios. – Er roch ihren Duft, er hörte ihre Stimme, er fühlte ihre Wärme, und er krächzte und piepste sein Verlangen hinaus: Einen Kuß zur Früh, er könne doch küssen! – Astraios brachte ihm das Essen, immer noch Ambrosia. – Manchmal begleitete ihn Eos, dann fiel Tithonos ihr zu Füßen nieder, mit dem Leib über die rosigen Zehen, und sie stieß ihn weg und kam so lange nicht mehr, bis sein Morgengewinsel unausstehlich wurde.

Und wieder lag er ihr dann vor den Füßen, zwergenklein, mit vertrocknetem Kopf.

Einmal erschien Ganymed bei Astraios, mit irgendeinem Auftrag von Zeus, und als er den Lieblingsbruder erblickte, erschrak er, und dann weinte er.

Tithonos erkannte ihn nicht.

Ganymed, vor Zeus, hatte noch nasse Augen: Nimm ihm die Unsterblichkeit! Obwohl er wußte, daß dies nicht möglich war. – Den Schritt vom Sterblichen zum Unsterblichen gestatten die Moiren, aber es gibt dann kein Zurück: Aus der Unsterblichkeit tritt man nicht aus.

Auch Eos, die Tithonos jammerte, bat vergeblich. – Sie flehte: Entrücke ihn unter die Sterne! Zeus schaute hinab und sagte nur: *Den?*

Er fragte nicht, ob sie ihn noch liebe, das war keine Frage unter Göttern.

Kein Sternbild, aber wohl ein Zeichen: Mitunter, in der seligsten Seligkeit der Götter oder auch, wenn sie sich zu vergessen drohten, zeigte Zeus ihnen den Tithonos: Das sei der unsterbliche Sterbliche! Manchen graute dann, und manche lachten, am hellsten Apollon, der reinste der Götter. – Seine Schwester, Artemis, entzog sich diesem Anblick. – Und Tithonos, grindig, ans Holz gekrallt, die Ohren am Holz, die Nase am Holz, das ohnmächtige Geschlecht am Holz, krächzte seine unstillbare Sehnsucht.

Allmählich ergötzte es niemand mehr.

Das siebente Troja.

Das achte Troja.

Sie verweigerten ihm die Nahrung.

Tithonos trocknete von innen her aus; das einzige Feuchte an ihm blieb sein Speichel. Der rann ihm aus dem Mundwinkel, wenn er am Holz hing. – Die Nägel waren alles, was noch an ihm wuchs, und das Heulen des Hungers. –

Astraios schob ihm von Zeit zu Zeit durch eine rasch gezimmerte Luke einen Napf mit Nektar in den Verschlag.

Dann begann sein Speichel zu stinken, und der Gestank durchdrang die Holzwand und haftete schließlich Eos an. Ihn aussetzen? Hades wehrte sich: Das sei kein Schatten. – In die Burg? Unvorstellbar! – Und auf der Erde, im Meer: kein Ort ertrug ihn, keine Steininsel, keine Berghalde nahm ihn auf.

Versenken? Die Wogen empörten sich.

Verfaulte Morgen; es wurde unerträglich. Die stinkende Früh brachte Fieber und Seuchen und schlimmere Verwirrung: Mütter verrieten ihre Kinder, Brüder meuchelten einander, der Gastgeber schlug den Gastfreund tot. Selbst unter den Göttern begann Pest umzugehen.

Da suchte Zeus die Moiren auf.

Sie müßten, bat er, ihren Spruch ändern, sonst verwirre das Schicksal sich selbst in sich. – Und die schrecklichen, die gnädigen Schwestern sahen es ein: Tithonos dürfe sterben, doch er müsse es wünschen.

Aber Tithonos wollte nicht.

Seine Stimme war nur noch ein Hauch, doch der Hauch der Unsterblichkeit: Er lebe. Er liebe Morgenröte. Sie werde sehen: er könne noch küssen. Und es werde geschehen, daß er sie noch beglücke, wenn sie ihn nur in die Arme schließe. Alles Zittern nur deshalb, weil sie ihn meide. Ob sie sich nicht erinnere, was er gewesen? Seine Stärke; seine Süße? Glaube sie, das könne vorbei sein? – Und er rief Aphrodite an.

Die erschien, die einzige, der es vor Tithonos weder graute, noch die über ihn lachte. Sie beugte sich zu ihm nieder und sprach zu ihm, und er hörte sie an, und er verstand sie. Und er willigte schließlich ein: Einmal bei Morgenröte liegen, und zur Früh dann in ihrem Kuß vergehen.

Stinkender Speichel; Eos schauderte. Sie wandte sich ab. Sie könne es nicht. Und es sei übrigens Zeit, jetzt die Nacht zu geleiten.

Da erneuerte Aphrodite ihren Fluch.

Was Zeus nun tat, war auch das Verbotene, aber die Schwestern duldeten es. – Er verwandelte Tithonos, den Unsterblichen, in eine Zikade, jenes Geschlecht der Zwergenkleinen, das jeden Morgen die holzdürren Schenkel in seliger Brunst aneinanderreibt. Und der Zikade wird Erfüllung: Jede Früh Eos, das Wehen ihres Safranmantels, ihr Duft, ihr Tau, ihre Rosenfinger. Und es geschah, was geschehen mußte: Des Tithonos Stimme wurde wieder süß, sein Leib geschmeidig, sein Auge goldleuchtend, sein Herz prall, seine Kraft unerschöpflich.

Das neunte Troja, das zehnte Troja, und auf ihren Trümmern Zikadengesang.

Auch die in der Burg oben lauschen ihm gern, am liebsten Ganymed, und manchmal vernehmen ihn selbst die Moiren. Dann erhellen sich ihre grauen Gesichter, und sie bewegen die eisigen Hände.

Nur eine hört ihn nie, das ist Morgenröte. – Der Fluch Aphrodites hetzt sie und läßt sie nur eines gewahren: den Leib eines schlafenden Sterblichen. Längst hat sie alle Scham verloren, Himmelshure, von allen verachtet, läufig, wahllose Beilägerin aller, selbst halbwüchsige Knaben verschmäht sie nicht. Jeden Morgen schlüpft sie zu einem andern und flieht ihn wieder, bevor er erwacht. Er träumt dann den rosigsten Traum seines Lebens. – Es ist die Stunde, da sich Wünsche erfüllen, doch er hüte sich vor der Unsterblichkeit.

Das Netz des Hephaistos

Homers Odyssee
VIII 266–366

Als Hephaistos vom Sonnenlenker erfuhr, daß sein Weib, Aphrodite, ihn mit Ares betrüge, beschloß er, um sie zu kränken, den Starken zu töten. – Es schmerzte ihn nicht so sehr, daß es sein leiblicher Bruder, als daß es wieder ein Dümmster war. – Er antwortete dem Strahlenden nicht, der die Rosse nun übers Inseltal führte, doch seine Lippen bewegten sich. – Der Sonnenjüngling lachte, als er den Lahmen so stehn sah, vor seiner Werkstatt, auf die Krükken gestützt, vom Fauchen der Blasbälge umwittert. Er wußte, was der dachte, darum lachte er ja. – Wie tötet man Unsterbliche?

Hephaistos fuhr in seinen Berg, von der Schmiede her, von wo die Gänge zu den Metallen und den Glutsümpfen der Vulkane führen. – Die Insel Lemnos; der Berg Mosychlos mit den Säulen von Feuer um seine Gipfel. – Man kennt Hephaistos als einen Humpler und macht dafür seine Mutter, Hera, verantwortlich, weil sie ihn sofort nach der Niederkunft, vom kümmerlichen Aussehn des Säuglings betroffen, aus dem Olymp geschleudert hatte, doch man tut der Hohen damit unrecht. Der Sturz in die rotpulvrige lemnische Erde zerschmetterte dem Kind zwar Hüften und Schenkel und trug, da die schlecht zusammenwuchsen, zu der Bresthaftigkeit des Gottleibs unleugbar bei, doch das Humpeln stammt unabhängig davon von einer so starken Krümmung der Sohlen wie der Zehen nach innen, daß die Nägel zur Ferse zeigen: ein Streben des Körpers, sich in den Standgrund zu krallen, und wo ihm das Schicklichkeitsgründe verwehren, hinkt Hephaistos auf die lächerlichste Weise, vor allem in den Gemächern der Burg. Mitunter, um die Geschwister und sich selbst beim Festmahl zu belustigen, befiehlt ihm sein Vater, ihnen aufzuwarten, dann watschelt er mühsam um die Tafel, in den Händen den unversieglichen Goldkrug, den er bald nach seinem Wegwurf auf der Insel geschaffen, um sich, gegen jede Warnung seines einzigen Freundes, des von den Hohen verstoßenen Prometheus, die Rückkehr in die Burg zu erkaufen.

Zwischen Göttern und bei den Menschen geht er meist auf Krücken, oder auf seine Gesellen gestützt; unter Tag aber, von der Materie getragen, dringt er wie ein Feuer durch den dichtesten Stoff und bewegt dabei die Wurzeln der Berge. – Nach jener Botschaft strebte er so heftig voran, daß die Sterblichen auf seiner Insel, vom unterirdischen Grollen erschreckt, aus der Mittagskühle ihrer Häuser ins Freie der heißen Felder flüchteten.

Die beiden in seinem Palast am Fuß des Olympos hörten nichts; sie hatten auch nicht darauf geachtet, daß der Sonnenlenker sie gewahrt haben könnte. – Nun begannen die Schatten wieder zu wachsen. – Ob der Lahme zur Nacht heimkehren werde, fragte Ares; sie lächelte. Der komme gewiß nicht so bald, beruhigte sie ihn, der habe beim Abschied erklärt, etwas schaffen zu wollen, was auf der Burg noch keiner gesehen, da schließe er sich manchmal wochenlang ein, in der Schmiede, oder in seinen Klüften. – Ares fragte rasch: «Eine neue Waffe?» – Er dachte einen Augenblick lang an sein Herzensvolk, die Thraker, die mit den übermächtigen Skythen in Streit lagen. – Sie aber winkte ab: «Was kümmert das uns?»

Das Palast, tief im Tal, versank ins Dämmern.

Hephaistos hielt unter dem phrygischen Taurosgebirge, vor einer Ader mit einem Metall, das er nirgendwo anders als hier wußte. Es war einzigartig: reiner als Gold, heller als Silber, zäher als Zinn, härter als Eisen und geschmeidiger als Kupfer, und nur diese eine Ader, und daß er gewußt hatte, sie aufzuspüren. – Ihr Anblick verlieh seinem Zorn jene Zielkraft, die aus Erinnerungen wächst. – Er hatte wieder und wieder gegrübelt, was sich als Geschenk für Aphrodite aus diesem Metall formen ließe, und er hatte schließlich einen Reisewagen gesehen, die Muschel auf der Woge aus Schaum, darin die Schönste einst nach Kythera geschwommen, ein Gebilde aus Hauch, Glanz über Leere, und doch fähig, ihre Last wie einen Flaum zu tragen, im Wasser, auf der Erde und durch die Lüfte. – Nun, das war vorbei. –

Während der Fahrt hatte er an eine Schlinge gedacht, die dem Bruder in unlösbarer Fesselung Bein- und Armknöchel aneinanderschnürte, kein Tod des Leibs zwar, der war nicht gegeben, jedoch ein Tod der Leibmächtigkeit, ein bewegungsunfähiger, krummer Fleischkloß, ähnlich den Füßen des Hephaistos, und zum ewigen Gelächter der Götter von dem Lahmen durch die Säle der Burg gerollt. – Wie aber den Starken in diese Stellung zwingen? – Die List, die er dafür benötigt hätte, wäre das eigentliche Werk gewesen, doch solche Fertigkeit war ihm nicht verliehen, sie zu üben fiel ins Bereich seines Halbbruders Hermes, und er beneidete ihn nicht einmal darum. Nicht, daß er die List verachtet hätte, und am wenigsten ein Werk des Geistes, doch der Stoff seiner Formkunst waren die Materie, die Elemente des Alls mit der Präzision ihrer Gesetze, nicht die Gemüter in ihrer Unberechenbarkeit. Er hielt nicht viel von den gaukelnden Ränken, die aufs geschmeidigste mit dem Zufall spielten und in einer Vielzahl möglicher Wege eine Vielzahl von möglichen Zielen umkreisten, statt aus dem Notwendigen einer Ursache heraus unaufhaltsam das Notwendige der Wirkung zu erzwingen, die sich dann auch Seelen unterwarf. Nicht ein Gewebe aus Listen für eine Schlinge, sondern die Schlinge, die schon die List in sich birgt, und da plötzlich wußte er es: Das Netz. – Die Schlinge vielhunderter Schlingen, die Falle, unentdeckbar über der Lagerstätte, und der Köder darunter die Meerentstammte, und alles war berechenbar. War die Falle als nicht zu sehen gegeben, war auch der Köder und mit ihm der Fang gegeben; berechenbar war das Verschmelzen der Leiber, und die List lag in der Falle selbst: der Unzerreiß- wie Unsichtbarkeit ihres Materials. – Der unsichtbare als der dünnste und zugleich als unzerreißbar der zäheste Faden, kann man ihn schaffen, und wie kann man ihn schaffen? Das war das Problem, das er lösen mußte, alles andere ergab sich daraus. – Es war ein Problem, das Hephaistos gemäß war, doch es war damit noch nicht sein ganzes Problem.

Er legt die Hand auf das pure Metall.

Schönheit seiner Kälte und federnden Zähe, und Stärke des Feuers, das sie beide bezwingt.

Er schmolz eine Handvoll des Stoffes heraus und begann ihn, da er erkaltete, zwischen den Fingerkuppen der Rechten zu reiben, indes die Linke ihn in die Länge zog. Das heiße Metall war von einer Dehnbarkeit und das abgekühlte von einer Feste, wie er sie beide noch nicht kennengelernt hatte und wie sie nur hier entstehen konnten, als Sonnengeflecht aller Adern Metall zwischen dem Herzen und dem Zwerchfell der Erde. – Gemüt der Materie: sein Stoff. – Was er nun noch brauchte, war die feinste Öse: ein Plättchen eines Diamanten, durchschossen von einem Strahl Sonnenlicht. Für die gröberen Ösen besaß er Bohrer, herab bis zum Durchmesser eines Haares. Während der Nacht schmiedete er eine Haspel mit überlangem Dreharm; am Morgen, vorm Tor seiner Werkstatt, wartete er aufs Erscheinen des Sonnenlenkers, und der erste Strahl des Lichts durchschlug den Diamanten. – Hephaistos entließ die Gesellen zu ihren Frauen; er spendete ihnen Wein und gebratenes Fleisch. Sie dankten lärmend; der Schmied schloß sich ein. Er schlug die Ösen, feiner nach gröber, in gebührenden Abständen auf eine Schiene, blockte, hinter heißester Flamme, das Metall in die Zwinge einer Felskluft und begann es durch die Ösen zu ziehen. Bevor der Faden unsichtbar wurde, begann er zu funkeln, dann wurde das Funkeln ein luftiger Glanz, wie entzückter Äther, und dieser Glanz blieb, ohne daß man ihn entdeckte, nichts war zu sehen als Luft, doch lächelnde Luft. Nun rief Hephaistos seine Gesellen; sie sahen nichts; dann griffen sie es. – Er hieß sie das Nichts zerreißen; die Haspel krachte wie ihre Schulterblätter, das Nichts hielt stand. Hephaistos packte mit an; der Haspelarm brach. – Die Gesellen wurden ein zweites Mal heimgeschickt, das Tor ein zweites Mal verschlossen, und der Lahme knüpfte sein Netz.

Entzückendes Nichts: die Stärke des Stoffs erschien als reine Schönheit. – Der Schmied, hingerissen, vergaß den Anlaß. Er küßte das Netz.

Dann kehrte er heim.

Bis zur Küste fuhr er unter der Ägäis, den Wegrest humpelte er der Burg zu, an goldenen Krücken, das Netz ein Lächeln auf seiner Schulter.

Aphrodite empfing ihn vor seinem Palast.

Die Sonne gehe schon unter, doch sein Haar leuchte? «Widerschein meines Feuers, liebes Weib!»

Er setzte sich vor den offenen Herd; sie deckte den Tisch. Er sei lang geblieben, ob sein Werk gedeihe? – Er nickte stumm. – Sie klatschte in die Hände und lachte: Sie freue sich, und sie warte geduldig, auch wenn sie ihn entbehren müsse; er möge sich um sie nicht sorgen: Da sein Werk ihn verlange, wolle sie ihn nicht halten.

Lächeln der Luft.

Der Schmied blieb zwei Nächte in seinem Palast, ohne sich Aphrodite anders zu nähern als mit der Höflichkeit eines Grußes zur Guten Nacht und zum Guten Tag. Am zweiten Morgen, sie fütterte wie immer ihre Tauben, rekelte er, wider alle Gewohnheit, sich noch eine Weile auf dem Lager, dann langte er nach den goldenen Krücken, die an der Wand vor der Bettstatt hingen. – Sie sprang herein und reichte sie ihm. – Er nahm auch den Mantel. – Er müsse nun gehen, doch er kehre bald wieder, ihr mit einem Geschenk zu huldigen, wie es keiner der Unsterblichen je gesehn.

Er stand in der Sonne; sein Haar strahlte nicht. Sie sagte es ihm, und er lachte laut: Ihm fehle die Schmiede, da sehe sie es. – Sie sehe es, erwiderte sie. – Die Tauben flatterten auf vor dem sich nähernden Klappern.

Der Sonnenjüngling sah neugierig ins Tal.

Sie und er unterm Tor: Er machte eine Geste, sie zu umfassen; sie, Geste der Schonung, wandte sich ab. – Gurrende Tauben. – Er humpelte fort.

An der Küste setzte er sich an den Strand.

Ares: Zwei Nächte Warten; er war gierig. – Seine erste Umarmung klinkte das Netz aus; sie merkten es erst, als sich sein Ellenbogen verfing. – Sie begriff sofort. – Der Starke versuchte das Netz zu zerreißen, zuerst mit den Händen, dann mit Armen und Beinen, schließlich mit einem Wüten des ganzen Leibs. Er trat und stieß die Schöne; sie schrie.

So lagen sie still.

Wir wollen nicht im einzelnen schildern, wie das Paar dann wieder zu zappeln begann, um schließlich wieder ruhig zu liegen, auch die Ordnung der Glieder dabei ist nicht wichtig. – Wichtig ist das Zerren des unsichtbaren Fadens am Handgelenk, das Hephaistos zurückrief: Es gehörte zur List des Stoffes. Es meldete dem Lahmen jede Bewegung.

Schreiende Tauben.

Der Schmied betrat sein Schlafgemach.

Als er eintrat, auf Krücken, die Füße schleifend, hatte er einen Herzschlag lang gehofft, nur Aphrodite zu finden, wiewohl seine Hoffnung nichtig sein mußte: Um die erste Sperre des Netzes zu lösen, bedurfte es einer bestimmten Last. – Was sein Blick fing, war Ares, seine schwarzen Locken, sein Rücken, der, Aphrodite deckend, aus seinen Fersen zu wachsen schien, den Fersen und den geraden Sohlen, den starken, gewölbten, geraden Sohlen, die wie eine Mauer ragten, und da sah Hephaistos plötzlich sein Netz. – Lächeln seines Feuers, das Unsichtbare sichtbar, die Unzerreißbarkeit des stärksten Stoffes als Schönheit vielhundertfacher Verknüpfung, und er sah: Es war sein Meisterwerk, und er begehrte, daß Alle es sähen! – Er humpelte zu dem riesigen Kupferbecken gegenüber der Lagerstätte, dessen Dröhnen selbst bis zu Poseidons Palast dringt, und begann es, die Zehen in den Estrich gekrallt, mit beiden goldenen Krücken zu schlagen, und zugleich rief er, Zeus möge kommen, und er schrie, Hera möge kommen, und er brüllte, Athene möge kommen, und Hestia, Demeter, Artemis, und auch Apollon und Poseidon und Hermes, und er heulte, alle möchten sie kommen, alle Unsterblichen, zu sehen, was noch kein Auge je geschaut hat, und sein Heulen verscholl im Beckengedröhn, und seine Krücken waren verbogen.

Erschöpft sah er zum Lager: Sie und er.

Sein Weib und der Starke.

Unsichtbar das Netz.

Schon da er zu brüllen begonnen hatte, ja schon beim Ruf nach dem Vater und Herrscher wußte Hephaistos, daß er sich abermals betrog, wenn er glaubte, den Unsterblichen sein Meisterwerk zeigen zu können: Sie würden nichts Anderes als nur das Paar sehn. – Nun war es zu spät; die Lüfte dröhnten. – Sie schritten heran: Der Vater und Herrscher, dem Donner voranweht; Poseidon, dessen Tritt die Erde erschüttert; der Gebieter Apollon in tönendem Strahlen; Hermes in sausenden Flügelschuhen, und weit dahinter Poltern und Scharren und auch schon Mekkern und Blöken und Wiehern der Minderen: Faune, Silene, Satyrn, Empusen, Lamien, wer weiß welches Gelichter noch. – Kein Hall vom Schritt einer der Göttinnen; die hatten im Geheul des Hephaistos begriffen, zu welchem Anblick er sie lud, und dies zu sehen, hielt sie jene Scham ab, die einzig Aphrodite verschmäht haben würde.

Aufkrachendes Tor.

Sie traten ein.

Dies alles, und was weiter geschehen wird, ist ja oft erzählt worden; Demodokos, der weithin berühmte Meister des Kündens, hat es beim Festmahl des Königs der Phaiaken zu seiner gewölbten Leier gesungen und die geflügelten Worte genau überliefert, die die Hohen im Gemach des Hephaistos einander zu senden für wohl befunden, allein es sind Zweifel angebracht, ob wir diese Botschaften recht erfühlen; unsere Wörter fassen nicht die Worte der Götter. – Wir versuchen nur anzudeuten, was der Schmied hören konnte.

Noch im Aufkrachen des Tors hörte er das Lachen, das schallende, langanhaltende, unbekümmerte Lachen, das dem Wesen der Oberen so gemäß ist, weil es aus der tiefsten Fülle ihres sicher in sich ruhenden Gemüts stammt, und aus dem Lachen lösten sich lachend die Reden, daß also auch der Lahme vermöge, den Schnellen zu haschen, und auch der Krüppel es fertigbringe, des Starkgliedrigen habhaft zu werden, was zeige, daß Unrecht doch nicht gedeihe, und der Krüppel, der Lahme, der Krummsohlige, der, ohne es zu wollen oder auch nur zu wissen, die Zehen aus dem Standgrund gelöst hatte und sich auf die verbogenen Krücken stützte, hörte Apollon lachend den Hermes fragen, ob der jetzt mit Ares tauschen möchte, um auch einmal bei der Schönsten zu liegen, und er hörte wieder die Hohen lachen, schallendes, langes, herzliches Lachen, und er hörte Hermes lachend Apollon versichern, daß er gern bereit sei, auf der goldstrahlenden Aphrodite zu liegen, selbst wenn ihm alle Göttinnen und Götter dabei zusähn und dreifach stärkere Bande ihn bänden als dieses wirklich recht listig genestelte Netz, und wieder erscholl ein dröhnendes Lachen, und da Hephaistos begriff, daß sie alle das Netz sahn, ohne seiner eben mehr zu achten als eines ihnen unnötigen Stücks List, mit der der Krüppel sein Krüppel-sein ausgleicht –: da Hephaistos dies begriff, begriff er auch, daß in diesem Werk nur seine Schande zu sehn war, so wie alle Werke der Kunst nur von der Schande ihrer Schöpfer zeugen, ihrem Unvermögen, den Andern zu glei-chen, da sie nichts als nur die Kunstfertigen sind.

Da begann er zu klagen.

Weh, daß er geboren sei, klagte der Schmied, weh, daß die Eltern ihn so gezeugt und geschaffen, mit Füßen, deren Nägel zu den Fersen zeigten, und dünnen Schenkeln, und siechen Hüften, als ewiges Spottbild vor seinem Bruder, dem Gradsohligen, dem Starkschenkeligen, dem Festhüfti-gen, dem Gutbeleibten, der in der Stärke seiner Glieder dermaßen prange, daß ihm die Schönste nicht widerstehe, und da Hephaistos diese Klagen hinausschrie, begriff er erst wieder, als es zu spät war, daß er abermals nur seine Schande schrie, die Schmach seines Krüppeltums als Lobpreisung des Starken. – Der, auf dem Lager, auf der Schönsten, hörte sich und hörte die Schönste gepriesen, und die Schönste hörte den Preis des Starken, und sie spürte die Blicke der Männer auf ihrer Nacktheit, und der Starke spürte die Blicke des Neides. – Schamlose Stärke; schamlose Schönheit. – Sie trieben es vor den Augen des Ehemanns.

Das Gelächter war unermeßlich; auch die Minderen stan-den jetzt in der Halle, mit lüsternen Blicken und gierigen Lefzen, und auch des Hephaistos Gesellen drängten heran, der Meister erkannte ihr rauchrauhes Gekrächze, mit dem sie, zwischen Amboß und Blasebalg, einander ihre Taten im Bett zuschrien.

Nun lachten auch sie.

Da begehrte er auf.

Hephaistos stand auf seine Krücken gestützt, gekrümmt, da die Krücken verbogen waren, doch seine Worte reckten sich zu einer Empörung, zu welcher sich noch niemand erhoben: Betrogen habe ihn der Vater und Herrscher, da er ihm seine Ziehtochter zum Weib gegeben und ihn mit ihrer Schönheit geblendet; schön sei sie, aber voll arger Begierden, eine Hündin, die mit jedem laufe, sogar mit diesem abscheulichen Kriegsgott, dem Meistgehaßten unter den Göttern, auch wenn er gerade Sohlen habe; eine Hure sei ihm anvermählt worden, doch jetzt liege ihr Wesen ja offenbar; und der Lahme hielt sich am Erzbecken fest und zeigte mit der Krücke auf die Gespreizte: Möge sie ewig in ihrer Schande liegen, sie, die von allen Männern umbuhlte, und da traf ihn der Blick des Herrschers und Vaters, und der Blick des Schmiedes hielt ihm stand. – Zeus hielt in der Rechten den Donnerkeil; Hephaistos krallte sich in den Estrich, und er schwenkte die Krücke, und er überschrie sich: Mochten die beiden für immer gefesselt bleiben, es sei denn, der Vater gebe ihm all die Geschenke zurück, die der Betrogene ihm als Brautgabe geschaffen: den Donnerkeil, den er da schwinge; den Goldenen Thron, darauf er herrsche; die Goldene Tafel, daran er speise; die Goldene Lagerstatt, darauf er ruhe; und nun, da das Gelächter jäh abbrach, spürte der Schmied zwischen der Krücke und seinen Fingern den Faden, der sein Handgelenk mit dem Paar verband, und da, im Lächeln seines Feuers, dachte er das Ungeheuerliche: Das Netz über sie alle zu werfen, auch über den, dem Donner voranweht, und sie alle zusammenzuschnüren, und über der Hündin festzubinden, und dann einfach fortzugehn, zu seinen Metallen und glühenden Sümpfen, allein, wie er es ja immer schon war, und seine Werke nur für sich selbst zu schaffen, Zeugnis der Schmach seines Anders- und Alleinseins.

Er packte den Faden.

Da ergriff Poseidon das Wort.

Wir wissen nicht, ob er erriet, was Hephaistos dachte; in dieser Gedankenfolge wohl sicher nicht; jedenfalls aber mußte er sehen, daß der Schmied frei stand, und sehen, daß er die Krücken erhob, und vielleicht sah er auch den Faden. – Und er hatte die Schönste hinschmelzen sehen. – Der Bruder des Vaters und Herrschers sagte nicht, daß es unerhört sei, all die Gaben zurückzuverlangen, die den Herrscher erst zum Herrscher machen; er tadelte auch nicht die unziemliche Haltung. Er sagte einfach das, was in solch einem Streitfall zu sagen not war: Er bot sich als Schiedsrichter an zwischen denen, die tatsächlich widereinander stritten, und das waren der Starke und der Lahme, und der

Schiedsrichter trat für den Lahmen ein. – Der Starke, so redete Poseidon, müsse dem Lahmen eine Buße zahlen, wie Recht und Herkommen sie geboten; darüber müsse verhandelt werden, was, daß es rechtmäßig geschehe, zuerst die Freigabe des Starken bedinge; er, der Meergott, bürge mit all seinen unermeßlichen Schätzen, daß Ares sich redlich auslösen werde –; und Poseidons Blick lag auf Aphrodite, und Aphrodite lag unter Ares, und der Schmied, vor einer jäh sich öffnenden Gasse, sah das Ungeheuerliche vollzogen, und er ließ, seinen Faden straffend, die Krücke sinken, und löste die Zehen, und humpelte, schwarzes Feuer unterm Zwerchfell, dem Lächeln über dem Lager zu.

Einer seiner Gesellen grinste ihn an.

Da Hephaistos nach dem Netz griff, es anzuheben, wußte er nicht, wie er sich entscheiden werde, und dabei war alles schon längst entschieden. – Es war nicht, daß er, sich niederkauernd, die Schönste nun nah sah und ihr Anblick ihn willenlos machte, und es war auch nicht ein Rest Bruderliebe. – Es war zu spät. – Er hätte auf Lemnos bleiben müssen, dem Rat seines Freundes Prometheus folgend, der sich, wie Hephaistos einst aus der Burg gestoßen, auf die Seite derer geschlagen, die das Andere zu den Oberen sind. – Nun war es zu spät. – Seit er sich die Rückkehr nach oben erkauft hatte, mit dem unversiegbaren Goldenen Krug, war es zu spät, und die Rückkehr war auch nur seine Schande gewesen, und der Krug nichts als die Kunde davon.

«Löse das Netz!» befahl der Meergott, und Hephaistos löste das Netz.

Der Starke sprang auf; er schlug den Bruder nicht nieder; er stürmte zu seinem Lieblingsvolk, den Thrakern, ihnen im Kampf gegen die übermächtigen Skythen zur Seite zu stehn. Die Götter entfernten sich; zuerst das Gelichter; Aphrodite aber stieg zur Küste nieder, und das Meer schloß sie in seine Arme, und als sie lächelnd dem Schaum entstieg, strahlte sie in unvergänglicher Schönheit.

Hephaistos ging nach Lemnos zurück. Er hängte das Netz in seine Werkstatt, Lächeln der Luft zum Lächeln des Feuers. – Seine Gesellen fanden sich ein; sie lachten und erzählten wie immer von ihren Taten auf ihren Weibern.

– Hephaistos hieß sie Gold herbeischaffen und sieden; viel Gold, er schmolz auch seine Krücken ein. – Am Amboß stand er in den Grund gekrallt. – Dann begann er ein Stück nur für sich zu schaffen.

Er hatte kaum die Form entworfen, da ereilten ihn Befehle des Vaters und Herrschers, aus dem Netz eine unzerreißbare Fessel zu schmieden, Spangen um eine linke und eine rechte Hand und einen linken und einen rechten Fuß und eine Zwinge um eine Hüfte, und der Schmied schmolz das Netz ein und schuf die Schellen, und dann, auf Befehl seines Vaters und Herrschers, und seinem Vater und Herrscher gehorsam, schlug er mit diesen unlösbaren Fesseln seinen Freund Prometheus an den Kaukasos fest.

Danach gewährte ihm Zeus, sein Werk zu vollenden.

Hephaistos schuf zwei goldene Frauen, die ihn statt der Krücken stützen, wenn er, die Zehen zu den Fersen gekrümmt, durch die Gänge und Gemächer der Burg hinkt. Sie stemmen ihre Schultern in seine Achselhöhlen, und er legt seine Arme um ihre Hüften, in denen die Wärme des Schmiedefeuers wohnt. Ihre Brüste gleichen den Brüsten der Schönsten, und sie lächeln auch das Lächeln der Schönsten, aber die Schönste ist schöner als sie. – Aphrodite berührt er nicht mehr, wiewohl er neben ihr liegt, wenn er in seinem Palast weilt, und auch an der Goldenen Tafel sitzt er an ihrer Seite. Dort heißt ihn der Vater und Herrscher bisweilen ohne die goldenen Leiber aufzuwarten, dann watschelt er, den unversieglichen Krug in den Händen, zum Gelächter der Hohen um die Tafel; und wenn er dann an sein Netz denken muß, zuckt das schwarze Feuer unter dem Zwerchfell bis hinauf in sein Gesicht. Dann mag es geschehen, daß der Vater und Herrscher zu lachen aufhört und voll Sorge fragt, ob der liebe Sohn und Künstler Hephaistos mit den Frohen in froher Runde nicht froh sein wolle, und da lachen die Hohen aus der sicheren Tiefe ihres unerschütterlich in sich ruhenden Gemütes, ein schallendes, langanhaltendes, herzliches Lachen, und Hephaistos, watschelnd, stimmt mit ein.

Baubo

Fragmente der Orphiker, 52

Goethe hat ihr im «Faust» ein Denkmal gesetzt: Sie führt
die Hexen auf dem Blocksbergflug an. Sie tut dies, so denken wir uns, in der Haltung, in der eine Plastik Spätroms
sie zeigt: nackt, auf einer trächtigen Sau, allein sie sitzt
nicht wie im Sattel, sondern wie auf einem Sessel, frontal,
dieweil das Tier im Profil geht, und die rechte Hand
spreizt, den Fuß umfassend, das rechte Bein weit vom abge-
winkelten linken, so daß sie offen zeigt, was Rock oder Sitz
sonst verbirgt. – Offenen Haars, so fliegt sie zum Blocks-
berg, auf einem Mutterschwein, die alte Baubo, und der
ganze Hexenhauf folgt ihr, und Faust und Mephistopheles
mittendrein.

Sie war in Eleusis aufgewachsen, oder in Sizilien, je nachdem, welchem Chronisten man folgen will. – Da wie dort
war sie Amme bei König Keleos, dessen ungeschlachte
Gören sie nährte. – Die Königin war schlank und zart;
ihr Name war Metaneira. – Der Mann der Baubo hieß
Dysaulis, was «der Schlechthauser» bedeutet; seine Hütte
war elend, wie alle Hütten in diesem armseligen Königreich, das eben erst lernte, Gerste zu bauen und den Schlaf
aus dem weißen Mohn zu ziehn. Auch der Palast war nur
eine große Hütte, holzen, vielpfeilrig, ein Abbild des Waldes, aus dem dies Königreich herauskroch wie aus einem
schützenden Bauch. Der Gürtel des Reichs waren schüttere
Felder, und ringsum ein wildes Blütenmeer.

Baubo hatte drei Söhne zur Welt gebracht; ein vierter,
Iakchos, war nicht der ihre, wiewohl er sich dann in ihr
aufhielt. – Sie erkannte die Fremde sofort, da die eintrat:
Demeter, die Kornmutter, die Große Göttin, deren Tau
alles Blühen hervorbringt, alles Reifen und Knospen und
jegliche Frucht. – Sie konnte niemand anders sein. – Sie
erschien als Alte, gekrümmt und wankend; der Palast erbebte, da sie nahte, und doch knickte ihr Tritt keinen Gras-
halm um. Auf der Schwelle wuchs sie bis zum Balken der

Hochtür, oder das Haus wurde klein vor ihr mit allen, die sich darin bargen; sie füllte sein Dunkel mit ihrem Dasein, und das Leuchten ihre Leibes erhellte den Saal.

Die Königin sprang von ihrem erzenen Sitz auf, ihn der Fremden einzuräumen, die aber blieb stehen und winkte ab. Sie erhob dazu nicht die Hand, ein Zusammenziehn ihrer Brauen, ihr Glutgesicht ging in Verdüsterung über, und dunkle Zeichen um Auge und Mund. – König Keleos sah sie als Verwirrter; er begriff weniger als sein Weib, wes Ranges die war, die auf seiner Schwelle ragte, allein er begriff, sie war eine der Andern, und er sah ihr Antlitz verfinstert: Hatte sein Haus, hatte sein Reich sie erzürnt? Auch er erhob sich, voll Grauen vor der Fremden, die immer noch über der Schwelle stand. – Schließlich rannte Baubo um einen Schemel aus Eichenholz; sie legte ein Widdervlies darüber, weißschimmerndes Haar; Demeter nahm Platz. Eine lange Weile saß sie schweigend, und die im Saal wagten nicht, sich zu rühren; sie standen mit gesenkten Köpfen und atmeten ohne einen Hauch.

Baubo wußte es sofort, wiewohl sie vom Sachverhalt gar nichts wußte. – Später stückelte sie ihn sich zusammen. – Sie hatte den gräßlichen Dreiklang gehört: den Aufschrei der Tochter, das Wehbrüllen der Mutter, und den dritten, furchtbarsten, den lautlosen Anruf, der gebietet, Gesicht und Gehör zu verhüllen, da einer der Hohen sein Werk betreibt, das, wenn sie es sähen oder hörten, Zeugen eine Untat nennten, allein da sie jenen Anruf vernehmen, sehen sie's nicht und hören sie's nicht und vergessen, falls sie gesehn und gehört; das mindeste ist, daß sie davon schweigen. – Hekate war Zeugin gewesen und schwieg, und andre ihresgleichen waren Zeugen und schwiegen: verängstigte Nymphen in Bach und Baum. – Ein Schweinehirt, Eubuleos, verfiel fast dem Wahnsinn, da er Zeuge geworden war. – Nur Helios hatte es so gesehen, wie er auch sonst das Geschehende sieht: unbeteiligt am Treiben tief drunten dies Treiben in sein Gedächtnis prägend und so lange darüber nicht schwatzend, bis daß man sein Wort als Zeugnis begehrt.

Ohne Augenzeugin gewesen zu sein, wußte Baubo von Anfang an, was geschehn war: Ein Mädchen schreit nur so im schrillsten Entsetzen, da es begreift, daß der Tod es hinabreißt, und eine Mutter verfällt nur in solches Brüllen, da sie ihr Kind verloren weiß. – Demeters Tochter, ihr Einziges, hieß Kore, das vom Kind zur Jungfrau erblühende Mädchen, und Baubo sah Demeter als Kore, oder besser: Kore in Demeter, und da begann die Hohe zu weinen, und als Baubo ihr eine Schale Milch bot, schüttelte sie nur stumm den Kopf. – Sie weinte lange. – Dann trocknete sie mit der Hand die Augen, und da hörten alle im Saal das Knistern: das, was der Erde entsproß, dorrte aus.

Der Wald hielt sein Grün noch; die Gerste verbrannte: zart, wie sie im Mai wuchs, wurde sie braun, und die Blumen verwelkten zwischen Morgen und Mittag. Das Gras, im frischesten Schwellen, vergilbte; was Knospe war, wurde hornig und hohl, totes, klapperndes Gehäuse schon im Keim erstorbener Samen. – Der Boden lag schutzlos, seine Feuchte verdampfte. – Die Bienen taumelten nach Nektar; die nackte Erde begann zu zerklaffen, und auf der Dörrnis erschienen Schlangen, Giftknäuel in der Glut, die das Land überzog.

Der grausamste Sommer des Landes hob an.

Da die Pflanzen im Mai zu vertrocknen begannen, wußten alle, wer in der Königshalle auf dem Schemel aus Eichenholz saß, ohne Trank und Speise, und auch ohne Tränen, hochaufgerichtet, gramdüster und stumm. – Da sie es wußten, begannen sie zu flehen: Sie lagen, Asche im Haar, auf den Knien, die Frauen mit zerkratzten Brüsten, und ihr Geheul verscholl im Stummsein derer, die schon zu verschlossen für Worte war. – Sie flehten: Sei auch im Leid uns gnädig! – Die Trauernde schwieg. – Sie flehten, welches Opfer genehm sei; sie hätten ihr eigenes Kind angeboten; die Trauernde winkte nicht einmal ab. – Sie flehten zu ihr: «Hohe Mutter!», und da durchzuckte Zorn die Trauer, und die Flehenden brachen erschrocken ab, voll Furcht, des Unheils werde noch mehr.

Natürlich, der Leib verlangte sein Recht, sie mußten schlafen und trinken und essen und mußten ihre Notdurft verrichten, und zu allem dem stahlen sie sich hinaus. – Die Göttin verharrte, schweigend und schwer. – Es waren, die Hohe nicht etwa zu kränken, nur die Vornehmsten der

Waldbehauser im Saal, flehend, oder stumm am Boden, bis
eine Not sie ein Weilchen davonzwang: der König und die
Königin, ihre Söhne und die Großen am Hofe, die, denen
der Mohn und die Gerste gehörten, die indessen draußen
zerfiel. – Was diente, kam nicht einmal zum Dienst in den
Saal: Vordem hätte man nichts dabei gefunden, wenn auch
Mägde und Knechte ums Herdfeuer hockten; es war eben
ein ärmliches Waldkönigreich. – So blieb auch Baubo
nicht in der Halle, und auch draußen hielt sie keine Pflicht:
Sie war zu alt, noch nähren zu können, und die Prinzen
längst schon der Brust entwöhnt. Sie ging also hinaus und
stand wie unentschieden, noch immer betäubt von dem
lautlosen Anruf, der gebot, Auge und Ohr zu verschließen;
sie spürte ihn als merkwürdige Starre, die auch dem Denken auszugreifen verwehrte, und so kam es ihr nicht in den
Sinn, einen Trost der Untröstlichen zu versuchen, wiewohl sie doch bei deren Eintritt das einzig Richtige getan,
da sie der Göttin des Blühens und Reifens einen Schemel
aus Eichenholz statt des ehernen Throns zum Sitzen angeboten; ja es war nicht einmal ihre Neugier geweckt, dem
genauen Hergang des Raubs nachzuforschen.

Und was hätte sie mit den Mägden zu schwatzen?

Es trieb sie, zu ihrem Jüngsten zu gehn.

Baubo, wir sagten es schon, hatte drei Söhne geboren:
Triptolemos, der ein Rinderhirt wurde, wiewohl er sich
zum Krieger berufen fühlte, Eumolpos, den Schafhirten
mit der schönen Stimme, und Eubuleos, den Schweinehir-
ten, einen frischen, verträglichen, fröhlichen Jungen, der
um einen Scherz nie verlegen war. – Er hauste am Wald-
rand; sie traf ihn nicht an. – Sie entsann sich, daß seine
Herde manchmal in der Blütenwildnis wühlte, nach Würmern und Larven und Engerlingen, an den Wurzeln des
Farns und der Lilien. – Nun, die Blütenwildnis war gewißlich dahin, wie die Gerste und der Mohn dahin waren, vielleicht aber waren die Würmer geblieben und wenigstens
die Schweine fanden noch Nahrung, da Rinder und Schafe
schon schmachteten.

Baubo machte sich auf den Weg.

Sie ging durch eine wachsende Wüste; Knirschen und
Knistern unter dem Fuß. – Die Blütenwildnis ein zerbrök-

kelnder Teppich; nur fern, in unvermindertem Prangen, eine feuer- und finsterrote Blume, mehr Gesträuch als Blume und dennoch Blume, groß, vielköpfig, unbegreiflich üppig und unbegreiflich drohend zugleich. – Todkündendes Rot. – Daneben saß einer, den Baubo erkannte, wiewohl sie nur seinen Rücken sah; der immer Fröhliche hielt den Kopf in den Händen vergraben, und zu seinen Füßen klaffendes Schwarz. – Die Herde war verschwunden. – Baubo fand ihren Jüngsten dem Wahnsinn nahe, ausgezehrt und zum Schatten gemagert; er heulte leise in sich hinein, Versickern einer erschöpften Klage, die den Leib schon nicht mehr erbeben machte; er saß reglos, wie mit der Erde verwachsend, doch als Baubo, nach vergeblichem Anruf, sacht an seine Schulter rührte, schnellte er hoch, wie von einer Viper gebissen, und wand sich dann schreiend am Rand der Schlucht.

Diese Schlucht, Baubo hatte sie vordem nie gesehen; ihr entsproß auch die nie noch gesehene Blume, sie senkte ihre Wurzel in dies grundlose Klaffen, das so breit war, daß kein Pferd darübersetzen konnte; die Erde schien bis durchs Zwerchfell zerrissen; die Tiefe verlor sich in finsterster Nacht. – Unmöglich, diese Schlucht je übersehen zu haben, sie war nicht eine bloße Vertiefung im Boden, sie führte in ein anderes Reich. – Also war Kores Räuber nicht Zeus gewesen, wie Baubo es anfangs zu wissen geglaubt, sondern der, dessen Namen man nur ausspricht, wenn man dabei den Kopf abwendet: der Schwarze, der Herrscher über die Schatten, Hades, der König der Unterwelt. – Wie aber konnte Zeus dies dulden? Demeter war seine Schwester, Hades beider Bruder, und man wußte, Zeus selbst hatte Kore gezeugt. – Oder war der Entführer eines der im Erdreich eingeschlossenen Ungeheuer, die Gaia ausgebrütet hatte und die sie nun wieder in ihrem Bauch trug, dies Gezücht der Drachen, Hydren und Schlangen, fünfzigköpfig und hundertbeinig, deren Abbild die Blume schien, prangend in allen Farben des Mords? – Aber wie hätte wiederum Hades geduldet, daß Solche durch sein Reich gefahren? Und sie hätten sich auch, diese Ungeheuer, niemals nur mit dem Mädchen begnügt, sie zögen jetzt, das Land zermalmend, als schnaubender Heer-

wurm zum Olymp, die Macht des verhaßten Einen zu brechen, der sie, die doch auch dazusein begehrten, in die fin-
sterste Finsternis gezwungen, und Gaia selbst wäre die erste
gewesen, die ruchlose Nachkomme zu entthronen, die sich
als neue Hohe Mutter an die Stelle der Großen Uralten
geschoben –: nein, der Räuber konnte nur Hades sein!

Baubo, all dies mehr wissend denn erwägend, kniete
längst neben dem immer noch Schreienden; sie hatte ihn
von der Schlucht weggewälzt und sprach nun leise auf ihn
ein, in dem Singsang, in dem sie die Prinzlein beruhigt,
wenn die aus Alpträumen aufgefahren; sie hielt seinen
Kopf in ihrem Schoß und wiegte ihn und summte dazu,
und allmählich wurde der Geschlagene ruhig, und schließlich schlief er für kurze Zeit ein. – Erwacht dann konnte
er etwas stammeln, zwei Worte zumeist: «das Mädchen» –
«der Schwarze», und einmal schrie er: «Wo sind meine
Tiere?», und dann murmelte er: «hinab, hinab».

Allmählich stückelte es sich zusammen: Kore hatte in der
Blumenwildnis gespielt, mit Nymphen, auch mit Okeani-
den, die vom Meer der schäumenden Wogen ins Meer der
schäumenden Blüten geeilt. – Der Hirt war unbemerkt geblieben: in seiner Scheu, sich denen zu zeigen, deren Anderssein zu dem seinen er spürte, hielt er sich in gebühren-
der Ferne, und auch seine Tiere witterten dies Andre und
scharten sich hinter ihren Herrn. Der war – Baubo hatte
daran keinen Zweifel –, wenngleich leiblich fern, mit den
Blicken doch nah und mit seinem jähen Begehren auch. –
Die Amme lächelte, da sie daran dachte; ihr Ältester, Triptolemos, wäre da nicht so zurückhaltend gewesen, aber so
innigen Verlangens voll auch nicht, und der Schafhirt hätte
sich zu den Mädchen gesellt und ihnen in aller Arglosigkeit
zum Kränzewinden ein paar Lieder gesungen. Baubo kannte
doch ihre Söhne; sie sah den Milchbart bäuchlings im Blühen, vor ihm eine freigebrochene Sichtbahn, und er voll
Entzücken über die Holden, die, trotz ihrer maihaften
Kleidung, zwischen den offenen Kelchen und Rauten das
geheimnisvoll Verschlossene waren, doppelter Anreiz für
den Späher, seine Verzückung durchzukosten.

Und dann jählings die Blume, aus heilem Grund noch,
allein da begann die Zeit schon zu rasen und sich wohl auch

46

zu überstürzen: das Aufschießen der Blume, das Aufjauchzen Kores, und schon liefen sie aufeinander zu, das Mädchen zur Blume, und die Tiere zur Blume, herauf die eine, hinab die vielen –: Die Tiere waren nicht zu halten; sie rannten, als habe ihr Herr sie gerufen, der wahre Herr, nicht der armselige Hirt. – Kore lief allein; die Gespielinnen verharrten, vielleich war dies schon der herrische Anruf, sich nicht ins Tun dessen einzumengen, der da durch die Erde herauffuhr, wie diese Blume heraufgefahren, nach der Kore nun die Hand ausstreckte, aber da klaffte auch schon der Abgrund: zwei Rosse, der Lenker, in so strahlender Schwärze, daß es das Auge nicht ertrug. Der Schweinehirt sah nur noch seine Tiere, wie sie sich in den Abgrund warfen, hinab in die Spur des Aufgefahrenen, in wildester Wollust hinab, hinab. – Kores Schicksal vermochte er nicht mehr zu schauen, da brannten schon seine versiegenden Augen, er hörte nur noch das Entsetzen schrillen; und dann fand er sich am Rande des Abgrunds, in den Händen der Mutter, und konnte nicht sagen, wie er dorthin gekommen war.

Da ihr Kind nach diesem Gestammel sich weiter beruhigt zu haben schien, betrachtete Baubo die niegesehene Blume: langgezogne, Muscheln ähnelnde Kelche, zartschimmerndes Rosigsein nahe dem Boden, gestocktes Schwarzrot an der Spitze, die sich kronenartig wölbte, und dazwischen das Locken und Drohen des Blutes, wie es hell aus den Wunden der Männer und dunkel aus der Wunde der Frauen quillt. – Ein herbsüßer Duft. – Die Blume war mannshoch, ihr Stengel schuppig und die Breite eines Handgelenks stark: undenkbar, daß sie so schnell erblüht war, sie war schon entfaltet durchs Erdreich gefahren, von einem unsichtbaren Panzer umgeben, der den härtesten Stein durchstieß. Baubo empfand eine schwellende Lust, Stengel und Blüten zu berühren; sie streckte die Hand aus, da sah sie die Wurzel; schuppig, smaragdschwarz und unverzweigt in die grundlose Tiefe sich senkend, und da, endlich zu sich gekommen, zog die Amme ihre Hand zurück, und plötzlich sah sie das Klaffen zur Gänze, als wäre sie in Höhen entrückt: muschelig, offen, der Schoß der Erde, als habe Gaia sich schamlos entblößt, die Ur-Alte, dem Ur-Abgrund verbunden, dem Tartaros, der Ur-Unterwelt, dem sie die Monstren der Kyklopen und das Monstrum Typhon geboren, Kinder, die sie freilich auch wieder verleugnet, ja gegen die sie zu Feld gezogen, mit den neuen Göttern, denen vom Olymp, ihren Ur-Enkeln, zu denen auch Demeter gehörte – da hatte die Alte in ihrem maßlosen Gebären den Verrat aus sich hervorgetrieben, wie sie, auch ohne zeugenden Samen, wahllos und wider jegliche Ordnung die wüstesten Geschöpfe aus ihrem Schoß warf, bis vom Olymp her die Neue erschien, dem Wachsen und Reifen sein Maß zu setzen – und da, angesichts des offenen Schoßes der Erde, wußte Baubo, wie Demeter zu trösten war.

Sie wußte es freilich erst ganz tief innen; im Bewußtsein war noch nicht einmal ein Ahnen, nur ein heftiger Drang: Zurück in den Palast! – Vorher, und noch da sie die Blume betrachtet, wollte Baubo ins Haus ihres Jüngsten, wo immer ein Plätzchen für sie bereitstand; nun trieb es sie in den Palast zurück, wiewohl sie nicht hätte sagen können, was sie dort zu tun gedachte, gesetzt überhaupt, man ließe sie ein. Ganz dumpf war auch Furcht da vor diesem Zurück, aus dem langsam sich formenden Ahnen wachsend, es werde ein Tun von ihr verlangt, weit über ihre Kraft hinaus; und was geschah, wenn das mißlang, von dem sie vorerst nur fühlte, *sie* müsse es tun? – Seltsam, dieser Gedanke war von allen zuerst da, als Bild, das plötzlich ins Auge schoß: Sie sah sich in der Halle stehen, vor der Göttin, die sie unwillig ansah, um dann, mit einem strafenden Zucken der zornig verdichteten Augenbrauen, die Zudringliche zu verwandeln, in eine Ratte oder in eine Eidechse, fleckig, nackt und stets auf der Flucht. – Dennoch trieb es sie in den Palast. – Sie wandte sich zu ihrem Jüngsten und schauderte: Der Schatten der Blume lag auf seinem Gesicht, und in diesem Schatten erschien es wie Eisen, schwarz, grausam, fratzenhaft und wüst. – «Steh auf!» rief sie; er torkelte hoch. – «Komm!» sagte sie, und er trat zu ihr, und da sah sie erst, wie ausgezehrt er war.

Sie legte ihren Arm um seine Schulter.

«Meine Tiere», stammelte er, «meine Tiere!»

«Sie sind unten», sagte Baubo, «bei ihm.»

Jetzt endlich begriff auch Eubuleos. – Sie, die er «meine Tiere» nannte, gehörten ihm nicht als Eigentum, sie waren ihm anvertraut, daß er sie weide; bisweilen verlangte man eines als Opfer, und er wußte, wem dies Opfer galt: den Nächtigen, den hetzenden Schwestern, die den Frevler gleich zischenden Schlangen jagen, oder Hekate und ihrem unholden Schwarm, den Hexen und mächtigen Zauberinnen, und vor allem dem Zeus der Unterwelt, dem, dessen Namen man nur ausspricht, wenn man dabei den Kopf abwendet.

Eubuleos wandte den Kopf ab.

«Hades?» flüsterte er.

Baubo nickte.

Sie schritten langsam zum Wald zurück, dem nun, nachdem sie ihr Grün verloren, die Blätter und Nadeln wie Schuppen abfielen, ein schmutziggrauer, stäubender Schleier, der raschelnd um sterbende Stämme wallte. Eubuleos ging durch das verdorrende Land, als nähme er die Verheerung nicht wahr; das Verhängnis schien ihn nicht zu berühren, er fragte nichts und sagte nichts, er wankte dahin, an der Schulter der Mutter, die ihn ihrerseits führte, ohne etwas zu erklären, und da sie wer weiß wie lange so ging und schwieg und sich in den Palast hinein dachte, in ihr immer mehr sich verdunkelndes Müssen, kam es ihr plötzlich in den Sinn, daß Demeter von dem Raub noch nichts wisse und wohl der Überzeugung sei, ein wildes Tier habe Kore verschlungen. – Gewiß, das Mädchen war unsterblich, aber das schützte sie nicht davor, von wilden Tieren gefressen zu werden, sie würde erst nach deren Tod unversehrt dem verwesten Stoff entsteigen, oder müßte vorher ausgespien werden, oder sonstwie aus dem Leib gestoßen: auch das sterbliche Leben hat seine Macht. – Unsterblichkeit machte auch nicht gefeit gegen ein Versinken in Moor und Seen, darinnen man dann gefangen saß, gegen ein Entführtwerden durch rasende Winde, gegen betäubende Stürze oder geheimnisvollen Zauberschlaf. – Demeter, so dachte sich's Baubo mit dem sicheren Zugriff der erfahrenen Amme, Demeter hatte den Aufschrei gehört und war durchs Land geeilt, Kore zu suchen, und hatte gefragt und um Auskunft gefleht, fassungslos erst, dann ratlos, dann kopflos, doch alle Befragten hatten nur angstvoll die Schultern gezuckt und hatten geschwiegen, auch Eubuleos, wie es sich jetzt erwies. – Ja, jemand wäre wohl zu ihm getreten und hätte nach dem Mädchen gefragt, gestand er aufs dringende Forschen der Mutter, ja doch, eine Frau wohl, in schreiender Eile, weiter erinnere er sich nicht, nur eben, daß sie wie ein Stier geschrien, und dann noch, daß sie über den Abgrund gesprungen, als wäre der nur einer der Gräben, die ein Eber ins Erdreich wühlt.

Dies also, dachte Baubo, müsse sie tun: der Göttin den Namen des Räubers melden, doch kaum, daß sie diesen Vorsatz gefaßt, schrak sie auch schon vor ihm zurück. Es war nicht so sehr jener lautlose Anruf, der sie ihren Plan so brüsk abschlagen hieß, es war ein Erwägen ganz anderer Art: Wenn Demeter den Namen des Räubers erfuhr, würde sie in die Unterwelt eilen oder zu Zeus auf den Olymp, da wie dort sich in zähe Händel verwickelnd, in Zwiste, Verhöre, langwierige Prozesse, und indessen starb auf der Erde das Leben, weil der Wald starb, der letzte Hüter des Grüns. Noch waren die Moose nicht vertrocknet; zerstäubten auch sie, war das Ende da. Also müßte man Demeter trösten, ohne ihr das Geschehene zu berichten, was hieß, ihr ebenden Trost vorzuenthalten, nach dem sie stumm so haltlos schrie. Aber wäre dies wirklich ein Trost, die einzige Tochter beim König der Schatten zu wissen? – Baubo war verwirrt wie nie. – Sie hatten jetzt den Waldsaum erreicht; Eubuleos strebte nach Hause; die Mutter ließ ihren Arm von ihm, hier konnte ihm kein Leid mehr geschehen. Rechter Hand ging der Pfad zu des Jüngsten Hütte; Baubo sah ihrem Sohn nicht nach. Fern hoben die Tiere zu heulen an, Rehe und Wölfe, Hirsche und Bären, voll Todesangst in dem kahlen Grau unter der unbarmherzigen Sonne.

Baubo eilte in den Palast.

Sie riß die Tür auf, es wehrte ihr keiner, und was sie sah, entsetzte sie so, wie es sie anwiderte und empörte: Da lagen sie winselnd auf dem Boden, lebendige, blutdurchpulste Menschen, lagen da, als ob sie Leichname würden, die Haare zerrauft, die Brüste zerfleischt, graue Asche gleich getrockneter Trübsal über ihre Leiber gestreut, und dies vor der Göttin des Blühens und Reifens, der Großen Mutter der

Fruchtbarkeit. – Es war ekelhaft, einfach ekelhaft. – Was Baubo erblickte, war das schlechthin Obszöne, das, was die Natur der Gottheit beleidigt, in deren Bannkreis man sich bewegt. – Sie hätte in den Hades gepaßt, diese Trauer; hier war sie schmutzig, weil am unrechten Ort, eine Besudelung wie diese wimmernden Bitten, die einzig nur bewirken konnten, daß die Göttin sich tiefer in sich verschloß.

Sahn sie denn nicht, daß die Blühende versteinte?

Ach, sie preßten die Köpfe ja in den Boden, und ihre Augen starrten von Salz und Staub.

«Mütterchen», rief Baubo mit schmeichelnder Stimme, in der ein leises Schmollen schwang, gerade so viel, als Ammen sich vor der Herrschaft herausnehmen dürfen: «Mütterchen, Mutter, du Ewig-Junge» – und Baubo lüftete ihr Gewand und schürzte es bis über den Nabel –, «du Blühende, Schöne, sieh dir das an!» – Die am Boden hörten es mit Entsetzen; wiewohl sie doch schon hingestreckt lagen, schienen sie sich ob solchen Erdreistens zu ducken, und so hinderte keiner, was nun geschah: Baubo hob ihren Chiton hoch, das Leinenhemd, wie Frauen es trugen, schürzte es bis unter die Brüste, und: «Blühende», sprach sie, «schau dir dieses Ding an», und sie wackelte mit dem entblößten Bauch, schwang ihn, den dicken, braunfleckigen, faltigen, über den dicken, faltigen Schenkeln und schwenkte ihre Mitte vor den Augen der Göttin, beim Namen nennend, was sie da zeigte: diese Haare, und diesen Hügel, und diese Wülste, und diese Lippen, und diese Höhle, und diese Mündung, und über dem klaffenden Schlund diesen Stempel, der, bei jungen Frauen ein rosiges Knöspchen, bei ihr beinah als ein Daumenglied ragte, fleischiggrau nackt, ein wakkelnder Wächter, und sie wiederholte: «Sieh dir das an!» Und da geschah es, daß die gramschweren Augen, die teilnahmslos schon zu erkalten schienen, zu sehen begannen, was Baubo ihr zeigte und was man im Alter doch ängstlich verbirgt: diese struppigen, spröden, weißgrauen Haare, diesen mürben Hügel, diese runzligen Wülste, diese gähnende vertrocknende Höhle und dieses nackten fleischernen Stempels ohnmächtig letztes Aufbegehren wider das Gesetz der Zeit, und Baubo, in den Blicken der Göttin fühlend, daß deren Augen sich erwärmten, ließ Bauch und

Schenkel hurtiger tanzen, um ihr schrumpliges Leibloch, das sie noch spreizte, daß man sähe, wie tief hinab es dorre, und es war kein Makel in ihrem Tun, sie war auch jetzt nur die sorgende Amme, die weiß, welche Tröstung notwendig ist.

«Ach du süße, nie welkende Mutter», sprach sie, «heiliges Schwellen, ewiges Reifen, sieh, so geht es uns sterblichen Weibern, die wir lebenden Leibs in den Tod hinein trocknen wie eine Weinbeere auf der Darre, aber darf es dem Grün und dem Blühen so gehen, deiner Welt, die jung ist, wie du es bist, Mutter» – und Baubo, im Wackeln schwer atmend und schnaufend, schüttelte ihr Haargestrüpp –: «Willst du wirklich dein blühendes Reich zu solch einer greulichen Ödnis verdammen? Sollen deine Wälder und Wiesen nie mehr ein Bett sein? Deine Gerste nie mehr sättigende Nahrung? Und dein Mohn nie mehr lösender Schlaf?»

Und sie setzte, alles wagend, in unverschämtem Schmollen hinzu: «Hör mal, das kannst du doch nicht mit dir machen!»

Denen am Boden verschlug es den Atem: sie waren, nun den Fluch der Gottheit auf ihr eigenes Haupt und Haus erwartend, nicht einmal mehr zu flehen fähig, so daß man das Stäuben der Blätter hörte und das Heulen der todbangen Tiere, und die Göttin sah über Baubos Schultern durch das offengebliebene Tor und sah ihre Welt ins Sterben gestürzt, und sah wieder dies Ding, das die Alte ihr zeigte, und sah es voll Rührung, ein drolliges Schmachten und zugleich ein ungeheures Zeichen, und spürte, ein wenig die Glieder lösend, die süße Vollkommenheit ihres heilen, göttlichen, nie alternden Leibes und spürte im Verlangen des Schwellens auch das Schwellen ihres Verlangens und fühlte ihre Brüste sich straffen und spürte wieder Blut und Begehren, und da trafen sich ihre Blicke, Blick der Sterblichen, Blick der Göttin, beide einer Mitte entstammend, und Baubo sah in den unsterblichen Augen den Schimmer eines Lächelns erblühen, in dem die Welt genesen konnte, und da lächelte auch sie, wie Ammen halt lächeln, wenn ihnen ein schwieriges Werk gelungen, und in diesem Lächeln war sie schön.

Sie war schön, wie sie nun dastand, die Altgewordne; das

Lächeln strahlte aus ihrem Leib: dem schmollenden Mund, den gewaltigen Brüsten, die der geraffte Chiton verdeckte, dem nackten, dicken, noch wackelnden Bauch, den nackten, dicken, massigen Schenkeln und dem nackten sehnsüchtigen Geschlecht, das sich wehrte, dem Gesetz der Zeit zu erliegen, dem es doch schon erlegen war, und nun geschah das Ungeheure: Baubo spürte, wie ihre Höhle sich füllte, was trocken starrte, begann zu schimmern, geschmeidig, in allesbelebender Feuchte, und die Alte spürte, daß sie empfing und gebar. Es regte sich in ihrem Schoß, nicht ihr Verlangen, ein anderes Wesen, das in ihr da war und wuchs und ans Maienlicht drängte, in dem die Große Mutter saß. Ihr Bauch verwehrte Baubo, alles zu sehen, was da unten mit ihr vorging, doch da sah sie's in den spiegelnden Augen Demeters: Ein Knäblein war da, tief in ihrem Schoß, sie spürte es zappeln und spürte es strampeln, und das Knäblein streckte die Hände ins Freie und griff in das dichte buschige Haar und zog sich daran ein Stückchen näher dem strahlenden Blick der Göttin zu, so daß nun sein Köpfchen an den Tag trat, ein samtäugig lugender Lockenkopf mit Spitzbubenlippen und stupsiger Nase, die sich rümpfte, als ob sie niesen müsse in diesem Staub aus Asche und Trübsal, und da lachte die Göttin, ein Schneeglöckchenlachen, ein Veilchenlachen, ein Pfingstrosenlachen, schallend, daß Halle und Wald erbebten, und jetzt wußte Baubo den Namen des Knaben: Iakchos war da, das göttliche Kind, von jeder Mutter aufs neue geboren, das Kind Demeters und nun das Kind Baubos, und dereinst auch einmal das Kind Kores, und zugleich der Gott, der auf einem Schiff fährt, darauf Wein wächst und der Panther mit Schafen spielt.

Iakchos war da, und Iakchos war ein Knabe; er griff nach dem daumengliedgroßen Stempel und schaute ihn an und streichelte ihn und schnalzte fröhlich mit der Zunge und begann dann wie an einer Brust zu saugen, und Demeter saß von Lachen geschüttelt, und ihr Lachen durcheilte Felder und Wiesen, und siehe, was gilbend war, ergrünte, und das Lachen benetzte die rissige Erde, und aus ihrer Feuchte sproß Korn und Gras.

Die am Boden hörten Demeter lachen, ungläubig zuerst,

dann in jäher Hoffnung und schließlich in demütiger Gewißheit, ihr Flehen habe die Göttin erweicht, bevor deren Trauer die Welt zerstörte. Langsam erhoben sie sich vom Boden, stückweis, erst den Kopf, dann die Brust, dann die Knie, zuletzt wagten sie den Blick zu erheben und sahen gerade noch diese schamlose Alte ihren Chiton über die Blöße streifen; das Knäblein sahen sie schon nicht mehr. Iakchos war fort, wie er angekommen, in stiller, verzückt sich sammelnder Jähe, doch auch Demeter war nicht mehr im Saal, sie war hinausgestürzt, ihre Geschöpfe zu grüßen, und da sah sie im jauchzenden Grünen und Blühen Triptolemos, den Rinderhirten, der eigentlich Krieger werden wollte und Herz und Geist eines Kriegers besaß. Sie sagte nichts; ihr Blick genügte, und Triptolemos, vor der Göttin erschauernd, gehorchte in dem Maß, wie er Eroberer war.

Drinnen säuberte man indes die Halle, die Mägde waren hereingerufen und wuschen und schrubbten die Asche vom Estrich und von den Leibern der Flehensgemeinschaft; die Frauen begannen ihr Haar zu strählen und salbten die zerfleischten Brüste, und die Männer ordneten Wurf und Falten ihres zerknautschten Wollgewands. Die Knechte eilten ins Vorratsgewölbe und kehrten unter Lasten keuchend zurück; die Tafel begann sich gewaltig zu füllen, Gerstenbier in irdenen Krügen, und was sich an Fleisch und Früchten fand. Dann streckten sie, die vor den Tischen harrten und vor Hunger fast so wie vor Glück vergingen, betend ihre Arme aus und luden die Mutter in ihre Mitte, und siehe, Demeter betrat den Saal, hochaufgerichtet, leuchtenden Leibes, das Haar gelöst und die Wangen glühend, sie atmete in heftigen Zügen, und auf dem Rücken ihres Gewandes, das eine gerstenrötliche Borte umsäumte, klebte Erde des dampfenden Felds.

Der eichene Sessel, das Widderfell.

Die Hohe nahm Platz wie auf einem Thron, die Königin Metaneira zur Linken, den Waldkönig Keleos zur Rechten, und irgendwo bei dem Knechtsvolk Triptolemos.

Welch ein Festmahl!, zweiundzwanzig Gänge; der Schafhirt Eumolpos sang all seine Lieder, dann bot man der Göttin das Gastgemach und bat sie, den Sommer über zu bleiben, allein da drängte sich Baubo heran und flüsterte in

Demeters Ohr; sie erzählte, was ihr Jüngster berichtet, und die Göttin fuhr hinauf zum Olymp. – Zwei geflügelte Schlangen trugen sie. – Was dann droben geschah, ist wohlbekannt: Zeus hatte von dem Raub gewußt; er hatte Kore dem Bruder zugestanden und ihn frei gewähren lassen, und nun gestand er der Schwester zu, Kore wieder zu sich zu holen, vorausgesetzt, die Jungfräuliche habe drunten jegliche Speise verschmäht. – Sie hatte es nicht. – Sie war Persephone geworden, sie hatte von einem Granatapfel gegessen und war nun die Königin über den Schatten, thronend zur Linken des finsteren Hades, und man weiß, wie die Affäre ausging: Ein Drittel des Jahres weilt Kore unten, gnadenlos grausame Herrscherin, finsterer noch als ihr finsterer Gatte, dann steigt sie, unschuldsfrohes Mädchen, auf einem Wagen mit schneeweißen Rossen zu ihrer Mutter ans Licht empor.

Doch das ist, wie gesagt, schon eine andre Geschichte; Homer, der blinde, göttliche Sänger, hat ihr einen großen Hymnos gewidmet, und sie wurde nach ihm dann noch oft erzählt. Was man kaum weiß, ist die Geschichte derer, ohne die unsre Welt zu Asche gebrannt wäre, deren Namen jedoch fast niemand mehr kennt. – Man wußte ja von Anfang an nicht, wem man die Tröstung Demeters verdankte, oder besser: man wußte es falsch. Man pries da vor allem Metaneira, die Zarte, die sich am flehentlichsten die eigene Brust mit den Nägeln zerkratzt, und natürlich König Keleos, den zu rühmen es keiner Begründung bedurfte. Baubo zu danken, daran war nicht zu denken, es wäre als blanker Hohn erschienen – sie hatte doch die Göttin vertrieben, da sie in lästigster Zudringlichkeit nach dem Festmahl ihr etwas ins Ohr geflüstert, vielleicht Verleumdungen, vielleicht Lästerungen, jedenfalls solcherart Frevelhaftes, daß die Hohe davongestürzt war, um nie wieder das Waldkönigreich zu besuchen; und zuvor hatte diese Amme mit ihrem schamlosen Gebaren das Flehen der Hohen beinah unwirksam gemacht. – Schamlos nicht, daß sie sich entblößte, sondern Häßliches entblößte; schamlos nicht das nackte Geschlecht, sondern das nackte Altgewordne, schon der Nacktheit des Todes verwandt. – Beim Mahl hatte man sie noch geduldet, es stand ja im Zeichen von

Versöhnung und Freude, und vielleicht hätte man ihr sogar verziehen, doch nach dem Weggang der Göttin verstieß man sie, und sie hatte dankbar zu sein, daß sie nicht gesteinigt wurde.

Sie ging nach der Hütte ihres Jüngsten, diesmal um dort für immer zu wohnen, auf dem Altenteil, das für sie bereitstand, allein Eubuleos, schwarz im Gesicht, war der Schrekken seiner Umwelt geworden, er lauerte den Mädchen auf und sprang sie an und warf sie zu Boden, und als die Männer anrückten, ihn mit Keulen zu züchtigen, rannte er zu der blutroten Blume und schrie in den Abgrund, daß Hades ihm helfe, der Gott, der ihm das Vorbild gegeben und der ihm die liebe Herde geraubt, und da er also rechtend schrie, riß ihn eine unsichtbare Hand in die Tiefe, und mit ihm fuhr auch die Blume hinab. Nun hütet er drunten des Königs Schweine, und man raunt, daß die finstere Königin ihn mit ihrer Gunst beglücke.

Baubo ging zu Eumolpos, dem lieblichen Sänger, aber der verschloß ihr die Tür; er wollte weiterhin an der Tafel des Königs singen, und dies Amt vertrug solche Mutter nicht. So wollte Baubo zu ihrem Ältesten gehen, dem Rinderhirten Triptolemos, allein der wanderte schon durch die Lande und versuchte Demeter wiederzufinden, auf dem Bett der Wiesen und Felder, und man sagt, daß ihm das noch einmal gelang und daß die Göttin ihn mit dem Pflug beschenkte, der damals den Menschen noch unbekannt war. So hauste Baubo allein im Wald und war bald als Hexe verschrien, die alte, häßliche, schamlose Vettel, begierig, alle guten Werke zu stören, Segen in Schaden zu verkehren, die Milch in den Eutern versiegen zu lassen, mit Hagel und Hitze das Korn zu vernichten, unschuldige Knaben zu verderben und Jungfraun vom rechten Pfad abzubringen, und da sie nun einmal als Hexe galt, beschloß sie endlich, das auch zu sein. So lief sie denn mit Hekate mit, der ruchlosen, schwarzen Zauberin, von der keiner mehr zu wissen wagte, daß auch sie, die nachts zwischen Grabsteinen umging oder heulend über die Kreuzwege hetzte, eine Tochter der Demeter war, ja vielleicht Demeter selbst.

Allein auch aus diesem furchtbaren Schwarm verlor sich mit der Zeit Baubos Name, der nichts Andres als «Bauch» bedeutet, würdig zwar ihrer Schamlosigkeit, aber zugleich doch auch viel zu alltäglich, um in der Erinnerung zu bestehn. Nur die Musen wußten von ihrem Verdienst und sagten davon dem Sänger Orpheus, daß er bewahre, was Wahrheit war. Von seinem Gesang sind nur Fetzen erhalten, doch einer dieser Fetzen erzählt von der Alten, die «Bauch» hieß und ihren Bauch entblößte, wie eine Statue Roms es dann zeigt. Jahrhundertelang blieb Baubo vergessen, erst Goethe hat ihr wieder ein Denkmal gesetzt: Sie führt, nackt auf einer Muttersau reitend, die Hexen auf dem Blocksbergflug an.

Wer sich als Faust fühlt, fliege ihr nach.

Hera und Zeus

Was vorausging: gleichgültig. – Im zehnten Jahr war Zeus
des Schlachtens müde geworden, und er beschloß für Troja
den Sieg. Warum für die Stadt? Abermals gleichgültig; er
war niemandem Rechenschaft schuldig, aber vielleicht die
Erinnerung, daß sie gleich ihm der Insel entstammte. Man
erzählt auch von einer glatten Hand, die seinen Bart bei
einer Bitte kraulte, das mag zutreffen oder nicht, was einzig
wog, das war sein Wille. – Er setzte sich auf den Berg Ida,
zur Rechten die Stadt, zur Linken die Schiffe, und befahl
den Göttern, die da wie dort in den Reihen der Sterblichen
stritten, das Feld zu räumen und nur noch das Schicksal
walten zu lassen, das teilnahmslos, drei weißgekleidete
schreckliche Schwestern, zwischen den Gletschern und
Sternen schwebt. – Sie waren, die Moiren, nicht dawider
gewesen, daß der Wille des Götterbeherrschers gelte, wenn
bis zum Abend kein andrer den seinen bezwang. – Genug
der Greuel, genug der Verwirrung, die nun schon die Götter bis ins Würdelose befallen hatte, und zum Trotz gerade
ihren Mächtigen: Trojas Sieg! – Hier, am Berg Ida, wo es
begonnen, als ein rinderweidender Trojerprinz Heras
Gunst und Athenes Rat verschmähte und Aphrodite den
Apfel der Schönsten zusprach, hier sollte das Werk der
Zwietracht enden und der Abend dieses blutigsten Tages,
dessen Hahnenfrühe schon Eisengeschrei war, der Frieden
seines Willens sein. – Er hatte befohlen, die Götter ge-
horchten. Sie verließen das Schlachtfeld, als letzter Poseidon, der dem stadtwärts dringenden Volk der Flotte noch
einmal mit der Stimme von tausend Stieren ein Heil zu-
brüllte, ehe er sich wutergeben ins Meer zurückwarf. Hera,
in der Burg, sah ihn strudelnd zur Tiefe tauchen, und sie
sah den Sturm der Griechen stocken, und sah Zeus im
Hain des Ida, an den Felsen gelehnt, im Schatten der
Ulmen, die Hände breit auf seinen Knien.

«So wird», sprach sie zu Pallas Athene, «dieser Hoff-
nungstag noch vor dem Abend zu Aas.»

Athene, dem Vater gehorsam, schwieg. Aphrodite aber,
in ihrer Kammer, lachte, wie Wildtauben lachen, und sah
lachend von der Stadt ihres Prinzen den Staub zurück zu
den Schiffen sich wälzen.

«Er nennt dich blauäugiges Töchterlein«, sagte Hera
schließlich. «Gehe zum Ida und falle vor ihm auf die Knie».

Athene schüttelte den Kopf. «Nutzlos. Er würde nicht
auf mich hören.»

«Versuche es.»

«Selbst dies Nächste ist sinnlos.»

Die Göttinnen sahen einander an. – Das Wirkungslose
war das Unwürdige. – Athene sagte nicht zur Ehefrau ihres Vaters, die nicht ihre Mutter war, sie sagte nicht: «Du
bist sein Weib!» Sie wußte, daß Hera nur auflachen und die
Narben ihrer Handgelenke herzeigen werde, daran, als sie
sich das erste Mal gegen den Willen des Herrschers erhoben, Zeus sie mit goldenen Fesseln, und einen Amboß an
jedem ihrer Füße, drei Tage und drei Nächte lang über dem
Abgrund der Unterwelt aufgehängt hatte. – Oder den Biß
seiner Geißel auf ihrer Schulter beim Andermal. – Oder
die Narben des Herzens. – Sie wagte nicht: Du bist seine
Ehefrau! zu der zu sagen, die von allen Ehefrauen unter
den Göttern und Menschen die Meist- und Schmählichstbe-
trogene war.

Für Troja der Sieg; es war nicht zu ändern. – Athene
wandte sich ab, da sagte Hera: «Sie sind das Volk unserer
Altäre. Es darf nicht geschehen, daß sie dort in Asia verfau-
len!» Sie legte ihre Hand auf Athenes Schulter. «Ich bin
sein Weib. Wer anders als ich sollte zu ihm gehen?»

Athene konnte nicht sagen: Ich stehe dir bei.

Noch da die Nahe sich entfernte, warf Hera ihr Gewand
ab und wusch sich mit der Milch der Unsterblichkeit, die
Ambrosia heißt und die Götter nährt. Sie wusch sich von
den Zehen bis zu den Schläfen, nur die Handgelenke und
die eine Schulterwölbung ließ sie aus. Dann kämmte sie
sich und wusch auch ihr Haar und ordnete es über Stirn
und Nacken, nahm das Gewand um, das ihr Athene ge-
webt, schloß es mit einer goldenen Spange und ging in die

Kammer Aphrodites, sich von ihr, der Feindin, der Schützerin Trojas, das Brustband allbetörender Liebe für den
Tag bis zum Abend zu erbitten. – Man hat überliefert, wie
dies glücken konnte; es ist hier nicht wichtig, es genau zu
erzählen: ein wenig Lüge, viel Schmeichelei, und Vertrauen
in die Einfalt der Schönen, die leichthändig geschmeidigste
Schlingen auswirft, sich selbst aber nie in der einer Anderen zappeln denkt. Dies, und daß die Ehefrau und Schwester des Herrschers demütig an die Tür der Fremden, der
Bewegerin allen Ehebruchs, klopfte. – Hera bekam das
Brustband, bis zur Nacht. – Die Dichter nennen es bunt-
gestickt aus den sieben Zaubern, die darin wirken:
Schmachten, Schmeicheln, Tändeln, Kosen, Bitten, Sehnen
und weinendes Flehen, doch wir wissen es anders, es war
ein Streifen farbloses Leinen, und so wie die sieben Him-
melsfarben sich im Weiß des Lichts verschmelzen, sammelten sich all diese Zauber in dem einen der Erkenntnisge-
wißheit, als das Wesen, das man ist, unwiderstehlich zu
sein. – Hera, da sie das Brustband vor dem Spiegel umtat,
hatte ein Verändern ihrer Erscheinung erwartet, das der
Nebenbuhlerin, der Jungen, gemäß war: eine weißere
Haut, zierlichere Ohren, zartere Brauen, weicheres Fleisch,
und als dies ausblieb, wäre sie, im Lidzucken der Enttäuschung, wiederum nur sie selbst zu sein, bereit gewesen, an
Betrug zu glauben, doch schon im selben Augenblick, Be-
trachterin der eignen Gestalt und im Haß ihres Planes unbestechlich, erfuhr sie überwältigt, Hera zu sein. – Sie war
die Unwiderstehliche, da sie war, die sie war. – Es bedurfte
nun nicht mehr, daß sie, ebenfalls noch in diesem Moment,
das Brustband auch im Erinnern als das echte erkannte:
Aphrodite hatte es nie zuvor abgelegt, und auch damals
hatte sie es getragen, an dem Brandmal-Damals, am Fuß des
Ida, da sie zu dritt vor dem Troer gestanden: die Pallas in
der goldenen Rüstung, die Verbuhlte den Leinenstreifen
unterm durchsichtigen Schleier und sie in dem blauen Gewand, das jetzt um ihre Brust zurückgebauscht war. Damals hatte sie heimlich gewünscht, dies Rosa, dies unver-
gleichliche Rosa von Aphrodites Brüsten wäre das ihre,
nun aber wußte sie in dem dunkleren Ton, daß die Brust,
die das Band füllte, Heras Brust war, ein röteres Rot, erha-

bener, schon zum Braun hin, und also unvergleichlich, da es Heras Rot war und sie, Hera, Eheweib des Zeus war, des Herrschers über Götter und Menschen, der sie erwählt hatte; nein: sie ihn!

Sie ging zu Zeus.

Der Dichter erzählt, daß sie noch den Schlaf für ihren Plan gewann, dies war schwieriger, doch uns mag hier der Hinweis genügen, daß sie ihm, dem zeusfürchtigen, scheuen Knaben, die heimlich Begehrte zur Frau versprach: Pasithea, eine ihres Gefolges, eine der Chariten, drei von den vielen Töchtern des Zeus, deren Mutter nicht sie war. – Außerdem trug sie das Brustband. – Sie schritten über die Inseln und Buchten; der Tritt des Schlafs weich wie Nebel, unter Heras Füßen bebte das Land. Keine der Göttinnen konnte ihrem Schritt gleichen, alle Feste der Erze, alles Schnellen der Wipfel, alles Schwellen der Meerwinde schwang darin. Da sie den Wald des Ida betrat – Schlaf hatte sich, ein Ziegenmelker, auf einer Eiche des Gipfels niedergelassen –, schleuderte Hektor die erste Fackel nach den griechischen Schiffen. – Der Mittag war rund, sein Schatten noch kurz. – Zeus, unter den Ulmen, am Fels, sah Hera. Sie kam aus der Richtung, in die er blickte, und unten brannte der erste Bord. Trojas Heer vor den Schiffen.

Er sah nur sie.

Welche Wesenheit war das, die hier heraufkam, groß und strahlend durchs Tannendunkel: sein Weib, oder eine neuerstandene Göttin der Erinnerung? – Aus welchem Schaum, aus welchem Meer? – Plötzlich hörte er alle Quellen des Berges. – Wer war die, die da kam? – Kehrte das Damals doch noch einmal wieder: die Nacht seiner Insel, auf dem Ida Kretas, ihre Hochzeitsnacht, da er ein Kuckuck gewesen, und sie die Eine, die Ohnegleichen, ohne die sein Herrschertum nichtig war: Hera? – Er starrte sie an; sie kam näher: Hera, und der Brand der griechischen Schiffe nur ein Leuchten auf ihrem Haar. – Ihr Schreiten; ihr Schweigen. – Blaues Gewand. – Ihre Augen. – Nun blitzte die Spange. Ihre Brust.

Wo sie denn hingehe, fragte er, und es klang noch barscher, als es gewollt war; es könne ja wohl nicht weit sein, ohne Pferd und Wagen, und sie antwortete: ans Ende der

Erde, zu Vater Okeanos und Mutter Tethys, zu der Stein-
alten Hochzeitstag, das war auch die Lüge für Aphrodite
gewesen: Ob auch ein Matronengesicht mit Runzeln und
Falten noch einmal den Mann entflammen könne? – Lüge,
und dem Herrscher gegenüber doch Wahrheit: Wenn Zeus
jetzt sagte: So geh!, würde sie gehn. Sie sagte: Und ihr
Wagen warte am Fuß des Bergs, bei den Quellen, das war
nur noch Lüge, und vollends dies, daß sie die Richtung
zeigte, beinah noch jene, in die Zeus blickte, doch er sah
nicht hinunter, er sah nur sie.

Trug sie einen Reif am Handgelenk?

Er wollte sie anfahren, sie komme den Griechen helfen,
doch er sagte, fast krächzend, sie sei schön. – Sie nahm es
hin; ergebenes Warten. – Sie scheide jetzt also, sagte sie
rasch, da er sich aufstützte, sie packen zu können; von der
Burg aus habe sie ihn hier sitzen sehen und sei, wie es sich
für die Ehefrau zieme, ihm genaht, Absicht und Weg zu
melden, und nun gehe sie wieder, zur Grenze der Erde.

Feuer auch auf dem zweiten Schiff.

«Bleib!» rief er, da sie den Hain verließ, und er rief,
heiser, mit heiserem Drohen, und mit heiserem Drohen
bittend: «Komm!»

Sie schritt in den Waldsaum.

Ihr Haar, und ihr Nacken, eine Wölbung der Schulter,
und ihre Hände, und ihre Gestalt –: nein, auch damals
nicht, da er auf Kreta um sie geworben, und sie ihm so lang
widerstanden, bis er sich als zerzauster, schnäbelgejagter
Kuckuck zwischen ihre Brüste geflüchtet, und sie den Arm
gehoben, ihn zu bergen, und er im Nest ihres Fleisches gelegen, im Nest ihres Haares, im Nest ihres Geruchs: nein,
auch damals nicht so betörend wie nun, da sie im Grün zu
entschwinden drohte. – Damals hatte er sie vergewaltigt,
Kuckuck, das weiche Nest überwachsend, dreihundert Jahre nach Menschennächten, und es war ihm nur eine Nacht.
– Auch Hera dachte an jene Stunde, da der Mächtigste so
hilflos gewesen, daß sie ihn hätte ersticken können: dreihundert Jahre zerzauster Kuckuck, selbst da er wähnte, er
überwältige sie. – In dieser Nacht, dreihundert Jahre, hatte
er ihr die Treue geschworen: eine Nacht, doch welche
Nacht! – Er war Zeus, und er war, der er war. – Zehntau-

sendmal hatte er sie dann betrogen: mit ihrer Schwester, mit der Verbuhlten, mit deren Gefolge, mit allen Nymphen, mit allen Musen, mit allen Horen, mit allen Chariten, mit allen Frauen aller Götter und allen Töchtern aller Göttinnen, sogar mit den seinen, nicht gerechnet die unzähligen Sterblichen: Menschinnen, Tierinnen, ja selbst Pflanzen, und auch mit Knaben, mit Ungeheuern, mit Gespenstern. – Er war der, der er war, und nun war er einer, der Hera begehrte und nichts als sie.

Noch ein paar Schritte.

Hatte er nun ihren Namen geschrien, den alten, den kretischen: Dione, Nymphe des Eichbaums, darin Kuckuck und Taube nisten? Auch die Verbuhlte nannte sich so.

Sie wandte sich um.

Er, der Beherrscher des Weltalls, erhob sich.

Sie ging ihm entgegen. – Unendlicher Weg. – Das Verlangen, die gewandlos zu sehen, deren Leibs bis zur Ohnmacht überdrüssig zu sein er sogar Sterblichen eingestanden hatte, verzerrte seine Züge und seine Stimme.

Zu den Alten komme sie noch immer zurecht, begann er zu reden, und redete, rasch, und sich wiederholend, daß es ja erst Mittag sei, und noch weit bis zum Abend; und dann unvermittelt: Sie sei schön. – Und dann das seit jenem Damals nie mehr Gehörte: Sie sei Hera, sie sei die Schönste von allen. – Und es ist nun furchtbar wahr, und der Dichter erzählt es, daß Zeus jetzt, da er warb, zu prahlen begann, wehrlos gegen sich, schamlos gegen sie, ein prahlender Knabe. – Es tat nicht weh. – Er stammelte die Namen derer, die von allen, mit denen er sie betrogen, ihre grimmigst gehaßten Feindinnen waren, Mütter, deren Söhne sie unerbittlich verfolgte, und er nannte Namen um Namen, und jedesmal: «Du bist schöner als die!»

Zerzauster Kuckuck.

Sie hörte ihm zu.

Schöner als Danae, stammelte er, das war doch die, zu der er als goldener Regen gekommen; hieß ihr Wurf nicht Perseus? – Schöner als sie. – Schöner als Semele, stammelte er, durch die war er als Blitz gefahren, die hatte, die Einfalt, Heras Traumrat befolgt und ihrem Galan das Versprechen abgedungen, sich ihr in voller Stärke zu nahen; da war er in

Blitz und Donner erschienen, und aus dem verschmoren-
den Schoß dann der Schamloseste: Dionysos. – Schöner
als Semele; er sagte es. – Schöner als Dia, wer war die denn
nur? Ach ja, das Weib von dem Ixion, der dann aufs Rad
geflochten wurde; sie jetzt irgendein Schatten. – Schöner
als sie. – Schöner als Alkmene, Mutter des Herakles; schöner als Europa, Mutter des Minos, Herrin Kretas, seiner Insel, zu der war er als Stier gekommen, und nach ihr hieß
ein Menschenland. – Schöner als sie. – Schöner als Demeter, das war ihre Schwester. – Schöner als Leto, oh, die
Mutter der Zwillinge, die Andere, die Herrin sein wollte
und die dann mit der Doppelfrucht im Leibe von Insel zu
Insel gehetzt war, gebären zu können, und jedes der Eilande
scheute Heras Zorn und verschloß seinen Strand, bis sich
das steinige, halmlose Delos erbarmte und sie niederkommen ließ, mit Artemis und Apollon, da der Bauch beinah
platzte, und die jetzt so klug war, sich im dunkeln zu
halten, die Einzige, die zu fürchten war.

Schöner als Leto?

Warum schwieg er?

«Hera!», und nun stand sie bei den Ulmen; nicht nahe genug; er griff sie nicht. – Was der Gemahl denn wünsche;
und er fand noch Worte. – Aber dann müsse man in die
Burg gehn, erwiderte Hera, wenn sein Verlangen ihn so
bewege, in ihre Gemächer mit Dach und Wänden und der
kunstvoll gefügten geriegelten Tür; es zieme sich nicht vor
den Augen aller, auf dem offenen Berg, unter dem blick-
durchlöcherten Himmel: sie sein Weib, nicht irgendeine.

Die Spange blitzte; sie wich zurück: blaues Gewand im
grünen Dunkel; er griff nach ihr, Handgelenk und Schultern, brauneres Fleisch, und ihre Augen, Augen des Rin-
des, groß, braun, gewölbt. – Ihr Duft. – Sein Weib: nicht
irgendeine, und er war Zeus! Er reckte sich über die Meere
und faßte eine Wolke, pures Gold, da er sie berührte,
leuchtender Schild wider jeden Blick, da er sie über den Ida
zog. – Dies sei ihre Burg: da, wo Zeus weile, und nicht einmal Sonne werde hineinspähn.

Unterm Gold ihre Augen: gewölbter Himmel.

Ein Leinenbrustband?

«Schöner als Hera», stammelte er.

Triumphierender Kuckuck im Nest ihres Rotes, im Nest der Blumen, die nun sprossen, da die Schleife des Bandes den Ida berührte: Krokus, Hyazinthen, Lotos, ein Teppich, er hob sie, und Zeus war ein Berg, und er füllte das Tal.

Dreihundert Jahre?

Ein Augenblick.

Da Zeus abermals in sie drang, preßte er ihre Handgelenke, die seine Fäuste umklammert hielten; die Last des Berges wurde jäher, und Hera wußte, daß Zeus sie jetzt sah, da sie an den goldenen Fesseln gehangen, Fesseln aus Gold, wo er sie gepackt hielt, einen Amboß an jedem ihrer Füße, und er hatte vor ihr gesessen und hatte in ihr Gesicht gesehen, wie es sich zu verzerren begann. – Tal, das den Berg in sich begräbt. – Sie wußte, daß er jetzt daran dachte, an ihre tiefste Erniedrigung, die als Herausforderung seiner Macht seine Lust auf andere Art gewesen: Er hatte zeigen können, wer er war, und dies im Kreise aller Götter. – Bereute sie, daß sie ihn versucht? – Alle Augen der Leiber, mit denen er sie betrogen, auf ihrer stummen, wehrlosen Qual. – Drei Stunden war er vor ihr gesessen, die Ellbogen breit auf den breiten Knien, und hatte ihr zugeschaut, und hatte gelächelt, nicht einmal gelacht, er hatte gelächelt, da selbst die in der Unterwelt mitleidsvoll schwiegen und sogar Hades zu seufzen begann. – Einen Augenblick schnürte der Haß sie zusammen. – Alle Quellen des Berges. – Zeus schrie.

Hörten sie es unten?

Ob Bruder Poseidon zum Ida spähte und mit der Wolke aus Gold seine Stunde begriff? – Hatte Athene ihm Heras Gang berichtet? – Waren die Brände gelöscht? Prasselten neue Segel?

Sein Rücken im Gold: undurchdringliche Wolke.

Selbst Heras Blick zerstieß diesen Schild nicht.

Wieviel Zeit mochte vergangen sein?

Zwischen Mittag und Abend, sagen die Dichter, und einer, der vor Troja dabei war und schaudernd gesehn hatte, wie aus dem klaren Himmel schimmernd wie Gischt und düster wie Erz eine Wolke auf den Ida sich stülpte und die Quellen des Hangs jäh zu tosen begannen, um dann ebenso jählings zu versiegen, einer wußte es genau: zweimal drei Stunden, und in ihrer Mitte die Wende der Schlacht.

Zeus, ins Ewigkeitsglück des Ermattens sich bettend, suchte noch einmal Heras Augen: Spiegel des Goldes, das seine Macht war; Spiegel der Lust, die seine Macht war; Spiegel des Willens, der seine Macht war.

Offen. – Seine Blicke in ihren.

Gewölbte Augen.

Er küßte sie.

Eine Leinenband; Zeus schob es zur Seite. – Sie, ihrer sicher, nahm es nur wahr, wie wäre sie sonst ihrer sicher gewesen? – Strich draußen nicht ein Nachtvogel ab? – Sein Kopf sank zur Seite; sie stützte sich auf. – Und langsam, verworren, ins Entschlummern, entsann er sich: Zwei verknäulte Heere, ein Strand, eine Stadt, und einem der Sieg. – Und er entsann sich auch: Noch vor dieser Nacht.

Welche Stunde war es?

Goldene Wolke.

Verworren ahnte er Heras Plan.

Aus dem Gold der Wölbung: ihre Augen.

Langsam schob sich Zeus ins Wachen zurück.

Da lag sie, mit verschlossenen Zügen, der Wille, der ewig den seinen durchkreuzte, so wie nun wieder ihr Blick seinen Blick durchbrach! – Die sich all seinen Plänen widersetzte, die ewig nur gegen ihn am Werk war, im Bund gegen ihn mit allen Göttern, die Durchtriebene, die Ränkevolle, die Listige, die Verschlagene, die ewige Nachspürerin seiner Nächte, die ewige Tücke in der Geradheit der Ordnung, die ewige Zänkerin, die ewige Keiferin, Feindin seiner Lust, Feindin seines Willens, Feindin seiner Söhne, Feindin seiner Geliebten, Feindin Eheweib, Feindin Hera...

Unvergleichliches Rot ihrer weißen Brüste.

Schöner als alle Anderen.

Sein.

Zeus wußte, daß er zu wählen hatte: seinen Plan, oder diesen Augenblick, und sie, in seinen Augen lesend, begriff diese Wahl und was sie entschied.

Das Brustband auf den Blüten: zog sie es an sich?

Er packte ihre Hände.

Nichts als Hera. – Ach…

Berg, der das Tal sprengt; und im unbegreiflichen Sich-Erschöpfen des Mannes und im unbegreiflichen Sich-Ergeben der Frau geschah es, daß auch in dieser heillosesten Ehe das Wunder dieses Bunds sich aufs neue vollzog: die ewig aneinandergefesselten Beiden vereinigten sich freien Willens im verschmelzenden Hauch gemeinsamer Lust, die in diesem Herzschlag Liebe war. – Einander Glück. – Einander ergeben. – Einander Schicksal. – Und Zeus vergaß ein zweites Mal, und vergaß die Schlacht, und die Trojer und Griechen, und vergaß die Schiffe und die Mauer, und er vergaß auch den Spruch der Schwestern, und an den Ort all des Vergeßnen trat sie, die Eine, die Ohnegleichen, die Ewige an seiner Seite, Gefährtin der Wege, treuer Rat in Verwirrung, Sinn seiner Macht, Stachel seines Willens, Teilerin seines Herrschergeschickes, und im ewigen Zweikampf immer wieder dies Andre, durch das sich jedes Selbst erst vollzieht. Und auch Hera vergaß und hatte vergessen, einen Augenblick, und doch Ewigkeit. – Alle Quellen des Bergs, alle Wasser des Talgrunds, und fern die Schlacht. Hektor vorm Meer. – Er ließ ihre Hände fahren und faßte ihr Haar, und zwischen Blühen und Gold aneinander sich ziehend, lagen sie Beide Seite an Seite, und da lächelte er, erschöpfter Kuckuck, und küßte den dunkleren Fleck der Schulter, wohin sie die Peitsche seines Blitzes getroffen, und er sagte: Schöner als Hera!

Und sie: Gewaltiger als Zeus!

Meine Dione.

Mein Kuckuck.

Dione!

Kuckuck!

Ganz leise rief sie seinen Ruf. – Ein Ziegenmelker horchte auf: Kuckucksweibchen unter goldener Wolke, und da nun Zeus in das Blühen sank, kam Schlaf, und er kam durch die Stelle geschlüpft, wo das leinene Brustband die Goldwand streifte.

Schlummernder Kuckuck; Hera stand auf.

Die Wolke, da Hera sie verließ, blieb Gold, aber nicht mehr Gold überm Blühen: eine Kuppel über einem Krater, dunkel, und mit Donner gefüllt.

Der Dichter erzählt, daß Schlaf nun auch Bote Heras wurde und zu Poseidon flog, ihm zum Kampf zu rufen; andere wollen bestreiten, daß der Mohnäugige solche Dienste versah. Doch dem sei, wie es war, Poseidon erschien, Sturzflut auf die brennenden Schiffe schüttend, und sein Sturmgeschrei weckte in Patroklos, dem habichtkühnen Achilles-Geliebten, die unbezwingbare Lust zum Kampf. Wie sich das im einzelnen zutrug, das Vorher und Nachher und Drumherum, ist eine weitläufige Geschichte, und sie wird durchaus verschieden erzählt. – Was wir wissen müssen, ist dies: Patroklos, wie alle Myrmidonen durch den Groll des Achilles bislang nicht im Kampf, erschien mit einem Mal auf dem Schlachtfeld und trieb die Trojer zur Stadt zurück. – Dann fiel er; durch Hektor. – Da Zeus erwachte, war es Abend, Hera lag wieder an seiner Seite, ohne Brustband, Alltag nach der Allnacht, und die Griechen berannten die Mauern der Stadt.

Was noch folgte, ist schnell berichtet: Zeus, in der maßlosen Wut eines Mannes, der seine eigenen Pläne durchkreuzt hat, drohte sie wie noch nie zu züchtigen, aber die Ehefrau konnte entgegnen, sie habe ihm ja nur, wie geboten, ihren Weg gemeldet und sich danach, wie geboten, entfernt, da habe sein Wille sie zurückgerufen; ob es denn einen Willen gebe wider den seinen? – Es war so; Zeus erinnerte sich. – Die Griechen legten Leitern an die Zinnen. – Zeus schreckte sie mit einem Blitz zurück.

Dann ging er zu den schrecklichen Schwestern, die zwischen dem Eis und den Sternen hausen, schweigend, grau, und ohne Vergessen.

Der Tag sei vorüber, so sprachen sie, und sie wiesen stumm hinab aufs Schlachtfeld, wo im Schein der wandernden Fackel der Leichnam des habichtkühnen Patroklos auf den Schultern der trauernden Sieger schwankte. – Sie brauchten es nicht auszusprechen: Die neue Verstrickung. Da Patroklos gefallen, war es gegeben, daß Achilles ins Feld zog, Hektor zu töten, der den geliebten Patroklos getötet, mit dem Speer durch die rauchenden Eingeweide, und Hektors Tod war Trojas Fall. – Verbürgt und beschlossen: es war unabweisbar. – Denn auch die Macht der Mächtigsten ist nicht allmächtig, sie sind in ihren eigenen Plänen und den Verstrickungen, sie sie bereiten, gefangen gleich Spinnen im eigenen Netz.

Zeus kehrte zum Olymp zurück und berief alle Götter in die Burg, auch die minderen mit allen Meermädchen und Nymphen, und selbst die Gestürzten und die Schatten hörten ihn reden. – Es sei sein Wille, sprach er, daß der Kampf noch daure, nicht mehr lange zwar, doch noch bis zur Vollendung des Ruhmes derer, die mit Ruhm gekrönt sein sollten: Achilles und Hektor. Und es sei sein Wille, daß danach das Heer der Würdigsten siege, kraft der Moiren Gesetz. – Und er ergriff eine goldene Waage, und legte in die eine Schale das Los des Schiffsvolks, und in die andre das Los der asiatischen Stadt. – So sei es beschlossen, daß Troja falle. – Hera beugte ihr Haupt. – Sie saß neben Zeus an der goldenen Tafel, und die Götter vernahmen den Willen des Herrschers.

Und es geschah, daß sein Wille geschah.

Nephele

Apollodoros, Epitome I/20
Pindaros, 2. Pythische Ode

Nephele war jene, die geschaffen wurde, damit Ixion sie umfange, und Ixion war jener, der sich überhob, Hera, die Gemahlin des Zeus, zu begehren. – Seine Geschichte ist geendet; die der Nephele endet nie.

Ixion war König der Lapithen, eines rauhen, ungebärdigen Volkes im Nordosten Thessaliens, das in unaufhörlichen Abwehrkämpfen mit südwärtsdrängenden Stämmen stand. Sein Ahnherr war der Kriegsgott Ares, sein Vater König Phlegyas, der berüchtigte Niederbrenner der delphischen Heiligtümer Apollons. – «Phlegyas» heißt «Feuerbrand», also wütete der Alte unter seinen Feinden, also verheerte er ihre Lande, und wie ein wüstes, gelblohendes Feuer sprang seine grausame Sinnesart, die er von Ares empfangen hatte, auf seinen Leibessproß Ixion über.

Eines Tages, beim Verfolgen einer Räuberbande durchs Gebiet eines entlegenen Bergkönigreichs, das nicht länger und breiter als ein Tal war, geschah es, daß Ixion Dia erblickte, die Tochter des Königs Deioneus, «die vom Himmel», wie ihr Name verhieß. So erblickte sie Ixion auch, da sie sich hinter Weiden wusch, mittags, im silbergrau rieselnden Regen, den blanken Leib im hängenden Rinnen, als strahle sie aus einer Wolke hervor. – Sie wusch sich völlig unbekümmert, ob irgendeiner sie betrachte, dann huschte sie in den Palast, und abends, vorm Mahl, sah Ixion sie wieder, in einem luftigen Umhang aus schneeweißer Wolle, darüber die Nacht des Haars und des Augenpaars. – Ixion ergriff ihre Hand; sie lachte. – «Die du von dem Himmel bist», sprach er, und sie lachte wieder und sagte: «Ach, ich heiße nur so!»

In der Nacht sah Ixion sie im Traum, und im Traum fühlte er sich den Himmel aufbrechen, und eine betörende Silberwoge ergoß sich durch sein Schlafgemach.

Am Morgen bat er Deioneus, ihm seine Tochter zur Frau

zu geben. – Sie war schon versprochen. – Ixion gedachte sie zu entführen, aber etwas an Dias Erscheinung, eine unbefangen gelöste Anmut, bewog ihn, von diesem Plan abzustehn; außerdem war seine Schar zu schwach. – So bot er Deioneus einen Brautschatz an, wie er einem Schwiegervater nie noch gezollt war, und reiche Ablösung obendrein für den abgeschlagenen Bewerber, und als er noch drei Eisenbarren zuschlug, köstliches, graues, schmiedbares Eisen, stimmte der Bergkönig schließlich zu. – Dia wurde nicht gefragt, doch der Wechsel des Bräutigams schien sie zu freuen, zumindest schien er sie nicht zu kränken; Endgültiges dazu wissen wir nicht. – Noch am selben Tag wurde Hochzeit gehalten und Hera, der Schutzgöttin der Ehe, eine makellose Kuh geopfert, ein ebenmäßig falbes Tier mit einem weißen Vollmond zwischen den Hörnern.

Die vom Himmel vollzog, was ihr Name verhieß, und sie hatte für diese Nacht, da der Mond voll ins Schlafgemach schien, auf der Erde nichts ihresgleichen.

Ixion ließ die Räuber laufen und fuhr mit Dia zurück in sein Reich. Sie zog voran, ein rollendes Leuchten auf dem fichtenschwarzen, düsteren Grund.

Die Lapithen warfen sich vor ihr zu Boden.

«Sie ist vom Himmel», sprach Ixion.

Als er jedoch seine Burg betrat und sein Tritt über dem Schatzgewölb dröhnte, begann ihn sein Versprechen zu reuen, und als der Mond seinen Lauf erneute und voll wie zur Hochzeit das Bett überstrahlte, fand Ixion Dia zwar immer noch eines Raubes, des versprochenen Preises jedoch nicht so ganz wert.

Warum sollte er die vom Himmel Gestiegene nicht nachträglich auf Erden rauben?

Deioneus wartete auf den Brautschatz; er wartete durch den Sommer und Herbst und schickte allmonatlich Boten aus, das Verheißene einzumahnen, und die meldeten, zurückgekehrt, der Schwiegersohn sei noch nicht soweit; der Schatz, den er rüste, werde über die Maßen. – Im Winter dann war schlechtes Reisen. – Schließlich, als Weg und Steg aus dem Schnee trat, brachte ein lapithischer Herold die Nachricht, König Ixion bitte den Schatz abzuholen, der auf eigens gezimmerten Wagen bereitliege, sechs Wagen, zweiachsig und frauengemachsgroß, und jeweils von sechs Rossen gezogen, Dreingaben zu Silber, Gold und Erz. – Er überbrachte auch liebe Grüße von Dia: Die Königin, sprach er, brenne darauf, nach so langer Zeit ihren Vater zu küssen.

Dieser Gruß bewog Deioneus, selbst zu reisen; er hätte sonst, nicht ganz ohne Mißtrauen, eine Gesandtschaft ausgeschickt. So machte er sich denn auf den Weg, von seinen kundigsten Wagenlenkern begleitet, durch die fichtendüstren Gründe hinunter in die thessalische Ebene, der weither prangenden Burg entgegen, die in ihrem steinernen Ragen eher dem Herrschersitz eines Gottes als dem Haus eines Sterblichen glich.

Die Burg war von einer Doppelmauer umgeben; Deioneus durchfuhr die sich ihm öffnenden Tore, ein Stiertor zuerst, dann ein Sonnentor, beide aus riesigen Quadern gehauen. Am Hofrand stieg er, wie ziemlich, ab, auf seinen Gastgeber zuzugehen. – Er kam nicht weit. – Der kiesbestreute Weg, der zum Wohnpalast führte, gab jählings seinen Schritten nach, und der König stürzte in eine der Fallgruben, die unerkennbar getarnt anzulegen eine Meisterkunst der Lapithen war. Der Grubengrund war mit Glut bestreut; Deioneus verbrannte brüllend, und da Dia den Vater brüllen hörte, durch die Mauern des Palastes hindurch, verfärbte sich ihr schwarzes Haar. – Die Begleiter des Gasts wurden niedergestreckt, mit Pfeilen, im Engpaß zwischen den Toren; die Grube stand für sie als Grab da, und dies Grab und der Mund des fluchbrüllenden Königs waren rasch mit noch frischer Erde gefüllt.

Ein solcher Mord war ohne Maßen. – Daß ein König einen König erschlug, war alltäglich, doch dies war der Mord durch einen Sohn am Vater und durch einen Gastgeber an seinem Gastfreund, und keines der Völker der Hellenen, ja nicht einmal das der barbarischen Thraker, hatte vordem von solchem Greuel gehört. – Später spielte auch er sich ein. Die Erinnyen, Rächer allen Frevels, fuhren, von den Flüchen aus dem Feuer beflügelt, auf der Stelle vom Hades herauf, und noch im Auffahren beschlossen sie, König Ixion mit Wahnsinn zu schlagen.

Sie trafen ihn auf dem Weg zu Dia, und da seine Krieger schon die Ebene durcheilten, die Schatzkammer des Deioneus in die des Ixion zu leeren. – Warum Ixion jetzt zu Dia ging, die geschmückt war, den Vater zu empfangen, den sie so innig erwartet hatte und der nun so schmählich ermordet lag? – Einfach, weil es ihn danach verlangte, so wie es ihn danach verlangt hatte, die Grube mit Kohlenglut auszulegen, eine müßige Grausamkeit. – Es hatte ihn danach verlangt, den frechen Anmaßling zu verbrennen; nun, da dieses Verlangen gestillt war, verlangte es ihn nach der vom Himmel, und also war er zu ihr auf dem Weg und sah nicht die drei, wie sie vor ihn traten, die drei schwarzen, grauge-wandeten Schwestern, rotgegürtet, Schlangen im Haar. – Tisiphone, mit einer Geißel aus lebenden Vipern, schlug dem Frevler über Stirn und Augen, der Geifer fraß sich in sein Hirn, und da sah er Dias Haar als Asche und ihre Augen als glühende Kohlen und fühlte all seine Glieder in Flammen und rannte auf den Hof und schrie nach Regen, doch der Himmel strahlte in reinem Blau. Allekto trieb ihre Schwester an, den Frevler zu peitschen, bis er sich ersäufe, doch Megaira dämpfte sie: Ixion solle den Wahnsinn leiden im vollen Bewußtsein, daß er litt.

Der Geifer, der schon im Hirn fraß, genügte, und täglich zur Stunde des Mordes ein Heulen, ihm ins Ohr, und das Zischen von Schlangen wie das Zischen von verbrennendem Blut.

Ixion wand sich in Qualen und wußte warum.

Reinigung von der Schuld hätte ihn geheilt, doch so viele Heiligtümer und Höfe der Sühneflehende auch besuchte und soviel er an Schätzen auch bot, Silber, Gold und Eisen in Barren, köstliches, graues, schmiedbares Eisen: keiner wagte, ihn zu entsühnen, sie fürchteten alle der Schwestern Rache; manche fürchteten auch einen neuen Betrug. Da flehte Ixion zu Zeus: Könne es wirklich einen Frevel geben, so mächtig, daß der Herr über Recht und Unrecht ihn nicht mehr aus der Welt zu schaffen vermöge? Sei der König des Olymps ein Knecht der schlangenhaarigen Schwestern, die in der stinkenden Unterwelt hausten? Werde Zeus nicht als Vater gerühmt, der den Menschen die Sühne gegeben, daß seine Ordnung der Welt sich immer wieder erneure – solle da ein Unentsühnbarer beweisen, daß diese Ordnung doch brüchig sei?

Zeus hörte dies Flehen mit Wohlgefallen; es verriet königlichen Geist, und außerdem hatte Ixion recht: ein Unentsühnbarer höhnte tatsächlich die Ordnung, die er, Zeus, über die Welt gesetzt. – Nein, die Erinnyen sollten seiner nicht spotten. – Also stieg Zeus vom Olymp hinunter und reinigte Ixion im Peneios, und das Blut von hundert weißen Schweinen wusch mit dem lebendigen Wasser des Stromes das Blut des Gastfreunds von Ixions Hand. Ja mehr: um für Alle ein Zeichen zu setzen, lud Zeus den Entsühnten an seinen Tisch.

Da saß Ixion nun und schaute Hera, und hatte für niemand mehr Augen denn sie.

Doch wir wollen ja von Nephele erzählen; wir konnten dies nicht früher tun, denn sie war bis dahin noch nicht geschaffen. Nun entstand sie, zunächst im Ratschluß des Zeus. Hera brauchte ihrem Gatten später nichts zu berichten; er sah, wie Ixion auf sie blickte: Sie war die, die wirklich vom Himmel war.

So, und nur so, sah er sie: Die vom Himmel.

Daß er der Irdischen dieses Namens, daß er Dia hatte einen Reiz abgewinnen können, der jäh Betörte verstand es nicht mehr, und er dachte auch gar nicht an die Ergraute: Die vom Himmel war hier und saß ihm gegenüber, und es gab keine außer ihr. – Was Ixion an ihr verzückte, war nicht ein Einzelzug ihrer Gestalt; er sah gleich einem Geblendeten nur einen glanzerfüllten Umriß, und der verfloß in einer Sphäre, die jene Blendende groß umgab, ja die so eigentlich sie erst war, wiewohl sie deren Gestalt nur umschmiegte. Der Einzelzug schwand vor einer Gloriole, die nicht die Summe dieser Züge, oder gar mehr als die Summe war; sie wuchs nicht aus einer Fülle von Formen, die ein nüchternes Auge trunken durchschweifte, sie war die Erscheinung von Vorgestelltem, eben: die Himmlische; eben: die Göttliche – : Die Idee hatte sich eines Körpers bemächtigt, und nun sah man den nur unter diesem Aspekt. – So sah denn Ixion die hoheitsvolle, erhaben thronende Gestalt, die rätselhaft erschimmerndes Fleisch war, und er sah noch die ebenmäßig vollen, sonnenhaft gewölbten Brüste unter dem elfenbeinfarbenen Umhang, doch er sah drauf nicht mehr die Mäanderbänder, die in schmalem dunklem Rot von der Kehle bis zu den Knöcheln flossen, von Saum zu Saum, wie zwischen den Küsten der Erde, merkwürdig erstarrtes Abbild der Adern ihres unsichtbar göttlichen Bluts. Er sah noch den zurückgeschlagenen Schleier, doch nicht mehr das kunstvoll geordnete Haar, wie es, den Mäanderbändern gleich, in Locken fallend ihr Antlitz umsäumte, makellos reifes, ewiges Jungsein: diese hohe Stirn, diese sanftrunden Wangen, diesen Mund, wie ein Granatapfel sich spaltend, und diese großen braunen Augen, weit offen und mit dem feucht-feurigen Schimmer des Auges ihres heiligen Tieres, der Kuh. Er sah nicht dieses Antlitz, diesen Hals, diese Arme, die aus dem Fallen der Falten wuchsen, und diese ruhend tätigen Hände, die Schale und Becher ebenso hielten wie den Granatapfel ihres Ruhms. – Um sie geschlagen das Gold des Throns. – Ixion saß zwischen Hephaistos und Ares, ihrem kunstreichen und ihrem wilden Sohn, von dem das Volk der Lapithen stammt, doch es kam ihm, deren König, nicht in den Sinn, auch nur ein Wort an den Ahnen zu wenden: Er saß an der Tafel des Königs der Götter und trank Nektar und speiste Ambrosia, wie die Eine ihn trank und wie die Eine sie speiste, und Hebe trug ihm auf, aus dem Krug und der Schüssel, aus der sie auch der Einen auftrug, an die Ixion sich verlor. – Zeus sah es wohl. – Das zweite Mal dann zur Tafel geladen, ging Ixion nach dem Ende des Mahles nicht sofort wieder das Luftreich hinunter, im Betörtsein noch scheu und ganz wie im Traum; er verbarg sich vor des Zeus Schlafgemach, dem hohen, großverschlossenen Saal, und wartete, bis sie vorbeikam, die das Lager des Herrschers teilte – denn das eigentlich war es, wonach ihn verlangte: an des Höchsten ureigenstem Ort, und also dort, und also Zeus selbst zu sein.

Er hätte dies nie eingestanden und hätte nicht gelogen dabei: Was er dachte, war, daß ihn Sehnsucht verzehre – : diese Brüste und dieser Mund.

Er gestand Hera sein Begehren. – Die hielt ihn hin und entdeckte sich Zeus.

Der wußte es schon.

An diesem Tag wurde Nephele geschaffen, wiewohl Hera sich dagegen sträubte. Sie billige solche Täuschung nicht, sprach sie; die Vorstellung sei ihr unerträglich, daß sich ein Ebenbild von ihr selbstherrlich auf dem Olymp bewege; sie drohte, die Burg für immer zu verlassen; Zeus setzte seinen Willen durch. Er nahm von dem Stoff, aus dem Wolken sind, der Materie holden Offenbarens wie Verschleierns jeglicher Gestalt, und formte eine Erscheinung daraus, die in allem Hera glich: dieser Wuchs, diese Brüste, dieses Haupt, diese Arme, auch diese Haltung, dieser Gang, dieser Atem, nur daß sie eben Hera nicht war. – Die erblickte Nephele und schrie auf vor Empörung: Zeus habe sie zu einer Hure gemacht, dem letzten Tagelöhner feil, wenn es dem Trugbild da so gefalle.

Zeus lachte: «Ich kenne doch deine Treue!»

Sie spürte den Hohn in diesen Worten und spürte ihn voll eines Hasses, der seine Ohnmacht immer wieder erfährt: Zeus höhnte Hera ob ihres Treuseins, das ihr Wesen war, aber nicht das seine, und das doch das seine erst möglich machte. – So höhnt der Brand ein Scheit, das ihn nährt. – Sie konnte nicht anders, das wußte er; es war nicht Zwang noch Furcht, die sie führten, und also blieb er ihrer versichert, Bedingung seines freien Schweifens, das er, als der Herrscher, der Recht setzt und bricht, bedenkenlos, weil sein Gesetz ihn nicht bindet, sich auch für die Ehe ausbedang. – Er schützte den Eid und schwor selber falsch; er bestrafte den Treubruch und höhnte des Treuseins, wenn es sich auf ihn selbst bezog. – Einstmals hatte er Hera umworben, da war sie Herrin über Argos und Kreta, da saß sie auf dem Thron und er lag ihr zu Knien, und sie erkannte ihn als den Einen, mit dem sie erst vollkommen sie selbst war, was auch er mit ihr war, doch auf eine Weise, die sich ihrer Denkmöglichkeit entzog. – Später hing er sie über dem Tartaros auf, gefesselt, einen Amboß an ihren Füßen.

Aber beides war lange her, nun galt Hohn und Haß, und dazwischen die List.

Hera sah Nephele nicht weiter an, ihr lächerlich schamloses Spiegelbild, das geschaffen war, etwas zu vollbringen, das Hera nie zu vollbringen imstand war, wiewohl sie die heimliche Lockung danach manchmal wie das Ziehn eines

Abgrunds fühlte. – Nun klaffte er auf, als Nepheles Gestalt. – Wäre Zeus nicht dazwischen gestanden, sie hätte sich auf diese Andre gestürzt, die Hera schien, ohne Hera zu sein, und – bestimmt, Heras tödliche Wünsche zu leben – ein Nichts gegen Hera und doch mehr als sie war.

«Es befleckt mich, auch wenn er mein Trugbild umarmt, und meine Befleckung entehrt auch dich», sagte sie nach kurzer Überlegung, den Hohn ihres Gatten zu unterlaufen. Sie dachte, es wäre ihr gelungen, und Zeus stutzte auch, einen Augenblick, dann hörte er die Eifersucht, wie sie in Heras Worten aufscholl, die Eifersucht nie einzugestehenden Neides, und er wies, wieder lachend, auf Nephele: Ob die da, eine soeben geschaffene Wolke, über seine Ehre bestimmen könne, was – und da wurde er plötzlich ernst –, was doch nicht einmal die Schwestern vermocht!

Nephele stand da, die Erscheinung Heras, und doch ein Wesen eigener Art. – Sie verstand nichts von dem, was die beiden sprachen; es war ein Gemurmel, Atemwind, und das Lachen des Mannes klang so erfrischend. – Sie kannte noch nicht einmal ihren Namen und nicht das eigene Gesicht, also konnte sie nicht erkennen, daß sie eine Spiegelung Heras war. – Sie fand sie schön, die da neben dem Mann stand, den sie sofort als Herrscher begriff. – Über Heras Rang dachte sie nicht nach; sie dachte überhaupt nicht nach: Was sie wissen mußte, war in ihr Wesen gegeben, das Weitere mußte Erfahrung setzen. Zeus hatte dem Wolkenstoff geboten, die Gestalt seines Eheweibs anzunehmen und dazu das Verlangen der Frauen, und so trug denn Nephele Heras Brüste, und Heras Haut, und Heras Schoß, jedoch das ungeweckte Begehren, das unruhig drin schlief, war das ihre, und also waren es ihre Brüste, und war es ihre Haut, und war es ihr Schoß. – Sie fühlte die Schöne als ihre Feindin, und Hera fühlte Nepheles Feindschaft, körperlich, als eine Art Krätze, und sie begriff jäh, daß dieses Geschöpf Zeus als Mann auf dem Lager begehrte. Der spürte, was zwischen den beiden vorging, die sein Wille noch unterwarf; diese Schlacht, aus dem Nichts hervorgebrochen, diese Schauer unsichtbarer Pfeile zwischen zweien, die sich ineinander spiegeln, und er war höchst belustigt darüber: ein Spiel, wie er es noch nie gespielt. – Wie mochte es enden? – Man würde es sehn. – Er stand da als Mitte zwischen zwei Wesen, deren eine der andern bis aufs letzte Haar glich und davon eine seine Frau war: Wenn er nicht, wie jetzt, eindeutig wüßte, wer die von ihm Geschaffene und wer die von ihm Geworbene war – könnte er sie dann unterscheiden? – Es verlangte ihn jäh, beide zu umarmen und beide auf sein Lager zu ziehn. – Er streckte gleichzeitig die Hände aus, die eine wie die andere zu berühren, und die andere drängte sich ihm entgegen, und die eine zuckte vor ihm zurück.

Hera wußte, wie sinnlos es war, Zeus an ihre Ehre zu mahnen, wenn er die seine nicht für angerührt hielt. – Könne, so hatte er lachend gefragt, eine Wolke ihm seine Ehre rauben, und nun hielt er die Hand dieses seines Geschöpfes, als suche er eine Liebeserfüllung, und Hera, Beobachterin wider Willen, sah es voller Ekel mit an.

«Diese Wolke da nicht», gab sie, spät, zur Antwort, «aber sicher das Gerücht.»

Zeus fuhr auf: Was das heißen solle?

«Er wird», sagte Hera, «vor den Sterblichen prahlen, die Gemahlin des Zeus umfangen zu haben, und die da unten werden ihm glauben, denn sie kennen die Wahrheit nicht.»

«Das wird er nie wagen!» erklärte Zeus.

Noch immer Nepheles Hand in der seinen, und nun seine Augen auf Heras Leib.

Hera ertrug seinen Blick nicht länger, diesen Blick lässig berechnender Kränkung, den er nur für sie verwandte, sie, deren Würde ihm dennoch widerstand. – Gut, diese Wolke war sein Geschöpf; mochte Zeus sie als sein Eigentum nehmen; sie würde sich an seinem Günstling rächen: Wehe Ixion, wenn er die Wolke umfing! Und da wünschte sie, daß er Nephele umarme, und daß er sie für Hera halte, und daß die Sterblichen es erführen, und daß ihr Lachen Zeus kränke; sie wollte es jetzt.

Zeugin mochte sie nicht mehr sein.

Sein Blick; sie hielt es nicht länger aus. – Sie wandte sich ab und ging nach Kreta, auf den Ida, ihr liebstes Heiligtum, wo sie auf dem Thron gesessen, da er vor ihr auf den Knien lag. – Zeus hielt sie nicht auf. – Nephele strahlte.

Da die Zeit des Mahles gekommen war, setzte Zeus

Nephele an Heras Statt, und Nephele begriff mit all ihren Sinnen, daß sie tun mußte, was Zeus mit ihr tat. Sie wußte, daß er der Herrscher war, und sie sah, daß die Feindin das Feld geräumt hatte. – Sie thronte und speiste und sprach kein Wort. – Keiner der Götter merkte die Täuschung.

Zeus führte Nephele in ein Gemach, das seinem Schlafgemach glich, ohne es zu sein. Sie dachte, er werde sich zu ihr legen, doch er sagte lachend: «Warte noch!»

So wartete sie.

Zeus lud Ixion wieder zu Tisch. – Hera erfuhr es durch ihre Botin, die Krähe, und eilte nach Thessalien, und die Krähe flog ihr voraus.

Ixion stieg den Olymp hinan, immer das Bild der Einen vor Augen, im Funkeln des Felsens, im Schimmer des Schnees, im Strahlen des Himmels, im Schaum der Wolken: Dieser Glanz und diese Gestalt! Er spürte keine Müdigkeit; von Zeus gekräftigt, stürmte er, ein Berghirsch, die unwegsamen Wege hinan und wußte: Heute würde sein Tag! – Schreiend ein Adler hoch über ihm. – In der Burg empfing ihn der Herr der Götter, und Nephele saß auf Heras Thron.

Warum Zeus dies alles so tat? – Einfach, weil es ihn danach verlangte. – Er spielte sein noch nicht gekanntes Spiel, das auf neue Art seine Macht offenbarte; und daß Hera gekränkt war, ergötzte ihn. – Er führte Ixion vor Nephele, und sie wußte, dieser Fremde war für sie bestimmt, doch sie wußte auch: hinter dem Fremden stand Er, der Eigentliche, das Ziel ihrer Wünsche, und sie wußte, was dieser Eine wünschte, und neigte sich strahlend Ixion zu. Dem brach das Verlangen aus den Augen: Dieser Schoß, den das Gewand noch verhüllte, indes es die Brüste schon ahnen ließ. – Sie tafelten stumm, die füreinander Bestimmten, und die Götter sahen es beklommen. – Zeus lärmte und lachte. – Apollon, als Einziger, sah die Täuschung, und sie widerte ihn an.

Dennoch blieb er an der Tafel.

Nach der Mahlzeit fügte es sich, daß Ixion mit der allein war, die er für die Gemahlin des Zeus hielt; sie führte ihn in ihr Gemach, und Ixion nahm es als Lager des Herrschers. – Der Stoff, aus dem die Wolken sind. – Ixion

79

fühlte nur seine Begierde, und Nephele fühlte die ihre geweckt und, einmal erwacht, immer gieriger werden, aber sie fühlte sie nicht gestillt: nicht einmal Pan hätte dies vermocht. Sie fühlte, und immer heftiger, nur Leere, die offen war, zu schlingen und schlingen, und Ixion stieß in diese Leere, und war erschöpft, und nahm es als Glück.

Dann drängte er, rasch hinunterzugehn.

Sie bat, sich an ihn klammernd: «Bleib noch!» – Er machte sich frei. – Schließlich flehte sie: «Komm wieder!»

Da sprach er: «Komme du zu mir, in meine Burg, und auf mein Lager!»

Sie wollte nicken und wagte es nicht; sie wußte nicht, ob es dem Herrscher genehm war.

Ixion sah ihre Augen brennen; einen Herzschlag lang dachte er, sie zu rauben, da spürte er jählings einen Schauer, spürte ihn als die Ohnmacht seines Erschöpftseins, und da ahnte er, daß er sich überhob.

Es war nur dieser Augenblick.

Er wandte sich um und verließ das Gemach. – Die Burg lag still, wie unbewohnt, nur Hermes erwartete ihn am Tor, den Gast des Königs durchs Luftreich zu tragen. Er legte seinen Arm um ihn, und der Irdische fühlte sich schwerelos. – Sie glitten dahin; ein paar seufzende Wolken. – Drunten Thessalien, träumend im Abend, und die ragende Königsburg. Er wollte über sein Land schreien, daß er Hera besessen; er wollte es den Wolken zurufen, die schleierfüßig vorüberhuschten; er wollte es wenigstens Hermes sagen, leichthin, nebenbei, im Plauderton, allein er fühlte die Ahnung des Schauers und behielt sein Glück als Erinnerung.

Hermes lächelte; die Wolken zogen. – Ixion schloß die Augen und sah die vom Himmel.

Hera war indes zu Dia getreten, unsichtbar, und hatte sie angehaucht, und dieser Hauch aus dem Mund der Göttin ließ das ergraute Haar wieder prangen, Farbe und Verheißung der Nacht, und im Schoß reifte, jäh gewachsen, ein Sproß. Dia war selig, da sie ihn fühlte und an sich hinuntersah: die so heiß ersehnte Wölbung des Leibes. Zwar hatte, auch als sie grau geworden, Ixion noch manchmal auf ihr gelegen, und sie hatte ihn ertragen, wie er etwas vollzog,

das nicht Liebe war, nur das heftige Drängen seines Fleisches. Mehr noch, sie zog daraus eine Hoffnung –: nach
dem Tod ihres Vaters und dem Erkalten des Mannes als
letzten noch möglichen Halt: einen Sohn. – Nun, da sie
sich schwanger wußte, lief sie zum Spiegel und sah ihr Haar
schwarzprangend wie je, und da wußte sie, wem sie das
Wunder verdankte, und sie hob die Arme zum Himmel
und fühlte die Schwere ihres Leibes und dankte Hera im
innigen Glauben, daß ihr Bund mit Ixion neu begann.

Der erwachte vorm Stiertor der Doppelmauer; Hermes
hatte ihn bis dorthin geleitet, und als Ixion die Mauer
durchschritt, stand, hinter dem Sonnentor, Hera vor ihm,
verschleiert und bis zu den Knöcheln verhüllt, nicht einmal
die Arme lagen bloß, doch es konnte keine Täuschung sein.
– Sie stand und schwieg; um sie Ixions Burg, im Vollmond
glänzend wie das Gold ihres Thrones. – Ixion empfand sie
betörend wie nie, und er fand sich, wach im Rausch nüch-
ternsten Traumes: So rasch war sie seinem Wunsch gefolgt,
und nun fror sie im Übermaß ihrer Entscheidung, für ihn,
den Sterblichen, den von der Erde; und mit einmal erkannte
Ixion, daß er Nektar getrunken und Ambrosia gegessen,
und also unsterblich geworden war wie jener, den sie verlassen hatte, um –

Ixion wagte nicht, weiter zu denken.

Sie stand auf dem Kiesweg, an der Stelle, darunter Deioneus verbrannt war. – Die milde Beharrlichkeit des
Monds. – Ixion zitterte vor Verlangen, allein er wußte sich
erschöpft und wagte nicht mehr, sich der zu nahen, die in
der raunend aufziehenden Nacht stand; er war plötzlich zu
befangen, auch nur sprechen zu können, zu betroffen von
seiner unfaßbaren Entdeckung, zu irdisch noch in der
Langsamkeit, mit der er aufnahm, was ihm geschah. Er hatte
Hera geboten zu kommen; er hatte sie nur bitten wollen,
es war unversehns ein Gebieten geworden, und ein Schauder hatte ihn angerührt, daß er sich mit dem Gebot überhebe, und nun stand sie vor ihm, vor dem Gebieter, die
Gattin des Zeus, und sah ihn voll Verlangen an, den noch
Irdischen, doch nicht mehr Sterblichen: Ixion brauchte alle
Kraft, diesem Blick nur standzuhalten. – Er hielt ihm
stand; doch er war nicht mehr fähig, ihr einen Schritt ent-

gegenzugehn. Da hob Hera ihre Hand aus dem Umhang, doch nur, ihn noch dichter um sich zu raffen; sie stand als ungeheures Zeichen im Hof der atemlos schweigenden Burg, und Ixion sah nur noch ihre Augen, brennend und groß und geheimnisvoll schimmernd, und dann stand er plötzlich allein.

Er begriff: Ihr war unten noch kein Lager bereitet.

Daß alles so schnell ging!

Er mußte sich ändern: schneller als das Schicksal sein!

Er stürmte in Dias Schlafgemach; die fragte nicht, woher er jetzt komme, was sollten sie die Sklavinnen kümmern, mit denen er sich die Zeit vertrieb, irdische oder vielleicht auch welche vom Himmel; sie wußte, daß Zeus ihn zur Tafel lud, doch nun hatte sie Heras Gunst empfangen und fühlte sich gleichen Ranges wie er. Sie wartete sehnsüchtig auf sein Erstaunen, sehnsüchtig, doch auch im Herausfordern nicht zaghaft, indes Ixion, noch über der Schwelle, ermaß, wohin er die Lästige schaffe: zu den Sklaven; oder ins Schattenreich. Dia wurde ungeduldig: er mußte doch sehn, was mit ihr geschehn war; hatte ihm das Entzücken die Stimme geraubt? – Sie sagte ein Wort in ihrer Sprache, das nur eine Silbe war und dennoch nahe am Wunderbaren und ein wenig spöttisch zugleich, und dabei hob sie sich ihm entgegen, ihr Haar schwarz im Mond, ihr gerundeter Leib.

Ixion sah nur zwei brennende Augen.

Dia, in ihrer unbefangenen Art, sagte: «Na!» und spreizte ein klein wenig die Beine.

«Fühl, ich bin schwanger!» sagte sie.

Da, plötzlich, sah Ixion Dias Verwandlung und hatte nur eine Erklärung: Zeus. – Dia war nicht schwanger gewesen, sie hatte noch vor einer Woche geblutet, und nun diese Rundung und dies prangende Haar: Ixion hatte keinen Zweifel, daß, indes er Hera umarmt, deren Gatte seine Gattin umfangen. Dia, die Irdische, Bett um Bett, und als Besiegelung einen Sohn.

Darum also im Olymp: kein Argwohn, kein Wächter, und der Gast so lange mit der Königin allein.

Weiberfleisch um Weiberfleisch.

So sah es Ixion in seiner Verblendung, und er nahm es als

Kumpanei, die den irdischen und den himmlischen König auf die gleiche Stufe des Ranges stellte, zwei Unsterbliche im Austausch der Lust. Ihm war keinen Augenblick bang vor der Wahl: Sollte Zeus sich an Dia halten; er, Ixion, fand in Hera sein Glück. Freilich, verstoßen durfte er Dia nun nicht mehr, er würde sie ins Gastgemach betten und das wie einen Frühling erblühen lassen, mit Kränzen aus Eichenlaub und Oliven und einer Pforte aus purem Gold, wenn der andere König durchs Sonnentor schritte, über den Hof, den Kiesweg hinauf; und da sah Ixion den Hof, und den Kiesweg, und eine unsichtbare Grube, deren Decke dem Tritt des sich Nahenden nachgab, und ein Gast stürzte wieder in die Glut.

Ein Spukbild, doch es mußte etwas bedeuten; hatte Hera es ihm gesandt? – Wünschte sie, vollkommen frei zu sein, nicht nur im freien Spiel des Tausches? – Eine Grube; Glut nicht, er war nicht zu verbrennen, aber ihn in Haft zu halten konnte nicht unmöglich sein – hatten nicht Otos und Ephialtes den grimmigen Ares über ein Jahr in einem Behältnis verwahrt gehalten, in dem man den Kot zum Wegkarren sammelt? Hatte Hera nicht in Ketten gehangen? Hatte Apollon nicht als Knecht gedient? War Zeus nicht selbst in Banden gelegen – warum sollte er nicht in der Grube schmachten, bis –? Ein Spukbild; vorbei. – Ixion stand noch immer über der Schwelle und betrachtete den runden Leib Dias; sie war ein würdiges Angebot, er brauchte sich ihrer nicht zu schämen. – Er begriff, daß er jetzt etwas sagen mußte. – Er wisse, sprach er, daß sie schwanger von Zeus sei – und, nach einer winzigen Pause: «Ich habe indessen mit Hera geschlafen, und vielleicht ist sie schwanger von mir!»

Sie schrie auf, es war doppelt unerträglich; würde sie über diesen Lästerungen abermals grau? – «Du bist wahnsinnig!» schrie sie; «du bist verblendet!» schrie sie, und sie schrie: «Die Götter werden uns strafen!», doch Ixion schlug an die kupferne Glocke, die an der Tür des Schlafgemachs hing, und brüllte, daß es die Burg durchschallte, und indes sich Dia die Ohren zuhielt, er habe in Heras Gemach gelegen und ihr einen Sproß in den Schoß gepflanzt, und alle Bewohner des Erdkreises sollten es wissen.

Hera, schon in den Olymp gefahren, trat zu Zeus und hieß ihn schauen und lauschen, was sich im Land der Lapithen zutrug, und Zeus hörte Ixions frevelndes Prahlen, und andere Himmlische hörten es auch. – Ach, der augenlose Mann. – Zeus hieß Nephele vor sich kommen und wies ihr dort unten im Mondlicht die Burg: ob sie mit diesem Mann geschlafen? – Alles an ihr, nicht nur der Mund, sagte: «Ja!» – Im Burghof der Brunnen, sie sah in seinen Spiegel, oder spiegelte sich in den Augen Heras, und sah zum ersten Mal sich selber als das Ebenbild der Anderen, schön wie die Schöne, hoheitsvoll wie die Hohe, und da wußte sie sich am Ziel: Der Herrscher hatte ihr den Gast zugeführt, sie an Stelle der Anderen zu erproben, sie war seinem Willen gehorsam gewesen, sie hatte die Andere ersetzt, nun würde sie des Herrschers Dank ernten, und der konnte nur sein: an der Anderen Statt.

Hera schlug ihr ins Gesicht: Sie wolle sich anmaßen, ihr zu gleichen, dieser Fetzen Nässe der Königin? Sie fuhr in Nepheles wohlgestaffelte Locken: Diese Strähnen da sollten Heras Haar sein? Und dies wabbelige Fleisch da Heras Brust? Nephele schrie auf, da Heras Nägel ihr das Gewand vom Leibe rissen; sie klammerte sich an die Knie des Herrschers; Hera trat ihr in die Weichen, und Zeus stieß sie mit dem Fuß zurück. So hingestreckt, unter den Schlägen und Tritten, brachte Nephele ein Monstrum zur Welt, Kentauros, einen Knaben, dem aus den Hüften das Hinterhalb eines Hengstes wuchs: ein Kopf, ein gedoppelter Rücken, zwei Arme, vier Beine; die Hoden des Mannes und die Hoden des Pferds. – Ixions Samen. – Zeus packte den Sproß und warf ihn zur Erde, hinab an die Quellen des Peneios, und das Monstrum wurde zum Ahnherrn der Kentauren, des anderen Volkes Thessaliens, vom ersten Tag an Todfeind der Lapithen, freilich auch der Stamm der kundigsten Ärzte, allein das gehört schon nicht mehr hierher.

Eine Spur Blut und eine Spur Schleim; Nephele kroch wimmernd in ihr Gemach, und Zeus gebot ihr, dort zu verharren; er gebot es ohne ausdrückliche Worte, doch die Gezüchtigte fühlte sein Befehlen, und es war ihr Wesen, daß sie gehorchte.

Dann schickte Zeus um Ixion. – Der Morgen graute. – Dia gebar an diesem Tag ihren Sohn. Peirithoos, über den die Chronisten immer noch rechten, ob er von Zeus oder von Ixion stammt. – Daß Hermes in eigner Person erschien, den Geladenen auch auf dem Hinweg zu tragen, nahm der als Zeichen seines Ranges, und was bislang ein Spukbild gewesen, wurde zu einem erhabenen Plan: ganz an die Stelle des Zeus zu treten, Herrscher über das All zu sein. – So fuhr er hinauf. – Oben stand schon Hephaistos bereit, mit zwei Gesellen, die Ixion packten, und Kohlenglut, und darin ein Rad aus grauem, kostbarem, schmiedlichem Eisen, und auch die Zangen waren aus Eisen, und die Fesseln, schon glühend in der Glut. – Hera stand da, verhüllt und verschleiert; neben ihr Zeus, und um beide der Tag, wie er strahlend aus der Dämmerung stieg. – Das Rad war indes glühend geworden; Hera schlug ihren Schleier zurück; Ixion sah zwei brennende Augen, und da dachte er, daß dies die Weihe sei, ihn im himmlischen Feuer zum Gott zu härten, doch da brüllte er schon, und brüllte, und brüllte, daß es den Erdkreis überschallte: Hephaistos schmiedete ihn ans Rad, und Zeus, in seiner schönen Rache, sprach zu Heras Nicken das richtende Wort: «Du sollst deinem Wohltäter dankbar sein!»

Dann setzte Hermes das Rad in Schwung, und seither wirbelt es durch den Himmel, vorbei an sorgsam entweichenden Wolken, im ewigen Kreisen um den Olymp.

Doch wir wollen von Nephele erzählen.

Die Geschichte des Ixion ist geendet: Er kreist auf seinem glühenden Rad und weiß, daß dies sein Schicksal ist. – Wie der Sänger es ausdrückt: Er lernte es deutlich. – Er weiß, daß ihn nichts erlösen kann, auch nicht der Tod, er ist ja unsterblich, und er hat es längst auch aufgegeben, in den Wolken nach Kühlung zu haschen; die Erfahrung lehrt, daß sie sich ihm entziehn. – Droht die Glut zu grausam zu werden, brüllt er das Wort, das Zeus gesprochen: «Du sollst deinem Wohltäter dankbar sein!», dann empfindet er ein wenig Linderung, ein wenig nur, und ein kleines Weilchen; dann brüllt er wieder und schweigt wieder ermattet, und so durch alle Ewigkeit. – Dia hat er nicht mehr erblickt; die Fesselung verwehrt ihm, zur Erde zu schauen,

und so sieht er nichts als treibende Wolken unter dem ungeheuren Himmel, und fern in der Mitte seines Bogens das
Strahlen der Burg, drin der Herrscher thront. – Er empfängt keine Nachricht; er weiß nicht einmal vom Kampf
seines Volks gegen die Kentauren, die den Lapithen die
Weiber raubten, und er weiß nichts von den Heldentaten,
die Dias Sohn in diesen Kämpfen vollbracht. Er hat seine
Lehre deutlich gelernt, sie ist in seine Natur eingegangen,
und da ist nichts mehr, das sich ändern wird.

Anders Nephele: wiewohl sich bei ihr ebenfalls nichts
mehr ändert, allein sie findet sich damit nicht ab. – Sie sitzt
weinend in ihrem Gemach und schaut wohl hundertmal in
den Spiegel, den Hermes sie entdecken ließ: Sie kann durch
eine Mauerritze hinunter in Dias Burghof sehn und schaut
ihr Bild dort unten im Brunnen –: Dieses Haar, diese
Augen, diese Gestalt ... Hebe versorgt sie mit Trank und
Speise, und Nephele, sich im Erinnern verzehrend und ihr
Erinnern im Spiegel nährend, sitzt einsam weinend und
hofft auf die Stunde, da Er, der Eine, an ihre Tür pocht,
und eintritt, und sie an der Hand faßt, und sie auf den
Mund küßt, und in ihren Schoß stößt, und sie neben sich
auf den goldenen Thron setzt, auf dem sie ja schon einmal
gesessen – das kann doch nicht alles gewesen sein?

Sie wird nie fassen können, daß sie eine Kreatur ist, ein
Geschöpf, wie es deren so viele gibt: vom Herrscher zu
einem Zweck geschaffen, und um dieses Zweckes willen
mit Schätzen begabt, und weggetan, wenn dieser Zweck
erreicht ist. – Sie harrt und hofft auf ihre Stunde, und so
endet ihre Geschichte halt nie.

Das Ohr des Dionysios

«So sah ich mich gezwungen, nur noch die wahre Philosophie anzuerkennen und festzustellen, daß man allein von ihr ausgehend vollständig erkennen könne, worin Gerechtigkeit im Staat und im Privatleben bestehe, und daß wahrhaftig das Menschengeschlecht nicht aus dem Unglück herauskommen würde, bevor ein Schlag wahrer und echter Philosophen an die Staatsverwaltung gelangte, oder dann, bevor die regierenden Kreise in den Städten durch ein göttliches Wunder ernsthaft zu philosophieren begännen.
[...]
Jetzt aber hat sich irgendwie ein Daimon oder eine Rachegottheit der Sache bemächtigt und durch Gesetz und Gottlosigkeit und hauptsächlich durch die Hemmungslosigkeit der Dummheit, in der für alle Menschen alles Schlechte wurzelt, aus der er hervorwächst und in der Zukunft seinem Erzeuger bitterste Frucht bringen wird – eine solche Rachegottheit, sage ich, hat alles zum zweiten Male über den Haufen geworfen und dem Verderben überantwortet.

Platon, Der Siebente Brief

Vor Syrakus, in den duftenden Gärten der alten Steinbrüche, die heute «Latomia del Paradiso» genannt werden, zeigen die Fremdenführer gern eine Grotte, die, oval in Felswülsten hochgespitzt und eng in den Hintergrund gemuschelt, verblüffend einem Menschenohr ähnelt –: das «Ohr des Dionysios». – Die Demonstration ist eindrucksvoll. – Einer der Führer geht in die Grotte, ein zweiter mit den Touristen hangauf, den Serpentinenpfad zum Amphitheater und dort gut dreihundert Meter abseits, wo er sie zwischen Granit und Disteln um einen Erdspalt sich hinkauern heißt, aus dem plötzlich, wie ein Gewölb sich erhebend, die Stimme des Manns in der Grotte schallt. Er schreit nicht, das würde die Ohren sprengen, er flüstert, und man hört ihn flüstern, man hört den Hauch seines Atemholens, man hört ihn sich die Hände reiben, man hört, wie er sich übers Haar fährt, und er steht zweieinhalb Stadien weit und ist nahe, als säße er unter den Lauschern.
So auch in den Tagen, da die Idee der Idee sich im Mor-

gendämmern des Denkens dachte, in den Tagen der Vernichtung der athenischen Flotte und des Zuges der Zehntausend gegen Kyros, den Großkönig des persischen Reiches. – Es begann, wie Großes so oft, trivial. – Dionysios I., Selbstherrschender Stratege von Syrakus, hatte, seine Notdurft zu verrichten, sich nach einem Theaterbesuch nicht auf die Herrscherkloake begeben, sondern, von erprobtem Mißtrauen getrieben, wie in seinen Reitertagen abseits hinter Steinen sich hingehockt (nun freilich von Wächtern gesichert), da hörte er unter seinem Leib eine Stimme seinen Tod beschwören: «Der Stahl wird dein Gekröse zerschneiden!», und sein Name fiel hinter diesem Fluch, und das Wort «Tyrann» vor seinem Namen. Der zu Tod Erschrockene, der sich jedoch so rasch faßte, daß kein Wächter seine Betroffenheit wahrnahm, hielt den Fluch zuerst für einen Zornschrei der Dämonen, die im warmen Gedärm daheim sind und, jäh aus dem Leib ihres Wirtes gestoßen, unterm freien Himmel zu frieren beginnen; dann aber erkannte er die Stimme: Es war die eines Halbbruders seiner Zweitfrau Doris, deren Vater – doch wozu die Verwandtschaft bemühen –: Es war die Stimme seines ärgsten Feindes, eines Mannes namens Nikophoros, der die Selbstherrschaft über Syrakus zur Rettung vor der Tyrannis des Dionysios erstrebte und den der siegreichere Widersacher in das sicherste Gefängnis geworfen, über das seine Stadt gebot, eine soeben ausgehauene Grotte in den großen Granitbergwerken, die gleichzeitig als Sklavenkasernen wie als Kerker für Staatsgefangene dienten.

Der Abbau in diesen Steinbrüchen geschah dergestalt, daß die Granitblöcke im Maß ihrer natürlichen Fügung kammerartig so aus dem Felshang gehauen wurden, daß die stehenbleibenden Pfeiler und Zwischenwände die Drucklast des Gewölbes trugen, das im Lauf vieler Jahrzehnte schließlich ein Kavernenlabyrinth überspannte. In einer derart entstandenen, jedoch vereinzelt gebliebenen Grotte wurde Nikophoros verwahrt, an den Händen, den Füßen und den Hüften gekettet, die Ketten in dem Stein verankert, und der bewegungsohnmächtige Leib so wie der einzige Zugang zur Grotte von einer Schar Lanzenträger bewacht. Die Leute waren zuverlässig und hatten zudem einander im Auge, wie wäre Nikophoros da entkommen, und wo im Geröll verbärge er sich? Das Gelände war gut überschaubar und bot vielleicht einer Maus ein Versteck, doch nicht einem erwachsenen Mann, und der Nikophoros war ein Hüne. So war nur eines von beiden denkbar: die erbosten Dämonen hatten die Stimme des Erzfeindes nachgeahmt, ihren einstigen Wirt zu erschrecken, oder eine göttliche Fügung hatte ihn, den Selbstherrschenden Strategen, befähigt, die Stimme des Feindes aus einer Ferne zu hören, dahin sonst die Menschenstimme nicht dringt.

Dionysios sandte einen Leibwächter zur Grotte, den Nikophoros dort mit Feuer zu streichen; er tat dies nicht aus Lust am Quälen, sondern im Streben nach einer Gewißheit, die nur aus Erkenntnissen wachsen kann. Die Kotdämonen kennen kein Feuer, es liegt jenseits ihrer Erfahrung, und also, das war des Herrschers Kalkül, würden sie nicht jene Laute hervorbringen können, die das Feuer aus lebendigem Fleisch preßt, jenes sofort in äußerster Stärke dem tiefsten Schlund entbrechende Brüllen, das Dionysios genau nach der Frist vernahm, die nötig war, von seinem Standort bis in die Grotte hinunterzukommen. Kein Zweifel, der da brüllte, war ein Gesengter, kein Kotdämon konnte dies äffend vollbringen, und als der Herrscher dann das Verlies aufsuchte, fand er den Nikophoros nach Gebühr angekettet und seine linke Schulter verschmort.

Das Kalkül war geglückt, die Beweisführung zwingend, der Syllogismus in sich geschlossen, und Dionysios befahl, dem immer noch brüllend in den Ketten sich Werfenden Linderung nicht zu versagen. Die Schulter wurde mit Öl behandelt, und nun, da das Fleisch seine Pflege erfuhr, schien auch das Gemüt des Gefangenen erweichbar, und Dionysios, anstatt zu strafen, unternahm das Werk der Besserung. So rasch also falle, belehrte er den nun an göttliche Fügung glaubenden Frevler (denn der hatte seinen Fluch nur gehaucht, eigentlich nur glühend gedacht, und es war vollkommen unbegreiflich, daß ein Lauscher ihn hatte wahrnehmen können) – so rasch also falle ein böser Wunsch auf den, der ihn gefaßt, zurück, und es wäre jetzt nur gerecht, den Willen des Schicksals zu vollenden und ein Todesurteil auszusprechen, aber er sehe davon ab und schenke seinem Feind das Leben. – Die Lehre war wirksam; die Mäßigung auch. – Der Gefangene widerrief seinen Fluch; er fand reumütig zum Gehorsam zurück, und der Herrscher nahm ihn in Gnaden auf und gewährte ihm, in der Stadt zu leben, in bescheidenem Maß ein Vermögen zu sammeln, ja sogar, nach einer Zeit der Bewährung, wieder öffentlich tätig zu sein.

War solch ein schöner Vollzug wiederholbar? – Eine «Grotte der Läuterung», ein kühner Gedanke; wahrscheinlich, daß der Stratege ihn dachte, doch die Verhältnisse waren zu widrig für ein Reich der Einsicht und Freundlichkeit, wie es ihm vorgeschwebt haben mag. – Er suchte ja Umgang mit Philosophen, verkehrte mit den unteritalienischen Pythagoräern und hat gewiß auch mit Platon diskutiert; las viel, schrieb selber Tragödien, trat in den eigenen Stücken auf und errang damit im Vaterland große Erfolge; er verstand auch die Kithara und die Lyra zu schlagen, doch die Zeit blieb weder dem Wirken der Musen noch dem Walten der Milde günstig: Widersetzlichkeiten allerorten, Attentate, Komplotte, Rebellionen, Kriege, und so war der Selbstherrscher genötigt, die geheimnisvolle Grotte zu nutzen, seine Kenntnisse von den Menschen zu mehren, etwa indem er zwei aufgespürte Verschworene, die getrennten Wegs in die Stadt sich geschlichen, nach monatelanger Einzelhaft schließlich, und so, als wisse er nicht, daß die beiden einem Ursprung entstammten, in jener Grotte zusammenbrachte, gekettet, geknebelt, doch dies so unvollständig, daß sie eines Flüsterns noch fähig blieben, und was der Herrscher aus ihrem Geflüster erfuhr, eröffnete ihm nicht nur einen Abgrund an Bosheit, wie er ihn bislang noch nicht erschaut, es gab ihm auch das Recht und die Kraft, drei blühende Geschlechter auszutilgen und über die Stadt Naxos, Heimat der beiden, nach der Zerstörung den Pflug zu ziehen.

Wie aber kam jenes Wunder zustande, wer trug den Hauch vom Entstehungsort zu einem so weit entfernten Erdspalt? – Sofort nach dem Gespräch mit Nikophoros hatte der Herrscher den Versuch wiederholt, nicht mit Feuer, das war nicht mehr nötig; er hieß am Ort, da der Gefangene hing, einen Wärter ein Soldatenlied trällern, und begab sich zum Erdspalt und hörte das Lied. Zwei Schritte abseits, und nur mehr das Zirpen der Grillen; das Ohr überm Erdspalt, und wieder das Lied. – Führte dieser Spalt in die Grotte? – Bergsteiger fanden dies bestätigt, doch die Entfernung spottete aller Erfahrung des Hörens, und das Verblüffendste blieb ja immer, daß man am Erdspalt noch ein Flüstern wahrnahm, das in der Grotte selbst ungehört blieb. – Wer trug es dorthin? – Ein Wesen, das die Grotte bewohnte, allein seit wann wohnte es dort? – Die Grotte war ja vor einiger Zeit noch ein Block Granit gewesen, ein Fels im Fels; war der Stein behaust? Vielleicht hatte sich genau an der Stelle, an der nun Nikophoros hing, eine Klinze, ein hauchdünner Spalt, gezogen und darin war ein Geist verschlossen gewesen, ein jünglingshafter, geflügelter Dämon, der, freigekommen, es nun genoß, sich in der geräumigen Grotte zu tummeln, in welchem Genuß auch das Weitertragen von Botschaften nur ein willkommenes Spiel war. Dionysios fragte nicht nach seinem Namen, und der luftige Jüngling blieb stumm. So nahm ihn der Herrscher, wie er sich gab, als unvermittelt und unvermutet in den Alltag getretene Wesenheit, die, wiewohl höheren Sphären entstammend, einem dank einer glücklichen Fügung nicht ungünstig gesonnen ist, so daß man, solchen Sinn sich gewogen zu halten, gut daran tut, sie in ruhigem Dank und ohne Bedrängnis zu verehren. Dionysios befahl, dem Dämon täglich ein Trankopfer zu bringen, eine Schale Milch, eine Schale Blut, und der Dämon diente ihm.

Anders sein Sohn, auch ein Dionysios, auch mit Platon diskutierend, auch vom Erkenntnisdrang beseelt, doch nicht, wie sein Vater, vom Geist des Maßes. Er überhob sich und nahm den doch zufälligen Umstand, daß der Dämon in einer Grotte sich umtrieb, die in seinem, des Herrschers, Hoheitsbereich lag, als Zeichen besondren Wohlwollens der Götter und vertraute der eingebildeten Gunst in solch ungeheuerlichem Maße, daß er wähnte, wider das Los steten Bedrohtseins gefeit zu sein, das über jedem Herrschenden schwebt und dem, auf daß es sich nicht erfülle, unablässig entgegenzuwirken jeder Herrscher verpflichtet sein muß. Der Vater hatte dies Bedrohtsein seinem Sohn vor Augen gebracht, als er dessen Freund

Damokles, der in scherzhafter Rede den Wunsch geäußert, einmal eine Stunde lang herrschen zu dürfen, eine Stunde lang unter ein Schwert gesetzt, das nur an einem Roßhaar gehangen, und der Sohn hatte schaudernd begriffen, von welcher Gefahr die Macht überschwebt wird, bis dann der Dienst eines Luftwesens genügte, ihn diese Lehre vergessen zu machen und mit ihr die Exempel an Umsichtigkeit, die sein Vater ihm vorgelebt, etwa das, die Leiber der Ehefrauen vor dem Betreten des Schlafgemachs nach verborgenem Stahl durchsuchen zu lassen (und das Schlafgemach war nur über Brücken zugänglich, die tagsüber hochgeschlossen wurden), oder die Weisung an die Barbiere (die er später durch seine Töchter ersetzte), Haupt- und Barthaare – statt mit einem Messer zu scheren – mit glühenden Nuß-schalen abzusengen, oder – und der Verstoß hiewider wurde dem Sohn dann auch prompt zum Verhängnis – alle Diensttuenden an Erdspalt und Grotte von Zeit zu Zeit aus der Welt zu schaffen, nicht nur, um deren Geheimnis zu wahren, sondern auch, dessen Mißbrauch zu verhüten. – Ach, hätte der Vater doch statt des Damokles den Sohn unter das Schwert am Roßhaar gesetzt! – Wie gesagt, der zweite Dionysios überhob sich; er wähnte sich gefeit vor Gefährdung, und so konnte es geschehen, daß, von Auf-rührern bestochen, einige Wächter in der Grotte ein Ge-spräch inszenierten, aus dem der Tyrann den Schluß ziehen mußte, seinem ergebensten General zu mißtrauen, was soviel hieß, als ihn zu töten, womit er sich des Feldherrn beraubte, der einzig fähig gewesen war, dem Einfall der Korinth- und Karthager zu wehren, jenem heimtückischen Überfall, durch den der Tyrann schließlich seine Herr-schaft und mit ihr dann auch sein Leben verlor.

Sein Vater war im Bett gestorben, nach achtunddreißig Jahren Regierungsgewalt.

Ein dritter Dionysios verirrte sich vollends –: Er über-stieg, irgendwann später, die Hybris des Ahnen und hielt jenen Dämon für niemand Andres denn Iris, die gegürtete Götterbotin, Tochter der Tageshelle und des Meerwunder-baren, Gespielin des Westwinds, Bezwingerin des Löwen, die Hera ihm huldvoll übereignet; er ließ die Grotte zum Tempel ausbauen und führte den abscheulichen Kult ein, die Überbringer schlechter Nachricht zu Ehren der Iris abzuschlachten, über dem Austritt der Grotte, auf einer Schütte von Blüten in den Farben ihres Zeichens, des Regenbogens, durch die das Blut in den Erdspalt troff. – Als dann in einer der Schmierereien, mit denen Wände besudelt werden, irgendein frecher Verseschmied diese Praxis angriff und das wiederholte, was die Alten seit je von Iris behauptet, nämlich daß sie jedem willfährig sei, ließ der Herrscher den Frevler aufspüren und kreuzigen; so weit, so gut, weil für die Ordnung notwendig, doch seit dieser Stunde begehrte der Herrscher, den Leib der Göttin zu umarmen. Er betete in der Grotte zu ihr und glaubte sich durch bestimmte Zeichen, raunend-lockende Laute, erhört, und um in ihr Schlafgemach zu gelangen, versuchte er, mit Hilfe von Kränen, einen Regenbogen zu besteigen, der eines Abends Syrakus überwölbte; schließlich ließ er sich, nackt, in die Grotte ketten, befahl allen Wächtern, sich zu entfernen, und rief die Unsterbliche über sich. Am Morgen fand man ihn von Dolchen zerfleischt, und da auch sein Glied abgerissen im Staub lag, glaubte jeder an die Rache der beleidigten Göttin, ja einige munkelten, Hera selbst wäre vom Olymp gestiegen und hätte den Maßlosen bestraft.

Einer der Leibwächter schwang sich zum Tyrannen auf, zum «Alleinherrschenden Strategen», und unter ihm bahnte sich eine Rückkehr zur verständigen Nutzung der Grotte an; sie wurde wieder als Kerker gebraucht, jedoch unter den folgenden Dionysiossen – die Geschichtsschreibung nimmt keine Notiz von ihnen – entartete ihr Geheimnis endgültig; es wurde zum Hofspiel herabgewürdigt, und man vertrieb sich die Zeit mit dem, was bei dem Entdecker, Dionysios I. – man könnte ihn auch nennen: Dionysios den Weisen –, ernster Notwendigkeit entsprungen: Ein Angeketteter unten wurde gefoltert, und die oben hatten aus seinem Geschrei die Art der Folterung zu erraten. – Und dann ging es noch eine Stufe tiefer (es geht immer noch eine Stufe tiefer hinunter): Hätte, was ja nicht zu leugnen, solch ein Spiel immerhin noch einen Zuwachs an Wissen über die menschliche Physis gebracht, über die günstigsten Ansatzpunkte, aussageförderd auf Nerven und

Muskeln zu wirken, so mußte, da nur zur Unterhaltung genutzt, zum Zeitvertreib, und so der Staatskunst undienlich, dieses Ratespiel bald ins Schlüpfrige gleiten –: Nun wurden Liebkosungen erraten und die Grade der Erregung, wenn den Leibern Lust widerfährt.

Endlich die Faxen der Fremdenführer, einfallslose Demonstrationen eines lokalen Phänomens, und dabei ist es bis heute geblieben. – Man zahlt dreißig- bis vierzigtausend Lire für so eine Darbietung; sie ist es nicht wert, doch die Touristen zahlen anstandslos. – Es gibt, so heißt es, allerdings schon Pläne, das historische Erbe neu zu beleben, alte Anregungen aufzugreifen und eine Art akustischer Peep-Show zu schaffen, Hörspiele aus einer gigantischen Pornolalie-Kassette, in den Gärten des Paradieses, nahe dem Amphitheater, hoch über dem funkelnden Granit.

Meinungsumfragen, so heißt es, seien von den Touristen recht zustimmend beantwortet worden. Durchaus möglich, daß man bereits so verfährt.

Kirke und Odysseus

Ein Ballett

Personen:

Pallas Athene
Kirke
Kasiphone, eine Nymphe
Odysseus
Eurylochos
Elpenor
Nymphen
Krieger des Odysseus
Lemuren

Das Bühnenbild bleibt während der Balletthandlung im Aufbau unverändert: Aiaia, die Morgenrots-Insel der Zauberin Kirke, im äußersten Nordosten der Erdscheibe gelegen, ein kegelförmiger, dichtbewaldeter Berg.

Der Berg ist von drei parallelen Kreisen, genauer: einer Spirale geschnitten, die im Bühnenbild in Gestalt dreier übereinandergelagerter Terrassen, deren mittlere ein wenig schräg läuft, erscheint.

Oben, an der Spitze, der Palast der Kirke; in der Mitte eine Art Hain; unten Küste und Dickicht des Waldes.

Naturalistisch wirkender Details bedarf es nicht; die klare Trennung eines Oben von einem Unten durch eine Mitte genügt.

Das Meer ist nicht sichtbar, doch es soll vorstellbar sein.

Orchester nach Möglichkeit nicht sichtbar.

Links und rechts vom Zuschauer aus gesehen.

ERSTER AKT

Morgendämmerung bis Tagesanbruch

1

Wenn der Vorhang sich öffnet, sind die untere und mittlere Ebene leer.

Auf der oberen Bühne, im Inneren des von Morgenrot durchglühten Palastes, Kirke und ihre Helferinnen. Kasiphone ist immer unter Kirkes Nymphen; sie wird in Zukunft nur genannt, wenn sie eine besondere Rolle spielt.

Kirke, eine Tochter des Sonnengotts und der Meergöttin Perse, webt an einem leuchtenden, wallend sich weithin ergießenden Tuch. Diese Arbeit ist der ihres Vaters verwandt; was sein Tun für die Erde bedeutet, bedeutet dies Weben für Kirkes Reich: Erhaltung und Regenerierung des Lebens.

Ruhiges, vollkommen dem Werk zugewandtes Tätigsein; auch der Dienst ihrer Helferinnen, der Nymphen, ist in jeder Bewegung bedeutungsvoll; keineswegs wird irgendein an Etikette gemahnendes Bedienungs- oder Huldigungszeremoniell abgewickelt.

Einmal trotten, von einer Nymphe bewacht, auf der unteren Bühne Lemuren vorbei; die im Oben beachten solche Vorgänge unten überhaupt nicht; auch die Musik sollte sie nicht beachten.

Die Lemuren sind im Kirke-Reich Wesen der gröbsten, ausschließlich mechanischen Arbeit, und sie scheinen für diese Arbeit ebenso bestimmt wie von ihr gezeichnet. Sie sind ungeschlacht, plump, massig, gehen täppisch weit vorübergebeugt, manche auch auf allen vieren. Ihr Gang verwehrt ihnen den Blick in den Himmel, ja selbst in des Anderen Gesicht. Ihre täppische, aus der Bewegung wachsende Tätigkeit ist: etwas vor sich herwälzen, -rollen, etwas vorwärtsschieben, am Boden schleifen, die Erde aufwühlen, scharren und zerren. Die schlenkernden Arme berühren fast den Boden. Sie sind eher ledrig-glatthäutig als behaart. Sie sind unfähig, nach oben zu greifen; ein etwas höher postierter Aufseher, wenn nur seine Beine vor einem

Zugriff geschützt sind, kann sie beherrschen. Sie sind ungesellig, treten vereinzelt auf, müssen zu gemeinsamer Arbeitsleistung angehalten werden.

Sie sind ungeschlechtlich; ihre Geschlechtszugehörigkeit ist, zumindest vom äußeren Anblick her, nicht auszumachen; es können Männer, es können aber auch Frauen gröbster Arbeitsprägung sein.

Diese Beschreibung der Verwandelten weicht von der ab, die aus dem Kirke-Kapitel der «Odyssee» bekannt ist; bei Homer werden die Eindringlinge in Tiere, vorzugsweise Schweine, verwandelt:

«... da rührte
Kirke sie mit der Rute und sperrte sie dann in die Köfen,
denn sie hatten von Schweinen die Köpfe, Stimmen und Leiber,
auch die Borsten; allein ihr Verstand blieb völlig wie vormals.
Weinend ließen sie sich einsperren; da schüttete Kirke
ihnen Eicheln und Buchenmast und rote Kornellen
vor, das gewöhnliche Futter der erdaufwühlenden Schweine.»

Diese Art der Metamorphose legt vor allem Aspekte der Sexualität an; zu Ende geführt worden ist diese Perspektive in der Bordellszene des «Ulysses» von James Joyce, wo Kirke als Bella Cohen regiert, die Schöne Richterin unter dem Aspekt der Alten Frau. Wir, die wir in unserem Ballett das Verhältnis Mann/Frau vorzugsweise unter dem Aspekt gesellschaftlicher – im Mythos freilich historisch weitgehend abstrakter – Macht behandeln, stützen uns auf die zweite wichtige Quelle des Kirke-Mythos (die dritte ist die – großenteils Homer verpflichtete – Adaption Ovids im XIV. Buch der «Metamorphosen»), die Argonautika des Apollonios Rhodos, in der sich uralte Elemente ionischer Naturphilosophie finden:

«Wilde Tiere, doch nicht blutdürstigen Tieren vergleichbar,
ähnlich und doch auch nicht wie Menschen gestaltet, aus manchen
Gliedern verschieden gemischt, sie eilten da zahlreich, wie Schafe
aus den Ställen hinter dem Hirten in Menge dahinziehn.
Solche Geschöpfe ließ, gefügt aus verschiedenen Gliedern,
aus dem Urschlamm einst die Erde selber entsprossen,
als sie von dunstiger Luft noch nicht gepreßt und
verdichtet und noch nicht so sehr von den sengenden Strahlen der
    Sonne
ihrer Feuchte beraubt. [...]
Solche Gebilde gar seltsam folgten der Kirke.»

2

Das Auftreten der Lemuren unten hat die Wirkenden oben im Palast nicht beeinflußt.

Der erste Sonnenstrahl trifft das Goldene Gewebe; es tönt.

Plötzlich wird dieses Tönen gestört: Etwas Fremdes tritt in den Kreis der Insel.

Sofort springt Kasiphone auf und eilt ans Fenster. Kirke unterbricht die Arbeit und erhebt sich; in diesem Augenblick wird der Palast dunkel und sofort danach auch die obere Bühne.

3

Odysseus, Eurylochos, Elpenor und andere Krieger betreten von rechts die Bühne.

Sie treten vorsichtig auf; sie haben die Erfahrungen mit dem Kyklopen Polyphem und den Laistrygonen hinter sich, mörderische Erfahrungen, die sie den größten Teil ihrer Kameraden und alle Schiffe bis auf dies letzte, mit dem sie gelandet, gekostet haben.

Plötzlich steigt aus dem immer noch unsichtbaren Palast ein golden schimmernder Rauch auf; man kann sich vorstellen, daß Kirke ein Brandritual vollzieht. Das Feuer erschreckt die Krieger, ausgenommen Elpenor, den der goldene Schimmer ergötzt.

Odysseus teilt seine Mannschaft und zieht sich mit seinem Trupp zurück. Den Erkundungstrupp, in dem sich auch Elpenor befindet, befehligt Eurylochos.

Dies Funktionszuweisen könnte, wie bei Homer, auch durch Auslosen geschehen:

«Also teilte ich nun die Schar der geschienten Gefährten
in zwei Haufen und wählte auch gleich für beide die Führer,
einer war ich, und der hehre Eurylochos führte die andern.
Eilig schüttelten wir in ehernem Helme die Lose,
und es sprang heraus des edlen Eurylochos Zeichen.
Er brach auf zugleich mit zweiundzwanzig Gefährten;
alle weinten und ließen auch uns in Tränen am Ufer.»

Langsam dringen Eurylochos und seine Krieger zur Mitte
der unteren Terrasse vor. Dämmerlicht des Morgens oben:
Der Palast wird sichtbar, der Rauch verfliegt. Neugierig,
verwundert, entzückt blicken die Krieger auf den Palast, da
erscheint, einen Baumstamm vor sich herwälzend, von
links ein breitschultriger Lemur.

Erschrocken fahren die Krieger zurück. Der Lemur
bleibt stehen. Keine Aufseherin. Der Lemur steht stumpf;
nicht einmal Neugier. Eurylochos tritt langsam vor; er
mustert den Lemuren; er ahnt, in tief wirkender Angst, er
könnte auch werden wie dieser da.

Plötzlich springt Elpenor vor, den Lemuren zu fangen;
der flieht, trotz seines ungeschlachten Ganges, mit erstaun-
licher Schnelligkeit.

Ein magisches Tönen; die Palasttür öffnet sich, Kirke
und die Nymphen treten heraus und schreiten schnell zur
Mittelterrasse hinunter. Vornweg Kasiphone mit einem
Weinkrug; die anderen Nymphen tragen einen Korb mit
Broten, einen Becher, Blumenkränze.

Elpenor, ganz links, von der Verfolgung des Lemuren zurückgekehrt, schaut auf Kasiphone, die soeben auf der Mittelterrasse schreitet. Er sieht sie verzückt an, wendet kein
Auge von ihr; sie scheint ihn nicht wahrzunehmen.

Eurylochos und die Krieger ziehen sich nach rechts zurück und stellen sich zum Empfangszeremoniell auf.

Kirke und die Nymphen haben die Mittelterrasse verlassen und treten einen Augenblick später aus dem Dunkel
der Mitte der unteren Bühne und begeben sich vor die Krieger rechts.

Elpenor bleibt links im Gebüsch.

Kirke, in der Hand eine grüne Rute wie ein Zepter tra-
gend, steht nun Eurylochos gegenüber, der sie einige
Schritte vor seinen Kriegern begrüßt; eine stilisierte Ehren-
bezeigung. Aufs Knie sinkt er nicht: er ist ja kein Schutz-
flehender.

Kasiphone hat den Becher gefüllt; Kirke bietet ihn dem
Eurylochos an. Der nimmt den Becher und trinkt; nicht
durstig, ein Zeremoniell; er trinkt einen Schluck Wein,

dann reicht er Kirke den Becher zurück; sie gibt ihn an eine der Nymphen weiter. Kasiphone füllt ihn aufs neue und nähert sich damit den Griechen, die ganz rechts, zum größten Teil außerhalb der Bühne, stehen.

Kirke hebt die Zauberrute; Eurylochos und seine Krieger erstarren.

Die Nymphen sprengen Wein über die Krieger; Kirke senkt die Zauberrute und berührt die Schulter des Eurylochos. Ein heftiger Klang; er könnte, magisch verändert, jenem verwandt sein, der beim Auftreffen des Sonnenstrahls auf das Goldgewebe ertönt ist.

Eurylochos fährt zusammen; der Zauber wirkt, und Eurylochos kämpft um sein Menschentum. Er will seine aufrechte Haltung bewahren; der Zauber drückt seine Schultern nach vorn und hinunter, und dazu noch den Kopf in die Schulterblätter, und so geraten alle Schritte, mit denen der Grieche dem Zauber entfliehen will, immer mehr ins Tappende. Was ihrem Führer geschieht, geschieht auch dessen Kriegern, nur daß er, der zäheste von ihnen, am längsten und verbissensten kämpft. Schließlich, sehr spät – denn der Feind wirkt ja innen, nicht außen –, greift Eurylochos nach dem Schwert, doch seine Hand fährt ins Leere: Das Schwert ist verschwunden, es hat sich spurlos aufgelöst.

Seiner Waffe beraubt, bricht Eurylochos ins Knie, fällt auf alle viere, zwingt sich wieder hoch und steht nun als Lemur da.

Kirke ist einen Schritt zurückgetreten; sie sieht dem Ringen des Eurylochos mit gelassenem Erstaunen zu; solche Ausdauer ist ihr noch nicht begegnet, aber zur Bewunderung hat sie keinen Grund, wie auch keinen, an der Macht ihres Zaubers zu zweifeln. Darum ist sie auch nicht grausam; sie weidet sich nicht an des Eurylochos Veränderung, aber sie konstatiert schließlich doch befriedigt ihren Sieg und Triumph. Während Eurylochos mit dem Zauber ringt, vermeidet sie jede Berührung mit ihm, es sei denn mit der Zauberrute, deren Heben aber schon genügt, ihn, wollte er sie überfallen, zurückzuscheuchen.

Schließlich ist Eurylochos unterlegen, er bleibt taumelnd in der Lemurenhaltung stehen; dann treiben zwei Nymphen ihn und seine Gefährten zum linken Hintergrund und in die Kulissen hinaus.

Kirkes Palast beginnt wieder zu erstrahlen, jedoch man sieht nicht sein Innen.

Kirke, über den Hintergrund der unteren Bühne, kehrt zu ihrem Palast zurück, ohne daß man sie auf dem Weg dahin sähe.

Einen Augenblick bleibt die Bühne leer.

5

Elpenor tritt aus seinem Versteck links heraus, schaut sich rasch um und flieht über die Bühne nach rechts, zu Odysseus und dem Schiff.

6

Elpenor ist kaum nach rechts hin entschwunden, da kündigt sich das Erscheinen eines der Unsterblichen an. Diese Verkündigung könnte durch einen Glanz geschehen, der, anders als das Golden-Rot Kirkes, gewaltig die untere Bühne erfüllt; sie könnte, diese Verkündigung, sich aber auch als verändertes Tönen jenes Klanges manifestieren, der die Ankunft der Fremden angezeigt; das glücklichste wäre eine Verbindung der beiden Elemente, Licht und Ton.

Sofort erlischt das Strahlen oben; der Palast bleibt zwar sichtbar, doch strahlt er nicht mehr.

Es ist Athene, die Kirkes Insel betreten hat. Sie ist vorläufig für Menschenaugen noch nicht zu erblicken, könnte aber eventuell als Schwalbe erscheinen.

Laut Homer ist es nun aber Hermes, der Odysseus beisteht. Das Auswechseln einer Gottheit gegen eine andere ist eine so einschneidende Änderung, daß sie begründet werden muß.

Nach griechischer Vorstellung ist alles Menschenwerk von Göttern gewirkt. Alle Möglichkeiten menschlichen Tuns sind deshalb gottheitlichen Sphären zugeordnet, so etwa alle Werke der – sexuell-erotischen – Liebe zu Aphrodite, alle Werke des Kriegs und Mordens zu Ares, die Sphäre des Rechts gehört zu Zeus, die der Jagd zu Artemis, und so fort durch den olympischen Kreis, an dessen Rand Wesen wie Kirke siedeln.

Dieser Zuordnungsmechanismus ist so fein verzahnt, daß kein psychisches Moment unberücksichtigt bleibt, bei den Römern dann auch kein physisches: sogar der Leibwind hatte seine ihn wirkende Gottheit.

Nun ist Hermes die Gottheit des überraschenden Fundes, des Glücks, des Spiels, des Zufalls, des Unverhofften. Daß Odysseus den Gegenzauber findet, ist nicht *sein* Verdienst, und es wäre ihm allein unmöglich, gegen die Unsterbliche, Kirke, zu bestehen; daß er den rettenden Fund tun konnte, wurde einzig durch eine Gottheit bewirkt, ebenden Hermes, die Gottheit des Findens. Mehr braucht diese Gottheit bei Homer nicht zu leisten, also ist Hermes, und er allein, zu dieser Gelegenheit der Akteur.

Der essentielle Gegenspieler Kirkes könnte Hermes jedoch niemals sein. Sein gesamtes Wesen widerspricht solcher Funktion. Zunächst einmal ist er nicht der Gott, der offen, Auge in Auge, kämpft; seine Mittel sind List, Verschlagenheit, Überraschung, Täuschung; auch Diebstahl, nie Raub. In der Götterschlacht der Ilias ist Hermes einer der wenigen, die dem Kampf fernbleiben. – Sodann steht Hermes der Titanin Kirke insgeheim nahe, und schließlich, und dies vor allem, würde, wenn er offen an des Odysseus Seite gegen Kirke anträte, der Schluß naheliegen, daß Mann eben immer zum Manne hält.

Ich finde es überzeugender, wenn sich Frau gegen Frau stellt: Athene, die ins Patriarchat integrierte Frau, gegen die alte Matriarchatsgottheit Kirke.

Athene ist die Schutzgöttin der Griechen, in besonderem Maße die Schützerin des Odysseus. Sie ist die patriarchalische Göttin par excellence, die Mutterlose, dem Haupt des Zeus entsprungen, die Mannes-Geborene. – Daß sie doch eine Mutter hat und wie alle Olympier *auch* im Titanenreich wurzelt, fällt hier nicht ins Gewicht; seit sich die Olympier konstituiert haben, sind sie zu den Titanen das Feindlich-Andre. – Sie ist die gehorsame Vater-Tochter, allen Mann-Gottheiten ebenbürtig, was sich allein schon dadurch ausdrückt, daß es niemand gelungen ist, sie zu erobern oder gar zu vergewaltigen. Sie ist die Mannhafte, nicht das Manns-Weib, die alles Mannes-Werk auch ausüben kann – außer dem ihr gleichgültigen sexuellen; sie ist auch die Kriegerin, wiewohl sie keine eigenen Waffen besitzt und am Krieg keine Freude hat, es sei denn, es ginge gegen persönliche Feinde. Sie liebt den kameradschaftlichen Umgang mit Männern, ist, salopp ausgedrückt, der gute Kumpel; sie hat keine Liebschaften, also von daher auch keine Eifersüchte; sie hat auch keine Kinder geboren, dabei ist sie aber nicht sonderlich prüde.

Der Wirkensbereich Athenes ist das «Einfache, das schwer zu

machen ist», das Naheliegend-Notwendige, das getan werden muß, aber so schwer getan werden kann. Etwa: Odysseus und seine Krieger sind in der Kyklopenhöhle eingeschlossen; sie haben den einäugigen Riesen, der zwei ihrer Gefährten hinuntergeschlungen, mit starkem Wein betrunken gemacht und wollen ihm, der schnarchend vor ihnen liegt, mit einem glühendgemachten Mastbaum das Einaug ausbrennen; das Holz glüht schon, sie haben es angefaßt, sie brauchen es *nur* dem Kyklopen ins Auge zu rammen, aber ebendieses «nur» scheint ihnen unleistbar; sie zittern vor Angst und Ekel und Grauen und sind unfähig, den Stoß zu tun – da tritt eine Gottheit hinter sie und führt ihre Hand und ermachtet sie, dies «nur» zu leisten, und sie heben, plötzlich gekräftigt, den Mastbaum an und rennen ihn Polyphem ins Auge, und die Gottheit, die dies bewirkt hat, war eben Athene.

Mythologisch streng gesehen, müßte Athene den Hermes bitten, Odysseus das Kraut Moly finden zu lassen, denn Funde, wie gesagt, fallen in die Kompetenz des Hermes, und Kompetenzbereiche werden sorgfältig beachtet. Aber wir haben ja nicht die Absicht, die reine Logik der Mythologie, sondern ein Ballett zu zeigen, und darin wären Hermes *und* Athene zu viel. Andererseits können wir uns auch nicht auf den Standpunkt stellen, es käme so genau nicht drauf an, also kämpft eben Hermes gegen Kirke – dermaßen grobe Verstöße gegen den Geist eines Mythologems rächen sich immer; Komponist oder Choreograph würden es schon merken.

Also ist nun Athene auf Kirkes Insel, noch unsichtbar, doch in der Musik und im Glanz schon da.

Odysseus, das blanke Schwert in der Hand, stürmt von rechts auf die Bühne, erblickt den Palast oben und will zur Mittelebene hinauf, da fühlt er, daß ihm ein Unsterblicher im Weg steht. Ehrfürchtig hält er, das Schwert senkend, ein, und Athene erscheint.

In ruhiger Mächtigkeit steht sie vor Odysseus; der verharrt ehrfürchtig, in geziemendem Abstand, nähert sich nicht. Er ist nicht erschrocken, nur ehrfurchtsvoll; er kennt sie, er weiß ja, wer sie ist; dennoch bleibt ein Schauder vor ihrem Nah-Sein.

Athene hält die Blume Moly in Händen, eine Pflanze mit weißer Blüte und tiefschwarzer Wurzel. – Heraldische Form. – Odysseus will nach der Blume greifen, doch Athene tut einen Schritt auf ihn zu und prägt ihm die Pflanze tief in die Brust. Unmittelbar danach verschwindet sie; sie wird zuerst unsichtbar, dann verläßt sie – Licht und Klang – auch die Insel.

Der Palast oben strahlt wieder auf, und Odysseus, wunderbar gekräftigt, drückt das Gefühl seiner Sicherheit dadurch aus, daß er ruhig sein Schwert in die Scheide steckt.

7

Die Palasttür springt auf; Kirke erscheint, in der Hand die Zauberrute; hinter ihr, wie im Auftritt zuvor, die Nymphen.

Odysseus will ihr entgegengehen, doch in unglaublicher Schnelligkeit wirbelt Kirke zur unteren Bühne hinunter.

Die Nymphen folgen langsamer.

Odysseus fühlt, daß Kirke eine mächtige Herrin ist, die man aufs äußerste ernst nehmen muß, doch er hat ja wiederum Macht von Athene und weiß sich in dieser Macht gesichert. Dennoch ist er kein Gott, er ist ein Mensch, und so bleibt eine Spannung bestehen: Er weiß nicht, wie sich die Begegnung entwickelt, und seine Sicherheit ist etwas, das zu haben und halten Kraft verlangt. Darum gehört Wachsamkeit zu dieser Spannung, doch auch, daß er die betörende Schönheit Kirkes wahrnimmt (in blinder Wut hätte er sie nicht bemerkt) und daß die Ahnung eines Abenteuers lockt.

Auch Kirke fühlt, daß dieser Fremde da nicht von üblicher Art ist. Schon sein Vorbote ist ja ein zäher Gegner gewesen, wie erst dieser Kraft- und Hoheitsvolle, von dem Kirke sofort begriffen hat, daß er der Anführer der Gelandeten sein muß. Sie spürt eine besondere Erregtheit, ihn niederzuzwingen. Dabei ist sie sich ihrer selbst und ihrer Zauberkraft vollkommen sicher und schickt sich an, das Spiel zu genießen, das sie mit dem Gegner zu treiben meint.

Solchermaßen, in höchstem Wachsein und gespanntester Sammlung, umkreisen die beiden langsam einander, in einem auf merkwürdig zwingende Weise aus ihren Haltungen wachsenden Zeremoniell.

An dieser Stelle sei angemerkt, daß – laut Karl Kerényi, dem großen alten Mann der modernen Mythologie – «kirkos» der Sammelname für das kreisende Raubgevögel ist; «Kirke» wäre die weibliche Form, und die Wortwurzel kehrt wieder in «Zirkus» und «Zirkel», die ja beide mit dem Kreis zu tun haben. Darum könnte der Kreis – Zauberkreis – und das Kreisen ein wesentliches choreographisches Chrakteristikum für Kirke und ihre Nymphen sein.

Natürlich hat dieses Zeremoniell auch seine Dauer, es kann nicht ewig, ja nicht einmal lange anhalten, dazu ist die Anspannung zu groß. Außerdem ist ja für Kirke kein Verhältnis Gleicher gegeben; das ist es zwar auch für Odysseus nicht, allein Kirkes Überlegenheitsbewußtsein ist drängender als das ihres Gegners. Mit einer herrischen Bewegung beendet sie die gegenseitige Musterung, und sie reicht nun dem Odysseus den Becher Wein, nicht wie einen Willkommenstrunk, sondern wie ein Gebot, ihren Willen zu tun.

Odysseus nimmt den Becher und trinkt, bedächtig, nur einen Schluck. Er hat den Becher kaum vom Mund genommen, da schlägt Kirke ihm mit der Rute auf die Schulter; eine herrische Bewegung. – Ein schneidender Klang. – Kirke erwartet, daß der Zauber einsetzt, aber Odysseus bleibt ruhig und aufrecht stehen, er braucht selbst diesen Moment der Ruhe, um sich zu vergewissern, daß er gefeit ist.

Da der Zauber also wirkungslos bleibt, ziehen sich die Nymphen rasch in den Hintergrund zurück. Sie können nicht helfen; sie würden nur stören. Was da ausgetragen werden muß, ist eine Sache der beiden, und sie auszutragen, muß Raum sein.

Da Kirke ihren Zauber wirkungslos sieht, erschrickt sie im tiefsten. Sie verliert die Beherrschung. Wild, Zaubergesten wirkend, springt sie zurück und umkreist den Mann, in seinen ungeschützten Rücken zu kommen; sie glaubt die feiende Kraft in seinem Blick.

Odysseus wirft den Becher zu Boden und zieht das Schwert, und da er es in Händen hält, löst sich die Spannung; vor ihm ist nur mehr der Feind, nicht auch die betörende Frau.

Einen Augenblick lang möchte Odysseus die Feindin

töten, doch das darf er ja nicht, sie muß seine Gefährten entzaubern. So versucht er ihr Haar zu packen, um mit dem Schwert ihren Hals zu bedrohen, aber Kirke mißachtet sein Schwert: *Das* braucht sie nicht zu fürchten! Liegt die Kraft des Odysseus in solcher Waffe, dann kann sie ihn niederzwingen! Um dem Gegner ihre Untöt-, ja Unverwundbarkeit zu demonstrieren, wirft sie sich geradezu in sein Schwert oder fängt es mit den Händen auf; es prallt ab oder durchfährt ihren Körper, als wäre er Luft.

Odysseus läßt das Schwert sinken und weicht zurück: Er hat also eine Unsterbliche vor sich.

Kirke, mit erkennbarer Anstrengung von Zauberkraft und -willen, hebt die Rute wider ihn, da leuchtet das Kraut Moly auf des Odysseus Brust auf, in jenem Glanz, der zu Athene gehört.

Nun weiß Kirke, wo die Stärke ihres Gegners steckt, und sofort ändert sie ihre Taktik: Sie will ihm das Kraut durch List entreißen. Sie begibt sich in die Rolle der Besiegten und beginnt dem Odysseus zu huldigen, langsam in Halbkreisen ihn umschwingend, ein hochbewußter Verführungszauber, zu dem sie als Werkzeug ihren Leib benutzt.

Alles, was sie tut, ist auf den einen Sprung angelegt, dem Gegner das Kraut von der Brust zu reißen.

Die Huldigung geht in Betörung über.

Die Nymphen bilden noch immer den Hintergrund; es können dort gelegentlich, und völlig teilnahmslos, Lemuren auftauchen und verschwinden.

Odysseus betrachtet den Tanz Kirkes mit wachsender Anteilnahme. Zuerst ist er nur Zuschauer, er genießt das Schau-Spiel, das die Inselherrin ihm bietet, steht bequem, fast lässig, dennoch nicht ganz außer der Spannung; in dem Maße, in dem ihn Kirkes Verführung umstrickt, beginnt er, langsam, fast am Ort, in kleinen Näherungen, sich am Tanz zu beteiligen.

Kirkes Tanz kann sparsamste Entblößungen einschließen, die aber niemals unter ihrer Wesenswürde und Wesensmächtigkeit – sie ist eine Tochter des Sonnengotts – liegen.

Erst ganz nahe ihrem Ziel setzt sie, höchst wissend, auch das Mittel des Schockierenden ein, nur einen Augenblick, einen Augenblick des Obszönen, des Erschreckenden, des Grenzüberschreitenden: dieser Augenblick ist der Augenblick eines Wirkens, er kann also dauern, aber eben als Augenblick, das heißt in vollkommener Erstarrung, in der regungslosen Dauer des Dauerns.

Dieser Augenblick durchschlägt die Wachsamkeit des Odysseus. Für einen Moment ist er offen, vollkommen ungeschützt, und da greift Kirke zu. Wäre Odysseus das Kraut Moly nicht unentreißbar ins Fleisch geprägt, er wäre jetzt verloren.

Der Ansprung Kirkes ist tigerhaft: sie ist auf dem Gipfel ihres Triumphes, und dieser Sprung reißt auch die Nymphen nach vorn. Sie haben dem Verlockungszauber Kirkes ebenfalls gebannt zugesehen, nun ist auch ihre Spannung gelöst, und sie schicken sich an, den Odysseus, der ja nun zum Lemuren gemacht werden wird, zu deren Schar in den Pferch zu treiben.

Odysseus hat den Tigersprung der Kirke noch willenlos, als Objekt, erlebt; im Moment danach begreift er alles. Er war in der Haltung des Bewunderns gewesen, des Anerkennens der erotischen Mächtigkeit dieser Frau, des beginnenden Verlangens nach ihr, der Lust, da die Gespanntheit des Wach-Seins in die des Eroberns hinüberging – nun schlägt dies alles, enttäuschtes Verlangen, enttäuschte Hoffnung, enttäuschte Erwartung, und vor allem enttäuschte Einschätzung seiner selbst als der von der schönen Zauberin Begehrte, in rasenden, blindwütigen Haß um.

Wiewohl es sinnlos ist, zieht Odysseus das Schwert und schlägt in wahnsinnigem Wüten auf Kirke ein und erschöpft sich in diesem Wüten. Und sie, die nach dem verfehlten Zugriff weiß, daß sie Odysseus nicht besiegen kann, schaut dem Rasen des Mannes nun ihrerseits fast wie einem Schau-Spiel zu.

Nach dem rasenden Ausbruch hält Odysseus erschöpft inne: Vor ihm steht, unbesiegt und unverwundet, aber selbst auch nicht Siegerin, Kirke, die betörende Frau. In diesem Augenblick erkennen sich beide als mit gleichstarker Macht begabt.

In diesem Moment des Gleichgewichts, da nichts weitergehen kann, treten die Nymphen vor, und als ob es die selbstverständlichste Sache der Welt wäre, bieten sie Odysseus und Kirke Wein und Brot an: Sie haben gekämpft, sie müssen sich stärken. Die beiden tun es, sie trinken und essen, ein Zeremoniell und zugleich ein Bedürfnis. Ein Mahl im Stehen, ein Beieinander absurder Selbstverständlichkeit, und die Nymphen krönen diese Szene, indem sie die beiden mit Blumenketten behängen.

So geschmückt, betrachten die beiden abermals einander, und in langsamem Umkreisen, wie zu Beginn, aber reifer geworden, wissend, geläutert, in sicherer Einschätzung gegenseitiger Macht, erkennen sie einander als Gleiche, und damit schon als mögliche Partner, an.

Unbewußt, im Aufkommen eines Wissens nicht raffiniert, sondern naiv, aus der Situation und ihrem Gefühl heraus, beginnen beide einander zu umwerben. In die Bewegungen des Odysseus dringt Huldigung, in die der Kirke Hingabebereitschaft. Wie eines lästigen Ballastes entledigt sich Odysseus seines Schwertes, er läßt es einfach zu Boden gleiten, und lächelnd, eine erwidernde Geste, preßt Kirke sich ihre Zauberrute so in die Brust, wie sie in Odysseus das Kraut Moly eingeprägt sieht. Frei, mit unbewehrten Händen, stehen beide einander gegenüber, beginnen beide einander erneut zu umkreisen, beginnen beide einander zu erfassen, beginnen beide, einander an sich ziehend, in das Werden einer Liebe zu tanzen und entschwinden, ihre Umwelt vergessend, in der Tiefe des Hintergrunds.

8

Odysseus und Kirke sind verschwunden; Kasiphone hebt das Schwert auf; wenn es sich schickt, mag sie den Odysseus spielerisch parodieren.

Wir sehen Odysseus und Kirke nicht auf dem Weg zum Palast, aber nach einer Weile strahlt der Palast auf, doch nun nicht nur im Gold-Rot-Glanz Kirkes, sondern auch im besonderen Glanz der Athene (vielleicht Stahlblau), der auf Odysseus übergegangen ist.

Die Nymphen eilen dem Paar nach. In ihrer Bewegung ist Freude, auch Übermut, jedoch beides in hohem Maß dezent. Anders als Kirke und Odysseus erscheinen die tanzenden Nymphen auch auf der Mittelebene und ziehen dann tanzend durchs offene Tor in den Palast.

Das Tor schließt sich.

9

Da die Nymphen die Mittelebene verlassen, tauchen im Hintergrund wieder Lemuren auf, die Steinblöcke schleppen. Eine Weile stumpfen Trottens; es bleibt unklar, was die Lemuren da eigentlich auftürmen.

Langsam, vornübergebeugt, trottend, ganz in der Lemurenhaltung, löst sich einer aus der Schar: Eurylochos. Er sollte als dieser nicht an einem Körperattribut, gar an einem Geschlechtsmerkmal wie etwa einem Bart, kenntlich werden, sondern an einer charakteristischen Besonderheit seiner Haltung: an seinem Immer-noch-Aufbegehren gegen das Lemur-Sein. Er ist der Einzige, der mit äußerster Anstrengung fortwährend um den aufrechten Gang und den Blick in die Höhe ringt.

Er versucht zum Palast emporzuschauen und sich verständlich zu machen, etwas zu rufen, zu schreien, doch er bleibt lautlos.

10

Eine Nymphe in ihrer Rolle als Aufseher kommt und treibt mit offenbar sehr schmerzhaften Schlägen der Zauberrute Eurylochos zur Lemurenschar zurück.

Die Aufseherin ist eine Aufseherin über Lemuren, sie verkörpert Macht und Unterdrückungswillen. Sie darf also keinesfalls auch nur den Anschein von neckisch-schäferinnenhaftem Rokoko erwecken; die Assoziation zu einem KZ mag sich hingegen durchaus einstellen.

Eurylochos fügt sich der herrisch-mächtigen Nymphe und trottet zu den Lemuren zurück.

11

Die Bühne unten und die Mittelebene werden dunkel. Der Palast bleibt strahlend.

Die Musik ist verklungen.

Der Vorhang fällt rasch.

ZWEITER AKT

Hoher Mittag

1

Da der Vorhang sich hebt, trifft der Strahl der in ihren Zenit tretenden Sonne Kirkes Palast; er klingt auf und wird, in rot-goldnem Licht erglänzend, transparent. Hinter dem Tisch mit dem weit herabwallenden Goldenen Gewebe erblickt man ein hochgestelltes Doppellager, Doppelthron der Heiligen Hochzeit.

Der Palast und die Mittelebene stehen leer, aber unten sind schon beim Aufgehen des Vorhangs die Lemuren damit beschäftigt, große, roh behauene Steine heranzuwälzen und zu einem Wall zu türmen, der die Insel zum Hafen hin abschirmen soll.

Solange die Lemuren sich in ihrem langsamen Trott bewegen, treiben die Wächterinnen, darunter Kasiphone, nicht an; sie tun dies aber rücksichtslos, wenn einer der Lemuren ausruhen will. An ein Ausbrechen denkt keiner der Fronenden.

Eurylochos, am rechten Bühnenrand, hat die schwerste Arbeit zugewiesen bekommen: Er stemmt die herangewälzten Quadersteine auf eine bereits ausgelegte unterste Quaderschicht, doch diese Arbeit gestattet ihm, Elemente des menschlichen Aufrecht-Seins zu bewahren, und er nutzt dieses Sich-Aufrichten auch aus, immer wieder zur Mittel- und Oberbühne hinaufzusehen.

2

Nymphen und Krieger, in lockeren Gruppen, betreten rasch die Mittelterrasse; sie kommen von der Jagd zurück, in der ersten Gruppe Elpenor. Die Frauen und Männer der ihr folgenden Gruppe tragen einen erlegten riesigen Hirsch und bahren ihn als Trophäe auf.

Die Nymphen, die unten ihr Wächteramt versehen, staunen zu der gewaltigen Beute empor.

Elpenor winkt Kasiphone zu, die nun bei Eurylochos

steht; er zeigt ihr, die freudig zu ihm hochschaut, ohne jedoch in ihrer Wachsamkeit den Lemuren gegenüber nachzulassen, tanzend seinen Anteil am Jagen und Erlegen des Tieres.

Das Erlegen eines gewaltigen Hirsches wird auch von Homer im Kirke-Kapitel berichtet; freilich ist Odysseus allein der Jäger, und er erlegt das Tier noch vor der Begegnung mit der Zauberin:

«Und es lief ein gewaltiger Hirsch mit hohem Geweihe
Mir auf den Weg, er sprang aus der Weide des Waldes zum Bache
Lechzend hinab; denn ihn brannten bereits die Strahlen der Sonne.
Diesen schoß ich im Lauf und traf ihm die Mitte des Rückgrats,
Daß die eherne Lanz' am Bauche wieder herausfuhr;
Schreiend stürzt' er dahin in den Staub, und das Leben entflog
ihm.

Hierauf zog ich, den Fuß anstemmend, die eherne Lanze
Aus der Wunde zurück und legte sie dort auf den Boden
Nieder. Dann brach ich am Bache mir schwanke weidene Ruten,
Drehete links und rechts ein klafterlanges Geflechte
Und verband die Füße des mächtigen Ungeheuers,
Hängt' es mir über den Hals und trug es zum schwärzlichen Schiffe,
Auf die Lanze gestützt; denn *einer* Schulter und Hand war
Viel zu schwer die Last des riesenmäßigen Tieres.»

Eurylochos beobachtet, langsamer arbeitend, das Geschehen auf der Mittelebene genau; er wartet auf des Odysseus Erscheinen.

Dieweil Elpenor die Jagd erzählt, bilden die Nymphen und Krieger um ihn einen Halbkreis, schauen zu und beteiligen sich mitunter an der Erzählung, und zwar Frauen und Männer gleichermaßen, ohne Rollenfestlegung nach den Geschlechtern.

Noch während also die Jagd erzählt wird, betreten Odysseus und Kirke die Mittelterrasse. Kennte man sie nicht als Odysseus und Kirke, wären sie von der Jagdgesellschaft nicht zu unterscheiden. In ihrem gemeinsamen Betreten der Bühne und Hinabschreiten bis zur Mitte sollten Elemente ihrer Paar-Bewegung, des Einander-Umkreisens, gewahrt sein.

Kirke, nun in der Mitte des Halbkreises, wendet sich dem

Palast zu; mit einer Zaubergeste veranlaßt sie das Goldene Gewebe, sich über die Mittelebene zu entrollen.

Die Männer und Frauen baden in dem Gewebe, sie reinigen sich und erneuern gleichzeitig ihre Kraft.

3

Da Odysseus aus dem Goldenen Gewebe tritt, das sich danach wieder in den Palast zurückrollt, versucht Eurylochos, ihn zu erinnern. Er springt vor, reckt sich auf, so hoch er es nur vermag, und deutet dabei auf sich und seine Gefährten. Sofort springt Kasiphone zu ihm und treibt ihn mit heftigen Schlägen der Zauberrute an seinen Arbeitsplatz zurück. Eurylochos versucht sich zu widersetzen, allein er kommt gegen den Zauber nicht an.

Dieser Zweikampf erregt die Aufmerksamkeit des Odysseus wie der Kirke. Odysseus tritt vor, um hinabzuschauen, und Kirke, um Odysseus abzulenken, beginnt nun wieder ihn zu umwerben, doch ihr Tanz drückt jetzt stärker als bewußtes Betören ihr Verlangen nach der Liebe dieses Mannes aus.

Kasiphone hat Eurylochos an den Wall zurückgetrieben; Odysseus tritt in Kirkes Tanzen ein. Auch er hat Verlangen nach dieser Frau. Das gegenseitige Umwerben geht in den Beginn eines Liebesspiels über; ungezwungen gesellen sich andre Paare hinzu.

Elpenor begehrt Kasiphone; er will sie bewegen, zu ihm zu steigen, und drückt sein Verlangen in einem ungestümen Solotanz aus. Kasiphone schwankt zwischen Begehren und Pflicht; schließlich, nicht zuletzt ob des Eurylochos spürbarer Widersetzlichkeit, entscheidet sie sich für ihr Wächteramt.

Elpenor ist enttäuscht, doch eine der Nymphen, die bislang am Tanz nicht teilgenommen – sie könnte mit dem Schmücken des Beutetiers beschäftigt gewesen sein –, gesellt sich ganz selbstverständlich zu ihm, an die Stelle Kasiphones zu treten, und nun wage ich zu denken, ein Gleichgestelltsein der Geschlechter komme im Tanz dadurch zum Ausdruck, daß die festgelegten Rollen von Ballerina und Tänzer bisweilen vertauscht sind, daß also die Tänzerin den Tänzer stützt und der Mann schließlich in die Arme der Frau springt, die ihn auffängt und einen Takt lang trägt.

Kasiphone, unten, scheint nicht eifersüchtig und duldet es, daß eine andere als sie Elpenor in den Tanz der Liebeserfüllung hineinzieht, in den der Tanz des Liebesspiels übergeht.

4

Odysseus und Kirke sind in der Menge der Paare dem Blick entzogen.

Die Lemuren unten haben stumpf weiter gefront: ihre Aufseherinnen vollziehen etwas von dem Geschehen auf der Mittelebene in einem sanften Sich-Wiegen mit, ja eine der Wächterinnen beginnt, scherzhaft parodistisch und doch auch ernst, Kasiphone wie als Mann zu umwerben. Die geht nun im Scherz auf dieses Spiel ein, doch tut sie es immerhin in solchem Maße, daß Eurylochos ihr jählings enteilen und, zwei der übereinandergetürmten Quadersteine zwischen sich und die Wächterin stürzend, auf die Mittelterrasse hinaufstürmen kann.

5

Erschreckt vom Poltern der Steine und von den heranstürmenden Schritten, fahren die Paare auseinander; Odysseus und Kirke werden sichtbar: Odysseus, Kirke gefährdet wähnend, will dem Lemuren entgegentreten; Kirke wiederum zerrt Odysseus zurück.

Kasiphone eilt hinter Eurylochos her und betritt die Mittelebene.

Odysseus zieht sein Schwert; Eurylochos bleibt stehen. Er deutet, lemurenhaft ungeschlacht, eindringlich auf seine Gefährten und sich; Odysseus begreift nicht, was der Lemur will. Da Kirke indes Odysseus bedeutet, sein Schwert zu ziehen und den Eindringling niederzustoßen, erkennt Eurylochos die einzige und letzte Möglichkeit, sich verständlich zu machen: Er deutet auf das Kraut Moly auf der

Brust seines Königs, und siehe, das Kraut beginnt zu leuchten.

Kirke, die Gefahr begreifend, reißt nun Odysseus heftig an sich; Odysseus stößt sie ebenso heftig zurück.

Kasiphone hat gezögert, sich einzumischen, sie steht nun rechts, Elpenor links von den beiden Männern.

Kirke, nach einem Augenblick des Zögerns, dreht sich brüsk um und eilt in ihren Palast.

Eurylochos, noch immer lemurenhaft täppisch, spielt Odysseus vor, daß sie übers Meer gekommen und drunten an der Insel gelandet sind, und wie er, Eurylochos, von Odysseus gesandt war, mit seinen Kriegern die Insel zu erkunden, und wie Kirke sie alle verwandelt hat, und wie Elpenor entkommen ist.

Odysseus kämpft mit seinem Erinnern; das Kraut Moly glüht stärker und stärker, und nun endlich begreift Odysseus. Er legt dem Gefährten den Arm um die Schulter, er scheint des Eurylochos Namen zu nennen; Eurylochos stürzt nieder und umfängt seines Königs Knie, und Odysseus zieht ihn an seine Brust.

Auch Elpenor springt auf und umarmt Eurylochos.

Diese Bewegungen unter den Griechen und das Enteilen der Herrscherin verwirren die Nymphen, besonders die Wächterinnen unten. Sie treten zusammen und scheinen zu beraten.

Ein Teil der Lemuren – jene, die schon vor den Griechen auf die Insel gekommen, wir nennen sie fortan die «Ur-Lemuren» – front stumpfsinnig weiter; der jüngst verwandelte Teil schart sich langsam, ähnlich wie die Wächterinnen, zusammen, und die Wächterinnen wehren dem nicht.

Einige Nymphen der Mittelebene können zu den Wächterinnen eilen; die verbleibenden sondern sich ebenfalls, langsam, unschlüssig, von den Kriegern ab, so daß über den Berg hin eine immer klarer ins Auge tretende Scheidung der Geschlechter beginnt.

Kirke zu folgen hat niemand gewagt.

Kirke ist in ihrem Palast angelangt; mit einer einzigen
Geste wirft sie ihr Gewand ab und beginnt, mitunter mit
dem Goldnen Gewebe – das sie wie einen Partner behandelt – sich bedeckend und dann wieder sich entblößend,
einen Betörungszauber zu tanzen.

Die griechischen Krieger erliegen ihm bald. Sie schauen
verlangend zu Kirke empor, und auch Odysseus kann sich
dem Zauber nicht entziehen: Noch immer den Arm um
Eurylochos gelegt, beginnt er langsam in Kirkes Rhythmen
einzuschwingen.

Die Nymphen sind ebenfalls gebannt; auch sie sehen
diesen Tanz das erste Mal. Zugleich finden sie im Handeln
der Herrscherin wieder zu sich; ihr Selbstvertrauen wird
bestätigt. Auch sie, auf der Mittelebene und unten, stimmen als Gruppen in den Rhythmus ein, doch anders als die
griechischen Männer: nicht betört dem Zauber hingege-
ben, sondern bewußt seine magische Macht vermehrend.
Etwa: Wenn Kirke ihre Brust entblößt, drängen die Männer sich zu ihr hin; die Nymphen verstärken den Zauber
des Reizes, jedoch nicht durch das Entblößen der eigenen
Brust – das würde ja nur von Kirke ablenken und zerstreuen,
statt zu versammeln –, sondern durch eine kreisende Bewegung des Oberkörpers und der in Brusthöhe gehaltenen, nach
vorn gedrehten, halbgeöffneten Hände. Sie können auch
auf andere, nicht so offensichtlich übereinstimmende Art
Sexualzauber wirken, mit Ritualen, die ihre ursprüngliche
Bedeutung gerade noch erahnen lassen; niemals jedoch dürfen sie das Offenbaren des erotischen Reizes, wie Kirke es
übt, kopieren; das bleibt der Königin-Meisterin vorbehal-
ten, und sie, die Nymphen, sind jetzt nichts als Diener- und
Helferinnen.

Der Tanz Kirkes wirkt auch auf die Lemuren, und auch
hier auf unterschiedliche Weise. Die aus Kriegern jüngst zu
Lemuren Gewordenen schauen gebannt in doppeltem
Sinn: gebannt durch den Zauberreiz, der erregend auch auf
sie wirkt, die ihr Mannestum noch nicht verloren, und
andrerseits gebannt in die dumpfe Furcht, ihr König könnte
Kirke erneut verfallen und die Rückverwandlung für im-

mer vereiteln. Derart zwischen zwei konträren Gefühlen schwankend, sind sie noch in einem dritten Sinn gebannt: sie können keine Entscheidung fällen und drängen sich immer dichter zusammen und scheinen im Boden festzuwurzeln.

Aber auch die anderen Lemuren werden allmählich vom Tanz Kirkes beeinflußt, freilich nicht unter erotischem Aspekt. Einige haben stur weitergefront, andere sich einfach hingeworfen, um auszuruhen, andere wieder schauen Kirke zu und ahmen, vom Spieltrieb geleitet, sie auf Lemurenweise nach: ungeschlacht, täppisch, ungewollt parodierend; dies Herumgehopse ist aber nicht nur komisch, es hat durchaus auch etwas Rührendes.

Vielfache Bewegungen und Ausdrücke also, die sich alle gleichzeitig und in einem nicht allzu ausgedehnten Zeitraum vollziehen. Ich würde es für denkbar halten, daß, um eine bestimmte Tanzgruppe isoliert zu zeigen, ihrem Tanz also auch längere Dauer zu ermöglichen, nur diese Gruppe beleuchtet wird und alle andern sich in tiefem Dunkel und gleichsam erstarrt befinden. Solcherart könnte ich mir etwa den Tanz der Lemuren unten denken; vielleicht auch das Zauberritual der Nymphen.

Der Tanz Kirkes strebt dem Gipfelpunkt zu: ihrem vollkommenen Sich-Einhüllen in das Goldene Gewebe. Odysseus scheint der Zauberin gänzlich verfallen. Er hat sich von Eurylochos gelöst; er wehrt heftig ab, als der Gefährte ihn mahnend anrührt.

Aber auch Eurylochos selbst scheint nicht widerstehen zu können, auch er tappt in dem Tanzrhythmus mit, Lemur *und* Mann; dann, jählings seine Gefährdung begreifend, nutzt er nun bewußt sein Lemur-Sein aus: Er läßt den Kopf vornüberfallen, um Kirke nicht mehr anzusehen, starrt, lemurenhaft vornübergeneigt, einen Augenblick zu Boden und stürmt dann, plump, und doch bärenhaft rasch, zu Kirkes Palast.

Odysseus schrickt zusammen und eilt Eurylochos nach.

Da Kirke die beiden zu sich heraufeilen sieht, hüllt sie sich in ihr Goldenes Gewebe, und da die beiden Krieger hereinstürmen, steht sie in strahlender Hoheit vor ihnen, die Tochter der Sonne, Herrin dieser Insel, und sie besteigt hoheitsvoll den Thron und lädt Odysseus ein, neben ihr zu herrschen.

Auf der Mittelebene und unten sind nun die Gruppen – ausgenommen die Ur-Lemuren – klar voneinander getrennt, aber alle vereint in gebanntem, atemlosem Betrachten der Vorgänge im Palast. Weder Krieger noch Nymphen haben eine Möglichkeit einzugreifen, es steht auch nicht in ihrer Absicht.

Langsam schreitet Odysseus zum Thron; lächelnd streckt ihm Kirke die Arme entgegen.

8

Da stürmt der Lemur Eurylochos zu seinen Lemuren-Gefährten hinunter, und während Odysseus sich neben Kirke auf dem Thron niederläßt, ziehen seine verwandelten Krieger sein schwarzes Schiff in seinen Blick.

Odysseus springt auf; er verläßt den Thron. Kirke versucht nicht, ihn zu halten; sie wird ihn um nichts bitten, sie hat bereits ihren Plan.

Auch die Griechen auf der Mittelterrasse schauen erregt auf ihr schon vergessenes Schiff.

Durch die Nymphen geht eine Bewegung des Seufzens: ein im Tanz hingehauchtes «Ach».

Odysseus tritt vor Kirkes Thron; er verlangt, mit fordernder Geste auf das Schiff und die Lemuren-Krieger weisend, die Entzauberung seiner Gefährten.

Kirke deutet fragend auf das Meer hinaus, und Odysseus nickt ernst: Ja, er will in die Heimat fahren.

Sie erhebt sich, steigt vom Thron, tritt neben Odysseus, und da sie, eine impulsive Regung, sich noch einmal an ihn zu schmiegen versucht, schiebt er sie mit dem Unterarm zurück.

Sofort weicht Kirke von seiner Seite. Sie ordnet das Gol-

dene Gewebe über die beiden Thronsitze, tritt dann vor
den Palast, wendet sich zum Schiff und betrachtet es, ruhig
stehend, eine Weile, als sinne sie, ob sie die Heimfahrt aus
dem Hafen gewähren solle.

In dieser Zeit wälzen unten Lemuren wuchtige Steinblöcke zu dem Schiff.

Kirke bückt sich, liest einige Kiesel auf, und da Odysseus
ihr nachgegangen – er weiß, daß sie gegen seinen Plan
sinnt, und will sie nicht aus den Augen lassen –, nimmt sie
ihm den Helm ab und wirft die Kiesel hinein, dann kreist
sie mit Blick und ausgestreckter Rechten über die Gruppen
der Griechen, von Odysseus über Eurylochos und Elpenor
bis hinab zu den Lemuren, greift, die Los-Zeremonie an-
deutend, einen von den Kieseln aus dem Helm und legt ihn,
in den Palast zurücktretend, auf den leeren Thron neben
dem ihren.

Dann wendet sie sich noch einmal zum Schiff, schüttet
die Kiesel aus dem Helm zum Schiff hin, hebt die Hände
und streckt sie übers Meer, als ob sie den Fahrenden einen
günstigen Wind sende. Danach gibt sie Odysseus den Helm
zurück.

Odysseus hat ihren Willen, daß einer der Griechen neben
ihr auf der Insel bleiben müsse, begriffen. Da er den Helm
aufsetzt, hebt er wie zum Eid die Arme zum Himmel.

Kirke tritt vor und klatscht in die Hände.

9

Wie aus einer Erstarrung geweckt, kommen die Nymphen
in Bewegung; auch sie wissen jetzt, was ihre Gebieterin
will.

Einige der Wächterinnen unten treiben zuerst die Ur-
Lemuren in ihre stallähnlichen, dem Publikum nun erkennbar werdenden Verschläge im linken Hintergrund der
Bühne. Andere sammeln Kiesel als Lose; eine Nymphe
bringt ein Mischgefäß mit Wein, eine zweite einen Kessel
auf einem Dreifuß, den sie vorn in die Mitte der Mittelebene, vor den aufgebahrten Hirsch, hinstellt; er wird dort
bis zum Ende des Aktes bleiben.

Kasiphone besprengt die Kiesel mit Wein; die Nymphen

überreichen jedem der Griechen, auch den in Lemuren verwandelten, je einen Kiesel, und die Krieger ritzen mit ihrem Dolch, die Lemuren mit der Ankerspitze des Schiffs ihr Erkennungszeichen in den Stein.

Die Kiesel werden in den Kessel geworfen.

Kasiphone bringt Odysseus den Kiesel; er zeichnet ihn mit seinem Schwert. Kasiphone will den Kiesel zum Kessel tragen, allein Kirke nimmt ihr den Losstein ab, und vorgebend, das Sigel des Odysseus zu betrachten, benetzt sie den Stein mit ihrem Speichel.

Kasiphone, die aufmerksam zugeschaut hat, weiß nun, daß Elpenor sie verläßt, denn der da aus dem Kessel springen wird, kann ja nur der bezauberte Kiesel des Odysseus sein.

10

Kasiphone trägt den Kiesel des Odysseus zum Kessel; Kirke und Odysseus schreiten zur unteren Bühne; die Nymphen und Krieger der Mittelterrasse folgen.

Odysseus tritt zum Schiff, steht eine Weile vor ihm und rührt es dann an wie einen geliebten Leib.

Die griechischen Krieger stehen längs des Schiffes, die Lemuren-Griechen als dichtgedrängte Gruppe nahe ihrem König; die Nymphen hinter ihrer Herrin.

11

Odysseus, zum Kessel mit den Kieseln zeigend und dann die Arme zum Himmel hebend, schwört in einem feierlichen Ritual, daß er und seine Mannen dem Los folgen werden.

Dann hebt Kirke die Zauberrute; Odysseus, die Hand am Schwert, beobachtet sie scharf.

Kirke schlägt mit aller Kraft Eurylochos mit der Rute übers Gesicht; der zuckt vor Schmerz zusammen; ein Striemen, Blut. Kirke schwingt sofort die Rute über die Schar der Krieger-Lemuren; und geschah die Verwandlung vom Menschen in einen Lemuren qualvoll langsam im Kampf, das Menschentum zu wahren, so vollzieht sich der gegenläufige Prozeß, wenn auch nicht sofort, so doch ungestüm rasch: Ruckhaftes Auffahren aus der Lemurenhaltung; ungläubiges In-den-Himmel-Starren; zögernde Ausschreitversuche; Erproben der Glieder durch Hochwerfen der Arme; Schritte und Sprünge; immer wieder Sich-Recken – da fallen schon die Krieger ihren erlösten Gefährten in die Arme.

Kirke verläßt die Bühne.

Ihr Palast wird undurchsichtig, doch er steht von der Sonne überstrahlt.

Odysseus besteigt sein Schiff und verschwindet darin wie Kirke oben in ihrem Palast.

12

Die Griechen und die Nymphen – ausgenommen Kasiphone und Elpenor – begeben sich auf die Mittelebene, um zum Abschiedsmahl zu rüsten. Feuer werden angezündet, das Beutetier wird gehäutet und zerlegt, Wasser in Kesseln aufgesetzt, einige Nymphen bestreuen die Lagerplätze mit Blüten, andere winden Kränze.

13

Kasiphone, unten, nimmt trauernd Abschied von Elpenor. Sie versucht ihn nicht zu halten, doch sie gesteht ihm ihre Liebe, und Elpenor gesteht – alles dies natürlich im Tanz –, daß auch er sie liebe und dennoch sich nach der Heimfahrt sehne; und das Paar, sich aneinanderschmiegend, zieht sich in den Hintergrund zurück, sich noch einmal ihrer Liebe hinzugeben, da brechen die Lemuren aus.

Die Erregungsmächtigkeit dieses Mittags hat ihre Lemurenstumpfheit durchschlagen: der Betörungstanz Kirkes, das frühe Ende der Arbeit, das Entzaubern ihrer erst jüngst ihnen gleich gewordnen Gefährten zu Menschen; zudem riechen sie, die noch nichts zu essen bekommen haben, das blutige Fleisch, das zum Schmaus bereitet wird. Vordem sind sie noch nie darauf gekommen, einfach aus ihren Koben auszubrechen; nun, zu noch nie gekannter Erre-

gung gestachelt, haben sie gegen die Tür gedrückt, und die
Tür ist aufgesprungen, und nun kommen sie heraus.

Einige brechen Latten als Knüppel aus ihrem Verschlag,
einige greifen nach den Steinen, alle vertrauen sie ihrer
Kraft.

Entsetzt fahren Elpenor und Kasiphone vor ihnen zurück. Sie sind wehrlos; Elpenor hat sein Schwert abgelegt,
Kasiphone ihre Zaubergerte, und die Lemuren kreisen sie
ein. Einige versuchen ungeschlacht, Kasiphone in die Arme
zu pressen, andere halten Elpenor fest, andere trotten
schnüffelnd und schnobernd nach vorn.

14

Das Paar gerät in ernsthafte Not; da springt die Tür des
Palastes auf, und Kirke erscheint. Mit hocherhobener Zauberrute schreitet sie zur Mittelterrasse hinunter, droht in
wilden Zaubergesten mit ihrer Rute und wirft, eigenhän-
dig, sich mit Blut besudelnd, ein großes Stück Fleisch des
Beutetiers den Lemuren zu, die gierig darüber herfallen.

Kirke geht in den Palast zurück; das Paar ist entkommen
und flieht zur Mittelterrasse.

Noch bevor sie dort angelangt sind, fällt rasch der Vorhang.

DRITTER AKT

Abend bis Nacht

1

In dem Augenblick, da der letzte Strahl der untergehenden Sonne Kirkes Palast trifft, beim Ertönen des nun abendlich gefärbten Klanges, öffnet sich langsam der Vorhang.

Der Palast, transparent, leuchtet rot-golden im Abenddämmern über der Insel.

Kirke sitzt auf dem rechten Sitz des Thrones; der freie, linke Sitz neben ihr ist mit Blumen für den nun auszulosenden Bleibenden geschmückt. Das Goldene Gewebe liegt über ihrem Schoß.

Die Bühne unten ist leer; nur rechts, ein riesiges düsteres Zeichen, des Odysseus schwarzes Schiff.

Auf der Mittelterrasse haben sich rechts die Krieger und links die Nymphen aufgestellt, in zangenartigen, weit in den Hintergrund greifenden Halbkreisen, die im Vordergrund bis zu dem Kessel über dem Dreifuß reichen.

Mit einer Geste befiehlt Kirke dem Goldenen Gewebe, zur Mittelebene hinab und dort über den Kessel zu wallen.

Das Tuch ergießt sich nach ihrem Wink.

Ein Augenblick vollkommener Stille.

2

Kirke erhebt sich feierlich, zur Mittelebene hinabzuschreiten, da tritt, ein anschwellendes blaues Leuchten, als Gestalt noch allen unsichtbar, Athene vom Meer her zum Palast.

Odysseus spürt sogleich das Erscheinen seiner Schützerin. Das Kraut Moly auf seiner Brust beginnt zu glühen; er wendet seinen Blick vom Kessel und schaut zum Meer.

Auch Kirke hat Athenes Nahen gefühlt. Sie hatte sich schon einige Schritte vom Thron entfernt, nun kehrt sie zu ihm zurück, setzt sich aber nicht.

Die griechischen Krieger, Rücken zum Meer, bleiben unverändert in Haltung und Ausdruck; unter den Nymphen beginnen sich erste Zeichen von Unruhe und Verwirrung zu zeigen, sie drängen sich zu kleinen, miteinander wispernden Gruppen zusammen, die sich aber sofort wieder auflösen, so daß ihr Halbkreis etwas Flatterndes, Unruhiges bekommt.

Am stärksten drückt das Goldene Gewebe die Furcht vor der Erschienenen aus. Es schrickt, in einer dem Nichteingeweihten unerklärlichen, von den Griechen für Kirkes Zauberkunst gehaltenen Weise – vor allem Elpenor zeigt sich ergötzt –, zurück, weicht der Nahenden aus, windet sich, bäumt sich wohl auch, bedeckt aber immer noch den Kessel und den freien Thronsitz.

3

Athene hat von rechts, durch die Mauer, Kirkes Palast betreten: sie steht plötzlich da, nun für Kirke und mit ihr auch für das Publikum sichtbar.

Während des folgenden Geschehens im Palast schauen die Personen auf der Mittelebene niemals empor. Sie fühlen – und Odysseus weiß es –, daß dort ein Kampf zwischen Unsterblichen vor sich geht, und wagen nicht, die Augen zu ihnen zu erheben. Unter den Nymphen wächst Unruhe und Verwirrung; die Griechen rücken allmählich dichter zusammen, wahren aber die Form des Halbkreises.

Da Athene eintritt, wendet sich Kirke, nun am Fuß des Thrones, zu ihr. Der Kampf der Göttinnen ist ein Sich-Messen, das Vergleichen ihrer hierarchischen Mächtigkeiten, das heißt ihres Ranges. An sich ist Athene die Mächtigere, sie gehört ja zu den olympischen Zwölf, aber Kirke, in ihrem Haus und auf ihrer Insel, ist doppelt Herrin: die rechtmäßige Hüterin ihres Hauses und die rechtmäßige Königin ihrer Insel, und dies von Zeus geschützte Recht ist ja auch ein Wesensstück Macht.

Der Kampf ist also nicht von vornherein entschieden, und die Frage ist: Wer hat wem zu weichen? Kirke will erst den Palast verlassen und die Los-Zeremonie vollstrecken, wenn Athene sich zurückgezogen hat, und Athene wiederum drängt Kirke hinunter, die Zeremonie noch bei ihrer, Athenes, Anwesenheit vor dem Thron zu vollziehn.

So wird dieser Kampf der Göttinnen eigentlich als ein Einander-gegenüber-Stehen ausgetragen, und wiewohl er mit äußerster Anstrengung geführt wird, ist von außen scheinbar nur wenig zu sehen: So verharren manchmal zwei Ringer im Gleichgewicht ihrer Stärke.

Noch besser kommt die Spezifik dieses Kampfes in einem bayerischen Kraftspiel zum Ausdruck, wo die beiden Gegner sich am Tisch gegenübersitzen, ihre Handflächen aneinanderpressen und jeder des andern Hand niederzudrücken versucht.

Die Kampfweise der Göttinnen ist gegensätzlich. Kirke lädt sich mit magischer Macht auf; ihre langsam beginnenden, dann jäh an sich heranreißenden Bewegungen scheinen alle Zauberkraft der Insel und der Natur auf sich und in ihre Zauberrute zu ziehen; bei Athene hingegen ist es ein Entäußern, sie strahlt aus, um die Gegnerin wegzudrücken, und dies geschieht sichtbar am Goldenen Gewebe, das nun auch vom Kessel zurückwallt und seine Höhlung freigibt.

In diesem Zenit des Kampfes schlägt Kirke ihr Gewand auf und zeigt Athene, der Jungfrau, ihr Geschlecht; das Publikum sieht nur die Bewegung des Gewandaufschlagens, nicht die Nacktheit; der Griechen Blicke bleiben gesenkt. Athene entblößt als Gegenzauber ihre Stirn, sie nimmt den Helm ab, ihre Stirn ist hoch und frei. Kirke schlägt mit der Zauberrute zu; Athene fängt den Schlag mit dem Helm auf, die Rute fällt aus Kirkes Hand, und nun weicht Kirke Schritt um Schritt vor ihrer Gegnerin zurück.

Schließlich steht Athene vor Kirkes Thron, nun wendet sie ihren Blick zu Odysseus, und der schaut ehrfürchtig zu ihr empor und streckt ihr grüßend die Arme entgegen.

Kirke, als ob sie friere, winkt ihr Gewebe zu sich und hüllt sich darin ein.

Athenes blauer Glanz erfüllt die Bühne. Langsam streckt sie die Rechte aus und weist auf den Kessel.

Kirke, in das Goldne Gewebe gehüllt, schreitet zur Mittel-terrasse hinunter, Athene wird jäh unsichtbar, doch sie bleibt anwesend: ihr blauer Glanz herrscht unvermindert.

Kirke nimmt den Kessel vom Dreifuß, hebt ihn hoch und schüttelt ihn.

Die im Hintergrund stehenden Nymphen und Griechen treten nun näher zur Mitte, bleiben aber als Gruppen von-einander gesondert.

Ein Kiesel springt aus dem Kessel. Kirke fängt ihn auf. Sie weiß: Es ist nicht der Stein des Odysseus.

Odysseus nimmt Kirke den Kiesel aus der Hand und hält ihn seinen Mannen hin, und Elpenor erkennt sein Zeichen.

5

Wie mit siedendem Wasser übergossen, springt Elpenor auf, steht einen Augenblick reglos, schlägt dann entsetzt die Hände vors Gesicht und flüchtet in wilden Wirbeln, vom Kessel fort.

Auch Kasiphone ist aufgesprungen, da sie Elpenor als den vom Los Bestimmten erkannt hat; auch sie wirbelt nun über die Bühne, aber vor überschäumender Freude. Tief im Hintergrund treffen sie aufeinander; sie versucht ihn in die Arme zu schließen; er wehrt verzweifelt ab, stößt sie zu-rück und flieht vor ihr, die ihm werbend nacheilt, wieder zum Vordergrund zurück.

Kasiphone versucht Elpenor zu überholen, aber Kirke tritt ihr in den Weg. Mit einer herrischen Gebärde verweist sie die Nymphe in ihre Rolle als Dienerin; die aber wehrt sich, sie hat das Recht der Liebenden.

Kirke hebt die Hand – nicht die Zauberrute, die liegt ja oben im Palast. Kirke ist nun eine Königin ohne Zepter –, Kirke hebt also die Hand, die Ungehorsame zu züchtigen, da nimmt Elpenor für Kasiphone Partei. Er versucht sie zu schützen, stellt sich vor sie, doch die Gefährtinnen umrin-gen Kasiphone und führen sie aus dem Zornkreis ihrer Herrin.

Kirke schlägt das Ende des Goldenen Gewebes um Elpenors Schultern und schickt, ohne noch auf Odysseus zu sehen, sich an, ihn zu ihrem Palast zu führen.

Da Kirke Elpenor in den Palast führen will, reißt er sich los, rast zum rechten Rand der Oberbühne, neben dem Palast, oberhalb des Schiffes. Er grüßt das Schiff, streckt die Arme sehnsuchtsvoll zur fernen, unerreichbar gewordenen Heimat hin, schlägt dann jäh die Hände über die Augen und stürzt sich, ohne zu zögern, in die Tiefe.

Hier wäre wohl der geeignete Ort, die Änderung des Schlusses zu begründen.

Kirke, als Tochter des Sonnengottes, hat wie dieser eine Affinität zum Totenreich, und auch bei Homer bleibt ja einer der Griechen, eben Elpenor – bei Ovid «der Säufer» genannt –, als Toter auf ihrer Insel, freilich stürzt er am Morgen der Abfahrt, noch nicht ausgenüchtert vom Abschiedstrunk, vom Dach des Palastes wider Willen in die Tiefe.

Doch auch Odysseus tritt mit seinen Mannen die Reise ins Land des Todes an, nach Kimmerien, zur Pforte der Unterwelt – das ist die Bedingung, die Kirke ihnen als Preis für das Gewähren der Heimfahrt stellt. Odysseus folgt bei Homer ihrem Wunsch und wird, zurückgekehrt, mit seinen Kriegern von Kirke mit diesen Worten begrüßt:

«Arme, die ihr lebendig in Aïdes' Wohnung hinabfuhrt,
zweimal schmeckt ihr den Tod, den andre nur einmal empfinden.»

Homer erzählt eine Variante des möglichen Geschehens: die der Übereinstimmung nach einem symbolischen Tod.

Diese Ballettversion erzählt eine andere, ebenso mögliche, weil ebenso im Mythos angelegte: die der Entzweiung zum Tode hin.

6

Kirke sieht den Todessturz ohne erkennbare Bewegung. Kasiphone schreit stumm auf und rennt, den ebenfalls zur Sturzstelle drängenden Griechen voraus, auf die untere Bühne und verschwindet sofort hinter dem Schiff.

Odysseus und ein Teil der Griechen sind auf der Mittelterrasse geblieben.

Die Nymphen ziehen sich verstört zurück; die Ordnung

der Insel ist erschüttert. Ängstlich, völlig verunsichert, schauen sie zu ihrer Herrin empor, die, in ihr Goldenes Gewebe gehüllt, vor dem Loskessel verharrt.

7

Langsam schreiten die griechischen Krieger, Eurylochos voran, hinter dem Schiff hervor und zur Mittelebene hinauf. Sie tragen, hoch über ihre Köpfe erhoben, den Leichnam Elpenors. Neben ihnen, mit selbstzerstörerischen Trauergebärden, Kasiphone.

Kirke hat ihnen keinen Blick zugewandt. Sie ist eine Unsterbliche; Totes ist ihr zutiefst verhaßt.

Die Krieger legen Elpenors Leichnam an eine Stelle, die für das Abschiedsmahl mit Blumen bestreut ist, und decken ihn mit einem Mantel zu.

Odysseus will vor den Aufgebahrten hintreten; Kirke aber faßt ihn bei der Schulter, sie velangt, daß die Losentscheidung wiederholt werde. Odysseus weist ihr Verlangen zurück.

Kirke, während die Nymphen sich scheu hinter ihr sammeln, mahnt Odysseus an seinen Schwur: Einer der Griechen, der oder der oder der oder der, werde auf der Insel bleiben.

Da packen Odysseus und Eurylochos den Leichnam Elpenors, heben ihn hoch und tragen ihn in Kirkes Palast, den sie mit einem Fußtritt öffnen, und setzen ihn dort auf den leeren, blumengeschmückten Sitz des Throns.

8

Da der Tote in den Palast getragen wird, entweicht Athene, das blaue Leuchten erlischt.

Kirke unten erstarrt; es ist ungeheuerlich. Ihr Reich ist geschändet, ihr Frauentum verhöhnt, ihr Göttin-Sein von einem Sterblichen in Frage gestellt. Sie läßt ihr Goldenes Gewebe fallen – darunter trägt sie ihr Gewand – und weist die Nymphen mit einer herrischen Geste an, den Leichnam sofort vom Thron zu holen.

Die Nymphen, unter ihnen *nicht* Kasiphone, führen

widerstrebend die Weisung aus; sie vermeiden dabei, den Leichnam zu berühren, werfen das Goldene Gewebe über ihn, rollen ihn darin ein und tragen ihn zur unteren Bühne.

Mit einem Fußtritt stürzt Kirke den Kessel um. Die Kiesel rollen über die Bühne.

Die Griechen, auch Odysseus, sind unterdessen zur unteren Bühne geschritten. Einige rüsten das Schiff zur Abfahrt, andere graben mit ihren Schwertern ein Grab für Elpenor: denn er bleibt ja zurück.

Odysseus befindet sich beim Schiff; Eurylochos steht zuerst bei den Grabenden, dann tritt er in den Hintergrund und scheint die Lemuren zu betrachten.

Der Palast oben steht leer; Kirke und ihre Nymphen, auch Kasiphone, befinden sich nun auf der Mittelebene, die Griechen auf der unteren Bühne.

Nun, da Elpenor bestattet wird, versammeln sich alle Griechen um sein Grab. Der Leichnam wird aus dem Goldenen Gewebe gewickelt, in einen Mantel gehüllt und auf die aufgeworfene Erde – oder auf eine kleine, schnell errichtete Liegestatt aus herumliegenden Quadersteinen – gebettet. Feierlich, mit erhobenen Händen, umschreiten die griechischen Krieger den Leichnam, dann tragen sie ihn, hoch über ihre Köpfe ihn hebend, um das Schiff und schicken sich an, ihn ins Grab zu senken.

Die Gruppenbewegungen der Krieger, zum Schluß das Umschreiten des Schiffes, nehmen immer mehr den Charakter des Marschierens, eines monotonen, gefährlich barbarischen, niederstampfenden Gleichschritts an.

9

Da Elpenors Leichnam ins Grab gesenkt werden soll, stürmt Kasiphone als einzige der Nymphen nach unten und versucht, durch die Reihen der abwehrenden Griechen, sich zu dem Geliebten zu drängen und, als ihr das nicht gelingt, sich zu ihm ins Grab zu stürzen.

Eurylochos hält sie zurück.

Wie versteint, reglos, ungläubig sieht Kirke auf Kasiphone hinab.

10

Elpenors Leichnam ist ins Grab gesenkt, und da das Grab zugeworfen ist, gibt Eurylochos Kasiphone frei. Sie wirft sich klagend über den Grabhügel.

Die Griechen, an ihrer Spitze Odysseus, zum Beschluß Eurylochos, ziehen, nun schon im Gleichschritt marschierend, zur Mittelebene hinauf, zeremoniell von der Herrin der Insel Abschied zu nehmen.

Noch einmal versammeln sich die Nymphen hinter Kirke, eine verstörte, an den Rändern immer wieder zerflatternde Gruppe.

Kirke steht reglos, die Hände vor der Brust gekreuzt.

Odysseus tritt vor und reicht Kirke die Hand; sie nimmt sie nicht an. Odysseus läßt langsam seine Hand sinken.

Kirke dreht sich brüsk um und eilt zu ihrem Palast.

11

Noch ehe Kirke den Palast erreicht hat, gibt Odysseus seinen Kriegern das Zeichen, zum Schiff zu marschieren.

Kirke ist nun vor dem Palast angelangt, und da sie sieht, daß die Männer ihre Insel verlassen, schlägt sie verzweifelt die Arme um die Brust und sinkt vor dem Tor des Palastes nieder. Zögernd kommen einige der Nymphen ihr zu Hilfe, doch da ist Kirke schon aufgestanden, hat den Palast betreten. Sie verläßt ihn gleich wieder mit der Zauberrute und schreitet entschlossen zur unteren Ebene hinab. Sie erscheint während des Abzuges der Männer nicht mehr auf der Bühne.

Die Griechen marschieren zu ihrem Schiff; nun ist es ein Marsch, den sie vollziehen, unerbittlich, dröhnend, Würde und Liebe verhöhnend, und ich wünschte, daß das Barbarische der Bewegung dieser Männermaschine in einem unerträglichen Rhythmus, verbunden mit der Lästerung schriller Pfeifen, in der Musik zum Ausdruck kommt.

Da die Krieger das Schiff erreichen, steigt Odysseus aufs Deck und bleibt dort stehen und schaut auf das Meer, und das Schiff wird, langsam, zum Meer gezogen.

12

Nun erst erscheint Kirke auf der Mittelterrasse und schreitet zu Kasiphone hinab.

Die Nymphen, Furchtbares ahnend, ziehen sich, Gegenbewegung zum Marschieren der Männer, scheu an den Rand der Mittelebene zurück und verlieren sich dort und werden nicht mehr sichtbar sein.

Kirke tritt vor Kasiphone hin, die sich, jäh verängstigt, zu ihr aufrichtet, doch ehe sie sich erhoben hat, schlägt ihr Kirke mit aller Kraft ihres Zornes die Zauberrute links und rechts übers Gesicht.

Kasiphone schreit auf, und dieser Schrei soll erschallen, der einzige Laut einer Menschenstimme, der von der Bühne herab vernehmbar sei: der Schrei tödlich verletzter Liebe, der Verzweiflung, des Schmerzes und der Empörung. Die Geschlagene springt schmerzgestachelt empor und fällt doch gleich wieder, Lemur werdend, auf Hände und Knie zurück.

Ohne sie weiter zu beachten, dreht Kirke sich um, rafft das Goldene Gewebe zusammen und geht zu ihrem Palast zurück.

13

Kasiphone richtet sich taumelnd auf, zwingt sich schwankend auf die Beine, bleibt aber lemurenhaft gebückt. Verzweifelt macht sie einige Schritte, ihre Arme pendeln wüst hin und her.

Langsam kommen die Lemuren aus ihren Verschlägen.

Kasiphone will vor ihnen fliehen, sie schlenkert die Arme zum Schiff hin, auf dem sie Odysseus stehen weiß, und das Schiff entschwindet.

Die Lemuren kreisen ihre neue Gefährtin ein. Sie tun ihr nichts an, sie sind weder Mann noch Frau.

Im vergeblichen Versuch, sich ihnen zu entziehen, wird Kasiphone zurückgedrängt. Die Masse der Lemuren verschwindet mit ihr im Hintergrund; hie und da trottet noch ein Lemur daher.

14

Kirke in ihrem Palast zerreißt das durch den Leichnam ent-
weihte Goldene Gewebe und wirft, Beschwörungsflüche
raunend, die Fetzen dem entschwindenden Schiff hinterher.

Erschütterung der Elemente; die Fetzen glühen als Blitze
auf.

In orgiastischem rasendem Schwarzzauber versammelt
Kirke all ihre Zerstörungskraft gegen das langsam ihrem
Blick sich entziehende Schiff.

Die Nacht bricht ein, Unwetter ziehn auf.

Im Maß der Verfinsterung entkleidet sich Kirke; man sieht
sie jedoch nur für einen Augenblick nackt, wenn Blitze auf-
flammen.

Das Tosen des Unwetters kämpft gegen die Marschmusik,
die immer brutaler und barbarischer dröhnt, und schließlich
vereinigen sich die beiden unheilkündenden Musiken.

Mit einer Versammlung aller Dissonanz des Klanges, als
der Kirkes Palast dreimal ertönt ist, schließt, in völliger Finsternis, die Handlung.

Der Vorhang braucht nicht mehr zu fallen. Es ist tiefe
Nacht.

Die Schatten

Ein Hörspiel

Stimmen:

Kirke, Herrin der Insel Aiaia
Odysseus
Erste Nymphe
Zweite Nymphe
Dritte Nymphe
Erster Grieche
Zweiter Grieche (Perimedes)
Dritter Grieche
Vierter Grieche (Polites)
Fünfter Grieche (Eurylochos)
Der Ansager

Das Spiel folgt frei dem Bericht Homers («Odyssee», Gesang X bis XII, sowie «Ilias», Gesang V und IX).
Das Lied am Ende von Teil I ist eine Collage aus einem Fragment der Sappho und einem Fragment Alkmans.
Das Lied am Ende von Teil II ist ein Abschnitt aus einem Lied der Dinka (mitgeteilt in: Karl Kerényi, Die religiöse Idee des Nichtseins).

Noch ANSAGER: Die Kirke-Insel Aiaia. – Abend. – Odysseus ist mit seinen Kriegern von der Kimmerienfahrt zurückgekehrt, und nun sitzen die Nymphen mit den Kriegern am Feuer und drängen sie, von dem zu erzählen, was noch kein Sterblicher lebend geschaut hat.

Wind; Meer; das Prasseln der lohenden Scheiter; mitunter, von einem entfernten Feuer, Fetzen eines wehmütigen oder wilden Liedes.

ERSTE NYMPHE: Nun erzählt schon – wie ist es gewesen?

ERSTER GRIECHE: Wie soll's schon gewesen sein? Eigentlich war gar nichts. – Nebel im Hafen, und die Stadt ganz im Nebel, und dann draußen, im Nebel, das Loch in der Erde ...
Schweigen.

ZWEITE NYMPHE: Und?

ERSTER GRIECHE: Ja, und dann kamen die Schatten – wie soll man's erzählen?

PERIMEDES: Ich fand's eigentlich komisch – natürlich war's schaurig, aber eigentlich komisch –, wie die heulten und über das Blut herfielen ...

EURYLOCHOS: Ihr redet zuviel!

DRITTER GRIECHE: Ich war froh, als es vorbei war.

ZWEITE NYMPHE: Aber es muß doch etwas gewesen sein!

DRITTER GRIECHE: War's auch, und ob!

POLITES: Dieses gräßliche Heulen!

ZWEITER GRIECHE: Nein, dieses Schlürfen ...

PERIMEDES *schüttelt sich*: Bocksblut – brrr!

EURYLOCHOS: Und es war gar nichts, sage ich euch –: Nebel, und Schatten, und das übliche Opfer ...
Langes Schweigen.

ERSTE NYMPHE *setzt wieder an*: Habt ihr den Kerberos gesehen?

ERSTER GRIECHE: Den Höllenhund? Nein. Der ist wohl am Haupttor. Wir müssen an einem Nebeneingang gewesen sein.

PERIMEDES: Unsinn. Das ist das Haupttor gewesen.

ERSTER GRIECHE: Na, hör mal – ein Zutritt, nicht größer als ein Fuchsloch!

PERIMEDES: Den Schatten genügt's.

ERSTER GRIECHE: Ein Nebeneingang!

DRITTER GRIECHE: Es war das Haupttor, es stimmte ja alles: der Zypressenhain, die Eibenrabatten, die riesigen Weiden, in der Mitte das Loch – und drunten die beiden schwarzen Flüsse, wie sie in die Tiefe stürzten ...

POLITES: Das Eigentliche ist gewiß erst unten.

ZWEITE NYMPHE: Was meint ihr denn mit dem Eigentlichen?

DRITTER GRIECHE: Na, das Erebos, das vollkommene Dunkel, wo die Schatten drin unsichtbar werden.

DRITTE NYMPHE: Aber dort wart ihr nicht?

EURYLOCHOS *schroff*: Nein.

Und wieder Schweigen.

ERSTE NYMPHE: Ihr macht's aber spannend. Da, trinkt noch was.

Einschenken; Schlürfen.

DRITTER GRIECHE: Also, traurig war das mit dem Elpenor.

PERIMEDES: Ja. Das war traurig. Aber sonst war's eher komisch.

DRITTE NYMPHE: Elpenor, Elpenor – so heißt doch so'n kleiner Dicker von euch?

ZWEITE NYMPHE: Ja, der lustige Glatzkopf, der dauernd blau ist ... *Die Nymphen lachen. Ahmt nach*: Hast du nicht so ein rotes Gluckgluck für mich, unsterbliches Schwesterlein – nur so ein klitzekleines Schlückchen? *Wieder lachen die Nymphen.* Zuerst war ich ja erschlagen, ich dachte wirklich, der meinte mein Blut: einen Schluck, um auch unsterblich zu werden.

DRITTER GRIECHE: Bei euch Göttinnen ist das Blut golden, nicht wahr?

ERSTE NYMPHE: Farblos ...

ZWEITE NYMPHE: ... wie alles bei uns.

Die Nymphen lachen. Die Griechen schweigen. Das Schweigen überdauert das Lachen.

DRITTE NYMPHE: Wo steckt der denn jetzt, euer Elpenor? Ich seh ihn nirgends.

ZWEITE NYMPHE: Sicherlich ist der schon wieder hinüber.

POLITES *in schmerzlichstem Ernst*: Ja, aber anders. Elpenor ist *dort*.

ERSTE NYMPHE *langsam begreifend: Dort?* – Armer Elpenor! Und er ist immer so lustig gewesen!

DRITTE NYMPHE: Aber den hab ich doch noch gesehen, den

Dicken, kurz bevor ihr die Fahrt angetreten – da stand er doch noch auf dem Dachgarten herum.

ERSTER GRIECHE: Ja, eben, und er hat uns in See stechen sehen und hat geglaubt, es geht in die Heimat, und da hat er halt noch an Bord springen wollen ...

ZWEITE NYMPHE: Zwei Steinwürfe weit – und drunten der Felsstrand.

ERSTE NYMPHE *angeekelt*: Und da liegt er noch, das heißt: sein Leib?

POLITES: Ist schon begraben. Der Alte hat's gleich nach der Rückkehr getan, noch bevor er zu IHR hinaufgegangen.

DRITTER GRIECHE: Das ist seltsam, nicht wahr – hier sein Leib, dort sein Schatten, und was ist nun eigentlich er? Der Schatten? Der Leib? Beide zusammen?

PERIMEDES: Der Leib gehört nicht mehr zum Schatten.

DRITTER GRIECHE: Die müssen doch noch zusammengehören, der Leib und der Schatten – : Solang der Leib nicht begraben ist, friert der Schatten.

POLITES: Der Schatten friert immer, so oder so.

Schweigen.

ZWEITE NYMPHE: Ihr redet alle so drum herum. – Erzählt doch endlich, wie's wirklich war.

ERSTER GRIECHE: Man kann ja auch nur so drum herumreden. – Alles ist dort so drum herum.

Die Nymphen lachen.

DRITTER GRIECHE: Schon der ewige Nebel in diesem Kimmerien – : Du gehst mit vorgestreckten Händen, hast dauernd Angst, dir den Kopf einzurennen, du siehst nichts und siehst trotzdem etwas, wie im Nebel eben, aber auch nicht wie im Nebel, also du siehst alle Dinge verfließend, wie milchgraue Schatten, aber dabei siehst du Wesen, die man im Nebel sonst nicht sieht, ganz kleine zum Beispiel, Sperlinge etwa, fast punkthafte Schatten, aber doch zu erkennen.

POLITES: So ist es. Das hast du genau getroffen.

ERSTE NYMPHE: Und die Menschen dort? Seid ihr welchen begegnet?

POLITES: Ich weiß nicht, ob das Menschen wie wir sind.

PERIMEDES: Barbaren eben ...

ERSTE NYMPHE: Wie sehn sie denn aus?

136

DRITTER GRIECHE: Wie Zweibeiner im Nebel, milchgraue Schatten, tappend, mit vorgestreckten Händen, schwenken auch immer eine Laterne herum ...

ERSTE NYMPHE: Habt ihr mit ihnen gesprochen?

ERSTER GRIECHE: Die sind scheu wie die Hasen, laufen sofort weg, in ihre Häuser ...

DRITTER GRIECHE: Häuser im Nebel, Schattenhäuser ...

ERSTER GRIECHE: ... unter Bäumen im Nebel ...

DRITTER GRIECHE: ... kahlen Bäumen ...

PERIMEDES: Ja, die Bäume dort sind tatsächlich schon kahl ...

POLITES: Der Herbst muß dort sehr zeitig kommen.

DRITTE NYMPHE: Das täuscht. Bei uns herrscht ja ewiger Sommer.

DRITTER GRIECHE: Niemals Herbst? Niemals Winter?

DRITTE NYMPHE: Nie. Ihr habt es doch erfahren.

ERSTER GRIECHE: Ein Jahr kann eine Ausnahme sein.

POLITES: Auf die Dauer muß das doch langweilig werden. Ewiger Sommer – ertragt ihr das?

ERSTE NYMPHE: Möchtest du lieber ewigen Nebel?

POLITES: Nichts Ewiges – das nicht und das nicht.

PERIMEDES: Doch! Ewiges Leben!

DRITTE NYMPHE: Die Schatten sind ewig.

Langes Schweigen.

DRITTER GRIECHE: In Kimmerien leben – bei den Göttern: nein! Ein Land ohne Himmel, ohne Sonne, ohne Sterne, und die Stadt ist ja eigentlich nur eine Straße, nicht einmal ein Markt, nur eine Straße, vom Hafen herauf, und weiter zum Hain hin; man geht lange, aber man weiß nicht, wie weit es ist.

ZWEITE NYMPHE: Wie sieht das Land aus?

DRITTER GRIECHE: Ein Steinfeld im Nebel; keine Bäume mehr, keine Berge, nicht einmal Hügel, nur diese schnurgerade Straße ...

ERSTER GRIECHE: ... die man aber nur drei Schritte weit sieht ...

DRITTER GRIECHE: ... ja, und drunter ein Brausen und ein Dröhnen, ganz leise zuerst, dann lauter und lauter, das sind die unterirdischen Flüsse ...

DRITTE NYMPHE: Acheron und Styx – und die habt ihr gesehen?

DRITTER GRIECHE: Ja, aber durch die Erde, auch wie im Nebel, so als ob die Erdkruste Nebel wäre, aber dennoch fest, daß man drauf gehn kann, und dennoch durchsichtig, aber nicht wie Wasser, mehr dumpfer, lehmig, wie Eingeweide ...

POLITES: ... schwarze Flüsse, tiefschwarz, wie schäumende Nacht.

ERSTER GRIECHE: Ja, wirklich – als ob die Nacht vorbeiströmt!

DRITTER GRIECHE: Und drüber der Nebel – wie drübergestülpt!

ERSTE NYMPHE: Tief?

DRITTER GRIECHE: Die Tiefe verliert sich im Finstern. Man kann es schlecht schätzen.

ZWEITE NYMPHE: Es ist ja auch nicht so wichtig ...

ERSTE *und* DRITTE NYMPHE: Doch!

ERSTER GRIECHE: Ganz fern hab ich einen Kahn gesehen, auf dem Acheron, aber ganz in der Ferne ...

ZWEITE NYMPHE: Aber den Kerberos nicht?

ERSTER GRIECHE: Nein, ich sagte es ja. Wo wir waren, war nicht der Haupteingang, es standen auch keine Wächter davor, gar nichts, nur die Bäume, und die neblige Durchsichtigkeit, und dieses kleine Loch in der Erde.

ZWEITE NYMPHE: Und dann?

DRITTER GRIECHE: Ja, dann hat der Alte die Grube gegraben, genau nach dem Maß, wie es Kirke gefordert, also die übliche Opfergrube, und dann hat er die Tiere geschlachtet, zuerst den Bock, später die beiden schwarzen Schafe ...

ERSTER GRIECHE: Die hatten wir an einen Pfahl gehängt, mit dem Schädel nach unten, daß das Blut richtig rausläuft ...

ZWEITE NYMPHE: Und dann? Leute, ihr laßt euch bitten!

ERSTER GRIECHE: Na ja, dann sind die Schatten herausgekommen.

ZWEITE NYMPHE: Ja, und das wollen wir eben wissen. – Oh, seid ihr maulfaul! Wer kam da alles? Berühmte Leute? Und wer zuerst, und in welcher Reihung, und wie kamen sie an – so erzählt doch endlich.

EURYLOCHOS: Da ist nichts zu erzählen. Schatten. Basta.

ERSTE NYMPHE: Oh, seid ihr blöde!

EURYLOCHOS: Gut, sind wir halt blöde.

ERSTER GRIECHE: Er hat uns verboten, darüber zu sprechen.

DRITTE NYMPHE: Wer? Etwa Achilles?

ERSTER GRIECHE: Ach was. – Der Alte.

ERSTE NYMPHE: Odysseus?

ERSTER GRIECHE: Na, wer wohl!

ERSTE NYMPHE: Der hört euch doch nicht. Der ist oben. Bei ihr.

DRITTER GRIECHE: Ob bei ihr oder nicht, es ist wirklich nichts zu erzählen. Er opferte, und dann kamen die Schatten und tranken das Blut, und dann redete er ein bißchen mit ihnen, das war sehr traurig ...

ZWEITE NYMPHE: Habt ihr Achilles gesehen?

ERSTER GRIECHE: Ja.

DRITTER GRIECHE: Nur seinen Schatten.

ERSTER GRIECHE: Aber der *war* doch Achilles.

DRITTER GRIECHE: Das war nicht Achilles, das war nur sein Schatten.

POLITES: Anders gibt es Achilles nicht mehr. Ein Schatten wie andre. Ein Schatten wie jeder.

ZWEITE NYMPHE: Aber woran erkennt man ihn denn? Es muß doch was von Achilles dran sein?

DRITTER GRIECHE: Man fragt in die Schatten, ob Achilles dabei sei, und wenn er dabei ist, antwortet er.

ZWEITE NYMPHE: Und als Schatten selbst erkennt man ihn nicht?

DRITTER GRIECHE: Nur wenn er allein steht und im Profil steht. – Sonst ist er nichts als so ein Stück Schwärze ...

EURYLOCHOS: He, was zeigst du auf meinen Schatten!

DRITTER GRIECHE: Nur als Beispiel, Eurylochos.

EURYLOCHOS: Zeig gefälligst auf deinen eigenen.

DRITTER GRIECHE: Schatten sind Schatten, die sind alle gleich.

ZWEITE NYMPHE: Aber es war doch der Schatten von Achilles, oder?

EURYLOCHOS *brüllend*: Es *war* Achilles.

ZWEITE NYMPHE: Ihr armen Menschen.
    Schweigen.

ERSTER GRIECHE: Der Alte rief ihn beim Namen, und da kam er heraus ...

DRITTE NYMPHE: Aus dem Fuchsloch?

ERSTER GRIECHE: Nein, aus dem Knäuel der Schatten. – Eigentlich ist es ja gar kein Knäuel, der hat ja Höhe, sondern nur eine schwarze Fläche, das sind sie alle, soviel sie auch sind. Der Einzelne hat seine Kontur; mehrere zusammen haben keine.

ZWEITE NYMPHE: Das verstehe ich nicht.

DRITTER GRIECHE: Ist doch ganz einfach. Sieh meine Hände – wenn ich sie auseinanderhalte, siehst du ihre Schatten einzeln und erkennst sie als Schatten von Händen, du erkennst auch die linke und rechte Hand, aber wenn ich sie zusammenführe, verschmelzen die Schatten zu einem unkenntlichen schwarzen Fleck. Und so verschmelzen Leiber mit Leibern – das heißt deren Schatten –: Wenn sie nahe zusammenstehen, löschen sie gegenseitig ihre Gestalt aus, und du erkennst keinen oder keine. – Leda, Achilles, Iphigenie, Kassandra, Oidipos, Hektor, Flickschuster, Generäle – alles ein einziger schwarzer Fleck. – Und sie drängen sich immer zusammen, weil ihnen kalt ist.

PERIMEDES: Nebeneinander und übereinander ...

ZWEITE NYMPHE: Und sie küssen sich nicht und umarmen sich nicht?

DRITTER GRIECHE: Nein. – Vielleicht, wenn sie Blut geschlürft haben.

PERIMEDES *offenbar schon etwas angetrunken*: Dann schaun sie richtig komisch aus!

EURYLOCHOS: Genug jetzt! *Man hört ihn das Schwert aus der Scheide ziehen.* Genug, sage ich. *Er* hat's uns verboten. Und ich verbiete es euch auch!

DRITTE NYMPHE: Habt ihr Angst, *sie* könnten es hören?

EURYLOCHOS: Das geht euch nichts an.

ERSTE NYMPHE: Sie können euch doch nichts tun, die Schatten.

EURYLOCHOS *schreit*: Genug, sag ich – oder ...

ZWEITE NYMPHE: Dann können wir ja schlafen gehn.

ERSTE NYMPHE: Wir hinauf in die Burg, ihr hinunter ins Schiff.

PERIMEDES: Laßt uns lieber noch trinken.
ZWEITE NYMPHE: Wenn ihr meint ...
Einschütten von Wein; Schlürfen, Schweigen.
Plötzlich ein Schlag, und die scharfe Stimme der ERSTEN NYM-
PHE: Hände weg, Mensch!
Einige Griechen und die Nymphen lachen. Und wieder
Schweigen.
Dann hebt die ZWEITE NYMPHE *zu singen an:*
  Schlafen sollst du, ich will's, und schlafen
  soll auch das Meer, es schlafe
  maßlose Not.
  Schlafend ruhen die Gipfel der Berge, es ruhen die tiefen
  Felsenhöhlen und Klippen;
  es ruhen die wimmelnden Kinder der nährenden
                                      schwarzen Erde.
  Es ruht im Walde das Wild und das Volk der Bienen.
  Die Ungetüme ruhn in tiefer Purpurflut.
  Auch der Vögel Geschlecht, flügelgeborgen, es schläft.
  Nirgends bewegt, die Blätter erschütternd,
  ein Windhauch die reglose Stille. Nichts stört den
  Wohllaut der singenden Stimme; sie rührt
  der Sterblichen Ohr.

  Wie schwarzbrüstig die Nacht doch ist
  auf der ewig grünenden Insel Aiaia ...
Schweigen.

II

Schweigen.

ZWEITE NYMPHE: Wenn du wieder mit mir schlafen willst,
    Eurylochos, die letzte Nacht auf unserer Insel, dann
    stecke das Schwert weg und laß deine Kameraden erzäh-
    len.
EURYLOCHOS: Warum schaut ihr euch diesen Zirkus nicht
    selbst an? Ihr seid doch Zauberinnen, ihr gebietet den
    Winden, könnt euch leicht wie eine Flaumfeder hexen –
    warum fliegt ihr nicht selbst nach Kimmerien und lockt
    sie aus dem Fuchsloch heraus?

DRITTE NYMPHE: Wir würden dort frieren, Eurylochos.

EURYLOCHOS: Dann hext euch ein Bärenfell über den Bauch.

ERSTE NYMPHE: Nein, das ist es nicht. Wir sind Unsterbliche, Eurylochos. Wenn auch keine der Hohen, so doch Unsterbliche. Wir beflecken uns, wenn wir Totes sehen.

PERIMEDES *schon angetrunken*: Dürft ihr das nicht, oder wollt ihr nicht, Täubchen?

DRITTER GRIECHE: Aber die Schatten sind doch nicht tot – die leben ...

ERSTE NYMPHE: ... *leben?*

DRITTER GRIECHE: Na ja, nicht so wie wir, aber sie existieren doch – also *sind* sie doch irgendwie da ...

EURYLOCHOS *auffahrend:* Wo?

DRITTER GRIECHE: Nicht hier, Eurylochos, ich meine nur so –: sie sind, und darum müssen sie irgendwie leben – anders als wir, aber doch irgendwie.

POLITES: Steine sind auch da und leben nicht.

DRITTER GRIECHE: Aber sie sind doch anders als Steine – sie hören und riechen und sehen ja ...

ERSTER GRIECHE: ... und heulen und schlürfen ...

DRITTER GRIECHE: ... und flattern herum.

POLITES: Sie sind das Gewesene – wie das Erinnern.

ERSTER GRIECHE: Das flattert und riecht und heult doch nicht ...

POLITES: Doch, heulen kann es, das Erinnern – und wie!

DRITTE NYMPHE: Und plötzlich auftauchen und wieder verschwinden.

POLITES: Und dich berauschen wie Wein oder Blut.

DRITTER GRIECHE: Da hast du wohl recht.

EURYLOCHOS: Wir reden zuviel.

Schweigen.

PERIMEDES *die Stille nicht mehr ertragend:* Also, das ist wirklich komisch mit euch, ihr Täubchen –: sehen dürft ihr die Toten nicht, aber von ihnen zu hören, drauf seid ihr versessen – das ist irgendwie geil, ja, geil ist das.

ZWEITE NYMPHE: Wirklich?

Die Nymphen und der Erste Grieche und Perimedes lachen.

PERIMEDES *noch immer lachend:* Spaßvögelchen!

ERSTE NYMPHE: Wenn du uns so siehst ...

142

DRITTE NYMPHE: Wir waren ein Jahr mit euch beisammen – da möchten wir alles von euch wissen.

ERSTER GRIECHE: Von uns? Wir reden von den Schatten!

ERSTE NYMPHE: Na ja ...

Schweigen. Von anderen Feuern leise ein Lied.

POLITES *plötzlich entschlossen*: Es ist die letzte Nacht auf Aiaia, und ich werde erzählen, und du wirst mich nicht hindern, Eurylochos. Also der Hain, die milchigen, stummen Zypressen, und das Loch, und drunten im Erdbauch das Brausen, und dann zog der Alte sein Schwert und rief, die Schatten sollten zu ihm heraufkommen, aber keiner kam, außer dem seiner Mutter.

ERSTE NYMPHE: Antikleia – habt ihr sie gesehen?

DRITTER GRIECHE: Sie kam ja allein. – Eine würdige Frau.

ERSTE NYMPHE *lacht:* Die listigste aller Menschenweiber!

POLITES: Sie muß früher sehr schön gewesen sein.

DRITTER GRIECHE: Eine Enkeltochter des Hermes!

ZWEITE NYMPHE: Das will noch nichts heißen.

ERSTE NYMPHE: Sagte sie etwas?

ERSTER GRIECHE: Ja, «armer Junge», das sagte sie seufzend, und daß er noch immer nicht daheim sei, und dann wimmerte sie, daß ihr so friere, und dann bettelte sie um Blut.

DRITTE NYMPHE: Bettelte?

DRITTER GRIECHE: Ja, man kann's nicht anders sagen. – Sie heulte, wie die Bettler heulen, so in einem Singsang, wie vorm Tor eines Reichen ...

ERSTE NYMPHE: Und dann?

DRITTER GRIECHE: Dann sagte der Alte, sie solle warten, und da grub er mit seinem Schwert die Grube, und man sah, wie sie fror, und sie bettelte wieder.

ZWEITE NYMPHE: Wie euer Elpenor nach Wein ...

DRITTER GRIECHE: Nein, dringend, wirklich wie ein Bettler, der hungert.

EURYLOCHOS: Mann, ein Bettler hungert doch nie.

DRITTE NYMPHE: Wie sprechen sie? So wie wir Lebenden?

DRITTER GRIECHE: Kraftlos. Schatten von Stimmen. Doch man versteht sie.

PERIMEDES: Es klingt irgendwie komisch, wenn sie so hecheln – wie flüsterndes Schreien. Oder irgendwie heiser.

POLITES: Heiser, das ist es! Ausgedörrt.

ZWEITE NYMPHE: Auch Leda?

ERSTER GRIECHE: Heiser.

ZWEITE NYMPHE: Und Helena?

PERIMEDES: Stockheiser.

ZWEITE NYMPHE: Helena mit der Nachtigallenstimme ...

DRITTE NYMPHE: Ich glaube, das freut dich ...

ZWEITE NYMPHE: Warum nicht?

Schweigen.

PERIMEDES: Ich muß erst mal pissen.

Man hört es.

ERSTE NYMPHE: Und dann war die Grube ausgehoben ...

ERSTER GRIECHE: ... und da schnitt er dem Bock die Kehle durch, und da kamen sie alle, mit gräßlichem Heulen, quollen schwarz aus dem Fuchsloch heraus, eine schwarze Wolke, und heulten, und heulten.

DRITTER GRIECHE: So wie verwilderte Hunde, nur fast tonlos.

POLITES: Und im Nu überm Blut, so ein schwarzes Gewabbel, und da hieb der Alte mit seinem Schwert drein – die Fürsten sollten den Vortritt haben.

ERSTE NYMPHE: Ja, aber kann man denn die verletzen, die Schatten? Die sind doch schon – also irgendwie tot, die kann man doch nicht noch einmal töten.

PERIMEDES *zurückkehrend, betrunken, lacht:* Nein, töten kann man nur Lebende ...

DRITTER GRIECHE *rasch:* Ich glaube, die Schatten fürchten die Kälte. – Stahl ist doch kalt. – Jedenfalls muß es ein durchdringender Schmerz sein –: Wo sein Schwert hintraf, da kreischte es furchtbar.

POLITES: Ehrlich gesagt, es dreht dir den Magen um.

DRITTER GRIECHE: So hat Ares geheult, nur zehntausendmal lauter, als der Diomed ihm das Zwerchfell zerschlitzt hat, damals vor dem Skäischen Tor.

PERIMEDES: O ja, ich erinnere mich genau! Mann, ist das ein Tag gewesen! Damals hab ich dem Dares den Schädel zerhauen!

DRITTER GRIECHE: Und ich dem Hodios den Rest gegeben, nachdem Agamemnon ihn nur verwundet gehabt hat.

POLITES: An dem Tag hab ich den Hippolochos geschlach-

144

tet – ein Hieb, du, vom Schlüsselbein bis in die Rippen!

DRITTER GRIECHE: Für diese Hiebe bist du ja berühmt, Polites.

POLITES *bescheiden:* Man tut, was man kann.

DRITTER GRIECHE: Nein, wirklich, solche Hiebe schlägt nur noch Aias.

ERSTER GRIECHE: Aber der schlägt mehr senkrecht, die Wirbelsäule hinunter.

DRITTER GRIECHE: Den Amphios hat er an diesem Tag so gespalten.

EURYLOCHOS: Nein – den hat er gespeert, unterhalb des Leibgurts.

PERIMEDES: Mann, ist das ein Tag gewesen! Der Skamandros war verstopft von Leichen.

POLITES: Der Xanthos auch!

DRITTER GRIECHE: Mann, war das ein Tag!

ERSTER GRIECHE: Damals war ich verwundet, ein Pfeil durch die Wade. Ich konnte nicht laufen. Aber wenn ich dabeigewesen wäre ...

DRITTER GRIECHE: ... hättest du mindestens Hektor erledigt!

ERSTER GRIECHE: Du, der ist schon einmal vor mir geflohen! An dem Tag hätt ich ihn kaltgemacht.

EURYLOCHOS: An dem Tag haben unsre Pfeile die Sonne verdunkelt!

POLITES: Ja, wirklich – es wurde plötzlich ganz finster.

PERIMEDES: Mann, war das ein Tag! – Laßt uns darauf trinken!

ZWEITE NYMPHE: Und es war wirklich der große Ares gewesen, der Kriegsgott, dem Diomedes den Bauch aufgeschlitzt?

POLITES: Klar war das Ares – Mann, wie der gebrüllt hat, wie zehntausend Stiere, als ihm der Stahl in die Weiche gefahrn ist!   Der hat auf seiten Trojas gekämpft, wie Aphrodite und Apollon, und auf unserer Seite Athene und Hera ...

DRITTER GRIECHE: ... und der Meergott!

POLITES: Poseidon, natürlich!

DRITTER GRIECHE: Mann, hat der dreingehaun!

ERSTER GRIECHE: Mit Felsblöcken und ganzen Inseln!

PERIMEDES: Der hätte Aiaia glatt zertrümmert – aus mit eurem ewigen Sommer!

Er lacht schallend; bei den andern betretenes Schweigen.

ERSTE NYMPHE: Und Hermes?

POLITES: Der kämpft doch nie – der hält sich stets raus.

PERIMEDES: Hermes ist ein Feigling!

EURYLOCHOS: Überhebe dich nicht!

DRITTE NYMPHE: Weißt du nicht, daß Hermes die Schatten ins Totenreich führt?

PERIMEDES: Na und? Wir sind doch keine Schatten!

Die Zweite Nymphe lacht leise auf. Warum lachst du?

ZWEITE NYMPHE: Nur so!

PERIMEDES *brüllt:* Du sollst nicht so lachen!

Schweigen. Weinschlürfen.

EURYLOCHOS: Trinkt nicht soviel.

POLITES: Eurylochos, du bist nicht unsere Amme. Wir trinken so viel, wie uns gefällt.

EURYLOCHOS: Mir gefällt das nicht, wie wir da sitzen und reden. Die haben doch irgendwas mit uns vor!

DRITTE NYMPHE: «Die» – damit meint der doch uns.

EURYLOCHOS: Na, wen denn sonst.

ZWEITE NYMPHE: Wir haben ein Jahr lang zusammen gelebt, Eurylochos.

Schweigen.

ERSTE NYMPHE: Erzählt nur weiter – Odysseus hieb also mit dem Schwert zu ...

ERSTER GRIECHE: ... mit zwei Schwertern, in jeder Hand eines, so stand er über der Grube, zwischen den Füßen das blutende Tier, und neben ihm stand Eurylochos, auch mit zwei Schwertern, und dann rief der Alte zuerst Achilles, danach Patroklos, sie sollten trinken, und dann heulte schon einer, er sei Agamemnon und ihm gebühre als Erstem die Ehre, und ein anderer heulte, er sei Menelaos, und Aias heulte, und Protesilaos ...

DRITTE NYMPHE: Die sind alle schon Schatten?

DRITTER GRIECHE: Alle, die vor Troja gezogen, bis auf uns und den uralten Nestor.

ZWEITE NYMPHE: Woher wißt ihr denn das?

POLITES: Von Teiresias, dem blinden Seher, der nun auch ein Schatten ist. Der Alte hat ihn danach gefragt.

146

DRITTER GRIECHE: Die sind alle unten, die Kameraden vor Troja.

ZWEITE NYMPHE: Und Diomedes auch?

POLITES: Ja, Diomedes auch ...

PERIMEDES: ... und die Feinde auch, die troischen Hunde, aber wir, *wir* leben, mein Täubchen! Es lebe das Leben! Rück ein bißchen näher, hab dich nicht so!

EURYLOCHOS *brüllend:* Laß die Hände von ihr!
Man hört sein Schwert aus der Scheide fahren.

POLITES *ein Aufschrei.* Eurylochos!
Man hört Ringen und Keuchen.

EURYLOCHOS: Laßt mich ...

POLITES: Der ist doch betrunken, Eurylochos!

DRITTE NYMPHE: Tu das Schwert weg, Sterblicher.
Schweigen. Das Schwert fährt in die Scheide. Und wieder Schweigen.

ERSTE NYMPHE: Erzählt endlich von Achilles. Er sagte doch was?

DRITTER GRIECHE: Ja, nachdem er vom Blut getrunken!

ERSTER GRIECHE: Und das sieht man, dies Blut-Trinken, wißt ihr, wie es die Gurgel hinunterrinnt, ein roter Streifen im Schwarz des Leibes, in den Magen, und durch die Eingeweide, die müssen Eingeweide haben ...

PERIMEDES: Bei den Frauen schaut das richtig geil aus ...

ERSTE NYMPHE: Welche von den Frauen?

POLITES: Leda, Klytaimnestra, ich glaube auch Alkmene ...

ERSTE NYMPHE: Und Helena doch ...

DRITTER GRIECHE: Ja, Helena auch.

ZWEITE NYMPHE: Stockheiser! Wir hatten's doch schon vernommen.

ERSTE NYMPHE: Ist sie noch immer die Schönste?

EURYLOCHOS: Ein Schatten unter Schatten. Sie bekam nichts von dem Blut ab. – Ich gönne es ihr.

ERSTE NYMPHE: Kämpfen die Schatten denn untereinander?

DRITTER GRIECHE: Ich weiß nicht – wahrscheinlich versuchen sie es. Aber sie haben ja keine Kraft – wie will einer den andern da unterkriegen?

ERSTER GRIECHE: Sie könnten sich höchstens vor einen drängen.

DRITTE NYMPHE: Aber doch nicht, wenn sie alle flach sind.

DRITTER GRIECHE: Oder einen festhalten, das geht wohl am ehesten.

POLITES: Festhalten – genau das wird es sein.

PERIMEDES: Alle die Weiber hielten Helena fest, als die von dem Bocksblut trinken wollte!

ERSTE NYMPHE: Warum die Frauen!? Warum nicht die Männer?

PERIMEDES: Weil die Weiber so sind! *Er lacht auf.* Weil ihr Weiber so seid.

EURYLOCHOS: Ich möchte ihn züchtigen!

DRITTE NYMPHE: Laß ihn nur ...

ERSTE NYMPHE: Woher wißt ihr, daß Helena nichts von dem Blut abbekam?

ERSTER GRIECHE: Man hörte sie jammern, daß sie nichts bekomme ...

ZWEITE NYMPHE: Stockheiser!
Sie lacht.

PERIMEDES: Da hört ihr, wie die Weiber sind!

DRITTER GRIECHE: Bis zum Schluß hat sie so gebettelt!

DRITTE NYMPHE: Na ja. Aber was hat Achilles gesagt?

ERSTER GRIECHE: Also der ...

PERIMEDES *betrunken, drängt sich vor:* Hinter Achilles hab ich den Kalamedes gesehen!

ERSTE NYMPHE: Kenn ich nicht. – Kalamedes – wer ist denn das?

PERIMEDES *stolz:* Einer von Achilles Myrmidonen. Den hab ich erledigt.

DRITTE NYMPHE: Ein Myrmidone? Da war er doch einer von euch?

PERIMEDES: Er wollte mir Beute streitig machen. – *Meine* Beute, ehrlich erworben, bei einem Strafzug gegen eine phrygische Stadt. – Eine Tempelpriesterin der Astarte, so nennen sie dort die Aphrodite. – Er hat zum Schwert gegriffen, doch ich war schneller.

DRITTE NYMPHE: Und nun ist er ein Schatten, der Kalamedes.

PERIMEDES: Wäre ich langsamer gewesen, mein Täubchen ...

DRITTE NYMPHE: ... dann lägst du jetzt drunten und heultest nach Blut. Aber hier oben heult ihr ja auch nach Blut!

148

Erste Nymphe: Und gönnt dem Anderen nicht einen Tropfen.

Dritte Nymphe: Ihr seid ein komisches Geschlecht. Seid sowieso sterblich, und wetteifert darum, euch möglichst schnell hinunterzubringen! Euer Unten ist so wie euer Oben.

Eurylochos: Spielt euch nur nicht so auf, ihr Zauberinnen! Glaubt ihr, ihr seid etwas Besseres? Gut, wir töten die Feinde ...

Erste Nymphe: ... nicht nur die Feinde!

Eurylochos: Schön, wir töten auch mitunter die Freunde, aber ihr tut etwas viel Schlimmeres! Ihr verwandelt eure Gäste in Hunde und Schweine.

Zweite Nymphe *lachend:* Tun wir das?

Eurylochos: Ihr habt es an uns getan, und nur Athene hat uns gerettet!

Erste Nymphe: Wir haben euch nur ein bißchen gezähmt – und das ist euch doch gut bekommen! Ihr habt Futter gekriegt, schön regelmäßig, hattet feste Ställe, da war's warm, da lagt ihr in Geborgenheit ...

Zweite Nymphe: ... und konntet an unsern Rocksäumen schnüffeln!

Die Nymphen lachen.

Erste Nymphe: Ein ruhiges, ein gesichertes Leben!

Polites: Das nennt ihr Leben?

Zweite Nymphe: Da wär's euch nicht schlecht gegangen!

Dritte Nymphe: Da hättet ihr nicht mehr nach Blut gedürstet.

Erste Nymphe: Euer Erinnern wär eingeschlafen, das hätte gar nicht so lange gedauert, und ihr wäret glücklich geworden. Zahme Tiere sind zufrieden und glücklich. Es sind die glücklichsten Geschöpfe.

Dritter Grieche: Wir sind Menschen, du!

Dritte Nymphe: Wir merken es.

Perimedes *mit schwerer Zunge:* Und was wären wir dann für Schatten geworden, nach unserm Tod als Hunde und Schweine?

Erster Grieche: Hündische Schatten!

Dritter Grieche: Schweinische Schatten!

Dritte Nymphe: Da hättet ihr nicht nach Blut geheult.

POLITES: Ich glaube, von Tieren bleibt nicht einmal ein Schatten. Die sind einfach weg – als wären sie niemals gewesen.

ERSTE NYMPHEN: Ist das nicht besser als Heulen und Dürsten?

POLITES: Kannst du dir das vorstellen – nicht mehr sein? Nichts von dir, nichts, keine Spur, kein Garnichts, als hättest du nie ein Leben gehabt. Ich glaube, das ist das Schauerlichste!

ERSTER GRIECHE: Aber das merkst du ja nicht, wenn du nicht mehr bist.

POLITES: Der Gedanke daran ist schon unerträglich!

EURYLOCHOS: So denk doch nicht daran! Ihr denkt zuviel, und ihr redet zuviel!

PERIMEDES *mit schwerer Zunge:* Da hat er recht! Was gehn uns Hunde und Schweine an! Wir werden heldische Schatten sein, verstehst du, Täubchen, heldische Schatten, genau wie Achilles! Oder Diomedes!

DRITTE NYMPHE: Genauso werdet ihr sein, Perimedes!

PERIMEDES: Genauso, du!

DRITTE NYMPHE: Ich sag's ja, genauso.

Schweigen.

ERSTE NYMPHE: Ja, aber was hat denn nun der Achilles gesagt?

ERSTER GRIECHE: Oh, das war das Schauerlichste. Er stand da, ein Stückchen neben den andern, und das Bocksblut rann durch seine Därme, und er seufzte tief und schien tief zu atmen, und dann sagte er, daß er lieber droben der letzte Taglöhner sein wolle als drunten der herrliche Held Achilles.

ZWEITE NYMPHE: Das hat Achilles gesagt?

DRITTER GRIECHE: Ja, das hat er gesagt!

ZWEITE NYMPHE: Der Held Achilles? Glaub ich euch nicht.

ERSTER GRIECHE: Aber es *war* so, wir haben es alle gehört.

DRITTER GRIECHE: Es war wirklich von Allem das Schauerlichste.

DRITTE NYMPHE: Du kannst es ruhig glauben, Schwester.

ERSTER GRIECHE: Und dann hat er noch gesagt: *Lebt* droben! und hat sich abgewendet, als ob er weine, aber da war er schon wieder unter den andern.

ZWEITE NYMPHE: Haben Schatten auch Tränen?

POLITES: Ich glaube, nicht.

ZWEITE NYMPHE: Und das Bocksblut in ihnen?

DRITTER GRIECHE: Das verliert sich im Leib, das geht ziemlich rasch.

PERIMEDES: Bei den Weibern läuft es auch durch die Brüste.

ERSTER GRIECHE: Und durch das Geschlecht.

POLITES: Bei den Männern auch.

DRITTER GRIECHE: Und zerrinnt im Leib als wie ins Nichts.

ERSTER GRIECHE: Ah ja – «nichtig und sinnlos», hat er noch gesagt.

ZWEITE NYMPHE: Wer?

ERSTER GRIECHE: Achilles natürlich; ich erinnere mich. «Nichtig und sinnlos», das waren seine Worte.

ERSTE NYMPHE: Und was hat er damit gemeint?

DRITTER GRIECHE: Ihr Dasein. «Nichtig und sinnlos leben die Toten, die Schatten gestorbener Menschen», das hat er gesagt, und dann, daß er lieber droben der letzte Taglöhner wäre ...

DRITTE NYMPHE: Augenblick mal – hat er «leben» gesagt: «die Toten leben»?

POLITES: Ja, genau das hat er gesagt.

ERSTER GRIECHE: Stimmt. Ich erinnere mich genau.

DRITTE NYMPHE: Aber wenn die Toten leben – was tun dann die Lebenden?

PERIMEDES: Töten!

Er lacht schallend auf. Die anderen schweigen.

ZWEITE NYMPHE: Spaßvögelchen seid ihr, wilde Spaßvögelchen! *Schweigen.* Man sollte euch wirklich ein bißchen zähmen.

EURYLOCHOS: Es wird spät. Nebenan löschen sie die Feuer. Es ist unsre letzte Nacht auf Aiaia.

ERSTER GRIECHE: Ja, wir sollten schlafen gehn.

DRITTE NYMPHE: Jenseits des Meeres, hinter den Wüstengebirgen, wohnt ein Volk, schwarzhäutig und goldäugig, von dem hab ich ein Nacht-Lied gehört. *Sie singt:*

Am Tage, als Gott alle Dinge erschaffen,
hat er die Sonne erschaffen.

Und die Sonne geht auf und geht unter und kehret wieder;
hat er den Mond erschaffen.

Und der Mond geht auf und geht unter und kehret wieder;
hat er die Sterne erschaffen.
Und die Sterne gehn auf und gehn unter und kehren wieder;
hat er den Menschen erschaffen.
Und der Mensch kommt hervor und geht in die Erde,
und kehret nicht wieder.
Schweigen.

III

Schweigen.

EURYLOCHOS: Wozu macht ihr uns eigentlich Angst? Wir
wissen, daß wir sterblich sind. Ihr braucht uns nicht ständig daran zu erinnern.

Schweigen.

ERSTER GRIECHE: Da drüben das Feuer ist schon gelöscht.

POLITES: Es ist unsre letzte Nacht auf Aiaia. Laßt uns zum
Ruhelager gehn.

DRITTE NYMPHE: Ja, wir in die Burg, und ihr auf das Schiff.

DRITTER GRIECHE: Aber so haben wir nicht gewettet, ihr
Schönen! Ihr habt uns gebeten zu erzählen, und wir
haben alles erzählt – gegen das Verbot des Alten!

ERSTE NYMPHE: Das hättet ihr ohnehin getan. Man hat
doch gespürt, wie das aus euch rausquoll, diese Lust,
trotz des Verbots zu erzählen.

DRITTER GRIECHE: Und bei euch war es die Lust zu hören.
Bei uns quoll's heraus, und bei euch quoll's hinein. Ihr
wart ja richtig geil darauf! Je schauerlicher, um so lieber.

ERSTE NYMPHE: Schön, macht eine Lust die andere wett.
Wir sind euch nichts schuldig, Sterbliche.

EURYLOCHOS: Wir euch auch nicht, Unsterbliche. Es ist
unsre letzte Nacht auf Aiaia. Laßt sie uns nicht durch
Streit entzweien.

DRITTE NYMPHE: Ja. – Laßt uns auseinandergehen.

EURYLOCHOS: Warum sperrt ihr euch in der letzten Nacht?

PERIMEDES: Die wollen uns bloß scharfmachen, die Süßen!

ERSTE NYMPHE: Das Meer zittert – bald wird es zu leuchten beginnen.

PERIMEDES *mit schwerer Zunge*: Quatscht nicht so drum
rum! Kommt schlafen, Täubchen!

EURYLOCHOS: Schweig, Perimedes, oder ich mache dich schweigen!

ZWEITE NYMPHE: So laß ihn doch. Er spricht aus, was er will.

EURYLOCHOS: Gut, wenn ihr es also hören wollt: Es ist unsre letzte Nacht auf Aiaia. Wir wollen euch, und ihr wollt uns.

DRITTE NYMPHE: Da irrt ihr euch sehr, ihr Menschen-Männer.

EURYLOCHOS: Ihr wollt nicht – dann wärt ihr doch keine Nymphen!

ERSTE NYMPHE: Ihr habt nichts von uns begriffen. Ihr meßt alles nach eurem Maß.

EURYLOCHOS: Es ist das Maß von Sterblichen. Ihr Unsterblichen habt unendlich viel Zeit. Die unsere ist karg bemessen.

ERSTE NYMPHE: Eben.

EURYLOCHOS: Was heißt das?

ERSTE NYMPHE: Was es heißt.

DRITTE NYMPHE: Das heißt, Eurylochos, wie ihr sie nutzt, diese so karg bemessene Zeit.

PERIMEDES *betrunken:* Richtig!! Wir gehn mit euch ins Bett! Aber zuerst muß ich noch mal pissen!
Man hört es.

ERSTE NYMPHE: Wie hättet ihr euch das denn vorgestellt, dies Abschiednehmen zur letzten Nacht? Ihr seid fünf, und wir wären drei.

POLITES: Da hat's doch noch nie einen Streit gegeben.

EURYLOCHOS: Sorgt euch nicht. Wir werden das schon entscheiden.

DRITTE NYMPHE: Ihr wollt um uns kämpfen, ihr Helden, nicht wahr?

EURYLOCHOS: Wenn es sein muß: Ja.

ERSTE NYMPHE: Wofür haltet ihr uns? Wir sind nicht eure Beute! Wenn wir wollen, wählen wir.

POLITES: Es ist unsre letzte Nacht auf Aiaia.

DRITTE NYMPHE: Müßt ihr auch da noch ans Töten denken?

DRITTER GRIECHE: Es ist unsre letzte Nacht auf Aiaia.

PERIMEDES: Schluß jetzt! Komm, Täubchen!

DRITTE NYMPHE *ernsthaft verändert:* Weg, du …

PERIMEDES *lacht lallend:* Täub-chen ...

DRITTE NYMPHE *sehr warnend:* Laß mich ...

PERIMEDES: Ein Taubenbrüstchen ...

EURYLOCHOS: Da, nimm die Kralle!
Man hört einen Faustschlag krachen und das Niederplump-
sen eines Körpers.

ERSTE NYMPHE: Er blutet.

POLITES: Das ist nur im Gesicht.

EURYLOCHOS: Laßt ihn liegen, das betrunkene Schwein.

ERSTE NYMPHE: Was seid ihr denn Beßres, ihr Nüchternen?

POLITES: Was habt ihr nur plötzlich gegen uns? Ein Jahr
lang haben wir in Eintracht gelebt: sterbliche Männer,
unsterbliche Frauen. Heute ist unsre letzte Nacht auf
Aiaia, und mit einmal ist alles anders.

ZWEITE NYMPHE: Eben. – Eure letzte Nacht auf Aiaia.

DRITTE NYMPHE: Ihr riecht nach Tod, diese letzte Nacht.

POLITES: Weil wir drüben bei den Schatten gewesen? Aber
da hat uns Kirke doch hingeschickt! Wir sind doch nicht
freiwillig hingefahren!

DRITTER GRIECHE: Der Alte hat sie angefleht, uns diese
Reise zu erlassen, aber sie hat darauf beharrt.

EURYLOCHOS: Ihr könnt uns daraus keinen Vorwurf
machen. Gerne haben wir's nicht getan – aber Kirke war
nicht umzustimmen, wir hätten ja sonst nie nach Hause
gedurft. Also haben wir uns ihres Auftrags entledigt, wir
sind im Hain des Todes gewesen, dann haben wir Elpenor begraben und haben uns nachher gebührend gerei-
nigt –: wir haben uns lange im Meer gewaschen, und
unsre Hände durchs Feuer gezogen, und die Herrin selbst
hat uns entsühnt.

DRITTE NYMPHE: Dennoch riecht ihr alle nach Tod.

ZWEITE NYMPHE: Außer dem da – der riecht nach Blut.
Schweigen.

POLITES: Also, sagt uns endlich, was ihr gegen uns habt.
Zwischen uns und euch ist etwas getreten – wie ein
Schatten, ungreifbar, böse, ein Gifthauch.

ERSTE NYMPHE: Der Schatten eures Fortgehns.

ZWEITE NYMPHE: Auch ein Tod.

ERSTE NYMPHE: Wir haben ein Jahr lang in Eintracht gelebt
– sterbliche Männer, unsterbliche Frauen. Mit einmal

wollt ihr unsre Insel verlassen, als ob uns der Aussatz befallen hätte. Wir haben euch nicht dazu gedrängt. *Wir* haben die Zwietracht nicht gestiftet.

POLITES: Versteht ihr das nicht? Wir wollen endlich nach Hause.

EURYLOCHOS: Wir haben ein Jahr bei euch zugebracht. Ihr begreift nicht, wie lang ein Jahr für uns ist.

ERSTE NYMPHE: Vorher seid ihr zehn Jahre vor Troja gelegen. *Die* waren nicht zu lang für euch!

POLITES: Das ist etwas ganz Anderes. Troja war eine Notwendigkeit. Hätten wir Troja in fünf Wochen besiegt, hätten wir nur fünf Wochen Lebzeit drangeben müssen!

EURYLOCHOS: Der Feldzug nach Troja war unvermeidlich. Die Ehre ganz Griechenlands stand auf dem Spiel! Wir haben dem Kriegsherrn folgen müssen, und es war auch unser eigner Wille! Wir sind nun einmal Krieger und keine Bauern.

POLITES: Wir sind von Beruf auch nicht Liebesritter.

ERSTE NYMPHE: So werdet ihr lieber an Troja denken als an die Tage auf Aiaia?

DRITTER GRIECHE: Die Tage bei euch waren gewiß unvergeßlich, aber Troja hat unser Leben geprägt.

ERSTE NYMPHE: Ei, das war artig gesagt.

EURYLOCHOS: So sag ich's anders. Als wir vor Troja gelegen, waren wir Menschen. Mit blutigen Händen, jawohl, doch mit Menschenhänden, nicht mit Klauen und Hufen und Hundepfoten. Wäre es nach euch und Kirke gegangen, hätten Pallas Athene und Hermes uns nicht gerettet, dann wären wir bis zu unserem Tod als Hunde und Schweine herumgelaufen – auf eurer ewig grünenden Insel!

ZWEITE NYMPHE: Als glückliche Wesen!

POLITES: Lächerlich. Ihr sagt das doch nicht etwa im Ernst.

EURYLOCHOS: Tut doch nicht so, als ob ihr um uns besorgt wärt – ihr wollt doch nur eure Macht beweisen! Worum sollte es sonst gehen als um die Macht! Ihr habt bis heute nicht verwunden, daß Athene euren Zauber gebrochen, darum habt ihr uns zu den Schatten geschickt und gehofft, wir würden nach unserer Rückkehr euch anflehn, uns doch noch zu verwandeln, dem Glück der Tiere anheimzugeben, auf daß wir einst Schatten von Ebern würden oder gänzlich in das Nicht-Sein fielen! Nun seid ihr enttäuscht, daß wir Menschen bleiben – gebt's doch zu und redet nicht so drum herum!

DRITTE NYMPHE: Da hast du schon recht. Wir sind von euch enttäuscht.

EURYLOCHOS: Wir sind euch eben nicht auf den Leim gegangen, trotz all eurer Ränke und Rührseligkeiten!

ERSTE NYMPHE: Ihr seid eben sehr weise, ihr Sterblichen!

EURYLOCHOS: Ihr spottet, weil euer Plan nicht aufging. Es klingt sehr nach Enttäuschung, euer Spotten!

DRITTE NYMPHE: Er hat uns durchschaut! Was tun wir jetzt?

EURYLOCHOS: Gebt doch zu: Ihr wolltet nur, daß wir bleiben!

DRITTE NYMPHE: Wir *haben* es gewollt, Eurylochos. – Ja, ich sage es dir ganz offen: Wir haben ein Jahr lang gekämpft, euch bei uns zu halten. Doch dann hat euch Kirke freigegeben, und ihr Wollen hebt das unsere auf. Wir hätten es also dulden müssen. Aber jetzt wollen wir euch nicht mehr.

EURYLOCHOS: Weil wir bei den Schatten gewesen sind? Ihr wißt doch genau, das war Kirkes Auftrag!

DRITTE NYMPHE: Ihr habt Kirkes Auftrag nicht begriffen. Ihr habt überhaupt nichts begriffen, gar nichts! Man geht nicht von Aiaia fort, als ob nichts weiter gewesen wäre. Das ist für Männer, gar Krieger, schwer zu begreifen, denn das sind Männer, gar Krieger, nicht gewohnt. Aber ihr liegt hier nicht mehr vor Troja. Da habt ihr gesiegt und stacht dann in See. Auf Aiaia gelten unsre Gesetze. So wißt denn – es gibt nur einen Weg, unsere Insel zu verlassen: den Weg hinunter, den schwarzen Pfad. Darum mußtet ihr zu den Schatten reisen; deshalb hat euch die Herrin einen Fahrtwind geschickt, wie er für Lebende nie noch geblasen, doch ihr habt nicht begriffen, was das Schicksal euch bot. Eure Möglichkeit war einzigartig, aber ihr habt sie nicht genutzt, außer zu törichten Eitelkeiten! Ihr habt erfahren, was kein Sterblicher lebend erfuhr: Ihr seid im Hain der Schatten gewesen, die Toten haben zu euch gesprochen, und es ist an euch vorübergegangen wie irgendein anderes Abenteuer.

DRITTER GRIECHE: Das ist nicht wahr. Es hat mich ergriffen.

ERSTER GRIECHE: Mich hat es sogar sehr ergriffen.

ERSTE NYMPHE: Natürlich, wir verstehen schon. – Ein bißchen Angst, ein bißchen Schauder, ein bißchen Grausen, ein bißchen Mitleid; auch ein bißchen Nachdenklichkeit, gewiß. – Als ob das genügen könnte. Aber es soll uns nicht mehr kümmern. Für eure Reise ist gesorgt. Unsre Herrin hat euch einen Wind nach Kimmerien gegeben; nun schenkt sie euch gewiß noch einen Wind für die Heimfahrt. Ihr werdet also nach Hause segeln, und dann werdet ihr am Herdfeuer sitzen und eure Abenteuer erzählen, von Troja, das eine Notwendigkeit war, von euren herrlichen Schlachten und Siegen, und wie ihr den Hodios zerhauen, und den Kalamedes, und den Hippolochos, und dann vom Kyklopen Polyphem, und von der Tochter des Sonnengottes und den Zauberweibern auf Aiaia, von ihren Schößen und ihren Brüsten, von Kimmerien und dem Hain der Schatten, und was ihr auf der Heimfahrt sonst noch erlebt.

ZWEITE NYMPHE: Hauptsache, es fließt genügend Blut! Das rinnt dann so schön euer Schwert hinunter.

DRITTE NYMPHE: Ein Jahr ohne Töten wird langweilig, nicht wahr?

EURYLOCHOS: Ja, wenn ihr es denn hören wollt: Ein Jahr ohne zu kämpfen wird langweilig. Wir sind nicht für ewige Sommer geschaffen.

DRITTE NYMPHE: Ich glaube, das habe ich jetzt begriffen. – Ich habe überhaupt jetzt so manches begriffen. – Ihr habt uns von den Schatten erzählt, wie das Blut durch ihre Leiber rinnt und sich in ihrer Schwärze verliert – : Ich weiß jetzt, daß es euch auch so geschieht. Das Leben rinnt durch euch hindurch, und ihr könnt nichts davon als Erfahrung halten.

ERSTE NYMPHE: Ihr schöpft Wasser mit Sieben, ihr Sterblichen.

DRITTE NYMPHE: Um es in lecke Fässer zu füllen.

EURYLOCHOS: Na schön, da ihr so weise seid – : Was hätten wir nach unsrer Rückkehr denn eigentlich gelernt haben sollen? Keine Schatten zu werden? Das können wir nicht.

ERSTER GRIECHE: Ja doch – zieht die Lehre für uns und redet nicht immer nur so drum rum!

DRITTE NYMPHE: Es ist eure letzte Nacht auf Aiaia, und wir möchten zum Abschied, daß ihr euch erinnert. Euer Gedächtnis läßt euch nicht im Stich, wenn es gilt, an Tage des Schlachtens zu denken. Erinnert euch jetzt eines andern Tags.

DRITTER GRIECHE: Welchen Tag meinst du?

POLITES: Es waren ihrer viele.

ERSTER GRIECHE: Wir haben zehn Jahre um Troja gekämpft – das sind über dreieinhalbtausend Tage.

ERSTE NYMPHE: Ein langer Teil eurer kurzen Leben.

POLITES: Fangt ihr schon wieder damit an? Es sind Jahre des Heldentums gewesen. Troja bestimmt nun einmal unser Dasein!

EURYLOCHOS: Und ich bin stolz auf diese Jahre! Es war eine Bewährung, und ich hab sie bestanden. Ich werde als Schatten noch stolz darauf sein.

DRITTER GRIECHE: Ich auch.

ERSTER GRIECHE: Ich auch, ich bin sehr stolz darauf!

DRITTE NYMPHE: Wir wollen euch euren Stolz nicht schmälern – nehmt ihn ruhig auf die Heimfahrt mit und bringt ihn wohlbehalten nach Hause. – Ich fürchte, das wird nicht ganz einfach sein. – Doch jetzt sollt ihr euch nur noch des Tags entsinnen, da Achilles auch in die Heimat gewollt hat und seine Flotte schon reisefertig war. – Odysseus hat einmal davon erzählt. – Ihr hattet schwere Verluste erlitten, die Troer drängten euch an die Küste, und Achilles weigerte sich nicht nur zu kämpfen, er hatte schon seine Schiffe gerüstet, seine fünfzig blauschnäbeligen Renner, und die Segel blähten sich schon im Wind. Er war im Begriff, von Troja zu lassen, und da schicktet ihr eine Gesandtschaft zu ihm, die ihn bewegen sollte, zu kämpfen.

EURYLOCHOS: Ja, das stimmt so ungefähr. Agamemnon selbst stand an der Spitze, und Polites und ich waren mit dem Alten dabei.

POLITES: Ja. Genau. So ist es gewesen.

DRITTE NYMPHE: Erinnert ihr euch, was Achilles gesagt hat?

EURYLOCHOS: Es war wenig rühmlich. Was soll das jetzt?

DRITTE NYMPHE: Ihr habt uns vom Schatten Achilles erzählt. Jener Tag gehört noch zu eurem Bericht.

EURYLOCHOS: Also, ich weiß nicht, worauf du hinauswillst!

POLITES: Ich glaube, ich weiß, was sie hören will.

EURYLOCHOS: Du schweigst jetzt, Polites! Genug geschwätzt! *Man hört ihn aufstehn.* Gehen wir!

ERSTE NYMPHE *murmelt:*
Unter den Wurzeln der Erde,
unter den Wurzeln des Meeres,
Vater Helios, höre mich.

EURYLOCHOS: Was murmelst du da?

ERSTE NYMPHE: Einen Spruch zur Nacht.

EURYLOCHOS *erschrocken:* Was ziehst du da für einen Kreis?

DRITTE NYMPHE: Wir wollen, daß ihr noch etwas bleibt. Es ist eure letzte Nacht auf Aiaia. *Man hört Eurylochos das Schwert ziehn.* Tu dein Schwert weg. Mensch! Uns tötest du nicht.

ERSTE NYMPHE: Schatten der Arm – Schatten die Hand –
Man hört das Schwert zu Boden klirren.

EURYLOCHOS *in tödlicher Angst:* Was macht ihr mit mir ...

ERSTE NYMPHE: Sonne der Unterwelt, scheine, scheine –
Schatten das Knie –
Schatten der Fuß –
Man hört Eurylochos stöhnend niederfallen.

ZWEITE NYMPHE: Willst du noch auf mein Lager, Eurylochos? Ich kann noch mehr von dir zum Schatten machen.

EURYLOCHOS: Ihr verfluchten Zauberweiber ...

ERSTE NYMPHE: Spare deine Flüche, Mensch. Erinnere dich. Was sprach Achilles an jenem Tag?

ERSTER GRIECHE *eifrig:* Odysseus hat es uns ja erzählt. Achilles war bereit, abzureisen. Seine Mutter, Thetis, war ihm erschienen und hatte ihn vor die Wahl gestellt – entweder droben ein langes Leben, ohne Abenteuer und Heldentaten, und dann von der Nachwelt vergessen, oder ein kurzes Leben voll Schlachtruhm, doch von der Nachwelt ewig bewahrt.

ZWEITE NYMPHE: Und was hat Achilles gewählt?

EURYLOCHOS: Das weiß doch jeder – das Heldendasein!

DRITTE NYMPHE: Du weißt es besser, denn du warst dabei – er hat ein langes Leben gewählt, er hat dem Schlachtruhm abgeschworen und schon die Schiffe zur Heimfahrt gerüstet ...

ZWEITE NYMPHE: Achilles?

DRITTE NYMPHE: Achilles – glaub es nur.

POLITES *leise:* Ja, das ist seine Antwort gewesen.

DRITTE NYMPHE: Dann hat Odysseus ihn überredet, daß wenigstens Patroklos im Felde erscheine – in des Achilles berühmter Rüstung, deren Anblick genüge, alle Feinde zu schrecken.

ERSTER GRIECHE: Stimmt! Die Troer sollten die Rüstung sehen, und die blanke Furcht würde sie übermannen!

ERSTE NYMPHE: Und dann?

DRITTER GRIECHE: Dann ist der Schreck ausgeblieben.

ERSTE NYMPHE: Und dann?

ERSTER GRIECHE: Dann hat Patroklos doch gekämpft.

ERSTE NYMPHE: Und dann?

DRITTER GRIECHE: Dann ist Patroklos gefallen.

ERSTE NYMPHE: Und dann?

ERSTER GRIECHE: Dann hat Achilles gekämpft, um den Tod seines Freundes Patroklos zu rächen.

ERSTE NYMPHE: Und dann?

ERSTER GRIECHE: Dann hat Achilles den Hektor getötet.

ZWEITE NYMPHE: Und dann?

POLITES *schreiend:* Und dann ist Achilles gefallen!

DRITTER GRIECHE *leise:* Und dann haben wir ihn als Schatten gesehn!

EURYLOCHOS *mit seltsam kraftloser Stimme:* Seht ihr, ihr Schwätzer, nun heult ihr vor Angst! Begreift ihr endlich, was sich hier abspielt? Perimedes hat sich selbst in ein Schwein verwandelt, und nun sollen wir uns selbst in Hunde verwandeln, oder besser noch in Ochsen, die ihr Leben vorm Pflug oder Mühlstein vertrotten! Sie machen uns zu feigem Vieh, ohne daß uns Hufe und Hörner wüchsen. So erreichen sie also doch noch ihr Ziel. Aber ich will sie etwas fragen, die Hexen: Hätte Achilles tatsächlich dies lange Leben gewählt, wäre er von Troja abgesegelt, um seine Jahre mit Pflügen und Viehtreiben zu fristen – was hätte es ihm dann unten genützt? Siebzig Jahre länger hier oben, na gut, und dann doch eine Ewigkeit drunten als Schatten, der friert und dürstet und nach Blut bettelt – was hätte er als Schatten drunten von seinem Knechtsein droben gehabt?

DRITTE NYMPHE: Ihr habt ihn gefragt, und ihr habt ihn gehört.

EURYLOCHOS: Das ist doch ein ganz schäbiger Trick, du! Er hat das Unten mit dem Oben verglichen und hat gesagt, wenn er da wählen könnte, würde er lieber oben ein Taglöhner sein als unten der Schatten des herrlichsten Helden! Aber als Taglöhner droben würde er drunten doch auch ein Schatten werden! Ja, und dann? Und dann? Hätte er's dann anders?

POLITES: Das hast du gut gefragt. Eurylochos! Darauf antwortet, wenn ihr könnt!

DRITTE NYMPHE: Habt ihr Schatten von Tagelöhnern gesehen?

EURYLOCHOS: Nein. Solches Pack hat sich nicht an den Tag gewagt. So was mischt sich nicht unter Helden und Fürsten.

ERSTE NYMPHE: Sie haben vielleicht nicht die Sehnsucht danach. Sie haben droben ja auch nicht nach Ruhm gedürstet.

DRITTE NYMPHE: Wie das Droben, so auch das Drunten, Mensch.

EURYLOCHOS: Schatten sind Schatten. Die dürsten alle.

DRITTE NYMPHE: Die einen nach Blut; die andern nach Ruhe, und die finden sie im Erebos.

DRITTER GRIECHE: Im ewigen Dunkel?

DRITTE NYMPHE: Im ewigen Dunkel.

POLITES: Aber im Erebos sein heißt soviel wie: nicht sein.

DRITTE NYMPHE: Wahrscheinlich.

EURYLOCHOS: Lieber ein dürstender Schatten sein.

Schweigen.

DRITTE NYMPHE: Aber auch ein bettelnder Schatten, Eurylochos. *Schweigen.* Wir haben ein Jahr lang zusammen gelebt. Wir möchten euch einen Ratschlag geben. Ihr segelt auf der Heimfahrt an Thrinakia vorüber, das ist die Insel des Sonnengottes, dort weiden seine heiligen Herden,

161

und unsere Schwestern hüten sie. Wenn ihr die Heimat erreichen wollt, so fahrt an dieser Insel vorüber, auf daß ihr nicht in Versuchung fallt. Rührt die Herden nicht an, und die Hirtinnen auch nicht. Ihr werdet die Heimat sonst nicht wiedersehn.

EURYLOCHOS: Danke für den guten Rat. Wir werden Gras fressen und Meerwasser saufen, und in der Erinnerung an euch schwelgen, das wird uns völlig befriedigen!

ERSTE NYMPHE: Die Wahl steht euch frei.

EURYLOCHOS: Die Wahl steht uns nicht frei. Wir sind keine Rinder, wir essen welche. Und jetzt gebt mir meine Kraft zurück. *Ein schweres Knarren von Angeln; ein Tor wird geöffnet.* Ich höre das Tor der Burg sich öffnen. Bald wird eure Herrin erscheinen. Sie hat euch befohlen, uns nichts zu tun.

ERSTE NYMPHE: Die Herrin! Das Meer beginnt zu leuchten!

DRITTER GRIECHE: Da irrst du dich. Ich sehe nichts.

ERSTE NYMPHE: In dieser Stunde tritt Helios aus seinem Haus unter den Wurzeln des Meeres. Jetzt schirrt er die Rosse.

ERSTER GRIECHE: Es tut mir sehr leid, ich sehe ihn nicht.

ZWEITE NYMPHE: Ihr seht vieles nicht.

EURYLOCHOS: Wir sind nicht unsterblich. Müssen wir das büßen?

ERSTE NYMPHE: Ich fürchte: ja.

ERSTER GRIECHE: Es sind noch zwei Stunden bis zum Morgen. Ich gehe jetzt schlafen – hinunter aufs Schiff.

ERSTE NYMPHE: Wir halten dich nicht.

ZWEITE NYMPHE: Träum etwas Süßes, mein Süßer!

EURYLOCHOS: Geh nur und sorge, daß dich nicht friert! *Man hört den einen hinunter zum Schiff gehn.* Und jetzt möchte ich euch etwas sagen, ihr Hexen! Ich habe eure Lehren satt. Im Bett seid ihr besser als vor der Schulbank, aber auch nicht *so* toll, als wie ihr glaubt. Was habt ihr schon andern Weibern voraus? Ihr habt ja auch nicht mehr als die – : zwei Brüste, ein Loch, einen Hintern, zwei Schenkel, zwei Hände, zwei Lippen und eine Zunge, und was ihr damit könnt, können andere auch. Ihr sollt nicht glauben, daß ihr was Besseres seid, nur weil der Tod euch zu holen verschmäht. Wir haben euch satt, darum fahren wir weiter – das wollte ich euch zum Abschied noch sagen. So, und jetzt macht mit mir, was ihr wollt!

DRITTE NYMPHE: Du bist wirklich ein mutiger Mann, Eurylochos.

ERSTE NYMPHE: Aber du bist ja ein Held, Eurylochos! So sei wieder heil. So sei wieder frei. *Murmelt:*
Unter den Wurzeln der Erde,
unter den Wurzeln des Meeres,
Vater Helios, höre mich.
Gib ihm seine Kraft zurück!

EURYLOCHOS: Ah! Mein Arm! Mein Schwert! *Man hört ihn aufspringen.* Mein Fuß trägt mich wieder!

DRITTE NYMPHE: Trotz allem sage ich euch: Fahrt wohl!

ERSTE NYMPHE: Denkt an uns vor der Insel des Sonnengottes! Fahrt an Thrinakia vorüber!

ZWEITE NYMPHE: Es ist unsere letzte Nacht auf Aiaia. Ihr sollt euch nicht über uns beklagen. Ich nehm es mit euch dreien auf!
Sie lacht hallend.

DRITTE NYMPHE *sich entfernend:* Zeig deine Kunst, Schwester!

ERSTE NYMPHE *sich entfernend:* Stell sie zufrieden!

ZWEITE NYMPHE: Verlaßt euch drauf!

DRITTER GRIECHE *ruft dem Davongegangenen nach:* He, warte auf mich. Kamerad! Ich gehe mit dir aufs Schiff!

EURYLOCHOS: So bleiben wir beide, mein Polites.

POLITES: Ich werde nicht aufs Schiff gehn.

EURYLOCHOS: Ich auch nicht!

POLITES: So losen wir um das Recht des Ersten.

EURYLOCHOS: Aber nicht mit Kieseln!

POLITES: Einverstanden!
Man hört beide ihre Schwerter ziehn.

ZWEITE NYMPHE: Was wollt ihr tun? Weg mit den Schwertern! Befleckt unsre Insel nicht mit Mord! *Murmelt:*
Wurzeln der Erde,
Wurzeln des Meeres ...

EURYLOCHOS: Du ziehst keinen Kreis mehr um uns, du Hexe!
Man hört sein Schwert die Luft durchpfeifen.

POLITES *erschauernd:* Dein Stahl durchfährt sie, als wär sie
ein Schatten!

ZWEITE NYMPHE: Mich verwundest du nicht, du törichter
Mensch!

DRITTE NYMPHE *aus der Ferne:* Wehe! Das Laub der Bäume
erzittert.

ODYSSEUS *von der Burg herab, seine Stimme heult wie der
Sturmwind:* Wahnsinnige! Fort mit den Schwertern!

EURYLOCHOS *schreiend:* Es ist unsere letzte Nacht auf Aiaia!
Kämpfe, Polites!

*Krachen und Klirren der Schwerter. Polites, zu Tod getrof-
fen, schreit auf. Nach dem Todesschrei setzt ein Rascheln ein,
das, immer stärker werdend, bis zum Schluß des Spiels an-
dauert.*

KIRKES STIMME *sie hallt wie Seeadlergeschrei:* Wehe! Ihr habt
unsern Frieden entweiht!

ODYSSEUS: Er büßt es!

KIRKE: Es war eure letzte Nacht auf Aiaia. Geht rasch auf
das Schiff und segelt fort!

Das Rascheln wird immer lauter.

DRITTER GRIECHE *voll Furcht:* Was ist das?

ZWEITE NYMPHE: Das Laub fällt von den Bäumen.

DRITTER GRIECHE: Ein Zauber!

EURYLOCHOS: Her zu uns, Odysseus!

Man hört die Griechen zum Schiff laufen.

ZWEITE NYMPHE: Nehmt die da mit, eure beiden Kameraden – den Erschlagenen und den blutig Geschlagnen!

KIRKES STIMME *tosend:* Der Tod ist auf unsre Insel gekommen! Es wird Herbst. Das Laub fällt von den Bäumen.
Den Schnee werden sie nicht mehr sehn!

Ende des Spiels

Der Traum von Moira

In einer jener unbestimmten, doch aller Bestimmbarkeit im
Nu fähigen Gegenden, wie man sie im Traum oft sieht:
Gegenden (denn Landschaften kann man sie nicht nennen),
die aus noch nicht materialisierter, wohl aber schon lokali-
sierbarer Ideensubstanz zu bestehen scheinen, aus noch in
der puren Möglichkeit des *Wie*, aber schon in der Wirklichkeit des *Was* und *Wo* befindlichen Wortbedeutungen, so
daß man zwar sagen kann: links von mir ist *Meer* und
rechts zum Hintergrund hin *Gebirge*, wo aber das Meer erst
gewußtes, noch nicht leibhaftiges Meer ist, weder siedender
Topf noch rollende Wüste noch stiller Abglanz eines
Seraphlächelns, sondern ein noch gänzlich unsinnenhaftes,
wiewohl örtlich und arthaft schon vorhandenes, im Fluß
vom Begriff zum Ding gleichsam ins Stocken geratenes
Übergangswesen, schon nicht mehr abstrakt und noch
nicht konkret, schon nicht mehr an sich, aber noch nicht
für sich, Schopenhauers Meer, wenn man will, und Schopenhauers Gebirge als farb- und konturlos majestätische
Massen aller entstehbaren Gischten und Gipfel mitsamt
ihren künftigen Adlern und Schiffen –, in solcher Gegend,
einem werdebereiten, einen ganzen Bezirk überdachenden
Basilikaraum, sehe ich, grau vorm grauen Nebel der
Wände, den Urstoff eines wallenden Tuchs, über das sich
eine schon im Sichtbarsein befindliche Alte beugt. – Eine
der Parzen, denke ich ehrfürchtig, und wage es, mich ihr zu
nähern; und Moira – denn es ist die unentfaltete Dreiheit
– sieht auf, doch sie unterbricht nicht ihr Tun. – Was
schaffst du, Mütterchen, murmle ich ehrfurchtsvoll, wessen Tuch ist es, das du webest, daß es von solch unüberseh-
baren Maßen ist? Denn siehe, es füllt ja schon kniehoch die
Königshalle, und es flutet weit über das Land, als sei es zum
Hemd für ein Volk bestimmt, mit all seinen Toten und
Ungebornen. – Ei, webe ich denn? murmelt Moira ver
wundert, und nun sehe ich, daß die Alte das Tuch nicht
schafft, sondern etwas darin einstickt, eisgraue Zeichen
merkwürdiger Alphabete, Hebräisch vielleicht, aber Ge-

sichter in den balkenumschlossenen Hohlräumen der Sigel, und die Gesichter gefärbt, wie das Eis gefärbt ist, milchig in Ahnungen von Blau oder Grün. – Für wen, Mütterchen, wirkst du diese Lose? frage ich erschauernd, denn ich spreche Chaldäisch, und Moira murmelt, ich möge nur die Augen auftun, es sei ja auch mein eigenes Los. – Ich betrachte die Zeichen, ich kann sie nicht lesen, doch ich weiß, daß es Totem-Zeichen sind, Zeichen für Freund oder Feind einer Stammesgeschichte, und nun sehe ich unter den wallenden Falten des Gespinstes lange Reihen von Föten ziehen. Sie schweben, gesichtslos, lurchenähnlich im flutenden Grau der Basilika wie in der Gebärmutter eines Schicksals, das mehr als das eines Einzelnen ist, und ich ahne, daß sie auf unbegreifliche Weise mit den eisgrauen Köpfen verwachsen werden. – Webst du die Sprache, Mütterchen? flüstre ich, doch Moira schüttelt den Kopf und murmelt: Mehr! – Mehr als die Sprache, denke ich ungläubig, und jetzt genügt es, daß ich nur denke, denn Moira hebt das Haupt und sagt in einem Ton, den man schalkhaft nennen könnte, wenn er nicht zugleich von äußerster Erschöpftheit wäre: Und weniger, Söhnchen, mehr und weniger, denn mehr ist weniger, weniger mehr! – Eine von Macbeth' Hexen, denke ich, und Moira murmelt, an einem Gesicht ohne Züge wirkend: Das Sigel Liebe, das Sigel Haß; der Ahne, der Führer, die Feinde, die Freunde; das Dunkle, das Lichte; das Sigel des Glaubens – und sie weist auf das mondhaft bläuliche Gesicht ohne Augen und Mund unter ihren Fingern und murmelt schon beinahe unhörbar: Söhnchen, siehe das Sigel des Glaubens, man hat es dir zweimal abgetrennt, Söhnchen, doch ein drittes Mal löst es sich nicht mehr! – und da sehe ich die Föten in das Tuch hineinziehn und sehe ahnend an mir hinunter und sehe rohes, hautloses Fleisch, und Moira murmelt, im Tuch versinkend: Siehe die Gnade!, und sanft legt sich der wallende Stoff um meine geschundenen Füße und kriecht, das schiere blutige Fleisch behäutend, unaufhaltsam an mir über Knöchel, Waden, Schenkel, Glied und Hüften bis zur Brust und weiter zum Kinn hinauf; Nebelgrau steigt mir bis unter die Augen; Eisgrau umhüllt mich, ich fühle Kälte, und fern das Gemurmel von Moira zu hören wähnend, träume ich, daß ich erwacht bin.

Der Traum von der Metamorphose

Ich träumte, eine Frau stehe in meinem Zimmer, groß, nackt, von schneehaft weißem Fleisch, und zwischen ihren Schulterblättern wären zwei rötliche Schwämme gewachsen. Eine Weile stand sie und rührte sich nicht, dann entfalteten sich diese Schwämme zu Flügeln, doch in ihrem Entfalten verdickten sie sich und wurden zu ungeheuren Lebern, und aus dem Rückgrat wuchs ein Ei.

Bis dahin sah ich diese Verwandlung mit stillem, ganz in sich gekehrtem Entzücken, ohne Erregung, nicht einmal neugierig, nur ein unermeßliches Wunder betrachtend, das da als selbstverständlich geschah. Das Ei fiel langsam zum Boden nieder, wo es jedoch niemals ankam; sein Schicksal war mir auch gleichgültig, ich wußte nur, daß es im Raum blieb; ich sah übrigens auch nicht die Füße der Frau, ich sah auch nichts von Haar oder Gesicht. Da das Ei niedersank, begann der Himmel zu grünen, ein leuchtendes, farngiftenes Grün, das von einem inneren Glanz geschwellt war; es sammelte sich über einer der Lebern, die andre Welthälfte versank ins Fahle, und aus dem Grün brach ein Komet, leuchtend, in ungeheurem Schwellen, und er füllte mit seinem Schweif den Raum an und umhüllte die Frau und trug sie fort, und ich erwachte in seltsamer Angst, die vom Tod, doch auch voll Erleichterung war.

Der Traum von der herrischen Frau

Mir träumte, ich gehe durch eine Stadt und sehe nichts als die gesichtslose Menge, die geschäftig an mir vorübereilte, da plötzlich merkte ich eine Bewegung, die, noch fern, durch die Menge zu wandern begann. Der Strom der Geschäftigen schien sich zu stauen und gleichzeitig auch so zu teilen, als gäbe er irgend jemand Besondrem den ungehinderten Durchgang frei. – Die Bewegung kam näher; auch ich blieb stehen und blickte gleich den anderen dahin, wo das Sich-Teilen deutlich wurde, und plötzlich trat eine Alte hervor, nackt, mit mumienhaftem Gesicht, doch großgewachsen und auf kräftigen Beinen, ihre vollen Hängebrüste schwappten, und sie war vom Kinn bis unter den Nabel mit dichten Bartstoppeln bewachsen, die undeutlich ins Schamhaar übergingen oder auch in ein schwarzes, völlig offnes Geschlecht. – Auch ihre Augen waren schwarz. – Sie schritt herrisch; sie beachtete uns nicht; sie schritt langsam, gleichgültig, anscheinend ziellos; sie schritt dahin, ohne etwas zu sagen, und es war, als schaue sie ins Leere, und sie achtete in nichts auf die Menge, die mit einem leisen Grauen, doch auch ohne Überraschung die Nackte ansah.

Auch ich sah die Alte so dahingehn; sie ging nicht unfern von mir vorüber und entschwand wie seitwärts in der Menge, die langsam sich wieder hinter ihr zutat, und die Stimme einer jungen Frau sagte erbebend: Das war der Krieg.

Der Traum vom Wassertheater

Mir träumte, ich gehe ins Theater, doch da es ein Wassertheater war, fuhr ich in einer Gondel dahin. – Nachtblauer
Himmel, schwarzblaue Flut. – Ich sah niemand, doch um
mich ein stilles Gleiten der Gondeln der andern Theater-
besucher; kein Laut, nur dunkles Rauschen von Dasein,
das stumm wie das schlafende Wasser war. – So kam ich
an; die Gondel verhielt. – Auf dem Wasser eine Bühne,
schwarz, mit unsichtbaren Kulissen, Kulissen aus Wind
oder Horizont. – Die Szene war voll von Unsichtbaren,
die schattenhaft ineinander vergingen; ich saß und sah
ihren Spielen zu, in inniger, gelöster Ruhe, und die Nacht
brach langsam herein.

Plötzlich ein Leuchten auf der Bühne, ein Flaum von
Blau, sein Leuchten schwoll an, und nun wußte ich, wie das
Stück hieß: der Homunculusakt aus Goethes Faust. –
«Was gibt es denn?» – «Es wird ein Mensch gemacht!» –
«Schwester, ach –» – «Psst!» – Im Flaum Umrisse einer
Phiole; ich sah sie ertönen und ahnte plötzlich, daß ihr
Leuchten aus meiner Gondel herkam, und die Phiole zer-
sprang, und da wußte ich es. – Das Leuchten ergoß sich in
die Flut. – Neben mir hatte Jemand Platz genommen, ich
sah ihn nicht und spürte ihn nicht, und fühlte ihn doch bei
mir sitzen, und die Gondeln rings trieben schweigend hinaus, das Spiel war zu Ende, der Vorhang gefallen, der Himmel sank auf das Wasser nieder, und da stieß auch meine
Gondel ab, lautlos, einsam, nur ich und der Andre, glitt
hinaus ins nachtblaue Schweigen, und von einem Glück
ohnegleichen durchströmt, in stillster, in sich geschwellter
Verzückung, begriff ich, daß der Tod mich fuhr.

Der Traum von der Arena

Mir träumte, ich stehe in einer Arena, in einem so riesigen Stadion, daß ich, an einer Startanlage befindlich, das Ende der Laufbahnen nicht erblicke. Ich sehe auch die Menge nicht, die irgendwo nah auf den Rängen hockt und eine fanatische Stimmung ausströmt –: Ich stehe, über Wettkämpfe plaudernd und dabei lässig auf Platon verweisend, vor einem Halbkreis von Offizieren, von denen ich anfangs nicht recht begreife, ob es phantastisch gekleidete Sportfunktionäre oder Regierungsbeamte sind. Sie tragen, durchweg kleingewachsene Leute, unglaublich breitschultrige Jacken mit ungeheuren Epauletten, kindskopfgroße, aus Wülsten gefügte Scheiben, golden und grün, mit massigen Sternen; auf den breitgeschnittenen Brustflächen schaukeln Schnüre mit komplizierten Verknotungen; die Gürtel sind schmal, die Schnallen gewaltig, zur Linken ein Dolch, am Gesäß Revolver, die Biesen fast so breit wie die Hosenbeine, und die Schuhe schwarzlackiert, zierlich und spitz. Schnauzbärte natürlich, monströse Klumpen, die aus den Nasenlöchern quellen; darüber wuchtige fleischerne Haken; harte, graue, kalte Augen, niedrige Stirnen und enorm hohe Mützen, deren jede mit ihrer Innenwölbung einen Totenkopf wie als Monstranz umfaßt.

Es muß Mittag sein, man sieht fast keine Schatten. – Sengende Sonne, gefährliche Helle, und die stille Begierde des trockenen Staubs.

Die Wettkämpfe haben noch nicht begonnen, doch ich höre, in regelmäßigen Abständen, irgendwoher aus dem Stadion Schritte, die rasch sich in der Ferne verlieren; ein schleifender Marsch, und dann schallen Salven, und aus der Menge schlägt rasender Haß.

Wir stehen schon ein paar Stunden und plaudern, da frage ich endlich, wann die Veranstaltung beginne. – Ach ja, sagt, nicht sonderlich überrascht, ein Oberst und streift den Jackenärmel zurück, auf seine Armbanduhr zu schauen, eines der Instrumente aus Stahl und Hornglas, deren sieben oder acht er am Unterarm trägt. – Wir haben noch etwas

Zeit, stellt er fest und zieht den Ärmel wieder straff. – So stehn wir denn da, und die Worte plätschern; ich weiß nicht mehr recht, wovon wir reden; es wird langweilig, ich möchte gehn, da faßt der Oberst meinen Arm und führt mich an den Rand der Startbahn, auch die andern Offiziere treten abseits, und mit einer Wolke gieriger Erwartung, die plötzlich aus dem Stadion hertreibt, befiehlt jemand: Führt die Gefangene vor!

Ich weiß sofort, von wo sie kommt, ich schaue dahin, wo die Zuschauer hinschaun, die ich immer noch nicht sehen kann. Und da kommt sie auch schon herangelaufen, plötzlich gegenwärtig, wie aus einer Versenkung, und schräg nieder, als renne sie durch die Luft. Sie läuft federnd, leicht, graziös und lachend; sie ist nackt, eine kräftige, junge Frau, sie trägt das Licht auf dem Bug ihrer Schultern, und ihr Haar weht, eine Fahne lebendiges Gold. Nun steht sie vor uns, sie ist größer als wir alle, die wir stumm, wie befangen, vor ihr zurückweichen; sie atmet heftig vom raschen Laufen und hebt die Arme so hoch seitwärts nach hinten, daß die Sonne im Haar ihrer Achseln blitzt.

Ich kann den Blick nicht von ihr wenden; die Offiziere sehn sie kaum an und vermeiden sorgfältig jede Berührung. Sie steht bei uns als wie unsresgleichen; keine Fessel, kein Wärter, kein Zeichen von Furcht. – Sie sind zum Tod verurteilt! sagt der Oberst; er sagt es, ohne sie anzuschauen, und knöpft die Revolvertasche auf, und die junge Frau lacht unbekümmert, das wisse sie, deshalb sei sie ja hier.

Ob sie kämpfen wolle, fragt der Oberst, und die junge Frau sagt inbrünstig: Ja! und fügt strahlend hinzu, sie werde siegen. – Das Stadion schweigt. – Keine Salven, und das tödliche Licht tanzt auf dem lautlos dürstenden Staub.

Sie ist eine Göttin, denke ich; sie ist zu uns heruntergestiegen, um zu zeigen, daß Wunder noch möglich sind und daß Schönheit und Gerechtigkeit siegen. – Der Oberst nickt. – Ein Leutnant, sehr fett und der Kleinste von uns allen – seine Mütze reicht der Nackten kaum bis an die Brüste, und dabei steht er doch auf Socken und Schuhen –, fragt, ob sie die Kampfbedingungen kenne, und die junge Frau kauert sich schon in das Startloch; sie stemmt sich mit der Sohle gegen die Hinterwand der Grube, lockert die Schenkel, streckt sich in den Knien und atmet dabei gelassen und tief. – Jetzt streicht sie mit der Handfläche über den Boden, als wische sie ein Hindernis fort; alles an ihr strahlt Zuversicht aus, und ich weiß, daß sie siegt, ich weiß es gewiß. – Auf den Startschuß des Herrn Oberst laufen Sie los! erläutert, sachlich belehrend, der Leutnant und teilt mit, daß gleichzeitig mit dem Startschuß ein entfernt gelegener Zwinger sich öffne; komme die Gefangene vor den Bluthunden durchs Ziel, habe sie den Kampf gewonnen und werde sofort in Freiheit gesetzt; falls nicht – und der Leutnant macht eine bedauernde Geste, doch die junge Frau, ohne ein Wort zu verlieren, richtet sich zur Startstellung auf. – Von den Rängen unsichtbar wilde Erwartung; der Startschuß, gleichzeitig wüstes Bellen, und wie ein Pfeil fliegt die junge Frau in strahlender, goldenstäubender Nacktheit die Startbahn hinab, und hinein in die Hunde, die ihr heulend entgegenstürzen. – Ein Aufschrei; die Frau ist schon nicht mehr zu sehen, nur ein Knäuel wütend reißender Tiere, die einen blutigen Klumpen zerfleischen, und ein paar Schlieren gesättigten Staubs. – Das Stadion rast. – Ich fühle, wie ich die Besinnung verliere, und höre nur noch den Leutnant lässig in mein Zusammenstürzen sagen: Ja, wenn sie in die falsche Richtung läuft ...

Der Traum vom Raben

Ich stehe in einem öden Flachland, rechts ein einziger, schwarzer Baum, links eine Mauer, grau, verfallen, nach vorn in ein leeres Tor auslaufend, nach hinten vielleicht in ein graues Schloß. Nichts regt sich, auch der Himmel ist grau und ohne Bewegung, da plötzlich erscheint im Tor ein Mann in Livree, einen Vorderlader über der Schulter, wahrscheinlich der Jagdmeister jenes Schlosses, und da entdecke ich auf dem Baum ein Nest mit einem großen, schwarzen Vogel. Aufgeregt packe ich den Arm des Jägers: Da nistet schon wieder ein Rabe! rufe ich leise, das ist doch verboten! – Der Livrierte nickt, schaut hin, leckt sich die Lippen und sagt, blasiert wie eben ein Lakai, doch in beginnender Erregung: Das wird interessant! Der wird jetzt überfallen! – Von wem? will ich fragen, da trottet schon eine Hyäne aus der Ferne heran und erklettert den Baum und stürzt sich lautlos über den Raben, und im gleichen Augenblick schießt ein Leopard mit senkrecht nach unten starrenden Zähnen und Krallen vom Himmel, doch da er die Hyäne berührt, fällt die Tierpyramide zu Boden, rollt auseinander und ist sofort wie das öde Land von einer Schneedecke überzogen. Der Jäger stößt pfeifend den Atem aus. Einen Augenblick liegt die Landschaft erstarrt in gleichmäßig ungebuckelter Flachheit, dann schüttelt sich der Schnee unterm Baum, und die Tiere erscheinen und kommen langsam und mit rasender Mordlust im Aug auf mich zu. – So schießen Sie doch! schreie ich zum Jäger, die greifen doch an! – Schießen? fragt der Jäger verwundert; die Hyäne bleckt die gelben Zähne; ich schreie: Schießen!, und der Jäger hebt kopfschüttelnd das Gewehr und zerschießt mir das Knie. Ich stürze in den harten Schnee und liege auf dem Bauch und sehe die Tiere näher kommen und denke hastig: Die Hyäne tut nichts, die geht nicht an Lebendige, der Leopard auch nicht, für den bin ich zu groß, aber der Rabe, der Rabe, der furchtbare Rabe!, und der Rabe, ein riesiges Auge über dem schwarzen meißelartigen Schnabel, nickt, und kommt näher, und näher, und hebt den Schnabel ein wenig, und kommt näher, und nickt

Der Traum von der Steppe

Ich stehe in einer Steppe aus stillem Grau, das in jedem seiner verwaschenen Striche mit dem stillen grauen Himmel
verfließt. Nicht Gras noch Wolke ist erkennbar, nichts regt
sich, doch alles ist in Bewegung: Ein ungeheurer Arm
wiegt Luft und Land, und gleichzeitig erzittert das tiefste
Innen der schlafenden Materie. – Alles kann noch draus
werden, denke ich verzückt und schwebe schwerelos in die
Ferne und fühle nur das Wiegen und Zittern wie einen
durch alle Poren der Seele hinziehenden Wind. – Wehen,
wehen, denke ich und spüre, daß ich mich auflösen kann,
da sehe ich irgendwo im Grauen ein Stäubchen in hellerem
Glanz erdunkeln; es ist nur ein Fäserchen eines Halmes
und das leiseste Mehr eines Schattendämmerns, doch es
weckt etwas, von dem ich ahne, daß es Schmerz und Erstarrung ist. Erde und Himmel sind plötzlich geschieden; der
Wind hält ein; schwarzer Riß einer Grenze, doch da ist das
Stäubchen schon wieder ins zitternde Grau zurückgesun-
ken, und wieder hebt mich die Leere und gleitet; und:
Wehen, wehen, denke ich noch, und vergehe verzückt im
grauen All.

IV

Prometheus
Die Titanenschlacht

Nach Aischylos, Hesiod, Homer, Apollodoros
und anderen Quellen

Meinem Enkelkind Marsha

I Das Reich der Titanen

Vor vielen, vielen Jahren, als es noch keine Menschen gab und die Blumen ungesehen im Dickicht verblühten, herrschten über Weltall, Land und Meer sieben gewaltige Fürsten, die sich selbst die Titanen nannten. Sie waren sieben Brüder, und ihre Frauen waren sieben Schwestern; das Erddunkel war ihre Mutter und das Himmelslicht ihr Vater, und sie waren so riesenhaft von Gestalt, daß, wenn sie über die Erde gingen, ihnen sogar die Palmenwälder nur bis zu den Knöcheln reichten. Mit ihrer Ferse zermalmten sie Berge; ihr Durst trank Meere leer; ihr Atem zerblies die dichtesten Wolken, und sie hätten Löwen und Krokodile und Elefanten fangen können wie Käfer, wenn ihre Augen und Hände für derlei winziges Krabbelzeug nicht viel zu groß gewesen wären.

So gewaltig wie ihre Größe und Kraft war auch ihre Strenge. Sie wachten über die Gesetze der unbelebten Natur, und dieses Wächteramt hatte ihr Gemüt so kalt wie das Eis und so spröd wie das Erz gemacht. Sie kannten nicht Spaß noch Freude; sie schritten in ihren Mänteln aus Metallen und Steinen ernst und gemessen um die Kontinente herum oder ließen sich von Kometen durch den Weltraum tragen und sahen die Sterne in ihren Bahnen steigen und fallen und fühlten das Strömen des Lichts und des Schalls und der Schwere und nickten mit ihren granitgekrönten Häuptern und sagten feierlich: «So ist es gut! So soll es bleiben in alle Ewigkeit!»

Solcherart herrschten sie viele Millionen Jahre. Sie hatten die Zeit unter sich aufgeteilt: Jedes Titanenpaar regierte einen Tag lang und ruhte den Rest der Woche in tiefen, dämmrigen Grottenpalästen der Milchstraße aus. Die Herrscher über den Sonntag hießen Hyperion und Theia; die Herrscher über den Montag Atlas und Phoibe; die Herrscher über den Dienstag Krios und Dione; die Herrscher über den Mittwoch Koios und Mnemosyne; die Herrscher über den Donnerstag Iapetos und Themis; die

Herrscher über den Freitag Okeanos und Tethys und die Herrscher über den Sonnabend Kronos und Rhea. Manche dieser Paare, so Atlas und Phoibe, hatten Kinder, manche lebten nur zu zweit, Okeanos und Tethys aber hatten tausend mal tausend Kinder, das waren die Seelen aller Ströme und Flüsse und Bäche und Quellen. Sie waren die einzigen dieser Sippe, die lachten und sangen und fröhlich waren, denn Mutter Tethys machte ihnen, wenn sie freitags durch die Lüfte fuhr, immer die Freude, die Wolken auszupressen und glitzernden Regen auf die Erde zu rieseln, in den dann Vater Okeanos aus Sonnenstrahlen die buntesten Bogen baute. Da jauchzten die Kinder, und das gefiel auch den anderen Fürstinnen so, daß sie lächelten. Dem jüngsten und strengsten der Titanen aber, dem Kronos, mißfiel das.

«Wir Titanen brauchen nicht Freude, und wir brauchen nicht Leid», so sprach er tadelnd zu Tethys. «Gefühle bringen nur Unordnung in die Welt, und das wäre der Untergang. Eure Kinder sind dazu da, das Strömen der Wässer zu überwachen und sie im Winter einzueisen und im Frühling aufzutauen, wie die ewigen Gesetze es verlangen. Was soll dabei das Lachen und Lärmen? Das kann doch nur pflichtvergessen machen. Ich verbiete es hiermit für alle Zeiten! Denkt an die Hundertarmigen!»

Da erschraken Okeanos und Tethys und verwehrten ihren Kindern das Lachen und Singen.

«Denkt an die Hundertarmigen und ihre schreckliche Strafe», so sagten sie, und da erschraken auch ihre Kinder und hörten auf, fröhlich zu sein. Kein Jauchzen klang mehr über die Erde, nur die Ströme rollten und die Meere rauschten und drüberhin hallten und heulten die Winde und dröhnten die Donner und klirrten die Sterne, und über all dem schwieg das eiskalte All.

«So ist es gut, und so soll es bleiben», sprach Kronos, «und damit es so bleibe, will ich fortan allein der Gebieter sein! Weh dem, der sich meinem Willen widersetzt! Denkt an die Hundertarmigen und ihre Strafe!»

Da erschauerten die Titanen und beugten vor ihrem Bruder das Knie. Der Wille des Alleinherrschers war fortan ihr oberstes Gebot. Sie zogen sich in ihre Grotten zurück, wo sie statt sechs nun sieben Tage der Woche im Dämmer-

schlaf hausten. Allmählich wurden sie grau wie die Schatten-
öde ihres Daseins, und sie wären schließlich mit den Wänden ihrer Paläste verwachsen, hätte Kronos ihnen nicht geboten, sich jeden Sonnabend zu einem Festmahl in der
Himmelsburg einzufinden. Für diese Stunde putzten und
schmückten sich die Frauen sorgfältig und lange, und die
Männer legten ihre leuchtendsten Gesteine an.

So lebten sie abermals Millionen Jahre.

PROMETHEUS UND GAIA

Nicht nur Okeanos und Tethys, auch das Titanenpaar
Iapetos und Themis hatte Kinder. Es waren zwei Söhne. Sie
hießen Prometheus und Epimetheus, und wenn sie einander im Aussehen auch wie Brüder ähnelten, war Prometheus doch grundverschieden von seines Bruders und aller
Anverwandten Charakter und Art. Während Epimetheus
es liebte, zufrieden und satt im fahlen Tag der Milchstraßengrotte zu liegen und in der Erinnerung das jüngste Festmahl bei Kronos noch einmal zu durchstaunen, mochte
Prometheus dies träge Dasein gar nicht leiden. Wann immer er konnte, stahl er sich deshalb zur Erde hinunter, um
dort durch die sonnenheißen Steppen des Südens oder die
schneeglitzernden Tundren des Nordens mit den Winden
um die Wette zu stürmen und dabei aus voller Kehle zu
jauchzen und lachen und schreien. Er wußte, daß Kronos
dies alles verboten hatte, allein er konnte einfach nicht anders. Sein Bruder Epimetheus schüttelte deshalb nur den
Kopf über ihn.

«Warum treibst du so törichte, unnütze Dinge, mein
Bruder?» sprach er mißbilligend.

«Ich weiß nicht, mein Bruder», erwiderte Prometheus,
«ich halte dieses Herumdösen einfach nicht aus.»

Eines Tages, als Kronos wie immer auf einem eisernen
Stern durch die Lüfte fuhr und die anderen Titanen in
ihren Palästen dahindämmerten, lag Prometheus, der sich
im warmen Meer vor Afrika müde geschwommen hatte,
im Wald der Insel Kreta wie in einem ungeheuren Bett von
Grün. Er war erschöpft und dachte an nichts und wollte
schlafen. Er drehte sich auf die Seite, da sah er, als seine

Augen sich zutaten, dicht vor sich in der grünen Unend-
lichkeit ein winziges rotes Sternchen und daneben ein
zweites und daneben ein drittes. So etwas Wundersames
hatte er noch nie geschaut, und er lag ganz still, um diese
Sternchen nicht zu zerdrücken.

«Was ist das», rief er entzückt, «ich habe noch nie so etwas Schönes gesehen!» Dieser Ausruf war noch nicht verklungen, da hörte Prometheus eine leise Stimme an seinem
Ohr.

«Ich danke dir, liebes Kind, für diese Worte», raunte die
Stimme. Es war ganz seltsam: Die Stimme war jung und
uralt zugleich, und sie klang, als rede sie direkt vor des
Prometheus Gehör und käme dabei doch aus der dunkel-
sten Ferne.

«Wer bist du, der da spricht?» fragte Prometheus erstaunt.

«Ich bin Gaia, die Erde, euer aller Mutter», sagte die Stimme, «und du bist Prometheus, der Themis und des Iapetos
ältester Sohn. Sie alle haben mich vergessen; du aber bist
oft bei mir, und ich mag dich drum leiden.»

«Warum zeigst du dich mir dann nicht, Großmütterchen?» fragte Prometheus.

«Ich habe viele Gestalten», erwiderte Gaia, «du siehst
mich in meinen Steppen und Wäldern, und nun auch in
meinen liebsten Geschöpfen, den Blumen. Schau nur, wie
zahlreich und bunt sie sind!»

«Ich sehe nur drei, und sie sind alle rot wie der Abend-
himmel», erwiderte Prometheus, «andere Farben erblicke
ich nicht.»

«Ach, deine Augen sind stumpf, du Titanenkind», seufzte
Gaia, «sie sind nur die riesigen Flächen der Meere und Sonnen gewohnt und verstehen nicht, das Kleine und Feine zu
erfassen. Wie ist es dir überhaupt möglich gewesen, diese
drei Rosen zu entdecken?»

Prometheus hob hilflos die Hände.

«Ich weiß es nicht, Großmütterchen», entgegnete er. «Ich
wollte gerade einschlafen und schloß die Augen, da sah ich
dies Wunder, das du Rosen nennst.»

«Du tatest die Augen zu, und da wurden sie klein», sagte
Mutter Erde, «aber nicht klein genug, um das tausendfach

Bunte aufzunehmen, das ich durch diesen Wald gewirkt habe: Moosblumen, Maßliebchen, Ehrenpreis, Thymian, Minze, Salbei, Aurikel, Eisenhut, Storchschnabel, Seidelbast, Safran und Quendel, um nur die leuchtendsten zu nennen. Mein Teppich, von dem du nur das Grün siehst, ist in Wirklichkeit viel bunter, als des guten Onkels Okeanos Regenbogen es je gewesen sind.»

«O wenn ich doch diese Herrlichkeiten sehen könnte!» rief Prometheus.

«Begehre das nicht», erwiderte Gaia, «du müßtest auch furchtbare Dinge schauen.»

«Kannst du mir solche Augen geben, so soll mich das Furchtbarste nicht schrecken, Großmütterchen», sagte Prometheus voll Eifer. Da war es ihm, als streiche der Hauch einer Hand über seine Lider, und aus dem unendlichen Grün brach plötzlich ein tausendfach duftender Reigen von blauen, gelben, orangen, violetten, weißen, braunen und roten Sternen und Sonnen, und gleichzeitig schwirrte durch das ragende Grün der Stämme und Kronen ein Wirbel aus Farben, der stürzend und steigend und kreisend im Sonnenglanz noch funkelnder war als der Teppich des Bodens und den ein schmetternder Chor von Gezwitscher, Getriller, Geflöte und Tirilieren durchwob. Mit den Blumen hatte Prometheus die Vögel gewahrt, und er glaubte im Rausch dieses nie noch gekannten Schauens und Lauschens, sein Herz sei so bunt und so schallerfüllt wie der Wald geworden.

«Wie herrlich deine Welt doch ist, Mutter Erde!» jauchzte er.

Er hatte dies aber kaum ausgerufen, da sah er aus dem Geäst ein graues Silber auf ein hüpfendes Blau niederstürzen; das Singen verstummte; ein pfeifender, schauerlich dünner Schrei erscholl, und das Blau zerflatterte zu einem roten Fleck, der im Grün verrann. Die Vögel schwiegen. Das Silber – es war ein Marder, der eine Blaumeise geschlagen hatte – huschte hinter die Stämme.

Das Rot wurde schwarz.

Die Vögel schwiegen noch immer.

Prometheus ahnte, daß etwas Furchtbares geschehen sein mußte.

«Was war das?» fragte er verstört. Er hatte noch nie den Tod gesehen, denn die Titanen waren unsterblich wie die leblose Welt.

«Es war nur ein Traum. Vergiß ihn, mein Kind», sagte die leise, uralte Stimme, und nun klang sie nur noch leise und alt. Zugleich fühlte Prometheus wieder das sanfte Hauchen über seinem Gesicht, und alle Farben verschwanden im ebenmäßigen Schwellen des Grüns von Moos und Laub. Auch die drei Rosen waren verschwunden. Da begriff Prometheus, daß Mutter Erde ihm die Gabe des feinen Sehens wieder nehmen wollte, und da schrie er: «Laß mich sehen, Mutter Erde, o laß mich sehen! Laß mich sehen, was ich noch nie geschaut! Den gräßlichsten Anblick will ich ertragen, nur raube mir nicht die Freude der Blumen und Vögel!»

«Trotziges Kind», raunte Mutter Erde warnend, «denk an das Schicksal der Hundertarmigen!»

«Wo sind sie?» rief Prometheus. «Ich habe sie noch nie gesehen. Der Herrscher Kronos spricht oft von ihnen, und ihr Name erschreckt all die mächtigen Fürsten. Selbst die Sonne, die Hyperion früher lenkte, erbleicht bei diesem Wort. Wer sind sie? Zeige sie mir! Verwehr mir's nicht; ich weiß, daß du dies vermagst!»

«Du weißt nicht, was du verlangst», sagte Gaia entsetzt. «Niemand darf sich den Hundertarmigen nahen. Sie sind in der tiefsten Tiefe verschlossen, und schon der Wunsch, nach ihnen zu forschen, ist Ungehorsam und Verrat.»

«Du kennst ihr Gefängnis?» rief Prometheus.

«Schweig still», raune Mutter Erde, «wenn Kronos diese Rede erfährt, verschlingt er dich!«

«Wer sollte es ihm denn erzählen?» erwiderte Prometheus hartnäckig. «Wir beide werden schweigen, und ein dritter hört uns ja nicht.»

Und er bat seine Großmutter, die Erde, so innig, daß sie schließlich sagte: «Nun gut, da du es so sehr wünschest, will ich dich an einen Ort in ihrer Nähe führen. Aber bedenke: Allein ihre Stimmen sind furchtbar.»

«Furchtbarer als das, was ich eben gesehen?» fragte Prometheus.

«Furchtbarer als der Tod», erwiderte Gaia.

«Es schreckt mich nicht», sagte Prometheus ohne Bedenken. «Gehen wir, Großmütterchen!»

«So komm!» sprach Gaia, und da brachen wieder die Blumen aus dem Moos und die Stimmen der Vögel aus den Wipfeln, aber Prometheus achtete nicht mehr darauf. Mit einem Ruck sprang er auf die Füße. Vor ihm stand, in einem Gewand aus Licht und Dunkel, lächelnd und ernst eine junge Frau.

DIE HUNDERTARMIGEN

«So komm!» wiederholte die Erschienene.

«Du bist Gaia, unser aller Mutter?» fragte Prometheus benommen. Die junge Frau nickte stumm und schritt in den Wald hinein. Sie ging so schnell, daß Prometheus Mühe hatte, nicht zurückzubleiben. Sie wanderten lange. Schließlich stießen sie auf eine öde Lichtung, deren Mitte gespalten war. Aus der klaffenden Öffnung stieg gelber Rauch.

Mutter Erde wandte sich um und blickte ihren Enkel prüfend an.

«Hier müssen wir hinunter», sagte sie. Der Rauch quoll wolkig aus der Dunkelheit. Prometheus fühlte zum ersten Mal jenes Flackern des Herzens, das Angst heißt, allein er nickte tapfer.

«So komm!» sprach Mutter Erde zum dritten Mal und verschwand im Rauch. Prometheus folgte ihr zögernd. Er hatte gefürchtet, der Rauch werde ihm den Atem nehmen, doch als er die ersten Schritte getan hatte, weitete sich der Spalt zu einem Stollen, der schräg in die Tiefe führte, und der Rauch verlor sich. Prometheus sah wieder Mutter Erde vor sich den Stollen hinabgehen, doch nun schien sie selbst ein Gebilde aus Dunst zu sein. Sie wehte vor ihm wie ein Nebel; das Licht wurde glasig und glitt ins Dämmern, und da hörte Prometheus ein seltsames Geräusch. Es war ein dumpfes Ächzen, als stöhne im Innern des Erdballs ein Berg oder seufze ein Wald, und mit jedem Schritt in den sich immer mehr verengenden Stollen hinein gesellten sich neue Schreckenslaute hinzu. Ein Röcheln kam auf, und

185

nun ein Gurgeln, und nun auch Brüllen und Wimmern und schließlich Keuchen und Kreischen und Röhren und Blöken und Bläffen und Kläffen und Heulen, aber alles dies wie aus Kehlen von Eis oder Horn; ein rasselndes Fauchen erscholl, als ob riesige Blasbälge sich dehnten und zusammenzogen, und schließlich schwoll der Chor so ungeheuer zusammen, daß er das Ohr des jungen Titanen wie mit Fäusten schlug. Auch wurde der Stollen immer niedriger und enger und die Dämmerung immer dichter; Mutter Erde war kaum noch zu sehen, und als Prometheus ihr in seiner Angst zurief, sie möge doch warten, nahm er entsetzt wahr, daß seine Lippen sich zwar bewegten, seine Stimme jedoch nicht einmal von ihm mehr zu hören war. Das Geheul war nun so heftig, daß der Boden des Stollens zu beben begann.

«Mutter Erde!» schrie Prometheus, aber Mutter Erde entschwand in die Dunkelheit. Prometheus war allein. Seine Angst wurde Grauen. «Mutter Erde», schrie er verzweifelt und hörte sein Wort nicht, «hilf mir, Mutter Erde, ich fürchte mich!»

Aus dem schauerlichen Lärm kam keine Antwort. Da wollte Prometheus fliehen, doch als er sich umblickte, sah er in eine solche Finsternis, daß er zurückprallte.

Er wandte sich wieder gradaus und sah ins Dämmern.

Wie kommt das nur? dachte er. Wenn ich dahin zurückschaue, wo doch das Tageslicht sein muß, sehe ich tiefste Finsternis. Wenn ich hingegen ins Erddunkel blicke, sehe ich wenigstens einen Dämmerschein. Das ist doch gegen alle Gesetze!

Da fiel ihm ein, daß der Dämmerschein aus dem Kerker der Hundertarmigen kommen könnte.

Ich werde hier auf Mutter Erde warten, dachte er und lehnte sich gegen die zitternde Stollenwand.

Das Nachdenken hatte ihm Mut gemacht. Nun bin ich so nahe an den Hundertarmigen, sagte er sich, und da sollte ich umkehren? Nein, ich will Onkel Kronos' Geheimnis schauen!

Er stieß sich von der Wand ab und ging weiter. Der Stollen wurde rasch so niedrig, daß Prometheus sich bücken, dann kriechen und schließlich sich auf dem Bauch dahinschlängeln mußte. Er fürchtete schon steckenzubleiben, allein da es ihm vorkam, die Düsternis sei lichter geworden, bezwang er abermals seine Angst. Wenn Mutter Gaia hier heil durchgekommen ist, werde auch ich heil durchkommen, dachte er und rutschte weiter voran. Der Stollen wurde noch enger, die Dunkelheit jedoch erhellte sich tatsächlich, und zwar dermaßen, daß Prometheus so etwas wie einen Schleier zu sehen glaubte.

Was ist das? dachte er, da stieß er auch schon mit dem Kopf gegen ein Hindernis, das flirrend war wie erhitzte Luft, leuchtend wie der Mond hinter Wolken und zugleich härter als Stein, denn so arg hatte noch kein Zusammenprall weh getan. In diesem Augenblick war auch das Lärmen jählings abgebrochen, der Stollen jedoch schwankte und zitterte wie zuvor.

Die plötzliche Stille war grauenhafter als alles Geheule.

«Mutter Erde!» schrie Prometheus, und diesmal hörte er seine Worte. Sie klangen so kläglich und angstvoll, daß er zu weinen begann. Da aber vernahm er Gaias Stimme.

«Sei ruhig, mein Kind, und fürchte dich nicht», sprach Gaia begütigend, «ich bin ja bei dir.»

«Wo bist du denn?» flüsterte Prometheus, der sich im engen Stollen nicht umdrehen konnte.

«Bei dir, liebes Kind», sprach ihm Gaia ins Ohr. «Spürst du nicht, wie ich dich in meinen Armen halte?» Da war es Prometheus, als ob die Wände des Stollens ihn sachte wiegten. Er schluckte die Tränen hinunter und faßte Mut.

«Wo sind die Hundertarmigen?» flüsterte er.

«Wir sind ihnen ganz nahe», erwiderte Mutter Erde, «so nahe, daß wir sie schon nicht mehr hören, so wie du den Wirbelsturm nicht wahrnimmst, wenn du in seiner Mitte stehst. Woran du gestoßen bist, war die Wand ihres Kerkers. Näher können wir nicht mehr heran.»

«Und ich soll sie nicht sehen?» stammelte Prometheus fassungslos. Die Enttäuschung, nun wieder umkehren zu müssen, schien ihm schrecklicher als jede Begegnung.

«Wie könntest du das?» erwiderte Gaia. «Sie hausen in einem Kerker aus Diamant, denn jeden anderen Stoff würden sie durchbrechen. Dieser Stein ist so hell, daß er die Finsternis hier unten fahl macht, allein er ist auch so hart, daß deine Blicke davon abprallen wie die Blicke der Hundertarmigen auch.»

Prometheus tastete mit der Hand die Wand ab. Sie war glatt und kalt und fugenlos, und sosehr er auch die Augen spannte, seine Blicke konnten sie nicht durchdringen.

Da begann er zu bittten.

«Wenn du nicht einen Rat wüßtest, Großmütterchen», so bettelte er, «hättest du mich gewiß nicht hierhergeführt! Du hast mir Augen gegeben, die Blumen und Vögel zu erblicken, du kannst mir auch Augen geben, die das Unsichtbare sehen.»

Da seufzte Mutter Erde und sprach: «Verlange das nicht, mein liebes Kind! Ich kann deine Augen wohl schärfen, doch dann wird dein Blick jede Schranke durchschneiden, selbst die der Zeit. Du wirst in die Zukunft schauen, und du wirst dort sehen, was der Welt und dir bevorsteht, und danach verlange nicht! Denn ich kann dir diese Kraft niemals mehr nehmen. Du müßtest diese Augen dann tragen durch alle Ewigkeit.»

Prometheus hämmerte mit der Faust an den Diamanten.

«Ich will sehen, Mutter Erde», rief er wild, «ich will alles sehen! Gib mir deine Kraft, und ich werde vor nichts erschrecken! Ich gehe nicht eher von hier, als bis du mich sehend gemacht hast!»

Da schwieg Gaia.

Der Stollen zitterte.

Gaia schwieg.

Die Stille war so drückend, daß Prometheus nicht weiterzureden wagte. Schließlich, als die Antwort immer noch ausblieb, schob er sich wortlos, so weit er nur konnte, zurück und schnellte dann den Kopf gegen die Wand vor und tat dies, obwohl ihn die Erschütterung fast betäubte, ein zweites und dann noch ein drittes Mal. Er wollte gerade den Kerker ein viertes Mal rammen, da schlossen sich die Stollenwände so fest um ihn, daß er sich nicht mehr rühren konnte.

«Du wirst dir den Schädel spalten», warnte Mutter Erde.

«Das ist mir gleich», entgegnete Prometheus, «ich lasse nicht ab!» Mit rasendem Trotz begann er die Schultern und Arme zu rühren, um freizukommen. Da war ihm wieder, als streiche der Hauch einer Hand über seine Lider, und in diesem Augenblick schoß eine so strahlende Helle in seine Augen, daß er glaubte, zwei Blitze brennten sie aus. Einen Herzschlag lang lag er blind und von Schmerz durchstochen, dann aber sah er vor sich ein Gewölbe mit Wänden aus glitzerndem Licht, und an diese Wände waren drei Ungeheuer von so grauenvollem Aussehn gekettet, daß Prometheus die Augen sofort wieder schloß.

Er hatte die Hundertarmigen erblickt.

Es waren drei Riesen, größer als die Titanen, und jeder von ihnen hatte hundert Arme und hundert Beine und fünfzig Rümpfe und fünfzig Köpfe, und jedes der dreihundert Beine war vom andern verschieden, und jeder Arm vom andern, und jeder Rumpf vom andern, und erst recht jeder Kopf! Der eine Kopf war ein einziges lippenloses Maul mit riesigen schwarzen Zähnen, die unentwegt aufeinanderkrachten und die Luft zerbissen; der zweite war eine schlabbernde gelbe Zunge, die über den Boden glitt und nach Flüssigem lechzte; der dritte war nur ein Auge mit einer roten Pupille, der vierte ein einziges gieriges Ohr, der fünfte eine viellöchrige schnüffelnde Nase, der sechste ein heulender Schlund, der siebte vielhundert plappernde Lippen, der achte eine gewölbte, von tiefen Furchen durchschnittene Stirn, der neunte ein Doppelstrom von Tränen aus zwei stachelwimprigen schlaffen Lidern, der zehnte ein zottiger Klumpen schneeweißes Haar, der elfte ein einziger Quader Kinn, der zwölfte ein Knäuel dünner gespaltener Zungen in einem Strahl aus zischendem Dampf. Dies waren die Köpfe, die Prometheus erblicken konnte; die andern im Hintergrund wurden von den vorderen verdeckt, doch manchmal schossen aus ihnen Funken empor oder schnellten Nattern zur Höhe oder schwollen und schrumpften graue, von roten Netzen durchzogene Wolken oder wehten Haare wie brennendes Gras. So vielgestaltig grauenvoll wie die Köpfe waren aber auch die Arme und daran die Hände: Eine Kralle die eine, eine Tatze die zweite, ein Saugnapf die dritte, Spinnfäden die vierte, Dornen die fünfte, eine Platte die sechste, Glut die siebte, quallig die achte, neblig die neunte, schwammig die zehnte, ein Huf die elfte, ein Stachel die zwölfte, und alle schwangen und kreisten und hieben und griffen durcheinander auf ihren Armen, die schlangenhaft waren und klotzig und sehnig und wulstig und dünn wie Ranken und gewaltig wie Keulen, und sie wuchsen aus Rümpfen von Eisen, von Kupfer, von Silber, von Gold, von Fels, von Sand, von Lehm, von Asche, von Schuppen, von Fell und von Teig und von Salz und von Grind und von Eis, von Dünsten und Feuer, und die Rümpfe standen wieder auf Beinen, die Stämme waren, Stelzen, Knorren, Halme, Stümpfe, Stiele aus Fleisch und Stubben aus Gallert, und um die Füße dieser dreihundert Beine war das Kristall des Bodens gegossen, so daß die Ungeheuer darin wurzeln mußten, und sie wollten doch heraus mit der Kraft von dreimal hundert verzweifelten Mühn! So zerrten sie also und zogen und rissen und dehnten und reckten und stemmten sie sich, aus allen ihren Rachen und Schlünden und Kehlen und Mündern unhörbar brüllend und tobend und mit den dreihundert Armen und Händen schleudernd und greifend und krallend, der ersehnten Freiheit zu, da plötzlich wurden sie von einer unsichtbaren Kraft so jäh an die Wand gerissen, daß sie einen Augenblick aus allen ihren Mündern schwiegen.

«Es ist Kronos», flüsterte Mutter Erde, «er ahnt uns, nur fort, nur fort!» Prometheus fühlte sich von ihren Armen zusammengepreßt und fortgetragen; der Kerker entschwand, das Gelärm schwoll auf und verscholl, wie wenn Wind vorbeisaust, dann war es Prometheus noch, als dampfe gelber Rauch und flute plötzlich die Sonne, dann lag er wieder im Wald, und Grün umgab ihn, und Vögel sangen.

Gaia war verschwunden.

Ich habe geträumt, dachte Prometheus und rieb sich die Augen. Ich habe geträumt, und es war ein grauenvoller Traum!

PROMETHEUS SIEHT DURCH DIE ZEIT

Es war ein Traum, dachte Prometheus und sprang auf die Beine. Er war noch ein Kind, und doch ragte er über den Wald wie heute ein Kind über Sträucher und Buschwerk.

Als er den klaren Himmel erblickte, reckte er sich und dachte frohgemut noch einmal: Es war ein furchtbarer Traum! Da hörte er in den Lüften ein entsetzliches Krachen. Aus dem heiteren Blau raste Feuer, und eine Donnerstimme schrie Worte des Zorns. Erschrocken duckte sich Prometheus in den Wald zurück. Es war kein anderer als Kronos, der oberste Herr der Titanen, der zürnend zur Erde niederfuhr.

Gaia trat ihm entgegen. Prometheus erkannte sie anfangs nicht, denn nun zeigte sie sich als uraltes Wesen. Ihr Gesicht war schwarz, ebenso ihre Hände und ihre Füße; ihr Gewand war aus grauem Sandstein, ihr Haar war wie das Silber, das morgens im Herbst auf den Wiesen liegt, und ihre Stimme klang wie das langsame Rauschen des Regens, als sie nun fragte: «Was begehrst du von mir, Kronos, mein jüngstes Kind? Es freut mich, daß du wieder einmal deine Mutter besuchst!»

Sie hob den Arm, ihn zum Gruß um die Schulter des Sohnes zu legen, allein Kronos stieß sie zur Seite. Er war schrecklich anzusehen: Über seine Stirn liefen blaue Flammenschauer, aus seinen Haaren sprühten Funken, und von der Mitte seines Leibes zuckte ein seltsames Flimmern in die Tiefen des Erdballs hinab. «Wer war bei den Hundertarmigen?» fragte Kronos. Seine Worte klangen, als ob Felsen sie schrien.

«Willst du deine Mutter nicht grüßen?» antwortete Gaia mit tonloser Stimme.

«Ich bin auch für dich nichts anderes als der Herrscher», entgegnete Kronos. «Wer war bei den Hundertarmigen? Mein Gürtel hat gezuckt. Mich wirst du nicht betrügen!»

Prometheus begann vor Angst zu zittern.

«Auch sie sind meine Kinder», sagte Gaia leise, «auch sie wollen leben und sich satt schauen und satt hören und satt essen und satt trinken –»

«Und uns alle vernichten!» warf Kronos ein. Wütend riß er am Gurt, und das Geheul der Hundertarmigen quoll aus den Tiefen der Erde wie Blasen auf. «Hörst du sie?» sprach Kronos. «Sie heulen nach der Stunde, da sie loskommen und über uns herfallen. Furchtbare Geschöpfe hast du hervorgebracht, Gaia!»

Da Kronos das sagte, wurde das Gesicht der Erde grau.

«Sie sind meine Kinder wie du und deine Geschwister», sprach sie und brauchte Stunden für jedes Wort. Prometheus wagte sich nicht zu rühren. Er hatte die Augen geschlossen, damit Kronos ihr Funkeln nicht sähe. Solch einen Streit hatte er noch nie gehört. Er fürchtete, der Herrscher werde ihn, den frechen Belauscher dieses Gesprächs, zu den Hundertarmigen in die Unterwelt sperren, und Kronos, hätte er Prometheus gewahrt, würde gewiß so gehandelt haben. Doch er glaubte nicht, daß ihn jemand höre. Er wähnte alle Titanen in den dämmrigen Milchstraßengrotten, und bis dorthin wäre nicht einmal das Heulen der Hundertarmigen gedrungen. Darum schalt Kronos die Uralte, die doch seine Mutter war, ohne Maß und Beherrschung.

«Du wagst es, dich solcher Mißgestalten zu rühmen», schrie er; «du wagst es, dich zu Kindern zu bekennen, die man einkerkern muß, damit sie nicht die eigene Mutter zerstückeln!» Wieder riß er am Gürtel, und wieder heulten die Hundertarmigen, und ihr Geheul war so schrecklich, daß die Bäume vor Mitleid seufzten.

«Quäl meine wehrlosen Kinder nicht, du Ungeheuer!» rief Gaia. «Sie schreien nach ihrer Mutter, und ihre Mutter kann ihnen nicht beistehn!»

Da packte Kronos mit beiden Händen die Schultern der Alten und fragte drohend: «Du bist also unten gewesen? Sag die Wahrheit, sonst reiße ich deine Brut in Stücke!»

«Ja, ich war bei meinen lieben Söhnchen», erwiderte Gaia. «Sie leiden unsäglich in ihrem Kerker, wie sollte da ihre Mutter sie nicht zu trösten suchen?»

«Warst du allein?» fragte Kronos lauernd.

«Nein», sagte Gaia, und Prometheus stockte das Herz.

«Die Furcht war mit mir und das Grauen», fuhr Mutter Erde fort, «und das Mitleid auch.» Sie hob unendlich langsam ihr Gesicht dem Gesicht des Kronos entgegen, und ihre Augen waren zwei eisige Monde, und die Augen des Herrschers waren zwei tosende Sonnen.

«Wer sollte schon mit mir hinabgestiegen sein!» sagte Gaia. «Glaubst du, dein Weib oder deine Geschwister wagten diese Reise? Was hätten sie wohl davon?»

Die Vögel schwiegen. Kronos schlug Gaia ins Gesicht.

«Ich habe verboten hinunterzugehen», schrie er, «das gilt auch für dich, du Uralte! Wenn du dich noch einmal widersetzt, so sperre ich dich zu ihnen, dann magst du sie trösten in alle Ewigkeit! Zur Strafe für deinen Ungehorsam aber sollst du fortan aus dem Kreis der Titanen verbannt sein und nie mehr die Himmelsburg betreten! Hüte dich vor meinem Groll, ich rate dir gut!» Mit diesen Worten rüttelte Kronos wieder an seinem Gürtel, und wieder scholl der Schmerz der Hundertarmigen aus dem finstren Schlund, und die Wälder krümmten sich.

Gaia aber, die den Schlag ihres Sohnes stumm hingenommen hatte, richtete sich hoch auf und rief, in die Wolken wachsend: «O Kronos, Kronos, hüte *du* dich! Auch deine Herrschaft, du Grausamer, währt nicht ewig, das sage ich dir, deine Mutter, die du geschlagen hast und die du verstößt.»

«Wer wollte es wagen, Hand an mich zu legen?» erwiderte Kronos. «Von meinen Brüdern und Schwestern gewißlich keiner, und die Hundertarmigen sind verschlossen. Du selbst bist machtlos, Gaia, wenn du dich auch noch so sehr aufblähst, und deine winzigen Geschöpfe, die Tiere und Pflanzen, die du Leben nennst, sie können mir allesamt kein Haar krümmen. Wer also sollte sich gegen mich auflehnen?»

Da lachte Gaia schauerlich und hob die schwarzen Arme über den Kopf und redete feierlich wie die Nacht: «Deine Kinder werden dich stürzen, Kronos.»

«Ich habe keine Kinder», rief Kronos rasch, doch während er dies noch rief, fiel ihm ein, daß seine Gemahlin Rhea ein Kind unter dem Herzen trug und es bald zur Welt bringen mußte.

«Noch habe ich keine Kinder», sagte er. «Und ich werde auch nie welche haben», fügte er nach einer Pause hinzu.

In diesem Augenblick war es Prometheus, als zerspringe sein Auge. Er hatte die Lider noch geschlossen, doch das Dunkel dahinter wurde heller als der Sommer, und er sah, ohne daß er die Augen öffnete, Kronos hochaufgerichtet über den Wäldern und Bergen stehen, Gewitter in seinem Haar und Granit um die Schultern und das seltsame Flimmern am Gürtel aus Erz, und er sah Kronos also stehen und reden, da plötzlich sprangen aus des Herrschers offenem Mund Jünglinge und junge Frauen und hielten starre rote Blitze in ihren Händen und drangen kämpfend auf Kronos ein. Der hüllte sich in den Fels seines Mantels und wehrte die Angreifer ab, doch die schlugen so heftig zu, daß der Herrscher wankte. Da schrie Kronos um Beistand, und da öffnete sich die Milchstraße über seinem Haupt, und die Titanen eilten dem Gebieter zu Hilfe. Prometheus erkannte sie alle: Hyperion und Atlas und Krios und auch Vater Iapetos und alle anderen, doch da wurde der Druck in den Augäpfeln so stark und schmerzhaft, daß Prometheus die Lider aufreißen mußte. Im Nu waren die Bilder verschwunden! Seine Augen schmerzten nicht mehr; sie sahen das ruhige Grün des Waldes, der ihn umfing, und sie sahen Kronos auf einem prasselnden Blitz die Luft durchfahren und gleichzeitig Mutter Gaia im Boden versinken, und dann blieb nur der bunte Reigen der schwirrenden Vögel und blühenden Blumen im Blick. Da wußte Prometheus, daß er nicht geträumt hatte, und er wußte, daß er nun einer Kraft mächtig war, über die keiner der Titanen verfügte. Mit Augen, so fein, daß sie das Leben sehen konnten, waren auch Hyperion und Kronos begabt; Augen jedoch, die durch die Zeit in die Zukunft blicken konnten, besaß nur er.

Wie wird der Kampf ausgehen? dachte er neugierig und schloß wieder die Lider, und sogleich sah er wieder Kronos stehen und reden und sah die gewaffneten Jünglinge und Jungfrauen aus seinem Mund springen und sah sie mit starren Blitzen auf Kronos sich stürzen, und wieder sah er den Fürsten wanken und schreien und die Titanen heraneilen, da war die Fülle der Bilder wieder so strotzend geworden, daß Prometheus sie nicht mehr ertragen konnte. Seine Lider flogen von selbst auf, so wie sich der Mund von selbst auftut, wenn man den Atem über Gebühr anhalten will.

Die Bilder waren verschwunden.

Staunend lag Prometheus im Grün.

Das alles sollte wirklich geschehen? dachte er. Das ist doch nicht möglich! Wo sollten die Jünglinge und Jungfrauen wohl herkommen? Und warum hüpfen sie aus dem

Maul des Herrschers, und warum kämpfen sie mit ihm? Das ist alles so seltsam. Soll sich das tatsächlich einmal ereignen?

Plötzlich fiel ihm die Tötung der Blaumeise durch den Marder ein. Er wußte nicht, warum er in diesem Augenblick gerade an jenen Vorfall denken mußte, allein da er daran dachte, wurde ihm bang.

Die Unbekannten werden den Herrscher besiegen und uns alle einkerkern, dachte er erschreckt. Ihm graute bei der Vorstellung, irgendwo im finstern Erdball oder Mars in Fesseln zu liegen und nie mehr durch die Wellen zu schwimmen und nie mehr die Blumen zu sehn und die Vögel zu hören.

Man muß Kronos beistehen, dachte er eifrig. Alle müssen an seiner Seite kämpfen! Wohl, Atlas ist ihm zu Hilfe gekommen, dann auch Hyperion und Koios und Vater Iapetos und auch Krios, den Onkel Okeanos aber habe ich nicht erblickt und mein Brüderchen Epimetheus auch nicht. Nun, bei dem wundert mich das nicht, der hat's verschlafen. Wo aber bin ich denn selbst gewesen?

Er versuchte angestrengt, sich zu erinnern. Ja doch, wo war ich nur selbst in diesem Kampf? so grübelte er.

Da war es ihm, als habe er sich wie einen Schatten am Rand des Kampfgetümmels stehen sehn. Ich muß das genau wissen, dachte er und wollte seine Augen ein drittes Mal schließen, da gellte das kupferne Becken des Saturns durch den Weltraum. Es war dies das Zeichen, das alle Titanen zur Ratsversammlung in die Himmelsburg lud.

DAS GELÖBNIS DES KRONOS

Es war seit Tausenden von Jahren   länger, als Prometheus zurückdenken konnte – nicht vorgekommen, daß Kronos die Titanen zum Rat zusammenrief. Verwundert hörten sie das Becken des Saturns in ihren Dämmerschlaf hallen, doch dann, als sie das Zeichen erkannten, beeilten sie sich, der Aufforderung ihres Fürsten Folge zu leisten. Auch Prometheus machte sich rasch auf den Weg. Er hatte es nicht weit: Die Himmelsburg lag zwischen der Erde und dem roten Stern Mars, und solche kurzen Strecken konnte Prometheus mühelos durchfliegen, dazu brauchte er keinen Kometen oder Meteor. So kam er gleichzeitig mit den Titanen vor dem Tor der Himmelsburg an und gesellte sich zu seinem noch im Halbtraum wandelnden Bruder.

«Wir haben dich gesucht, Brüderchen», sagte Epimetheus, «bist du wieder unten im Reich Gaias gewesen?»

Prometheus knurrte etwas, das Ja wie Nein heißen konnte. Er suchte nach einer glaubhaften Ausrede, die nicht gerade eine Lüge war, allein sein Bruder grübelte schon wieder dem Sinn der ungewöhnlichen Zusammenkunft nach.

«Was meinst du, warum will uns der Gebieter außer der Reihe bewirten?» fragte er.

«Ich weiß es nicht», erwiderte Prometheus. Seine Stimme klang unsicher, doch Epimetheus achtete nicht darauf.

«Wir werden es ja gleich von ihm hören», sagte Epimetheus, «dann wissen wir's. Auf jeden Fall ist es schön, in der Himmelsburg zu sein.»

Verzückt ging er durch das gezackte, sonnenfunkelnde Tor. Die Himmelsburg lag auf einem heute verschollenen Planeten aus purem Gold, und sie war eigentlich nichts andres als ein goldener Berg mit Höhlen und Schluchten. Goldschimmer gab Licht, Goldquader dienten als Tische und Bänke und rohe Edelsteindrusen als Schüsseln und Krüge und Becher, in denen die Nahrung der Titanen, ein farblos glitzernder Trank und eine bläuliche Speise, aufgetragen wurde. Der Trank hieß Nektar und die Speise Ambrosia. Sie stammten beide aus den kochenden Kratern des Sirius, und ein Schluck oder Bissen von ihnen stillte jeglichen Durst und Hunger. Mit diesen Speisen aufzuwarten war Pflicht der Kinder, darum wurden auch sie zur Ratsversammlung herangezogen.

Kronos war von der Erde gradweg zum Saturn und dann sofort wieder zur Burg gefahren. Er wartete in seinem Gemach, bis die Fürsten mit ihren Frauen und Kindern sich längs der goldenen Wände aufgestellt hatten, wie es sich zum Empfang gebührte. Als der Herrscher erschien, kreuzten die Titanen zum Gruß ihre Arme über der Brust und neigten das Haupt. Die Kinder verbeugten sich bis zur Erde. Kronos erwiderte ihren Gruß, ohne jedoch den Kopf zu senken, und während er die Hände auf die Brust legte, überflog sein Blick die erwartungsvoll ergebene Runde.

Ungehalten fragte er: «Wo ist Rhea?»

Phoibe, die Frau des Atlas, trat vor Kronos und sagte: «Eine Stunde zu früh bist du zurückgekehrt, Bruder und Herrscher. Rhea ist im Begriff, dir ein Kind zu gebären.»

Da brüllte Kronos: «Schafft sie her!»

«Sie bringt ein Kind zur Welt, Gebieter», wiederholte Phoibe.

«Schafft sie samt dem Kind her», schrie Kronos, «oder wollt ihr mir Widerstand leisten wie die Angeketteten da drunten und Gaia, diese wahnsinnige schwarze Alte?»

Da verneigte sich Phoibe und eilte, von Theia, der Frau des Hyperion, begleitet, zur Milchstraße zurück. Nach einer Weile, indes die Titanen in Schweigen verharrten, kehrten sie mit Rhea wieder. Rhea trug ein Kissen aus Licht, und darauf lag ein Knäblein.

«Ich bringe dir unsern Sohn, mein Gemahl», sprach Rhea. Und sie fügte hinzu: «Du bist sehr grausam, Herr, daß du eine Mutter in dieser Stunde nicht schonst.»

«Gib mir das Kind!» verlangte Kronos. Rhea trat vor ihn hin und reichte ihm das Knäblein, das still auf den weichen Lichtstrahlen lag.

«Hier, nimm dein Erstgeborenes, lieber Gemahl und Fürst», sprach Rhea. «Welchen Namen willst du ihm geben?»

Kronos riß das Kind aus Rheas Händen und hob es stumm vor seine Augen. Das hätte jeder Vater nicht anders getan, aber auf dem Gesicht des Kronos lag solcher Grimm, daß es Rhea schauerte.

«Einen Namen – ja, er soll seinen Namen haben!» erwiderte Kronos. Prometheus wußte, daß sich jetzt etwas Furchtbares ereignen würde. Er wollte die Augen schließen, um es nicht zu sehen. In diesem Augenblick aber, da er die Lider senkte, sah er wieder die Gewaffneten aus dem Munde des Herrschers springen, und da tat er die Augen schnell wieder auf. Ich muß sehen, was *jetzt* geschieht, dachte er, sonst kann ich das Kommende nicht begreifen.

Kronos hielt noch immer das stille Knäblein in seinen Händen. «Ja, einen Namen soll er haben», wiederholte er langsam, «er soll Hades heißen, das ist Der, der im Dunkeln wohnt. Denn in die Dunkelheit soll Hades jetzt gehen!»

Er hatte das noch nicht zu Ende gesprochen, da stopfte er sich den Knaben in den Schlund und schlang ihn hinunter. Rhea schrie vor Entsetzen auf. Die Titanen standen wie Traumbilder vor den goldenen Wänden. Sie rührten sich nicht; sie hatten in Jahrmillionen gelernt, ihrem Herrscher gehorsam zu sein.

Kronos aber sprach: «Ich habe euch zusammengerufen, hohe Fürsten und Fürstinnen, um euch meinen Ratschluß kundzutun. Gaia hat mir gedroht, sie werde meine Kinder gegen mich aufwiegeln. Gaia ist auf immer verbannt; es ist ihr in alle Ewigkeit versagt, die Burg zu betreten, und jedem von euch rate ich ab, in ihre Nähe zu gehn! Meine Kinder aber will ich in meinem Herzen bergen. Wen immer mir Rhea auch gebären wird, er soll stets mit seinem Vater und Fürsten vereint sein. Denn wisset: Ich habe meine Herrschaft errichtet für immerdar, und wie es ist, so soll es auch bleiben! Ewig werden die Sterne ihren Gang gehen, ewig werden die Wasser der Meere rollen, ewig wird die Schwere das Weltall binden, und ewig wird Kronos herrschen über euch, über die Elemente, über alles, was war und ist und so dauern wird! Dies ist mein Schwur. Wehe dem, der sich meinem Willen widersetzt: Ich werde ihn in die Finsternis sperren, in den Hunger, den Durst, in die Starre und Stille! Das habe ich euch kundzutun.»

Schweigend standen die Titanen an den Wänden. Der Trank und die Speise in den goldenen Becken und Bechern blieben unberührt. Rhea war auf die Knie gesunken. Kronos umfaßte sie und richtete sie auf.

«Knie nicht vor deinem Gemahl, teure Rhea», so sprach er, «ich weiß, daß du meine Entscheidung billigst. Wo könnten deine Kinder es auch besser haben als ewig in ihres Vaters Brust! Komm nun mit mir, wir wollen unser Reich durchmessen und uns an seiner ungestörten Ordnung erfreuen.»

Mit diesen Worten führte Kronos sein Weib aus der Burg, und die Fürsten und Fürstinnen folgten ihnen. Prometheus aber schloß, da er hinausging, die Augen, und da sah er Kronos stehen und sah Rhea sich ihm nahen und ihm auf Kissen aus Licht ein Kind um das andere reichen, und er sah, wie Kronos eines ums andre verschlang, und er hörte ihn auch Namen sagen: Hestia, Poseidon, Hera, Demeter, Zeus, doch da Prometheus so blind einherschritt, stolperte er über das Kissen, das Kronos zu Boden hatte fallen lassen. Epimetheus fing den stürzenden Bruder auf.

«Was hast du?» fragte Epimetheus. «Kannst du nicht sehen?»

«Doch», antwortete Prometheus, «ich sehe, Brüderchen, ich sehe.»

II Der Sturz der Titanen

Viele tausend Jahre waren vergangen, Prometheus war wie
sein Bruder Epimetheus zu einem jungen Titanen herangewachsen, und in deren Welt schien sich nichts verändert zu
haben. Die Elemente kreisten noch immer nach alter Weise;
Fürst Kronos herrschte noch immer über Himmel, Lande
und Meer; die Hundertarmigen stöhnten und heulten noch
immer in der unterirdischen Finsternis; Gaia war noch
immer verbannt, und die Titanen dämmerten immer noch
in ihren Milchstraßengrotten durch den schlaffen Tag, da
faßte Rhea, des Kronos Weib, einen unerhörten Entschluß.
Nach Hades hatte sie ihrem fürchterlichen Gemahl noch
vier Kinder geboren, drei Töchter und einen Sohn, und
jedesmal war sie der Hoffnung verfallen, der Anblick der
unschuldigen kleinen Wesen auf ihren Kissen aus Licht
werde den harten Sinn des Gebieters erweichen, allein er
hatte ihr jedes Neugeborene aus den Armen gerissen und in
seinen unersättlichen Schlund gestopft. Nun fühlte Rhea
das sechste Kind in sich wachsen, und da gelobte sie, es
Kronos nicht auszuliefern. Sie konnte das Schweigen der
Eingeschlossenen nicht länger ertragen.
    Denn die Kinder waren nicht etwa umgekommen! Wenn
Kronos sie hätte töten können, hätte er sich nicht die Mühe
gemacht, sie in seinem eigenen Leib einzusargen. Aber sie
waren ja unsterblich, und so hockten sie in einer der fahlen
Kammern seines steinernen Herzens, und hatten sie anfangs noch Pläne geschmiedet, sich zu befreien, so taten sie
dies schon lange nicht mehr. Denn Kronos konnte sie ja
hören, und damit war jeder Plan schon verraten, wenn sie
ihn über die Lippen brachten. Sie hatten zwar versucht,
sich mit Zeichen zu verständigen, allein diese stumme Sprache reichte nicht aus, und wenn sie die Zeichen erklären
wollten, verrieten sie sich wiederum. So blieb ihnen nichts,
als schweigend auf ein Wunder zu warten, und schließlich
war in ihrer Brust keine Hoffnung mehr.
    Eines Tages – wir könnten auch sagen: zu einer Nacht,

denn es war ja ewige Düsternis im Herzen des Kronos –, zu irgendeiner unentschiedenen Stunde also wurden die fünf wieder Ohrenzeugen, wie Mutter Rhea ihrem schrecklichen Gemahl ein Neugeborenes übergab, denn sie hörten sie flehen: «Erbarme dich dieses Jüngsten, o gewaltiger Fürst, und verschlinge ihn nicht! Siehe, er ist so zart und gebrechlich, daß ich ihn von Kopf bis Fuß in Goldblätter habe packen müssen. Wie sollte er dir da jemals gefährlich werden, du Mächtiger!»

Derart inständig hatten die Eingeschlossenen Rhea noch niemals bitten hören, und sie glaubten zuversichtlich, Kronos werde den Neugeborenen diesmal verschonen, doch da hörten sie den Herrscher schon grimmig auflachen und reden: «Gewiß, gewiß, gute Rhea, er ist klein und hilflos, doch sieh nur, wie drohend und schreckerregend sein Auge noch durch die Hüllen strahlt! Ich will ihn darum Zeus nennen, das heißt Der Strahlende und Der Schreckliche, und ich will ihn in meinem Herzen bergen wie die andern Geschwister auch.»

Diese Worte waren kaum ausgesprochen, da vernahmen die fünf auch schon einen Aufschrei und wieder ein Lachen und gleich darauf ein hilfloses Weinen, und da wußten sie, daß der schreckliche Kronos auch dieses Kind verschlungen hatte. Sie starrten auf den Strom in den steinernen Kanälen, der durch die Herzkammer floß, und es dauerte nicht lange, da wurde vor ihre Füße ein Wesen gespült, dermaßen in Gold gewickelt, daß nicht einmal ein Härchen hervorlugte. Neugierig wickelte Hera es aus, da erblickte sie statt eines Bruders oder einer Schwester einen schwarzen Stein. Überrascht wollte sie aufschreien, allein Poseidon begriff, daß Mutter Rhea eine List gebraucht haben mußte, ihr Jüngstes zu retten, und er preßte der Schwester die Hand auf den Mund. Hera verstand diese Mahnung sofort, und die anderen verstanden sie auch. Sie wußten, daß sie ihrer Mutter jetzt helfen und auf ihre List eingehen mußten. So stellten sie sich, als sei tatsächlich ein Geschwisterchen angekommen.

«O du mein armes Brüderchen Zeus», rief Hestia darum rasch, «hat dich der furchtbare Fürst also auch verschlungen!»

Poseidon wimmerte zur Antwort wie ein Neugeborenes.

«Füge dich in dein Los, armes Brüderchen», rief Demeter, «Kronos ist ein gewaltiger Herrscher, und niemand entgeht seinem Willen.»

Nun ließ sich auch Hades vernehmen. «Schüttle nicht den Kopf, du Kleiner», so redete er zum Stein, «gegen Väterchen Kronos bist du doch machtlos. Ergib dich in dein Geschick und trag es wie wir ohne Groll und Haß».

Da schmunzelte Kronos selbstgefällig, und er sprach zu den Gefangenen seines Herzens: «Ihr scheint ja gelernt zu haben, meine lieben Kinder. Es ist klug, daß ihr euch fügt. Tragt mit Geduld, was ihr doch niemals ändern könnt, und ihr werdet es bald mit Genugtuung tragen. Bedenket, ihr ruht in der Brust des allmächtigen Herrschers, könnte es einen besseren Platz für euch geben?»

«Dein Wille ist auch unser Wille, erhabener Fürst!» redeten die fünf im Chor.

«So ist es gut», sprach Kronos, «und so wird es bleiben in alle Ewigkeit!»

Indes war es genau so, wie die Gefangenen vermutet hatten. Rhea hatte eine List gebraucht. Von den Fürstinnen Themis und Tethys war sie ihres Kindes entbunden worden, dem Kronos aber hatte sie statt ihres Söhnleins einen umwickelten Stein gereicht. Zwar hatte Rhea gefürchtet, die Eingeschlossenen könnten in ihrer Überraschung die List verraten und Kronos würde die Täuscherin dann zu den Hundertarmigen sperren, aber sie hatte gedacht: Von niemand kann Rettung kommen als von meinen Kindern. Wenn ich jetzt nicht handle, handle ich nie! So war sie mutig ans Werk gegangen, und ihr Plan schien fürs erste gelungen: Kronos hatte nichtsahnend den Stein geschluckt, und die Eingeschlossenen hatten nichts verraten. Was aber sollte mit dem neugeborenen Zeus geschehen?

PROMETHEUS SCHWÖRT DEN TITANENEID

In der Himmelsburg konnte Rhea ihr Knäblein natürlich nicht verstecken, doch auch in der Grotte der Milchstraße hätte Kronos es sicherlich bald entdeckt. Das Kindlein war ja noch unverständig, es strampelte und schrie, und wenn Kronos auch selten die Titanenpaläste besuchte, seine Brüder hätten ihm gewiß berichtet, daß Rhea heimlich einen Sohn aufziehe. Denn die Titanen, vor allem Atlas und Hyperion, waren stolz auf Kronos und sein Regiment.

«Er ist, obwohl der jüngste, doch unser Bester», so sagten sie, «er hält das Weltall gut in Ordnung. Er ist überall und schaut unermüdlich nach dem Rechten. Ohne ihn würde der Himmel zusammenstürzen und das Meer die Milchstraße überschwemmen. Wir dürfen nicht zulassen, daß ihm Gefahr droht.»

So redeten sie, und so wachten sie über Kronos, und auch seine anderen Geschwister waren ihm ergeben und treu. Sogar Rhea hatte Kronos nur schweren Herzens hintergangen. Es war nicht die Furcht vor der Strafe allein, die sie so lange abhielt, sein grausames Gebot zu brechen. Er ist der Herr und Gebieter, so sagte sie sich, wie dürften wir es da wagen, seinem Befehl zuwiderzuhandeln? Das wäre doch gegen alle Gesetze. Das Eis ist das Eis und kann nicht brennen; der Stein ist der Stein und kann nicht tauen, und des Herrschers Wille ist des Herrschers Wille, und man kann ihm nicht trotzen. Unübersehbares Unheil müßte daraus entstehen.

So hatte sie denn gehorcht und ihrem Gemahl ein Kind ums andre geopfert; nachts aber fuhr sie oft aus dem Schlaf, da sie glaubte, ihre Kinder hätten nach ihr gerufen. Wenn sie sich dann aufrichtete und auf Kronos schaute, so mußte sie denken: In seinem Leib sind meine lieben Kinder gefangen! Und wieder war es ihr, als ob ihre Töchter und Söhne riefen: «Befreie uns, liebste Mutter, befreie uns!»

Dann weinte Rhea manchmal, und dann wurde Kronos wach und fragte: «Warum weinst du, Rhea? Woran denkst du? Ich wundre mich über dein Benehmen. Es ist nicht Titanenart, zu weinen.»

Da schluckte Rhea die Tränen hinunter und versuchte zu lächeln und sagte: «Ich hatte geträumt, mein teurer Gemahl, daß dir ein Leid widerfuhr, und da mußte ich weinen. Sieh, so sehr sorge ich mich um dich.»

Nach solchen Worten schüttelte Kronos stets tadelnd den Kopf, denn er hielt nichts von Träumen, und schon gar nichts von Tränen, dann aber nickte er großmütig und küßte seine ängstliche Frau. Vor diesen Küssen graute es Rhea. Schließlich konnte sie es nicht mehr ertragen, neben dem Vernichter ihrer Kinder zu liegen. Sie saß oft die Nacht hindurch unterm goldenen Burgtor und schaute dem langsamen Wandern der Sterne zu und fühlte die Empörung in ihrem Herzen wachsen wie in ihrem Leib einen neuen Sproß. Und dennoch: Als sie dem Kronos dann den umwickelten Stein reichte, weinte sie nicht nur, weil es ihr Plan verlangte, ihm das Leid einer Mutter vorzuspielen. Sie weinte auch vor Schmerz, ihren Mann betrügen und ihren Herrscher hintergehen zu müssen. Doch da konnte sie schon nicht mehr zurück.

Wo aber sollte Rhea ihren geretteten Zeus nun verbergen? Weiter als bis zur Täuschung des Herrschers hatte sie nicht gedacht, denn auch die Kraft des Denkens war den Titanen in ihrem Dämmerschlaf fast verlorengegangen. Darum sagte sie sich: Ich werde zu Gaia hinuntergehen. Sie ist doch meine Mutter und muß einen Rat für mich haben! Sie schämte sich zwar, daß sie erst in der Not ihrer Mutter gedachte, doch sie sah keinen anderen Ausweg.

So bettete sie denn ihr Söhnlein in eine Moosmulde ihres Quarzgewandes und stahl sich mit ihm zur Mutter Erde hinab.

«Ich habe es gewußt, ich habe es gewußt», murmelte die Uralte, «das Gesetz der Mutterliebe ist stärker als jedes andre.» Sie stand am Saum des lichtdurchflossenen kretischen Waldes, und der Schwall von Hunderten Stimmen des Tiervolks hüllte sie ein. Lange blieb die Alte so stehen und schien im Lärm ihrer Welt die Bitte der Tochter vergessen zu haben, doch plötzlich, da Rhea schon zweifelte, daß ihr noch eine Antwort zuteil würde, seufzte Gaia tief auf und sagte ganz leise: «Was rede ich da von den Gesetzen der Mutterliebe und vergesse, daß auch der schreckliche Kronos mein Sohn ist. In welche Verstrickung bin ich doch geraten! Du verlangst einen Rat von mir, Töchterlein, allein wer rät mir? Darf ich das eine Kind hintergehn, um dem andern zu helfen?»

Da fiel Rhea vor ihr auf die Knie.

«Die Mutter sollte dem Kinde beistehen, das in Not ist»,

drängte sie. «Der mächtige Kronos braucht dich nicht; aber Zeus und ich sind ohne deine Hilfe verloren. Der Grausame würde uns zu den Hundertarmigen sperren, die doch auch deine Kinder sind. Hilf den vielen gegen den einen!»

Da weinte Gaia.

Plötzlich bebten die Lüfte, und die Sonne bäumte sich auf.

«Du mußt dich entscheiden, Mutter!» rief Rhea. «Der Schreckliche kehrt aus dem Weltall zurück. Er ist auf Hyperions Wagen gestiegen. Wenn er uns entdeckt, reißt er uns in Stücke.»

«Gib mir dein Kind und sei ohne Sorge», sprach Gaia, und die Fürstin legte das schlummernde Knäblein in die schwarzen Arme der Uralten. «Nun geh in deinen Palast, mein Töchterlein», sagte Gaia, «und fürchte dich nicht! Mutter Erde wird deinen Erretteten bergen. Hab nur Vertrauen und schweige und meide meine Nähe.» Da küßte Rhea das Knäblein und schwang sich auf der Schwinge eines Sturmwinds zum Himmel. Kronos aber, der auf Hyperions Feuerwagen die Planeten umkreiste, entdeckte sie.

Sie war bei Gaia, der alten Ränkeschmiedin, dachte er, das bedeutet nichts Gutes!

Er hielt den Sonnenwagen an und sprang auf den Erdball, dorthin, wo er Rhea hatte aufsteigen sehen. Der Planet, da der Gewaltige auf ihn niederfuhr, torkelte zitternd aus seiner Bahn, und alles Getier im Walde verstummte.

Kronos stand wartend vor dem schweigenden Grün.

Nichts rührte sich, nur das afrikanische Meer brandete an die bebende Küste.

«Gaia», schrie Kronos schließlich erbost, «wo versteckst du dich? Du mußt doch gemerkt haben, wer zu Besuch kam. Steige herauf, deinen Fürsten zu grüßen!»

Da teilte sich der Boden unter den Pinien, schwefelgelber Rauch wallte auf, und Gaia erschien. Sie war älter als je und stützte sich, wie ein Hügel gekrümmt, auf einen Eichenstamm.

«Es ist löblich, daß du deiner verbannten Mutter gedenkst, mein Sohn», so redete sie, allein Kronos unterbrach sie ungehalten.

«Mein Weib ist bei dir gewesen», sprach er, «was hat sie gewollt?»

«Der Mutter ihr Leid klagen», antwortete Gaia leise, «was hätte sie sonst wohl herabgeführt? Du hast ihr das sechste Kind geraubt, furchtbarer Kronos, und so kam sie zu mir, um sich auszuweinen.»

«Sie weint also immer noch um ihre Kinder?» fragte Kronos mißtrauisch.

«Was könnte sie anderes tun?» erwiderte Gaia. «Das Gesetz der Mutter befiehlt ihr zu weinen, und das Gesetz der Ehrfurcht vor dir befiehlt ihr, die Tränen zurückzuhalten. Also kommt sie in diesem Zwiespalt zu mir. Das müßtest du doch verstehen, du Hüter der Gesetze.»

Kronos runzelte die Stirn.

«Das Gesetz des Gehorsams steht über allen andern», entgegnete er finster, «und mir gefällt nicht, daß man es teilen will. Mein Weib soll nie wieder mit dir Rat halten, vorwitzige Alte.»

Er wandte sich grußlos ab, um zum Sonnenwagen zurückzukehren, da scholl aus dem Wald ein kindhaftes Plärren.

Kronos horchte auf.

Das Gesicht der Uralten, das Stein war, schien vor Schreck zu verwittern. Wieder erklang das Plärren, dann brach es jäh ab.

«Was war das? fragte Kronos. «Da hat doch ein Kind geschrien?»

Gaia stützte sich schwer auf den Eichstamm. Zur Last der Sorge, daß Kronos den Säugling entdecken könne, kam nun noch die Angst, es sei ihm ein Leid geschehen.

«Es sind die Kinder meiner Geschöpfe, der Tiere», erwiderte sie schließlich und versuchte, ihre Worte in Gleichmut zu kleiden. «Es sind die Kitzlein und Lämmer und Kälber, die so blöken.»

Der Wald schwieg.

«Das ist nicht wahr», entgegnete Kronos langsam. «So schreit keine Ziege. Das war die Stimme eines Titanensäuglings! Rhea hat Zwillinge in die Welt gesetzt und mir einen davon vorenthalten, und du versteckst ihn! Doch jetzt ist euer Verrat enthüllt!»

Seine Augen kochten, seine Stimme hallte wie ein Eissturm.

«Gib ihn heraus, Alte», schrie er, «gib ihn heraus, sonst rufe ich Hyperion, daß er den Sonnenwagen herablenkt und deine Wälder verbrennt mit diesen Blumen und Ziegen und Löwen und Elefanten und wie all das Geschmeiß noch heißen mag!»

Da warf Gaia den Eichstamm weg und richtete sich auf.

«Du frevelst gegen die Ordnung, Fürst Kronos», erwiderte sie und wuchs mit der Gewalt ihrer Rede über die Berge. «Die Sonne darf ihre Bahn nicht verlassen.»

Kronos aber streckte den Arm aus und streckte ihn bis zum Sonnenwagen und griff in die Zügel der feuerhufigen Pferde.

«Gib das Kind heraus», schrie er, «oder ich reiße die Sonne vom Himmel! Ich bin der Herrscher und darf tun, was ich will!»

Da wurde Gaia bleich wie der Schnee auf den Gipfeln, zu denen sie ragte. Sie wußte, daß Kronos so handeln würde, wie er gedroht hatte. In diesem Augenblick ertönte das Plärren in nächster Nähe, und zugleich schlenderte Prometheus aus dem Wald.

Da Prometheus den furchtbaren Fürsten erblickte, stieß er einen Schreckenslaut aus, der ganz wie das Schreien eines Säuglings klang.

«Was soll das?» herrschte ihn Kronos an. «Was treibst du da für Unfug? Seit wann plärrst du denn wie ein kleines Kind?»

«Zürne mir nicht, Erhabener», bat Prometheus; «ich spiele hier im Wald mit den Zicklein und will immer ihre Sprache lernen, aber die dummen Dinger verstehen mich nicht. Dabei spreche ich doch genauso schön meckrig wie sie. Höre nur!» Und er ließ ein Plärren gleich jenem vernehmen, das Kronos so stutzig gemacht hatte. Es war ein ganz unleidliches Gezeter, allein Gaia war es, als habe sie nie etwas Lieblicheres gehört. In diesem Augenblick begann auch wieder der Wald zu tönen.

«Hast du eben auch so gejault?» fragte der Herrscher.

Prometheus nickte und plärrte aufs neue, und wieder klang es wie vordem.

Das beruhigte Kronos ein wenig.

«Du bist kein Kind mehr, Prometheus», sprach er darum unerwartet milde, «du bist kein Kind, und es ziemt sich nicht, daß du dich hier mit Ziegen und Hasen herumbalgst. Das ist gegen die Ordnung. Du wirst diesen Planeten nie wieder betreten, sonst schließe ich dich tausend Jahre ins Nordeis ein.»

«Ich gehorche dir, Oheim und Fürst», rief Prometheus und kreuzte die Hände über der Brust, «ich wußte ja nicht, daß du die Ziegensprache nicht magst.» Er verbeugte sich bis ins Moos vor Kronos und wollte danach das Weite suchen, allein der Fürst packte ihn an der Schulter.

«Bleib noch», gebot Kronos, «und antworte mir! Hast du in diesem grünen Schmutz hier, den Gaia Wald nennt, ein Kind gesehen?»

Prometheus nickte und strahlte dabei.

«Gewiß, Herr», berichtete er mit einem Eifer, der Gaias Herz stocken machte, «Kinder von Amalthea, der Ziege, und junge Bären und Schlänglein und ein ganz herziges kleines Rhinozeros.»

«Ich frage nach einem Titanenkind, du Dummkopf», fuhr Kronos ihn an, «und ich frage so dringend, daß du mir mit dem Schwur der Titanen antworten wirst. Du weißt doch: Wer bei diesem Eid lügt, versinkt auf der Stelle zu den Hundertarmigen, und nicht einmal ich könnte ihn vor diesem Schicksal bewahren. Der Schwur ist mächtiger als wir alle. So knie denn nieder, wie dieser Eid es verlangt, und zeige mit der Rechten hinauf in den Himmel und mit der Linken hinab zum finsteren Kerker und antworte mit der reinen Wahrheit: Hast du hier unten im kretischen Wald oder sonst irgendwo im Reiche Gaias ein Titanenkind gesehen?»

Prometheus ließ sich mühsam aufs Knie nieder, und Gaia las aus dem Zögern seiner Bewegung und der angestrengten Hilflosigkeit seiner Miene, wie bang er nach einem Ausweg suchte. Sie hatte schon auf eine wundersame Rettung gehofft, doch nun sah sie mit dem Kind auch ihren Liebling verloren. Natürlich hat Prometheus das Knäblein bei der Ziege Amalthea gesehen, und nun muß er es melden, so dachte die Alte, sonst reißt der Blitz ihn in den Abgrund!

Beim Eid wird die Wahrheit stets offenbar, das ist keine leere Drohung des Herrschers! So dachte sie und wollte gerade erklären, daß sie an allem schuld sei, da war Prometheus niedergekniet und hatte die Rechte zum Himmel und die Linke gegen die Tiefe des Erdballs gerichtet und sagte nun feierlich: «Erhabener Herr, ich leiste den Schwur der Titanen: Ich habe im kretischen Wald gespielt, doch nicht auf der Erde dorten und unter ihr auch nicht und auch nicht im Wasser und nicht in den Wolken befindet sich ein Titanenkind. Ich schwöre, daß dies die Wahrheit ist.»

So sprach Prometheus, und Gaia verhüllte ihr Angesicht, um das schreckliche, das jetzt geschehen mußte, nicht zu erblicken, allein kein Blitz fuhr hernieder und kein Schwefeldampf wallte, und der Boden unter des Prometheus Füßen spaltete sich nicht. Gaia begriff nicht, wie das möglich war.

Kronos indes nickte zufrieden. «Der Eid macht immer die Wahrheit kund», sprach er, «du hast mich also nicht belogen, und daran hast du gut getan. Deine dummen Ziegenstreiche will ich dir noch einmal nachsehen; mein Verbot aber gilt: Nie wieder sollst du Gaia besuchen!»

«Ich gehorche, erhabener Fürst», rief Prometheus und sprang auf die Füße. «Darf ich Großmütterchen zum Abschied noch einmal umarmen?» fragte er.

«Das magst du tun, doch dann geh zu den Deinen», entschied Kronos und schwang sich auf den Sonnenwagen, dessen Zügel er noch immer mit der Linken festhielt. Die Rosse, die schon ungeduldig schnaubten, schossen jählings davon, geradewegs dem Saturn zu. Die Lüfte rauschten, ein Feuerschweif wehte, dann standen die Verschonten vor dem Wald allein.

Gaia konnte noch immer nicht fassen, was geschehen war.

«Du hast Zeus und Rhea und mich gerettet, herzliebstes Söhnchen», flüsterte sie ihrem Enkel, der sie umarmt hielt, ins Ohr. «Niemals werde ich dir das vergessen. Doch wie hast du das alles nur fertiggebracht? Woher wußtest du überhaupt, daß ich in Gefahr war?»

«Aber Großmütterchen», sprach Prometheus, «ich habe doch vorausgesehen, daß du Rheas Jüngstgeborenen hier im kretischen Wald verstecken wirst und daß dann Kronos herunterkommt und mit dir zankt und Zeus dann zu plärren anfängt – doch dann ist das Bild stehengeblieben, wie immer, wenn's am spannendsten ist, und da bin ich hinterhergekrochen. Ich wollte Rhea gar nicht helfen; ich war einfach neugierig, ob alles wirklich so eintreffen wird, wie mir's in der Milchstraße erschienen ist. Doch als das Kindlein dann schrie, da fürchtete ich, daß der Herrscher alles entdecken könnte, und da tat mir das Kleine auf einmal so leid. Es hat so fröhlich an Amaltheas Euter gesaugt, und da wollte ich nicht, daß es wie die fünf andern verschlungen wird und ewig im kalten Herzen des Herrschers hocken muß statt im warmen Wald. Da habe ich das Dummchen rasch beruhigt und dann sein Plärren nachgeahmt. Es war gegen die Ordnung, ich weiß, und ich habe auch schreckliche Angst deswegen gehabt. Aber nun ist ja alles vorüber.»

Gaia drückte den jungen Titanen wortlos an ihre Brust. Ein Weilchen vermochte sie nur zu weinen. Schließlich fragte sie: «Eines fasse ich immer noch nicht, du mein Herzenssöhnchen: Wie hast du den Schwur nur straflos ablegen können? Du hattest den kleinen Zeus doch im Wald bemerkt. Wie konntest du da beschwören, im Wald sei kein Titanenkind? Wahrhaftig, ich begreife es nicht.»

Prometheus lachte und sagte: «So komm und sieh!» Er nahm die Großmutter an der Hand und führte sie in den Wald. Da lag das Kindlein in einer hängenden Rankenwiege, und der Westwind schaukelte es. Unter ihm, am Fuße einer Esche, aber weidete eine Ziege mit ihren Geißlein.

«Du hattest ihn zu Amalthea gelegt, Großmütterchen», erklärte Prometheus, «sie hat ihn auch angenommen und saugen lassen, doch dann stieß ein Böcklein ihn zur Seite, und da hat er geschrien. Da hab ich das Kerlchen ins luftige Bettchen getan, daß die Winde es trösten, und so hat es geschlafen: Nicht auf der Erde und nicht unter ihr und auch nicht im Wasser und nicht in den Wolken, genau so, wie ich's geschworen habe.»

«Du bist tapfer und klug, Prometheus, mein Liebster!»

schluchzte Gaia und drückte den Retter noch einmal an ihre Brust. «Nun aber geh», sagte sie besorgt, «sonst kommt Kronos zurück. Sicher schaut er schon nach dir aus, denn sein Mißtrauen ist zäh und sein Argwohn rege. Leb wohl, mein Söhnchen, für immer leb wohl!»

«Eines muß ich dich noch fragen, Großmutter Erde», sagte Prometheus. «Ich kann nun in die Zeit schauen, aber nur bis zu einer Grenze, die bald nah, bald fern ist, und immer wenn es am aufregendsten wird –» Er wollte weitersprechen, doch da zitterte das Licht im Geäst, und Gaia rief: «Er hat den Sonnenwagen angehalten! Schnell, entflieh, mein Lieber, sonst ist alles verloren!»

Da schwamm Prometheus in die offene Luft. Er konnte fliegen, wie alle Titanen es konnten, und erprobte gern diese Kraft seiner Arme. Diesmal aber fühlte er sich so leicht und so frei wie noch nie zuvor. Er dehnte die Brust, und plötzlich hob er zu jauchzen an.

Was ist mit mir nur geschehen? dachte er. Ich spüre eine Freude, die mehr ist als die, den Wind im Wettlauf zu besiegen oder das Gold der himmlischen Burg zu schauen! Die Vögel um ihn schmetterten ihre Lieder, und plötzlich war es Prometheus, als jubelten sie über die Rettung des Knäbleins und ihr Sinn sei von demselben unnennbaren Gefühl wie der seine bewegt.

«Was ruft ihr mir zu, ihr Bunten und Lieblichen», redete er zu ihnen, «wollt ihr meine Freude teilen? Gelück, gelück, gelück, gelück: Was ihr mir zujauchzt, klingt ja, wie mir zumute ist und wie ich's nicht besser sagen könnte. Ich will es in eurer Sprache nennen, dies unbekannte, die Brust befreiende Fühlen. Ich nenne es Glück!»

ZEUS BEI AMALTHEA

Das Knäblein Zeus wuchs im grünen kretischen Wald auf, und die gute Ziege Amalthea nährte es. Tagsüber spielte der Kleine mit den Böcklein und Geißlein und Kitzlein und auch mit den gestreiften Frischlingen der wilden Schweine und sprach mit ihnen in ihrer Sprache, und nachts schlief er, vom Winde gewiegt, in seinem hängenden Lager am

Eschenast. So gingen viele Jahre dahin. Jedoch der Argwohn des Kronos war nicht erloschen.

Es stimmt etwas nicht, es stimmt etwas nicht, grübelte er während seiner Fahrten. Zwar scheint alles so, wie es sein muß: Rhea hat mir das Neugeborene gegeben, und ich habe es zu den andern gesandt, und ich höre auch, wie sie zu ihm reden. Daß Zeus in meinem Gewahrsam ist, daran gibt's keinen Zweifel; was aber, wenn Rhea doch Zwillinge zur Welt gebracht und mir einen davon vorenthalten hat? Dann müßte der aber zu finden sein, und in der Himmelsburg und in den Grotten der Milchstraße oder sonstwo auf den Gestirnen ist kein Neugeborenes, das haben mir meine Brüder und Schwestern bestätigt, und sie haben gründlich nachgeforscht! Atlas und Phoibe haben mit der Mondlaterne in jeden Winkel geleuchtet, und auch Hyperion hat seine Augen wohl aufgetan. Auf der Erde aber, im Meer oder in den Wolken war das Knäblein auch nicht, das hat Prometheus beschworen, und er muß die Wahrheit gesagt haben, sonst wäre er zu den Hundertarmigen gefahren. Ich könnte also unbesorgt sein. Aber etwas ist nicht in Ordnung. Etwas ist anders als bisher!

Was aber ist anders? grübelte er.

Plötzlich erhellte sich sein Gesicht.

Jetzt weiß ich, was sich verändert hat, sagte er zu sich selbst, jetzt weiß ich es. Ich werde in der Nacht nicht mehr wach. Und warum nicht? Weil Rhea nicht mehr weint. Seit der letzten Geburt weint sie nicht mehr um mich. Träumt sie nichts Böses mehr, oder sorgt sie sich nicht mehr um mich? Das ist höchst seltsam. Ich muß dem nachgehn!

«Du weinst nachts nicht mehr, Rhea?» fragte er, als sie am nächsten Tag an ihrer Tafel in der Himmelsburg den Nektar aus goldenen Bechern tranken.

«Ich habe mich bei Mutter Gaia ausgeweint, mein Gemahl», erwiderte Rhea, «und nun habe ich keine Tränen mehr.»

«Und du sorgst dich in deinen Träumen auch nicht mehr um mich?» forschte Kronos weiter.

Da antwortete Rhea: «Wozu müßte ich mich sorgen, Herr? Ich weiß ja, daß du der Mächtigste bist.»

Diese Antwort sollte dem Fürsten wohl gefallen, allein

seinen Argwohn stillte sie nicht. Ich will mich noch einmal selbst überzeugen, sprach er zu sich. Ich werde mich, daß ich unerkannt bleibe, in eins der Geschöpfe Gaias verwandeln. Mir ekelt zwar vor dieser haarigen und fleischigen Gestalt, und es ist auch gegen alle Ordnung, aber ich will es dennoch tun. Wozu wäre ich denn der Gebieter, wenn ich die Ordnung nicht umstoßen dürfte! So fuhr er denn in der nächsten Nacht zur Erde nieder und verwandelte sich dort in einen Bären.

Brummend tappte er durch den kretischen Wald. Er hatte Atlas und Phoibe gebeten, die Mondscheibe dicht über der Insel zu führen, damit er gut sehe. Die ungewohnte Gestalt beengte ihn, allein er ertrug sie. Nun werde ich bald Gewißheit haben, dachte er, ein Titanenkind ist ja kein Wurm oder Käfer, das muß ja wohl zu finden sein! Er kletterte auf jeden Baum und lüftete das Moos über jeder Wurzelhöhle. So näherte er sich der wiegenden Esche. Nun waren aber, als Kronos die Gestalt eines Bären angenommen hatte, die Eingeschlossenen in seiner Herzkammer jämmerlich zusammengedrückt worden. Sie begriffen sofort, daß ihr Vater und Kerkermeister die Gestalt verändert haben mußte, und dem Gespräch des Fürsten mit den Mondträgern Atlas und Phoibe entnahmen sie, daß diese Verwandlung der Suche nach ihrem Bruder galte. Der aber war seit Rheas geglückter List ihre einzige Hoffnung. Die Eingeschlossenen wußten zwar nichts von seinem Gedeihen, doch sie waren gewiß, daß Mutter Gaia ihn versteckt hielt, bis er sich anschicken konnte, seine Geschwister zu befreien. Und nun tappte der Fürst durch den schlafenden Wald, ihren Retter zu finden und zu verschlingen! Verzweifelt grübelten sie nach einem Ausweg. Da sie sich ja nicht verraten durften, mußten sie stumm bleiben, und dennoch kannte einer des anderen Sorge und Sinn.

Plötzlich kam Hera eine Idee.

«Du machst dich zu breit, Hades», schrie sie aus voller Lunge, «du erdrückst ja deinen Bruder Zeus!» Den Namen «Zeus» schrie sie besonders laut, und dabei zwinkerte sie Hades zu. Der begriff sofort, daß Hera den Bruder draußen warnen wollte. «Es ist hier so eng geworden», rief er, «nimm dich in acht, Zeus», brüllte er, «sonst geht es dir schlecht!» Im selben Moment begann Poseidon wie ein Kindlein zu wimmern, und da fügten sich auch schon Demeter und Hestia ins Spiel. «Vorsicht, Zeus!» rief Demeter, und: «Geh aus dem Weg, Zeus!» rief Hestia, und: «Nimm dich in acht, Zeus!» brüllte Hades, und Poseidon wimmerte unentwegt. Es war ein entsetzlicher Lärm, allein Zeus schlief fest in seiner Schaukel. Mutter Gaia aber wurde wach.

«Was ist das bloß für ein Bär, dessen Herz fünfstimmig im Chor schreit», murmelte sie, «ein solches Geschöpf habe ich doch nicht zur Welt gebracht.» Der Mond schaukelte niedrig über dem Wald, und die Schatten des Atlas und der Phoibe ragten fahl in den Himmel. Mutter Gaia begriff, was Kronos plante. Sie schlich sich zu ihrem Pflegekind und hauchte es an und raunte dabei: «Sei eine Schlange!»

Da wurde Zeus in eine Schlange verwandelt. Sein Leib wurde lang und streckte sich aus dem Lager, und da machte die Kälte der Nacht ihn wach. Nun hörte er seine Geschwister schreien. Wer ruft da meinen Namen? dachte er. So sprechen ja weder Geißlein noch Lämmer. Warum warnen sie mich? Ich will auf der Hut sein! Er glitt vom Baum und rollte sich hinter der Esche zusammen.

Die fünf schrien und brüllten aus Leibeskräften. Wölfe und Luchse antworteten ihnen, und dies wiederum weckte die Vögel auf. Der Wald lärmte, als sei ein Löwenrudel eingedrungen.

«Seid still, ihr da drinnen», knurrte Kronos zornig, «sonst werde ich euch fürchterlich strafen!»

«Es ist so eng geworden, Väterchen Kronos», riefen die fünf nun um die Wette und betonten den Namen «Kronos» besonders stark. «Was ist mit dir geschehen, Herrscher Kronos, daß du so mager geworden bist?» schrie Hestia, und Poseidon rief dröhnend: «Fürst Kronos, Fürst Kronos, bist du etwa verwandelt?» Sie riefen des Kronos Namen so laut, daß er wütend dachte: Es hat keinen Zweck mehr, daß ich hier herumsuche. Falls es einen Feind gibt, ist er gewarnt!

In diesem Augenblick stürzte sich eine Schlange auf ihn. Zeus wußte nichts von Kronos und dessen Plan, aber Zeus war eine Schlange und Kronos ein Bär, und Bär und Schlange sind Feinde seit je. So mußten sie miteinander kämpfen. Als Bär aber hatte Kronos nur die Kraft eines Bären, und wenn er auch untötbar war, so fühlte er doch die Schmerzen und Ängste einer sterblichen Kreatur. Der Angriff erschreckte ihn. Er versuchte die Schlange zu zertreten, aber sie wand sich um seinen Hals und begann ihm die Luft abzuschnüren. Da fühlte Kronos Todesangst. Er floh und fuhr mit Atlas und Phoibe in den Himmel zurück.

Mutter Gaia aber, die im Silbergrau des Eschenstammes gewartet hatte, hauchte über die Schlange und sprach: «Nimm deine alte Gestalt an, Söhnchen!» Da verwandelte sich die Schlange in Zeus zurück.

«Was ist geschehen?» fragte Zeus erstaunt und rieb sich die Augen. «Mir träumte, ich sei eine Schlange geworden und hätte mit einem Bären gekämpft. Und vordem, so träumte mir, hat der ganze Wald meinen Namen gerufen, und dann noch einen andern, den ich nicht kenne. Es klang so ähnlich wie Krähe. Aber der Wald ist ja wach, obwohl tiefe Nacht herrscht! Was ist geschehen, Großmütterchen?»

«Du bist kein Kind mehr, Söhnchen», erwiderte Gaia, «es ist Zeit, daß du alles erfährst.»

Und sie erzählte Zeus von seiner Herkunft. Als sie geendet hatte, schwieg Zeus lange. Dann sprach er: «Ich werde meine Geschwister befreien! Ich werde den Frevler verstoßen. Ich werde ein besseres Reich errichten!»

«Du mußt kühn und klug sein», sprach Mutter Gaia. «Du mußt dich mit deinen Geschwistern verbünden und mußt sie zum Kampf mit Kronos rüsten. Davon aber darf kein Titan erfahren. Wie willst du das tun?»

«Ich werde mir schon Rat schaffen», erwiderte Zeus.

«Es gibt unter den Titanen nur zwei, auf die du bauen kannst», sprach Gaia. «Die eine ist Rhea, deine wahre Mutter. Der andere ist der Sohn des Iapetos und der Themis, der junge Prometheus. Doch ich darf nicht in die Himmelsburg, und sie wieder dürfen nicht zu mir. Und du, mein Söhnchen, mußt im Verborgenen bleiben! Wie werdet ihr je zusammenkommen?»

Wahrhaftig, wie sollten sie zusammenkommen, die einander brauchten? Mutter Erde wußte von allen, aber sie durfte ihren Planeten nicht verlassen, und jedem Titanen war es verwehrt, sie zu besuchen. Zeus wieder konnte sich mit seinen Geschwistern nicht verständigen, ohne daß Kronos es gehört hätte, ja er wußte noch nicht einmal, wie er es anstellen sollte, unangefochten in die Nähe des Fürsten zu gelangen. Mutter Rhea schließlich wurde von Kronos nicht aus den Augen gelassen. So war aller Hoffnung auf Prometheus gerichtet. Doch warum hätte sich dieser junge Titan in Gefahr begeben und sich mit Zeus zu des Herrschers Sturz verbünden sollen?

Nun überlegte Prometheus freilich hin und her, wie er Mutter Erde noch einmal besuchen könne. Er wollte ja eine Antwort auf seine Frage, warum er beim Schaun in die Zukunft die Lider immer dann aufreißen mußte, wenn er in höchster Spannung war. Das war schrecklich enttäuschend, und Prometheus hätte Gaia gern um Rat gefragt, allein er wußte nicht, wie er sich ihr unbemerkt nahen sollte. Auch wollte er unbedingt mit ihr über jenes Gefühl sprechen, das er nach den Vogelstimmen das Glück genannt hatte. Es war über die Maßen beseligend gewesen, doch es hatte sich trotz größter Mühe nie wieder zurückrufen lassen. War es anderen auch schon ähnlich ergangen? Prometheus hielt es nicht mehr aus; er mußte jemanden finden, dem er sich anvertrauen konnte. Einmal hatte er versucht, sich mit seinem Vater Iapetos und seiner Mutter Themis auszusprechen, allein sie hatten ihm ratlos zugehört und schließlich verboten, an Dinge zu denken, die mit Gaia zusammenhingen. Die Uralte freilich hätte, das wußte Prometheus, ihn gut verstanden, ja sogar die Ziege Amalthea mit ihren Böcklein und Geißlein wäre wohl für einen Hauch dieses Glücks empfänglich gewesen. Doch die Welt des Lebens war unerreichbar. Wem sollte er sein Herz ausschütten?

Da suchte er Epimetheus auf.

Doch auch der Bruder verstand ihn nicht.

«Eine Empfindung, als ob man keine Luft mehr bekommt und zerspringen muß, und es wird einem schwindlig, und man möchte brüllen wie ein Sturmwind – das muß ein schrecklicher Zustand sein», hatte Epimetheus gesagt. Und er hatte hinzugefügt: «Das kommt davon, wenn man zu unruhig ist, lieber Bruder, und überall herumschnüffelt, anstatt auszuruhen!» Da war Prometheus traurig geworden und hatte in trostloser Einsamkeit den gelben Planeten Pluto umkreist.

Mit wem soll ich nur reden? dachte er. Was ist das doch für ein ödes Reich, dem Kronos gebietet! Es soll immer alles beim alten bleiben: Die Sonne soll rollen und rollen und rollen und rollen und rollen und das Weltall schweigen und schweigen und schweigen und schweigen und schweigen und der Felsen starr sein und starr sein und starr sein und starr sein und starr sein und die Zeit soll so hingehn und hingehn und hingehn und hingehn und hingehn und hingehn und hingehn und nichts sich verändern für ewig und ewig und ewig und ewig und ewig und ewig und ewig und ewig und ewig – das ist ja genau so, als ob gar keine Zeit wäre und gar nichts geschähe, wenn immer nur das gleiche geschieht! Wozu sind wir Titanen dann überhaupt da? Es brauchte uns ja gar nicht zu geben, wenn wir doch nichts bewirken können! Dann brauchte ja auch keine Zukunft zu sein. Vielleicht sehe ich sie deshalb nicht mehr?

Auch über seine Gabe, in die Zeit zu schauen, hatte sich Prometheus mit Epimetheus nicht austauschen können. «Was soll das heißen – die Zukunft?» hatte Epimetheus erstaunt gefragt. «Es bleibt doch alles so, wie es ist, dem Herrscher sei Dank! Die Sterne drehen sich in ihren Bahnen, die Wasser strömen in ihren Betten, und wir gehen jeden Sonntag in die Himmelsburg, bei Kronos zu speisen – so ist es, und so wird es bleiben in alle Ewigkeit. Was soll das für eine Kunst sein, dies alles vorauszusehen?»

«Und wenn es nun aber nicht so bliebe», entgegnete Prometheus aufgebracht, «wenn Kronos nun einmal nicht mehr herrschte?»

«Du bist wahnsinnig, Bruder», erwiderte Epimetheus entsetzt, «wie wagst du so etwas auch nur zu denken?

Wenn der Herrscher das hört, sperrt er dich auf der Stelle zu den Hundertarmigen, und mich sperrt er dazu, weil ich ihm dein Frevelwort nicht gemeldet habe.»

Da wußte Prometheus, daß er nun nicht mehr weiterreden und daß er Epimetheus auch nichts von Zeus und dessen Geschwistern erzählen durfte.

«Ach Bruder», seufzte er insgeheim, «wenn ich doch bewirken könnte, daß auch du siehst, was ich sehe!»

Da fiel ihm ein, daß Mutter Erde ihm mit der Hand über die Augen gestrichen hatte, um ihn dieser Gabe teilhaftig werden zu lassen. Vielleicht gelingt es mir auch, dachte er. So trat er denn zu seinem Bruder und legte ihm beide Hände auf die Lider und führte sie langsam von der Stirnmitte zu den Schläfen zurück. «Was tust du denn da wieder Neues?» fragte Epimetheus verwundert.

«Schließe jetzt die Augen», sagte Prometheus und löste seine Hände vom Gesicht des Bruders.

Epimetheus tat, wie ihn Prometheus geheißen.

«Siehst du etwas?» fragte Prometheus.

«Ja», rief Epimetheus überrascht, «wie seltsam. Ich sehe ja besser als je zuvor!».

«Und was siehst du, Bruder?» fragte Prometheus mit zitternder Stimme.

«Dich», antwortete Epimetheus. «Ich sehe dich, wie du mir die Augen zuhältst. Jetzt sehe ich dich, wie du mir von dem erzähltest, was du Zukunft, und jetzt von dem, was du Glück nennst. Jetzt sehe ich, wie du in meine Behausung trittst. Seltsam – jetzt gehst du hinaus und bist verschwunden, und ich bin allein ...»

«Aber dann siehst du ja das Vergangene», sagte Prometheus überrascht und enttäuscht zugleich.

Epimetheus hob die Lider.

«Wahrhaftig», sagte er, «ich kann genau sehen, was gewesen ist. Es ist wie ein Erinnern, nur viel klarer und deutlicher. Warte!» sprach er und schloß wieder die Augen. «Ich will mich sehen, wie ich ein Kind war», sagte er, und da lachte er schon: «Wahrhaftig, nun krabbeln wir beide auf dem Boden der Milchstraßengrotte herum, und Mutter Themis sucht uns und ruft nach uns, und wir spielen Versteck! Wir sind hinter die Mondscheibe geklettert! Jetzt

218

kommt Onkel Atlas und schilt uns! Oh – und jetzt werden wir kleiner und kleiner und kleiner ...»

«Weiter», drängte Prometheus, «weiter zurück! Was siehst du vor unsrer Geburt?»

Epimetheus strengte sich mit dem Schauen so an, daß die Adern auf seiner Stirn schwollen. «Nichts», sagte er, «nur Nebel und Dunkel. Nichts. Ich kann nichts mehr sehen. Das letzte, was ich sah, war Mutter Themis auf ihrem Lager, und sie hielt uns beide im Arm, und Vater Iapetos stand vor uns. Weiter zurück kann ich nicht mehr sehen.»

«Seltsam», murmelte Prometheus, «so hat auch deine Kraft eine Grenze. Wenn wir nur Mutter Gaia fragen könnten!»

«Was brummst du, Bruder?» fragte Epimetheus, der wieder die Augen öffnete.

«Nichts», erwiderte Prometheus, «nichts, Brüderchen.»

Epimetheus lachte.

«Das ist eine hübsche Gabe», sagte er, «die du mir da geschenkt hast, Guter! Jetzt kann ich mir immer so richtig das letzte Festmahl beim Herrscher vor Augen führen. Sei bedankt, Bruderherz!» Und er kuschelte sich in eine Ecke der Milchstraßengrotte und träumte zurück ins Gold des Palastes und schmeckte Ambrosia und Nektar. Prometheus aber wurde so wütend, daß er, obwohl es noch tief in der Nacht war, gradweg zur Erde hinunterflog.

PROMETHEUS TRIFFT EINE ENTSCHEIDUNG

Da Prometheus aus dem glitzernden All ins Luftmeer der Erde eintauchte und eine treibende Wolke die Sterne verdeckte, überkam ihn, den bis dahin nur wütender Trotz getrieben hatte, eine solche Angst vor der angedrohten Strafe, daß er, aus Furcht, umzukehren, mit doppelter Schnelligkeit weiterflog. Als er Onkel Kronos getäuscht und das Zeusknäblein gerettet, hatte ihn sein plötzlicher Entschluß über ein unbestimmtes Bangen hinweggerissen; diesmal aber wußte er genau, daß er, wenn er Gaia besuchte, einem ausdrücklichen Verbot des Herrschers zuwiderhandelte und ihm dafür der Einschluß ins Nordeis drohte.

Tausend Jahre, hatte er entsetzt gedacht, tausend Jahre

unbeweglich liegen und nichts sehen als Eis und nichts fühlen als Eis und nichts riechen und schmecken und hören als Eis – schon die bloße Vorstellung davon ist ja nicht auszuhalten! So dachte er und dachte, daß er schleunigst umkehren müsse, und dennoch zwang ihn eine übermächtige Kraft dem schlafenden Planeten zu.

Noch könnte ich ja zum Sonnenmond Merkur fliegen und mich im Dampf seiner Springquellen baden, das ist erlaubt, das machen ja Atlas und Theia auch, hatte er gedacht, als der nachtblaue Erdball unter ihm wuchs, doch als er dann das Knarren der träumenden Bäume hörte, war die Sehnsucht nach dem Wald und dem Glück in ihm so drängend geworden, daß er selbst dann noch wie besessen die Arme bewegte, da es zur Ankunft die Geschwindigkeit abzumindern galt. Die Luft trug ihn nicht mehr; schwarze Wipfel rasten ihm entgegen, und er mußte, um nicht zu zerschellen, vor Kreta in die offene See springen. Vom Aufprall betäubt, lag er in der flachen Bucht, bis die Morgenkälte des Wassers ihn weckte. Einen furchtbaren Augenblick lang glaubte er sich schon eingefroren, dann hörte er das Wellenrauschen, doch als er, die Augen öffnend, die in Fahlnis zerrissene Wölbung des niedrigen Himmels erblickte, war ihm, als spähe Kronos durch tausend Ritzen des Alls zu ihm herunter, und da schloß das Eis der Angst ihn ein.

Weh mir und meinem Ungehorsam, dachte er klappernd, wenn der Herrscher mich hier entdeckt, muß ich's bitter büßen! Er wollte sich hochrappeln, um in den Wald zu laufen, allein die Angst hielt ihn zurück. Wenn Kronos jetzt grade herabschaut, so sagte er sich, hält er mich vielleicht für einen sturmgefällten Baumstamm. Wenn ich mich aber bewege, falle ich ganz sicher auf!

So blieb er liegen und wußte doch, daß er es über Morgen und Mittag bis zum Abend hin nicht aushalten konnte.

Was soll ich nur tun? dachte er, noch immer benommen. Wäre ich bloß bei Epimetheus geblieben, oder bis zum Merkur weitergeflogen, oder wenigstens aufgewacht, als es noch richtig finster war! Doch nun graut schon der Morgen. Was soll jetzt werden? Da endlich entsann er sich seiner Kunst.

Ich bin ja ein Narr, sprach er zu sich selbst, wozu kann ich denn in die Zukunft schauen? Wahrhaftig, der Sturz hat mich arg durcheinandergebracht. Ich brauche ja nur die Augen zu schließen und werde wissen, wie alles ausgeht!

Er klappte schnell die Lider zu, und da erschien hinter ihnen die Düsternis des Meers und des Strands und des Himmels und weiter nichts.

Was sollte das sein? War es ein Traum?

Verwirrt schlug er die Augen auf und sah dasselbe Meer und denselben Strand und denselben Himmel und fühlte durch die Kälte des Wassers und der Angst nun auch noch den lähmenden Frost der Enttäuschung und Verlassenheit.

Früher ist ja das Bild auch manchmal stehengeblieben, aber dann hatte ich doch ein Stück in die Zukunft gesehn – warum sehe ich jetzt gar nichts? dachte er bestürzt. Hat Mutter Erde mir ihre Gabe wieder genommen? Warum hat sie das getan, und warum grade jetzt, da ich sie am dringendsten brauche? Will sie mich etwa zur Umkehr mahnen? Oder fürchtet sie, daß der Herrscher mir nachschleicht und das Zeusknäblein findet? Dann könnte sie mich doch deutlicher warnen. Oder ist sie mir böse, weil ich sie so lange nicht besucht habe? Aber das hat sie mir doch geraten. Was soll ich nur tun? Ich kann nicht ewig liegenbleiben. Wenn Kronos den Palast verläßt, muß er mich entdecken. Er schaut ja in seinem Mißtrauen immer zuerst zur Erde hinunter!

Ein helles Klirren erscholl, und die Fuge zwischen Himmel und Meer, die man Horizont nennt, begann sich zu röten. Die Sonnenscheibe wurde aus den Felsenhöhlen der Nacht vor den Palast des Herrschers gerollt. Dies war, das wußte Prometheus, die Stunde, da Kronos seine tägliche Reise durchs Weltall antrat.

Der Saum der Dämmerung wurde gelb. Der Scheitel des Sonnenrades erschien in seiner obersten Krümmung auf dem Wasser, und ein erster Strahl seines Glanzes streckte, ein verräterischer Finger, sich auf den Ungehorsamen zu. Dem war es, als starre das ganze All empört und bedauernd zu ihm nieder. Die letzten Sterne wandten sich von ihm ab; die Morgenwinde erwachten und schnaubten ein unaufhörliches «Wehe!», und der Wellengischt, der vor ihren Worten hersprang, schimmerte weißblau und stumpf wie das arktische Eis. Torkelnd schoß eine Möwe aus den Klüften der Dunkelheit und kreischte: «Zum Nordpol! Zum Nordpol!» Das Gefüge der Himmelskuppel verschob sich. Trat der Herrscher ergrimmt aus den Trümmern der Nacht? Prometheus packte das Grauen. «Mutter Gaia», flüsterte er verzweifelt. Seine Stimme verscholl im Wellenrauschen, doch er wagte nicht, lauter zu werden, damit die Lüfte sein Wort nicht nach oben trügen. – In Schwärze funkelnd, gleich Delphinenrücken, entsprangen die Inseln der Düsternis.

Von Gaia kam keine Antwort.

Wieder schloß er die Augen, und wieder erschienen im Dunkel des Lidraums das Meer und der Strand und der Himmel, in dessen nach oben gebauchtes Rund soeben die Sonne schlüpfte. Das sah immer lustig aus, als hüpfe eine riesige Kugel aus den Wassern, die unbewegt schienen, aber diesmal verharrten mit den Wellen auch die Sonne, die flatternde Möwe und der schnaubende Wind. Wieder stockte die Zeit; wieder wurden die Bilder schwerer und schwerer, und wieder vermochten die Lider dem lastenden Druck nicht zu widerstehen. Diesmal aber wollte Prometheus die Sicht ertrotzen und keilte seine Augenhöhlen mit den Fäusten zu. Da begann das Schädelgewölbe in den Nähten zu krachen, die Augäpfel knirschten, als wollten sie bersten, und in diesem Augenblick nicht mehr zu leidender Not erblickte Prometheus zwischen Meer und Himmel sein eignes Gesicht. Da aber flogen die Hände auch schon zur Seite, die Augen taten sich blinzelnd auf, und da sahen sie wieder Meer und Himmel und Strand in der roten, klaren Frische der Frühe.

Die Sonne stieg. Die Möwe torkelte in die Klippen. Der Wind zerwehte die Wolkenfetzen.

Was war das? dachte Prometheus aufgewühlt. Das war ja mein eignes Gesicht! Was soll das bedeuten?

Er richtete sich, alle Vorsicht vergessend, in der Hüfte auf.

«Es war mein Gesicht», murmelte er, «es war mein Gesicht. Was wollte mir Gaia damit sagen?» Prometheus begriff, daß ihm diese Begegnung mit sich selbst eine Botschaft vermitteln sollte, von deren Enträtselung wohl sein Schicksal abhing, allein das war das letzte, was er vorerst noch faßte. Die übermächtige Anstrengung hatte ihn so erschöpft, daß das Denken seinem Willen wegglitt, und da auch seine Angst entschwand, lag er, den Kopf in die Rechte gestützt, für einen Augenblick ganz still und fast erlöst auf der rosenfarben umspülten Küste, über die sich gewaltig der Tag erhob.

Die Sonnenscheibe, am Meer nicht mehr haftend, stieg glanzverströmend in den Himmel, der, um die Fülle des Lichts zu fassen, nach allen Seiten auseinanderwuchs. Die Wolken waren verweht; die Gräue, vom Strahlensturm zu schwingenden Silberschleiern zerschlissen, sank langsam in die ihr langsam entgegensteigende Röte, und während Nacht- und Morgendämmerung solcherart ineinander vergingen, schwamm der Horizont vor den nicht mehr zu zählenden Inseln ins Safranglühen der entschwimmenden Fernen hinaus. Dem Feuerschäumen des Meeres entbrach das maßlose Schwarz seiner Abgründe und sog die Küsten zu sich hinunter; der Scheitel des Firmaments öffnete sich dem zerfließenden Dunst einer neuen Höhe, und während in den noch immer sich weitenden Himmel das Tagblau sein Geäst verzweigte, kündigte sich, blitzender Flügelschlag eines unsichtbaren Vogels, im Gewölb schon die alleszersprengende Hitze des Mittags an.

Prometheus im goldfunkelnden Wasser lag überwältigt. Wiewohl ihm schon tausend Morgen begegnet waren, hatte er solch ein Schauspiel noch nie gesehen. Es war ihm, als ob sich das Weltall um ihn ins Unendliche entfalte und er sei dessen Mitte und doch nicht mehr als ein Stäubchen Staub. Langsam kehrte sein Denken zurück, doch nun war es zum Staunen und seine Angst war zur Demut geworden. Siehe, das ist nur *ein* Morgen, sprach er leise zu sich, dies ist nur *ein* Morgen, und solches geschieht in Ewigkeit! Begreifst du nun deines Herrschers Willen? Ewig soll wiederkehren, was das Herz erschüttert: Ewig der Tag und ewig das Licht und ewig die Nacht und ewig die Sterne! Sieh, wie die Sonne im Meer sich wiegt, wie Wolken und Inseln ihrem Purpur entblühen! Auf, kehre zurück und wirf dich vor Kronos nieder und gestehe ihm deinen Fehltritt! Vielleicht ist er gnädig und erläßt dir die Hälfte der Strafe! Spute dich, sonst ist es zu spät!

In diesem Augenblick trat Kronos aus dem Palast.

Prometheus wollte aufstehen, da hörte er, wie der Wald den Tag grüßte. Ohne zu lauschen, erkannte er die jauchzenden Stimmen der Lerchen, an denen das tausendschnäblige Gelächter der Finken und Meisen zerstob. Das Gurren der großen, kraushälsigen Tauben antwortete der Brandung, und als Katzen über den Wipfeln miauten, schmunzelte Prometheus, und als das Morgengemecker der Ziegen erklang, war er gerührt. Es ist Amalthea, dachte er, wie mag es ihr und dem Zeusknäblein gehen? Ob es immer noch am Eschenast schaukelt? Oder kann es schon krabbeln? Es ist ja höchstens fünftausend Jahre alt, das Kleinchen!

Duft von Orangen und Pilzen zog übers Meer.

«Beeile dich, steh auf und flieg zurück!» sprach er laut zu sich selbst, doch ein Trommeln übertönte seine Worte.

«Guten Tag, ihr grünen und roten Spechte», flüsterte Prometheus, «guten Tag, Bussarde, guten Tag, Vogelvolk, guten Tag, du mein Wald!»

Ins Trommeln mischte sich Klappern und Schnurren und Pfeifen und ein gutmütig dumpfes Kollern wie ein Schluckauf der Luft. Die fröhlichen Wiedehöpfe mit ihren Krönlein und dünnen Krummschnäbeln! dachte Prometheus. Entzückt drehte er den Kopf nach dem Rufen, und der Wald, der bislang nur am äußersten Rand des Blickfelds gleich einer dunklen Himmelssäule gestanden, tat nun sein Grün in solch verschlungener Vielfalt auf, daß Prometheus dies Stückchen kretischer Insel so wunderbar wie das All erschien. Das flaumige Lächeln der Föhren im Piniendunkel! Der Schimmer unzähliger Sterne im Blätterrieseln eines einzigen Ölbaums; das in sich gerollte Leuchten des stillen Farns! Prometheus konnte sich nicht satt sehen. Wie lange war er dem Wald doch ferngeblieben! Wenn ich schon ins Eis muß, dann soll es sich lohnen, dachte er, dann will ich auch im Moos gelegen und Amalthea besucht und mit dem Zeusknäblein gespielt haben und mit den Kranichen um die Wette geflogen sein! Gleichzeitig dachte er: Kehre zu Kronos zurück, ehe es zu spät ist! Vertändle seine Gnade nicht! Er wird dir die Hälfte der Strafe erlassen!

Eine erste Wolke quoll aus dem Blau, das nun den Himmel fast füllte.

«Ich fliege zurück», sagte Prometheus entschlossen, doch da er sich dazu anschicken wollte, fügte er hinzu: «Aber zuvor gehe ich noch zu Amalthea.»

In diesem Augenblick schaute Kronos zur Erde hinunter.

Ob sofort zurück oder erst in den Wald, auf alle Fälle muß ich jetzt aufstehn! dachte Prometheus und spannte die Muskeln, sich zu erheben, da fiel ihm ein, daß ihn Kronos vielleicht gar nicht gesehen habe und daß es daher höchst töricht wäre, ihm freiwillig alles zu bekennen, und gleichzeitig fiel ihm ein, daß der Herrscher ihn vielleicht schon lange beobachte und daß vielleicht jetzt der letzte Moment sei, eine Strafmilderung zu erreichen, und gleichzeitig fiel ihm ein, daß Kronos ihn möglicherweise längst gesehn und verurteilt habe und nun irgendwo um den Sirius fliege, und daß es daher ganz gleichgültig sei, was er jetzt tue.

Was nun? überlegte er: Zurückfliegen, in den Wald gehn, in den Wald gehn, zurückfliegen –: Was ich auch denke und wie ich's bedenke, ich dreh mich im Kreise und finde und finde nicht hinaus! Plötzlich packte ihn die Wut. Es ist ungerecht von Kronos, daß er mir die Erde verbietet! dachte er aufgebracht. Er hat leicht sagen, es gebe ja noch genug andre Planeten zum Toben! Gewiß, auch der Mars und der Neptun und der Hidalgo und manche andre sind schön, doch sie sind ohne Leben, und ihrer zehntausend könnten die Erde nicht ersetzen. Aber das versteht Kronos ja nicht!

In diesem Augenblick fühlte er, wenn auch noch ganz dumpf und in Worten nicht faßbar, daß es um viel mehr ging als um ein paar Jahre im Eis. Langsam stand er auf, und da er aufstand, kam ihm die Erscheinung seines Gesichts in den Sinn, und plötzlich ahnte er, was sie bedeute. Er stand am Meer; er sah den Wald und den Himmel und beschloß feierlich: Ich werde jetzt in den Wald gehn, gleichgültig, ob Kronos mich sieht oder nicht! Es ist ungerecht von ihm, mir das zu verbieten! Eine Stimme in seinem Herzen schrie: «Das ist Ungehorsam!» – «Es ist ungerecht!» schrie ihr eine andre entgegen. Prometheus hörte sie beide und stand noch einmal einen Augenblick unentschieden, dann rannte er, ohne sich umzusehn, in den Wald hinein.

Kronos wollte sich gerade auf den Sonnenwagen schwingen, da gewahrte er den Laufenden. Solange Prometheus am Strand gelegen, hatte der Herrscher ihn für einen Baumstamm gehalten, doch als dieser Baumstamm sich zu bewegen begann, wußte Kronos Bescheid. Im ersten Zorn wollte er einen Blitz nach dem Ungehorsamen schleudern, doch dann bezwang er sich.

Beim nächsten Festmahl werde ich Gericht halten, entschied er, und dies Gericht soll furchtbar sein! Ich habe es satt, meinen Willen mißachtet zu sehen! Ich werde Prometheus für ewige Zeit ins Eis einfrieren, es sei denn, er bereut seine Tat und gesteht sie freiwillig noch heute! Dann soll er mit einer Million Jahre davonkommen! Das mag alle Widerspenstigen warnen!

Dieser Entschluß stimmte den finstren Kronos fast heiter. Er ließ sich von Atlas einen Kometen einfangen, der zum fernen Sternbild des Orion flog. Er sah noch, aufsitzend, Prometheus im Wald verschwinden, dann glitt die Planetenwelt aus seinem Blick, und er stieg in die weiße Leere des Weltalls.

PROMETHEUS UND ZEUS SCHLIESSEN EIN BÜNDNIS

Prometheus lief in den Wald, gradweg dem Ziegengemekker zu. Da er heranstürmte, schrien die Häher ihren Warnruf; das Dickicht raschelte und knackte unter den Tritten der fliehenden Tiere, und das Vogelvolk in den Kronen zeterte aufgebracht. Am allertollsten schimpften die Finken. Prometheus blieb stehen. Kennt ihr mich denn nicht mehr? Ich bin doch Prometheus, euer Freund! so wollte er sagen, da sprang ihm aus dem Geäst ein Feind in den Nakken und riß ihn zu Boden. Ein Luchs, dachte Prometheus, da er ein weiches Fell fühlte, doch als dieser Luchs mit ihm zu ringen begann, erkannte ihn Prometheus als Wesen seiner eigenen Art.

Ein Abgesandter des Kronos, dachte er bestürzt. Die

226

feindlichen Hände drückten gnadenlos seine Kehle zusammen, und nun hatte Prometheus keine Zeit zu Vermutungen mehr. Erbittert rang er mit dem fellbekleideten Unbekannten vom Morgen bis zum Mittag, dann waren die beiden so ermattet, daß sie ins Moos fielen.

Dort lagen sie stumm und keuchend Seite an Seite und sammelten im Geist Schimpfwörter, den Kampf mit Schmähungen weiterzuführen, da teilte sich zwischen ihnen der Boden, und eine Pflanze keimte heraus. In Sekundenschnelle streckte und weitete sie sich hoch und breit wie ein Wacholder, doch statt der Nadeln trug ihr holziger Stengel dunkelgelbe, fleischige Blätter, und ihre Spitze entfaltete sich zu einer winzigen Blüte von einem Gelb, dessen Farbe dem Haß glich.

Dies ist Gaias Sendung, dachte Prometheus, da hüpfte ein Geißlein heran, das nie noch geschaute Kraut zu kosten. Es hatte gerade in eine Blattspitze gebissen, da tauchte Mutter Amalthea aus dem Strauchwerk und schleuderte das Kleine, das vergnügt am honigdicken Saft leckte, mit einem heftigen Hornstoß in den Busch. Das Böcklein blökte vor Schreck und Ärger, doch es hinkte unverdrossen zu den lockenden Blättern zurück. Wieder stieß Amalthea es zur Seite.

«Heckerheckhecker lecker schlecker mäh mäh Schreckschrecker», meckerte sie zornig, «an unbekannten Hecken – lecken und schlecken – endet oft mit Schrecken!» Die beiden Kampfmüden mußten lachen. Sie sahen, auf dem Moos liegend, wider Willen einander freundlich an, und nun waren sie auch fähig, ihren Namen zu nennen.

«Ich bin Prometheus», sagte Prometheus, und zu gleicher Zeit sagte der andre: «Ich bin Zeus.»

«Wer bist du?» fragten beide verblüfft.

Wieder sagten sie zu gleicher Zeit ihren Namen.

«Du lügst ja», rief Prometheus erbost. «Du kannst ja gar nicht Zeus sein. Der ist ja erst ein paar tausend Jahre alt, wie könnte er da schon so stark und groß sein!»

«Ich lüge nie!» rief Zeus aufgebracht. Auch er hatte Prometheus für einen Auskundschafter des Herrschers gehalten, und sein Argwohn war noch nicht beigelegt. So wären sie einander wohl wieder an die Kehle gesprungen, doch

Mutter Gaia trat aus dem Wald. Sie schritt auf die beiden zu, und mit jedem ihrer Schritte schoß klirrend ein armlanges, braunrotes Blatt aus dem Stamm der Wunderpflanze.

«So habt ihr euch also gefunden», sagte Gaia, «und eure Kräfte gemessen und wißt, daß ihr einander ebenbürtig seid. Möget ihr immer daran denken!»

Prometheus unterbrach sie.

«Ist das wirklich das Zeusknäblein?» fragte er.

«Es ist im Wald unter Lebendigem aufgewachsen», erwiderte Mutter Gaia, «da ist es zehnmal schneller als in der Milchstraßenöde groß und klug und kräftig geworden.»

«Ich hätte ihn auch besiegt», rief Zeus, «wenn du nicht dazwischengekommen wärst!»

«Prahl doch nicht!» rief Prometheus. «*Ich* hätte – «

«Schluß jetzt», sagte Gaia zornig, «nutzt eure Kräfte zu etwas Besserem, sonst muß Prometheus für eine Million Jahre ins Nordeis, und du, Zeus, wirst deine Geschwister niemals befreien.»

«Eine Million Jahre?» rief Prometheus entsetzt.

Gaia nickte.

«Kronos hat dich gesehen», sagte sie, «und wenn er sich aufregt, werden seine Gedanken so lärmend, daß ich sie hören kann. Er hat beschlossen, beim morgigen Festmahl Gericht über dich zu halten. Entweder du kehrst auf der Stelle zurück und gestehst deinen Fehltritt, dann will er dich mit einer Million Eisjahre begnadigen, sonst friert er dich für ewig ein.»

«Das kann er doch nicht tun!» schrie Prometheus und sprang mit einem Satz auf die Füße.

«Das *wird* er tun, Söhnchen», erwiderte Gaia. «Er will, daß künftig jeder beim bloßen Gedanken des Ungehorsams erbleicht und an die Strafe des armen, jungen Prometheus denkt.» – «Aber ich habe doch nichts verbrochen», sagte Prometheus mit ungläubiger Verwunderung. «Ich habe doch weiter nichts getan; ich habe mich über Epimetheus geärgert, da bin ich in meiner Wut weggeflogen und hierhergekommen, na schön, und nun habe ich Amalthea schnell guten Tag gesagt und mit dir gesprochen ...»

«Und wenn du nur über den Wald geflogen wärst», sagte Gaia, «so wäre das schon Ungehorsam, und eben den erträgt dieser Herrscher nicht. Hättest du dich sofort auf den Rückweg gemacht, als du am Strand zum Bewußtsein kamst, so wäre noch alles beim alten geblieben: Kronos ohne Kenntnis, du ohne Strafe, Zeus ohne Gefährten und wir Hoffenden weiter im ungewissen. All dies hat einzig von deinem Entschluß abgehangen, darum konntest du auch die Zukunft nicht sehen, denn ihre Gestalt lag ganz in deiner Entscheidung verborgen. Diese Möglichkeit ist dahin, und es bleibt dir nur zweierlei. Das eine ist die Unterwerfung unter die Strafe des Herrschers –»

Mutter Gaia sprach nicht weiter.

«– das andere ist der Kampf!» ergänzte Prometheus.

«Kampf gegen Kronos!» schrie Zeus und sprang auf und streckte Prometheus die Hand hin. «Kampf gegen Kronos, Bruder!» rief er ungestüm.

Prometheus dachte sich Wort um Wort durch Gaias Rede.

«Was zögerst du, Bruder?» drängte Zeus. Prometheus nahm seines Gefährten Hand und drückte sie so fest, als hielte er den Herrscher an der Gurgel; Zeus drückte ebenso fest zurück, und in dem einen krachenden Schmerz spürten die zwei ihre Willen verschmelzen. «Kampf gegen Kronos!» riefen nun beide, «Kampf gegen Kronos! Kampf gegen Kronos!» – «Kampf gegen Kronos!» schrie der Wald, und selbst die Felsen knarrten: «Kampf gegen Kronos! Kampf gegen Kronos!»

Die beiden standen noch immer feierlich Hand in Hand, doch Mutter Gaia trieb sie an.

«Ihr habt euch entschlossen», sprach sie, «nun bleibt auch entschlossen und nehmt diese Gabe für eure Tat.» Sie wies auf die Pflanze mit den fleischigen dunkelgelben und den braunroten klirrenden Blättern. «Nutzt sie mit Vorbedacht», sprach sie, «gebraucht eure Augen und Ohren und euren Verstand und gebraucht sie gründlich. Ihr habt nur noch diesen halben Tag.»

Zeus kannte Gaia lang genug, um zu wissen, daß es ihre Art war, nicht mehr als das Notwendigste zu erklären. «Erfahrung ist alles», pflegte sie zu sagen, «und Erfahrung kann man nicht lehren, die will mühsam erworben sein.» So war er rätselhafte Aufgaben gewohnt, doch dieses Geschenk machte ihn ratlos. Wie sollen wir denn Kronos mit einem Bäumchen bekämpfen? wollte er fragen, da hörte man ein erbärmliches Wimmern und sah das genäschige Ziegenkind sich auf dem Boden wälzen und alles Gekaute wieder ausspein. Amalthea packte das Kleine mit ihren Zähnen im Nackenfell und versuchte ihm das Gift aus dem Leib zu schütteln.

«An unbekannten Hecken – lecken und schlecken – endet oft mit Schrecken», sagte sie kläglich in einer Pause, «da hast du's nun!»

Die Krämpfe waren so heftig, daß blaues Gedärm im Rachen des Geißleins erschien. Da entsann sich Prometheus des Bildes, das er zuerst von der Zukunft gesehen: Die Eingeschlossenen waren ja wie Frösche aus dem Munde des Herrschers herausgehüpft!

«Morgen beim Festmahl muß Kronos von dieser Pflanze essen!» rief Prometheus. «Mein Bruder ist an der Reihe, da werde ich einfach mit ihm tauschen.»

«Von welcher Reihe sprichst du?» fragte Zeus.

«Vom Aufwartedienst», sagte Prometheus.

Das Geißlein hatte aufgehört, sich zu erbrechen, und lag nun zitternd im Gras, und Mutter Amalthea beleckte es zärtlich.

Prometheus berichtete Zeus, daß den Kindern beim Festmahl das Amt von Aufträgern zugewiesen sei.

«Bist du denn noch ein Kind?» fragte Zeus erstaunt.

«Es gibt keine Kinder mehr im Milchstraßenreich», erwiderte Prometheus, «darum müssen wir Jüngsten dieses Amt weiterschleppen. Die Titanen haben Angst, einen Nachkommen in die Welt zu bringen. Sie wissen, daß Kronos ein Neugeborenes fürchtet, und hüten sich, den Argwohn des Herrschers zu erregen. Es ist eine tote Welt, Bruder Zeus, der Kronos gebietet.»

«Ich werde ihm die Herrschaft entreißen!» rief Zeus. Er warf die Arme zum Himmel und dehnte die Finger. «Mit diesen Händen werde ich ihn erwürgen, wie eine Schlange einen Bären erwürgt!» rief er.

«Ja, würgen, das kannst du», bestätigte Prometheus, «das habe ich gemerkt. Gegen Kronos aber wirst du damit nichts ausrichten. Seine Kehle ist mit Granit umhüllt.»

«Ich werde sie ihm zerbeißen!» schrie Zeus.

Prometheus schüttelte den Kopf.

«Als ich euren Kampf gegen Kronos gesehen, da habt ihr feste Blitze in den Händen gehalten», sagte er nachdenklich, «Blitze von einem Glanz wie diese dunkelroten Blätter.»

«Was redest du da?» fragte Zeus verblüfft. «Wie hast du diesen Kampf denn sehen können? Er hat sich doch noch gar nicht ereignet.»

Da erzählte ihm Prometheus von Gaias Gabe.

Zeus verschob sein Kinn. Sein Gesicht wurde dunkel, da er sich Mutter Erde zuwandte.

«Verleihe mir auch diese Gabe!» verlangte er. «Warum hast du sie mir nicht längst schon geschenkt? Bin ich schlechter als dein anderer Enkel?»

Er dachte: Ich bin ein Sohn des Herrschers, und der da ist nur der Sohn eines gewöhnlichen Titanen. Es ist unerhört, daß ihn Gaia bevorzugt!

«Ich bin dir keine Rechenschaft schuldig, Söhnchen», sprach Gaia, die unvermutet zur alten Frau geworden war. «Doch wisse: Ich kann meine Gaben nur einmal verleihen. Ich bin das ewige Wachsen und Werden, und auch meine Gaben sprießen auf und blühen und welken, und dann sind sie vergangen oder verliehn. Wiederholen kann ich sie nicht. Prometheus hat die Gabe des Gesichts empfangen; dir, trotziger Enkel, will ich etwas anderes schenken: Du sollst dich verwandeln können in was immer du willst. Mein Sohn Kronos besitzt die Kraft der Verwandlung zu Tiergestalten; ich hoffte, daß sich sein Herz dadurch meinen Geschöpfen zuwenden würde, doch er verachtet ja alles Lebendige. Du aber, Lieber, sollst dich in alles verwandeln können: in eine Wolke oder einen Windhauch, ja selbst in Dinge, die nur in deinen Gedanken da sind: einen schwarzen Schwan oder einen Regen aus Gold! Wenn ihr zusammenhaltet, der Zukunftsseher und der Allgestaltige, könnt ihr alles vollbringen, wonach euch gelüstet.»

«Mutter», sprach Zeus, «du solltest diese Kraft auch meinen Geschwistern verleihen. Was ich besitze, sollen auch sie besitzen. Ich will ihnen nichts voraushaben, denn das

Reich, das ich beginne, soll das Reich der Brüderlichkeit sein.»

«Ach du mein störrischer Enkel», seufzte da Gaia, «soeben habe ich dir erklärt, daß ich meine Gaben nicht beliebig austeilen kann, und du hörst einfach nicht zu. Nun gut, ich will dir dennoch willfahren, doch dafür muß ich viele meiner eigenen Kräfte hergeben und werde mich nie mehr in andrer Gestalt als dieser hier zeigen können. Jedoch es sei! Möge mit dir und deinen Geschwistern ein neues Zeitalter beginnen, und möge es auch einen neuen Namen tragen! Du und dein Geschlecht, ihr sollt nicht mehr Titanen heißen, ich werde euch die Götter nennen. Hier, empfange meine Kraft, du erster des neuen Geschlechts! Ich grüße dich, Zeus, du erster der Götter, den mein Auge erblickt!»

Und Gaia umarmte Zeus und drückte ihre Lippen auf die seinen und hauchte ihm ihren Atem ein.

Die Umarmung der Uralten machte Zeus schaudern, doch er duldete sie. Sowie sich Gaia von ihm gelöst hatte, fragte er: «Nun sag mir noch, Mutter, daß ich's recht begreife: Wenn ich mich etwa in einen Kuckuck verwandle, was wird dann aus dem, was ich an mir trage, aus meinem Fellgewand und meinem Stirnschmuck aus Edelsteinen? Werden diese Dinge mit mir schrumpfen und dann wieder wachsen, wenn ich zu meiner eigentlichen Gestalt zurückkehre?»

«Wenn ich dich beschenke, tue ich's gründlich», sprach Gaia. «Was immer du in Händen hältst, ja was du nur berührst, soll sich mit dir ins Kleine und Große und wieder zurück verwandeln. Mehr kann ich dir nicht geben. Nun nutze meine Gabe klug!»

«Und was muß ich tun, um mich zu verwandeln?» fragte Zeus.

«Du mußt es nur wollen», sagte Gaia.

Da klatschte Zeus in die Hände und rief: «Wohlan, so will ich ein Adler sein!»

In diesem Augenblick schrie aus allen Vögeln ringsum das schrille Entsetzen, und die Häher fielen vor Schreck und Scham von ihren Auslughöhen: Ein Adler flatterte unter den Wipfeln einher, und sie hatten ihn nicht bemerkt und den Wald nicht gewarnt! Die Marder und Eichhörnchen vergaßen ihre Natur und rasten nebeneinander ins Nadeldickicht. Auch Amalthea sprang ins Gebüsch, doch als ihr krankes Geißlein nicht folgte, kehrte sie mit gesenktem Gehörn zurück und stellte sich über ihr hilfloses Kind. Da aber war der Adler schon verschwunden, und Zeus sprang mit auseinandergeklafterten Armen ins Moos.

«Das war ein Spaß», rief er vergnügt, «und jetzt will ich ein Löwe sein!» Da stand ein Löwe im Wald, und nun schoß alles Klettergetier in die Wipfel, und was eben noch gelärmt hatte, war im Nu verstummt. Die Vögel im Gezweig hingegen fühlten sich sicher und schwatzten sich aufgeregt über den Adlerschrecken hinweg. Die erneut überrumpelten Häher verkrochen sich in leere Spechtlöcher. Amalthea aber stand noch immer über ihrem Kleinen und zitterte in mutiger Angst.

«Fürchte dich nicht», rief Prometheus auf ziegisch, «es ist bloß Zeus!» Er hatte aber zu lange nicht mehr in der Mekkersprache gesprochen, und so verstand Amalthea, das Untier wolle sie zerzausen. Und nun trat der Löwe auch noch einen Schritt auf sie zu! Sie stieß einen kläglichen Schrei aus, aber sie floh nicht. Der Löwe riß seinen Rachen auf, und Amalthea schrie wieder, da schnappte der Rachen, die Ziege stieß mit verzweifelter Kraft zu, und der in diesem Moment zurückverwandelte Zeus taumelte nach hinten, an Gaias Bäumchen vorbei.

«Dummes Ding», rief er, sich das Kinn reibend, «das tut doch weh!»

Amalthea stand einen Augenblick lang mit fliegenden Flanken, da rappelte sich das Geißlein auf und verkroch sich in einem stachligen Lorbeergebüsch, und Amalthea trottete ihm nach.

Zeus lachte schallend.

Mutter Gaia war schwarz und krumm geworden. Ihre Stimme klang müde, als sie sagte: «Du machst keinen guten Gebrauch von meiner Gabe, Söhnchen.»

«Es ist doch nur ein Spaß, Mütterchen», erwiderte Zeus, «ich hätte der albernen Ziege doch nichts getan.»

Auch Prometheus mochten die Späße seines neuen Freundes nicht recht gefallen, allein er schwieg, um das eben geschlossene Bündnis nicht zu gefährden.

«Und jetzt will ich ein Tier sein, das der Wald noch nicht gesehen hat», rief Zeus, «ein Drittel Schlange, ein Drittel Rhinozeros und ein Drittel Geier!»

Im Nu lag ein Ungeheuer jener Gestalt im Wald. Der ungemeine Nashornrücken mit struppigen Flügeln ruhte auf dem Bauch einer Ringelnatter, und war der Schlangenleib viel zu schwach, den lastenden Buckel vorwärtszutragen, so war das Flügelpaar viel zu klein, ihn hochzuheben. Wie sehr sich das plumpe Geschöpf auch mühte, es kam nicht von der Stelle. Der kluge Wald aber merkte im Nu dieses Unvermögen. Mit tausend mal tausend Zähnen und Krallen stürzte er sich auf das wehrlose Schlangenteil. Auch Amalthea sprang aus dem Busch und rannte mutig wider das Untier.

Der Überfall hatte so plötzlich und so wuchtig eingesetzt, daß Zeus, statt sich schleunigst zurückzuverwandeln, eine Weile wütend schimpfte und drohte. Als er sich endlich auf seine Gabe besann, hatten sich Rudel von Iltissen, Zobeln, Füchsen, Mardern und Wildkatzen an seinen Waden festgebissen.

Nun war es Prometheus, der lachen mußte.

«Du machst keinen guten Gebrauch von meiner Kunst, Söhnchen», wiederholte Gaia. Da aber war sie schon so klein und krumm wie eine Wurzel und ihre Stimme nicht stärker als ein Wachtelpfeifen.

«Warum schiltst du ihn, Großmütterchen?» fragte Prometheus. «Mein Bruder muß doch seine Gabe erproben, sonst nützt sie ihm nichts. Und seine Strafe hat er ja nun.»

Sich rüttelnd und schüttelnd und wild um sich schlagend, jagte Zeus die Reißer und Beißer davon. Seine Beine unter dem Fellkleid waren gezeichnet von ihren Krallen und Zähnen, und da und dort, unterm Knie und über der Ferse, quoll ein Tröpfchen Blut.

«Wozu hast du nur all diese unnützen Räuber geschaffen, Mutter Gaia», stöhnte er, doch Gaias Antwort war nur noch ein Hauch, wie ein Flüstern der Schollen, dann schrumpfte sie ins Moos hinein.

«Sie erscheint uns heute nicht mehr», sprach Zeus, «da kenne ich sie zu gut. Was wir brauchen, hat sie uns in diesem Kraut hinterlassen. Also laß uns überlegen.»

«Ein paar Dinge wissen wir ja schon», sagte Prometheus. «Kronos muß von diesen dunkelgelben Blättern essen, dann dreht sich sein Innerstes nach außen, und die Eingeschlossenen werden frei. Du, Zeus, kannst dich in eine Fliege oder Mücke verwandeln und unbemerkt in die Himmelsburg dringen. So sind wir zu zweit, und wenn deine Geschwister herauskommen, sind wir sieben. Womit aber werden wir kämpfen?»

«Nicht so schnell», sagte Zeus, «mir macht noch immer die Pflanze da Sorgen. Das Geißlein hat beinah ein halbes Blatt verschlungen, und es ist ein kleines und schwaches Geißlein. Überleg mal, wieviel Kronos da essen müßte, der soll ja riesig sein! Außerdem ist er kein Bock und mag sicher kein Grünzeug. So einfach ist das nicht, mein Lieber.»

«Vielleicht sitzt das stärkste Gift in der Wurzel?» meinte Prometheus.

«So reiß sie heraus», verlangte Zeus.

«Oder in der Blüte», überlegte Prometheus weiter. «Ihr Gelb ist so grell, wie ich noch keines gesehen. Eine winzige Sonne, aber kalt und böse. Wir wollen losen, wer von uns sie kostet. Komm: Zapfen oder leere Hand, kennst du das?»

Er brach einen Pinienzapfen ab und warf ihn hinterm Rücken von einer Hohlhand in die andre, allein Zeus wehrte ab.

«Wir mischen sie Amalthea unters Futter», schlug er vor.

«Aber die könnte doch dran sterben», sagte Prometheus entsetzt.

«Wennschon», entgegnete Zeus, «dann wissen wir's aber.»

«Das wär ja gemein!» rief Prometheus empört, da schnurrte ein Bienenpaar zu der winzigen Blüte, doch ehe es sie noch erreicht hatte, fiel es im Flug erstarrt zu Boden.

«Da hast du's», sagte Zeus, «das Leben erprobt es. Und siehe», so sprach er weiter, «rings über der Blüte sitzt kein einziger Vogel auf den Wipfeln. Du kennst den Wald nicht, Bruder, darum erschreckt dich der Tod so. Hier ist er alltäglich. Und nun sind zwei Leben statt des einen gestorben.»

Unvermittelt fügte er hinzu: «Magst du eigentlich Honig?»

«Kenn ich nicht», sagte Prometheus mürrisch. Die Gleichgültigkeit seines Gefährten erregte ihn. «Amalthea ist aber nicht irgendwer», rief er, «sie hat dich gesäugt und beschützt und aufgezogen!»

«Ach, das ist ihre Ururururururururgroßmutter gewesen», sagte Zeus lachend, «und ihre Ururururururururgroßmutter und Ururururururgroßmutter. Ich weiß nicht, wie viele es sind, sie wechseln und wechseln, da nenne ich sie einfach alle Amalthea. Aber was wollen wir uns noch streiten! In der Blüte steckt das dickste Gift, das ist wohl klar.»

Prometheus trat zu der Pflanze und schnupperte an der Blüte. Sie roch so süß, daß er tief die Luft einsog, da aber war ihm, als kröchen zwei kleine Igel durch die Nasenhöhlen dem Gaumen zu, und der Schlund, der Rachen, der Magen und die Lungen stülpten sich abwehrend um, sie vereint auszuspeien. Ihm wurde übel; er sackte zusammen und wollte sich festhalten und griff nach dem Bäumchen, da fühlte er in der Hand einen scharfen Schmerz. Er hatte an eines der braunroten Blätter gefaßt, und nun war die Haut überm Daumenballen zerschnitten. Doch dieser Schmerz war klein gegen das Würgen im Leibe; er taumelte und fiel auf die Knie und fühlte seinen Magen sich drehen, und da war es ihm, als ob die Igel durch seine Nase zurückwanderten. Es stach und stach, dann mußte er niesen. Er nieste siebenunddreißigmal hintereinander, und jedesmal klirrten die braunroten Blätter.

Zeus lag im Moos auf dem Rücken und strampelte vor Lachen mit den Beinen.

«Jetzt weiß ich alles», stöhnte Prometheus niesend und würgend. «Jetzt kenne ich die Wirkung der Blüte und die der festen Blitze auch.»

Er umwickelte die Wunde mit Lattich.

«Steh auf, du!» sagte er verärgert zu Zeus, der noch immer auf dem Boden lag. Da bemerkte Prometheus, daß das Fellkleid des Zeus in Hüfthöhe fast durchgetrennt war. Wenn die gute Amalthea ihn richtig in diese Blätter gestoßen hätte, würde er jetzt nicht so lachen! dachte er.

«Du blutest?» fragte Zeus, und Prometheus erzählte ihm von seinen Entdeckungen.

«Ich werde diese Blüte morgen in den Nektar werfen, wenn er kochend aus dem Krater kommt, dann wird sie sich gewiß darin auflösen, wie alles in der Hitze sich auflöst. Was aber machen wir mit den festen Blitzen? Sie könnten das Granitgewand des Kronos zerhacken und ihn verwunden, aber wenn wir sie anfassen, schneiden wir uns ja ins eigene Fleisch.»

«Das ganze Kraut ausreißen und damit zuhaun!» riet Zeus.

«Das wäre zu schwer», entgegnete Prometheus, «diese Blitzblätter sind ja härter als Stein.»

Er dachte nach.

«Ich hab's», rief er nach einer Weile, «wir müßten ein Stück Stamm mit ausbrechen, dann können wir sie handhaben, verstehst du, Bruder?»

«Nicht ganz», sagte Zeus, da lief Prometheus schon nach einem Stein und schlug aus dem holzigen Stengel ein Blatt mit einem Griff heraus.

«Nun können wir sie anfassen», sagte er, «und damit werden wir kämpfen. Wenn du dich in eine Fliege verwandelst, wirst du diese Blitze berühren, dann werden sie klein wie Stäubchen, und du kannst sie mit in die Himmelsburg nehmen. Kronos wird dich gewiß nicht bemerken, den tränke ich mit meinem Nektar. Und dann wird Gericht gehalten, Bruder!»

«Gib mir den Blitz», verlangte Zeus. Er nahm ihn aus des Prometheus Händen und hielt ihn gegen die Sonne. «Er ist schwer», sagte er. «Wir wollen ihn Schwert nennen. Sieh, wie mein Schwert in der Sonne funkelt! Ach, Bruder, ich kann es kaum erwarten! Ich werde den schrecklichen Herrscher besiegen und meine armen Schwestern und Brüder befreien. Wie sie wohl aussehen mögen, meine Geschwister? Ob die Schwestern sehr schön sind? Stell dir vor, ich habe ja außer Gaia und dir nur Tiere gesehen, dazu noch zweimal Kronos von fern, aber da war er klein wie ein Heuschreck.»

«Es wird bald dunkel», mahnte Prometheus, «und wir haben heute noch viel zu tun.»

Sie schlugen nun zu zweit Schwerter aus dem Baum, und dann mußten sie die schiefrigen Griffe noch mit Steinen glätten, und zweimal zerbrachen auch die Steine, mit denen sie schlugen. Dann mußten sie aus Lattichblättern ein Behältnis wickeln, die Blüte schadlos zur Himmelsburg zu schaffen, und als dies alles getan war, sank die Sonne. Erschöpft saßen die beiden im Moos und stärkten sich mit Honigwaben. Die Vögel waren verstummt; in riesiger Röte ging der Wald zur Ruhe, und die Erde hüllte sich in den eigenen Schatten. Die beiden aßen und schwiegen und dachten an den morgigen Tag. Es war ihnen nun doch bang zumute.

Ein einziger Tag nur, dachte Prometheus, ein einziger Tag von unzähligen vielen, doch was ist da geschehen! Am Morgen noch wollte ich demütig zum Herrscher zurückfliegen, und nun breche ich auf, mit ihm zu kämpfen. Welch eine Veränderung!

Er erhob sich und legte Zeus die Hand auf die Schulter, dann nahm er Anlauf zum Rückflug und stieß sich ab. Er war so müde, daß er schon fürchtete, es nicht mehr bis zur Milchstraße zu schaffen. Als er aber in den freien Luftraum hineinschwamm, schrie er leise auf. Er hatte wieder das Glück gefühlt.

DIE TITANENSCHLACHT

Der Tag des Festmahls war angebrochen; die Titanen hatten sich in der Himmelsburg versammelt, und Kronos trat, von Rhea begleitet, durch das goldene Tor. Gelassen setzte er Schritt um Schritt. Es war sein Plan, erst nach dem Mahl Gericht zu halten. Ich will die Ordnung nicht stören, hatte er überlegt, und außerdem wird dann jeder begreifen, was er durch Ungehorsam aufs Spiel setzt! So dachte er, sich selbst bestätigend, noch einmal und nickte zufrieden, da sah er über den Nacken der sich Verneigenden Prometheus mit einer gewaltigen Amethystschale vor dem Herrschersitze warten. Verblüfft blieb er stehen, und Wut überkam ihn. Soll ich Nektar und Ambrosia aus den Händen eines Frevlers entgegennehmen? dachte er empört. Das ist ja eine

Kränkung ohnegleichen! Ich werde die Schale in Stücke schlagen und mit dem Gericht beginnen!

Doch schneller noch als sein Zorn war sein Mißtrauen gewachsen. Wieso hat Prometheus denn Dienst? fragte er sich. Man hat mir doch gemeldet, Epimetheus sei heute an der Reihe. Erst Ungehorsam, dann Betrug, so rasch wuchert das also! Dieser Sache muß ich auf der Stelle nachgehen.

Er wollte Iapetos, der ihm den Bericht über den Aufwartedienst gegeben hatte, heranwinken, doch er besann sich.

Am Ende ist auch Iapetos in diese Verschwörung verwickelt, überlegte er, man kann keinem mehr trauen. Ich will mir nichts anmerken lassen und Prometheus aushorchen. Oder soll ich ihn doch sofort bestrafen? Das ist eine schwierige Entscheidung.

Das Zögern des Herrschers war so ungewöhnlich, daß Rhea ihn anzureden wagte.

«Was hast du, mein lieber Gemahl?» fragte sie. «Warum gehst du nicht weiter? Hat dich etwas erschreckt?»

«Es ist nichts», erwiderte Kronos. «Mir gefällt nur die Schale, die Prometheus trägt. Ich habe überlegt, woher sie stammt. Es ist ein Amethyst von der Wega.»

Das ist nicht der Grund, dachte Rhea, da wärest du schneller gegangen und nicht stehengeblieben, mein herrscherlicher Gemahl. Dein Stocken hat eine andere Ursache! Sie mußte plötzlich an Zeus denken, und eine unerklärliche Angst befiel sie.

Heute geschieht etwas Schreckliches, dachte sie, und es war ihr, als ob das Gold der Burg ein erstarrtes Feuer sei, das plötzlich auflodern und den Himmel verbrennen könne und das Geschlecht der Titanen mit ihm. Etwas Schreckliches wird heute geschehen, so dachte sie wieder, doch zu Kronos sprach sie: «Du hast recht, mein lieber, teurer Gemahl. Diese Schale ist wirklich außergewöhnlich. Und ich finde auch, daß der Nektar heute besonders süß duftet. Man riecht ihn ja bis hierher zum Eingang.»

Kronos schnupperte.

«Ich merke es auch, er ist anders als sonst», sagte er langsam. «Nun, es trifft offenbar heute manches zusammen.»

Wie seltsam er spricht, dachte Rhea schaudernd, und nun

zögerte sie im Weitergehen. Kronos aber schritt gelassen wie vordem unterm Tor auf Prometheus zu.

Dieser, da Kronos gestutzt hatte, war erschrocken; beim Stehenbleiben dann hatte er zu zittern begonnen, und nun, da der Herrscher sich wieder nahte, fühlte er das Blut aus dem Herzen fliehen. Kronos hat alles gehört, dachte er, er hat uns belauscht, er kennt unsern Plan, wir sind verloren! Er spürte plötzlich nichts als den Wunsch, die Schale fallen zu lassen und fortzulaufen und sich ins Nordeis zu verkriechen. Ach, still und geborgen zu liegen und nichts mehr denken und fürchten zu brauchen, wie mußte das gut sein! Stilles Eis, stille Ruh, stiller Schlaf: Was hatte ihn davor nur abgeschreckt? Der Herrscher kam unaufhaltsam näher. Prometheus wagte nicht, ihn anzublicken; er senkte den Kopf und schaute zu Boden und sah den Boden und sah die Füße des Herrschers Schritt um Schritt näher kommen und wollte sich auf die Knie werfen, da sah er eine Fliege krabbeln.

Die Hände des jungen Titanen zitterten so stark, daß der Nektar schwappte, doch er merkte es nicht. Er sah die riesigen Füße in ihren Hüllen aus grauem Granit und sah die Fliege zwischen den Füßen tanzen und sah sie auf den Granit sich schwingen, und der Granit zertrat sie nicht! Langsam schritt der Herrscher dahin, und auf seiner Fußspitze saß die Fliege. Da wußte Prometheus, daß Kronos seinen Plan nicht kannte. Doch warum hatte er dann unterm Tor gezögert? Endlich fiel es ihm ein: Der Herrscher hatte sich nach dem Dienst erkundigt, da war ihm der Wechsel aufgefallen. Alles habe ich bedacht, nur das Nächste nicht! fuhr es ihm durch den Sinn. Nun wird Kronos den Nektar verschmähen, weil ich damit aufwarte. Ich muß ihn also zum Trinken bewegen und zugleich erklären, warum ich getauscht habe. Wie mache ich das nur? Ach, Mutter Gaia, was soll draus werden! Und Zeus wartet! Wenn doch schon alles zu Ende wäre!

Die Titanen hatten sich aufgerichtet und blickten auf das Herrscherpaar. Wenn Kronos und Rhea getrunken und Platz genommen hatten, würden auch sie sich setzen dürfen. Sie konnten ja nicht wissen, daß der Herrscher gewillt war, die Nektarschale zwar entgegenzunehmen und zum

Munde zu führen, sie aber auf halbem Wege wieder abzusetzen und mit der beiläufigen Frage nach dem Diensttausch Verhör und Hochgericht zu beginnen. In erwartungsvoller Demut standen sie vor den Wänden. Nur Iapetos begann unruhig zu werden.

Ich habe dem Herrscher Falsches berichtet, dachte er, das kann Ärger geben.

Etwas Schreckliches wird geschehen, dachte Rhea.

Kronos streckte die Hände aus.

Jetzt – sagte sich Prometheus fast laut, und in diesem Augenblick wurde er vollkommen ruhig. Er wußte, daß die Entscheidung nun nicht mehr hinausgeschoben werden konnte, und er wußte plötzlich nicht nur mit dem Verstand, sondern mit jedem seiner Organe, daß alles, was er nun tat oder ließ, unabänderlich über sein Schicksal entschied. Dies Wissen verlieh ihm eine traumhafte Sicherheit, und die wieder machte ihn kalt und gelassen. Ich muß den Herrscher verblüffen, überlegte er, da des Kronos Hand ungeduldig zuckte. Ich muß den Herrscher verblüffen, und wodurch? Indem ich zugebe, was er schon weiß.

So dachte er, und er handelte schon, indes er noch dachte. Er kniete nieder und drückte die Schale, anstatt sie Kronos zu reichen, an seine Brust.

«Was soll dieser Unfug!» wollte Kronos aufbegehren, doch Prometheus kam ihm zuvor.

«Vernimm, erhabener Fürst, vor dem Trunk mein Geständnis», redete er. «Wisse: Vor dir kniet ein Frevler, der den Gehorsam gebrochen hat.»

Die Titanen an den Wänden horchten auf, und Iapetos und Themis blickten angstvoll und verwundert auf ihren Sohn. Sogar Epimetheus tauchte aus seinen Träumen.

Er gesteht, dachte Kronos verblüfft, das hätte ich wirklich nicht mehr erwartet. Soll ich ihn nun begnadigen oder nicht? Eine schwere Entscheidung!

Rhea aber dachte entsetzt: Etwas Schreckliches wird geschehen. Nun kommt alles ans Licht.

Die Fliege auf der granitenen Fußspitze saß reglos, als sei sie selbst ein Krümchen Stein.

«Ja, ich habe dein Wort mißachtet und den Erdstern besucht», fuhr Prometheus fort, «wie sollte ich es dir, Erhabener, verschweigen können? Torheit und Unbedacht hatten mich verleitet, doch deine herrliche Ordnung hat mich zum Gehorsam zurückgeführt. Das ganze Weltall hat sich über mich ergrimmt: Die Luft hat mich fallen lassen, der Himmel mich niedergedrückt, das Meer mich ausgespien, die Sonne mich versengt und geblendet; jeder Tritt meines Fußes hat mir meine Untat ins Ohr geknirscht, und ich hätte mich selbst nicht mehr ertragen, wäre mir nicht die Hoffnung auf dieses Geständnis geblieben. Doch wie hätte ich wagen dürfen, dir ungerufen zu nahen, Erhabener? So habe ich meinen Bruder zum Tausch bewogen, und nun knie ich vor dir und weiß, daß ich die härteste Strafe verdient habe, und wage doch, um eines zu flehen: Verstoße mich nicht in Ewigkeit!»

Prometheus schnappte nach Luft. Es war ihm ganz unbegreiflich, daß eine solche Rede, und noch gar in einem Fluß, über seine Lippen gekommen war, doch es blieb ihm keine Zeit, über sich zu staunen. Er hatte das letzte Wort kaum zu Ende gesprochen, da begann Kronos schon mit dem Verhör.

«Ist dir Gaia erschienen?» fragte der Herrscher.

Prometheus nickte.

«Worüber habt ihr gesprochen?»

«Über ein Bäumchen», entgegnete Prometheus. «Großmutter hatte mir einen Baum mit braunen Blättern und einer winzigen gelben Blüte gezeigt, ein Bäumchen, Onkel Kronos, wie ich es noch nie im kretischen Wald gesehen habe, kleiner als ein Zitro –»

«Ach was, ein Bäumchen», rief Kronos ungehalten, «das soll mich nicht kümmern! Sag lieber, ob du ein Knäblein gesehen hast.»

«Wahrhaftig nicht», erwiderte Prometheus, «das Geißlein ist ein Weibchen gewesen.»

«Was für ein Geißlein denn nun wieder?» fragte Kronos unwirsch.

«Das Geißlein von Amalthea, nach dem der Löwe und dann die bucklige Schlange geschnappt hat.»

«Höre, Prometheus», rief Kronos in beginnender Wut, «diese Albernheiten von Tieren und Pflanzen will ich nicht wissen. Ich hätte dich wahrhaftig für so verständig gehalten, daß du mich mit diesem Kram verschonst. Sag mir jetzt klipp und klar: Hast du ein kleines Kind gesehen, oder hat Gaia von einem Kind gesprochen?»

«Erhabener, nein», erwiderte Prometheus, und er fügte hinzu: «Ich kann es beschwören.»

«Das erlasse ich dir», sagte Kronos, «denn ich weiß ohnehin alles. Ich wollte dich nur auf die Probe stellen. Du bist vorm kretischen Wald ins Meer gesprungen, stimmt's? Da siehst du, daß mir nichts entgehn kann.»

Da er dies sagte, dachte er: Dieser Tölpel ist ungefährlich, er hat nichts im Sinn als Gaias lebendiges Spielzeug. Doch Ordnung muß Ordnung bleiben und mein Wort mein Wort. Sein Ungehorsam muß bestraft sein! Feierlich sprach er: «Höre, Prometheus, und höret auch ihr, meine erhabenen Schwestern und Brüder. Der Frevler hat ein Geständnis abgelegt, zwar spät, aber doch noch zur rechten Stunde. Darum will ich dieses Mal noch gnädig sein und es mit einer Million Jahre im Nordeis bewenden lassen. Fortan aber stehe auf jeden Ungehorsam der Einschluß für alle Ewigkeit.»

Da Vater Iapetos und Mutter Themis dieses Urteil hörten, schrien sie auf, doch lauter als seine Eltern erhob Prometheus die Stimme.

«Jammre nicht», rief er der Mutter zu, die sich niedergeworfen hatte und Kronos um Gnade anflehte. «Jammre nicht! Unser Herrscher ist weise und gnädig, und seine Strafe ist nur gerecht. Denn schrecklich ist es, die Ordnung zu stören.»

Langsam hob er die Schale Kronos entgegen und rief schallend, als wolle er die fernsten Ohren erreichen: «O ihr Eingeschlossenen im Herzen des Fürsten, wie beneide ich euch! Ewig seid ihr vor jedem Fehltritt bewahrt und geborgen! Hades, Poseidon, Demeter, Hestia, Hera und Zeus, ich grüße euch! Erwacht, falls ihr schlaft, und tut eure Ohren auf, falls ihr sie verschlossen haltet, denn diese Stunde ist bedeutungsvoll! Hades, Poseidon, Demeter, Hestia, Hera und Zeus, habet acht! Möge dieser Nektar auch euch erquicken und stärken!»

Kronos nahm ihm die Schale ab.

«Du hast gute Worte gefunden, Prometheus», so sprach er. «Es scheint, daß dein Verstand jetzt gereift ist. Meine Strenge hat dir gutgetan, und die Strafe wird dich vollends läutern.»

Er hob die Schale an den Mund.

In diesem Augenblick kletterte die Fliege von der granitenen Höhe auf den Boden.

«Ich trinke auf die ewige Ordnung», rief Kronos. «So, wie es ist, soll es immer bleiben!»

«In Ewigkeit!» riefen die Titanen im Chor.

«In Ewigkeit», schluchzten Iapetos und Themis.

«In Ewigkeit», flüsterte Rhea fast ohne Stimme.

Die Fliege wetzte die Flügel.

Kronos trank.

«Was ist das für ein Nektar?» sprach er verwundert. «Er glüht in meinem Mund. Nie noch habe ich solchen Nektar getrunken. Woher hast du ihn geholt?»

«Aus dem heißesten Feuer, Erhabener», sagte Prometheus. «Trinke noch einen Schluck!»

Kronos trank.

«Der Nektar glüht in meinen Adern», sagte er mit verworrener Stimme. «Wo brennt dies Feuer, aus dem du ihn schöpftest?»

«Am nahesten, Herr», antwortete Prometheus. «Trinke noch einmal!»

Kronos trank.

«Der Nektar glüht in meinem Herzen», sprach er, und seine Worte taumelten ineinander. «Was ist dies naheste und heißeste Feuer?» fragte er lallend.

«Es ist der Haß, Herr», erwiderte Prometheus und stand auf. Da begann Kronos zu schwanken. Er krümmte sich über den Tisch aus Gold und fiel vornüber, und während er sich auf die Ellenbogen zu stützen suchte, bäumte sich sein Oberkörper auf. «Was ist das?» wollte er schreien, doch es kam nur ein gurgelndes Röcheln wie eine Stimme der Hundertarmigen aus seinem Munde, und dem Röcheln folgte ein schwarzer Stein, der über die Länge des Tischs auf den Boden rutschte. Das Auge des Herrschers glotzte ihm blöde nach, da stülpte ein zweiter Ansturm des Gifts seinen Schlund um; die Eingeschlossenen sprangen heraus, und zu gleicher Zeit wuchs die Fliege vor des Kronos Füßen klirrend als Zeus empor.

«Willkommen in der Freiheit, meine Brüder und Schwestern!» rief Zeus. «Hier, nehmt diese Schwerter, der Kampf beginnt»

Einen Augenblick stand Prometheus wie im Traum, und auch die Titanen an den Wänden waren von dem unglaublichen Geschehen so überwältigt, daß sie sich nicht rührten und auf ein Wort des Herrschers warteten, so wie ein Stein auf dem Berggipfel wartet oder das Wasser im Eis oder in der Kohle die Flamme. Da aber waren die Befreiten, Zeus voran, schon auf den Herrscher eingedrungen. Sie konnten ihn nicht töten, denn er war ja unsterblich, allein sie konnten ihn betäuben und binden, und eben das versuchten sie.

Kronos stieß sich vom Tisch ab und taumelte auf die Füße. Verzweifelt kämpfte sein Wille gegen das Gift. Er raffte den granitenen Mantel um sich, die Schläge abzuwehren, allein die mit rasendem Haß geführten Schwerter zersplitterten das Steingewand. Zugleich krümmte das Gift den Fürsten ein drittes Mal. Er brach auf die Knie; die Himmelsburg dröhnte bei seinem Niederfall, und nun rief der Gestürzte: «Zu Hilfe, Brüder! Zu Hilfe, Schwestern! Was zaudert ihr! Wir alle sind in Gefahr!» Da aber lösten sich die Titanen auch schon von den Wänden, Atlas voran und Hyperion und mit ihnen Koios und Krios und die beiden Söhne des Atlas, Kratos und Bia, und auch Phoibe und Mnemosyne und Theia und andere eilten herbei, und die Schlacht der Titanen mit den Göttern begann. Prometheus war Zeus zur Seite gesprungen; Rhea gesellte sich gegen ihren Gemahl zu ihren Kindern; Iapetos und Themis, die weder gegen den Herrscher noch gegen ihren Sohn kämpfen wollten, hatten sich mit Epimetheus in die Milchstraßengrotte zurückgezogen; Okeanos und Tethys mit ihren tausend mal tausend Kindern aber fuhren entsetzt zur Erde hinunter und verbargen ihr Gesicht in den strömenden Fluten.

Die Schlacht währte zehn Jahre. Zwar zerstäubte das Gold der Himmelsburg bald im Aufeinanderprallen von Stein und Erz und dem Wüten der riesigen Leiber, doch der Schwung der Bewegungen war so ungeheuer, daß die Streiter sich in den Lüften hielten, so wie sich ein rasendes Rad in die Luft erhebt und dort schwebend verweilt. Schließlich zerdampfte auch die Luft, und die Kämpfenden stürzten auf einen Planeten aus blankem Quarz, dessen Trümmer und Splitter noch heute zwischen dem Mars und dem Jupiter kreisen. Dort tobte die Schlacht drei weitere Jahre, dann drohten die Götter den Titanen zu unterliegen. Poseidon, dessen Schwert so zerhauen war, daß es statt einer drei Spitzen hatte, war durch Kratos und Bia, die Söhne des Atlas, in ärgster Bedrängnis; Hades, von den Schlägen des Koios und Krios bis zur Brust in den Felsgrund gekeilt, kämpfte in hoffnungsloser Verzweiflung; Demeter, Hestia und Rhea waren von den Fürstinnen schon niedergeworfen und gebunden; Hera drohte das gleiche Schicksal, und auch Prometheus und Zeus, von Atlas, Hyperion und Kronos mit einem Hagel aus Bergkuppen überschüttet, sahen sich am Ende ihrer Kräfte.

«Noch einmal angegriffen, Brüder», schrie Kronos, «dann sind die Ruchlosen überwunden!»

Er riß eine kaukasushohe Felszacke aus und schmetterte sie Zeus vor die Stirn, und Zeus fiel auf die Knie und brach, ohne sich noch einmal erheben zu können, vollends zusammen. Zur gleichen Zeit erlagen auch Hades und Hera, und Poseidon war so ermattet, daß er den Arm mit dem Dreizack nicht mehr zu schwingen vermochte. «Sieg, meine Brüder und Schwestern, Sieg!» rief Kronos und bückte sich, den Berggipfel wieder aufzunehmen, da gewahrte Prometheus, dem der nächste Schlag zugedacht war, an der Hüfte des Titanenfürsten ein seltsam dunkles Flimmern und Flirren.

Der Gürtel aus purer Schwere, schoß es ihm durch den Kopf, der unsichtbare Gürtel aus purer Schwere, sollte er etwa beschädigt sein? Nun denn, so werden uns eben die Ungeheuer zu Hilfe kommen!

Er sammelte seine letzte Kraft zu einem verzweifelten Sprung und Griff und schnellte sich gegen die flirrenden Flecken und versuchte sie mit einem ungeheuren Ruck nach oben auseinanderzureißen und riß sich beinah selbst entzwei. Er glaubte sein Rückgrat gespalten; das Unsichtbare hielt stand, ja es schien sich zu wehren: Eine Gegenkraft zerrte seinen Armen entgegen nach unten, und da Prometheus begriff, daß es die Hundertarmigen waren, die an den unsichtbaren Strängen rüttelten, war ihm, als rolle plötzlich ein Kopf aus Grind und Glut durch den seinen und hauche ihn an. Mit einem Mal standen, wie damals im Bauch der Erde, die furchtbaren Rümpfe und Beine und Arme und Schädel vor seinem Blick; entsetzt wollte er innehalten und sich Kronos ergeben, doch da flogen seine Arme schon auseinander, der Gürtel zerriß, der Schlag einer unsichtbaren Faust erschütterte den Planeten mit solcher Wucht, daß sein Quarzgrund zerklaffte, und die Kämpfenden stürzten zu Boden wie Bäume im Sturm.

Nur Prometheus, von der ungeheuren Schwere in seinen Händen gegen den Felsgrund gestemmt, blieb stehen.

«Was hast du getan», rief Kronos, «was hast du getan!» Er rief dies ruhig und zornlos, ja es schien, als sei mit dem Gürtel auch sein grausamer Wille zerrissen und er fühle sich selbst von seiner Herrschaft erlöst. Er lag auf dem glasig zusammengeschmolzenen Grund und machte nicht die geringsten Anstalten, sich zu erheben oder sich für den bevorstehenden Kampf zu rüsten; er blickte Prometheus, der wie betäubt vor ihm stand, mit ernsten, fast gütigen Augen an und sagte: «Ich hatte große Pläne mit dir, Prometheus. Ich wollte dich nach deiner Strafe zu meinem Gehilfen machen; doch nun ist die Ordnung zerstört, und nun wehe uns allen! Nun magst du dich danach sehnen, im Eis zu ruhn.»

Prometheus stand und spürte die Schwere schaukeln und schwanken; er glaubte die Klauen und haarigen Krallen und schuppigen Pranken zu sehen, die daran höher und höher klommen; das Unsichtbare entglitt seinen Händen, so daß nun rasch sich vertiefende Rillen den Felsgrund zerschnitten; ins Knirschen des Quarzes drang Gurgeln und Brodeln und Keuchen und schwoll im Nu zu Heulen und Tosen; am Horizont züngelten Dünste und Feuer; Gestank aus Fäulnis und Hitze wallte, und plötzlich flog eine schlenkernde Hand vom Rand des Planeten her über den Kampfplatz, klammerte sich an einer Felsnase fest und zog an einem Arm, der wie eine Wolfssehne zäh und dünn war, eine Woge von brüllenden Köpfen aus der Tiefe herauf.

Die Götter und die Titanen waren aufgesprungen und drängten sich, Todfeinde noch eben, zitternd aneinander und wichen zurück. Keiner, nicht einmal Atlas oder Zeus, versuchte sich zu wehren, und keiner wollte es auch wagen, sich von den andern zu trennen und zu entfliehn. Verstekken konnten sie sich auch nicht, denn die Berge mit ihren Grotten und Tälern waren abgetragen oder zerschmettert, und die einzige Felswand, die den Kampf überdauert hatte, war in ihrem lotrechten Ragen viel eher ein Hindernis als ein Schutz.

So sahen die Unsterblichen in hilflosem Grauen, wie plötzlich der Grund von Händen wimmelte, Händen gleich Tatzen und Zangen und Scheren und Klammern und Greifern und auch Händen mit flachen Stümpfen und Saugnäpfen daran, wie Fliegen sie haben, und all diese Hände tasteten blindlings fingernd und zuckend und schnappend herum, bis sich aus den übereinander sich türmenden Köpfen jener erhob, der nur ein einziges Auge war. Dieser drehte sich, indes nur das Rasseln der Lungen unter den plötzlich verstummten Schlünden zu hören war, langsam auf hochgeleiertem Hals den vor der Felswand sich Stauenden zu, und als er ihnen genau gegenüberstand, begann jener Kopf, der ein einziges Maul war, wütend zu brüllen, und die Hände, nun nicht mehr zu zählen, krochen und sprangen und fuhren und flogen auf die Gesuchten zu. Indes waren auch Beine und Knie erschienen und stemmten sich auf den Grund und erhoben ruckhaft die Rümpfe, so daß die Köpfe gleich einem Wald über ihnen schwankten, und nun, da die Hände ihr Ziel umkreisten, schnatterten auch wieder Stimmen durcheinander, bis jene aus dem kopfweiten Maul alle anderen überschrie.

Was die Stimmen sagten, war nicht auszumachen; die Laute waren zu dumpf und zu schrill, und es schien auch, als habe jede Kehle nur eine Silbe, die sie, ohne wechseln zu können, herausstieß, und nur der Maulkopf verfügte über mehrere Töne, die bald stierhaft, bald löwenhaft, doch immer heiser vor Wut klangen. Im Eifer des Sprechens brach Dunst und Rauch aus den Mäulern, so daß ein Teil der Köpfe und Rümpfe von einem feuerdurchstreiften Nebel verhüllt war, darunter die Hände und Bäuche und Beine als eigene Wesen äußerster Gräßlichkeit schwappten und schlappten.

Der Hestia, der Phoibe und der Theia waren die Sinne geschwunden, und auch Hera brach schreiend zusammen, als eine teigige Hand ihren Scheitel berührte; die Titanen preßten sich in die Felswand; Poseidon schwenkte zitternd den Dreizack vor seiner Brust hin und her; Hades, von einer Faust aus glühendem Kupfer geblendet, schlug heulend die Hände vor die Augen, und Prometheus stand fahl an den fahlen Zeus gelehnt und dachte hilflos, daß er als Urheber dieses Verderbens sich opfern müsse, da trat Kronos langsam und stolz nach vorn und redete, die Arme schräg in die Höhe breitend, den Kopf, der nur ein einziges Ohr war, in der bald stier-, bald löwenhaften Sprache an.

In diesem Augenblick erkannte Prometheus, daß der Augen-, Maul- und Ohrenkopf und die graue, von roten Netzen durchzogene Wolke zu einem einzigen Wesen gehören mußten, denn diese Köpfe hoben sich über die Staffel der andern, und ihre Hälse mündeten in einem gemeinsamen Ansatz der Brust. Auch die hundert Hände, die Kronos nun packten und durch den Flammenschwall in die Höhe hoben, gehörten zu jenem einen Koloß, der so etwas wie der Anführer der drei sein mußte und dessen Name – die anderen hießen Briareos und Gyes – Kottos war.

Da Kronos also in die Höhe entführt wurde, rannten Kratos und Bia hinter die Felswand und stürzten sich kopfüber in die Winde; andere Titanen folgten diesem Beispiel; andere wieder, so Zeus und Prometheus, wollten sich nach ihren Waffen bücken, da geschah etwas höchst Sonderbares. Die Ungeheuer, seit des Kronos Vortreten fest auf ihren dreihundert Beinen stehend und nun auch deutlich als drei Einzelwesen erkennbar, begannen plötzlich wieder durcheinanderzuschwanken; ihre Arme verknäulten sich; ein Teil der Köpfe sank auf gleichsam verwelkenden Hälsen nieder, andere schmatzten, und dritte schnarchten; Knie knickten ein, und Rümpfe schlugen krachend auf den Felsgrund, und Kronos entfiel den bald auseinanderstrebenden, bald sich verkrampfenden Fingern und stürzte über Schädel, Nacken, Hälse, Rümpfe und Schenkel bewußtlos zu Boden.

«Schnell, binde sie!» rief Zeus Prometheus zu und versuchte die unsichtbare Schwere anzuheben.

Prometheus begriff nicht, was geschehen war.

«Hilf mir!» schrie Zeus wütend, und Prometheus beeilte sich, mit Zeus die tiefeingeschnittene Kraft aus dem Boden zu klauben. «Sie sind betäubt», keuchte Zeus, «die plötzliche Freiheit hat sie berauscht wie Murmeltiere und Bären, wenn sie nach dem Winterschlaf aus ihren Höhlen an die Frische kommen. Binde sie, und binde auch Kronos mit ihnen zusammen! Dann haben sie in ihrem Kerker ein Spielzeug, von dem sie nie mehr lassen werden.»

Wie will er mit ihnen fertig werden? dachte Prometheus. Wie sollen die Bande aus purer Schwere sie bändigen, da ja unsere soviel schwächeren Kräfte das Unsichtbare heben können? Und wie sollten wir die Ungetüme wohl fortschaffen? Etwa von diesem bleiernen Arm hier könnte man kaum eine Pranke tragen!

Zeus hatte die Schwere dort um die Leiber der Hundertarmigen gewunden, wo die Rümpfe eines jeden zusammentrafen, nämlich über dem Becken, und er hielt nun, in breitester Grätsche stehend, unter je einem Arm die Enden des zerrissenen Gürtels und schob sie dermaßen zusammen, daß die schwarzen Stellen einander deckten und in dieser Deckung wieder unsichtbar wurden.

«Die alte Gaia hat mir viel von den Ungeheuern erzählt», sprach Zeus, als habe er die Gedanken des Prometheus erraten. «Wenn die Schwere zu einem Kreis geschlossen ist, hat sie berichtet, kann keine Kraft sie mehr trennen – von dieser äußersten Kampfeshitze wußte sie ja nichts. Und nun komm! Wachse mit mir zum stärksten Nordwind!»

Er berührte, da er dies sprach, die Schulter des jungen Titanen, und Prometheus fühlte plötzlich seine Kraft ins Unermeßliche schwellen; er sah seine Kampfgefährten klein wie Fliegen und spürte die kaum zu bezwingende Lust, sie anzuhauchen und fortzuwehen; er sprang von einem Bein aufs andre und schnaubte dabei aus allen Poren, und neben ihm tanzte, in schwingender Schwärze, der lauthals prustende und schnaubende Zeus. «Faß an», schnaubte Zeus, und die beiden packten die Ungetüme samt Kronos und trugen sie, als wären es Flaumfedern, zum Erdstern hinab in die diamantene Höhle und umwanden auch die mit den Schwereesträngen und schoben auch hier die Enden ineinander. Dann nahmen sie ihre wahre Gestalt an und wandelten durch den gelbdunklen Gang, der nichts Schreckliches mehr für sie hatte, zurück.

«Höre, Bruder», sprach Zeus, da sie, er voran und Prometheus hinter ihm drein, so trotteten, «höre, Bruder, dein unbesonnener Griff hätte uns fast ins Verderben gestürzt. Ohne mich wäret ihr allesamt kläglich verloren.»

«Wir müssen dir ewig dankbar sein», sagte Prometheus, doch da er das noch aussprach, ärgerte er sich, denn er dachte, daß zunächst Kronos und dann die ungewohnte Freiheit das Verderben abgewendet hatten.

«Willst du dich nicht rechtfertigen?» fragte Zeus.

«Die Hundertarmigen waren doch unsere letzte Hoffnung», erwiderte Prometheus. «Hätte ich nicht die Kette zerrissen, hätte Kronos gesiegt, und wir wären nun statt seiner bei den Ungeheuern.»

«Das ist nicht wahr», sagte Zeus scharf, «ich hätte Kronos allein besiegt. Sein Schlag mit dem Felsgipfel hat mir nichts getan; ich bin freiwillig zu Boden gegangen, um neue Kräfte zu sammeln, während Kronos die seinen sinnlos vergeudete. Im nächsten Augenblick wäre der Kampf zu unsern Gunsten entschieden gewesen. Doch ich will dir nicht zürnen, da du in gutem Glauben gehandelt hast. Von nun an aber warte auf meine Befehle, wenn du etwas Außergewöhnliches tun willst.»

«Wir wollen uns darum nicht streiten, mein Bruder», entgegnete Prometheus, im Herzen aber dachte er: Du sprichst ja wie Kronos! Er hatte Zeus vorschlagen wollen, noch einmal den kretischen Wald zu durchstreifen und nach der siebenundzwanzigsten Amalthea zu sehen, doch nun schwieg er davon, und als sie dann ans Tageslicht stiegen und dieser Wunsch sich abermals regte, sprach Zeus: «Lieber Bruder Prometheus, fliege auf den Kampfplatz und bitte meine Schwestern und Brüder zur Beratung hier auf den Erdstern herunter. Die Himmelsburg ist ja zerstört, und in die Milchstraße mag ich nicht ziehen. Wir wollen unser Reich hier gründen.»

Prometheus wollte Zeus fragen, woher er das Recht

nehme, wie ein Herrscher Befehle zu erteilen, allein als Zeus sich auf einen gestürzten Baumstamm setzte, die Beine weit von sich streckte und herzhaft gähnend sagte: «Wie bin ich müde!», da dachte Prometheus, daß Zeus im Kampf doch mehr als die andern geleistet habe, und er flog ohne ein widersetzliches Wort zu den Göttern hinauf.

DIE GÖTTER ERRICHTEN IHR NEUES REICH

Als die Götter darangingen, ihr Reich zu errichten, saßen sie hoch über Wolken und Geiern auf einem Gebirge, das «Der Olymp» hieß. Zuerst hatte Zeus den kretischen Wald aufgesucht, doch da waren Ziegen und Widder und Bären zu ihm gerannt und waren an ihm hochgesprungen, von den gemeinsamen Tagen zu schwärmen, und da hatte er sich dieser Bekanntschaft geschämt und war weggegangen. Da er wegging, hatte er gedacht: Ich will meinen Sitz auf dem höchsten Berg dieses Landes nehmen, denn von dort werde ich weit über mein Reich schauen können! So war er also auf den Olymp gestiegen und hatte die Brüder und Schwestern noch aus der Luft her zu sich gewinkt, und da saßen sie nun und hielten Rat, und auch Prometheus saß in ihrem Kreis.

«Seht, um uns dehnt sich die unermeßliche Welt», so redete Hestia, «und jeder von uns soll einen Teil zugesprochen bekommen. Wie aber wollen wir sie teilen? Wir sind unser sieben, und am besten schiene es mir, wenn jeder, wie früher bei den Titanen, einen bestimmten Tag das Herrscheramt übt. Was meinst du, Bruder Hades?»

Der saß gekrümmt im Schatten der Demeter und hielt sich stöhnend die Hände vor die Augen.

«Ich weiß es nicht», sagte er gequält, «mich plagt das Licht. Der glühende Arm hat mich geblendet, und zudem war ich ja vor euch allen in der Dunkelheit in des Vaters Herzen. Ich kann die Helle nicht mehr ertragen. Laßt mich auf meinen Teil Herrschaft verzichten.»

«Niemals, mein Bruder!» rief Zeus. «Ich habe gelobt, daß wir gemeinsam herrschen, und davon gehe ich nicht ab. Doch wie wäre es», so sprach er zu dem stöhnenden Hades, «wenn du zu deinem Reich das Dunkel dieses Planeten wähltest? Dort hausen die Hundertarmigen mit Kronos, und dort wollen wir auch die geflüchteten Titanen ansiedeln. Sie mögen schlafend dahindämmern wie einst in den Milchstraßengrotten, doch wir müssen einen haben, der sie alle bewacht. Möchtest du nicht dieses Amt übernehmen, lieber Bruder?»

«Aber ja», erwiderte Hades, «ihr tut mir wirklich einen großen Gefallen damit. Ich heiße ja nun einmal der Dunkelbehauser. Ich will mich gleich auf den Weg machen, ich halte das Licht nicht mehr aus. Es sticht mich und brennt mich. Teilt die Welt unter euch, wie ihr mögt, ich habe meinen Teil und bin's zufrieden. Sagt mir nur rasch, wie ich in die Tiefe hinunterkomme.»

«Prometheus kennt den Weg, er wird dich führen», sprach Zeus. Der junge Titan faßte, Zustimmung nickend, des Hades Hand. Der Geblendete tat ihm leid, und er hätte von sich aus den Vorschlag gemacht, ihm den Weg zu zeigen. Er führte Hades zunächst in ein Gebüsch am Fuß des Olymps, brach Blätter einer großen, fleischigen Staude ab, spaltete sie und band sie mit Weinranken über die schmerzenden Augen des Stöhnenden. Dann lud er sich Hades auf den Rücken, schwamm mit ihm über das Meer und geleitete ihn den Stollenweg abwärts in die Tiefe der Erde. Die Hundertarmigen schienen zu erwachen; man hörte einige ihrer Köpfe benommen lärmen, und es war auch, als brülle Kronos in fremder Sprache wie damals, als er vor sie hingetreten war. Prometheus schien es eine Erinnerung aus einer unglaublich fernen Zeit. War dies wirklich alles nur ein paar Stunden und Jahre her, oder war es vielleicht doch nur ein Traum gewesen? Er lauschte im Weitergehen den erwachenden Stimmen, doch nun, in der Nähe des Kerkers, verebbte der Lärm. Im gelben Dämmerschein taten sich Höhlen auf, die Prometheus nicht kannte, und als er in einer einen Doppelhügel gewahrte, der von zwei schwarzen Flüssen umstrichen war, führte er Hades dorthin und hieß ihn sich setzen.

«Hier ist es weich und schattig», sprach Hades und nahm den Verband ab. «Ich kann sehen, ich kann wieder sehen, und es schmerzt nicht!» rief er überrascht.

Er zog Prometheus auf den Sitz neben sich.

«Hab Dank, Bruder», so sprach er, «für deine Güte und deine Kunst. Wenn es dich einmal nach Stille, Kühle und Ruhe verlangt, so bist du hier unten immer willkommen. Hör nur, wie sanft die Flüsse rauschen. Spürst du, wie kühl ihr Wasser ist? Und schau dort die Schleife, die sie bilden. Sie ist grün und weiß, doch das Weiß blendet nicht. Das gefällt mir. Zeus hat es für mich getroffen.»

«Es ist eine Wiese», erklärte Prometheus, «und die Blumen, die darauf blühen, heißen Asphodelen. Ihre Wurzel hat Knollen, die kann man essen.»

«Woher weißt du das alles?» fragte Hades erstaunt.

«Großmutter Gaia hat mich manches gelehrt», erwiderte Prometheus. Er dachte daran, die Uralte zu rufen, doch er wußte, daß sie sich nicht ohne Not zeigen würde.

«Hier will ich bleiben», sagte Hades, «und auf der Asphodelenwiese sollt ihr die Titanen ansiedeln. Dort mögen sie schlafen, und ich kann sie übersehen. Die Schönste von ihnen werde ich zur Frau nehmen. Sie soll auf dem Hügel neben mir sitzen. Kennst du eine, die jung und schön ist, mein Bruder?»

Prometheus lachte.

«O ja», sagte er schmunzelnd, «da gibt es viele, Kore zum Beispiel, und –»

«Also Kore», fiel Hades ein, «das ist hübsch, das heißt ja ‹Mädchen›. Also das Mädchen Kore. Bring sie nur her. Sie soll neben mir sitzen, wo du jetzt sitzt.»

Prometheus nickte müde. Er verspürte den Wunsch, sich auf die Asphodelenwiese zu legen und zu schlafen, und da er das leise Glucksen der Bäche hörte, empfand er, doch nun gedämpft wie das Dämmerlicht, wieder eine Ahnung, doch eben nur eine Ahnung des Glücks. Rasch sprang er auf die Beine.

«Leb wohl», sprach er zu Hades, «ich fürchte, ich schlafe bei dir ein, und ich muß doch zurück. Meine Freunde werden auf mich warten. Wir wollen ja gemeinsam beraten.»

«Ich halte dich nicht», sprch Hades. «Sag Zeus, er soll mir bald die Titanen schicken, oder wenigstens die Kore. Sag ihm, daß es mir gut geht. Lebt wohl, ihr da droben!»

«Leb wohl, Bruder», sprach Prometheus und machte sich

auf den Weg, und als er vor dem kretischen Wald stand, konnte er es sich nicht versagen, nach der siebenundzwanzigsten Amalthea zu schauen. Es war aber nur ein winziges Weilchen, daß er zu ihr hinsprang, denn er dachte, die Götter würden ihn vermissen.

Doch das tat eigentlich nur Hestia. Die andern, und am eifrigsten Zeus, hatten seine Abwesenheit benutzt, die Vergebung der Ämter fortzusetzen.

«Ich halte es nicht für richtig», sprach Zeus, «den Prometheus an unsrer Herrschaft zu beteiligen. Überlegt doch, wer da noch alles Ansprüche erheben könnte: Rhea zuerst, dann auch Iapetos und Epimetheus, und auch Okeanos und Tethys und ihre tausend mal tausend Kinder! Wenn sie auch jetzt nichts verlangen, so tun sie es später oder es tun ihre Nachkommen. Wohin soll das führen, wenn es keine scharfe Grenze zwischen uns und ihnen gibt!»

«Aber ohne Prometheus säßen wir allesamt noch im Leib des Grausamen», warf Hestia ein. «Es wäre undankbar und höchst ungerecht, wenn wir ihn nicht als Gleichen behandelten.»

«Wieso denn?» sagte Hera. «Er hat an der Tafel des Kronos gepraßt, während wir im Kerker geschmachtet haben und unser tapferer Bruder Zeus sich im Wald zu den Ziegen verkriechen mußte. Soll er dafür etwa noch belohnt werden? Es ist ihm die ganze Zeit doch gut gegangen, und daß er uns – übrigens höchst bescheiden – geholfen hat, war ja nur aus Furcht vor seiner Strafe. Ich finde, wenn wir ihn nicht zu den andern Titanen in die Unterwelt sperren, ist das Lohn genug.»

«Mir ist es gleich», brummte Poseidon. Er lag auf dem Gletscher des Gipfels, und er glühte noch dermaßen von Kampfeshitze, daß das Eis in Bächen unter ihm wegschmolz und die Wasser über sein dreigezacktes Schwert rannen.

«Oh, ihr seid schändlich», rief Hestia wütend. Poseidon lachte grimmig und goß sich Wasser über die Stirn. Hera wollte der Schwester ins Gesicht fahren, aber Zeus hielt sie zurück.

«Wir wollen uns nicht streiten, vielliebe Geschwister», so redete er, «doch ich glaube, Hestia steht mit ihrer Ansicht allein. Poseidon und Hera sind gegen sie, und Hades wäre sicher unserer Meinung gewesen. Sein Erblinden ist ja nur Schuld des Prometheus, der hat ja die Hundertarmigen losgelassen, und das hat unserem Bruder die Augen zerstört. Doch wir wollen noch Demeter hören. Was meinst du, stille Schwester? Du bist ja hier auf Erden so schweigsam geworden?»

Das war Demeter in der Tat. Sie hatte die ganze Zeit in die Täler geschaut, die sich grün und blau und purpurgold ins Meerleuchten senkten, und dieser Anblick hatte sie selig gemacht.

«Ich glaube, daß unser Bruder Zeus am besten weiß, was geschehen soll», sagte sie, ohne den Blick von den Fluren und Wiesen zu lassen. Und sie fügte hinzu: «Für meinen Teil habe ich nur eine Bitte: Ich möchte immer hier unter dem Blühenden bleiben.»

«Die bunte Pracht dauert aber nicht lange, du wirst enttäuscht sein», sprach Zeus, «die Blüten werden morsch und welk, das Grün gilbt, und dann deckt es der Schnee zu.»

«Um so mehr muß ich es behüten!» rief Demeter.

«Da du es wünschest, stille Schwester», sprach Zeus, «mag es so geschehen. Dein Amt wird es sein, das Sprießen und Blühen der Pflanzen hier auf der Erde zu regieren: Die Wiesen, Wälder und Steppen seien dein Reich! Und unser hitziger Bruder Poseidon sollte über die Meere und Fluten herrschen, dort findet er Kühle genug. Was meint ihr dazu?»

Demeter umarmte ihren Bruder, und Poseidon schüttelte freudig seinen Dreizack.

«Am liebsten spränge ich jetzt schon kopfüber in diese Pfütze dort unten», rief er und zeigte auf das afrikanische Meer. «Du bist doch wirklich der Klügste von uns allen, Bruder Zeus. Doch welcher Herrschaftsbereich soll dir dann selbst bleiben? Die Unterwelt, die Erde, das Meer sind schon weggegeben.»

«Ich will mich mit dem Reich begnügen, das über dem euren liegt», sprach Zeus, «mit dem Reich der Lüfte, der Wolken, der Winde, der Sterne.»

«Du bist doch wirklich zu bescheiden, mein Bruder», meinte Poseidon, da sagte Zeus nachdenklich: «Wir haben eines vergessen, liebe Geschwister. Wir wollen alles Wichtige gemeinsam entscheiden, das haben wir ausgemacht, doch es könnte ja sein, daß wir einmal nicht einig sind, dann stünden drei Stimmen gegen drei andere. Für diesen Fall sollte einer von uns den Ausschlag geben, dessen Spruch sich dann alle fügen müßten. Mir scheint, das dürfte niemand sein als der Älteste. Wir wollen Hades dieses Amt antragen. Ich mache mich gleich zu ihm auf den Weg.»

Hestia nickte, doch Hera sprach: «Du hast recht, Bruder, daß einer der Erste von uns sein soll, aber Hades taugt nicht für dieses Amt. Bedenke, daß er blind im Erddunkel hockt und gar nicht begreifen kann, was sich ereignet. Wie wollte er da entscheiden können? Nein, liebe Geschwister, es gibt nur einen, der unser Oberster sein kann, und das ist Bruder Zeus! Er ist der Klügste und der Erfahrenste. Er und kein andrer hat uns befreit. Er soll unser Erster, er soll unser Herrscher sein.»

Hestia schwieg.

«Ich bin's zufrieden», sprach Poseidon, und auch Demeter sprach: «So soll es sein!»

«Es ist zuviel Ehre für mich», sagte Zeus, «denn ich bin ja der Jüngste. Aber wenn ihr darauf besteht, werde ich mich wohl fügen müssen, ich möchte euren Willen nicht mißachten. Außerdem erfülle ich damit ein Vermächtnis unserer Ahnin. Als Großmutter Gaia mich zum Kampf gegen Kronos rüstete, hat sie mich ausdrücklich als den Ersten der Götter gegrüßt. So will ich denn die schwere Bürde auf mich laden.»

Er stand auf, und auch seine Geschwister erhoben sich. Zeus reichte hoch in den Himmel, und die Sonne brach sich an seiner Stirn. «So schwört mir denn Gehorsam», sagte Zeus, und da beugten die Schwestern und Brüder vor ihm das Knie. Auch Hestia kniete. «So höre denn, Himmel, höre denn, Erde, höre denn, Meer, höre denn, Licht, und höret, ihr Sonnen und Monde und Sterne: Das Reich der Götter ist errichtet, und ich, Zeus, bin fortan euer Herr!»

In diesem Augenblick war Prometheus am Fuß des Olymps angekommen. Als er die Götter vor Zeus knien sah, stutzte er.

Er dachte: Sie knien vor ihm wie einst die Titanen vor

Kronos! Und er dachte: Ich will abwarten, was geschieht.

Er verbarg sich in dem Gebüsch, in dem er Hades die Augen verbunden hatte, und nun hatte er das Verlangen, einen Blick in die Zukunft zu tun. Er sah, ehe er die Augen schloß, zum Olymp hinauf und sah einen Geier kreisen, dann schloß er die Augen, und da sah er den Geier auf sich zuschießen und sah zerklüftetes Gebirge und sah sich selbst an eine Felswand gepreßt.

Was soll das denn wieder? dachte er und schlug die Augen auf, und da sah er den Geier aus den Felsklüften auf sich niederstoßen und schrak zusammen. Da der Geier gewahrte, daß seine vermeintliche Beute lebendig war, drehte er krächzend ab.

Es ist wie damals am Meer, überlegte Prometheus, ich sehe wieder nur die Gegenwart. Aber was soll mir jetzt auch die Zukunft! Ich muß weiter beobachten.

Er sah, daß die Götter sich erhoben und daß Zeus Hera in seine Arme schloß und sie küßte.

«Hera soll meine Gemahlin sein», sprach Zeus. «Sie soll mir helfen, das schwere Los zu tragen, das ihr mir auferlegt habt, liebe Schwestern und Brüder.»

«So laßt uns auch Hera huldigen!» rief Demeter.

«Das ist nicht nötig», sagte Zeus schnell, «es genügt ja, daß sie mein Weib ist. So wird der Gehorsam, den ihr mir schuldet, auch auf sie übergehen.»

Prometheus trat aus dem Gebüsch und erstieg den Berg. Zeus trat ihm entgegen.

«Willkommen, Prometheus», so redete er, «wie geht es unserem Bruder Hades? Fühlt er sich wohl in der unteren Welt?»

«Es geht ihm gut, und er dankt dir und grüßt dich», sprach Prometheus. «Er hat einen Platz für die Titanen gefunden. Wir sollen sie ihm bald schicken. Aber wo sind sie eigentlich?»

«Sie haben sich verlaufen», sagte Poseidon geringschätzig. «Als ich mit meinem Dreizack gegen die Hundertarmigen gekämpft habe, sind sie Hals über Kopf davongerannt. Wahrscheinlich haben sie sich in ihren Grotten verkrochen.»

«Da Kronos besiegt ist, sind sie hilflos», erklärte Prometheus. «Sie haben verlernt, ohne Gebote zu handeln, und warten nun auf eine Weisung. Ich kenne das von meinem Bruder. Wir brauchen ihnen nur zu sagen: Geht hinunter!, und sie werden uns folgen wie die Lämmer dem Widder.»

«Wie wer?» fragte Demeter.

«Wie Willenlose», erwiderte Prometheus. «Ich vergaß, daß ihr ja Gaias Geschöpfe nicht kennt. Doch nun laßt uns die Titanen zu Hades schaffen. Unser Reich soll doch seine Ordnung haben.»

«Das wirst du übernehmen, Prometheus», sprach Zeus und redete, ehe Prometheus noch ein Wort erwidern konnte, eifrig und doch in einem Ton fort, als berichte er längst bekannte und selbstverständliche Dinge. «Wir», so sprach er, «sind nämlich, während du unseren Bruder Hades geleitet hast, auch nicht müßig gewesen, lieber Bruder. Poseidon hat sich erboten, Ordnung im Meer zu halten, Demeter will dies auf den Wiesen der Täler und ich will dies hier oben im Reich der Berge und Lüfte tun. Außerdem hat mich das Vertrauen meiner Geschwister gewissermaßen zum Anführer gemacht, ich will sagen: zu dem, dessen Stimme den Ausschlag gibt, wenn wir uns einmal nicht einigen sollten. Dies Amt ist mir sehr leidig, das brauche ich wohl nicht zu betonen, doch es muß ja nun einmal getragen sein! Was dich betrifft, lieber Bruder, so dachten wir, daß deine Tapferkeit im Kampf gegen die Titanen besonders hoch belohnt werden muß. Wir möchten dir daher antragen, daß du jeweils die wichtigsten Aufgaben übernimmst, so wie sie sich gerade ergeben. Das ist ein außerordentlich verantwortungsvolles Amt. Du wärest da mein erster Gehilfe, und so möchte ich dir gleich die Aufgabe übertragen, die Titanen zu sammeln und in die Unterwelt zu geleiten. Damit hätte der Kampf seinen Abschluß gefunden, und wir könnten alle sorgenlos ausruhen. Ich nehme an, daß auch du müde bist. Wenn du willst, magst du gern bei deinen Verwandten ein Schläfchen halten, wie du's gewohnt warst, wir werden dich deswegen nicht schelten.»

Die Götter sahen gespannt auf Prometheus, wenn auch mit durchaus verschiedener Erwartung. Hestia fand die Worte des Zeus abscheulich und lügenhaft und hoffte, daß

Prometheus sie ablehnen werde; Hera aber hatte sie mit Bewunderung und auch mit Neid angehört. Er kann gut reden, dachte sie, es ist alles irgendwie richtig und wahr, was er sagt, und doch stimmt es nicht ganz, und das täuscht seine Gegner. Ich finde es bewundernswert! Und er sagt es auch so freundlich, daß Prometheus nichts dawider haben kann.

Sie blickte mit großen, strahlenden Augen auf ihren Bruder, doch sie dachte: Ich werde künftig höchst genau auf seine Rede achten müssen, besonders dann, wenn er freundlich wird. Mich soll er nicht hintergehen, der Schlaue!

DES ZEUS ERSTE TATEN

Prometheus hatte die Rede des Zeus genau überdacht, und wenn er auch höchst argwöhnisch zu der Versammlung getreten war und sein Argwohn sich anfangs noch gesteigert hatte, fand er das Mitgeteilte bei ruhiger Prüfung doch verständlich, ja eigentlich richtig. Die Verteilung der Ämter war einleuchtend; daß einer der Erste sein sollte, war auch in Ordnung, und Zeus hätte auch er dafür vorgeschlagen. Jedes Tiervolk hat seinen Führer, das muß schon so sein, dachte er, und hat uns Zeus im Kampf geführt, also soll er's auch im Frieden tun. Daß die Geschwister vor ihm gekniet haben, gefällt mir zwar nicht, doch ich glaube, daß es auch Zeus nicht gefällt.

So nickte er denn und sagte: «Ich bin mit eurem Vorschlag einverstanden, liebe Brüder und Schwestern.»

«Gut», rief Zeus und klatschte in die Hände, «dann ist ja alles geregelt!»

Heras Augen blitzten Triumph, Hestia sah traurig zu Boden, Prometheus aber nahm beides nicht wahr. Nun, nachdem alles geordnet war, fühlte auch er die Müdigkeit, und plötzlich freute er sich auch, Vater Iapetos und Mutter Themis und vor allem sein Brüderchen Epimetheus wiederzusehen. Der Träumer wird staunen, so dachte er, wenn ich plötzlich vor ihn hintrete und sage: Guten Morgen, lieber Bruder, schlaf weiter, die neue Zeit hat begonnen, und ich bin nun einer der sieben Fürsten! Er mußte lachen, da er an das Gesicht des Bruders dachte.

«Einverstanden», wiederholte er, «ich will die Titanen hinunterführen, doch danach möchte ich Großmütterchen Gaia besuchen. Ausschlafen werde ich mich im Wald, darauf freue ich mich schon lange.»

«Grüße Gaia von mir», sagte Zeus, «und laß dir ruhig Zeit, lieber Bruder.»

«Das will ich», sagte Prometheus und machte sich auf den Weg, die Titanen zu sammeln.

«Und nun ins Wasser!» rief Poseidon. Er stand auf und packte sein dreizackiges Schwert.

«Aber wir sind ja noch gar nicht fertig, Bruder», sprach Demeter, «unsere Schwester Hestia hat ja noch kein Amt.»

«Ich möchte auch keins», sagte Hestia.

«Das geht nicht, Schwester», sprach Zeus vorwurfsvoll, «wir wollen doch gemeinsam herrschen, so haben wir es beschlossen, und daran müssen wir uns schon halten. Aber ich habe einen Vorschlag, der dir gefallen wird. Wir müssen uns doch hier auf diesem Olymp eine Wohnstätte schaffen, wo wir beisammensitzen und Rat pflegen und behaglich essen und trinken und ausruhen wollen. Wir könnten recht gut in jene Felshöhlen dort drüben ziehen, und Hestia soll sie als ihr Reich verwalten, wo sie den Haushalt führt und für Ordnung sorgt. Ich nehme an, das wird sie freuen, sie ist ja so sehr aufs Wohl anderer bedacht, unsre gute Schwester.»

«Ja», sagte Hestia, «ich bin's zufrieden.»

«Ins Meer! Ins Meer!» rief Poseidon und rannte dem Meer zu, das wie eine Veilchenwiese zwischen Hellas und Kreta lag.

«Zu den Blumen!» rief Demeter und sprang in ein Rosental.

«Wir beide gehn uns die Wohnstatt anschauen, liebe Schwester», sagte Hera und legte ihren Arm um Hestias Schultern.

Zeus blieb allein.

Er holte tief Luft und dehnte die Brust. Eben noch war er zum Umfallen müde gewesen, doch jetzt war er wieder hellwach.

Ich bin der Mächtigste, dache er und steckte die gespreizten Hände ineinander und drehte federnd und wippend die Handteller nach außen, bis die Fingergelenke knackten. Ich bin der Mächtigste, dachte er, der Mächtigste von allen! Niemand ist mächtiger als ich! Ich bin von allen der Mächtigste! Dieses feierliche Denken ließ ihn eine noch nie gekannte körperliche Stärke empfinden. Es war, als sei ihm bislang die Kraft, ja das Dasein seines Leibs noch gar nicht zum Bewußtsein gekommen. Er fühlte zum ersten Mal, daß sein Atem seine Brust und seine Lungen blähte und daß seine Muskeln unter der Haut sich spannten und daß beim Überlegen seine Zunge langsam und glatt über den Innenrand seiner Lippen fuhr.

Er löste die verschränkten Finger und drehte die Oberarme unter den Schultern und drehte Schultern und Hals um das Kreuz und zog die Bauchdecke an und schaute an sich hinab und bewegte seine Knie und Zehen und dachte: Das ist mein Becken! Das sind meine Beine! Das sind meine Füße! Das bin ich!

Plötzlich rüttelte er so wild am Gipfel des Olymps, daß der Fels sich verwarf. Die Ordnung der Wasser, die aus den Gletschern in das Berginnere sickerten und sich dort versammelten, wurde gestört. Neue Quellen brachen aus den Hängen und Halden, andere wurden verschüttet und versiegten, wieder andere stauten sich zu unterirdischen Seen.

Da tauchte ein Mädchen aus dem Gestein: Metis, eine der tausend Töchter des Okeanos und der Tethys. Es war ihr Amt, die Wasser dieses Bergzugs zu überwachen, und sie hatte ihren Bereich auch während der Titanenschlacht treu versorgt.

«Du störst die Ordnung, Fremdling», sagte sie verärgert zu Zeus.

«Wer bist du denn?» antwortete Zeus verblüfft.

«Ich bin Metis, die Tochter des Okeanos und der Tethys», erklärte das Mädchen. «Ich habe hier die Gewässer zu regeln, und du bringst sie ganz durcheinander! Bist du der Gott, der gegen Kronos gekämpft hat?»

«Ja, der bin ich», sagte Zeus, und nun fühlte er seine Brust auch ohne sein Zutun sich weiten, und es war ihm, als ob sein Körper zu leuchten beginne. Er machte die

Schultern noch breiter und wölbte die Brust noch mehr. «Ja, ich bin Zeus», wiederholte er. Zuerst hatte er diesen Satz hinausschreien wollen, doch dann sprach er ihn so leise, daß Metis sich anstrengen mußte, ihn zu verstehen. Er wollte, daß alles ringsum schweige, wenn er sprach, auch alle Wasser und das glucksende Eis. Doch es war auch der Wunsch, dem Mädchen zärtlich zu begegnen, was ihn den Ton so dämpfen ließ.

«Ja, ich bin Zeus», sagte er nach einer kurzen Pause ein drittes Mal, und nun sprach er mit gewöhnlicher Stimme, und die klang gereizt. Er hatte gehofft, daß Metis beim Anhören seines Namens ehrfürchtig erschauern und «oooh» sagen und ihn bewundernd anstarren würde, doch sie tat nichts dergleichen, sie hatte offenbar nur ihre Bäche im Sinn. Das ärgerte Zeus und machte ihn unsicher.

«Ich bin Zeus, der oberste der Götter, und ich kann tun, was ich will», wiederholte er, und nun schrie er die Worte überlaut. Die Freude an seiner Mächtigkeit schwand in der Wut darüber, daß sie so wenig Eindruck machte. Aber Metis hatte nun doch die Angst gepackt. Dieser Rüpel, der ebenso dumm wie ungeschlacht war, schien ihr nicht geheuer. Wahrscheinlich war das gar nicht Zeus, der Kronosbezwinger! Sie wollte wortlos in den Boden zurücksinken, Vater Okeanos den Vorfall zu melden, doch Zeus packte sie am Arm und hielt sie fest, und plötzlich riß er das Mädchen an seine Brust.

«Auch du gehörst mir», sagte er und gab sich mit seiner Stimme und seinen Augen Mühe, die Zärtlichkeit auszudrücken, die er durch seine Stärke hindurch empfand. Metis wehrte sich und versuchte zu schreien, doch Zeus preßte ihr die Hand auf den Mund. Er begann zu keuchen und zu zittern, obwohl er beides nicht wollte; sein Leib schien plötzlich etwas zu sein, das noch mächtiger war als er, und dieser Leib empfand das unzähmbare Verlangen, den andern so fest an sich zu drücken, daß er mit ihm verschmolz. Zeus hatte im Wald oft gelacht, wenn sich solcherart die Tiere bebend und röchelnd übereinanderdrängten und so gierig miteinander eins wurden, daß sie alles ringsum mißachteten, sogar einen Feind. Jetzt plötzlich verstand er sie alle, den Eber und den Stier und den Widder und den Spatzen und den Täuberich, ja die Fliegen, die blind ineinandertaumelten. Er drückte Metis an sich und versuchte sie auch mit den Beinen zu umklammern, und nun drohte nicht nur seine Brust, nun drohte all sein Fleisch zu zerspringen. Er fühlte und hörte nichts mehr als das Schwellen und Rauschen des eigenen Blutes, er fühlte auch nicht die verzweifelt hämmernde Faust des Mädchens und hörte nicht ihr Schreien und warf sich mit ihr auf den steinigen Grund über die Wasser, und plötzlich war es ihm, als sei er selbst ein Berg, dem eine neue Quelle entspringe und die seine Kraft bis zur Neige verströme.

Überwältigt und völlig erschöpft und doch gelöst wie nach einem langen Schlaf lag er auf Metis und hatte nicht gemerkt, daß zwei andere Wesen neben ihm aufgetaucht waren. Es waren Kratos und Bia, die Söhne des Atlas, die sich beim Erscheinen der Hundertarmigen vom Kampfplatz auf die Erde geflüchtet hatten. Nun lugten sie schon eine Weile aus einer Gletscherspalte, und als es Metis endlich gelang, Zeus von sich zu stoßen und wegzulaufen, rannten sie ihr nach und schleppten sie zu Zeus zurück.

Zeus wollte beim Anblick der beiden Titanensöhne, die vor ein paar Stunden noch seine wütendsten Feinde gewesen waren, aufspringen und nach seinem Schwert greifen, doch da er wahrnahm, wie erbötig sie das schluchzende Mädchen zu ihm hinschleiften, erfaßte er sofort ihren Willen, dem Sieger bedingungslos dienstbar zu sein. Diese Erkenntnis beherrschte im Nu all seine andern Gedanken und Gefühle. Das Mädchen war ihm schon gleichgültig geworden, sie erregte ihn nicht mehr, und sie rührte ihn auch nicht. Er bezwang seine Erschöpfung und überlegte.

Die dienstwilligen Brüder Kratos und Bia, ich kann sie wohl brauchen, so dachte er. Ich muß jemand haben, auf den ich mich blind verlassen kann. Es könnte ja sein, daß ein anderer meinen Platz begehrt, Poseidon zum Beispiel. Wenn er sich im Meer erfrischt hat, wird er wohl solche Pläne wälzen. Auch vor Schwesterchen Hera muß ich mich vorsehen. Gewiß, den blinden Hades brauche ich nicht zu fürchten, und Hestia auch nicht, aber Prometheus kann mir gefährlich werden! Ihn vor allem muß ich im Auge behalten. Sein Einverständnis vorhin war sicher nur Täuschung.

Die beiden Atlassöhne hatten indes die schluchzende Metis vor Zeus geschleppt und lachten nun in plumpester Anbiederung. Das Lachen des Kratos war dumm, das des Bia grausam.

«Sie wollte dir weglaufen, Gebieter», sagte Bia, und Kratos nickte.

«Laß mich doch gehen, Zeus», schluchzte Metis.

«Wo willst du denn hingehen?» sprach Zeus, ohne Kratos und Bia zu beachten oder ihnen zu danken. Er hatte sich entschlossen, so zu tun, als hätten die beiden schon immer in seinen Diensten gestanden und ihm immer schon solche Hilfen geleistet.

«Nun, wo willst du hingehen?» wiederholte Zeus mit gespielter, falschester Freundlichkeit. Da begann es Metis vor ihm zu grauen. Sie öffnete langsam und lautlos den Mund, als sammle ihr Leib die Kraft zu einem entsetzlichen Schrei, den ihre Seele schon schrie. Das schreckte Zeus. Er mußte auf einmal denken, daß sie zu Gaia gehen könne, sich über ihn zu beklagen, und das stimmte ihn unbehaglich. Vor Gaia fürchtete er sich trotz all seiner Macht. Er mußte daran denken, wie böse sie ihm ob seiner rohen Späße bei den Verwandlungen im Wald gewesen war. Wie heftig würde sie ihm nun zürnen, da er Metis Gewalt angetan hatte.

Du wirst mich nicht verraten, dachte er.

Metis begann zu schreien, doch da hatte sich Zeus schon gewünscht, so groß wie der Olymp zu sein, und da er groß wie der Olymp dastand, stopfte er einfach die vor ihm nun beerenklein erscheinende Metis in den Mund, sie hinunterzuschlucken. Denn sie war ja unsterblich, und er konnte sie nicht töten, und auch verwahren konnte er sie nirgendwo als im eigenen Leib. Metis aber war gewohnt, in unterirdischen Gängen und Grotten herumzusteigen, und als sie sich plötzlich im riesig gewordenen Rachen des Zeus befand, kletterte sie an der Gaumenwand hoch und stieg in die Höhlung seines Schädels zwischen Schläfe und Stirn. Dort schrumpfte sie dann, als Zeus sich zurückverwandelte und alles in seinem Leib mit ihm kleiner wurde, nun wirklich zu Beerengröße zusammen.

«Ha, Metis, jetzt wirst du mich bei niemand verleumden!» rief Zeus, als er das Mädchen unschädlich gemacht glaubte.

Bia aber sprach, vor Zeus ins Knie gehend und seinen Bruder mit sich ziehend: «Das war großartig, Erhabener!» Und er fügte hinzu: «Wir hätten auch auf sie aufgepaßt, Herr.»

Kratos lachte.

Zeus hatte sein Schwert zur Hand genommen und tippte mit dessen Klinge die Schulter der Knienden an.

«Ihr werdet mir also dienen», sprach er.

Die Schneide berührte beider Hals.

«Wir werden dir immerdar dienen, Erhabener», versicherte Bia, und Kratos nickte.

«Kann er nicht sprechen?» fragte Zeus.

Kratos schüttelte den Kopf.

«Er ist stumm, erhabener Gebieter», antwortete Bia für seinen Bruder. «Er ist stumm, obgleich er alles versteht. Vater Atlas hat ihn einmal auf den Mund geschlagen, als er ihm zu widersprechen gewagt hat, und seitdem schweigt und gehorcht er. Ist es nicht so, Bruder?»

Kratos nickte und lachte, und nun lachte auch Bia.

«Nun gut, ich nehme euch in meinen Dienst», sprach Zeus. «Ihr habt nur mir zu gehorchen, merkt euch das gut! Von keinem meiner Brüder und Schwestern dürft ihr eine Weisung entgegennehmen, und schon gar nicht von Prometheus. Dagegen habt ihr mir jedes verdächtige Wort sofort zu hinterbringen, ganz gleich, aus wessen Mund es kam. Dient mir treu, und ihr werdet es nicht bereuen. Vergeßt niemals, daß ich der Mächtigste bin. Denkt immer daran, wie es Metis ergangen ist!»

«Du kannst dich auf uns verlassen, Erhabener», sprach Bia, und Kratos lachte. Insgeheim aber dachte Bia: Du kannst doch nicht alle verschlucken, du Narr!

«Und jetzt will ich mich ausruhen», sagte Zeus. «Ich bin müde, und mein Schädel zwischen Schläfe und Stirn tut mir plötzlich so weh. Der letzte Schlag des Kronos hätte mich wirklich beinah zerspalten! Sicherlich haben Hestia und Hera die Wohnstatt schon hergerichtet. Ich werde jetzt hinübergehen. Ihr beiden bleibt selbstverständlich draußen. Ihr laßt euch überhaupt erst blicken, wenn ich es ausdrücklich sage. Ich muß es den andern erst beibringen, daß ihr meine Diener seid.»

Und er sagte: «Schlaft nur abwechselnd! Wacht gut!»

Er nickte den beiden zu und ging zur Wohnstätte hinüber. Sein Kopf schmerzte entsetzlich.

Höchste Zeit, daß ich mich ausruhe, dachte er. Ich bin ja vor Müdigkeit ganz durcheinander! Plötzlich aber mußte er denken, wer ihn wohl vor Kratos und Bia schützen sollte, wenn sie darauf sännen, selbst Herrscher zu sein. Dieser Gedanke quälte ihn noch, als er schon auf dem Lager von Moos lag, das Hestia bereitet hatte. Schließlich aber siegte die Müdigkeit, und er schlief ein.

III Die Erschaffung der Menschen

So war das Reich der Götter errichtet, und Zeus wurde bald zum unbeschränkten Herrscher darin. Er konnte tun und lassen, was er wollte, ohne sich je verantworten zu müssen. Zwar berief er seine Brüder und Schwestern nach wie vor zur Ratsversammlung, doch dort wurde bald nur mehr geplaudert statt beraten, geschweige denn entschieden oder gar Rechenschaft verlangt. Das behagte Zeus sehr, und am meisten gefiel ihm, daß sich diese Entwicklung beinah von allein so günstig vollzog.

Zunächst war der Rat von Anfang an unvollständig. Der Älteste der Geschwister, Hades, fehlte immer. Er konnte zwar wieder leidlich sehen, doch die Sorge um seine Frau hielt ihn von der Oberwelt fern. Kore, die seit der Ankunft der Titanen Hügelsitz und Lager mit ihm teilte, war nämlich unglücklich gewesen, daß sie ihre Stammesgefährten bewachen sollte, anstatt mit ihnen im seligen Halbschlaf dahinzudämmern, darum hatte sich Hades aus Gaias Wald einen dreiköpfigen Hund namens Kerberos eingefangen und als Wächter vor die Flußschleife seines Reiches gesetzt. Doch nun graute es dem zarten jungen Mädchen dermaßen vor diesem Ungetüm, daß Hades sie nicht mehr allein lassen mochte. So erschien er nie zur Ratsversammlung. Er entschuldigte sich, das Licht des Gletschereises nicht zu ertragen, und Zeus gestand dem Ältesten, dessen Einfluß auf die Geschwister er fürchtete, gern das ständige Fernbleiben zu.

Auch Poseidon erschien nicht regelmäßig. Er fühlte sich in seinem muschel- und perlengeschmückten Korallenpalast vor der kretischen Küste so wohl, daß er ihn nur ungern verließ. Dort lebte er mit seiner Frau Amphitrite, einer der Töchter des alten Okeanos, und drei Kindern: dem grünhaarigen und grünschuppigen Triton, der vom Scheitel bis zum Nabel ein Gott und vom Nabel abwärts ein Delphin war; der wie eine Qualle pausbäckigen und pausbäuchigen Rhode und der schlanken, in Gischte und

Wirbel und Strudel vernarrten Schwimmerin Benthesikyme, seinem Lieblingskind. Es war ihm viel angenehmer, mit ihr durch die Brandungen zu tollen, als im Rat zu sitzen, und auch die stille Demeter fand es in ihrem blühenden Reich erfreulicher als auf dem kalten Olymp. Prometheus wiederum wurde von Zeus in die entlegensten Teile des Weltalls geschickt, um dort nach dem Rechten zu sehen. Nun hätten ja die Sterne und Monde und Sonnen auch ohne sein Zutun in ihren Bahnen gekreist, doch Prometheus bereiste gewissenhaft auch die fernsten Himmelskörper, denn er war neugierig, ob er auch anderswo im weiten All einen Wald mit lebenden Wesen antreffen würde. Bislang hatte er noch kein Gestirn entdeckt, das darin der Erde glich oder auch nur ähnelte, doch diese Mißerfolge spornten ihn nur noch mehr an, selbst die abseitigsten Bezirke durchzustöbern. Das kostete natürlich viel Zeit, und darum fehlte auch er immer öfter. Eigentlich waren mit Zeus nur Hera und Hestia ständig im Rat anwesend. Hestia sagte dort überhaupt nichts, und Hera nickte beflissen zu jedem Wort ihres Gemahls. Da aber auch Poseidon und Demeter nur danach trachteten, möglichst schnell wieder in ihr Reich zurückzukehren, waren auch sie mit allem einverstanden, was Zeus vorbrachte. Das war dem nur recht.

Besser konnte es gar nicht kommen, sagte er sich.

Am Anfang hatten die Zusammenkünfte noch den Schein einer echten Beratung gewahrt.

«Hyperion hat mich gebeten, in wieder die Sonnenpferde führen zu lassen. Was meint ihr dazu?» so hatte Zeus in der ersten Ratsversammlung seine Geschwister gefragt, doch auch sofort seine Meinung hinzugefügt: «Ich bin dagegen, daß wir ihm das gestatten. Die Titanen müssen im Dämmerschlaf bleiben! Die Sonnenpferde finden den Weg durchs Himmelsgelände auch allein. Unser Bruder Poseidon wollte sie morgens ausschicken und abends wieder einfangen. Ihre Höhlen liegen ja am Saum seines Reiches, er brauchte von seinem Palast nur hinüberzugehen. Was meint ihr dazu?»

So war er verfahren, und die Geschwister hatten seinen Vorschlag gebilligt, vor allem Poseidon, denn der liebte

Pferde und träumte davon, eine Schimmelherde zu züchten, die fischgleich im Wasser leben konnte. In der nächsten Ratsversammlung dann hatte Zeus nur mitgeteilt: «Liebe Geschwister, ich habe, wie ihr vielleicht schon bemerkt, die Atlassöhne Kratos und Bia in meine Dienste genommen. Prometheus ist oft sehr lange fort, und da brauche ich einfach zwei Gehilfen, und die beiden scheinen mir recht anstellig. Ich bitte euch, sie zu unterstützen, wenn sie in eurem Bereich etwas ausführen müssen.» Da war Poseidon zwar stutzig geworden, und er hatte sich vorgenommen, Bedenken gegen eine solche Verwendung der beiden Feinde zu äußern, doch Zeus hatte eine Erörterung gar nicht erst zugelassen.

Schließlich eröffnete er die Beratung mit solchen Worten: «Liebste Schwestern und Brüder, ich glaube, es gibt diesmal keine besonderen Ereignisse, über die wir reden müßten. Laßt uns die schöne Zeit des Wiedersehns besser nutzen, laßt uns essen und trinken und fröhlich sein!» Während er dies noch sprach, klatschte er schon in die Hände, und Hestia trug Nektar und Ambrosia auf, und sommers eilte Demeter ins Tal, die saftigsten Früchte zu pflücken. Dann tafelten die Götter und lachten und scherzten und erzählten einander von ihren Heldentaten in der großen Titanenschlacht, und Poseidon, Hera und Zeus prahlten auch mit Leistungen, die sie gar nicht vollbracht hatten, etwa gegen die Hundertarmigen. Poseidon schrie, daß er mindestens sieben Köpfe auf jede Zinke seines Dreizacks gespießt habe, und Hera wollte die Hälse der Ungeheuer dermaßen durcheinandergeknotet haben, daß sie sich gegenseitig die Nasen abgebissen hätten. Zeus schließlich hatte sie alle mit den bloßen Fäusten erwürgt. Daß Kronos sich den Ungeheuern freiwillig gestellt und damit die tapferste Tat dieses Kampfes begangen hatte, erwähnte keiner.

Das gefiel Prometheus nun gar nicht, doch weil auch er keinen Streit wollte, erschien er immer seltener zu diesen Mahlen und hauste im Wald. Er wurde schließlich gar nicht mehr eingeladen. Nur manchmal bat Zeus, daß Prometheus ihm den stärksten und feurigsten Nektar braue, denn sein Kopf schmerzte oft dermaßen, daß es kaum zu ertragen war.

Doch auch der betäubendste Nektar verschaffte bald keine Linderung mehr.

«Könntest du nicht Gaia fragen, ob sie ein Kraut gegen meine Schmerzen kennt?» fragte er schließlich seinen Gehilfen.

Der zuckte bedauernd die Schultern.

«Ich hab's schon versucht», antwortete er, «aber Gaia zeigt sich mir nur selten; sie ist ganz kleinwinzig geworden und wackelt nur noch mit dem Kopf und schweigt und versinkt.» Das war aber nur die halbe Wahrheit. In Wirklichkeit hatte Gaia gesagt, daß sie Zeus zürne, weil er ihre Kinder, die Hundertarmigen, wieder eingesperrt hatte und ihr liebes armes Söhnlein Kronos dazu. Auch war sie böse, daß ihr Enkel sie niemals besuchte, obwohl er ihr so nahe war. Aber das alles verschwieg Prometheus. Er ahnte, daß Zeus nicht aufrichtig zu ihm war, und fühlte sich ihm gegenüber auch nicht zur vollen Wahrheit verpflichtet.

Das hieß jedoch nicht, daß Prometheus den Olymp nun gänzlich mied. Er besorgte Nektar und Ambrosia, lehrte Hestia verschiedene Arten, diese Speisen zuzubereiten, und kam gern zu Gast, wenn die Götterfamilie einen Zuwachs feierte. Das war immer recht spaßig, denn die Kinder der Götter kamen sprachbegabt und ziemlich verständig auf die Welt, wenn sie auch bei der Geburt wie ein Säugling klein waren. Es nahm sich dann höchst drollig aus, wenn so ein zehenlutschendes Strampelchen ganz ernsthaft sagt: «Nein, ich möchte noch nicht zur Nachtruhe gehen, ich möchte mich durchaus noch unterhalten!» Dieser Zustand dauerte allerdings nicht lange, denn die Kinder wuchsen in wenigen Tagen nah an die Größe ihrer Eltern heran. So riesenhaft wie die Titanen wurden die Götter aber nicht mehr, denn die Eltern hatten zu lange Zeit im engen Herzen des Kronos zugebracht und dadurch an Wachstumskraft eingebüßt. Sie erreichten höchstens Palmen- bis Pflaumengröße, und das erbte sich auf die Kinder fort.

Als ersten brachte Hera einen Sohn zur Welt, Ares, einen wüsten und gänzlich unverträglichen Gesellen von bärenhaft starkem Rumpf und ungeschlachten Gliedmaßen, mit denen er sofort wie ein Mistkäfer um sich zu hauen begann. Ihm folgte eine anmutige Tochter, Hebe, die sich eng an

Hestia anschloß und der es bald die größte Freude machte, die Drusen mit Nektar und Früchten zum Mahl aufzutragen. Sie neigte dabei den Kopf vor jedem Bewirteten und sagte lächelnd zu ihm: «Laß es dir gut schmecken!» Diese Freundlichkeit war neu und gefiel allen. Es schmeckte dann wahrhaftig doppelt so gut. Nur Ares murrte unentwegt.

«Ich möchte etwas anderes», maulte er.

«Was denn?» fragten Hebe und Hestia geduldig.

«Weiß nicht», knurrte Ares, «was anderes!» Als er aber eines Tages gewahrte, wie zwei Geier einen Fasan zerrissen, leckte er das Blut vom Stein auf und sagte: «Das schmeckt! Das ist süß und warm! Das will ich!»

Seit dieser Stunde folgte er den Raubtieren und fraß mit ihnen rohes, blutiges Fleisch. Den Göttern ekelte davor, und sie verachteten ihn, und Hestia nannte ihn Ares den Blutsäufer. Doch er lachte zu dieser Schelte und sagte: «Ihr wißt ja gar nicht, was gut ist.»

Er versuchte sogar, in den Wald zu ziehen und dort zu leben, doch er war so unverträglich, daß sich alle Tiere zusammenfanden und ihn verjagten. Was einen Stachel hatte, stach ihn, was einen Zahn hatte, biß ihn, was einen Huf hatte, trat ihn, und was eine Kralle hatte, kratzte ihn. Sogar der scheue Maulwurf schloff aus seinen Gängen und kniff ihn in die Ferse. Von dieser Stunde an haßte Ares das Leben und jauchzte laut, wenn er ein atmendes Wesen zugrunde gehen sah.

«Ich werde euch alle umbringen, wartet nur!» drohte er manchmal. Doch da er ebenso feige wie grausam war, traute er sich nicht mehr in den Wald hinein.

Nach Hebe kam ein Zwillingspaar zur Welt, Schwester und Bruder, die Zeus Artemis und Apollon nannte. Beide waren überaus verständig und schön und schienen einer anderen Art zu entstammen, denn sie trugen anstatt des straffen schwarzen Haares der Götter Locken: Apollon blaue und Artemis silberne. Sie liebten Tiere über alles. Apollon lernte bald die Sonnenpferde führen, und Artemis wurde Waldhüterin. Es machte ihr Spaß, mit den Hirschen und Antilopen um die Wette zu laufen, sie fürchtete sich aber auch nicht, ein Wolfsrudel zu hetzen. Nur den großen Katzen ging sie aus dem Weg, nachdem sie einmal von einem

wütenden Löwen angesprungen worden war. Zwar borgte
sie sich dann und wann von ihrem Vater Zeus das Schwert
aus, doch anzugreifen wagte sie diese geschmeidigen Räuber auch dann noch nicht.

«Ich möchte ein Schwert haben, das zehnmal so lang ist
wie dieses da», sagte sie zu ihrem Bruder. «Dann könnte ich
die Raubkatzen niederhalten, bevor sie mich anspringen.
Ich möchte gar zu gern eine lebendig fangen! Sieh dich
doch um, ob irgendwo solch ein Schwertbaum wächst.»

«Aber solch ein Schwert wäre viel zu unhandlich, Schwester», erwiderte Apollon , «du könntest es nicht heben, geschweige denn schwingen. Doch ich will gern darauf achten, ich komme ja mit meinen Sonnenpferden rund um den
Planeten.»

Eines Tages entdeckte Apollon am Strand einer entlegenen Insel ein Mädchen, das singend im Meerschaum badete.
Die Insel hieß Zypern und duftete von Rosen und Honig,
und das Mädchen, das dort badete, war das schönste Geschöpf, das Apollon je gesehen. Er war so bezaubert, daß er
die Pferde anhielt und zu ihr hinunterstieg.

«Wer bis du?» fragte er hingerissen.

«Ich bin Aphrodite», sagte das Mädchen. Sie badete nackt
im Meer und wiegte sich, da sie sprach, in den Hüften.

«Wer sind deine Eltern?» fragte Apollon. «Bist du eine
Göttin oder eine Titanin?»

«Ich weiß es nicht», antwortete das Mädchen. «Mit einem
Mal war ich da, und das Meer schäumte, doch es war roter
Schaum, und große, rote Tropfen sanken in die Tiefe.
Dann wurde der Schaum weiß und hob mich empor und
trug mich hierher ans Land. Seitdem bin ich da.» Sie drehte
sich langsam um sich selbst. «Gefalle ich dir?» fragte sie.

Apollon nickte.

«Dann nimm mich doch mit», bat Aphrodite. «Ich bin so
allein, das macht keinen Spaß. Du gefällst mir auch. Ich
will dich küssen.»

Da nahm Apollon das Mädchen mit auf den Olymp.

Als Zeus die Schaumgeborene – denn das bedeutete der
Name Aphrodite – erblickte, befahl er, ihr einen Platz in
der Götterwohnstatt einzuräumen. Hera wurde darüber
unwillig. Sie fürchtete, daß dies Mädchen ihr den Gatten

abspenstig machen könne. Es war das erste Mal, daß sie Zeus widersprach. Sie schimpfte und schrie und stampfte mit dem Fuß auf. Schließlich mußte sie nachgeben, doch sie war Aphrodites unversöhnlichste Feindin geworden. Ihr Haß gegen die Neue war so groß, daß sie die Geschwister, ja selbst die Kinder bei jeder Gelegenheit aufzuwiegeln versuchte.

«Ist es nicht schändlich, beste Schwester», sprach sie etwa zu Demeter, «unsere gute Mutter Rhea, die so viel für uns getan hat, darf uns nicht besuchen, weil sie eine Titanin ist; dieses hergelaufene Ding aber, das nicht einmal weiß, von wem es abstammt, soll bei uns als Gleichgeborene gelten! Findest du nicht, daß sich unser Bruder sehr viel herausnimmt? Wir sollten uns das nicht so einfach gefallen lassen.»

«Mir behagt diese Neue auch nicht», stimmte Demeter zu, «sie ist so entsetzlich schamlos und frech.» Auch Artemis, ja sogar die gefällige Hebe mochten Aphrodite nicht leiden und grollten Zeus, daß er sie bevorzugte und immer nur sein liebes Kind nannte.

«Sie ist faul», sagte Hebe. «Sie stinkt vor Faulheit wie ein fetter Hering. Sie tut nichts anderes als herumliegen und sich strecken und recken und ihr Gesicht im Spiegel des Bergsees betrachten. Ich habe sie gebeten, mir beim Saubermachen der Drusen zu helfen, aber sie hat nur verächtlich die Nase gerümpft.»

«Sie ist uns fremd», sagte Artemis. «Man versteht ihre Sprache ja kaum, das ist so ein merkwürdiges Gelalle. Und ihre Haut ist so weiß, daß es nicht mehr anzusehen ist! So weiß wie sie ist nicht einmal ein Erdwurm. Was Vater und Bruder an ihr finden, begreife ich nicht.»

«Dafür haben wir Zeus nicht Gehorsam gelobt», sagte Hera. «Vielleicht vergafft er sich demnächst in eine Kuh und schleppt sie herauf. Es ist wahrhaftig eine Schande! Wir sollten überlegen, was da zu tun ist.»

Sogar Poseidon, wiewohl er ein Mann war, lästerte über Aphrodite. Er war neidisch auf Zeus und glaubte, daß die Meerentstammte eigentlich ihm gehören müsse. Weil er aber gegen den mächtigen Bruder nichts sagen mochte, schimpfte er über Begünstigte. «Sie ist dumm, faul, fremd, frech und ausnehmend häßlich», entrüstete er sich. «Ich glaube gar, sie ist eine Tochter der Hundertarmigen!»

Einzig Hestia sprach für Aphrodite. Sie meinte: «Ob weißhäutig oder frech, sie ist nun einmal da, und so schlecht ist sie auch nicht. Haltet doch Frieden mit ihr, gute Geschwister!»

«Zeus hat zuerst den Frieden gebrochen», erwiderte Hera. Sie packte Hestia an den Haaren und zischte: «Hör zu, stolze Schwester mit dem losen Maul. Wenn du dem Bruder oder der Hergelaufenen nur ein Wort von dem sagst, was wir hier geredet haben, dann binde ich dir einen Stein um den Hals und werfe dich in die schwärzeste See! – O was hast du für schönes Haar, liebste Schwester», so fuhr sie fort und strich mit der Linken über Hestias Haar, das die Rechte gepackt hielt. Der stumme Kratos war unvermutet in ihrer Nähe aufgetaucht und spitzte die Ohren.

«Dein Haar ist so schön wie deine Sanftheit, vielliebe Schwester», sagte Hera laut. «Wie weise von unserem Bruder Zeus, daß er dich zur Hüterin unseres Heimes gemacht hat! Er ist eben unser Klügster und Bester, und ich bin so unsagbar stolz, daß er mein Gemahl ist. Um seinetwillen liebe ich auch die schöne Aphrodite.»

Da fuhr Poseidon wütend ins Meer hinunter. Der stumme Kratos aber wackelte mit den Ohren und lachte.

HEPHAISTOS

Nach diesem Vorfall verbarg Hera ihren Groll, obwohl Zeus Aphrodite immer mehr umschwärmte und gegen seine Geschwister immer unleidlicher und anmaßender wurde. Sie fühlte in ihrem Leib wieder ein Kind wachsen und hoffte es von solcher Anmut und Wohlgestalt, daß Zeus sie aufs neue liebgewinne. Aber als dann dies Kind auf die Welt kam, war es mickrig und krumm und am ganzen Körper mit rötlichem Haar bewachsen. Angeekelt betrachtete Zeus den Kleinen, der rotzottig in einem Bett aus Moos lag.

«Was ist denn das?» sagte er entrüstet. «Das ist doch kein Gott! Das ist doch eine Spottgeburt! Wer weiß, mit wem du dich da eingelassen hast, Hera! Hat einer der Hundertarmigen dich umarmt? Ich jedenfalls bin von so etwas nicht der Vater!»

Da weinte Hera, so wie das stumme Salz weint. Ihre Tränen quollen nach innen und schwemmten ihr Gesicht auf, und ihre Worte erstickten.

«Antworte», schrie Zeus, «vom wem ist dieser Balg?»

Heras verschlossene Lippen wurden grau.

«Sie ihn dir an», sprach Zeus und riß das Kind an der Ferse roh in die Höhe. Das Kleine quiekte, und sein flaches Hinterteil stank. «Sieh ihn dir an», brüllte Zeus angeekelt, «rothaarig, dürr und wacklig, das ist keine Götterart! Aaah, und nun bemacht er mich auch noch! Fort mit dieser Mißgeburt!»

Er wirbelte das Stinkerchen über dem Kopf und schleuderte es vom Olymp. In diesem Augenblick wünschte Hera, daß sie nie das steinerne Herz des Kronos verlassen hätte, und im nächsten Augenblick wünschte sie, daß sie Zeus so an der Ferse halte wie er ihren Sohn und daß sie ihn durch das Erdreich hindurch in die ewige Finsternis schleudern könne und er in der Nacht begraben sei. Sie dachte ihm an die Kehle zu springen, wo wie ein Tier dem Feind seiner Brut an die Kehle springt, doch da sie sah, wie er sich die Finger mit dem Moos des Bettes putzte, wurde ihr Haß so eisig, daß sie wieder ruhig denken konnte.

Ich muß die Geschwister gegen ihn aufbringen, und wir müssen uns mit Prometheus verbünden, schwor sie sich. Diese Zeusherrschaft darf nicht weiter dauern! Und sie dachte: Wir müssen auch die Kinder einweihen, und wir müßten Kratos und Bia gewinnen. Die sind natürlich auch in diese spreizbeinige Aphrodite verschossen, und sie sollen sie haben! So werde ich mich doppelt rächen.

Langsam erhob sie sich. Ihr Leib schien ihr über die Maßen schwer, und sie kam nur mühsam auf die Knie. Zeus sah es mit an, ohne ihr zu helfen. Er war fest überzeugt, daß Hera ihn betrogen hatte, und da er seinen Brüdern eine solche Missetat nicht zutrauen wollte, fiel sein Verdacht auf Prometheus.

Ich bin viel zu arglos und mild zu ihm, dachte er wütend, wer weiß, welche Ränke er heimlich spinnt! Sicherlich trachtet er nach der Herrschaft und hat sich deshalb an

Hera herangemacht. Mich so zu hintergehen! Das soll er mir büßen! Ich werde schon Mittel und Wege finden, es ihm zu beweisen und heimzuzahlen. In heller Wut ging er weg, um Kratos und Bia einzuschärfen, künftig kein Auge mehr von Prometheus zu lassen.

Als er fort war, fühlte sich Hera leichter. Sie sah auf das Moos, darauf der Säugling gelegen, und plötzlich mußte sie denken, daß er wirklich abscheulich von Gesicht und Gestalt war. Es kann mit der Kraft des Zeus nicht so weit her sein, wenn er solch einen Sohn in die Welt setzt! dachte sie. Seine Knochen waren mürb und die Rippen ganz eingefallen! Ich hätte nur meine Plage mit ihm gehabt. Nun, er ist ja unsterblich, so wird er wohlbehalten bei Gaia landen, und die wird schon irgendwie für ihn sorgen. Schließlich ist der ja ihr Urenkel, und sie kann ruhig auch etwas für ihn tun. Mag er bei ihren Ziegen aufwachsen, das ist wohl wirklich das beste für ihn. Ich werde Artemis gelegentlich fragen, ob sie ihn da unten gesichtet hat.

Nun, da sie ruhiger wurde, liefen ihr die Tränen aus den Augenwinkeln. Sie wischte sie mit dem Handrücken fort, dann beschaute sie sich in einem spiegelnden Bergkristall. Ich bin ja ganz verheult und häßlich! dachte sie. Auch das wirst du mir büßen, Zeus! Mich so zu beleidigen! Mir nachzusagen, ich hätte mich mit den Hundertarmigen eingelassen!

Sie wusch sich mit kaltem Wasser und fühlte befriedigt, wie ihre Haut sich wieder spannte. Wenn ich Prometheus besuche, dachte sie, kann ich doch nicht aussehen wie eine Krähe! Doch wie komme ich nur unbewacht zu ihm? Dieser gräßliche stumme Kratos folgt mir ja auf Schritt und Tritt. Ich muß ihn ablenken, aber wie, aber wie?

Indes flog der Neugeborene durch die Lüfte im Bogen übers kretische Meer nach Afrika hin und kehrte, da der Wurf so gewaltig gewesen, auf sinkender Bahn nach dem Norden zurück. Er flog drei Tage und drei Nächte, dann fiel er auf eine Insel nieder, die Lemnos heißt. Sein Aufprall schlug einen Krater in den Boden, und wenn er auch unsterblich war, so brach er sich doch die Knochen der rechten Hüfte und des rechten Schenkels. Vor Schmerzen stöhnend, unfähig zu schreien oder sich zu rühren, lag er auf einem Feld voller Kiesel und Disteln. Plötzlich hörte er ein meckerndes Lachen. Vor ihm stand, so groß wie ein Rabe, eine schwarze, verrunzelte Frau.

«Werft ihr euch schon gegenseitig aus eurem Nest, ihr herrlichen Götter?» so lachte die Alte. Vor Schreck hörte Hephaistos zu ächzen auf. Die Alte wackelte mit dem Kopf. «Wie gut, wie gut zur eigenen Brut», meckerte sie und sprach dann ganz leise: «Keines meiner Geschöpfe würde so handeln, nicht mal der Schakal, nicht mal der Schakal!»

«Nicht mal der Schakal«, wiederholte sie.

Wäre Hephaistos nicht in einer so trostlosen Lage gewesen, hätte er sicherlich aus Angst vor der Alten keinen Ton hervorgebracht. Doch nun wimmerte er: «So hilf mir doch!»

«Hilf dir doch selbst, du Gott!» erwiderte Gaia. Sie hatte dies dermaßen barsch und befehlend gesprochen, daß Hephaistos sich aufzurichten versuchte. Er stützte sich auf den linken Arm und hob die Brust ein Stückchen über den Boden, doch als er das rechte Bein anziehen wollte, sackte er auf den gebrochenen Knochenhals nieder und heulte nun stoßweise in wildester Pein.

«Da liegst du nun, Schmerzenskind», sagte Gaia scheinbar ungerührt, «da liegst du, und meine geringsten Geschöpfe, die Würmer und Wanzen, könnten dich zernagen.» Sie stieß ihn mit dem Finger in den Rücken. Hephaistos bangte, sie wolle ihn quälen, doch Gaia tastete geschickt die Wirbel und Rippen, dann die Schultern, den Hals und das Becken ab.

«Da unten ein Knochen, der ist zerbrochen», murmelte sie und fügte hinzu: «Mach dir einen neuen, das wird dich freuen.»

«Du verspottest mich», stöhnte Hephaistos, «wie könnte ich das!»

Ein Krächzen scholl aus der Luft.

«Schau nicht so dumm drein, hier wächst doch ein Bein», sagte Gaia und zeigte auf ein Bäumchen, in dessen kargem Schatten der Herabgeworfene lag. Es war nur ein kleiner Kastanienbaum, der noch keine Frucht trug, jedoch sein Stamm war gerade und fest und zweigte sich gleichmäßig gekrümmt zur Gabel zweier Äste aus.

«Da», sagte Gaia und riß ganz ohne Mühe den Baum aus und warf ihn neben Hephaistos.

«Das da ist dein. Nun mach dir ein Bein!» verlangte sie.

Und sie schrie, da Hephaistos sich nicht rührte, nun ohne zu reimen: «Glotz nicht so blöd, das hilft nicht! Kümmre dich!»

Verständnislos blickte Hephaistos sie an. Er begriff nicht, was er mit dem Bäumchen sollte, und er wollte auch gar nichts mehr begreifen. Ihn begann zu frieren: Der Schmerz, die Angst und die bittre Verzweiflung hatten sich wie Eis in seine Haut und in sein Herz eingefressen, und diese Kälte lähmte ihn. Gaia sah ein, daß der Kleine nichts mehr wahrnehmen konnte. So hockte sie sich neben ihn und schnitzte und schnitt mit einem scharfkantigen Feldstein das Bäumchen zu einer Krücke zurecht, dann säbelte sie mehrere Äste ab und schnürte sie mit Schlingpflanzen als Schienen so um Becken und Schenkel, daß die Knochenenden gegeneinandergepreßt wurden und wieder zusammenwachsen konnten. Der Verletzte begriff, daß die Alte ihm trotz ihrer Bärbeißigkeit offensichtlich wohlwollte, und hielt sich tapfer. Als die Knochen geschient waren, fühlte er sich ein wenig besser, und er versuchte sogar zu lächeln. Er hoffte, jetzt ruhig hier liegen zu können, doch Gaia schob ihm die Krücke unter die Achsel und hebelte ihn auf das heile Bein. Wieder begann der Schmerz niederzuschießen, und wieder wimmernd stand Hephaistos da.

«Vorwärts, nun geh!» forderte die Alte.

«Sei doch barmherzig und quäl mich nicht», bat der Vielgeplagte. «Ich habe entsetzliche Schmerzen, und mir ist so kalt.»

«Ich *bin* barmherzig», erwiderte Gaia, «oder soll ich dich hier liegenlassen? Die Geier warten ja schon auf diesen Schmaus. Vorwärts, ich werde dich zwingen, dir selbst zu helfen, du schwächster und siechster der unsterblichen Götter! Schneid keine Fratzen, du wirst schon begreifen, was Großmutter Gaia dir Gutes tut! Vorwärts mit dir!»

Sie schritt davon, ohne sich nach Hephaistos umzuschauen. Die Geier am Feldsaum krächzten und nickten. Hephaistos packte das Grauen. Es blieb ihm nichts anderes übrig, als hinter der Uralten herzuhumpeln. Die ersten Hüpfer schmerzten entsetzlich, doch er lernte die Krücke handhaben und hielt, wenn auch stöhnend, mit der immer schneller Dahingehenden Schritt.

So wanderten sie über das öde Feld, spannengroß die Alte, säuglingsklein der Humpler, und die Disteln klirrten über ihren Köpfen. Nach einer Weile kamen sie in einen Wald, und war es bisher über Stock und Stein gegangen, so ging es nun über Wurzeln und Strunk.

«Na siehst du», brummte Mutter Gaia, ohne sich umzuwenden, «na siehst du, es geht ja! Not und Leid machen manchen gescheit.»

Sie hatte diese Worte zur richtigen Zeit gesprochen, denn Haphaistos war nahe dem Zusammenbrechen, doch nach diesem Lob der Alten überkam ihn ein unerklärlicher Stolz, und der hielt ihn aufrecht, bis sie an einen Erdspalt gelangten, dem – wie im kretischen Wald – gelber Rauch entquoll. Gaia schritt hindurch, und Hephaistos, der hinter dem Rauch das Glück des Ausruhns, der Wärme und der Geborgenheit witterte, folgte ohne Zögern. Und wirklich gelangte er schon nach wenigen Schritten zu einer geräumigen Höhle, in deren Mitte ein Feuer sprang.

Überwältigt blieb der Kleine stehen.

Es war das erste Mal, daß er Flammen sah. Er kannte bislang nur das langsam den Himmel durchwandernde Feuer der Sonne, dessen Wärme ihn während seines Fluges dreimal goldrot und tröstlich umflutet hatte. Doch diese Glut war blendend und ferne gewesen, unerträglich dem Auge und darum eigentlich gestaltlos, hier aber hüpfte in nächster Nähe ein lustiges Wesen und züngelte mit Dutzenden Zungen und stimmte mit Dutzenden Stimmen prasselnd und knisternd und sprühend ein Liedchen an...

Hephaistos stand wie gebannt. In den Götterwohnungen gab es kein Feuer, wiewohl der Herbst schon zur Neige ging. Nicht, daß die Götter die Wärme nicht brauchten, sie waren nicht so gänzlich empfindungslos gegen Kälte wie einst die Titanen, doch es genügte ihnen zur Not noch im härtesten Winter, sich so tief ins Mooslager zu verkriechen, daß nur die Nasenspitzen heraussahen. Da lagen sie dann, Zeus, Hera, Ares, Apollon und all die andern, und bibberten und sehnten sich nach dem Frühling. Daß man das Feuer zähmen und in der Wohnung halten konnte, wußte außer der Alten noch keiner, auch nicht Prometheus.

So war denn Haphaistos des Staunens übervoll; mit offenem Mund und leuchtenden Augen stand er vor den tanzenden Flammen und wagte sein Glück zu begreifen, sich in Gesellschaft dieses fröhlichen Burschen zur nicht mehr erhofften Ruhe zu strecken. Nun, so dicht vor dem Ziel, schien ihm alle Mühsal ein böser Traum; vor Erschöpfung zwar zitternd und dennoch selig, hüpfte er einen Schritt, den letzten Schritt dieses Qualenwegs, näher und brüllte zugleich schon weh und ach.

«Au», brüllte er, «das Ungeheuer hat mich gebissen! Rrraahh, es beißt!»

Ein gelbes Zünglein beleckte die nackte Sohle seines geschienten Beines; Hephaistos hob die Krücke, nach ihm zu schlagen, und stürzte neben das Feuer auf den gebrochenen Hüftknochen hin. Die Krücke entfiel ihm und rollte in die Glut, doch das sah er nicht mehr. Vom Schmerz zerstochen, in der grenzenlosen Verlorenheit der Enttäuschung, begann er lautlos zu weinen, aber auch Gaia liefen die Tränen über die Backen. Sie weinte vor Lachen, und sie wurde ein wenig jünger und größer dabei.

Plötzlich aber gab sie sich einen Ruck und begann laut zu schmähen.

«Was fällt dir ein, verbrennst dein Bein!» fuhr sie Hephaistos an, der ohnmächtig zu werden drohte. Aus der nahen Erlösung noch einmal aufgeschreckt, schaute der Kleine durch den Tränenschleier ins Feuer und sah seine Krücke in der Glut. Die Rinde war an mehreren Stellen der Länge nach aufgeplatzt, und aus dem weißen kernholz verzischte der Saft in blaue Flämmchen. Aber Hephaistos rührte sich nicht. Mochte das Feuer die Krücke fressen, mochte es ihn fressen, mochte es die Höhle und alle Welt fressen, wenn nur seine Marter zum Ende kam! Denn er *war* am Ende: Der Sturz aus der innigsten Hoffnung auf Ruhe und Frieden in dieses Feuerloch mit der furchtbaren Alten, die ihn nun rüttelte und stieß und unentwegt anschrie, in die Flammen zu fassen, war noch schrecklicher als der Sturz vom Olymp auf das Distelfeld.

«Hol es!» schrie die Alte. «Hol es heraus!»

Ihre Stimme hackte und kreischte, und auf ihrem schwarzen, zusammengeschrumpften Gesicht tanzte düsteres Rot.

Schlimmer konnten wohl auch jene Geier nicht sein und ihre Schnäbel und Krallen nicht spitzer als diese pausenlos ins Ohr hackenden Worte: «Hol es! Hol es schon! Hol es heraus!»

Wäre er doch auf den Steinen liegengeblieben, er hätte jetzt alles überstanden! Die Alte stieß ihn.

«Hol es! Hol es heraus!»

Ihr Schreien hatte die nahende Ohnmacht verscheucht, und nun, im Wachsein, war es unerträglich. Hephaistos begriff, daß er nur zur Ruhe kam, wenn er den Willen seiner Peinigerin erfüllte. Ergeben griff er ins Feuer, die Krücke zu packen, und wieder heulte er auf, doch nun war es die Wut, die über Schmerz und Elend hinweg heulte. Sein Heulen war das eines Wolfs, und all seine Kräfte versammelten sich in dem Wunsch, die Alte zu töten. Am Rande des Feuers lag ein Ast, der noch nicht brannte. Mit der angeschmauchten Hand griff Hephaistos nach ihm. Die Alte war ja nur spannengroß, da würde man auch im Liegen ihren Kopf treffen.

«Hol es! Hol es schon! Wirst du es holen!» Hephaistos packte den Ast, doch da er das Holz schwer in der Hand fühlte, sah er plötzlich nichts als die Krücke im Feuer, und er angelte sie, er hätte nicht sagen können, warum, mit einem verzweifelten Ruck heraus. Sie kollerte an seine Seite. Das Feuer schnappte nach ihr, doch sie entfloh; die Flämmchen über der zerrissenen Rinde erloschen, nur am Krückenende bleckte Glut. Die Höhle war plötzlich still, doch Hephaistos hörte die Stille nicht. Er faßte die glimmende, rauchende Krücke und zog sie an sich, und hätte er die Alte noch töten wollen, er hätte es nicht gekonnt, denn er sah sie nicht mehr. Er sah nur, daß die Glut des Krückenendes erlosch, als sie sich, da er sie zog, am Bodenlehm scheuerte, und nun half er der Krücke, indem er sie hin und her schob, die Glut vollends zu besiegen. Die Krücke war doch sein einziger Freund in dieser Welt der Tücke und Niedertracht! Er drückte sie, wie versengt und geschwärzt sie auch war, voll Zärtlichkeit an seine Brust. Da aber umfing ihn auch Gaia und küßte ihn auf die Stirn und trug ihn behutsam vom Feuer weg und bettete ihn auf ein weiches Lager von Gräsern.

«Du hast es geschafft, Herzenskind», rief sie fröhlich, «du hast es geschafft! Hast dir einen längeren Arm gemacht, du mein Kleiner! Du mein herziger Kluger, mein Humpel-söhnlein, mein Flammenbesieger, mein Hinkerchen! Mußt ja klug sein, Herzchen, bist ja ein Krüppel, da muß man ler-nen! Großmutter Gaia hat dich hart angefaßt, da magst du ihr grollen, aber wie herrlich hat sich's gelohnt! Nun weißt du schon mehr vom Feuer als deine ganze Verwandtschaft dort auf dem Olymp. Weißt, daß es beißt, und weißt, daß es frißt, und weißt, daß es atmet, und weißt, daß man's im Haus halten kann, das Biest, das Wilde, das Wunderbare! Und wie tapfer du warst, mein humpliger Held! Hast dei-nen Freund nicht umkommen lassen! Hast ihn gerettet trotz Schmerzen und Schrecken! Hast deine Kraft ausge-schöpft, du mein Hinkebeinchen! Nun aber ist wirklich alles gut!»

So plapperte die Alte und hatte dabei, den herausrinnen-den Saft in einem Steinschälchen auffangend, große fleischige Blätter zwischen zwei Steinen breiig geklopft, und nun legte sie behutsam die grünen Lappen um Becken und Schenkel des Verletzten und tropfte ihm den Saft in den Mund. Der schmeckte ein wenig bitter, und Hephaistos wollte ihn aus-spucken, doch da einzelne Tropfen im Gaumen zerflossen, fühlte er seine Schmerzen schwinden, und so schluckte er alles und fühlte sich plötzlich leicht und lind. Aus der Erschöpfung war eine wohlige Müde geworden, Hüfte und Bein taten kaum mehr weh, nur die versengten Fingerspit-zen kribbelten noch ein bißchen.

Glücklich bettete er die Krücke neben sich ins Gras.

Indessen plapperte Gaia weiter.

«Wirst lernen, Krüppelchen», sagte sie, «wirst lernen, durchs harte Leben zu humpeln! Dort droben bei den fau-len Unsterblichen lerntest du nichts. Mutter Gaia aber wird dir was beibringen, und wenn sie dich manchmal auch schilt und antreibt, wird's doch eine gute Schule sein. Wirst alle Kräfte kennenlernen, mein Söhnchen, die Kraft des Feuers, der Glut und der fauchenden Winde, die Kraft der

Erze, Metalle und Steine – aber was rede ich viel, sieh doch selbst!»

Sie warf einen Armvoll Holz in die Glut. Das Feuer loderte auf und erhellte die Höhle. Hephaistos sah überrascht, daß die Wände gemustert waren. Lange, gewellte Bänder von dumpfem Braun und verhalten schimmerndem Graublau zogen sich übereinandergelagert rundum, und dazwischen glitzerten Simse weißer und schwarzer und gelber Kristalle, und aus tiefblauen Buchten quollen Trauben rötlichen und grünlichen Goldes.

Hephaistos klatschte in die Hände.

«Wie ist das schön!» sprach er andächtig.

«Was gefällt dir am meisten?» fragte Gaia.

«Mit den Steinen möchte ich spielen», sagte Hephaistos. «Das Braun und Graublau aber möchte ich in den Händen halten und kneten.»

«Das sind meine Schätze», sprach Gaia, «das ist ein Eckchen, ein Winkelchen meiner Schatzkammer, und ich will sie dir alle schenken und dich sie gebrauchen lehren, du mein Krüppel, du mein Gott! Sie sollen dir dienen, alle sollen dir dienen! Hast dir ein künstliches Bein gemacht, das kein Dorn sticht und kein Splitter wundreißt, so wirst dir auch Finger schaffen, die Glut zu packen, eine Faust, die mächtiger dreinschlägt als deine, Nägel, die besser kratzen als die deiner Finger, und Zähne, die kräftiger nagen und schneiden als die bröckligen Beißerchen in deinem Mund! Nicht mehr aus Steinmulden sollst du trinken, nicht mehr in Felshöhlen hausen und in Moosbetten frieren, statt zwei Beinen sollst du ihrer sechs haben und sollst mit ihnen laufen können, wenn du auch sitzest oder liegst! Ach, dann werden sie zu dir kommen, die Götter, die dich verwarfen, Zeus, Hera, alle, und sie werden dich rühmen und preisen und werden dir schmeicheln und werden dich bitten, in ihrer Mitte zu wohnen und wieder der Ihre zu sein, aber dann lache zu diesen Reden, Söhnchen, lache, lache und bleibe bei deiner Mutter Gaia, die dich noch vieles lehren wird!»

Hephaistos nickte traumverloren.

«Ich werde dich nie verlassen, Großmütterchen», sprach er.

«Dummkopf!» fuhr Gaia ihn an, «natürlich wirst du mir fortlaufen! Sie werden dich loben, sie werden dir schmeicheln, und du wirst ihnen folgen, mach dir nur nichts vor! Ich weiß auch schon, wie sie dich fangen werden, ich weiß schon, ich weiß, und ich bin ein altes Weib, ich werde dich nicht halten können! Doch genug geschwatzt! Ich will dir den ersten Unterricht geben. Heute sollst du die Erze kennenlernen. Siehst du da ganz unten das schwarzbraune Zickzackband, aus dem die stumpfe Schwere glänzt? Es enthält Eisen. Sprich nach: Eisen.»

«Mütterchen», sagte Hephaistos flehend, «Mütterchen, ich habe auf einmal entsetzlichen Hunger. Ich bin drei Tage und drei Nächte durch die Lüfte geflogen. Ich komme um!»

«Ein Schmied muß essen, da hast du recht», bestätigte Gaia. «Ich werde dir also Milch und Honig geben, Oliven, Leber und Blut und Knoblauch und ein wenig Wein, und dazu noch das Mark vom Bären und das Hirn vom Elefanten. Du sollst ein tüchtiger Schmied werden, Krüppelchen.»

Da lebte Hephaistos sieben Jahre bei Urgroßmutter Gaia. Sie lehrte ihn alle Künste und Kniffe seines Handwerks, und sie wurde dabei klein wie eine Maus. In diesen sieben Jahren gingen im Götterreich weiterhin Veränderungen vor sich. Die Willkür des Zeus gegen seine Geschwister nahm unentwegt zu und wurde zu manchen Stunden derart unerträglich, daß sie zu flüstern begannen, wie man sich dieser Herrschaft entledigen könne. Poseidon und Hades litten weniger, denn Zeus berief wegen seiner Kopfschmerzen keine Ratsversammlungen mehr ein, und die Götter der verschiedenen Bereiche kamen kaum mehr miteinander in Berührung. Aber das Herumgespitzel des Kratos und das freche Auftreten des Bia verstimmten auch die Herrscher des Meeres und der Unterwelt.

Es waren keine guten Jahre.

Als Zeus den neugeborenen Hephaistos vom Olymp geworfen hatte, war Hera, da sie Prometheus nicht antraf, in
den Korallenpalast unter dem griechischen Meer geeilt und
hatte ihrem Bruder die grausame Tat ihres Mannes geklagt.
«Es ist unerträglich, mit Zeus zu leben», so hatte sie ihren
Bericht geendet; Poseidon aber hatte nur mit den Schultern
gezuckt.

«Wir haben frei gewählt, liebe Schwester», sprach er, «da
sollten wir uns jetzt nicht beschweren, daß jeder das, was er
gewählt, auch bekommen hat. Du bist ja immer sehr stolz
gewesen, unseres jüngsten Bruders Gemahlin zu sein und
an seiner Seite zu sitzen und sein Lager zu teilen. Ich finde,
du hast kein Recht, jetzt zu jammern.»

«Keiner von uns hat wissen können, daß Zeus sich dermaßen zum Übeln entwickeln würde», entgegnete Hera
aufgebracht.

Poseidon auf seinem Sitz aus Korallenstrünken blickte
sie mit unverhohlener Spottlust an. Die Herrschsucht des
Zeus war ihm zuwider, aber der Dünkel Heras nicht minder. Außerdem war er neidisch auf beide. Manchmal in den
blauen, warmen Nächten, wenn die Sterne im Meer glänzten und ihr Leuchten aus der Tiefe ein goldrotes Funkeln
und Sprühen lockte, träumte Poseidon davon, mit seiner
Frau Amphitrite die Ersten der Götter zu sein und dies
Amt gerechter zu versehen. Dann verfluchte er die Stunde,
da er nur deswegen für Zeus als Anführer gestimmt hatte,
um schnell in die kühle See zu kommen. Er malte sich dann
auch aus, daß bei einer der nächsten Zusammenkünfte,
wenn Zeus wieder einmal in blinder Wut herumschrie oder
um sich schlüge, er aufstehen und gebieterisch sagen
würde: «Schluß jetzt mit deiner Anmaßung, Bruder! Du
bist nicht mehr würdig, unser Erster zu sein. Ein anderer
muß deine Stelle einnehmen.» Und dann hörte er im
Traum die Götter den Namen Poseidon rufen und sah sie
vor sich knien und dem neuen Anführer huldigen, doch
dann sah er plötzlich die starren Gesichter des Kratos und
des Bia, und dann dachte er schnell: Ich bin Herrscher im
Meeresreich, das ist eigentlich mehr als der Erste im Rate!

Manchmal träumte er wieder, daß die Raubfische sich zu-
sammenrotteten, die Götter zu überfallen, und daß er mit
seinem Dreizack all die Haie und Rochen und Kraken in
blutigen Kämpfen besiege und die Geschwister als Dank
für ihre Errettung ihn zum Anführer wählten. Am nächsten Morgen war dann der Traum verflogen und der Neid
auf Zeus ein Stückchen gewachsen, und da Poseidon dem
Bruder nichts anhaben konnte, nutzte er jede Gelegenheit,
Hera oder sogar Aphrodite zu verletzen. Doch diese Genugtuung war immer schal und währte nie lange; er schalt
sich dann stets, sich selber Feinde statt Freunde zu schaffen,
und in seinen besten Stunden kam ihm sein Verhalten sogar schäbig vor. Mit welchem Recht durfte er sich je zur
Wahl stellen, wenn er sich nicht besser als Zeus betrug; wie
sollte er Anführer werden, wenn er die mächtigste Schwester gegen sich einnahm?

Und dennoch konnte er, da Hera nun weinend vor ihm
saß, der Versuchung nicht widerstehen, ihr voll kalten
Hohns zu sagen: «Ich meine, teuerste Schwester, daß jeder
von uns sich in seinem Reich entwickeln kann, wie es ihm
behagt, denn dazu ist er ja Herrscher darin. Wenn dein
Mann euer Kind nicht mag, was soll mich das kümmern?
Ich *habe* Freude an meinen Kindern, und wenn der Bruder
sich etwa an Benthesikyme vergriffe, wäre das etwas anderes. Doch das wird er nie tun, und euer Krüppel geht mich
nichts an.»

Und er hatte hinzugefügt: «Ich wünsche nicht, liebe
Schwester, daß du je wieder solch heikle Gespräche mit
mir führst. Zeus läßt mich in Frieden, und ich möchte in
Frieden mit ihm leben. Wie du mit deinem Gemahl
zurechtkommst, ist deine Sache; zieh mich da bitte nicht
hinein.»

Kaum zu Ende gesprochen, hatte er sich über diese Worte
geärgert, doch da war Hera schon voll verhaltener Wut
weggegangen und hatte sieben Jahre schweigend ihren
Groll hinuntergeschluckt. Nun aber saß sie erneut bei
Poseidon und schüttete ihm abermals ihr Herz aus, doch
diesmal klagte sie nicht nur ihr eigenes Leid.

«Wenn du mein Bruder bist», sprach sie, «wenn du mein
Bruder bist und unsre Verwandtschaft achtest, mußt du

mich hören! Unser Anführer Zeus verliert den Verstand, das wissen wir auf dem Olymp schon lange, doch nun fängt sein Wahnsinn an, uns Geschwister insgesamt zu bedrohen, und deshalb komme ich zu dir. Daß er uns, die wir ständig um ihn sind, plagt und schindet, habe ich sieben Jahre geduldig ertragen, doch heute hat mich Zeus an den Haaren vom Thron gerissen und die Fremde, diese Hergelaufene, diese Tochter der Hundertarmigen, neben sich gesetzt! Sie sei etwas Besseres als wir alle, hat er erklärt, und dann hat er verlangt, wir sollten vor ihr hinknien und ihr die Füße küssen und ihr als Gebieterin huldigen, und weil wir das nicht wollten, hat er uns geschlagen: Hestia, Hebe, Artemis und mich, und – »

«Schwester», so unterbrach sie Poseidon, der ihr anfangs mißtrauisch, doch schnell mit immer mehr sich verdüsternder Aufmerksamkeit zugehört hatte, «Schwester, ich finde diesen Vorfall auch unerhört, aber bedenke, daß der gräßliche Kopfschmerz und nicht etwa böser Wille unsern Bruder manchmal so tollwütig macht. Ich weiß ja von früher, daß er bei solchen Anfällen jede Besinnung verliert, doch hinterher tut es ihm leid, und er nimmt sich zusammen und bessert sich. Solltest du ihm nicht auch diesen Vorfall großzügig nachsehen? Er wird es dir später sicher danken.»

Die Langmut ihres Bruders ärgerte Hera. Daß ihre Worte sein Denken schon stachelten, sah sie ihm nicht an. Er ein Mann, dachte sie, und er ist auch in diese Schamlose vergafft wie Zeus oder Ares oder Apollon! Wenn ich sie weiter schmähe, wird er sie noch verteidigen! Sie sagte zögernd: «Und daß Zeus herumschreit, Kronos habe an seinen Geschwistern ganz richtig gehandelt, als er sie von der Herrschaft ausschloß, das wollen wir ihm dann auch verzeihen?»

«Das hat er wirklich gesagt?» rief Poseidon, und wenn es noch ungläubig klang, klang es doch schon empört. Zeus hatte das nie gesagt, aber Hera nickte.

«Dann soll er mir Rede und Antwort stehen!» rief Poseidon. «Auf der Stelle gehe ich zu ihm.»

«Das wäre eine Torheit», sagte Hera rasch, «er würde es natürlich leugnen. Es gäbe nur einen sinnlosen Streit, und er wäre gewarnt.» Plötzlich schluchzte sie auf und warf sich schluchzend an Poseidons Brust. «Ach, Bruder», so schluchzte sie, «du hast ja keine Ahnung, wie es jetzt bei uns zugeht! Zeus tut, was ihm paßt, und treibt's immer toller, und eines Tages läßt er noch die Hundertarmigen auf uns los. Das sind keine Kopfschmerzen mehr, das ist der blanke Wahnsinn, und diese Meerkuh, die doch eigentlich *dein* Eigentum sein müßte, nützt ihn gierig zu unserem Schaden aus.»

Heras Schluchzen wurde zum Wimmern, und ihr nasses Gesicht lag hilflos an ihres Bruders Brust. Poseidon war von ihrem Ausbruch erschüttert. Jeder Gedanke an Spott, aber auch jeder Gedanke, daß Hera lügen oder auch nur übertreiben könne, war dahin. Er drückte die Schwester an sich und dachte dabei: Nun mach dich bereit, du zweiter Sohn Rheas, deine Stunde ist nah! Wenn Zeus wirklich wahnsinnig ist und solche Pläne hegt, muß man ihn absetzen, und wer anders als du sollte dann Anführer sein! Doch da er dies dachte, sah er wieder die Gesichter des Kratos und des Bia. Er löste Heras Hände von seinem Hals und schritt langsam durch die Grotte und spähte in jeden Winkel und lüftete die Algenvorhänge und blickte auch in die schwarzen, ziehenden Tiefen. Dann wandte er sich wieder an die Schwester, die ihr Schluchzen bezwang.

«Berichte», verlangte er leise, «sag, was du weißt! Sag mir alles, doch schrei nicht.»

«Es ist nicht geheuer in unseres Anführers Kopf», wiederholte Hera, nun ebenfalls flüsternd. «Es klappert und rasselt darin, und manchmal ruft es und zirpt es, und dann höre ich sogar Worte wie: ‹Laß mich hinaus, Väterchen, ich will hinaus, Vater Zeus, ich will ans Licht!› Dann springt er auf und beginnt zu rasen, und wer ihm begegnet, der wird zusammengeschlagen, ausgenommen natürlich diese Fremde.»

«Warte», sprach Poseidon, «wer zirpt und ruft in seinem Kopf?»

«Man könnte denken, daß es ein Kind ist, doch das ist ja nicht möglich», erwiderte Hera. «Es ist eine weibliche Stimme, doch mit männlichem Klang.»

«Wie käme ein Kind in seinen Schädel?» fragte Poseidon.

Hera zuckte die Schultern.

«Ich weiß es wirklich nicht», sagte sie. Und sie fügte hinzu: «Ich weiß nur, daß es so nicht weitergeht.»

Poseidon überlegte laut.

«Ein Kind, aber kein Kind; weiblich, aber männlich – es kann nur der Wahnsinn sein, der aus ihm ruft! Nichts andres ist möglich», entschied er schließlich. Er kaute malmend seine breite Lippe. Hera beobachtete ihn genau. Sie glaubte sicher zu wissen, daß Poseidon seinen Bruder haßte, wenn er es auch nicht merken ließ. Doch sie war auch klug genug zu fühlen, daß Poseidon sie ebenfalls nicht mochte, zumindest seit sie Gemahlin des Zeus war, und sie kannte auch ihres mittelsten Bruders Mißtrauen und Vorsicht. Trotzdem sah sie keinen anderen Weg zur Rache an Zeus als über ihn. Denn seit der Geburt des Hephaistos brannte der Wunsch nach Vergeltung unlöschbar in ihrem Herzen, und hätte sie Zeus gleich verzeihen wollen, Aphrodites bloßes Dasein verzieh sie nie. Diese Feindin mußte vernichtet werden, und das war nur möglich, wenn Zeus die Herrschaft verlor, und wenn sie dazu Poseidon brauchte, mußte sie sich eben mit ihm verbünden und sich notfalls von ihm auch demütigen lassen. Eine schlimmere Erniedrigung als die jüngst durch ihren Gemahl erlittene konnte ihr ohnehin nicht widerfahren, und später würde sie sich des Verbündeten schon entledigen können.

Sie hatte lang überlegt, ob sie Poseidon oder ob sie Prometheus in ihr Spiel ziehen sollte, und hatte sich schließlich für ihren Bruder entschieden, weil sie ihn einfach besser zu verstehen glaubte. Prometheus war ihr rätselhaft. Es wollte ihr nicht in den Kopf, daß einer sich damit begnügen könne, auf fernen Sternen nach Wäldern und Ziegen zu forschen, anstatt in seinem Bereich nach der Herrschaft zu streben. So hatte sie denn all ihre Hoffnung auf Poseidon gesetzt, und nun sah sie befriedigt, wie sie sich erfüllte.

Poseidons Lippe schnalzte zurück.

«Der Anführer nicht bei Sinnen, das ist bedenklich, das ist äußerst bedenklich», murmelte er wie im Selbstgespräch, langsam und mit großen Pausen. Er dachte so angestrengt nach, daß seine Nasenflügel sich hoben, und Hera hütete sich, ihn zu drängen. Plötzlich lief er wieder zur Grottenwand und spähte ins Meer.

Niemand war in der Nähe, nicht einmal ein Stint.

«Aber wer —», begann er zu fragen und hielt inne, als habe er damit schon zuviel gesagt.

Er wartete auf Antwort, doch Hera schwieg.

Wieder spähte Poseidon in alle Ritzen. Diesmal entdeckte er drei Sardinen. Sie flitzten davon, als sein Schatten sie traf.

«Aber wer sollte —«, sagte er, «statt seiner —»

«Du!» erwiderte Hera fest.

Poseidon fuhr hoch.

«Schweig», zischte er, «ich bitte dich, schweig! Ich habe das nicht gehört.»

Sein Blut rauschte. Es war ihm, als ob er tausend Ohren habe und in allen dröhne das Wort: Du! Du! Du! Taumelnd, halboffenen Munds, lief er in seinem Gemach hin und her und sah seine Geschwister vor sich auf den Knien. Du! Du! Du! so riefen auch sie. Ihre Worte hallten, doch auf einmal hörte man draußen auf der Sandbank, die zum Palast führte, langsame Schritte.

«Das ist der schnüffelnde Bia», sagte der aus allen Träumen gerissene Poseidon wütend. «Das ist der schnüffelnde Bia, ich brauch nicht hinauszusehn, ich kenn ihn am Schritt! Hör nur, wie er schlurft und schleicht und sich dabei doch so unverschämt sicher nähert, als ob er der Herr sei. Wie das tappt, wie das schlappt! Es ist eine Beleidigung für uns alle, uns diese beiden Kerle in den Nacken zu setzen. Schlurf, schlurf: er grinst, da er heranschlumpft, und malt sich grinsend unsere Wut aus! Aaah, ich möchte den Kerl mit dem Dreizack durchstechen, und ich tu's auch einmal!»

Doch er griff nicht zum Dreizack; er klopfte mit den Fingern auf einen der roten Äste seines Korallensitzes und sagte, Erregung wie Wut zu einem Krächzen zusammendrükkend: «Ja, diese seltsamen Bäume, vielliebe Schwester, die wachsen —» Da teilte sich der Algenvorhang, und Hades trat ein.

«Ich grüße euch, teure Geschwister», sprach Hades und kreuzte nach längst veralteter Sitte die Hände über der Brust und neigte langsam den Kopf und kam langsam näher. Im grünen, gebrochenen Licht sah er, der Struppige, im Dämmerreich Bleichgewordene, wie eine wandelnde Föhre oder ein Wels auf zwei Beinen aus.

Seine Geschwister starrten ihn an, als wäre er ein Wundertier Gaias. Es war das erste Mal, daß Hades sein unterirdisches Land verließ.

«Bruder!» riefen Poseidon und Hera nach dem Augenblick der Verblüffung wie aus einem Munde. Erleichtert, ja vergnügt liefen sie auf Hades zu und umarmten ihn.

«Es ist mir höchst willkommen, daß ich dich hier treffe, meine hohe Schwester», sprach Hades und küßte nach altem Brauch die Spitzen von Heras Haar. «Ich hätte nach meiner Aufwartung bei Bruder Poseidon ohnehin versucht, auch mit dir zusammenzukommen. So kann ich mich gleich mit euch beiden beraten.»

«Was hast du denn für Sorgen?» fragte Hera. Die aufgelöste Spannung, der überstandene Schreck, die neue Lage und auch die Freude, nach so langer Zeit den Bruder zu sehen, machten sie schwatzhaft. «Wie geht's deinen Augen?» so fragte sie und redete gleich ohne Pause sprudelnd weiter: «Mir scheint, sie sind wieder völlig genesen. Das freut mich, das freut mich für dich und natürlich für Kore. Was macht sie denn, die Gute, die Zarte? Wie geht es vor allem Mutter Rhea? Wir haben sie ja seitdem nicht mehr gesehen. Hast du sie einmal gesprochen? Kümmerst du dich ein bißchen um sie?»

«Das sind viele Fragen auf einmal», erwiderte Hades, «erlaubt mir, daß ich sie später beantworte.»

«Ja, ja, natürlich», entgegnete Hera, durch das ungewohnte Gehabe des Bruders verwirrt.

«Willst du dich nicht setzen, Bruder?» fragte Poseidon, doch Hades blieb stehen.

«Ist es mir vergönnt, dein holdes Weib Amphitrite zu begrüßen?» erkundigte er sich und kreuzte dazu aufs neue die Hände über der Brust.

Poseidon lachte.

«Die kommt vor Abend nicht wieder», erklärte er, «die ist mit den Töchtern hinausgeschwommen, nach Perlen zu tauchen; das ist ihr neuestes Vergnügen, und darüber vergessen sie alle Zeit. So setz sich doch, Bruder, nimm doch Platz!»

Würdevoll ließ sich Hades auf eine der Muschelbänke nieder und saß dort so, wie er auf seinem Thronhügel zwischen den schwarzen Flüssen zu sitzen pflegte: hochaufgerichtet, mit steifem Kreuz und in die unendliche Tiefe der Dämmerung blinzelnd. Poseidon und Hera setzten sich ebenfalls und saßen nun auch so feierlich da wie er.

«Höret, ihr teuren Geschwister, die ihr meinem Herzen so nahe seid», begann Hades zu reden, «ich habe euch eine höchst dringliche und höchst wichtige Sache zu unterbreiten. Es geht um unseren erhabenen Bruder Zeus, Heras hohen Gemahl. Ich muß mich über ihn ernsthaft beklagen. Seit einigen Wochen bricht er in mein Reich ein und bringt meine Ordnung ganz durcheinander, und wenn ich ihn zur Rede stelle, schreit er herum, daß er der Mächtigste sei und niemand ihm etwas verbieten dürfe. Ich gedenke das nicht mehr hinzunehmen. Er überfällt die Titaninnen im Schlaf, er jagt sie, wenn sie fliehen, wie die Atlastochter Maia; er kränkt und verhöhnt ihre Männer und Väter und weckt bei den Friedlichsten Unmut und Groll. Sie, die bislang ruhten und nicht daran dachten, sich unserer Herrschaft zu widersetzen, sie versammeln sich jetzt um Atlas und tuscheln mit ihm.»

«Das hab ich geahnt», rief Poseidon, «das hab ich geahnt!»

«Er ist abscheulich!» rief Hera empört, indes sie innerlich jubelte. Wie kränkend die Kunde auch war: ihr Plan konnte glücklicher nicht gedeihen.

Poseidon hingegen hatte kaum jenen Ausruf getan, als seine Gedanken auch schon durcheinanderzurollen begannen wie draußen die Wellen. Nach Heras Bericht, beim Spähen nach einem Lauscher, hatte er plötzlich denken müssen, die Titanen könnten vom Wahnsinn des Anführers erfahren und die Gelegenheit nützen, einen Aufstand anzuzetteln, und es war ihm sogleich eingefallen, daß in der letzten Zeit mehrmals Okeanostöchter (die sich ja alle wegen ihrer Enthaltsamkeit im Titanenkampf frei in den Gewässern bewegen und ihre Ämter weiter versehen durften) in auffallend großer Zahl seinen Palast umschwommen und unter einem billigen Vorwand auch betreten und durchstöbert hatten.

Wenn es sich aber so verhielt, wenn die Titanen schon

Kundschafter schickten, durfte man da die gemeinsame Kraft der Götter schwächen, indem man den Anführer niederwarf? Man forderte damit die Feinde ja geradezu zum Losschlagen auf. Andrerseits wieder konnte man mit einem Wahnsinnigen an der Spitze nicht in den Kampf ziehen, und daran, daß Zeus wirklich den Verstand verlor, hatte Poseidon nach Heras Bericht ebenfalls keine Zweifel. Was sollte man tun, was war wünschenswert, womit nützte und womit schadete man der Sache der Götter und nützte und schadete man sich letzten Endes selbst?

Sein Plan, den er zwischen Heras Donnerwort «Du!» und dem überraschenden Erscheinen des Bruders in groben Zügen entworfen hatte, war der Plan eines Nacheinander gewesen: Die Furcht vor einem Aufstand der Titanen schüren, den wahnsinnigen Anführer unter Hinweis auf die drohende Gefahr absetzen und, wenn die Titanen diesen Wechsel wirklich ausnutzen sollten, sie mit neugeeinten Kräften niederwerfen! Doch nun lief das Ende dem Anfang voraus, und was ein Gerücht um ein Körnchen Wahrheit hatte sein sollen, wurde unvermutet ernsteste Wirklichkeit. Wie sollte man das alles so schnell entwirren! Das Pläneschmieden mit seinem Hin und Her und Für und Wider und Trotzdem und Dennoch war sowieso nicht Poseidons Stärke, und je angestrengter er seine Gedanken zu ordnen versuchte, um so mehr verwirrten sie sich, und schließlich wurden sie ganz gestaltlos und nichts als quälendes Unbehagen. Denn noch ein Drittes war ja hinzugekommen: die Ungewißheit über die tieferen Absichten des ältesten Bruders. Strebte Hades vielleicht auch nur danach, Zeus abzusetzen, um selber Anführer zu werden? Sein Augenlicht war ihm ja wiedergegeben, und als Ältester hätte er einen natürlichen Anspruch auf diese Stellung.

«Er ist abscheulich!» rief Hera voll Haß.

«Abscheulich, wahrhaftig abscheulich!» bestätigte Hades.

Klang seine Stimme echt? Meinte er wirklich, was er sagte? Aber das plötzliche Auftauchen des Schwarms von Okeanostöchtern und ihr Herumstöbern im Palast war eine Tatsache, und wie anders hätte sie gedeutet werden können, wenn nicht mit der Vorbereitung zu einem Aufstand? Dies war die Wirklichkeit; die trog nicht, an die mußte man sich halten! Poseidon nahm seinen Dreizack vom Boden auf und prüfte mit den Fingerkuppen Spitze und Schärfe. Das Gefühl, etwas Sinnvolles zu tun, machte ihn sicherer, und das schartige Blatt, mit dem er zehn Jahre lang gegen die Titanen gefochten hatte, gab seinem Denken eine klare Richtung, in die es gierig weiterschritt.

«Du meine arme Schwester», sprach Hades, der beide erschüttert glaubte, «wie tust du mir leid! Wie sehr schmerzt es mich, dir eine solch üble, verletzende Botschaft überbracht zu haben! Allein es war meine Bruderpflicht, dir die Augen zu öffnen. So höre noch mehr: Dein Gemahl hat sogar versucht, mein Mädchen Kore anzutasten. Sie ging, wie sie das manchmal zu tun pflegt, auf dem Blumenweg zur Oberwelt spazieren, da ist er über sie hergefallen. Zum Glück war Demeter in der Nähe, zu der konnte sich Kore gerade noch flüchten, doch nun weigert sie sich zurückzukehren, da sie sich in meinem Reich nicht mehr sicher fühle. Ich gedenke den Rat der Geschwister anzurufen. Er muß Bruder Zeus zur Verantwortung ziehen.»

«Er ist abscheulich, abscheulich, abscheulich!» rief Hera ein drittes Mal. Sie rief es voller Haß, und der Haß war echt.

«Arme Schwester», sprach Hades, «arme Schwester!»

Poseidon aber, den Dreizack in beiden Fäusten, fragte mit heiserer Stimme: «Bruder, sprich, was tun die Titanen?»

«Sie sitzen um Atlas herum und tuscheln und zischeln», erwiderte Hades. Es war ihm recht, daß das Gespräch eine Wendung weg von der Peinlichkeit nahm. Er lächelte sogar ein wenig, da er Poseidon so kampflustig sah, und fuhr fort: «Lege die Waffe nur wieder ab, guter Bruder, du brauchst sie nicht. Es ist ja nicht so, daß die Titanen mir drohen oder sich gar widerspenstig verhalten. Ich möchte aber den Anfängen wehren, und so ist es mir ein Warnzeichen, daß sie nicht mehr dösen und daß sie verstummen, wenn ich mich zeige.»

«Ich meine, daß sie sich bereits rüsten», sagte Poseidon und schüttelte den Dreizack über seinem Kopf. In diesem Augenblick sah er sich als Führer der Götter im neuen Titanenkampf. Wer am tapfersten und entschlossensten kämpft, der wird auch Anführer werden, sagte er sich, und es war ihm nicht bange, daß er den bedächtigen Hades durch Taten überflügeln werde. «Jetzt weiß ich auch», rief er, «jetzt weiß ich auch, warum diese Okeanostöchter immerzu um meinen Palast geschwommen sind! Natürlich hat Atlas sie vorgeschickt. Angeblich suchen sie eine Schwester Metis, die irgendwo verlorengegangen sein soll. Das ist natürlich eine billige Ausrede. Es war eine falsche Entscheidung, sie weiter in ihren Ämtern zu lassen. Nun ist mir klar, daß sie Kundschafter sind.»

«Diese Metis soll aber wirklich verschwunden sein», erwiderte Hades. «Ihre Mutter Tethys war deswegen bei mir und hat unter den Schlafenden nachgeforscht.»

«Ach was», sagte Poseidon, «wer will denn das feststellen bei tausend mal tausend Kindern! Da fehlen ja unentwegt ein paar Dutzend! Sie haben sich auf diese Weise verständigt, die aus meinem und die aus deinem Bereich. Mich sollte es nicht wundern, wenn sie demnächst auch auf dem Olymp herumsuchen.»

«Das tun sie tatsächlich», sagte Hera. «Sie haben auch bei mir nachgefragt, und sie haben sich auch in den Wohnhöhlen umgesehen. Ich habe mir nichts Schlimmes dabei gedacht und sie gewähren lassen. Diese Metis soll die Quellen des Olymps gepflegt haben.»

«Lachhaft», rief Poseidon grimmig, «was hat der Olymp denn schon für Quellen! Nein, nein, die Sache ist völlig klar: Sie bereiten einen Überfall vor. Atlas ist ihr Führer, um ihn sammeln sie sich, und so träge sie sind, wenn sie ruhn, so wild und zäh und gefährlich sind sie im Wachen. Wir müssen ihnen zuvorkommen! Wir müssen auf der Stelle etwas tun!»

«Es genügt ja schon, sie nicht weiter zu reizen», entgegnete Hades. «Noch ist die Gefahr nicht gegenwärtig, glaube mir das. Wenn Zeus sie in Ruhe läßt, kommt bald alles wieder in Ordnung, dafür verbürge ich mich. Bei Zeus liegt die Wurzel des Übels, die müssen wir packen.»

Obwohl diese Schlußfolgerung Poseidon gefallen mußte, wiegte er ungläubig und trotzig den Kopf. Sollte sein eben gefaßter Plan, der so klar und gesichert schien, doch hinfällig werden? Welche Ziele verfolgte Hades, wenn er gegen

Zeus sprach? Sah er die Titanengefahr nicht, oder wollte er sie in den Augen der Geschwister nur darum herabsetzen, weil er mit den eigenen Vorbereitungen, sich an die Spitze des Kampfes zu stellen, noch nicht fertig war? War er zu großmütig oder zu durchtrieben, zu blind oder zu hellsichtig? Beides war möglich, doch welches von beidem war richtig? Poseidon wußte es nicht. Wieder kamen seine Gedanken in quälende Unordnung, da sagte Hera mit Nachdruck: «Hades hat recht!» Sie legte, da sie sprach, ihren Arm um die Schultern des Bruders, und der fühlte überrascht den Druck ihrer Hand. «Laß mich nur machen», sagte die Hand, und Poseidon nahm dies Zeichen erleichtert auf. Vertraue der Schwester, sagte er sich, sie hat sich ja überwunden und ist zu dir gekommen, obwohl du sie bei ihrem letzten Besuch nicht eben freundlich behandelt hast. Nun ja, selbst sie, die Stolze und Dünkelhafte, muß dich als Anführer anerkennen! Er fühlte sich geschmeichelt wie jeder Mann bei solchen Gedanken. Du kämpfst mit der Tat und sie mit der Rede, sagte er sich, und nun war er bereit, sich der Schwester blindlings anzuvertrauen.

«Hades hat recht», wiederholte Hera. «Die Wurzel des Übels ist Zeus.»

Poseidon nickte.

Hera trat vor Hades. «Und was willst du tun, Beherrscher der Unterwelt?» fragte sie.

«Den Rat der Geschwister anrufen», erwiderte Hades.

«Der Rat ist versammelt. Wie lautet dein Antrag?» gab Hera zurück.

Hades schaute sie an, als ob sie leibhaftiges Feuer statt zweier Sätze aus dem Mund gebracht hätte.

«Der Rat der Geschwister ist versammelt. Wir sind der Rat!» wiederholte Hera entschlossen. «Seit sieben Jahren haben wir nicht mehr getagt, und wenn es nach dem wahnsinnigen Zeus ginge, würden wir auch nie mehr zusammenkommen, es sei denn, seine Befehle entgegenzunehmen.»

Hades hob den gewinkelten Arm, er wollte sprechen, doch Hera, wiewohl sie die Geste bemerkte, redete fort.

«Wir sind der Rat», sprach sie beschwörend, «und wir sind, wie wir hier stehen, auch schon in der Mehrzahl.

Denn auch Demeter wird billigen, was wir beschließen. Sie hat mir die Sache mit Kore berichtet; sie war vor Empörung außer sich. Auch Hestia ist aufgebracht, doch sie zählt schon nicht mehr. Sie mag zu uns, sie mag aber auch zu Zeus halten, wir sind auf jeden Fall die Mehrzahl. Auf wen also sollten wir warten? Auf Kratos und Bia?»

«Aber wir müssen den hohen Bruder doch hören», sagte Hades, der nun endlich zu Wort kam. «Wir können doch nicht über seinen Kopf hinweg –»

«Wir *haben* ihn ja gehört», entgegnete Hera, «er hat ja laut genug mit jedem von uns herumgeschrien. Er kann machen, was er will, hat er gesagt, das ist sein Standpunkt. Ich meine, daß er das eben nicht kann! Wie ist eure Ansicht?»

«Hmmm», machte Hades. Poseidon drehte den Griff seines Dreizacks zwischen den Fingern. Er wollte warten, wie sich Hades entschied. Jetzt würde sich zeigen, was er dachte und wollte!

«Was meinst du denn selbst, was zu tun sei?» fragte Hades Hera.

«Ich meine», sagte Hera, «daß es ein Beispiel gibt. Auch Kronos hat sich über seine Geschwister erhoben.»

«Du willst –», rief Hades und brach mitten im Satz ab. «Du willst ihn –», so setzte er abermals an und kam wieder nicht bis zum Ende.

«Ja», sagte Hera, «das wollen wir. Zeus kann nicht länger mehr unser Erster sein. Es geht nicht so weiter mit ihm und uns. Wir müssen handeln, sonst läßt er uns nacheinander von Kratos und Bia binden und zu den Hundertarmigen sperren.»

«Dafür hast du keinen Beweis!» rief Hades.

«Ach, willst du warten, bis dich die Hundertarmigen an ihre Brust drücken?» rief Hera wütend. «Mich *hat* er ja schon von meinem Sitz gestoßen, ich habe es Poseidon geklagt! An den Haaren hat er mich heruntergerissen und Aphrodite auf meinen Platz gesetzt, genügt dir das nicht?»

«Und er hat ja selbst erklärt, daß er mit uns so verfahren wird wie Kronos mit seinen Geschwistern!» rief Poseidon.

«Das hat er zu dir gesagt?» fragte Hades.

«Zu Hera!»

«Davon hast du nichts berichtet, Schwester», sprach Hades erstaunt.

«Ich habe es Poseidon gemeldet», entgegnete Hera, «deswegen kam ich ja zu ihm. Zeus hat das gesagt, und er macht es schon wahr. Heute hat er mich verstoßen, morgen ist dann Poseidon an der Reihe, und übermorgen bist du es, Bruder, verlaß dich drauf! Dann hast du deine Beweise, doch dann wird es zu spät sein.»

Die Brüder schwiegen und schauten ins Meer. Delphine schwammen vorbei, und auf einem ritt Triton und jauchzte und schlug mit den grünen Händen das Wasser. Seeschwalben schossen durch den flatternden Schaum.

«Ich habe auch mit den Kindern gesprochen», sagte Hera. «Die Zwillinge sind mit uns, und Ares brennt darauf, sich zu schlagen, was zaudern wir da! Wir könnten Zeus im Schlaf überfallen, er schläft wie ein Stein, das weiß ich doch. Dann schnarchen auch Kratos und Bia zur gleichen Zeit, obwohl er's ihnen verboten hat. Ich gebe euch ein Zeichen, und wir fallen über ihn her. Wenn wir ihn dann überwältigt haben, soll alles nach der Ordnung geschehen. Dann werden wir Rat halten, und dann wird Zeus sich verantworten.»

«Und wenn Kratos und Bia aufwachen?» warf Poseidon ein.

Hades erhob sich.

«Die werden sich schnell zum Sieger schlagen, wie vordem auch», erwiderte Hera. «Es kommt nur darauf an, daß wir Zeus mit einem Streich überwältigen. Wenn die beiden sehen, daß die Sache entschieden ist, werden sie sich vor uns in den Staub werfen und uns die Füße küssen, da habe ich nicht die geringsten Sorgen. Es muß eben nur ganz schnell gehen, ganz schnell und entschlossen, noch schneller als ein Gedanke. Ich schlage vor, wir tun's heute nacht.»

Ihre Wangen glühten, und aus ihren Achselhöhlen brach Schweiß. Sie ist schön, dachte Poseidon, und er fühlte bei ihrem Anblick Schauder und Bewunderung zugleich. Er nickte, nur einmal, und so, als senke er vor Hera den Kopf. Da aber war Hades vor die beiden getreten und hielt nun die ausgestreckten Innenflächen seiner zur Brust erhobenen Hände feierlich gegen sie gekehrt.

«Nein», sagte er laut und bestimmt, «das ist nicht gerecht! Das habe ich nicht gewollt! Dafür bin ich nicht zu euch gekommen!»

«Schön», sagte Hera, «wir wollen also Zeus bitten, den Rat einzuberufen. Vielleicht tut er's sogar, und vielleicht hört er uns auch an, mit Kratos und Bia an seiner Seite, Kratos rechts und Bia links. Er wird zuerst brüllen, dann wird er sagen, daß er Kopfschmerzen hat und daß es ihm leid tut und daß er ja alles gar nicht so gemeint hat. Dann werden wir auseinandergehen, und in der Nacht noch werdet ihr mich mit Kronos zusammen aus der Tiefe der Erdkugel schreien hören. Dann wird der Bruder euch sagen, das wäre nötig gewesen, und er wird Kratos und Bia als Zeugen anrufen, daß ich ihn im Schlaf überfallen wollte, und dann werdet ihr wieder bedächtig nicken und werdet denken, daß das ja auch stimme, und dann wird eines Morgens Poseidon gefesselt erwachen –»

«Und dann wird, und dann wird, und dann wird, und dann wird!» schrie nun auch Hades. «Das ist doch alles nur ausgedacht! Es gibt doch keinen einzigen Beweis, außer dem Satz von Zeus, und der ist irgendwie seltsam. Ich weigere mich, das mitzumachen; ich weigere mich, das auch nur anzuhören. Laßt mich jetzt gehen! Ich werde den Rat der Geschwister anrufen.»

«Bleib Bruder!» sprach Poseidon. «Hier ist schon zuviel geredet worden. Hera hat recht. Wir müssen handeln.»

Er versperrte Hades mit dem Dreizack den Weg.

Nun ist es entschieden, dachte er, der neue Anführer bin ich!

«Willst du mir drohen?» fragte Hades leise.

«So ist es recht!» rief Hera. «Nun streiten *wir* uns!» Sie lachte erbittert.

«So ist es richtig», rief sie, «so ist es gut! Nun schlagt euch schon!» Sie packte Hades an der Schulter und rüttelte ihn. «Er hat dein Weib überfallen», schrie sie, «was muß denn noch geschehen, du blinder Narr! Aaaah, du bist wirklich blind geworden in deiner Höhle, ein blinder, blöder, gekrümmter Wurm!»

«Schwester», sprach Hades erschüttert; da fiel Hera vor

ihm auf die Knie und umschlang seine Füße und sprach: «Verzeih! Verzeih, ich habe dich gekränkt, aber ich habe an Kore gedacht! Verzeih mir darum! Ich sah Zeus über sie herfallen und sah die Zarte fliehen und sah Zeus sie packen und niederwerfen, da hat mich das Mitgefühl überwältigt. Ich bin eben nur ein Weib, du als Mann denkst da anders, *du* nimmst Rücksicht auf den Anführer und denkst an Ordnung und pünktliches Verfahren, mag Kore auch geschändet werden. Verzeih, daß ich schwach war! Verzeih, und es soll geschehen, wie du willst!»

Sie stand auf und sagte: «So geh und rufe also den Rat an.»

«Nein», sagte Hades, «nun will ich kämpfen. Ich werde mein Schwert nehmen und den Bruder zum Kampf fordern. Der Zweikampf soll zwischen uns entscheiden.» Er atmete schwer, da er das sagte, und sein grünes Gesicht zuckte und bebte.

O du Dummkopf, dachte Hera verzweifelt, du redlicher, dummer Dummkopf du! Sie sagte: «Warte! Wir wollen uns vorher versprechen, zusammenzustehen, was auch immer geschehe.»

Sie streckte die Hand aus, und Poseidon schlug ein, und Hades schlug ein. In diesem Augenblick aber war es, als ob es kalt durch die Algen wehe. Die Verschwörer standen versteinert.

«Da ist wer», flüsterte Poseidon. Er sprang zu dem Algenvorhang und riß ihn auf, doch der Vorraum war leer. Die Brandung rauschte, und die Seeschwalben schrien. Auch Hera und Hades lösten die Hände. Jeder für sich allein, so standen sie still, und wieder wehte es kalt durch das Rauschen und Schreien.

«Du hast recht, da ist wer», hauchte Hades. «Ein Schatten belauscht uns. Ich fühle das. So weht der Wind von den schwarzen Flüssen.»

«Wo ist wer?»

«Ich weiß nicht.»

Die drei warteten einen Augenblick, dann rannten sie auseinander und spähten ziellos in einen Ritz oder Spalt, der grad vor ihnen klaffte.

«Hier ist niemand», sagte Hera, da flog hinter ihnen der

Vorhang auf. Die Verschwörer fuhren herum. In den Algen stand Rhea.

«Mutter!» riefen die drei überrascht und befreit. «Mutter, wie kommst du hierher?»

«Ich will Unheil verhüten», entgegnete Rhea müde. «Die Unterwelt liegt unbeaufsichtigt. Herrscherin Kore ist in der Oberwelt bei Demeter, Herrscher Hades im Meerpalast bei Poseidon, und diese Gelegenheit hat Atlas genutzt, zu entweichen.»

«Und Kerberos», schrie Hades, «mein Riesenhund Kerberos? Wozu habe ich einen dreiköpfigen Wächter!»

«Der ist zu müde gewesen, Atlas zu hindern», berichtete Rhea. «Ihr zwingt ihn ja, fortwährend zu wachen, das hält er doch nicht aus.»

«Er hat ja drei Köpfe», sagte Hades wütend, «einer kann schlafen, einer kann dösen, und einer soll wachen. Ist das zuviel verlangt?»

«Aber er hat zu seinen drei Köpfen nur einen Leib», entgegnete Rhea. «Der Kopf hat wohl gewacht und gebellt, wie es seine Pflicht war, aber der Leib war zu müde. Atlas hat an ihm unbesorgt vorbeigehen können, der Dreiköpfige kam nicht auf die Beine.»

«Mutter», fragte Poseidon, «hast du gesehen, wo Atlas hinging?»

«Deshalb komme ich ja», sprach Rhea. «Ich bin ihm nachgegangen und habe alles gesehen. Er hat sich im kretischen Wald mit seinen Söhnen Kratos und Bia getroffen.»

Poseidon packte den Dreizack.

«Das ist die Erhebung!» schrie er. «Sie schlagen zu! Und wir reden und reden!»

Er rannte aus dem Palast über die Sandbank. Zu sehen war niemand, doch aus dem Wald scholl wütender Lärm. Hades rannte vorüber.

«Ich muß hinunter», schrie er, «ich muß sie zurückhalten! Wenn sie erst oben sind, ist alles verloren!»

«Tu das!» schrie Poseidon.

Hades verschwand.

«Nein, bleib», schrie Poseidon, «bleib!»

Hades hörte es nicht mehr. Hera wankte heraus. Ihr Gesicht war weiß und vor Entsetzen offen.

«Die Hundertarmigen», schrie sie, «die Hundertarmigen!» Sie schrie es mit solchem Grauen, als fühle sie wieder die teigige Hand auf ihrem Scheitel und starre in die Gesichter aus Grind und Glut.

«Wo sind sie?» brüllte Poseidon. «Kommen sie aus dem Meer herauf?»

Rhea erschien auf der Sandbank.

«Sie lassen sie frei», heulte Hera, «sie lassen sie frei, sie lassen sie frei! »

«Reiß dich zusammen!» herrschte Poseidon sie an. Er schüttelte sie: «Reiß dich zusammen!» Da fühlte er die Schwester ohnmächtig werden. Ihre Füße rutschten weg, ihr Kopf fiel vornüber, und die Haare fielen ihr bis zu den Knien.

«Rüste dich, Zweitgeborener», sagte Rhea. «Atlas und seine Söhne werden Kronos befreien, was suchten sie sonst im kretischen Wald? Und dann kommen die Hundertarmigen los.»

Auch Poseidon erbleichte.

Er legte die Schwester in die Arme der Mutter, und Rhea wusch ihrer Tochter Schläfen und Stirn. Zwischen den Delphinen jauchzte noch immer in Seligkeit Triton.

«Bruder», stammelte Hera, «wir müssen auf den Olymp! Dort sind die anderen Männer: Ares, Apollon, Zeus; dort sind wir im Fels; dort haben wir Steine, uns zu verteidigen!» Und sie dachte: Und dort werden wir ihnen die Fremde vorwerfen! Wir werden ihnen Aphrodite vorwerfen!

Poseidon nickte.

«Triton!» schrie er, «Triton, sage Mutter und den Schwestern, sie sollen heute nicht zurückkommen! Furchtbares wird geschehen! Sie sollen sich auf einer Insel verkriechen!»

Triton schoß davon, grün im silbernen Grau der Herde. Im Wald lärmten die Tiere.

«Komm», drängte Hera, «wir müssen fort!»

«Und wo ist Prometheus?» fragte Rhea.

Die Häher überschrien sich.

«Mutter», sagte Poseidon, «kümmre dich um Hera! Ich werde nach Prometheus schauen. Du hast recht, wir brauchen jetzt jeden, der einen Stein schleudern kann. Prometheus muß im Wald sein, er ist vor ein paar Stunden vorübergelaufen. Die Hundertarmigen sind noch nicht über der Erde. Wir würden sie sehen.»

In diesem Augenblick erscholl im Wald hinterm Strand ein gräßliches Brüllen.

Es war Bruder Zeus, der draußen schrie.

DIE GEBURT DER ATHENE

Das Gebrüll des Zeus von der Nordküste her schreckte auch drei andere auf, die sich tief im kretischen Wald zu einem geheimen Gespräch zusammengefunden hatten: Atlas, Bia und den stummen Kratos.

Atlas schmiedete Pläne, Kronos zu befreien, und er hatte seine Söhne beauftragt, Prometheus das Geheimnis des unsichtbaren Stranges abzulisten.

«Höret, meine guten, getreuen Söhne», so hatte er gesprochen, «die hohen Fürsten, die Titanen, dämmern im Schlaf ihrer Niederlage, und ihr Erwachen dauert lang. Selbst die Frevel des Zeus an ihren Töchtern und Frauen sind von ihren Stirnen erst in die Kehlen, aber noch nicht zu den Herzen gedrungen. Ihre Münder reden empörte Worte, doch ihr Haß schläft noch so tief wie ihr Wille zum Kampf. Ich mühe mich, sie zu entflammen, doch meine Kraft ist gering; wenn Kronos sie aber weckte, verdunstete ihr Schlaf wie ein Tröpflein Tau im Anruf der Sonne. Wir müssen den Herrscher befreien, meine Söhne, und dazu müssen wir das Geheimnis der Kraft kennen, die seinen Kerker mit unsichtbaren Strängen verschlossen hält. Prometheus ist der einzige, der es hütet. Ihr müßt ihm dies Geheimnis entreißen.»

Und er sprach zu ihnen, die sich mit gekreuzten Armen vor ihm verneigten: «Ihr habt klug gehandelt, meine Söhne, daß ihr euch diesem Zeus verdingt habt. Tut alles, um seine Gehilfen zu bleiben! Scheut keine Erniedrigung, verschmäht keine List, schreckt vor keiner Gewalt zurück! Macht euch an Prometheus heran, umschmeichelt ihn, huldigt ihm, beobachtet ihn scharf und genau! Und nun lebt wohl, ich muß zurück. Ich werde wieder durch die dunklen Flüsse waten. Hades darf nicht merken, daß ich entwichen bin.»

Da dies gesprochen wurde, hatte Zeus aufgebrüllt, und nun hasteten Kratos und Bia in den Winkkreis ihres Herrn, von dem sie wußten, daß er seines Kopfschmerzes wegen Prometheus suchte. In äußerster Pein hatte Zeus sich entschlossen, Gaia um Hilfe zu bitten, und dazu brauchte er den Titanen als Vermittler. Atlas aber eilte zu jenem Höhlentor, durch das die Flüsse Styx und Acheron in die Unterwelt strömten, und auch Rhea huschte dahin zurück.

Poseidon und Hera sahen Atlas hinterm Waldessaum rennen und dachten zugleich: Wir haben uns zu sehr geängstigt. Die Titanen sind noch nicht hochgestiegen, und die Hundertarmigen sind auch noch nicht frei!

Und sie dachten: Was sollen wir tun? Nun ist wieder alles unentschieden. Aber es sind Worte gefallen, die nicht mehr zurückzunehmen sind.

«Prometheus, wo bist du?» brüllte Zeus.

Der Wald schwieg.

«Ich will sehen, was er plant», sprach Hera entschlossen. «So habe ich Zeus noch nie toben gehört. Wer weiß, was er uns jetzt zugedacht hat. Es war falsch von uns, Prometheus geringzuschätzen. Ich will mit ihm sprechen, ehe Zeus ihn findet.»

Poseidon nickte, und Hera lief in den Wald, der vom Geheul des Herrschers schwankte.

«Wai, mein Kopf, mein Kopf!» brüllte Zeus, und durch sein Gebrüll klang eine Stimme wie Erz und Frühwind: «Öffne! Ich will hinaus! Ich will ans Licht!»

Sein Wahnsinn will heraus und uns alle fressen! dachte Hera entsetzt. Zeus brüllte nun ohne Unterlaß. Das Gebrüll war so laut, daß Hera es wagen durfte, Prometheus zu rufen. Sie suchte nun nichts als seinen Schutz und dachte vor Angst an keine List mehr. «Prometheus», rief sie, «Prometheus, wo bist du?»

«Guck, guck! Guck, guck! Guck, guck!» antwortete es von einer Kiefer herunter.

«Wo bißtu bißtu bißtu», höhnten die frechen Stieglitze.

«Da! Da! Da!» krächzten die Raben.

«Pro-mäh-mäh-mäh-mäh-mähthäus», meckerten die Bekassinen.

Wütend stampfte die Göttin mit dem Fuß ins Moos.

«Was willst du, Hera?» fragte dicht hinter ihr eine Stimme. Hera fuhr herum. Aus einem Ölbaum, dessen jahrhundertealter Stamm wie ein Gebirge zerklüftet war, trat der Gesuchte. Seine Lippen und seine Hände glänzten.

«Hier», sagte er und reichte Hera ein paar Oliven, «hier, koste, das schmeckt viel besser als Ambrosia! Gaia nennt sie die Ölfrucht. Sie stillt den Hunger und hilft gegen jedes Leiden. Koste doch!»

«Was soll uns das jetzt», sagte Hera zornig. «Hörst du nicht unsern Herrscher brüllen und den Wahnsinn sein Brüllen überschreien? Vielleicht wächst ein neuer Hundertarmiger in seinem Schädel.»

Das Brüllen schüttelte Eicheln aus den Ästen.

Hera fiel Prometheus um den Hals und schluchzte.

«Ich will nicht länger mit Zeus leben», rief sie, «ich will zu dir ziehn, Prometheus! Ich kann nicht mehr!»

«Schwester», sprach Prometheus, «es wäre nicht gut für uns alle, wenn du jetzt den Herrscher verließest.» Er schob sie sacht von seiner Brust. «Sieh», sprach er, «dein Mann ist krank, das fremde Wesen in seinem Kopf hat ihn so launisch und tückisch gemacht, doch ich habe ein Mittel, ihm zu helfen. Ich habe es hier im Wald verborgen. Bevor wir aber mit der Heilung beginnen, muß Zeus uns versprechen, sein Amt wieder gut und gerecht auszuüben.» Und er dachte, da er dies sagte: Ich weiß genau, Hera, wonach du strebst. Du möchtest das Übel deines Bruders ausnutzen, dich selber zur Herrscherin aufzuschwingen. Doch dann würde es noch schlimmer werden, als es jetzt schon ist. Ich halte zu Zeus. Ich bin überzeugt, er wird sich ändern.

«Waiwaiwaimeinkopfmeinkopfmeinkopf!» brüllte es ganz in der Nähe, und nun verkroch sich Hera im Ölbaumstamm. Das Unterholz knackte; das Reisig krachte; Zeus erschien, und da er seinen Gehilfen gewahrte, stürzte er mit geballten Fäusten auf ihn zu. «Warum kommst du nicht, wenn ich rufe?» so heulte er, und seine Augen waren nach oben gedreht, und die Adern von Stirn und Schläfen waren dick wie Schlangen. Sein Haar war vom Dickicht zerzaust, sein Gesicht zerschunden. Prometheus wollte sich rechtfertigen, da ertönte wieder die helle Stimme: «Laß mich endlich hinaus! Ich will ans Licht!»

«Wer ist das?» fragte Prometheus. «Wen hast du da eingesperrt?»

Und er rief, ohne Antwort abzuwarten: «Sei ruhig da drinnen! Beweg dich nicht! Wir müssen beraten, wie du herauskannst.»

«Gut», rief die Stimme, «ich warte!» Der Kopfschmerz ließ etwas nach. Wimmernd und ächzend erzählte Zeus die Sache mit Metis.

«Nun ist es klar», sagte Prometheus, «Metis hat in deinem Schädel ihr Kind geboren, und das wächst nun und sprengt dich. Die Metis hast du klein wie eine Beere machen können, aber nicht ihr Kind.»

«Ich halt's nicht mehr aus!» stöhnte Zeus. «Ich habe mir schon vorgenommen, mich in ein Wesen ohne Kopf zu verwandeln, dann wäre ich die Schmerzen los. Aber dann könnte ich ja nie mehr wieder zurück, ich hätte dann ja keinen Mund, den Spruch auszusprechen. Was soll ich nur anfangen, mein Lieber? Wai, wai, wai, ich verwandle mich doch!«

«Wir müssen dir ein Loch in den Schädel schlagen, Bruder Zeus», erklärte Prometheus, «damit das Kind heraussteigen kann. Der Stimme nach scheint es ein Mädchen zu sein.»

«Erraten!» rief die helle Stimme.

«Mein Schädel ist ja viel zu hart», ächzte Zeus, «ich habe ja schon alles ausprobiert. Selbst Gaias Schwertblatt kann ihn nicht öffnen. Es biegt sich, und ein Stein zerspringt.»

«So wird ihn die Schärfe des Eisens spalten», sprach Prometheus.

Er legt die Hände gehöhlt vor den Mund und rief dreimal feierlich in die Tiefe des Waldes: «Schmied, komm heraus!» Nach dem dritten Ruf teilte sich das Gebüsch, und ein rußgeschwärzter Mann erschien. Er hinkte an einer goldenen Krücke; über der Brust trug er einen Lederschurz, und in seiner Linken baumelte ein blitzendes Ding.

Zeus fuhr erschrocken zurück.

«Wer ist das?» schrie er. «Den kenne ich nicht! Was will der? Was hat der da in der Hand?»

Der Schmied trat näher.

Voll Neugierde versuchte Hera durch das Ölbaumholz zu lugen, doch in ihrer Augenhöhe war der Stamm rißlos. Sie mußte sich auf die Zehen recken und konnte dennoch vom Schmied nichts als ein rotes Haarbüschel erblicken.

«Es ist dein Sohn Hephaistos, den du vom Olymp geworfen hast», erklärte Prometheus.

«Weggerutscht ist er mir», rief Zeus, «ich wollte ihn hochheben, um ihn sorgfältig zu betten, da hat er gezappelt und ist mir einfach weggerutscht. Endlich finde ich dich, mein Söhnchen! Welche Freude! Wie lange habe ich dich schon gesucht! O wai, mein Schädel, mein armer Schädel! Was hältst du da in der Hand, mein Söhnchen?»

«Eine Axt», sprach Hephaistos mit rauher Stimme, «eine Axt aus Eisen, Väterchen.»

«Und was willst du mit der Axt aus Eisen, Lieber?» fragte Zeus.

«Dir den Schädel spalten, Väterchen», sagte Hephaistos und ließ die Axt blitzen.

In diesem Augenblick verlor Hera, die sich zu hoch auf die Zehen gereckt hatte, das Gleichgewicht und fiel aus dem Ölbaum.

«Sieh da, meine Schwester und Mitregentin», sprach Zeus und setzte sich auf einen Baumstumpf. Hera zog sich am Laub eines Busches hoch, da wurde dahinter Poseidon sichtbar, und plötzlich traten auch Ares, Artemis und Apollon und ein wenig später auch Hebe, Demeter und Kore aus dem Dickicht. Sie alle waren durch das schauerliche Gebrüll in den kretischen Wald gelockt worden, und als dann Hephaistos mit dem Beil erschien und Hera und Poseidon sich zeigten, dachten sie, nun werde Gericht über Zeus gehalten, und da wollte keiner von ihnen fehlen.

In ihren Mienen stand Hohn und Haß.

«Willkommen, ihr Himmlischen», sprach Zeus und starrte auf das Beil.

Einen Herzschlag lang war es völlig still, und da war es, als schalle aus dem Dickicht das gräßliche Lachen des stummen Kratos.

«Die beiden Schakale sind auch da», sprach Zeus vor sich hin, «und da drunten lauern Bruder Hades und Vater Kronos, und vor mir steht mein verstoßener Sohn mit der Axt in der Hand, mir den Schädel zu spalten. So also habt ihr euch das gedacht! Seit langem schon wittre ich euren Verrat, liebe Schwestern und Brüder. Aber noch ist es nicht soweit!«

Er sprang auf und schrie: «Ich will ein Riese sein und bis zum Himmel ragen!», und in diesem Augenblick wuchs er bis zum Himmel auf, doch ebenso riesenhaft wurde das hämmernde Eingeschlossene in seinem Schädel. Es war, als ob Gebirge gegen seine Stirn polterten. Heulend wünschte er sich in seine alte Gestalt zurück. «Macht mit mir, was ihr wollt!» wimmerte er. «Ich kann nicht mehr!»

Hephaistos wiegte das Beil.

«Schlag zu!» flüsterte Hera. «Schlag zu, schlag zu!»

Ares lockerte seine Muskeln, Kore aber verhüllte vor Angst ihr Gesicht.

«Bruder Zeus», sprach Prometheus, «wir wollen dir nichts Böses tun. Hephaistos wird dir den Schädel öffnen, doch vorher mußt du schwören, ein besserer Herrscher zu sein. Deine Willkür muß ein Ende haben. Versprich uns das!»

Die Eingeschlossene in seinem Kopf begann wieder mit den Fäusten zu hämmern.

«Genug jetzt!» rief sie. «Genug geschwatzt! Ich will endlich hinaus! Tut etwas, sonst breche ich mir selbst einen Ausgang!»

«Schlag zu!« heulte Zeus. «Ich verspreche alles!»

Prometheus rieb die Stirn des sitzenden Zeus mit Öl ein, dann zog er aus einer Höhle im Olivenstamm einen Becher, der mit einem goldfarbnen Getränk gefüllt war, und auch der Becher war aus Gold und sein Fuß aus Rubin.

Zeus starrte den Becher mißtrauisch an. Er fürchtete, nun selbst vergiftet zu werden, so wie er damals Kronos vergiftet hatte. Gleichzeitig aber war er trotz dieser Furcht und trotz seiner Schmerzen von dem nie geschauten Gefäß entzückt.

«Wo hast du das denn gefunden?» fragte er und drehte den Becher langsam in seiner Rechten. «Auf keinem Stern habe ich je so Schönes gesehen!»

«Hephaistos hat ihn gefertigt», erwiderte Prometheus. «Hephaistos hat viele schöne Dinge geschaffen, die es vorher nicht gab. Trinke ohne Furcht. Es ist bester Nektar, und es sind die Früchte des Weinstocks darin gekocht. Dieser Trank mildert alle Schmerzen!»

Zeus nickte, doch da er den Becher zum Mund hob, wurde der Kopfschmerz still. Die Eingeschlossene konnte nämlich durch die Augen des Zeus wie durch Fugen sehen, und nun sah sie das goldene Blitzen des Bechers und glaubte, das Licht breche schon zu ihr herein.

Da der Kopfschmerz verschwand, setzte Zeus den Becher ab, doch in diesem Augenblick begann die Eingeschlossene wieder zu hämmern.

«Schlag zu, schlag zu!» heulte Zeus und streckte Hephaistos die Stirn entgegen, doch als das Beil blinkend in die Höhe stieg, schlang Zeus die Arme um seinen Kopf. Hephaistos hielt inne, da sprangen Poseidon und Ares heran und drehten Zeus die Arme in den Rücken. Hephaistos hob wieder das Beil, und da er es hob, zischte ihm Hera ins Ohr: «Schlag zu, so kräftig du kannst, mein Sohn! Nun ist er in unsrer Gewalt! Hau ihn entzwei!» Das hörte Zeus, und er wand sich verzweifelt in den Fäusten seines Bruders und seines Sohnes, da fuhr das Beil schon hernieder, und seine Schneide war so scharf und ihr Schlag so genau, daß er den Schädel nur so weit spaltete, um ein igelhaft zusammengekrümmtes Wesen herausspringen zu lassen, das sich im Fallen zu einer schlanken und göttergroßen Jungfrau reckte.

«Da bin ich», sagte das Mädchen, «ich heiße Athene. Fuh, war das eng und heiß da drinnen! So also seht ihr aus. Ich kenne euch ja alle vom Hören, aber sehn konnte ich euch nur, wenn ihr ganz nah vor dem Väterchen standet. Du Große bist wohl Hera? Sei gegrüßt!»

«Sei gegrüßt, Athene, du liebes Kind», sprach Hera und legte den Arm um die Schultern der Hauptentsprungenen. Dabei dachte sie wütend: Dieser Hephaistos ist ja ein schrecklicher Tölpel. Er hätte Zeus entzweihacken können. Nun ist alles auf lange Zeit dahin!

Und sie dachte besorgt: Hoffentlich hat er mein Gezischel nicht gehört. Ach was, er wird es schon nicht gehört haben! Und wenn, dann leugne ich's oder sage, es war Gaias Stimme oder der Wind.

Prometheus betupfte die gespaltene Stirn mit Öl, preßte die Knochenränder aneinander und umwand sie mit Heilkraut und Efeuschnüren. Der Erste der Götter saß noch ganz dumpf und verwundert da und starrte auf die Befreite und die Runde um sie. Langsam begriff er, daß er nicht zu den Hundertarmigen geworfen werden sollte. Vorsichtig, in winzigen und auch jeweils nur um ein winziges weiter ausgreifenden Rucken drehte er den Kopf hin und her, dann wagte er, ihn zu heben und zu senken, und schließlich rollte er ihn im Nacken, so wie ein Bach einen Kiesel rollt. Die Wunde war kaum zu spüren. Frei von der Angst und frei von Schmerzen, fühlte er sich nun so froh und gelöst wie noch nie.

Jetzt kenne auch ich das Gefühl, das Prometheus Glück nennt! dachte er.

Er trank einen Schluck Wein, erhob sich und trat vor das Mädchen.

«Sei gegrüßt, Athene», sprach er und neigte sich zu ihr nieder und küßte sie auf die Stirn. «Schön bist du», sagte er, «noch schöner als Aphrodite. Du hast mich ja genug geplagt, nun sollst du mich fortan nur noch erfreuen.»

Er hat nichts gehört, dachte Hera beruhigt, er würde sonst loswüten! Athene stand jetzt zwischen ihr und Zeus, und um sie herum stand verlegen die Götterfamilie, und da sie nicht wußten, was sie nun tun sollten, traten sie von einem Bein aufs andre und lächelten.

«Es ist kalt hier», sagte die nackte Athene, «aber das macht nichts, die Freiheit ist herrlich. Das also ist die Welt! Sie gefällt mir. Wie süß die Luft schmeckt! Ah, und der Wind im Haar, und der blaue Himmel!»

Da erblickte sie den Becher, den Zeus weggestellt hatte.

«Oh», sagte sie überrascht, «was ist das?»

«Ich schenke ihn dir», sagte Hephaistos, «ich mache mir einen neuen. Gib acht, er ist schwer. Er ist pures Gold.»

«Mach mir auch einen Leibschurz aus Gold», rief Athene, «und auch einen Schutz für den Kopf, daß das Haar nicht so flattert. Wirst du das können?»

«Ich meine schon», sagte Hephaistos. Er wurde rot und

krümmte sich über seine Krücke. «Für dich will ich mir Mühe geben», versicherte er. Er wollte mit lieblicher Stimme sprechen, aber zu seinem Ärger klang sie ganz heiser und rauh.

Athene aber stieß einen Freudenschrei aus. «Wie bist du tüchtig!» jauchzte sie. «Ich glaube, ich mag dich.»

Die umarmte den Schmied und rief noch in seinen Armen: «Fuh, du färbst ja ab! Es ist schrecklich, so schwarz und schmierig herumzulaufen. Warum bist du nicht weiß wie die andern? Was ist das, was dir da auf der Haut klebt?»

«Ich nenne es Ruß und Asche», sagte Hephaistos. «Man wird nun mal so, wenn man mit Feuer umgeht.»

«Kann man das nicht abreiben?» fragte Athene. Sie goß Wein über Brust und Stirn des Schmiedes und säuberte ihn mit Moos.

Danach kämmte sie ihn, so gut es eben mit fünf Fingern gehen mochte.

«Sieh an, wie schmuck du jetzt aussiehst», sagte sie. Dann ging sie reihum und begrüßte jeden mit Handschlag, den Ares aber, der sich mit aufgeplusterter Brust vor Demeter und Kore gedrängt hatte, ließ sie aus.

«He du!» schrie Ares. «Du siehst mich wohl nicht? Ich bin dir wohl zu klein, was?»

Er schlug eine dumme Lache an und packte das Mädchen an der Schulter, doch Athene fuhr wie der Wind auf der Ferse herum und schlug ihm den Arm hinunter.

«Rühr mich nicht an», sagte sie scharf. «Du bist Ares, nicht wahr? Dein Brüllen hat mir noch nie gefallen.»

Ares ballte knurrend die Faust, doch er wagte nicht, zuzuschlagen. Von diesem Augenblick an wußten die beiden, daß sie für immer Feinde sein würden. Die anderen Götter freuten sich, denn keiner mochte Ares leiden. Nur Aphrodite beeindruckte sein ungeschlachtes Gehabe, aber die war ja jetzt nicht hier.

Während Athene die Götter begrüßte, war Zeus zu Hera getreten und hatte ihr, was er seit der Titanenschlacht nicht mehr getan, die Spitzen des Haares geküßt. Nun klatschte er in die Hände. «Auf zur Wohnstatt, ihr Guten», rief er, «auf zur Wohnstatt, seht ihr denn nicht, wie die arme Kleine bibbert und friert! Meine hohe Schwester, habe die Güte, sie zu geleiten. Räumt ihr den wärmsten Platz ein. Meinetwegen laß Aphrodite zur Seite rücken.»

«Sehr gern», sagte Hera und hakte Athene unter.

«Geht nur voran», sagte Zeus, «ich komme nach. Ich möchte nur noch Hephaistos danken. Auch du kannst gehen, treuer Prometheus. Ich werde deinen Dienst nie vergessen, mein Lieber.»

KRATOS UND BIA BESTRAFEN EINANDER

Die Götter waren zu ihren Höhlen zurückgegangen.

Zeus und Hephaistos blieben allein.

«Mein lieber, lieber Sohn», sprach Zeus und legte beide Arme auf die Schultern des Schmiedes, «mein lieber, viellieber Sohn, ich danke dir. Du hast mich zweifach erlöst in dieser Stunde: von meinen Schmerzen, aber vor allem von der quälenden Sorge um dein Geschick. Prächtig bist du gediehen, Söhnchen, jedes Glied ein echter Gott! Du mußt mir deine Erlebnisse genau berichten, denn du ziehst doch wohl jetzt zu uns, mein Lieber, und erfreust uns mit deiner Gegenwart.»

«Gern, lieber Vater», stotterte Hephaistos beglückt und erregt und schrecklich verlegen, weil er nicht recht wußte, was dann aus seiner Werkstatt im Wald werden sollte.

Vielleicht kann ich sie mitnehmen, dachte er. Wenn der Olymp erzhaltig ist, wäre das möglich! Und er versuchte Zeus zu erklären, was eine Erzmine und was eine Schmiedeesse, ein Amboß, ein Hammer, eine Zange, ein Blasebalg und eine Schmelzgrube sei. Zeus tat so, als verstehe er alles, und befühlte dabei die Schneide des eisernen Beiles. Er hieb nach einem handgelenkdicken Eschenstamm und kappte ihn mit einem Hieb, danach prüfte der wieder die Schärfe und fand sie um nichts vermindert.

«Großartig», rief er, «das hast du also im Blasebalg gefunden?»

«Auf dem Amboß geschmiedet, Vater Zeus, geglüht und geschmiedet», erwiderte Hephaistos geduldig. «Aus Erz und Feuer wird im Schmelzofen Metall, und aus Metall

313

und Mühe auf dem Amboß dann diese Schärfe. Ich hab dir das doch soeben erklärt.»

«Und wo hast du den Schmelzofen gefunden, Söhnchen?»

«Den hab ich auch gemacht, Vater Zeus.»

«Und den Amboß, mein Söhnchen?»

«Den hab ich auch gemacht, lieber Vater.»

«Und das Erz hast du auch gemacht, mein Söhnchen?» Hephaistos seufzte.

«Nein, Vater Zeus, das hab ich gefunden», sagte er.

«Na siehst du, das ist ja meine Rede!» erwiderte Zeus. Er holte abermals aus und schlug einen Eichenast von doppelter Dicke des Eschenstamms ab. Diesmal mußte er dreimal zuhaun, aber auch danach war die Schneide nicht beschädigt.

«Sag, spaltet das auch Granit?» fragte er.

«Das könnte das beste Beil nicht», entgegnete Hephaistos.

«Aber gibt es ein andres Ding, das so was könnte?» Hephaistos zögerte mit der Antwort.

«Söhnchen», sprach Zeus, «ich will dir meine dritte Sorge offenbaren, und die ist nicht nur meine Sorge allein. Unser Reich ist von Ungeheuern bedroht, von Scheusälern mit hundert Armen und hundert Beinen. Sie sind tief im Erdinnern eingeschlossen, aber sie rütteln an ihren Kerkerwänden, und wenn sie freikommen, sind wir verloren. Einmal haben wir sie besiegt, aber nun sind unsre Schwerter zerhauen und schartig, und mit Steinen und Knüppeln können wir sie nicht abwehren.» Er drehte das Beil im Handgelenk, und als es in der Sonne blitzte, schien es, als schneide es das Licht. Die Augen des Gottes funkelten. «Befreie uns auch von der letzten Sorge, mein Lieber», bat er. «Schaffe uns die schärfste Waffe, die dein Amboß zu blasen vermag!»

«Ich will mir Mühe geben, Vater», sagte Hephaistos, doch seine Stimme klang merkwürdig bedrückt. Zeus beobachtete ihn aufmerksam. Der Schmied schaute auf das Moos und den quarzigen Grund, als ob er durch den Boden zu den Ungeheuern hinabblicken wollte. Eine Weile stand er so und schwieg, nur der Stein unter seiner Krücke knirschte. Zeus ließ kein Auge von ihm. «Manchmal habe ich sie heulen hören», sagte Hephaistos schließlich wie im Selbstgespräch. «Es war furchtbar: Kein Tier heult so, auch kein Sturm und kein Feuer... » Er wollte hinzufügen: «Sie tun mir leid», aber statt dessen sagte er: «Du meinst also, sie bedrohen uns?»

«Sie können schon morgen über uns herfallen», erwiderte Zeus.

Hephaistos wurde immer nachdenklicher. Gaia hatte ihm oft, wenn abends die Feuer in der Höhle brannten, von den armen Hundertarmigen erzählt, die in Kälte und Finsternis eingesperrt seien und darum so bitterlich seufzten und heulten, und da hatte Hephaistos sich seiner Stunden auf dem Distelfeld erinnert, und er hatte geträumt, ein Schwert zu schmieden, das den Kerker der Ärmsten zerschnitt und sie befreite. Am Tag aber, in den Minen, hatte ihm wieder vor den Heulenden gegraut, und so zwischen Grauen und Traum hatte er über ihnen gehaust und Erz gebrochen und manchmal bei ihrem Heulen gedacht, es heule sein eigenes einsames Herz. Denn mitten im siebenten Jahr seines Lebens bei Gaia hatte er einmal die Kinder Poseidons im Meer tollen sehen, und da war ihm seine Einsamkeit so zum Leid geworden, daß es ihm den Atem abschnürte. Vor Sehnsucht und Hilflosigkeit zitternd, war er ein Stück ins Wasser gehumpelt, um mit den Jauchzenden zu spielen, doch da er ja nicht schwimmen konnte und sein Rufen und Winken unbemerkt blieb, war er in seine Werkstatt zurückgekehrt und hatte so wild auf das Eisen eingeschlagen, daß er sein bestes Stück verdarb. In der Nacht dann hatte er über das mißhandelte Metall geweint, und am nächsten Morgen war er, vom Verlangen nach einem Gefährten getrieben und doch von einer unerklärbaren Scham gehemmt, heimlich wie ein Luchs zum Strand geschlichen, entschlossen, sich diesmal, was auch danach geschehe, in die Wellen zu werfen. Doch da war ihm auf halbem Wege Prometheus begegnet, und der hatte ihm von den Göttern auf dem hohen Berg Olymp und von seiner, des Hephaistos, göttlichen Abkunft erzählt und ihn getröstet, daß, wenn er nur wage, den Schädel des Zeus zu spalten und ihn von seinen Kopfschmerzen zu befreien, die

Stunde der Heimkehr nahe sei. Hephaistos hatte dies nicht glauben wollen; ungläubig hatte er mit Prometheus das Beil geschmiedet und ungläubig noch den Schlag geführt, doch nun war die Voraussage in Erfüllung gegangen, die Einladung, zum Olymp zu ziehen, war ausgesprochen, und nun gingen Hephaistos die Mahnworte Gaias nicht aus dem Sinn: Sie werden dich loben, sie werden dir schmeicheln, und du wirst ihnen folgen, und das wird dein Verderben sein...

Hatte Gaia gelogen, als sie vor den Göttern warnte? Hatte sie gelogen, als sie ihm die Hundertarmigen als gepeinigte, hilflose Wesen schilderte? Oder log nun Zeus, oder logen gar die eigenen Augen und Ohren? Wie sollte dieser gütige Vater ein böser Mann, wie diese unfaßbar schöne Hera eine böse Frau sein? Aber Zeus hatte doch Angst vor ihr gehabt, oder war das nur ein Spiel gewesen, wo wie auch die Hirsche im Spiel einander drohten und einander erschreckten und mit gesenktem Geweih aufeinander losrannten, um am Ende doch wieder im versöhnten Verein die Eschenrinde abzuknabbern?

Hephaistos fand sich nicht mehr zurecht.

Zeus ahnte, was in seinem Sohn vorging, und er fürchtete, der Schmied könne die Uralte rufen.

Da kam ihm ein Einfall.

«Söhnchen», sagte er rasch, «bring mir das Beil, das Granit zerschneidet, und du sollst die schönste der Göttinnen zur Frau bekommen.»

«Hera?» fragte Hephaistos verwirrt.

«Ach was», erwiderte Zeus, «ich sagte dir doch: die Schönste, und das ist Aphrodite, die Meerschaumentstammte. O Söhnchen, Söhnchen, keine Beschreibung kann ihren Liebreiz schildern! Ich wollte sie ja selbst heiraten, das gestehe ich, doch ich gebe sie dir, mein Herzenssohn. Schaff mir die Waffe und mach sie so scharf, daß sie hundert Arme mit einem Hieb abhaut! Dann werden uns die Ungeheuer nicht mehr bedrohen, und du wirst dich der schönsten Göttin erfreuen.»

Bei diesen Worten schwindelte es Hephaistos, so wie ihn geschwindelt hatte, als Hera und die anderen Göttinnen und schließlich die nackte Athene vor seinen Augen erschienen waren. In diesen Augenblicken war ihm gewesen, als trete sein Leben Schritt für Schritt aus einer grauen, düsteren Höhle in den blendenden Tag, und später dann, als er schon mit Zeus allein war, hatte er plötzlich denken müssen, daß alles Gold nur dazu da sei, sich an den Hals dieser Wunderwesen zu schmiegen, und alle Edelgesteine nur darum erstanden, einstmals auf ihrem Haar zu glühen. Hätte Zeus ihm Hera versprochen, er hätte ihm jeden Dienst dafür gelobt – aber wer war Aphrodite? Der Name klang berauschend, doch wen verbarg er? War dies der Betrug, vor dem Gaia gewarnt hatte?

«Was zögerst du, Söhnlein?» fragte Zeus ungehalten.

Hephaistos brachte vor Verlegenheit keinen Ton heraus. Schließlich wagte er zu stammeln, daß er ja Aphrodite nicht kenne. Da verwandelte sich Zeus in einen Wirbelwind, raste nach dem Olymp, packte die schlafende Göttin, und als er mit ihr in den Armen vor seinem Sohn erschien, sank der in die Knie. Sie ist ja hundertmal schöner als Hera, dachte er fassungslos.

«Gefällt sie dir?» fragte Zeus lächelnd.

«Vater», sprach Hephaistos, «ich kenne ein Erz, in dem die Kraft des Feuers schläft. Gaia hat mir verboten, es zu brechen, doch ich will dir eine Waffe daraus schmieden. Um Aphrodites willen tue ich alles!»

Die Schlafende blinzelte.

«Wecke sie nicht!» rief Hephaistos. «Sie soll mich so nicht erblicken! Ich bin schmutzig und humple auf einem Bein. Ich will ihr anders erscheinen. Lebe wohl, Vater! Wenn die Sonne dreimal gestiegen und gefallen ist, siehst du mich wieder. Ich werde dir bringen, was du begehrst.»

Er stemmte sich an seiner Krücke hoch und humpelte flink und ohne sich noch einmal umzudrehn in den Wald. Zeus bettete Aphrodite nahe der Küste ins Moos, dann kehrte er zurück und setzte sich auf einen Gneisblock.

«Wo bleibt ihr?» rief er nach einer Weile. «Ich warte!»

Da teilte sich ein Lorbeergebüsch, und Bia und Kratos traten heraus. Bia lächelte, und Kratos lachte.

«Was lachst du, Kratos», fuhr Zeus ihn an, «und was verbirgst du, Bia, für krumme Gedanken hinter deiner glatten

Stirn? Kommt näher, Freunde, näher, noch näher – halt, nicht zu nahe! So, da bleibt stehen. Und nun erzählt.»

«Was sollen wir dir denn erzählen, Herr?» fragte Bia. Er versuchte Zeus unbefangen ins Gesicht zu blicken und schaute sofort wieder zur Seite. Kratos, der aufgehört hatte zu lachen, verzog den Mund.

«Ich höre», sagte Zeus nach einer Weile.

«Ich höre», wiederholte er, da die beiden schwiegen, «ich höre!»

Ein dummes Lachen des Kratos.

Und wieder Schweigen.

Zeus wiegte das Beil.

«Ich verstehe deinen Willen nicht, Herr», sagte Bia unsicher. So hatte der Gebieter noch nie zu ihnen gesprochen. Wußte er etwas von ihrer Begegnung mit Atlas?

Zeus stand auf, hieb ein paar Schlingpflanzen ab, warf sie Kratos zu und setzte sich wieder.

«Da», sagte er, «da, stummer Kratos, nimm das und binde deinen Bruder.»

Da band Kratos seinem Bruder Bia die Hände auf dem Rücken und danach die Beine um Knöchel und Knie zusammen, und Bia ließ es wortlos geschehen.

Wenn ich nur wüßte, was Zeus weiß, dachte er, da er gebunden wurde, und Kratos, da er seinen Bruder band, dachte Ähnliches, nur dumpfer und statt in Worten in Ängsten. Zeus schwieg. Weiß er von unserm Gespräch mit Vater Atlas? fragte sich Bia ratlos, da der Strang seine Beine umwand. Von seinem Bemühen, die Titanen zu wecken? Von seinen Aufträgen an uns? Und wenn er was weiß, wieviel weiß er dann?

Zeus schwieg.

Kratos zog die Schlinge so fest, daß die Knoten ächzten. Sein Bruder konnte nun kein Glied mehr rühren.

Auf jeden Fall muß ich den Unschuldigen spielen, dachte Bia, da schnippte Zeus mit dem Finger, und da stieß Kratos den Bruder um.

Bia fiel ins Gestrüpp.

Zeus winkte, und Kratos rollte seinen Bruder vor den Gneisblock. Bia konnte das Gesicht des Sitzenden nicht mehr sehen, nur dessen Beine bis zu den Knien, und die waren reglos wie der Stein. Aber da ertönte hoch über ihm die Stimme seines Herrn, und da erschrak er, obwohl sein Herr so sanft wie noch nie sprach.

«Schlag deinem Bruder ins Gesicht, guter Kratos», sprach Zeus ganz leise, und Bia dachte, daß Kratos nicht richtig zuschlagen werde. Doch da hörte er Zeus sagen: «Schlag richtig zu!», und Kratos schlug zu, so kräftig er konnte, und dann trat er auf Verlangen des Herrschers dem Bruder ins Gesicht und in den Leib, und dann handelte der losgebundene Bia ebenso an seinem Bruder Kratos, den nun *er* band, und diesmal brauchte Zeus nicht zu mahnen, beim Schlagen keine Kraft zu sparen. Bia schlug und trat, als liege Zeus statt des Bruders vor ihm.

«Genug», sagte der Herrscher schließlich, dann hieß er die beiden vor sich niederknien.

Auf ihren Köpfen wuchsen Beulen und auf ihren Schultern und Schenkeln blaugrüne Flecken. Eine Beule sah aus wie ein Fliegenpilz, eine andre wie ein Tannenzapfen. Die Götter hätten gejubelt, hätten sie die verhaßten Spitzohren so sehen können.

Sogar die Tiere schmunzelten, und die klugen Häher schrien die Nachricht eifrig im Wald aus. «Dresche, Dresche!» schrien sie. «So ist's recht! Prächtige Dresche für den gräßlichen Kratos!»

In ihrer einsilbigen Sprache klang das: «Dräsch, dräsch! Rätsch, rätsch! Prätsch, dräsch, grätsch, krätsch!»

«Schlag! Schlag! Schlag!» ereiferte sich die Wacholderdrossel.

«Bia auch! Bia auch! Bia auch!» verlangte der Bussard.

«Feste, feste, feste, feste!» schnalzte die kleine Klappergrasmücke.

Kratos jaulte, und Bia schnaufte.

«Das laßt euch eine Lehre sein», sagte Zeus, und er sprach noch immer ganz sanft und leise. «Glaubt ihr, ich kenne eure Umtriebe nicht? Glaubt ihr, ich weiß nicht, mit wem ihr tuschelt? Glaubt ihr, ihr könnt mich hintergehn? Glaubt ihr das wirklich? Antwortet!»

In Wahrheit wußte Zeus fast gar nichts und überhaupt nichts von dem Gespräch mit Atlas. Er hatte nur aus Heras unbedachtem Ruf zu Hephaistos auf Umtriebe, ihn zu stürzen, geschlossen, und wenn es auch durch den glücklichen Ausgang der Schädelspaltung offenkundig war, daß Heras Pläne nicht weit gediehen sein konnten, so mußten doch bestimmte Vorbereitungen getroffen worden sein. Wenn Hera sich aber nach Verbündeten umgesehen hatte, so war der Gedanke gar nicht so abwegig, daß sich seine Schwester und Gemahlin auch an sein Helferpaar herangemacht hatte. Es gab nur zwei Möglichkeiten: Entweder die beiden wußten etwas von Heras Plänen, so war jetzt die beste Gelgenheit, sie zu überführen, oder sie wußten nichts, dann konnte man ihnen beweisen, daß sie unfähig waren, und sich durch großmütige Nachsicht ihrer Ergebenheit noch mehr versichern. Den beiden entging, daß Zeus ihnen keinen einzigen Tatbestand auf den Kopf zugesagt, sondern nur allgemein gesprochen hatte. Sie glaubten sich als Parteigänger des Atlas durchschaut und wußten vor Angst nicht aus noch ein.

An Hera dachte keiner von ihnen.

«Antwortet!» schrie Zeus, denn nun schrie er.

«Antwortet! Ich warte, bis der Häher noch dreimal schreit!»

«Dresche!» schnarrte es begeistert aus einer Pinie. Der Häher glaubte, die Prügelei werde von neuem beginnen, und vor Aufregung taumelnd machte er sich auf den Weg in den Nachbarwald, die Neuigkeit durch die Wipfel zu plärren. Seine Bürzelfedern leuchteten weiß durch das schummrige Baumgrün. «Dresche!» schrie er im Taumelflug, und «Dresche! Dresche!» noch aus der Waldestiefe.

Zeus lüftete sich vom Sitz.

«Verzeih unserm Vater, Erhabener!» rief Bia und warf sich im Knien über die Füße des Herrn. «Es war die Sehnsucht nach seinen Söhnen, die ihn hierhergeführt hatte. Er wollte uns nur einmal noch sehen, drum kam er herauf.»

«Atlas?» fragte Zeus verblüfft. In seiner Frage klang so viel Erstaunen, daß auch der stumme Kratos begriff, daß Zeus von ihrem Gespräch mit dem Vater nichts wußte. Mit unbeholfenen Ächzlauten versuchte er Bia zu warnen, doch das war nicht nötig. Auch Bia hatte sofort die Ahnungslosigkeit dessen erkannt, der sich als allwissend aufspielte. Nun hätte er sich selbst grün und lila haun mögen, daß er auf Zeus hereingefallen war und den Vater verraten hatte.

«Atlas, ja, ja, ich weiß», wiederholte Zeus mit gespielter Gleichgültigkeit.

Nichts weißt du, dachte Bia wütend, und auch Kratos dachte Ähnliches, nur dumpfer und statt in Worten in höhnischer Freude.

«Wie kam er an Hades vorbei?» fragte Zeus.

«Dein hoher Bruder Hades war bei deinem hohen Bruder Poseidon», antwortete Bia.

«Ich weiß», sagte Zeus, dem diese Kunde neu war, «und wer war noch dort?»

«Deine Schwester Hera, unsre hohe Herrin», antwortete Bia.

«Und wer noch?»

«Sonst niemand.»

Fern rauschte das Meer.

Jetzt hab ich dich, Hera, jetzt hab ich dich! dachte Zeus triumphierend. Heras Pläne gingen *doch* weiter, als er geahnt hatte. Daß Atlas Ränke spann, machte ihm keine Sorgen. Er wußte, daß die Titanen ruhig waren, und mit ihrem Anführer allein würde er fertig werden. Nachgehen mußte man dieser Sache gewiß einmal, doch das hatte Zeit.

«Berichtet von Hera», forderte er.

Bia hatte die Gedanken des Zeus im eigenen Denken mitvollzogen. Er wußte jetzt genau, was sein Herr hören wollte, und sprudelte alles heraus, was Hera jemals Ungehaltenes und Erbostes über ihren Bruder geäußert. Er berichtete jeden Klatsch und Tratsch, und wenn ihm eines ihrer Worte nicht kräftig genug schien, log und bog er es einfach zurecht. Auch die anderen Götter schonte er nicht. Als er seinen Bericht beendet hatte, drückte er die Füße des Herrschers abermals mit beiden Händen an seine Stirn und bat noch einmal: «Verzeih unserm Vater, Erhabener! Er hat dich nicht erzürnen wollen. Es war die Sehnsucht, die ihn trieb.»

Zeus überlegte. Die beiden waren doch eifriger, als er glaubte, und offenbar wirklich bereit, ihm nützlich zu sein. Daß Atlas mit ihnen Verbindung gesucht hatte, war erklärlich, und daß sie ihn zu decken versucht hatten, war es auch. Letzten Endes war beides sogar gut, denn mit diesem Fehltritt hatte er sie in der Hand. Er konnte ihn jederzeit zum Anlaß nehmen, sie neu zu beschuldigen und sogar zu bestrafen. Darum hielt er es nun für angebracht, sie noch eine Weile in Ungewißheit zu lassen, und tat so, als ringe er um seinen Entschluß. Er dachte, sie würden in Ängsten zappeln, und Bia ging darauf ein und spielte den Bangenden. Er fürchtete nur eins: daß Kratos lache, aber sein Bruder beherrschte sich.

«Es war ein ernstes Versäumnis von euch, solch einen Vorfall nicht sofort zu melden», entschied Zeus schließlich, «doch ich will euch und eurem Vater noch einmal verzeihn. Eure Züchtigung soll für diesmal genügen. In Zukunft aber werdet ihr jedes Wort berichten, das einer der Götter oder der Titanen, ja das eines der Tiere wider mich ausstößt. Jedes Wort, ach, was rede ich, jeden Blick, jede Gebärde, ja jeden Gedanken! Jawohl, jeden Gedanken, glotzt nicht so blöd! Wißt ihr nicht, daß man auch Gedanken sehen kann? Sie zeigen sich in den Augenwinkeln, auf den Lippen und zwischen den Brauen, und sie klingen im Lachen wie im Schweigen mit. Drum schärft eure Augen und spitzt eure Ohren, sonst ist euer Platz für ewig da drunten – ihr wißt, was ich meine! Habt ihr mich verstanden?»

«Vollkommen, Erhabener», erwiderte Bia, und jetzt lachte Kratos, und jetzt war das Lachen am richtigen Platz.

«Nun erzählt mir alles noch einmal», verlangte Zeus, und er sagte gnädig: «Ihr dürft aufstehn.»

Da standen die beiden auf und standen, ohne sich den Schmutz von den Knien zu wischen, und Bia dachte, es wäre nützlich, auch im Stehen Demut zu zeigen, und so stand er, ohne zu mucken, und hielt die Hände flach und fest an die Schenkel gepreßt. Selbst als eine Schnake ihn stach, rührte er sich nicht. Kratos grinste ihn an und stand wie immer: unordentlich, ein Bein gebogen und eines durchgestreckt, die Arme baumelnd, die Hände geballt, und mitunter lachend, und Bia dachte, es sei sehr von Vorteil, Zeus sehen zu lassen, wer von den Brüdern der Eifrigere war. Dabei berichtete er noch einmal, was er von Heras Unmut wußte. Er hatte ein gutes Gedächtnis und wiederholte auch seine Lügen genau.

Zeus nickte befriedigt und besorgt. Vor ihm stand das Bild einer Verschwörung, die weit genug gediehen war, daß er sie packen und richten konnte. *Wie* aber sollte er sie packen? Wenn er zuschlug und die Götter zur Abwehr sich gegen ihn zusammentaten, mußte er unterliegen, selbst wenn ihm Hephaistos das schärfste Beil brachte. Sie hatten ihn bei Athenes Geburt zwar geschont, allein *für* ihn war eigentlich – von Hephaistos abgesehen – nur Prometheus gewesen. Aus den Mienen der andern hatte nichts als Haß und frohlockende Gnadenlosigkeit geblickt. Aphrodite war nicht dabeigewesen, sie hätte vielleicht zu ihm gehalten, aber sie war schwach und träge und im Kampf ohne Wert. Nein, jetzt konnte er auf keinen Fall zupacken; er mußte auf eine günstigere Gelegenheit warten, und die kam nur, wenn nun *er* ein Heer wider Hera warb. Es war ihm klar, daß er sich anfangs dabei nur auf Prometheus stützen konnte.

Das wurmte ihn.

Er hat eine Art, die mich rasend macht, dachte er. Seine Rechtschaffenheit geht einem auf die Nerven: «Das ist gut, das ist schlecht, das ist brav, das ist bös, das ist richtig, das ist falsch» – wer soll das nur aushalten! Aber ich muß die Zähne zusammenbeißen und ihn ertragen. Ich werde oft mit ihm im Wald sein. Wenn er Tiere um sich hat, ist er erträglich. Es geht nun einmal nicht anders. Es muß eben gehn!

Auch ein zweiter Umstand machte ihm Sorge. Bia hatte ein solche Fülle von Unbotmäßigkeiten der Schwester und Gemahlin, aber auch der andern Geschwister ausgebreitet, daß er einiges zu vergessen fürchtete. Und dabei war doch jede Äußerung wichtig; Prometheus mußte man mit Beweisen überhäufen, und hier *waren* Beweise angehäuft! Nun hatte sich ja Bia erstaunlich viel gemerkt, aber konnte das Gedächtnis eines Dieners besser als das seines Herrn sein? Außerdem gedachte Zeus sich auch alles Belastende über die Spitzohren zu merken, und das konnte er ja nur selber tun.

Bia hatte seinen Bericht beendet und stand noch immer stramm und grade.

«Ich habe das alles bereits gewußt», sagte Zeus, «doch ich sehe, daß ihr wachsam seid.»

Er nickte Bia gnädig zu, und erst jetzt fiel ihm dessen Haltung auf.

«Wie lümmelhaft du dastehst!» fuhr er Kratos an. «Nimm dir ein Beispiel an deinem Bruder! Steh auch grade und reglos!»

Da stellte sich auch Kratos wie Bia auf. Als aber eine Mücke ihn stach, schlug er nach ihr.

«Du sollst stillstehn!» befahl Zeus belustigt. «Gilt dir ein Mückenstich mehr als mein Befehl?»

Da stand Kratos still, und die Mücke stach ihn in die Beule, die wie ein Tannenzapfen aussah.

Zeus stand auf und ließ sein Beil im Sonnenlicht schaukeln. Das gespiegelte Licht tanzte in den Kronen und überhuschte golden die verschatteten Nester. Bia und Kratos standen noch immer, als wären sie Steine. Zeus lächelte, als er im Eisenglanz vier piepsende Drosselküken unterm Flügel der zeternden Alten erblickte, und plötzlich hätte er vor Freude den Wald und all seine Wesen umarmen mögen. Heras Verschwörung war gescheitert; Hephaistos würde ihm das schärfste Beil schmieden; der Kopfschmerz war fort, Athene befreit, und auch der Spalt im Schädel schmerzte nicht mehr. Triumphe über Triumphe, was zählte da der kleine Ärger! Vorsichtig tastete er die Wunde durch das Blatt ab und fühlte, daß sie fast verheilt war. Da nahm er den Verband herunter und reckte sich mit dem Beil in der Hand, und da konnte er sich vor Freude nicht mehr beherrschen und verwandelte sich in einen Windhauch und umarmte wirklich den ganzen Wald.

Bia und Kratos sahen es unbewegt.

«Ihr dürft euch jetzt rühren», rief Zeus, da er wieder als Gott vor ihnen erschien. Die beiden streckten ein Bein vor und spreizten die Finger, und Kratos schlug nach einer Mücke auf seiner Nase und schlug sich nur eine neue Beule. Nun lachte Bia, und nun lachte auch Zeus, und da lachte schließlich auch Kratos wieder.

«Wascht euch im Meer und bleibt heute im Wald», befahl Zeus, «die hohen Götter brauchen euch in diesem Zustand nicht zu erblicken.» Die beiden dankten und rannten zur Küste. Und nun auf, sagte Zeus zu sich, auf zum Olymp! Der heutige Tag hat mir eine schöne Tochter, einen tüchtigen Sohn, zwei atmende Steine, die Freiheit vom Kopfweh, eine wichtige Kunde und ein überaus gutes Versprechen gebracht. Welch eine Wende! Es ist kaum zu fassen. Nun will ich mich ausruhn und fröhlich sein.

KÖNIG ZEUS

Am frühen Morgen des dritten Tages, seit er Zeus verlassen, erschien Hephaistos auf dem Olymp. Er fuhr in einem Wagen aus Gold mit zwei goldenen Rädern, die er mit den Händen drehte. Es war, als rolle eine hellere Sonne als die des Himmelsgewölbes in langsamer Würde den Berg hinan. Der Glanz weckte die Götter und Göttinnen, die um diese Zeit noch in ihren Moos- und Laubbetten lagen. Den Schlaf aus den Augen reibend, krochen sie aus ihren Höhlen im Stein, und da sie das rollende Gold erblickten, jauchzten sie laut und klatschten entzückt in die Hände. Hephaistos suchte Aphrodite, aber die schlief noch fest. Da aber erschien schon Zeus und schwang sich zu seinem Sohn auf die Plattform vor dem Sitz, und Hephaistos rollte den Wagen in die Wohnhöhle des Herrschers.

Die Götter sammelten sich neugierig vor dem Eingang, doch Kratos und Bia drängten sie zurück. Zeus hatte ihnen befohlen, niemanden in die Nähe zu lassen, wenn er mit seinem Sohn Hephaistos rede, und so verwehrten sie selbst Hera die Rückkehr in ihre eigene Wohnstatt.

«Geduldet euch nur ein Weilchen, liebe Brüder und Schwestern!» rief Zeus den Ungehaltenen zu. «Hephaistos bleibt ja jetzt immer bei uns. Wir werden uns bald zum Rat versammeln.»

Da beruhigten sich die Götter und schlüpften wieder in ihre Betten, denn es war draußen noch recht frisch. Athene lud Hera ein, die Wartenszeit bei ihr zu verbringen. Sie bewohnte mit Aphrodite, die gerade von Ares träumte, ein kleines Steingemach neben dem Schlafraum des Herrscherpaares. Hera nahm die Einladung an. Kaum daß sie außer Hörweite der Spitzohren war, begann sie auf Zeus zu schimpfen, doch Athene verteidigte ihn.

«Er muß sich doch mit seinem Sohn aussprechen», sagte sie, «er ist doch der Vater.»

«Und ich bin die Mutter», entgegnete Hera.

«Der Vater hat größere Rechte», sagte Athene.

Da fuhr Hera aber auf! «Warum?» sagte sie. «Das seh ich nicht ein! Ich habe ihn geboren! Ich habe ihn in meinem Leib getragen! Ich habe als Mutter das größere Recht auf ihn!»

Da die beiden so stritten, hielt Zeus seinen Sohn umarmt, und noch während er ihn an seine Brust drückte, fragte er: «Hast du mir das Versprochene mitgebracht?»

Hephaistos nickte, zog eine langgestreckte goldene Büchse unter dem Wagensitz hervor und klappte sie auf. Begierig sah Zeus hinein und sah einen gedrungenen grauschwarzen Stab und einen ebenfalls grauschwarzen, in eine haarfeine Spitze auslaufenden Kegel mit zapfenförmig gehöhlter Grundfläche.

Er hatte ein Beil oder Schwert erwartet, dessen Blatt vor Schärfe sprühte. Als er den Stab und den Kegel sah, war er enttäuscht.

«Was ist das?» sprach er. «Das hat ja nicht einmal eine Schneide. Und die Spitze da bricht doch beim ersten Zustoßen ab. Was soll ich damit?»

«Nimm!» sagte Hephaistos bestimmt. Zeus griff nach dem Stab und ließ ihn fast fallen.

«Viel zu schwer als Knüppel», sagte er, und sein Mißmut wuchs.

«Schüttle ihn», verlangte Hephaistos.

Zeus schüttelte den Stab, so kräftig er konnte, aber nichts geschah. Dann schüttelte er auf Geheiß seines Sohnes auch den Kegel, und wieder geschah nichts.

«Machst du dich lustig über mich, Schmied?» fragte er drohend.

«Verzeih, Vater», erwiderte Hephaistos, «ich wollte dir nur die Kraft dieser Waffe richtig vor Augen führen. Sie ist wirkungslos, solange die Teile getrennt sind. Doch nun sieh dies hier!»

Er nahm, gegen den Wagen gelehnt, um nicht umzufallen, den Stab in die Linke und den Kegel in die Rechte und schob den Stab in die zapfenförmige Höhlung. Beide, Stab und Kegel, paßten genau ineinander und waren wie eins.

«In dieser Spitze sitzt die Kraft des Feuers», erklärte

Hephaistos, «und in diesem Stab die Kraft des Metalls. Allein sind sie wirkungslos, selbst wenn sie nah nebeneinanderliegen. Vereinigst du sie, sind sie unwiderstehlich.»

Er zeigte durch das Eingangsloch der Höhle auf eine Eiche am Fuß des Olymps.

«Siehst du diese Eiche, die dort einsam im Steingeröll steht?» fragte er.

Zeus nickte.

«So komm», sagte Hephaistos und setzte sich mit dem Stab in den Wagen und rollte ihn unter das Tor. Die Götter waren der Kühle wegen wieder in ihre Mooslager vergraben; der Platz lag leer, nur Kratos und Bia hielten vor der Wohnstatt des Herrschers Wache. Hephaistos hieß sie zur Seite treten, dann hob er den zusammengesteckten Stab wie einen Speer auf die Schulter, zielte gegen die Eichkrone, holte aus und schleuderte den Arm ruckhaft auf das Ziel zu, ohne jedoch die Waffe loszulassen. Es sah so aus, als habe er den Wurf nur vorgetäuscht, denn der Stab blieb ja in seiner Hand, allein ein Donner erschütterte die Luft, und aus der haarfeinen Spitze flog ein weißer Blitz in die Eichenäste, die sofort zu brennen begannen.

«Der Blitz», stammelte Zeus ergriffen, «der Blitz ...» Seine Augen waren aufgerissen und rot wie das Feuer unter den Felsen. «Der Blitz», stammelte er, «du hast mir den Blitz gebracht, mein Söhnchen! Du hast Kronos das Geheimnis entrissen! Wie habe ich davon geträumt! Nun ist er mein!»

Überwältigt starrte er in die Flammen, die das steigende Sonnenlicht überlohten. Er hatte oftmals gegrübelt, wie er sich in einen Blitzeschleuderer verwandeln könne, denn er konnte ja nur sich, nicht den Gegenständen um ihn eine andre Gestalt verleihen. Sein zerhauenes Schwert etwa vermochte er zwar mit dem eigenen Gestaltwechsel wachsen oder schrumpfen zu machen, allein ein Blitz wurde nie draus, und selber Blitz zu werden, hatte er aus Furcht, an der eigenen Hitze zu zerglühen, nicht gewagt. Dann hatte er die Gewitter beobachtet und schließlich gewünscht, eine Wolke zu sein, aber das war auch nicht das Rechte gewesen, da hatte er nur klatschnaß und grämlich quer über dem kretischen Wald gegangen, und die Bäume hatten ihn am

Bauch gekitzelt und die Stürme ihn fast auseinandergeblasen. Nun hielt er die Wolke in seiner Hand – aber wie viele Blitze saßen denn in dieser Kapsel? Sehr viel konnten es nicht sein, denn die Kapsel war nicht eben groß. Oder schlüpften sie da drinnen aus wie die Schlangen aus dünnhäutigen Eiern? Und wie lange dauerte es dann, bis so ein blaues Blitzlein heranwuchs? Und mußte man es füttern, und was fraß es? Feuerchen oder kochende Luft oder auch Nektar, oder was Schlangen fressen? Aber was fraßen Schlangen denn eigentlich? Fragen über Fragen, und Hephaistos sagte kein Wort.

Vorsichtig begann Zeus sich zu erkundigen.

«Wie viele Blitze sind da noch drinnen, mein Söhnchen?» fragte er.

Hephaistos strahlte übers ganze Gesicht.

«Soviel du nur willst, Vater», erwiderte er.

«Und wenn ich zehn will?» fragte Zeus mißtrauisch.

«Dann schüttle zehnmal», sagte Hephaistos.

«Und wenn ich hundert will?»

«Dann hundertmal.»

«Und tausend?»

«Dann tausendmal.»

Da stürzte Zeus mit einem heiseren Aufschrei zum Wagen und entriß dem Schmied den Donnerstab und schleuderte seinen Arm wie eben Hephaistos den seinen nach jener Eiche, und da flog ein zweiter Blitz hinunter und setzte den Stamm vom Stumpf auf in Brand.

Von den Donnerschlägen aufgeschreckt, lugten die Götter aus ihren Höhlen. Ein Gewitter war zwar nichts Ungewöhnliches, aber die Donnerschläge an diesem klaren Morgen und aus nächster Nähe waren doch seltsam! Hera streckte als erste den Kopf ins Freie. Zeus sah sie und nickte grimmig. Er hob die Waffe mit beiden Händen über den Kopf und trat vor die Höhle.

«Heraus zum Rat!» rief er. «Heraus mit euch, ihr geliebten Verschwörer! Heraus mit dir, du mein treues Weib; heraus, liebe Brüder und Schwestern und Kinder! Ich glaube, wir haben etwas zu bereden.»

«Was soll das, Bruder?» sprach Hera verwirrt.

Zeus antwortete nicht, ja er lachte nicht einmal. Welche

Wende war wieder geschehen! Alle Götter des Olymps waren nun versammelt, und auch einige vorwitzige Okeanosmädchen hatten sich aus den Bergbächen zu ihnen gesellt. Selbst die träge Aphrodite war aus ihrem Moosbett gekrochen, und da Hephaistos sie erblickte, umklammerte er mit beiden Händen die goldene Brüstung seines Wagens.

«Was soll das, Bruder?» fragte Hera ein zweites Mal, aber Zeus achtete nicht auf sie. Er lehnte sich an den Wagen im Höhlentor und hielt den Stab wie eine Lanze und musterte Gesicht um Gesicht. Die Götter ließen es in dumpfem Warten geschehen, und auch Hera fragte kein drittes Mal. Als Zeus ihr in die Augen sah, vermochte sie, wie vor drei Tagen Bia, dem Blick nicht standzuhalten und sah zur Eiche hinab, die im Fels verlohte. Da krümmte Zeus den Finger und winkte Athene.

«Tritt zu mir, liebes Kind», sprach er feierlich, «du hast keinen Anteil an der Verschwörung. Und auch du tritt zu mir, schaumentstiegene Aphrodite, und auch du tritt zu mir, mein trefflicher Sohn Hephaistos, der meinem Herzen stets teuer gewesen ist. Her zu mir auch Kratos und Bia, ihr Treuen! Ihr anderen aber hört mich an, und höre auch du, Bruder Poseidon da unten in deinem fischwimmelnden Meer, und du, Bruder Hades zwischen den schwarzen Strömen, und höret auch ihr, Titanen in der Dunkelheit! Von Anfang an habe ich eure verruchten Pläne gekannt, denn wisset, ich bin der Gott, der das leiseste Flüstern der Herzen vernimmt! Mein Ohr durchhorcht das Weltall, und nichts entgeht ihm; mein Auge durchdringt die zähesten Finsternisse; meine Zunge schmeckt jeden Frevel; meine Nase wittert jeden Verrat; meine Hand faßt jeden Empörer; meine Ferse zermalmt alle Ungeheuer, und mein rächender Blitz vollstreckt meinen strafenden Willen! Seht diese Eiche! Sie hat mir mißfallen, und nun verbrennt sie zu Asche. Seht dort an der afrikanischen Küste jene Palme! Sie reckt sich über Gebühr in die Lüfte. Mir scheint gar, sie will mir gleichen. Ich mag es nicht dulden!»

Er holte zielend mit dem Stab aus, da schrie Hephaistos entsetzt: «Nein! Nicht!», und er schrie, daß der ganze Wald dort verbrennen werde, da der Blitz dieser Waffe tausendmal heißer als jeder Blitz aus der Wolke sei, aber da hatte

Zeus den Stab schon geschüttelt, ein Donner dröhnte, wei-
ßes Licht knirschte, und sprühendes Feuer breitete sich
über die Palmwedel aus und regnete in den Niederwald. Im
Nu stand der grüne Strand in Flammen; glühende Datteln
und Kokosnüsse zischten wie Sternschnuppen durch die
Lüfte; Orangen und Zitronen zerplatzten zu kochendem
Duft, und aus den in gelber Hitze zerstäubenden Büschen
rasten Paviane, Löwen, Giraffen, Antilopen, Gazellen,
Schakale, Elefanten und Rhinozerosse und stürzten sich in
den breiten Strom Nil. «Mein ist der Blitz!» schrie Zeus
über das Heulen der Tiere und das Bersten der Bäume den
schaudernden Göttern zu, und noch ehe Hera begriff, daß
ihre Pläne gescheitert waren, fielen Kratos und Bia auf
einen Wink ihres Gebieters über sie her.

Hera brüllte um Hilfe; sie glaubte, nun zu den Hundertarmigen gesperrt zu werden, und riß sich verzweifelt los,
Zeus den Donnerstab zu entreißen, da stellte ihr Aphrodite
ein Bein, sie stürzte, und Kratos und Bia warfen sich auf sie,
und die Götter standen und schwiegen und hätten alles geschehen lassen, doch da hatte schon Zeus, der immer noch
den Aufstand fürchtete, die Spitze des Stabs gegen den Fels
vor ihren Füßen gestoßen, und da erbebte der Olymp;
der Blitz fuhr in die brodelnde Mitte des Planeten und
schleuderte flüssige Glut durch die dünnsten Stellen des
Erdgrunds, die kraterhaft platzten, und die Erschütterung war so groß, daß Hades entsetzt von seinem Sitz auf-
fuhr und durch den Trichter eines heute verschütteten Vul-
kans zum Olymp hinaufsah. Auch Poseidon rannte mit
Weib und Kind aus seiner bebenden Grotte, und Prometheus, der sich unterwegs zum Mond befand, kehrte mit
hastigen Armschwüngen zum brennenden Heimatstern zurück.

Dort hatte Zeus die gefesselte Hera an den Haaren in die
Höhe gehoben und schwenkte sie in der Runde und rief:
«Da, seht sie euch an, die Erbärmliche, die mir die Herrschaft entreißen wollte! Sie dachte, sich über mich zu erheben – nun gut, so mag ihr Wille geschehen. Vorwärts, Kratos und Bia, hängt sie an den höchsten Zacken des Olymps
und bindet ihr einen Felsblock an die Füße, so groß, wie
ihr ihn nur finden könnt! Sie soll die Schwere ihrer Schuld

fühlen, bis es mir gefällt, sie herunterzunehmen. Und weh dem, der wagte, ihr beizustehen! Er würde für alle Ewigkeit neben ihr baumeln.»

Hera schluchzte und flehte um Gnade und heulte um Beistand, aber die Götter duldeten stumm, daß Kratos und Bia ihre Schwester und Mutter banden und hängten. Wie sollte man gegen den Blitz ankämpfen! Sie waren wohl alle unsterblich, und der heißeste Strahl konnte sie nicht töten, doch war es schon ein Unterschied, ob man mit heilen Gliedern oder verbrannten Lungen und zerschmortem Herzen unsterblich war. Und gegen Schmerzen waren sie alle empfindlich, wie da erst gegen ewigen Schmerz! Oder wenn der Blitz sie zerstückelte – war es dann etwa trostvoll, unsterblich zu sein, wenn man die unendliche Lebenszeit als linke und rechte Hälfte herumhüpfte?

So rührten sie keinen Finger für Hera, ja sie wagten nicht einmal, sich insgeheim zu empören, denn Zeus rief ihnen dieses und jenes aufrührerische Wort zu, das ihm Bia berichtet, und grade weil sein Spitzel manches übertrieben hatte, glaubten sie, Zeus nehme wirklich das Verborgenste ihrer Seele wahr. Denn in ihren Herzenswünschen war nichts zu schlimm und zu arg, als daß sie es nicht gegen Zeus begehrt hätten, und all dies kam jetzt aus seinem Mund zu ihren entsetzten Ohren zurück. Sie schauten bang zu Boden und mühten sich verzweifelt, an gar nichts zu denken, und weil das einfach nicht ging, dachten sie allesamt: Zeus ist der Herr, und Heras Strafe ist nur gerecht! Selbst Athene dachte: Sie hat versucht, den Sohn wider den Vater aufzuhetzen, das ist ein schlimmer Frevel, der schlimm bestraft werden muß! Als aber Aphrodite hell auflachte, da das Felsgewicht die Arme ihrer Erzfeindin dehnte, wandte sich Hestia stumm ab und ging in die Wohnstatt.

Zeus ließ sie gewähren, doch als dann, durch dieses Beispiel ermutigt, Demeter und Artemis zur Rettung der afrikanischen Steppen und Urwälder eilen wollten, hielt er sie zurück.

«Bleibt!» sprach er. «Bleibt, ich befehle es! Wagt nicht, das Feuer zu stören! Mir gefällt, daß es brennt, und also soll's brennen. Mir behagt sein Duft. Er steigt mir angenehm in die Nase. Es ist ein köstlicher Duft, so würzig und wild!»

Er schnupperte. Der Bratengeruch der Tiere, die sich nicht mehr hatten retten können, stieg bis zum Olymp.

«Brenne, brenne, du Wald!» rief Zeus. «Und auch du, uralte Gaia, fühle meine Macht! Denn fortan herrsche ich über alle Wesen der Lüfte, des Festlands, des Meers und der tiefen Erde, über Götter, Titanen, Tiere und Pflanzen, wie es mir gefällt. Ich werde tun und lassen, was ich will, und ihr werdet nicht dawider sprechen, und was ich euch auftrage, werdet ihr ohne Murren tun. Mein ist der Blitz! Habt ihr das verstanden?»

Da neigten sich alle Götter und Göttinnen vor Zeus und knieten zum zweiten Mal vor ihm nieder, und auch Hades kniete, und Poseidon mit seiner Familie kniete, und Zeus setzte sich, da sie knieten, auf die goldene Plattform des goldenen Wagens und sah auf ihre Nacken und sprach: «Du, mein geliebter Sohn Hephaistos, wirst mir einen Sitz aus Gold anfertigen, so schön wie dein Wagen, nur größer und höher, und auch noch leuchtender soll er sein. Von ihm aus will ich über mein Reich schaun, und in meiner Hand will ich den Blitz halten, und neben mir sollen Kratos und Bia wie aus Stein stehn und lauschen, was ich ihnen befehle.»

Noch leuchtender als Gold, dachte Hephaistos, ist nur Aphrodite! Er sah sie verstohlen an, sie aber sah Zeus an. Er ist wunderbar, dachte sie, und ich werde neben ihm sitzen, und das wird wunderbar sein. Hera wird an der Felsnase hängen, und ich werde neben Zeus auf einem goldenen Sitz sitzen und sie hängen sehen und über sie lachen. Heute geht mein innigster Wunsch in Erfüllung. Welche Wende ist geschehen!

Sie rekelte sich in ihren Fellen, die sie wie alle Götter, und nun auch Athene, mit Efeu zusammengeschnürt um den Leib trug. Es waren Felle großer Hasen, und aus dem grannigen Grau blinkten ihre Schultern und ihre Hüfte. Hephaistos konnte sich, wenn auch blinzelnd, nicht satt sehen. Sie ist schön, sie ist schön, sie ist schön! dachte er, und er dachte an Gaias Höhle und die schwarze Alte, und da dachte auch er: Welche Wende geschah!

«Hast du gehört, mein lieber Sohn?» fragte Zeus, da

Hephaistos nicht antwortete. Der Schmied schreckte aus seinem Schwärmen auf.

«Ich will dir einen Thron aus Gold und Edelsteinen bauen, mein Vater», versprach er.

Zeus nickte erfreut. «Dies Wort gefällt mir», sagte er, «es klingt feierlich. ‹Thron›, das hört sich anders an als ‹Sitz›! Woher kennst du dies Wort?»

«Gaia hat es manchmal gebraucht», antwortete Hephaistos.

«Ah ja», sagte Zeus, «sie kennt alte Wörter, sie kennt sie noch von Uranos her. Uranos hat auf einem Thron gesessen, einem Thron aus Luft, ehe Kronos ihn gestürzt hat. Nun habe ich Kronos gestürzt, und nun will ich auch auf einem Thron sitzen! Dies Wort soll nur mir gehören, und ihr sollt es nur für mich brauchen. Ihr also werdet Sitze haben, aber ich einen Thron. Und ihr werdet sitzen, aber ich werde thronen. Was weißt du noch für alte Worte, Hephaistos?»

Hephaistos überlegte.

«Zum Essen hat sie ‹Speise› gesagt», entsann er sich.

«Das ist sehr gut», rief Zeus, «ihr werdet essen, und ich werde speisen. Ihr werdet Essen essen, und ich werde Speisen speisen, und ihr werdet auf Sitzen sitzen, und ich will auf Thronen thronen!»

Sein Eifer war nicht mehr zu zügeln.

«Was hat denn die Alte zu ‹trinken› gesagt?» wollte er wissen.

«‹Trinken›, sonst nichts», erwiderte Hephaistos.

«Das kann nicht sein», sagte Zeus, «sie muß ein Wort dafür gehabt haben. Hat sie ein eigenes Wort für ‹essen› gehabt, so muß sie auch ein eigenes Wort für ‹trinken› gehabt haben. Du hast es nur vergessen. Erinnere dich!»

Hephaistos versuchte sich genau zu erinnern, und zwar von allem Anfang an. Er entsann sich, wie er hinter Gaia über das Distelfeld gehumpelt war und die Krücke aus der Glut geangelt hatte, allein so leibhaftig er die Höhlenwände und die flackernden Feuer davor sah, an ein Wort für «trinken» entsann er sich nicht. Er erinnerte sich an «Haupt» statt «Kopf» und an «Angesicht» statt «Gesicht» («Oh, mein Haupt ward weiß und mein Angesicht schwarz», hatte

Gaia manchmal gesungen, wenn sie sich in ihre Ecke zum Schlafen hingehockt hatte), und Zeus übernahm auch diese Wörter, doch daß er kein Wort für «trinken» hatte, ärgerte ihn.

Plötzlich fürchtete er, daß ihm der Nektar gar nicht mehr richtig schmecken werde.

Ich muß Gaia fragen, dachte er, Hephaistos stellt sich gar zu dumm an. Ich werde sie besuchen, und sie wird mir alle Wörter sagen, die sie aus den Ur-Zeiten kennt. Kannst du dir vorstellen, daß auch sie einmal Herrscherin war? Und jung war, und schön, und Mutter der Titanen, Tiere und Pflanzen? Welche Wenden geschehen doch, welche Wenden!

Er wollte gerade denken, daß nun die Zeit der Wenden vorbei sei, da seine Herrschaft ewig andauern werde, da sagte Apollon ehrerbietig: «Und wie willst du selbst heißen, lieber Vater?»

«Dumme Frage», erwiderte Zeus. «Zeus selbstverständlich.»

«Solch einen Namen hat jeder von uns», erklärte Apollon, «du Zeus, Hera Hera, Athene Athene, Hephaistos Hephaistos, das ist ja nichts Besonderes. Du aber solltest zu diesem Namen noch irgendwie besonders heißen, weil du eben etwas Besonderes bist. Ich hab's: Du solltest dich ‹König› nennen! ‹König Zeus› – das klingt gewaltig! Gefällt es dir?»

«Söhnchen, goldenes Söhnchen», rief Zeus überrascht, «wo hast du denn dieses Wort her? Das ist ja großartig! Was bedeutet es denn?»

«Nun eben: König. Ich habe es mir ausgedacht, Vater.»

«Darf man denn das?»

«Das hast du zu entscheiden, König.»

Zeus runzelte die Stirn und dachte nach.

«Man darf es», entschied er schließlich, «man darf es. Die neuen Wörter sind auch so gut wie die alten. Vielleicht sind die alten doch etwas besser. Aber ‹König› ist gut. Und nun mach mir ein Wort für mein Trinken.»

Apollon überlegte eine Weile. «Treiken» fiel ihm ein, und auch «bliefen» und «staupeln», aber all das gefiel ihm nicht. Schließlich sagte er: «Was meinst du zu ‹schlürfen›?»

«Ganz gut», sagte Zeus, «ihr werdet also den Nektar trinken, und ich werde ihn schlürfen! Das genügt für heute. Es dürfen auch nicht zuviel neue Wörter sein, sonst vergesse ich sie wieder. Für heute haben wir ‹König›, ‹Thron›, ‹Haupt›, ‹Angesicht›, ‹speisen› und ‹schlürfen›, das genügt. Du wirst dir jeden Tag drei neue Wörter ausdenken, Apollon. Und du, Hephaistos, meldest dich, wenn dir alte einfallen. Alte sind doch besser, glaube ich.» Er überlegte, wie er einen feierlichen Abschluß finden und die noch immer Knienden weihevoll entlassen könne, da flog, von der fließenden Lava aufgescheucht, ein Adler den Olymp hinan und krallte sich verwirrt im Fell über seiner Schulter fest.

In diesem Augenblick glaubte Zeus tatsächlich, von einer höheren Art als die übrigen Götter zu sein. Am liebsten wäre er vor sich selbst auf die Knie gefallen, dem König zu huldigen. In diesem Augenblick begriff er auch, daß er nun als König nicht nur andere Wörter als die andern gebrauchen, sondern sich auch anders benehmen mußte. Er führte den rechten Arm mit dem Donnerstab langsam zur Seite, streckte den linken aus und rief würdevoll: «Das edelste der Tiere grüßt den König der Götter!» Und zum Adler gewandt, sprach er: «Willkommen, mein Freund! Du sollst mein Begleiter und Bote sein!»

Das Fell auf der Schulter des Zeus war ein Bärenfell, und der Adler dachte vielleicht, einen Bären gefangen zu haben, denn er rüttelte gewaltig die Flügel und stieß einen gellenden Schrei des Triumphes aus. «Aaahhrr!» schrie er, «aaahhrr!», und das freute Zeus.

«Hört ihr», so sprach er, «er sagt mir seinen Namen. Er grüßt mich. Er ist stolz, mein Tier zu sein. Er soll drum als König über die Tiere herrschen, und ihr sollt ihn ‹Aar› nennen, und nicht nur ‹Adler›! ‹Aar› klingt so feierlich wie sein Schreien. Sagt alle: ‹Aar›!»

«Aar», sagten die Götter, die immer noch knieten, und «aaahhrr!» kreischte der Vogel über sie hin. Da lachte Zeus und sagte: «Nun dürft ihr aufstehn», und da standen die Götter auf und standen wie drei Tage vorher Kratos und Bia, ohne sich die Knie abzuwischen, und Hera hing im Fels und schrie. Der Adler gewahrte die Wehrlose und wollte auf sie zuschießen, aber Zeus hielt ihn an den Fängen fest, und dann band ihn Kratos mit einem Marderfell an den Wagen.

Unten brannte Afrikas Norden.

«Nun geht», sprach Zeus zu Demeter und Artemis, «nun geht und löscht und bekämpft das Feuer! Poseidon soll euch helfen und Okeanos auch. Und du, Hades, tauche wieder in dein Dunkel und hüte, was dir anvertraut ist. Laß kein Auge von Atlas. Hüte auch Kore, ich will sie dir schikken. Geh hinunter, mein Kind, und harr aus bei dem Mann, dem du gehörst. Führt sie und schützt sie, Okeanosmädchen! Und nun tritt du vor, mein Sohn Hephaistos. Ich habe gestraft, nun will ich belohnen. Du sollst erhalten, was ich versprach.»

Da drehten sich Demeter und Artemis auf ihrem Weg zum Nil und Kore auf ihrem Weg zum Hades noch einmal um, zu sehen, womit der König den Schmied belohnen werde, und als sie sahen, daß er dem Lahmen die schöne Aphrodite zuführte, feixten sie schadenfroh übers ganze Gesicht. Auch Hera sah es, und so arg ihre Qual war, ihr Herz lachte voll grimmiger Genugtuung.

Nun magst du in Rauch und Asche hausen, du schneeweiße Ziege, dachte sie, du wirst ja staunen, wie dir das bekommt! Und Zeus wirst du auch micht mehr umschmeicheln, der Hinker paßt sicher scharf auf dich auf! Noch einmal stieß sie ein Lachen hervor, dann machte der Stein an den Füßen sie wieder jammern.

Aphrodite war wütend, doch sie verbarg ihre Wut und tat, als freue sie sich über die Vermählung, und sie kraulte dem Schmied, so süß sie nur konnte, den rötlichen Bart. Hephaistos strahlte wie der Morgenhimmel. Er wagte Aphrodite nicht zu berühren, ja er wagte noch immer nicht, sie voll anzuschauen. Er reckte nur das Kinn hoch, damit die süßen weichen Finger ihn auch um den Kehlkopf krabbeln konnten, und als sie das taten, schloß er die Augen und stöhnte vor Lust.

Da tippte ihn Athene auf die Schulter.

«Du hattest mir was versprochen», sagte sie.

«Etwas habe ich dir mitgebracht», sagte Hephaistos. Im gebauchten Vorderteil des Wagens, der aus einer Plattform mit geschwungener Brustwehr, dem Sitzbrett und zwei Rädern bestand, lag eine goldene Kappe.

«Das ist, daß dir das Haar nicht so flattert», erklärte Hephaistos. «Mutter Gaia nennt's einen Helm, weil er den Kopf so gänzlich einhüllt. Mehr habe ich leider nicht geschafft, ich war doch für den Vater beschäftigt. Außerdem hast du ja jetzt, wie ich sehe, was anzuziehen.»

«Das ist Fell», sagte Athene, «das ist ganz eklig, das schält die Artemis den toten Tieren vom Leib. Es ist blutig und glitschig, und nach ein paar Tagen stinkt es entsetzlich. So laufe ich nicht länger herum. Lieber frieren als stinken!»

«Ich weiß, wie man Felle behandelt, daß sie nicht riechen», sagte Hephaistos. «Man muß sie in Asche legen und mit Asche abschaben. Ich werde dir's zeigen. Aber ich mach dir ein Fell aus Gold. Seine Versprechen muß man halten.»

Aphrodite hörte auf, ihn zu kraulen.

«Zuerst machst du mir eins», fauchte sie wütend. «Wie kommt den Athene dazu, von dir Geschenke zu erhalten! Ich finde das unerhört. Und so einen Helm will ich auch haben! Athene soll ihn mir abtreten. Sag ihr das, hörst du! So sag's ihr doch!»

Da aber hatte Athene den Helm schon aufgesetzt, und als Zeus ihn blitzen und blinken sah, wurde auch er neidisch.

«Du wirst mir auch so etwas ambossen, mein Lieber», verlangte er. «Ich will auch so was auf meinem Kopf, das heißt auf meinem Haupte haben, damit jeder gleich sieht, wer der König ist. Die Spitze auf dem Helm gefällt mir am meisten. Du sollst mir einen mit sieben Spitzen machen! Und frag Gaia nach einem alten Namen dafür. Mein Helm muß anders als ‹Helm› heißen.»

«Aber ‹Helm› ist doch schon der alte Name», widersprach Hephaistos.

«Dann einen noch älteren!» sagte Zeus.

«Und sieben Spitzen sind auch viel zuviel», wagte Hephaistos noch einmal einzuwenden. «Gold ist schwer, und deine Wunde ist noch nicht völlig vernarbt. Ein so schwerer Helm wird dich drücken.»

«Dann mach ihn eben leicht», sagte Zeus ärgerlich, «wofür bist du denn Schmied geworden! Ich will ihn leicht, und mit sieben Spitzen, und aus Gold, und mit einem ganz alten Namen, nicht anders! Nun streng dich an! Wie wird das überhaupt mit deiner Werkstatt?»

Hephaistos zeigte auf den aufgebrochenen Krater.

«In dieser Grube da sehe ich Erz», sagte er. «Eisen, Kupfer, und Zinn ist auch da. Und ganz tief unten schimmert Gold, und noch etwas anderes, was ich nicht kenne. Vielleicht ist das jenes Erz, von dem ich träume. Ja, hier kann ich mir eine Schmiede einrichten. Ich müßte nur mein Werkzeug holen.» Und er erklärte dem fragenden Zeus, was Werkzeug sei.

«Das ist ein Wort für dich», sagte Zeus, «das magst du behalten. Ich habe meinen Blitz, und du hast dein Werkzeug, so hat jeder das Seine, und ganz nach Wunsch. Nun aber eile, mein Sohn, daß der leichte Helm mit den sieben Spitzen heute noch fertig werde. Mein lieber Sohn Ares soll dir dein Werkzeug tragen helfen. Nein, den Wagen laß hier, das bißchen Zeug kann Ares schleppen, wozu hat er denn sein breites Kreuz! Notfalls nimmt er dich auch noch auf den Rücken. Und nun beeilt euch, beeilt euch, ihr Guten!»

Ares wollte sich erbosen, allein Aphrodite lächelte ihm zu, und da sie dem hinkenden Hephaistos folgte, stapfte er hinter der Schönen her. Die Okeanosmädchen, soweit sie nicht mit Kore gegangen, tauchten in ihre Quellen zurück.

Zeus atmete tief. «Und nun geh auch du», sprach er zu Apollon, «geh und denke dir Wörter aus! Um mich brauchst du dich nicht zu kümmern, ich habe noch manches zu überlegen. Das Los des Atlas macht mir Sorgen. Ich fürchte, ich fürchte, er langweilt sich auf seiner Asphodelenwiese da drunten. Ich werde ihn beschäftigen müssen.»

Der Norden Afrikas glühte wie Kupfer. An der Ostküste sprang ein Stück Land ab und trieb ins Meer.

Apollon lief Hephaistos nach.

«Warte, Schmied», rief er, «ich will dir einen Vorschlag machen!»

Aphrodite, die bei jedem Schritt über den beschwerlichen Weg gemault hatte, blieb sofort stehen und lehnte sich an des Ares Schulter.

«Schmied», sagte Apollon, «wir wollen tauschen. Du machst auch mir ein goldenes Fell, denn das Zeug stinkt wirklich unerträglich, und ich denke mir auch für dich neue Wörter aus. Die bringst du dann dem Vater und sagst, es seien uralte.»

Hephaistos verzog das Gesicht. Es war, als stänke der Vorschlag Apollons ihm noch mehr als dessen ungegerbtes Fell.

«Das kann man nicht machen, das ist nicht ehrlich», sagte er mit entrüsteter Miene.

Apollon war über die Schroffheit erstaunt.

«Was heißt das: nicht ehrlich?» fragte er. «So ein Wort habe ich noch nie gehört.»

Hephaistos seufzte.

«Es ist ein gräßliches Wort», gestand er. «Gaia hat es immer gebraucht, wenn ich etwas gemacht hatte, das schlechter als mein Können war. Solche Stücke hat sie in den Sumpf geworfen, und ich hab sie nachts neu schmieden müssen!»

Er seufzte wieder.

«Es hält sehr auf, wenn man ehrlich ist», bekannte er. «Aber ich kann nun einmal nicht anders.»

«Ich glaube, das verstehe ich», sagte Apollon.

Ares und Aphrodite setzten sich ins Gras.

«War es schlimm bei Gaia?» fragte Apollon.

«Sehr schlimm», erwiderte Hephaistos leise. «Ich bin froh, daß ich fort bin.»

Er schüttelte sich.

«Bei ihr war es einfach grauenvoll.»

«Du mußt mir davon erzählen», bat Apollon. «Ich liebe Geschichten, vor allem so richtig schaurige. Die Okeanosmädchen wissen schöne, von der Titanenschlacht und so, von Ungeheuern mit hunderttausend Armen und Köpfen und vom alten Gott Uranos, der nur aus Himmelsblau bestand. Der hat ein Ende genommen – entsetzlich schaurig! Athene mag auch Geschichten gern. Sie ist überhaupt ein feiner Kerl, auch wenn sie nur ein Mädchen ist. Wir drei sollten zusammenhalten! Die Alten sind komisch, die zanken und zanken sich unentwegt und wollen den ganzen Tag nichts als recht haben. Hestia ist ja nett, aber schrecklich langweilig. Artemis geht auch an, aber die hat nichts als ihre Tiere im Kopf und Demeter nur ihre Pflanzen!

Aber mit Athene ist's lustig. Wollen wir Freunde werden?»

«Von Herzen gern», sagte Hephaistos, und er fügte leise hinzu, daß Aphrodite es nicht höre: «Laß mich erst den Auftrag des Königs erledigen. Dann mach ich euch beiden goldene Felle.»

«Aber der Artemis mußt du auch was machen», bat Apollon. Er schaute den Schmied treuherzig an. «Sie ist doch meine Schwester, weißt du. Die kratzt mir die Augen aus, wenn ich etwas habe, was sie nicht hat. Irgendwas für ihre Tiere, verstehst du.»

«Also gut», seufzte Hephaistos, «ich werde auch für Artemis irgendwas schmieden.»

Dann setzten sie ihre Wanderung fort.

Indessen hatte Zeus den goldenen Wagen bestiegen und war vor die ächzende Hera gerollt.

«Wie geht es dir, liebes Weib», so sprach er, «freut dich deine Erhöhung? Ich kann dir nicht sagen, wie sehr sie *mich* freut. Nun denke nach, wer von uns der Herr ist. Du hast genügend Zeit dafür.»

«Binde mich los», flehte Hera, «und ich werde nie mehr einen Finger gegen dich rühren!»

Zeus lächelte.

«Einen Finger wohl nicht, aber beide Hände.»

«Binde mich los, Bruder, der Stein zerreißt mich!»

«Hänge noch ein bißchen!» sagte Zeus.

Er setzte die Räder in Schwung und rollte davon und sah, den Donnerstab an die Hüfte gepreßt, über Land und Meer hin. Afrika brannte noch immer. Die Küsten rauchten, und die Wasser wallten. Das ist *mein* Blitz, dachte Zeus, das war *meine* Hand! Nun habe ich die Macht über euch alle! Nun fühle ich, was Prometheus «Glück» nennt. Allmächtig zu sein, das ist das Glück!

Und dann pfiff er Kratos und Bia zu sich und gab ihnen Befehle.

Prometheus war zum Mond unterwegs, um dort nach einem Metall zu suchen, das hart wie Eisen, strahlend wie Gold und durchsichtig wie ruhendes Wasser war. Er wußte, daß Hephaistos von einem Stoff träumte, der die Kälte von seiner Werkstatt abhielt und das Sonnenlicht einließ, und da er sich zu erinnern glaubte, Scheiben eines trüb durchsichtigen Gesteins irgendwo auf dem Mond gesehen zu haben, wollte er seinen neugewonnenen Freund beim Einzug auf dem Olymp damit überraschen. In der Gewißheit, daß der Schmied erst am Abend eintreffen werde, war er im Morgengrau abgeflogen, und als dann tief unter ihm etwas Goldenes gipfelwärts gerollt war, hatte er entzückt gemeint, das Sonnenfeuer spiegle sich im granitenen Sockel des Olymps. Dann aber war Afrika in Flammen aufgegangen, und da hatte er in einer furchtbaren Ahnung den Brand mit der seltsamen Erscheinung am Morgen und diese wieder mit dem Eintreffen des Hephaistos und irgendeiner Tat des Zeus in Zusammenhang gebracht und war eilends zur Erde zurückgeflogen.

Der Schmied hatte ihm nichts von der Waffe erzählt, die er dem Herrscher um Aphrodites willen zu schaffen bereit war, aber dennoch fürchtete Prometheus das Entsetzliche. Die letzten drei Tage waren *zu* friedsam und glückhaft gewesen, und Zeus hatte sich so liebenswert und gutartig und zuvorkommend gezeigt, daß, sosehr man sich darüber freuen mochte, dieser Umschwung fast unglaublich und damit beängstigend schien. Und dann brannte Afrika – und dann zitterte plötzlich der Erdball und torkelte in seiner Bahn und sprühte schwarzen Qualm und zähes Feuer, und als er sich dann wieder eingependelt hatte, hing ein langgestrecktes wimmerndes Wesen am höchsten Gipfel des Olymps, der nun seitwärts am Horizont erschien. War das nicht Hera, war das nicht ihre Stimme? Doch wenn es Hera war, warum hing sie dann am Felsen und warum leistete ihr hier am Göttersitz niemand Beistand? Und was war das für ein goldenes Funkeln, das sich vor ihr wie ein riesiger Käfer bewegte? Schon wollte Prometheus die Richtung ändern, um, ehe er Afrika anflog, eine Antwort auf die verwirrenden Fragen zu finden, da trieb ein jäher Windstoß von Süden ein tausendfaches Geheul an sein Ohr.

Prometheus sah nicht mehr zum Olymp. Hera – das war *eine* Stimme, doch dort brauchten Unzählige seine Hilfe … Wie ein Sturm stürzte er der Mündung des Nils zu, hinter der eine Wand aus rauchlosem weißem Feuer stand. Der Strom war brüllendes Schwarz; er führte statt Wasser Rachen und Augen und Hörner und dampfende Mähnen und ergoß Heulen anstatt Nässe ins Meer. Die Ufer und auch die Küsten glühten, und ihre Hitze drängte die Tiere in die Mitte des Flußbetts.

Viele waren schon umgekommen; wer das Ufer gestreift hatte, war verschmort, wer nicht mehr als nur ein wenig paddeln konnte, ertrunken, und wer zwischen Kolosse wie das Mammut oder den Behemoth geraten war, zerdrückt und erstickt. Zudem drehte sich diese Tierflut rundum: Die Schwimmer traten die lebelosen Leiber unter sich und versuchten auf ihren Rücken dahinzurutschen, und auf die schwimmenden großen Tiere kletterten wiederum unaufhörlich die Massen der kleinen; Trauben von Zwergmäusen verbissen sich in Elefantenohren; Blauäffchen schaukelten jaulend in Löwenzotteln, und die langen Hälse der Giraffen und Strauße schwankten, von Schlangenknäueln überladen, wie Bäume, da der Sturm sie stürzt.

So wälzte sich ein Strom von Todesqual nordwärts, doch auch die offene See bot keine Rettung, denn die Treibenden waren Süßwassertrinker, und das Meersalz zerlaugte alles Weiche in ihrem Gesicht. Mit entzündeten Augen blinzelten sie nach dem Land, doch die Küste dampfte. Es gab nur die Wahl zwischen Meertod und Gluttod.

Prometheus sah diese Not, ohne helfen zu können. Er hatte im Niederfliegen geplant, die Nilmündung aufzureißen und über den heißen Sand zu leiten, damit die Tiere eine Raststätte fänden, doch nun fürchtete er, daß sie bei einem Landungsversuch sofort an ihm hochklettern und ihn auf den Grund der See drücken würden. Sie sprangen ihm ja jetzt schon verzweifelt von den Rücken der sinkenden Schwimmer entgegen, wie würden sie ihn da erst bestürzen, wenn er mitten unter ihnen erschien! Flach überm Meer kreisend, weinte er im Elend seiner Hilflosigkeit.

«Verflucht seist du, Feuer!» schrie er, selber vor Zorn und Ohnmacht glühend. «Verflucht seist du, du grausamstes Element, du grimmigster Feind allen Lebens, du unersättlich fressender Tod!»

Sein Titanenstolz erwachte: Die Ahnen hatten doch einst die Elemente beherrscht, warum unterwarf sich dies eine jetzt nicht seinem Willen? «Erlisch!» schrie er, gegen den Feuersaum stürmend, «erlisch, des Iapetos Sohn befiehlt es dir!»

Doch sein Schrei war nur ein heiseres Röcheln, und aus dem weißen, durchsichtigen Nebel, der die Öde des glühenden Sands überwallte, flackerten kleine rote Zungen des Hohns. Prometheus versuchte ihren lautlosen Triumph durch Befehle zu brechen, jedoch seine Stimme versagte, und die Hitze trieb ihn vom Festland zurück. Steine zerbarsten mit schrillem Sirren; verdampfende Bergseen zischten; Elefanten, deren Rüssel das Salz zerfraß, trompeteten irr. Nun wollte Prometheus trotz aller Gefahr die Landung zwischen den Tieren wagen, da entdeckte er in der nahen nubischen Ebene einen Hügel, der mitten im Glutsand von Vögeln wimmelte.

Dieser Hügel mußte aus einem Stoff bestehen, der selbst nicht brannte und Hitze auch nicht leitete! Prometheus jagte dorthin und fand seine Vermutung bestätigt. Der Hügel bestand aus einer lockeren Masse verfilzter grauweißer Steinfasern, die sich, dem Glimmer ähnlich, nur sehr viel leichter an Gewicht als dieser, unschwer in Schichten zertrennen ließ.

Er spaltete eine Platte ab und riß mit ihr auch einige der breiten und sehr zähen Wurzeln des dürren Gestrüpps heraus, das als einziges auf dieser Anhöhe wuchs. Dann flog er zurück, warf die Platte nahe der Küste ins Glühen und begann, mit einer Wurzel grabend, von dieser Insel aus die Mündung des Stroms in die vielen Arme und Läufe zu zerteilen, die man heute Das Nildelta nennt.

Er schürfte und hackte mit äußerster Kraft, doch immer mehr der erschöpften Tiere versanken; er hörte ihr armes Flehen in gurgelndem Winseln ertrinken, und der Deltagrund war noch immer so heiß, daß die Kühlwasser auf der Stelle verzischten. Prometheus überlegte, wer wohl die härtesten Hufe habe, um ein Betreten zu erproben, und dachte, ein Dromedarenpaar, das grade die Mündung durchtrieb, auf den Strand zu jagen. Da sah er – und er sah es schaudernder als alles Feuer –, daß der Strom der Tiere, die Kruppen voran, plötzlich rückwärts floß. Es war, als würden die Leiber von einer ungeheuren Kraft aus dem Meer gesaugt und gegen die Richtung des Flusses quellaufwärts gezogen. Den Titanensohn packte das Grauen. War das Feuer so mächtig, daß es die Ströme umdrehen konnte? Entfesselte das Element, weil er ihm geflucht hatte, seine äußerste, bisher noch unbekannte Kraft und zwang nun das schon gerettete Leben, freiwillig ins Verderben zurückzukehren?

Prometheus konnte nicht wissen, daß Poseidon durch das Festland, das damals Afrika mit Asien einte, einen Graben parallel zum Nil und tiefer als dessen Bett gerissen und dann mit seinem Dreizack die Böschung des Flußufers durchstoßen hatte, so daß nun der Nil zum anderen Grund hinabschoß und die Wesen in seinem Lauf mit sich sog.

Dies geschah im Osten, doch auch in anderen Regionen waren Helfer am Werk: Okeanos und seine Kinder rollten von Westen her Welle auf Welle über die Brandstätte; im Süden führte Artemis gefährdete Herden zu sicheren Zonen, und Demeter hatte ihr abgestreiftes Schutzfell zusammengeknotet und barg darin die Samenkörner seltener Pflanzen, um sie später in heilen Boden zu säen.

Indes begannen auch die Gletscher der Hochgebirge zu tauen, ihre Schmelzbäche prasselten in die Flammen, und dieser Begegnung entsprang ein Samum und warf das Feuer ins ausgebrannte Land zurück. Noch einmal schlug eine Lohe der helleren Sonne entgegen, dann brach das Element in sich zusammen. Wolken erschienen; der Dampf von den Küsten und Bergen regnete in großen, heißen Tropfen, verdampfte aufs neue und fiel abermals nieder und kühlte so Strich um Strich die Glut. Die Röte wurde gelbbraun, die ausgeglühten Steine zerstäubten. Nordafrika war zur Wüste geworden.

Die geretteten Tiere drängten sich zitternd im Graben Poseidons aneinander. Löwen schmiegten sich an Gazellen und Gazellen an Löwen, ein Steppenwolf schnaufte neben einem Hasen, und die Räuber schnappten nicht zu, und die Schwachen liefen nicht fort. Allen starrten die Zungen wie dürre Äste aus den Mäulern, und da und dort brach eins ums andre ins Knie, und sein Kopf sank welk unters trübe Wasser. Selbst die Krokodile lagen erschöpft. Es gab kein Fell, das nicht versengt, keine Haut, die nicht zerkrallt, kein Auge, das vom Anblick des Todes nicht trübe war.

Eine Gorillamutter wiegte stumm zwei verstummte Kindchen, die einst zu den fröhlichsten Schnatterern Afrikas zählten. Nun hatten die Kleinen nicht einmal mehr die Kraft zum Wimmern, ihre Zungen waren hart wie Kiesel und die Lippen bis tief in die Nasenlöcher hinein weißgedörrt.

Poseidon begriff, daß das Leben der Tiere noch immer bedroht war.

«Hierher, Okeanosmädchen, hierher!» schrie er zum offenen Meer hin, die Hände wie eine Felshöhle vorm Mund. «Lest Muschelgehäuse vom Strand auf und sammelt den Regen! Die Tiere verdursten in dieser Brühe aus Salz und Schweiß!»

«Wir eilen! Wir eilen!»

«Schwimmt unter dem Kontinent durch! Verliert keine Zeit!»

«Meine Töchter eilen!»

Als letzte plumpsten noch zwei Elefantenkälber in den Graben, der heute Das Rote Meer heißt, dann trieben keine Tiere mehr im Strom. Durch das Loch in der Nilböschung tropfte nur noch aschige Lake.

«Wir kommen! Wir kommen!»

Während Poseidon die Uferbresche mit Schlamm verstopfte, flog verrußt und mit starrenden Haaren Artemis heran. Mit kühlen fleischigen Blättern und Honigblüten aus Afrikas Hochland verband sie die schlimmsten Wunden. Okeanoskinder schleppten Regen in Muschelhörnern, und nun stapfte auch Prometheus mit zitternden Knien über die schmale Landbrücke, die Afrika noch an Asien band.

Er lächelte, als er die Tierschar im Graben sah, und dann weinte er.

«Was ist geschehen, Bruder?» fragte er schluchzend.

«Nichts weiter», erwiderte Poseidon, auf seinen Dreizack gestützt, «König Zeus hat nur seine Waffe erprobt.» Er schaute Prometheus mit bösem Blick an. »*Dein* Hephaistos hat sie ihm geschmiedet«, sagte er langsam, «*dein* Hephaistos, den *du* aus dem Wald geholt hast. Das hast du nun von deinem großartigen Plan, du Krummkopf! Ach, säßest du doch bei deinem Volk in der Unterwelt!»

Prometheus begriff nichts, er fühlte nicht einmal den wahnsinnigen Haß dieses Anwurfs.

«Helft mir!» rief Artemis und zeigte auf eine Eselin mit tief gebauchtem Unterleib, die stöhnend im Brackwasser stand. «Sie will gebären und hat kein Lager!»

Prometheus und Poseidon betteten die Kreißende in eine flache Schlammulde, doch die Eselin war so angstverkrampft, daß trotz der heftigen Wehen die Jungen den Schoß nicht verlassen konnten. Artemis rieb dem wimmernden Tier, das sie hilfeflehend mit seinen großen braunen Augen ansah, mit beiden Händen das straffe Fell.

Poseidon wandte sich ab. Ihm graute vor den Geschäften der Frauen und Mütter, und da er gewahrte, daß zwei Araberhengste sich um eine Pfütze verschütteten Süßwassers bissen, eilte er hin und riß sie mit einem Griff in die Nüstern voneinander. Die Hengste bäumten sich wild und schlugen aus; Poseidon zwang sie roh in die Knie und drückte ihre Köpfe zurück. «Wo Wasser ist, bin *ich* der Herr!» schrie er wütend. Auf seinen Lippen war Gischt von Speichel, der gleiche Gischt wie zwischen den Lefzen der rasenden Pferde, und in den Augen des Gotts und den Augen der Hengste war das gleiche Weiß und das gleiche Rot. Über den Nasenrücken des Tiers in der linken Faust rann Blut, seine Halswirbel knackten, und da es sich zitternd ergab, löste Poseidon den Griff, und da ergab sich auch das andere. Der Meergott tränkte sie, die nun ruhig an seiner Seite standen, abwechselnd aus der Schüssel der flachen Hände, und er nahm, auf den Durst der andern nicht achtend, den Okeanosmädchen so lange die vollen Muscheln fort, bis seine Tiere befriedigt schnauften.

Die Hitze war ein wenig milder geworden, und aus dem Geäst eines Hirschgeweihs begannen, wenn auch noch heiser, die frechsten Affenkinder wieder zu schnalzen. Die gebändigten Pferde wieherten hell. Eine Stute fern im Norden gab ihnen Antwort.

«Hörst du, mein Tier», sprach Artemis besänftigend, «die Gefahr ist vorbei! Die Jägerin steht der Gebärerin bei. Der Wald soll fröhliche Kinder haben.»

Die Eselin begann sich zu strecken, ihre schmalen Schenkel glitten entspannt voneinander, und nun schlüpften aus ihrem Schoß zwei Junge. Die Ohren der Kleinen waren trotz ihrer Weichheit schon prächtig spitz und lang, ihr Fell jedoch war weiß wie Asche und vom Scheitel und Rücken hinab zu den Flanken und waagrecht über die Hinterläufe und übers Gesicht von breiten, brandschwarzen Streifen gezeichnet.

Bei diesem Anblick stutzte die Mutter, dann aber versuchte sie mit ihrer trockenen Zunge diesen Wurf nicht minder zärtlich zu belecken wie Junge von ebenmäßigem Grau.

«Der Schreck zeugt Mißgeburten», sprach Artemis erbittert. Prometheus konnte sich an den Tierchen nicht satt sehen. «Schau doch, wie niedlich sie sind!» sprach er, aufatmend, in diesem Elend ein wenig Freundlichkeit zu erblicken, und zog zärtlich und sacht, fast ohne Berührung, mit der Fingerkuppe einen der schwarzen Streifen vom Ohr bis zum Ansatz der Kinnbacke nach. Artemis sah ihn haßerfüllt an. «Es sind Mißgeburten», sagte sie abweisend, «unrein und zwitterhaft. Feuersbrunst hat die Mutter verwirrt; Funken und Aschenglut haben sie besprungen. Was sie ins Leben gesetzt hat, ist nicht mehr von ihrer Art. Wer weiß, was von nun an die Wälder bevölkern wird!»

Sie richtete sich auf, und ihr Haß war so kalt, daß Prometheus zurückwich. «Du hast uns Hephaistos gebracht», sagte sie mit eisiger Stimme, «das werden wir dir nie vergessen.»

«Was ist denn geschehen?» fragte Prometheus ein zweites Mal, und nun vollkommen hilflos. Da endlich berichtete Poseidon vom Einzug des Schmieds auf dem Olymp und der furchtbaren Waffe des Königs und von Heras Bestrafung.

Prometheus schlug die Hände vors Gesicht.

«Ich kann es nicht glauben!» stöhnte er.

«So glaube deinen Augen, Titan!» sprach Poseidon.

Ein Löwe knurrte. Nachdem sein Durst gestillt war,

spürte er Hunger oder auch nur die Lust zu kauen. Er drehte den Kopf und sah an seiner Flanke ein zitterndes Antilopenkitz und schüttelte erstaunt seine mächtige Mähne. Seit wann kam die Beute freiwillig zu ihm? Was war eigentlich geschehen, seit die Palmen sich urplötzlich in Feuer verwandelt hatten? Er hatte sich in den Nil geworfen, das wußte er noch, aber dieser seltsame Graben war doch nicht der Nil! Und was waren das für zweibeinige Wesen, die zwischen ihnen umhergingen, als fürchteten sie weder Zähne noch Pranken, und die aus tragbaren, beinernen Quellen Gazellen wie Panther gleichermaßen tränkten? Benommen biß er in die Luft. Das Kitz wich hilflos zur Seite und rutschte aus, und der Löwe schnappte ein zweites Mal, doch immer noch wie im Traum und ohne zu zielen. Das Kitz senkte klaglos den Kopf; Artemis sprang zu ihm und nahm es auf und wiegte es murmelnd in ihren Armen.

Der Löwe öffnete ein drittes Mal den Rachen; er fauchte und zog fauchend den Kopf zwischen die Schultern und blinzelte nach der entrückten Beute, die noch so nah vor den Zähnen schwebte, und nun hob er die Pranke und prüfte dabei die winzigen Muskeln, mit denen die Krallen aus ihren Knorpeltaschen geschnellt werden, da schwebte Demeter über den Graben und streute ihr Saatkorn aus dem Fellsack, und bei jedem ihrer Würfe keimten Blumen aus dem warmen Schlamm. Ein Duft von Tau und Nacht füllte langsam steigend den Riß des Meerarms, auf dessen Grund der Himmel schwamm. Der Regen hatte sich verloren; der Nil floß träg wie je durch sein altes Bett, und sein Rauschen besänftigte noch einmal jede Regung. Auch der Löwe schloß sein Maul ohne Schnappen und Knurren, und selbst die Paviankinder schwiegen und schauten verzückt auf den blühenden Saum. Die Mutter der Zwillinge lächelte glücklich, und in diesem Lächeln schlief auch der Haß ein. Die Tiere standen im Blau zwischen Sternen und träumten. Da plötzlich schwirrten Vögel vom nahen nubischen Hügel in einer schreienden Wolke auf.

Der Löwe erschrak und hieb mit ausgescherten Krallen nach dem Wesen vor ihm. Wäre Artemis nicht beim ersten Zucken der Muskeln zurückgesprungen, so hätte die Tatze sie zerfleischt. Nun zerfetzte der Schlag den gespiegelten

Himmel, und da begann auch schon die Erde zu dröhnen.

«Zeus kommt!» rief Demeter, die säend den Nordrand des Roten Meeres erreicht hatte. «Kratos und Bia sind bei ihm! Er kommt hierher!»

Die Okeanosmädchen stoben auseinander.

«Er soll uns Rede und Antwort stehn», sagte Prometheus entschlossen.

Poseidon lachte bitter auf. «Sein Blitz wird dich in Stücke reißen, du Narr», erwiderte er.

Und er fügte sofort hinzu: «Ich werde solche Worte nicht mehr dulden. Verlasse auf der Stelle mein Reich!»

Die Tritte kamen näher. Der Schlamm schwappte und schlierte. Das Wasser war grau. In der Luft hallte Lärm; der Atem der Löwen roch heiß und schweflig. Ein Gorilla trommelte seine Brust.

Demeter kehrte zurück.

«Verlasse mein Reich!» schrie Poseidon. «Du hast den König gelästert!» Er hob seinen Dreizack über die Schulter; sein Gesicht war dunkle Wut. Die Hengste an seiner Seite stampften. Ihre Zähne waren gelb und breit; sie hätten das Knie eines Stiers zermalmen können. «Geh fort, Titan!» schrie Poseidon. «Du hast nie zu uns gehört!»

Demeter hörte es bestürzt und voll Ekel. Warum duldet Prometheus eine solche Schmähung? dachte sie. Er ist doch niemals feige gewesen! Ihr Blick beschwor den Titanen: Verteidige dich! Doch Prometheus versuchte Zeit zu gewinnen. Schweigend, die Augen jedoch auch nicht senkend, hielt er dem Ausbruch Poseidons stand. Er wollte die Götter nicht unnötig reizen; er war gewillt, Zeus an den Schwur vor seiner Heilung zu mahnen, und brauchte Zeugen, wenn der Herrscher erschien. Poseidon ahnte diese Absicht; er dachte nicht daran, ihr irgendeinen Vorschub zu leisten. Die Zeit der Pläne gegen Zeus war unwiderruflich vorbei, nun ging der Kampf um den zweiten Platz, und jeder war sich selbst der Nächste! Wenn Zeus diesen Narren zerschmetterte, war es nur gut! Sausend bogen die Vögel nach Süden ab. Im Graben erwachten Angst und Mordlust und begannen in Hunderten Stimmen zu reden. Die Kelche der Blumen wurden welk; ihr Honig begann sich zu zersetzen, und sie roch süß und faul wie verwesendes Blut.

Mütter schrien nach ihren Kindern.

Das Delta war jetzt so ausgekühlt, daß die Tiere zurück-kehren konnten. Als erste, noch vor dem Abflug der Vögel, hatten sich Vipern und Ottern in den heißen Sand ge-wühlt. «Hier ist's warm, hier ist's glatt, hier ist's besser als früher!» zischten sie nun und spreizten wohlig ihre fun-kelnden Schuppen. «Kommt, beinlose Brüder, herbei, schlanke Schwestern, hier soll unser Reich und unser Tanz-platz sein! Hütet Fersen und Sohlen, ihr Anderen!»

Sie glitten pfeifend durch den Sand und ließen ihre Gift-zähne blitzen.

«Dies Land bleibt *mein* Reich!» fauchte der Löwe. Wü-tend peitschte sein Schweif das Wasser. Eine Schwarznatter ringelte sich durch die Flut, und nun schlug der Löwe nach ihr und schlug auf ein Stachelschwein, das eben seine Schleppe aus einem Schlammloch sträubte. Zum ersten Mal und gleich aus sieben Wunden blutend, brüllte er mit seinem Schmerz auch den Zorn über diese Kränkung her-aus, und nun kam alles in Bewegung. Im Nu war der Meer-arm ein einziges Wimmeln; Feneks flitzten, und Spring-mäuse spritzten; die Schnellfüßler stoben in die Wüste, und die Räuber setzten ihnen nach. Auch die Affen schwärm-ten in Herden küstenabwärts, die Frauen und Kinder in der Mitte, die wehrhaften Männer mit gefletschten Eckzähnen um sie herum. An solche wandernden Festungen trauten sich ohne sehr große Not nicht einmal die Panther.

Die Krokodile hoben ungehalten die Köpfe.

«Was ist denn nun schon wieder für ein Aufruhr?» frag-ten sie gähnend.

«Das naseweise Volk verzieht sich», schnaufte ein Fluß-pferd. «Es muß schon in Nubien sein. Schlaft nur ruhig weiter.»

«Das wollen wir auch», gähnten die Krokodile und taten wieder die Augen zu.

«Es gibt nichts Schöneres als Dösen», murmelten sie.

«Da sind ja unsre Freunde!» riefen jene Vögel, die man Kokodilwächter nennt. Piepend und fiepend und ganz auf-geregt von ihrem Ausflug nach dem Asbesthügel erzäh-lend, ließen sie sich auf den schuppigen Leibern nieder. Nach uraltem Recht und Brauch spazierten sie auch zwischen den Zähnen der Ungeheuer umher und suchten nach Maden und Würmchen. «Beim Dösen gekrabbelt zu werden ist das Allerschönste», brummte wohlig ein Alligator. Das Plappern der vorlauten Gesellen verdroß die würdigen Strauße. Gemessen versuchten sie in die Lüfte zu steigen, doch ihre Flügel waren so arg versengt, daß auch sie laufen mußten. Sie stakten anfangs wie die Flamingos, doch als ein Schakal sie zu jagen begann, liefen sie schneller als die Giraffen.

Nur der Marabu, seinem Schnabel vertrauend, schritt langsam wie je.

Poseidon ließ den Titanensohn stehen. Er schwang sich auf einen der Hengste und jagte, den anderen an der Mähne, durchs Meer nach dem Norden und sprang übers Land und jagte weiter zu seiner Grotte. Die Hengste rannten so wild, daß der Gischt sie trug. «Aus dem Weg, ihr Delphine, aus dem Weg, ihr Haie, der König des Meeres zieht seine Bahn!» rief Poseidon durch den sprühenden Salzschaum. Kreta flog vorüber, die Inseln, die Riffe. «Schneller», brüllte er, «schneller! Zeigt, was ihr könnt!» Die Hengste rasten. Welche Weite! Sie jauchzten, daß endlich ein Ritt sie erschöpfte. «Schneller», schrie Poseidon, «ihr tragt einen König!» Er riß das zweite Pferd ans erste und saß nun mit breiten Beinen über beiden Rücken und hielt den Dreizack zwischen den Hälsen und spießte im Sturm Rochen und Barben auf. «Schneller! Noch schneller!» Blutiger Schaum troff, Bläschen der Lunge. «Noch schneller!» Weiß eine Wand, Poseidon riß beide Mähnen zurück. Die Hengste überschlugen sich mit dem Schädel zur Kruppe. Poseidon lag auf der Sandbank. Die gebrochenen Rippen schmerzten; er schrie nicht. Triton stürmte aus der Grotte.

«Trockne sie!» rief Poseidon im Liegen. «Gib ihnen süßes Wasser! Führ sie zu uns und brich ihnen Klee! Es sind meine Tiere!» Triton gehorchte.

Poseidons Ritt hatte genau so lange gedauert, als Artemis brauchte, das Kitz zu den Zebrakindern zu betten. Nun trat sie an Prometheus heran.

«Auch ich verbiete dir mein Reich», sprach sie, und sie sprach es voll Haß. Ihr Haß klang feierlich, weder mit Wut

351

noch mit Furcht untermischt. Er war rein und kalt und schwer wie Silber. Prometheus hatte das Mädchen nie richtig ernst genommen. In diesem Augenblick erst begriff er die Wucht und Strenge ihrer Gefühle, wenn er sie auch nicht teilen konnte.

Artemis hatte das Kitz ans Ufer gelegt und streckte beschwörend die Hände aus. Dem Dreizack hätte Prometheus getrotzt. Vor den nackten Händen des Mädchens erschrak er.

«Wage nie wieder den Wald zu betreten», sprach Artemis, «ich werde die Reißzähne auf dich hetzen. Wolfsrudel sollen dich jagen und Bären deine Rippen zerknacken! Der Marder soll dir ins Genick springen, der Eber deine Därme zerreißen! Erwarte weder Gnade noch Mitleid! Die Welt ist in Wirrnis. Sei verflucht!»

Sie nahm das Kitz auf den Arm und entlief. Die Zebrajungen ließ sie liegen. «Bleib!» rief Prometheus ihr nach, doch sie lief so flink wie ein Reh.

Der Boden bebte. Schlagen von mächtigen Flügeln erscholl. Nun trotteten auch die Schakale fort.

Nur noch die Dickhäuter und die Eselin mit ihren gestreiften Neugeborenen blieben im Graben.

«Sei klug und erzürne den König nicht», sprach Demeter zu Prometheus. Sie hatte schweigend fortgehen wollen, doch nun redete sie und gab dem Titanen die Hand. Das Verhalten ihres Bruders Poseidon fand sie so abscheulich, daß sie sich mit ihm nicht gleichsetzen mochte.

«Leb wohl», sprach sie. «Leb wohl, mein Freund!»

«Auch du willst mich verlassen?» fragte Prometheus traurig.

«Ich verlasse euch alle», sprach Demeter. Sie hatte den Fellsack weggeworfen und sich in ihr verfitztes Haar gehüllt. Prometheus entdeckte erst jetzt, daß sie nackt und daß sie trotz Ruß und Asche schön war.

«Bleib bei uns, Demeter!» bat er.

Er hatte wie immer sagen wollen: «Bleib bei uns, Schwester!» Doch nun sagte er: «Bleib bei uns, Demeter!»

Die Göttin schüttelte den Kopf.

«Ich kehre nie mehr zum Olymp zurück», sagte sie leise. «Die Luft dort widert mich an. Ich will in den Saaten schlafen, wenn sie keimen und sprießen, und mich zum Sommer in ihrem Schatten bergen, und wenn Schnee fällt, grabe ich mich in die Erde, so wie das Samenkorn es tut. Du bleibe in Afrika, Titan! Tief im Innern sind hohe Berge und kühle Seen, dort ziehe hin und laß Zeus auf seiner Felszacke walten. In Afrikas Hochland sah ich Blüten aus Regenbogen und Bäume, deren Duft blau wie Nebel wallt.»

«Willst du mit mir gehen?» fragte Prometheus.

Demeter schüttelte wieder den Kopf. «Ich will allein sein», sagte sie fest. «Nur Kore möchte ich manchmal sehen. Ich liebe sie wie eine eigene Tochter. Ihr Los ist so traurig. Jedes Saatkorn darf im Frühling ans Licht, und das Mädchen soll ewig im Dunkeln schmachten. Ich werde sie nie vergessen. Leb wohl, Titan!» Einen Augenblick zögerte sie, ob sie Prometheus zum Abschied küssen solle, dann drückte sie seine Hand an ihre Stirn und verschwand.

Die Spur ihres Haars in der Luft war hell.

Ich bleibe, sprach Prometheus zu sich selbst, ich bleibe! Wenn alle andern auch fliehn, ich bleibe! Ich werde Zeus zur Rede stellen!

Die gestreiften Eselchen iahten.

Die Erde dröhnte.

Zeus erschien.

Er stapfte mit schwerem Schritt durch den wüsten Sudan bis zum Toten Meer. Auf der linken Schulter trug er den Donnerstab, auf der rechten saß, mit Riemen aus Fell gebunden, der Adler. Der König keuchte unter dieser Bürde; seine Nase hing tief hinab, und manchmal schnoberte und schnupperte sie. Der Bratenduft hatte sie auf dem Olymp so süß gekitzelt, daß Zeus nicht mehr Herr seiner Lust gewesen und vom goldenen Wagen weg schnurstracks nach Afrika gelaufen war. Er hatte gedacht, eine Brandstätte wie manchmal vordem im kretischen Wald zu finden: verkohlte Stämme, verascht es Gestrüpp, und darunter den garen, duftenden Schmaus, doch er hatte nur Sand und Sand und nichts als Sand gesehen, die Ebene bis zum Horizont hin Sand, und im Wandern nur Sand und darüber nur Himmel, und dann auch Sand in der Luft, als die Tiere flohen. Nun, hinterm seltsam seichten Nil, stieß er auf einen zweiten Strom, in dessen trübem Schlamm sich Elefanten und Nashörner suhlten, und dahinter, so sah man, lag wieder Wüste. Von Asche und Glut auch hier keine Spur! Was ist denn das für ein breites Flußbett? dachte er wie vordem der Löwe. Das gab es doch bislang noch nicht! Er schnoberte, doch kein Quentchen an Duft war mehr zu spüren. Auch der Blutgeruch der Blumen hatte sich verflüchtigt.

Er drehte sich um und schnoberte in die afrikanische Wüste.

Sie roch nach Sand und nach sonst nichts.

Wo sind denn die Braten hingeraten? dachte er voll Ärger. Hat Gaia sie etwa hinabgeschlungen? Das sähe ihr ähnlich! Ist dieser Graben etwa ihr schamlos offenes, raffendes Maul? Sie soll nicht wagen, mich zu reizen! Ich will ihr den Schlund mit Blitzen stopfen!

Er wiederholte für sich zum tausendsten Male: Ich habe Blitze, soviel ich will! Ich kann auf jeden Feind hundert Blitze schleudern und noch einmal hundert und noch einmal hundert und habe doch immer so viel wie vordem! Ich bin der König! Keiner hat mehr Blitze als ich!

Da schmatzten Schritte.

Zeus schrak auf. Prometheus kam auf ihn zu. Dem König war es gar nicht recht, daß sein Gehilfe plötzlich zwischen den Dickhäutern erschien und seine Gier sah. Er fühlte sich ertappt, obwohl seine Freßlust nicht zu erraten war.

Der Adler kreischte.

«Sei gegrüßt, Bruder Zeus!» sagte Prometheus mit zitterndem Ernst.

«Was machst du denn hier?» antwortete der Herrscher. Es sollte unbekümmert klingen, doch es klang nur unsicher.

«Ich suche dich, Bruder Zeus.»

«So komm herauf!»

Ein Windstoß fegte über die Wüste. Heißer Sand fuhr Zeus in die Augen. Er deckte sie mit den Händen, da fiel ihm der Donnerstab von der Schulter. Prometheus kletterte ans Ufer. Wütend hob Zeus die Waffe auf.

Vor Wut begann er zu knurren, und auch sein Magen und seine Eingeweide knurrten.

«Wo ist denn die Brandstätte?» fuhr er Prometheus an. Der hatte jede Rede erwartet, nur diese nicht.

«Da», sagte er verblüfft und wies in die Wüste. «Da, Bruder Zeus. Das ist dein Werk!»

«Und wo liegen die verbrannten Tiere?»

Hinterm Nilufer tauchten die Schnüffler auf.

«In der Luft», sagte Prometheus, der jetzt völlig verwirrt war. Was sollten diese Fragen? Sah Zeus denn nicht, was geschehen war? Hatte ihn nun doch ob seiner Untat der Wahnsinn gepackt?

«In der Luft, in der Luft», äffte Zeus ihn nach, «was soll denn das heißen? Ich sehe nichts in der Luft. Willst du mich verhöhnen?»

Kratos und Bia stapften näher.

«Sie sind zu Rauch verbrannt, und der Rauch ist verflogen», erwiderte Prometheus. Er blickte auf den grauen Kegelstab, den Zeus an sich gezogen hielt. Sollte dies etwa die schreckliche Höhle der Blitze sein?

«Ist das deine neue Waffe?» frage er zweifelnd.

«Ja», sagte Zeus, «das ist sie. Hephaistos hat sie mir auf dem Amboß geschmiedet. Ich glaube aber, sein Werkzeug ist zu heiß gewesen. Wenn der Blitz die Tiere zu nichts verbrennt, muß er mir eine kleinere machen.»

Prometheus verstand immer weniger. Seit wann betrachtete Zeus die Tiere als seine Feinde? Er hatte sich doch nie um sie gekümmert, und als Ares mittags einmal rohes Fleisch verschlungen, hatte er ihn aus der Wohnstatt gewiesen. Wozu wollte der Bruder nun Tiere töten, und wozu brauchte er ihre Kadaver? Wahrhaftig, Artemis hatte recht, die Welt war in Wirrnis!

Zeus trat an den Rand des Roten Meeres. Bei seinem Anblick wurden sogar die Dickhäuter unruhig, und die Krokodile wühlten sich in den Schlamm. Auch die Eselin zwang sich auf die Beine und stupste ihre Jungen an.

«Wir müssen fliehen», sagte sie, «hier droht Gefahr! Dieses federlose Zweibein dort droben will töten. Sein Blick ist voll Freßlust. Los, los, steht auf, wir müssen fort!»

Die Jungen rieben die mausgrauen glänzenden Nasen an den Fesseln ihrer Mutter und lachten.

«So weit kann der doch gar nicht springen», sagte das eine.

«Der hat doch gar keine Zähne», sagte das andere.

«Oh, ihr Dummköpfe», stöhnte die Mutter, «steht auf!»

Dies wäre ein Braten, dachte Zeus bei ihrem Anblick. So frisch und saftig! Der müßte schmecken! Soll ich umsonst halb Afrika durchtrottet haben? Ich will es doch noch einmal versuchen!

Das Unheil witternd, rannten die Elefanten und Nashörner donnernd Indien zu. Auch die Eselin kletterte, um die Gefahr von ihren Jungen abzuwenden, von ihnen fort, die Böschung hinauf.

Zeus hob die Waffe und zielte.

«Was willst du?» fragte Prometheus voll böser Ahnung.

«Noch einmal den Blitz erproben», knurrte Zeus. Und er sagte, ein zweites Mal auf die Kletternde zielend, nun mit klarer Stimme: «Du hast ihn ja noch nicht gesehn, meinen Blitz. Auch du sollst seine Kraft kennenlernen!»

Er führte, sein Ziel im Auge, den Stab zurück. Prometheus begriff.

«Halt ein!» schrie er. «Du darfst sie nicht töten. Sie hat Junge, die ohne sie umkommen müssen! Da unten in der Mulde, siehst d –»

Aber da hatte Zeus die Waffe schon geschüttelt, und ihr Blitz zerstäubte das Muttertier.

«Tatsächlich», raunzte Zeus verdrossen, »sie lösen sich auf! Nicht einmal Rauch!»

Die Zebrakinder blökten entsetzt. Nun versuchten sie, Flanke an Flanke gestützt, auf die Beine zu kommen, aber ihre Knie zitterten so, daß sie, kaum stehend, wieder zusammensackten.

Zeus setzte mißmutig die Waffe ab. Prometheus sprang ihm an die Kehle, und Kratos und Bia warfen sich über Prometheus. Noch ehe er seine Finger um den Hals des Herrschers geschlossen hatte, lag der Titan überwältigt am Boden. Kratos drückte ihm das Gesicht in den Sand, Bia preßte, in seinen Kniekehlen kniend, ihm die Hände am Rücken hoch, und Zeus, den Donnerstab zwischen den Schenkeln, fesselte ihn mit Fellstreifen, die Bia seit dem Erscheinen des Adlers stets um seinen Fellschurz gewunden trug.

Prometheus versuchte nicht mehr, sich zu wehren. Bia

rollte den Zusammengeschnürten vor den König, der, die Waffe wieder in der Hand, sich unwillkürlich nach einem Thron umsah. Kratos bemerkte diesen Blick. Er warf sich zu Boden und krümmte sich.

Zeus zögerte. Eine solche Unterwürfigkeit hätte er nie für möglich gehalten. War es eine List? Was aber sollte sie bezwecken? Zögernd setze er sich auf den lebendigen Sitz.

Prometheus nahm Abschied von der Welt. Nie mehr werde ich den Blauhimmel sehen, dachte er, nie wieder den Wald, nie wieder den Schnee, nie wieder Demeter. Nun muß ich für immer zu Kronos ins Dunkel. Ach, sähe ich nur noch einmal den Himmel!

Denn er sah nur das Fell des Bia, der vor seinem Kopf stand.

Zeus drückte dem Titanen die Spitze des Donnerstabs auf die Brust.

«Du wolltest mit mir sprechen, mein Bruder? Ich höre.»

Bias stinkendes Fell und der Schaft des Stabs.

«Heiße Bia zur Seite treten!» verlangte Prometheus.

«Ich habe keine Geheimnisse mit dir», entgegnete Zeus. »Du wolltest mit mir sprechen. Nun sprich!»

Ich werde mich nicht erniedrigen, dachte Prometheus. Ich werde nicht sagen, was Zeus hören möchte. Dies sind meine letzten Worte. Ich werde sie nicht zum Lügen noch zum Flehen gebrauchen.

Das hilflose Blöken der Jungen.

Gräue.

Gestank.

«Zeus», so begann Prometheus zu reden, «Zeus, du bist ärger als Kronos, denn du weißt, daß es böse ist, Tyrann zu sein. Du hast die Hoffnung gemordet, Zeus. Mit dir ist nur Schlechteres gekommen. Wohin sind unsere Träume entschwunden! Ich hasse dich, Zeus, ich hasse dich!»

Bia verschlug es den Atem. So hatte noch keiner zu reden gewagt! Mit einem Mal mußte er denken, daß auch Prometheus ein Titanensohn wie er war, und da verachtete er seinen gekrümmten Bruder.

«Hast du zu Ende gesprochen?» fragte Zeus.

«Ich habe alles gesagt», antwortete Prometheus. Und dann sagte er leise: «Ich bin in deiner Gewalt. Du wirst tun, was du tun wirst. Laß mich noch einmal den Himmel sehen!»

«Warum denn?» fragte Zeus. Er fragte es langsam, beinah gleichgültig, und in einem Ton, der deutlich machte, daß er keine Antwort erwartete.

Er spielt mit ihm, dachte der stumme Kratos, da fragte Zeus ebenso langsam und ohne Bewegung: «Warum, mein Bruder, zürnst du mir?»

«Wie kannst du noch fragen!» schrie Prometheus. «Du hast deinen Schwur gebrochen. Hephaistos hat dich von der Qual befreit, und du hast versprochen, gerecht zu regieren!»

«Ich weiß nicht, was du redest, mein Bruder», sprach Zeus, «ich habe gar nichts versprochen.»

Nun glaubte Prometheus wirklich, er träume, doch Zeus fuhr fort: «Ihr habt zwar alle davon geredet, doch ich habe keinen Schwur getan. Ich verstehe nicht, was du mir vorwirfst. Versuche dich zu erinnern! Ich tat keinen Schwur.»

Da Zeus dies sagte, sah Prometheus den kretischen Wald vor sich und Zeus auf dem Quarzblock und Hephaistos mit dem Beil und Hera im Ölbaum, und er hörte auch Stimmen, brüllend und zischend, doch ein Schwurwort des Herrschers war nicht dabei.

«Ich habe keinen Schwur getan», wiederholte Zeus. Er winkte Bia mit einem Schlenkern des kleinen Fingers, zur Seite zu treten, und nun sah Prometheus vorm Blau das Gesicht des Gehaßten, und nun sah er nur mehr dieses Gesicht.

«Du sprachst von unseren Träumen, Bruder», begann Zeus zu reden, «doch sieh, jeder träumt einen andern Traum.» Er beugte sich über den Liegenden, und seine Augen waren nachdenklich und groß. «Hera träumt nur davon, Aphrodite mit dem Beil zu zerhacken; mein Bruder Poseidon träumt, mir die Macht zu entreißen und die Frau wegzunehmen; Ares träumt von Blut, die Titanen vom Aufstand, und drunten wird von Ungeheuern die Freiheit geträumt. Du träumst, daß es anders werde, Bruder, und davon träume in Ewigkeit! Ich aber bin der König. Welche Träume soll ich erfüllen? Ein jeder hält den seinen für gut, doch das Gute des Einen ist das Unheil der An-

dern. Haben wir darum zehn Jahre gegen Kronos gekämpft, daß nun wir uns zerfleischen? Ich träume von
Ordnung und werde sie schaffen. Denn ich habe die Macht
dazu!»

Er stand auf und hob den Donnerstab über Prometheus.

«Sieh», so sprach er, «ich habe den Blitz, der alles besiegt.
Auf ihn gründe ich mein Reich.»

Prometheus hatte diese Rede voll Staunen angehört. So
hatte der Herrscher noch nie gesprochen. Prometheus war
auf Beschimpfungen gefaßt gewesen, auf Drohungen, Prahlen, Geschwätz und Geschrei, vorbeisausend an seinen
Ohren wie Wind – von dieser Rede aber hörte er jedes
Wort, und er konnte nicht anders, als dazu mit seinem
Herzen zu nicken. Auch Zeus fühlte, daß er sich mit dieser
Rede verändert hatte. Es war nicht seine Absicht gewesen,
so zu sprechen, er hatte tatsächlich schreien und schimpfen
und prahlen und drohen wollen. Aber dann war ein Gedanke in ihm mächtig geworden und hatte seine Worte mit
sich gerissen, und nun war es Zeus, als wisse er dank ihnen
jetzt mehr und wolle nach ihnen in Zukunft anderes als
vordem. Zugleich aber erschien ihm dies Neue und Andre
als sein eigentliches Streben, das bislang durch widrige Um-
stände nicht zum Tätigsein gekommen war. Er hatte nie
von einer Ordnung geträumt, doch da er es jetzt tat, hatte
er nie etwas andres getan, es war nur nicht ausgesprochen
worden ... Entsinnst du dich, damals jener Abend ...
Damals im Wald vor dem Kampf gegen Kronos ... In der
Sonne das Blitzen der Schwerter und tiefe Ruhe ... Er
träumte, da sah er Kratos am Boden. Angeekelt stieß er ihn
um.

«Steh auf!» befahl er. Kratos sprang auf. «Du wirst dich
nie wieder zum Sitz krümmen!» sprach Zeus. «Ich will das
nicht haben. Verstehst du mich?»

Kratos verstand gar nichts, doch er nickte eifrig. Auch
Bia verstand nicht alles. Daß Zeus den Kratos umstieß, verstand er gut; daß er ihm aber verbot, sich jemals wieder als
lebendigen Thron dem König zu Füßen zu werfen, war unbegreiflich. Wenn er, Bia, dem Blitz gebȯte, er würde niemals anders sitzen als auf den Rücken der Beherrschten, ja,
er würde auf ihren Leibern auch stehen und gehen! Doch

vielleicht plante der König gerade das und wollte nur auf eine beßre Gelegenheit, mehr Zuschauer zum Beispiel, warten! Also nickte auch Bia wie sein Bruder Kratos. Zeus aber achtete nicht mehr auf sie. Er sah auf Prometheus. Prometheus schwieg.

«Löse seine Armriemen», befahl Zeus.

Bia starrte ihn an: Meinte Zeus das ernst?

«Du sollst ihm die Armriemen lösen», wiederholte Zeus unwillig, und da löste Bia die Fellstreifen, die Zeus dem Prometheus dreifach um Brust und Oberarme gewunden hatte. Will der König mit ihm kämpfen? dachte er, da Prometheus, die Schultern rollend, sich in den Hüften aufrichtete. Und er dachte ratlos: Will der König unsre Treue prüfen? Hat er eine List vor, stellt er uns auf eine Probe? Sieht er etwas, was wir nicht sehen? Unauffällig schaute er sich um.

Sand, nichts als Sand, und der Schlamm des Grabens.

Da hörte er wieder die Stimme des Königs.

«Schwöre», sprach Zeus, «schwöre, nie mehr gegen mich zu handeln!»

Prometheus dehnte die Brust und schwieg. Es war das Schweigen eines Erwachenden. Bis zu diesem Augenblick hatte er mit einem Spruch gerechnet, der ihn auf ewig ins Dunkel warf. Nun dröhnte sein Ohr von unbegreiflichen Worten, gegen die zu sprechen nicht möglich war.

«Löse ihm auch die Beinfesseln», befahl Zeus, und diesmal gehorchte Bia, ohne zu zögern.

Prometheus erhob sich.

«Du sollst mir keinen Gehorsam schwören», sprach Zeus. «Schwöre, daß du nicht an meine Macht rührst!»

Prometheus schwieg. Auch er dachte nun an den Wald und den Traum vor der Schlacht und die Küsten der anderen Welt im Abenddunkel. Nun wirft er ihm den Blitz ins Gesicht, dachte Kratos, da sagte Zeus, die Arme über der Brust kreuzend: «Laß Frieden zwischen uns sein, Prometheus».

Und er sprach: «Siehe, Prometheus, ich schwöre dir Frieden! Schwöre auch du!»

Da kreuzte auch Prometheus die Arme über der Brust.

«Ich schwöre dir Frieden, Bruder Zeus», sprach er voll

unbändiger Hoffnung, und nun sah er den Himmel als Gewölbe, das beide Schwüre überdachte. Alles ist gut, frohlockte sein Herz, Zeus hat sich seiner Träume erinnert, er hat zum Anfang zurückgefunden, mit dieser Bitte um Frieden ist Kronos endgültig überwunden. Laß Frieden sein! In diesem Schwur laß uns das neue Reich beginnen!

Einen Augenblick standen die beiden Titanensöhne in Schweigen vereint mit gekreuzten Armen, dann schlugen sie, als geschehe die eine Bewegung im Spiegel des andern, die Arme zurück und ließen sie sinken und standen, Ebenbilder an wortloser Würde, aufrecht voreinander im weißen Sand, und Prometheus streckte die Hand aus, sie dem Bruder zu reichen, da zog Zeus mit einer kaum sichtbaren Raffung den Donnerstab an sich; Kratos und Bia traten schräg hinter den König, und da war bei dem einen die Macht und beim andern der Traum.

«Geh deiner Wege, Titan», sprach Zeus, «und hüte dich, die meinen zu kreuzen! Wir haben einander Frieden geschworen, wir wollen nun dafür sorgen, daß keiner ihn bricht. Du wirst den Olymp nicht betreten und auch nicht das Land, das um ihn liegt, und ich werde für das Land deiner Wahl ein Gleiches tun. Du magst im Wald leben wie zuvor, in Kreta, in Afrika, wo du willst, und ich werde dein Reich in Ewigkeit meiden. Du magst auch hinunter zu Hades ziehen, doch dann bleibe für immer bei den Deinen, es gibt danach keine Rückkehr mehr. Dies, Titan, ist der Spruch des Königs der Götter: Was je zwischen uns war, ist vergangen! Wahre du den Frieden, ich werde ihn hüten! Und nun laß uns gehn.»

Zeus wartete nicht auf Antwort. Als Sturmwind brauste er nach dem Olymp zurück, und Kratos und Bia, die schlechten Flieger, folgten ihm schwankend mit schweren Schlägen. Prometheus sah sie in der Bahn der dunklen Wolke erst Raben, dann Fliegen, dann Mücken werden, dann war der Himmel so leer wie sein Herz. Auch die Spur von Demeters Haar leuchtete nicht mehr.

Prometheus brach in die Knie.

«Verflucht seist du, Zeus, du Betrüger!» schrie er. «Verflucht seist du, König, verflucht seist du, Gott!» Sein Rufen hallte über die Wüste und schreckte die Zebrakinder auf.

Sie blökten kläglich.

«Ja, ja, ihr braucht Hilfe», murmelte der Verstoßene und schritt zum Ufer, doch als er auf der Böschung erschien, zwangen sich die Kleinen abermals hoch, und nun kamen sie auf die Beine und stakten Flanke an Flanke aus ihrer Mulde in die arabische Wüste hinein.

Prometheus sah sie hinwanken und wußte dumpf, daß sie dem Dursttod entgegengingen, aneinandergelehnt in hilfloser Ohnmacht, stolpernd im Sand und von Schlangen bedroht, und er sah sie kleiner werden und schließlich verschwinden und stand auf der Böschung und rührte sich nicht.

Ein Krokodil glotzte ihn träge an, dann tauchte es in den Schlamm zurück.

Nun bin ich allein, dachte Prometheus, der Olymp ist mir von Zeus, das Meer von Poseidon, der Wald von Artemis verwehrt. Auch Hephaistos, der brummige Schmied, der gute Gefährte, ist weggegangen, Demeter hat mich verlassen, und Gaia, die Alte, ist klein wie ein Mohnkörnchen und redet nur noch wirres Zeug. Was soll ich nur tun? Am besten ist's, ich gehe zu meinen Brüdern und Schwestern zwischen den schwarzen Flüssen und lagre mich neben Epimetheus und träume mit ihm von der Vergangenheit. Mag sich hier Zahn in Zahn und Klaue in Klaue schlagen! Was schert es mich noch! Ich gehe hinunter!

So dachte er, da war ihm, als ob er aus dem dünstenden Schlamm eine Stimme seinen Namen flüstern höre.

«Ach, Mütterchen», rief er, «Mütterchen Gaia, du Treues, du Gutes! Ich weiß, daß dich das Leid deines Enkels rührt. Doch sag, was kannst du für mich tun?»

«Gar nichts, mein armes Söhnchen, gar nichts», sagte die Stimme.

GAIAS ABSCHIED

«Gar nichts, mein armes Söhnchen, gar nichts», wiederholte die Stimme, «aber ich will dir ein Abschiedswort sagen.»

«Wo bist du denn», rief Prometheus, «ich sehe dich nicht!»

«Hier», erwiderte die Stimme, und nun klang sie von der Fußspitze des Titanensohns her.

Prometheus sah in den Schlamm und sah ein schwarzes Käferchen krabbeln.

«Ja», sagte der Käfer, «ja, das ist die mächtige Mutter des Lebens, in eine so kleine Gestalt ist all meine Kraft gedrängt. Aber noch kann ich sprechen, und so will ich dir raten. Höre gut, Söhnchen, höre gut! Wenn ich gesprochen habe, ist all mein Rat vertan, dann wird sich mein Mund nie wieder öffnen, und ich werde nur noch sein, was ich immer war: Erde.»

«Sprich, Mütterchen», flüsterte Prometheus. Er ließ sich auf die Knie nieder und streckte die Hand aus. Das Käferchen kroch auf ihren Rücken, und da war es so schwer, daß es die Hand in den Boden preßte. Prometheus legte sich bäuchlings hin, und Mutter Gaia sah ihm ins Gesicht. Sie hatte die Gestalt jenes Käfers, den die Menschen dann Skarabäus nannten, nur daß sie bedeutend kleiner war.

«Sprich, Mütterchen, dein Enkel hört», drängte Prometheus. Und er bat: «Verlaß meine Hand wieder, Mütterchen, du wirst ja schwerer und schwerer und schwerer und bist nun so klein, daß ich dich kaum mehr sehe! Du lastest ja wie ein Fels und zerdrückst mir die Knochen. Ich kann deine Schwere nicht mehr ertragen. O laß ab, meine Hand versinkt! Nein, sage nicht, daß du machtlos bist!»

Da rollte das Käferchen, das schon wie ein Mohnkorn klein war, sich vom Handrücken in den Schlamm hinunter und war nun ein Körnchen Schwarz unter Schwarzem, und dies Körnchen hob zu reden an.

«Ach, so viel ist zu sagen, so viel ist zu sagen», plapperte die Alte, «wo fang ich da an! Wohl da es begann, da fang ich auch an, wo es begann, da fang ich an wo's begann fang an an ananan!» Ihre Stimme, eben noch ein Wispern, schallte über den Schlamm und die Wüste, doch je lauter ihre Worte hallten, desto mehr verdunkelte sich ihr Sinn. Prometheus hatte wachsende Mühe, ihn zu erfassen, und manches blieb verworren und rätselhaft. Die Alte sprach von Vorgängen, von denen Prometheus nichts wußte, und nannte Namen und Wörter, die ihm unbekannt waren, so das Wort «Element», das immer wieder ihre Rede durchzog, oder auch das Wort «Natur». Zudem sprach sie auch solcherart, daß Wörter mit gleichem Endklang wie eben «begann» und «an» ihre Gedanken beschlossen, und sie wiederholte oft Dutzende Male Silben und Laute, die ihr gefielen, und verlief sich in diesen Wiederholungen wie in einem Wald. Dennoch wagte Prometheus nicht, Gaia zu unterbrechen und um eine Erklärung zu bitten. Er wußte, daß sie immer hielt, was sie ankündigte, und wenn sie erklärt hatte, sie werde nach dieser Rede verstummen, so würde das auch sicher geschehen. So horchte und lauschte er angestrengt, und später dann wollte ihm dieses Zuhören als schwierigste Leistung seines Daseins erscheinen – freilich vor seinen Leiden am Kaukasus! Denn Gaia sprach durch viele Stunden, und was sie erzählte, war die Geschichte der Welt.

«Söhnchen», so hatte Gaia begonnen, «Söhnchen, mein Söhnchen, mein schönes Söhnchen, ich fange an, wo es begann! Im Dunkel, Söhnchen, Dunkel und Düster, nicht einmal Geflüster, Schlaf rings und alles öde und leer, wie käme da wohl etwas her? Die Elemente noch alle vermengt, kalt warm feucht trocken durcheinandergedrängt, so fing es an, als alles begann: noch nicht Tag noch nicht Nacht noch nicht Frau noch nicht Mann! Vier Elemente der Urgestalt: trocken und feucht und warm und kalt, vermischt und vermengt, vermengt und vermischt, da war noch nicht Licht, doch auch Finsternis nicht, nur Dunkel, Söhnchen, und Elemente, Dunkunkunkunkel und Elementente, troffen und kalwa marawakafako» – in solcherart wirrer Rede, und dazu noch in einem leiernden Singsang, hatte die Alte berichtet, und Prometheus hatte diesen und den folgenden Worten entnommen, daß am Anfang das Dunkel gewesen sei, nicht Finsternis und nicht Licht, eben Dunkel, aber stoffliches Dunkel, eine Art dunkler Dampf, trocken und feucht, warm und kalt, licht und finster in einem, ein wüstes Gemisch, ein Chaos, wie Gaia es nannte, oder auch, wie sie sagte, ein Tohuwabohu, das lange vor den Titanen gewesen und dann irgendeinmal zu wirbeln und kreisen und wehen und gären begonnen hatte, um schließlich in zwei Gestalten auseinanderzufließen: in Uranos, das trockene, helle, kalte, allesumarmende männliche Himmelslicht, und in Gaia, die warme, feuchte, dunkle, allesempfangende Erde, die Mutter, die Modderhafte, das Mütterliche, das sich selber auch die Materie nannte. Kaum voneinander getrennt, hatten sich die beiden wieder vereinigt und den Urstoff aufs neue vermengt und geschieden: das Trockne und Kalte zum Lehm, das Trockne und Warme zum Feuer, das Feuchte und Kalte zum Wasser und das Feuchte und Warme zur Luft, und aus diesen neuen Elementen hatte sich dann das unermeßliche Reich der Natur geformt. Aus Luft und Feuer waren die Gestirne hervorgegangen, aus Wasser und Feuer die Gesteine, aus Wasser und Erde das Lebendige und aus Wasser und Luft die Wetter und Witterungen: der Regen, der Nebel, die Wolken, der Hagel, der Tau, der Reif und der glitzernde Schnee …

Danach hatten Gaia und Uranos leibliche Söhne und Töchter als Wächter über die immer noch gärenden Elemente im Weltall hervorgebracht: Phoibe, Atlas, Okeanos, Tethys und alle andern Titanen bis zu den Jüngsten, Rhea und Kronos, doch dann waren aus der Urmutter Schoß furchtbare Geschöpfe hervorgegangen, Kottos, Briareos und Gyes, die Hundertarmigen, das wildeste, gierigste, ungestümste, durch nichts gehemmte und gezügelte Leben, das sofort über die eigene Erschafferin hergefallen und darum in den härtesten Stein gesperrt worden war. Danach hatte sich Gaia gesträubt, noch mehr solcher Nachkommen hervorzubringen, doch da Uranos nicht nachließ, sie zu bedrängen, rief sie die Söhne wider den unersättlich begehrenden Mann zu Hilfe, und Kronos zerstückelte nachts mit einem sichelförmigen Quarz den Vater und warf die blutigen Glieder ins aufschäumende Meer …

Bis dahin vermochte Prometheus der Alten zu folgen, und er glaubte ihren Singsang noch dahin verstehen zu können, daß dem blutigen Schaum ein Mädchen – Aphrodite – entstiegen sei, dann aber war die Rede der Alten wirrer und wirrer geworden, sie hatte von Entstehung und Untergang gesprochen, von dem Einen, das ins Viele zerfalle, und den Vielen, die ins Eine zurück sich sehnten, vom Leben, das den Tod, und vom Tod, der das Leben begehre, und davon, daß die Elemente einander Sühne leisten für ihre Ungerechtigkeit gemäß der Verordnung der Zeit …
Einmal war ihre Rede noch verständlich geworden, da

hatte sie Prometheus beschworen, ihre armen Kindlein, die Hundertarmigen, aus dem Stein zu befreien und statt ihrer die Götter einzukerkern, die Unholde, die das eigene Kind aus dem Nest geworfen, was kein Schakal, keine Krähe, keine Ratte je getan haben würde.

An dieser Stelle hatte der Zorn sie übermannt, und sie hatte ohne zu reimen und leiern geschrien: «Sogar die unverständigen Pflanzen mühen sich ab, daß ihr Samenkorn nahrhaften Boden finde; Fische mit kaltem Blut in den Adern hegen die Brut im eigenen Maul, die furchtsamste Wachtelhenne wirft sich dem Geier entgegen, ihre Küken zu schützen, nur die Götter verschleudern das eigene Kind! Auch, und ich habe sie so begabt, meine beste Kraft habe ich ihnen verliehen!» Vor Wut und Gram hatte Gaia eine lange Weile geschluchzt, dann war ihr wieder Verworrenes über Gesetz und Macht und Schicksal von den Lippen gekommen, Anrufe und Beschwörungen, die schließlich in folgenden, kaum noch zu vernehmenden Worten ausklangen: «Söhnchen, mein Söhnchen, nun muß ich enden mit leeren Händen kann dir nichts spenden nicht Hilfe dir senden aber vertrau den Elementen vier sind es vier nicht Pflanze noch Tier nicht Wasser allein noch harter Stein wähl einen Brocken warm kalt feucht trocken in deine Hände die Elemente menge die mele die elementele mentente te leme meleme ...», und dann war ihre Stimme im Gemurmel verschollen, und der Schlamm hatte noch einmal gegluckst, und nun lag er still, und das Abendrot glühte.

«Sprich weiter, Großmütterchen, sprich weiter!» bat Prometheus und ließ, noch immer am Ufer liegend, den bereits zäh gewordenen Schlamm durch seine Finger rinnen, doch die Stimme war verstummt, und kein Körnchen wog schwerer als ein andres. Da fühlte der Titanensohn Tränen aufsteigen und schämte sich ihrer und preßte auch sein Gesicht in den moddrigen Grund und blieb so die Nacht hindurch auf dem Küstensaum liegen. Er lag, ohne zu schlafen, aber auch ohne etwas zu denken oder zu empfinden als dumpfe Trauer. Es war ihm, als ob er schon ein Schatten wie seine Brüder und Schwestern sei, und er sehnte sich danach, in Ewigkeit so fühllos liegenzubleiben, doch am Morgen zwangen ihn Kälte, Hunger und Durst dennoch auf die Beine. Taumelig stand er auf, da sah er vor sich im getrockneten Schlamm die eigne Gestalt und das eigne Gesicht.

HERMES

Aber das bin ja ich, dachte er verblüfft, das ist ja mein Ebenbild! Die Frühsonne schien ihm ins Gesicht. Blinzelnd sah er zum anderen Ufer, wo die Eselsfüllen in der Böschung gelegen, und fand auch das Bild ihrer Leiber in den Lehm geprägt.

Erstaunt, und Hunger und Durst vergessend, kauerte sich Prometheus nieder und betastete die harten Ränder des getrockneten Schlamms, der seine Gestalt so getreu bewahrt hatte. Tatsächlich, das ist meine Brust, dachte er, das ist mein Arm, das ist meine Hand, das sind meine Beine, das ist mein Fuß, das ist mein Gesicht! Sogar die Augenbrauen sind noch zu spüren! Das Morgenlicht funkelte in den Höhlungen des Abdrucks; mit seinem Steigen wanderten Helle und Schatten, und da war es, als lächle der Liegende und drehe die Augen, ja es schien, als senke und hebe sich seine Brust.

Er will mir etwas sagen! durchfuhr es Prometheus, und in diesem Augenblick glaubte er Gaia zu hören: «Trocken und feucht, warm und kalt, menge die Elemente, menge ...» Mit einem Satz sprang er auf die Beine. War nicht der Schlamm trocken und feucht, warm und kalt, waren in ihm nicht Erde, Wasser und Feuer vermengt und dazu noch tausenderlei Säfte und Kräfte des Lebens, das Blut und der Schweiß und die innersten Substanzen der umgekommenen Tiere und Pflanzen, ja dauerte in ihm nicht auch die unzerstörbare, unsterbliche Gaia, die Allmutter, die ewige Materie, fort?

«Ich höre dich, Mutter, sprich zu deinem Kinde!» so flüsterte er, und der Liegende öffnete die Lippen, und wieder hörte Prometheus die Worte: «Trocken und feucht, warm und kalt, menge die Elemente, menge!»

«Mütterchen Gaia», rief Prometheus und rutschte im Nu den steilen Küstenhang in den Graben hinab, «ich wußte doch, daß du dein Kind in der Not nicht verläßt!» Er schöpfte mit beiden Händen Lehm und begann ihn zu formen, und der Lehm war gerade so feucht und so trocken, so warm und doch schon so kalt, daß er sich willig den knetenden Händen fügte und jede Form annahm, die sie ihm gaben.

Prometheus begann einen Rumpf zu wölben, und es war ihm, als wachse der Lehm von selbst zur gewünschten Gestalt. «Ich werde mir Gefährten schaffen», sprach er, die Rippenbögen kerbend, «ich schaffe dem Planeten ein neues Geschlecht! Es wird anders sein als die Titanen und Götter, und anders auch als die Pflanzen und Tiere. Wir werden uns eine Insel im Südmeer suchen, dort wollen wir unser Reich erbauen. Liebe und Gerechtigkeit werden darin herrschen. Es wird eine Insel der Glücklichen sein.»

Arme und Beine fügten sich an den Rumpf. Ein Taumel von Freude und Schöpferdrang überkam den Titanen. Essen und Trinken waren vergessen. Lange und sorgfältig hatte er die schwierigen Gelenke der Ellbogen, Knie, Hände und Finger geformt; nun hob sich der Hals aus den Schultern, nun rundete sich der Schädel, nun spalteten sich die Lippen auf und wuchsen die Schläfenhänge über die Backenknochen. Glattes Haar oder Locken? Kräuselhaare. Ungläubig betrachtete der Schöpfer sein Werk.

Das Lehmwesen stand frei auf den Beinen, ohne daß man es zu stützen brauchte. Sie waren zwar ein wenig kurz, diese Beine, und die Arme waren ein wenig lang, und der Bauch war ein wenig rundlich geraten, aber was wollte das besagen, da wahr- und leibhaftig ein Gleichgestaltetes vor ihm stand, nur eben, daß dieses Gleichgestaltete noch kein Leben besaß. Jedoch wie konnte Leben in ihm sein, da es ja weder Mann noch Frau war. «Du sollst ein Mann sein», sprach Prometheus und schuf seinem Gefährten das Glied der Mannheit, und nun, so hatte er gehofft, würde den Lehm ein Ruck durchfahren, eine Art inneres Niesen oder Schnauben, ein verzücktes Verlangen nach dieser Welt, ein Augenaufschlagen und Armeausbreiten und Stammeln und tiefes, seliges Atmen – aber nichts dergleichen geschah. In täuschender Ähnlichkeit stand das Geformte vor seinem Schöpfer, aber kein Leben regte sich in ihm. Sorgsam prüfte

Prometheus die Gestalt. Nichts war vergessen, wenigstens nichts, was er für wichtig ansah. Der Kehlkopf war da, das Kinn, die Ferse, sogar die Nägel der Finger und Zehen. Was nur hatte er falsch gemacht oder übersehen? Sollte Gaia ihn getäuscht haben? Das konnte nicht sein. Sicher hatte er ihre Worte nicht richtig verstanden. Was aber sollte er jetzt tun? Nach ihr zu rufen, das wußte er genau, war sinnlos, sie würde ja doch nicht antworten. Trotzdem rief er nach ihr, und das dreimal.

Keine Antwort kam.

Er puffte den Kloß vor den Bauch.

«Sag doch was!» schrie er.

Der Kloß blieb stumm.

Am liebsten hätte Prometheus wieder geheult.

Da merkte er, daß dort, in der Bauchmitte, wohin er sein Geschöpf geknufft hatte, eine Delle entstanden war, und da begriff er, daß sein Lehmgefährte zwar gerade die rechte Mischung von trocken und feucht zum Gebildetwerden, aber nicht für einen Gang durch die Welt mit ihren Steinen und Stacheln und Dickichten aufwies. Dazu war er ja viel zu weich! Jeder Fingerdruck verformte ihn schon – was sollte da erst geschehn, wenn er stürzte oder sich an einem Ast stieß oder durch eine Hecke schlüpfen mußte! Jeder Strauch würde ihn ja in Stücke reißen, und jedes Bächlein, das er durchwatete, löste seine Füße auf. Nein, er mußte erst in der Sonne trocknen, der Lehmfreund, und hart werden wie jenes liegende Abbild, erst dann würde er zum Leben erwachen! Behutsam nahm der Schöpfer sein Werk in die Arme und trug es auf den Küstensaum in die Sonne.

«Trockne, Gefährte», sprach er, «trinke Sonne und Wind! Härte dich für dein Dasein, es wird auch auf der Insel der Glücklichen Härte brauchen! Inzwischen will ich dir eine Gefährtin schaffen.»

Nun bildete er eine zweite Gestalt, und diesmal machte er den entgegengesetzten Fehler: Die Beine gerieten sehr lang und die Hüften sehr schmal, und statt des Bauchs wurde das Hinterteil ziemlich rundlich.

Macht nichts, dachte er, die beiden werden sich schon vertragen! Sie sollen auch gleich einander erblicken, wenn das Leben in sie kommt! Er trug auch die Lehmfrau auf das

Ufer und stellte sie drei Schritte vor dem Lehmmann auf, dann betastete er seines Erstgeschaffnen Schultern und Hüften. Die Masse war schon wesentlich härter, aber immer noch etwas zu weich. Die werden Augen machen, die zwei, wenn sie die Augen auftun und einer dem andern ins Auge fällt, dachte Prometheus, und da er sich dies in Gedanken ausmalte, mußte er lachen. Nun hätte er gern etwas gegessen, doch er vertrieb sich den Hunger mit seinem Werk. Er schuf noch vier Schlammgefährten, zwei Frauen und zwei Männer, und sie gelangen ihm immer besser. Der letzten Frau ließ er das Haar bis zu den Kniekehlen wallen, und der letzte Mann glich seinem Erzeuger so genau, daß selbst das Auge wie seines blickte.

Nun müßte der erste ja trocken sein, dachte Prometheus, als der sechste beendet war. Er hatte dies zwar schon beim vierten gedacht, doch aus Furcht vor einer Enttäuschung hatte er sich gescheut nachzuschauen. Er hatte auch immer noch gehofft, daß ein Ruf, ein Schrei, ein Jauchzen oder auch ein Brüllen den Beginn des Lebendigseins melden würde, aber er hatte vergeblich die Ohren gespitzt. Nun konnte er nicht länger warten. Er trug den vierten, fünften und sechsten nacheinander auf die Böschung, dann nahm er allen Mut zusammen und faßte den ersten an der Schulter. Die Gestalt war trocken und fest und flimmerte in honiggoldner Bräune wie die Haut ihres Schöpfers, und kein Fingerdruck, und auch kein Schlag, hinterließ eine Spur.

Doch sie blieb stimm und starr wie vordem. Verzweifelt rüttelte Prometheus sein Ebenbild, aber es war nur getrockneter Schlamm in Prometheusgestalt, sonst gar nichts.

Vielleicht muß nach Gaias Willen die Frau als erste ins Leben treten? dachte Prometheus. Allein auch die Frau war fühllos und reglos.

«Mütterchen Gaia», rief Prometheus, «du bist doch in diesen Geschöpfen da! Höre mich, Mütterchen, gib mir ein Zeichen! Bewege ein einziges Fingerglied!»

Nichts.

«Mutter», schrie Prometheus, «sprich zu mir! Ich zertrümmere sonst diese Lehmaffen und gehe hinunter zu den Schatten!»

Nichts.

«Mutter, ich weiß nicht mehr, was ich tue!»

Nichts.

Prometheus ballte die Fäuste und hob sie, um seine Geschöpfe zu zerschmettern, da hörte er jenseits des Meers aus der Wüste ein Schlurfen. Eine unbekannte Gefahr fürchtend, sprang er in den Graben zurück und duckte sich in die Mulde der Eselsfüllen, dann blickte er ins arabische Land und sah ein kleines Wesen den Sand durchschlurren. Das Dingchen hatte zwei Kugelschalen an seine Füße gebunden und stieß sich mit einem Stab voran. Prometheus traute seinen Augen nicht. Das Unbekannte kam rasch näher, und da gewahrte Prometheus, daß es ein etwa vierjähriger Knabe war, der auf zwei Schildkrötenrücken durch den Sand rutschte und dabei heiter vor sich hin pfiff.

Am Grabenrand machte der Knabe halt.

Prometheus richtete sich auf.

«Was treibst du denn da?» fragte das Kind, auf die Gestalten am Ufer zeigend. «Ich schau dir schon eine Weile zu.»

Nun traute Prometheus auch seinen Ohren nicht.

«Wer bist du denn, du Knirps» fragte er verwundert.

«Ich bin Hermes», sagte das Kind in einem Tonfall, als sei es eine Schande, ihn nicht zu kennen. Sein Gesicht war mädchenhaft weich und von einer solch bezaubernden Anmut, daß sie auch durch den recht breit geratenen Nasenrücken nicht beeinträchtigt wurde. Die Ohren waren lieblich klein, der Mund in den Winkeln spitzbübisch nach oben gezogen, die Haare von kurzgelocktem Braun. Die Stirn wölbte sich hoch, war aber nirgendwo kantig, und die zarten Brauen überdeckten zwei sehr große, hellblaue, trotz ihres lebhaften Ausdrucks ruhig und klug die Umwelt erforschende Augen, die nun ein ganz kleines bißchen spöttisch auf den verblüfften Prometheus blickten.

«Ich bin auf dem Weg zu meinem Väterchen, mußt du wissen, fuhr das Kind fort und stützte sich dabei auf seinen Stab, einen Eschenschößling, «da habe ich dich von der kretischen Küste aus kneten sehen. Meine Augen sind nämlich fabelhaft scharf, mußt du wissen. Was machst du denn da?»

«Geschöpfe», sagte Prometheus, dem nichts anderes einfiel. Hermes lachte. Sein Lachen klang herzlich und herzhaft überlegen, jedoch ohne jede Schadenfreude.

«Es klappt wohl nicht ganz?» fragte er voll solch spitzbübischer Unschuld, daß Prometheus ihm nicht böse sein konnte. «Ein bißchen sehr kurze Beine, nicht?» meinte Hermes, auf den erstgebildeten Lehmmann zeigend.

«Sag mal», versetzte Prometheus, «wer bist du denn eigentlich, du entsetzlich naseweiser Hermes? Ich habe deinen Namen noch nie gehört. Sicherlich hast du dich verkleidet. Du siehst wie ein Kind aus und redest so klug wie einer mit zehn Millionen Jahren. Und wer ist dein Väterchen, und woher kommst du?»

Und plötzlich, mit jährer Hoffnung: «Sag, schickt dich Gaia?»

«Ich könnte auch erwachsen sein», entgegnete Hermes, «aber ich will nicht. Als Erwachsener ist man immer derselbe, verstehst du, als Kind aber kann man noch alles werden. Außerdem erfährt man mehr. Vor einem Kind hat keiner Geheimnisse. Man redet und redet, und ich höre zu. Na, so weiß ich eben eine unheimliche Menge. Aber nun sag mir, wer du bist. Halt, sag es nicht, ich will es herauskriegen. Ha, und schon hab ich's: Du bis Promi, nicht wahr? Ich meine: Prometheus.»

«Das stimmt», entgegnete Prometheus, der aufgehört hatte, sich zu wundern. «Woher kennst du mich denn? Ich habe dich doch nie gesehen».

«Wer solltest du denn sonst sein», sagte Hermes. «Wärest du ein Titan, so lägest du unten bei Hades, wärest du ein Gott, so säßest du auf dem Olymp, außer du wärest Poseidon, dann schwämmest du im Meer. Nur Artemis und Demeter durchstreifen die Lande, und das sind Frauen. Der Apollon zieht auch machmal umher, doch der geht nie so weit und hat blaues Haar, und du hast braunes. Und Kratos und Bia kannst du auch nicht sein, die kenne ich von Angesicht. Und außerdem», fügte er hinzu, «siehst du auch nicht aus wie ein krummer Spitzel.»

«Schönen Dank», erwiderte Prometheus, «schönen Dank. Woher hast du denn all diese Kunde?»

«Na, vom Zuhören, ich sagte es doch. Wir liegen nämlich den ganzen Tag auf der Asphodelenwiese, wir Titanenkinder, und dein Bruder Epi erzählt Geschichten, der hat ein fabelhaftes Gedächtnis. Na, und dann schnattern die Fischmädchen, die Okeanosmädchen, und dann erzählen auch andere, Großvater Atlas oder Hyperion, der kam ja noch eine Weile mit der Sonne um die Welt herum. Und dann taucht Väterchen auf und stellt den Frauen nach und verspricht ihnen das Blaue vom Himmel herunter, dabei erfährt man auch allerei, von seinem Krach mit Hera zum Beispiel. Und manchmal erzählt sogar Uranos von den urururururururältesten Zeiten.»

«Uranos? Ich denke, der ist von Kronos zerstückelt worden?»

«Na ja, ist er ja auch», räumte Hermes ein, «aber wir haben ihn gesammelt und wieder zusammengesetzt. Die Okeanosmädchen haben ihn stückweise aus dem Meer geklaubt, das heißt, er ist noch nicht ganz vollständig, aber so ziemlich. Einiges fehlt noch, aber er ist ja ein alter Mann und gräßlich grämlich, doch erzählen kann er, daß muß man ihm lassen! Die größeren Kinder werden dann immer gescheucht, die sollen das nicht hören, nur ich darf bleiben, weil ich noch klein bin. Das ist der Vorteil, da siehst du's! Übrigens hat er früher auch mal geknetet, der Uranos, nur gewaltiger, und mit viel heißeren Massen.»

Prometheus wußte wahrhaftig nicht mehr, wo ihm der Kopf stand.

«Ich könnte dir wahrscheinlich sagen, warum es nicht geklappt hat», schwätzte der Knabe. «Was hast du denn so alles genommen?»

«Den Feuerschlamm.»

«Ach ja, die alte Mischung Gaias. Aber der muß ja viel länger gerührt werden, damit geht's nicht von heute auf morgen! Damals hat Uranos ein paar Millionen Jahre gerührt, und jeden Morgen ist Tau und jeden Mittag sind Blitze hineingemengt worden. Was soll denn das Ganze überhaupt werden?»

Da berichtete Prometheus dem Kind sein Schicksal. Einen Augenblick hatte er überlegt, ob Zeus es sei, der ihn aushorchen oder zu einem Bruch des eben geschlossenen Friedens verleiten wolle, doch dann tat er diesen Argwohn entschlossen ab. Zeus hätte auch in der Gestalt eines Kindes sein Wesen nicht verleugnen und auch nie eine solche Anmut gewinnen können. So öffnete der Titanensohn dem

Knaben sein Herz und erklärte ihm, warum er sich Gefährten für seine Insel im Südmeer schaffen wolle und wie er dabei bislang verfahren sei.

«Hm», sagte Hermes daraufhin, «den Tau ersetzen Blut und Tränen, das ist schon richtig. Und ein Zeusblitz muß gleich Hunderttausenden gewöhnlicher sein, wir haben ja den einen in die Unterwelt fahren sehn. Das war ein Bild, kann ich dir sagen: Der Blitz in den schwarzen Fluß, und danach der Schwefelregen ... Übrigens: Hast du den Lehm von der Stelle genommen, in die der zweite Zeusblitz geschlagen hat?»

Prometheus verneinte.

«Das müßtest du aber tun», sagte Hermes ernst, «glaub mir, ich versteh mich auf solche Sachen. Also nimm von dort! Die Lehmversammlung da oben kannst du sowieso kaputthauen. Heule nicht, nimm sie als Probestücke. Aber auch mit dem Eselslehm wird dir etwas fehlen. Was gibst du mir, wenn ich dir's sage?»

«Geben?»

«Na ja doch, wir tauschen; ich sag dir das Geheimnis, und du gibst mir was von gleichem Wert. Ich bin nicht so dumm, daß ich mich unentgeltlich plage wie der gute, brave Blasebalgtreter. Also sag, was gibst du mir?»

«Was soll ich dir denn geben, Kleiner?» sprach Prometheus müde. «Sieh mich doch an: Ich habe nichts, nicht einmal einen Platz, wo ich sein darf, außer hier in dieser Wüste.» Und da er sah, wie der Knirps den Mund zu verziehen begann, fügte er schnell hinzu: «Ich kann dir nichts anbieten außer meiner Freundschaft.»

«Tss», machte Hermes, «fabelhaft viel scheint das nicht zu sein, sonst würdest du nicht Lehmklöße zu Freunden kneten. Aber meinetwegen: Ich sage dir, was deine Mischung noch braucht, und ich darf mir später einmal von dir was wünschen. Natürlich was Angemessenes. Einverstanden?»

Prometheus nickte und kreuzte die Hände über der Brust, doch Hermes sagte: «Das ist ein alter Brauch, der gefällt mir nicht. Wir wollen einander die Hände reichen. Das soll heißen: Deine Hand gehört mir, wenn du deine Abmachung nicht hältst, und umgekehrt auch.»

Da gaben die beiden einander die Hand, und Prometheus fühlte einen festen Druck in der seinen, als ob nicht die Hand eines Kindes es sei, die da zugriff.

«Abgemacht», sagte Hermes und zog seine Hand zurück, «ich darf mir also irgendeinmal etwas wünschen. Und nun zu deinen Geschöpfen! Es ist doch ganz einfach. Wasser, Feuer und Erde hast du genommen. Du hast das vierte Element vergessen, die Luft.»

«Daran hab ich gedacht», verteidigte sich Prometheus, «drum habe ich sie zum Trocknen gestellt, da umstreicht sie die Luft doch von allen Seiten.»

«Von außen schon», erwiderte Hermes, «aber sie ist nicht eingemengt.»

«Und wie menge ich sie ein?»

«Du mußt Atem in deine Geschöpfe hauchen, Prometheus», sprach Hermes, und nun sprach er sogar ein wenig feierlich, «und du mußt es genau in dem Augenblick tun, da sie vom feuchttrocknen Zustand in den trockenfeuchten übergehn. Nur dann können sich die Organe bilden. Verpaßt du diesen Moment, mußt du neu beginnen, und du hast nicht sehr viel Stoff zu Versuchen. Der langt so gerade für drei, und zwei brauchst du ja. Du wirst schön schwitzen vor Angst, das sage ich dir jetzt schon! Und noch etwas will ich dir raten: Mische deinen Atem mit dem eines weiblichen Wesens. Ich glaube, das könnte wirklich etwas Neues ergeben. Sonst schaffst du am Ende doch wieder nur den alten Schlag.»

Prometheus sah das Kind voll unverhohlener Bewunderung an, und Hermes gab durch ein winziges Lächeln zu verstehen, daß er eine solche Bewunderung erwartet habe, doch daß sie nicht ausgesprochen werden müsse. So wandte Prometheus nur ein, daß er keine Frau hier habe und sein Ratgeber, wie er annehme, nicht weiblich sei.

«Das bin ich in der Tat nicht», erwiderte Hermes, «obwohl ich's manchmal ganz gern wäre. Aber lassen wir das. Ich werde dir eine Helferin schicken. Es wird sich schon eine finden, Athene vielleicht oder Demeter, notfalls auch Hebe.»

«Du willst auf den Olymp gehen, Hermes?» fragte Prometheus erschrocken.

«Ich sagte dir doch, daß ich zu meinem Väterchen ziehe.»

«Und wer ist dein Väterchen»

«Na Zeus doch, wer sonst! Meine Mutter ist Maia, die Atlastochter. Aber bei ihr, bei den Schatten, ist's langweilig, trotz all der Geschichten. Ich will nicht nur welche hören, ich will welche erleben. So habe ich beschlossen, ein Gott zu werden und mich bei Väterchen auf dem Olymp anzusiedeln. Zwölf sind schon dort, und ich werde der dreizehnte sein. Dreizehn ist eine gute Zahl, eine Glücksbringerin. Glaubst du auch an Zahlen, Prometheus?»

«Nein», sagte Prometheus schroff, der nicht eingestehen wollte, daß er sich unter einem Glauben an Zahlen nichts vorstellen konnte. Und so fragte er denn, ohne sich lange auf eine Unterhaltung über diesen neuen Gegenstand einzulassen: «Mußt du denn den ganzen Weg laufen? Kannst du nicht fliegen?»

«Leider schon nicht mehr», erklärte Hermes, «das hab ich wohl durch das lange Liegen da unten verlernt. Hephaistos muß sich was einfallen lassen und mir etwas schmieden, ein paar künstliche Flügel oder so. Aber an den Schuhen, verstehst du, nicht auf dem Rücken wie bei den Raben. Doch diese Schalen sind auch nicht schlecht. An der Küste liegt so was jetzt massenhaft, da muß sich manches draus machen lassen.»

Er winkte Prometheus zu sich und sagte ihm vertraulich ins Ohr: «Eine Schildkrötenschale, drei getrocknete Kuhdärme und ein Akaziendorn oder eine ganz feste Schuppe, könntest du damit was anfangen?»

«Nein», erwiderte Prometheus ehrlich.

«Wirklich nicht?»

«Wirklich nicht.»

«Aber ich schon», sagte das Kind so altklug, daß Prometheus lachte.

«Beeile dich», sprach er, «ich warte auf dich!»

«Gut», sagte Hermes und schlurfte davon. Doch er hatte kaum drei, vier Schritte getan, da rief ihn Prometheus wieder zurück.

«Höre, Hermes», sagte er eindringlich, «wenn eine Göttin und ich den Atem spenden, wird da das neue Geschlecht nicht unsterblich werden?»

«Natürlich», entgegnete Hermes, «willst du das nicht?»

«Nichts weniger als das», antwortete Prometheus. «Unsterblich sein macht träge, und ich will meine Geschöpfe doch tätig. Nein, eine unsterbliche Göttin kann ich bei diesem Werk nicht gebrauchen.»

«Aber du bist ja auch unsterblich, Prometheus», sagte das Kind, «wenn du deinen Atem allein gibst, wirst du nichts ändern.»

Prometheus überlegte.

«Ich muß ihm mit sterblichem Lebenshauch mischen», sagte er schließlich, «und ich weiß auch schon mit welchem: mit dem Atem von Amalthea! Sie ist zwar nur eine Ziege, aber du wirst kein Geschöpf finden, das sie an Vorzügen überträfe: tapfer, wenn sie ihre Kinder verteidigt, aber nicht tollkühn, ein wenig gefräßig, nun ja, und ein wenig geschwätzig, aber so treu und so herzensgut! Laß mich die Amalthea holen!»

«Das kannst du ja tun», sagte Hermes, «du brauchst mich doch jetzt nicht mehr. Den Blitzlehm wird dir keiner wegtragen. Und wenn du fliegen kannst, bist du schnell zurück.»

«Ach, Hermes, willst du mir nicht helfen?» bat Prometheus. «Ich habe furchtbare Angst, den rechten Augenblick zu verpassen. Mehr als einmal darf ich ja nicht patzen. Und wenn es zu lange dauert, muß Amalthea zu ihren Kitzen.«

«Vielleicht hat sie grad keine!»

«Sie hat immer welche.» Prometheus faßte die Hand des Kindes und sprach traurig: «Hermes, Lieber, was soll ich dir bieten! Ich habe doch nichts. Ich will dir ein zweites Versprechen für später geben.»

«Na gut», sagte Hermes nach kurzem Nachdenken, «unter einer Bedingung. Wenn aus deinem Plan wirklich was wird und einmal ein neues Geschlecht herangewachsen ist, dann soll es mir jedes Jahr etwas schenken und sich an diesen Tag erinnern. Wir wollen das Ganze ein Opfer nennen. Bist du einverstanden?»

«Morgen ist der Tag mit den kürzesten Schatten. Einigen wir uns auf diesen Tag?»

«Nein, das muß genau sein: auf den Vortag! Und wenn dein neues Geschlecht hundert Köpfe zählt, soll es das erste

Mal geschehen. Heut ist übrigens der günstigste Tag für dein Beginnen: der Tag vor der kürzesten Nacht. Also schlag ein!»

«Es sei», sagte Prometheus, und sie gaben einander wieder die Hände.

«Und nun beeil dich», rief Hermes, da Prometheus in die Lüfte stieg, «ich muß heute noch auf den Olymp, heut ist auch für mich der günstigste Tag!» Als der Flieger entschwunden war, verwandelte sich der Knabe in einen Jüngling. Nun wollen wir nach Väterchen schauen, sprach er im Geiste und spähte, mit der flachen Hand die Augen beschattend, über Wüste und Meer und Gebirge bis zum Olymp. Da sah er Zeus auf dem goldenen Thron, von den Göttern umringt, den Blitz in der Rechten, auf der Schulter den Adler, und Hephaistos stand vor ihm und setzte ihm etwas auf den Kopf, das rund und siebenzackig war und siebenfarbig im Sonnenglanz gleißte.

«Was ist denn das?» fragte Hermes verwundert. «Das kenne ja selbst ich noch nicht.»

ATLAS WIRD STEIN

«Es ist eine Krone, Vater Zeus», sprach Hephaistos, «und ihr siebenfarbiger Glanz über dem Gold soll verkünden, daß du über allen der König bist.»

Zeus nahm die Krone in die Hand und drehte sie im Licht und wog sie.

«Sieh an», sagte er, «ein Helm, und mit sieben Spitzen, und leichter als der Helm der Athene, und glänzender als das Gold, und er hat auch einen Namen für mich allein. Es geht also, wenn man nur will. Das muß ich loben!»

Er setzte die Krone wieder aufs Haupt, und ihr Funkeln spiegelte sich in den Helmen der Götter. Denn Hephaistos hatte einem jeden einen Helm aus purem Gold und dazu noch ein besonderes und ebenfalls goldenes Geschenk mitgebracht: dem Apollon einen Speer, dem Ares ein riesiges Schwert, der Artemis einen Bogen samt Köcher und Pfeilen, Athene ein Paar Sandalen mit goldenen Riemen, Demeter einen Krug, Hebe eine Schale und einen Becher,

Hestia ein Kohlebecken, Poseidon einen Dreizack und Aphrodite schließlich einen Gürtel aus haarfeinen Goldfäden, in dem die heimlichsten Kräfte dieses Metalls eingeflochten waren: Um wessen Leib dieser Gürtel mit der Schnalle eines Schlangenmauls sich schloß, der wurde, und wäre es selbst einer der Hundertarmigen gewesen, von jedem, der ihn ansah, in ungestümster Liebe begehrt.

Die meisten dieser Stücke – und dazu noch ein Gewand, das Hera, und eine unsichtbar machende Kappe, die Hades zugedacht war – hatte Hephaistos schon früher als Geschenke für Wesen geschaffen, die ihn aus seiner Einsamkeit retten würden, und so hatte er die jauchzenden Götter und Göttinnen aus vollen Händen bescheren können, bis Zeus ihn mißmutig gefragt, ob der König denn leer ausgehen solle. «Dem Höchsten das Beste, und das Beste zuletzt», war darauf die Antwort des Schmieds gewesen, und nun saß Zeus auf seinem Thron, der höher und breiter war als der rollende Wagen, und trug eine Krone auf seinem Haupt, die jeden Goldhelm überglänzte. Und dennoch war der König verstimmt: Der Schmied hätte die anderen Götter nicht vor ihm, ja nicht einmal am selben Tag mit ihm beschenken sollen. Darum knurrte Zeus, nachdem ihm Hephaistos die Namen der verwendeten Edelsteine – Diamant, Smaragd, Rubin, Opal, Amethyst, Saphir und Türkis – mit feierlicher Stimme genannt hatte, das wolle er ja gar nicht wissen; er habe bestimmt, was zu schaffen sei, das Weitere sei des Schmiedes Sache! Doch als er die betretene Miene des also Abgefertigten gewahrte, lenkte er ein.

«Ich bin mit dir zufrieden, mein Sohn», bestätigte er, «wenngleich ich doch glaube, daß sie ein wenig drückt, deine siebenfach leuchtende Krone. Hier überm rechten Ohr etwa drückt sie. Aber das kannst du später beheben. Hast du dir Gedanken über unsere Wohnstätten gemacht?»

Da verklärte sich das rußige Gesicht des Schmieds vor Eifer, sein ausgestreckter Arm beschwor ein Rund, und seine gewölbte Hand schien die Bauten, die er nun nannte, darauf niederzustellen.

«Hier auf diesem Platz, überm ewigen Grün des Tals und unterm ewigen Schnee des Gipfels, will ich eine Burg aus Gold und Edelsteinen errichten», erklärte er mit leuchtenden Augen, als sehe er das Werk seiner Hand schon im Sonnenlicht sprühn. «Der König und seine Gemahlin sollen sie bewohnen, und dort wird auch der Festsaal der Götter, eine Halle aus Gold und Silber, sein. Rings um die Königsburg wird jede Gottheit ein Heim aus Silber und Kupfer haben, das ich Haus nennen will. Dahinter werden sich kupferne Vorratslager befinden, und um all diese Behausungen wird sich eine Mauer aus Steinquadern ziehen, die unsre Wohnstatt vor wilden Tieren oder anderen Feinden schützt. Hades und Poseidon bleiben, nehme ich an, wo sie jetzt sind, doch sollten sie uns besuchen wollen, werden in der Königsburg für sie Gastzimmer bereitstehen. So habe ich mir das Ganze vorgestellt. Ist mein königlicher Vater mit dem Plan zufrieden?»

Der Schmied erwartete Freudenjauchzer, doch Zeus dachte schweigend nach, und die Götter wagten nicht, ihn zu stören. Wieder verdroß den König, daß der Abstand zwischen ihm und den andern nicht genügend gewahrt schien. Es wäre ihm lieber gewesen, er hätte allein ein Haus erhalten und die Götter wären in den Höhlen geblieben, doch dann dachte er, es komme alles auf die Ausführung an.

«Der Plan scheint ja ganz gut», sagte er schließlich, «doch zufrieden bin ich erst, wenn ich alles sehe. Also fang an! Wann bist du fertig?»

«Natürlich braucht das viel Zeit», gestand der Schmied.

«Warum denn viel?» entgegnete Zeus mit drohendem Erstaunen. «Du hast doch in einer Nacht allerhand geschaffen: den Thron, die Krone, die zwölf Helme und all dies andere Zeug. Warum soll der Burgbau da langsamer gehen? Denn mit der Burg willst du doch beginnen?»

«Gewiß», entgegnete Hephaistos, «gewiß.» Er hatte zwar zuerst für die Frauen Häuser bauen wollen, damit sie endlich aus ihren kalten, düsteren Höhlen herauskämen, doch er fand nicht den Mut, Zeus zu widersprechen. «Gewiß», stimmte er ein drittes Mal zu, allein nichts von Gewißheit klang darin.

Zeus verstand diesen Ton genau. Es ist deine Schuld, lieber Sohn, dachte er, daß ich dich so streng behandle. Hättest du nur mir allein deine Geschenke gebracht, den

Thron und die Krone, dann hätte ich dir gezeigt, wie ein König dankt. Vor allen andern hätte ich dich in die Arme geschlossen und zum Festmahl geführt und dich an meine Seite gesetzt. So aber hast du dich mit allen gemein gemacht, sogar mit Hestia und Ares, und darum sei auch nur einer von vielen! Lerne daraus!

Abwartend, mit beginnendem Trotz, die Stirne kraus, die Krücke unterm Arm, stand der Schmied vor ihm. Mit den Zehen des rechten Fußes, der unter dem lahmen Hüftgelenk hing, schnippte er ungeschickt einen Kiesel. Diese kleine Bewegung rührte Zeus, und er lüftete sich schon vom Thron, den fleißigen Sohn doch noch in die Arme zu schließen, da fiel sein Blick auf die goldnen Sandalen der Athene. *Ihre* Füße leuchteten, die des Königs waren braun und bloß!

Voll kalter Wut nahm Zeus wieder Platz.

«Dann sind wir ja einig», sagte er, «fang also an! Bis morgen könnte die Burg wohl stehen. Dann magst du meinetwegen ein paar Tage verschnaufen. Schluß jetzt mit dem Gerede! Vorwärts, ans Werk!»

«Gewiß», erwiderte Hephaistos, und nun willenlos. In der Stimme des Königs klang der Ton, den er fürchtete und vor dessen Klirren er wehrlos war. So hatte auch Gaias Stimme geklungen, wenn sie der Zorn zu packen drohte, und da hatte er nichts mehr erwidert, nur schweigend gehorcht. «Wie mein König befiehlt», sprach Hephaistos und hörte auf, mit dem Zeh einen Kiesel zu schnippen, und wenn seine Stirne jetzt noch krauser sich faltete, so darum, weil er heftig nachdachte, wie dieser Auftrag zu schaffen sei. Daß die Götter mit zupacken müßten, schien ihm unabdingbar; dann könnten − bei äußerstem Fleiß − bis zum Abend die Wände errichtet werden. Aber würden die Götter ihm helfen wollen? In seinen Augen standen sie immer noch so hoch über ihm, daß er sich um ihre Gunst mühn zu müssen glaubte.

Schüchtern wagte er, Zeus um die Hilfe der Männer zu bitten, und sofort befahl der König auch die Frauen ans Werk. Die Götter murrten über die Mühsal, und am bösesten fluchte der Kraftprotz Ares, doch grade ihn trieb Hephaistos gnadenlos an.

«Bei diesem Tun bist *du* der Herr, und alle müssen dir gehorchen», hatte Zeus gesprochen, und jeder hatte es gehört. Hephaistos ließ die Götter nicht zu Atem kommen. Die Männer türmten die Wände auf, die Frauen mußten Goldplatten spalten und die Kinder des Meergotts Silber zur Fäden ziehn. Dies alles sah Hermes und schmunzelte.

Meine Ahnung, dachte er, meine Ahnung! Gut, daß ich nicht auf gradem Wege zu Väterchen gegangen bin. Heut abend werde ich mich zeigen. Bis dahin wird ja das Gröbste geschafft sein!

Das aber sah noch gar nicht so aus. Der Schmied hätte dringend auch Kratos und Bia benötigt, aber die beiden waren nicht da.

«Sie sind in meinem Auftrag unterwegs, sie sind unabkömmlich», erklärte Zeus, der von seinem Thron den Werkenden zusah und nicht dran dachte, Hand anzulegen. Auch Aphrodite war nach zwei Beilschlägen wieder ins Moos gekrochen, und ihr sah man es wortlos nach, um sich mit Hephaistos nicht anzulegen. Demeter war fern, und Hera hing noch am Felsen.

«Wo ist denn dieser Prometheus?» maulte Ares.

«Von Prometheus wird nicht gesprochen!» entgegnete Zeus.

Doch er fügte, da er den stummen Unwillen nun allzusehr wachsen spürte, erklärend hinzu: «Ich habe Prometheus verboten, den Olymp zu betreten. Er ist ein Titan und gehört nicht zu uns Göttern. Mag er zu den Seinen ziehn, mag er sich eine Insel suchen! Sein Name wird hier nicht mehr genannt!»

Diese Nachricht kam für die meisten nicht unerwartet noch unwillkommen. Artemis, Ares, Aphrodite, Poseidon und Hera waren Prometheus ausgesprochen feind, doch auch die andern – außer Athene – hätten ihn nicht als Freund empfunden. Er war ja selten unter den Göttern, und etwas an ihm war wirklich fremd.

Selbst Hephaistos hatte nicht daran gedacht, Prometheus ein Geschenk mitzubringen. Jetzt fiel es ihm ein, und es ärgerte ihn.

Ich werde ihn aufsuchen und ihm etwas schenken, nahm er sich vor.

Doch der Bau ging weiter, und nach ein paar Minuten war Prometheus vergessen.

«Das eine schwöre ich mit sämtlichen Eiden», knurrte Poseidon, «wenn diese Burg einmal fertig ist, mache ich keinen Finger mehr krumm!»

«Ich auch nicht», stöhnte Ares, der Goldmassen schleppte.

«Das schwere Zeug könnten doch meine Pferde ziehen», schlug Poseidon vor. Triton hatte das kaum gehört, da sprang er auch schon, sie zu holen, und sie halfen prächtig.

«Wir müßten mehr davon haben», murrte Poseidon.

«Wir müßten lauter Tiere für diese schandbare Mühe haben», begehrte Ares auf. «Es ist eine Schmach, daß Götter sich schinden! Die Quadern türmen könnten zum Beispiel doch Bären. Oder Elefanten oder Gorillas, oder was weiß ich! Und Platten zuhaun könnten auch Spechte. Artemis sollte ihnen das beibringen, anstatt wie eine Geiß durch die Wälder zu traben.»

Das hörte Artemis, und sie warf ihrem Bruder eine goldene Schindel an den Kopf. Es gab eine kleine Schramme, der Rede kaum wert, doch Ares heulte und erklärte, nicht mehr weiterzukönnen.

Apollon verband ihm den Kratzer mit Heilkräutern.

Jammernd wollte sich Ares in die Höhle trollen.

«Weitergebaut, mein wackrer Sohn!» rief Zeus, doch Ares sträubte sich.

«Ich bin schwer verwundet», stöhnte er, «erschöpft, krank, kaputt, erledigt, fast verblutet! Ich muß jetzt ruhen, ich nehme sonst Schaden.»

Er kroch in die Höhle und warf sich ins Moos.

«Komm heraus!» drohte Zeus.

Ares stöhnte und heulte.

«Komm heraus!» rief Zeus. «Ich spaße nicht!»

Ares heulte noch lauter.

«Ich sag es zum letzten Mal», befahl Zeus. Er sagte es gar nicht laut, doch mit klirrender Stimme. «Gehorche, oder ich schleudre den Blitz nach dir!»

Das wirst du schon bleibenlassen, dachte Ares und fläzte sich wimmernd auf sein Mooslager hin. Aphrodite aber erkannte am Funkeln der Augen, daß es Zeus ernst war. Da wurde ihr bang um Ares, und sie trat, den goldenen Gürtel um die Hüfte, in das Tor seiner Höhle.

«Komm heraus, starker Ares», bat sie, «tu's mir zuliebe! Du bist ja der Stärkste von allen. Wie sollen sie ohne dich fertig werden, du Herrlicher!»

Da konnte Ares nicht widerstehen und verließ die Höhle und türmte mit Poseidon und Apollon wieder Quadern. Nun ging Aphrodite von einem der Männer zum andern und lächelte jedem zu, und Zeus sah mit Wohlgefallen die Burgmauern über die Schöne wachsen. Das Gold war von grünlichem Glanz, als rage ein Wald aus Licht in den Himmel, und zwischen dem Goldgrün und der Bläue strahlte in eisigem Weiß der Schnee. Quellen sprangen aus dem Felsen und stürzten neben dem Tor in die meeroffene Tiefe. Die roten Früchte der Eiben leuchteten aus dem Tal. Die Wiesen zur See hin waren bunt wie der Vogelschall, und von ihnen weg zogen schwarze Fichten einen Saum bis hin zu jener Ferne, wo die Erde den Himmel trägt.

Zeus reckte sich auf seinem Thron. Ja, das war ein Sitz, der eines Königs der Götter würdig war, und nun brauchte er auch die Ergänzung durch nicht mehr so wuchtige Bauten aus Silber und Kupfer, so wie der König erst dadurch zum König wird, daß weniger Große ihn umringen. Nichts von Verschnaufen nach dem Burgbau! Lächelnd schaute der König auf den tüchtigen Sohn, der die Säulen für das Portal mit Quarzstaub schliff. Artemis und Athene deckten das Dach. Da karrten Kratos und Bia ihren Vater Atlas gefesselt vor den Thron.

«Sei gegrüßt, Atlas, Fürst der Titanen», sprach Zeus.

« Der bin ich nicht», erwiderte Atlas, «der Fürst der Titanen ist Kronos. Ich bin nur ein Schatten, nicht würdig der Ehre. Dennoch werde ich dich nicht grüßen, du jüngster der Thronräuber! Und auch sprechen werde ich nicht eher, bis daß du meine Fesseln löst.»

«Baut weiter!» rief Zeus den Göttern zu. Hephaistos setzte hauchdünne Glimmerplatten in die Fensterluken. Aber so dünn sie auch waren, dem Licht verwehrten sie noch immer den Weg. Athene schloß das Goldschindeldach.

«Halt», rief Hephaistos hinauf, «in der Mitte laß eine Öffnung frei, daß Licht und Luft in den Festsaal können!»

«Und wenn's schneit oder regnet?»

«Der Platz darunter wird ausgespart!» rief Hephaistos hinauf. «Wir werden so etwas einen Hof nennen!»

«Dann bin ich ja fertig, und Artemis auch!»

«So kommt und schmückt das Portal mit Jaspis!»

«Fang mich auf!» rief Artemis und sprang vom Dach. Da fiel ihr erst ein, daß der Schmied ja lahmte. Sie ruderte mit den Armen, doch nun war es zu spät, um noch aufzufliegen. Sie stürzte auf Hephaistos und riß ihn in die Mulde mit Quarzstaub. Nun hätte Ares schadenfroh lachen können, allein er hatte nur Augen für Aphrodite.

Atlas würdigte die Burg keines Blicks, und er sah auch nicht auf, als Artemis beim Hinunterstürzen kreischte. Er schwieg und schaute in den Himmel, als stünde dort noch die Burg des Kronos.

«Du bist stolz, Fürst der Titanen», sagte Zeus schließlich. «Solange du unter den Deinen bist, muß ich euch fürchten. Ist es nicht so?»

Atlas blieb stumm.

Hephaistos und Artemis rappelten sich auf.

«Antworte nur auf eine einzige Frage, Titanenfürst», drängte Zeus. «Wenn ihr damals gesiegt hättet und ich in eure Hände gefallen wäre – was hättet ihr da mit mir gemacht?»

Atlas blieb stumm.

«Ich kann dich nicht zum Sprechen zwingen», sagte Zeus, «ich wollte Übereinkunft zwischen dir und mir. Auch du solltest meinen Spruch als gerecht empfinden. Nun fühle in ihm nur meine Macht!»

Er stand auf und schritt, ohne sich umzusehen, in die Richtung des Sonnenuntergangs. Kratos und Bia folgten ihm. Zeus hörte ihre Tritte und das Rattern des Wagens.

«Folge auch du mir, Apollon», rief er im Weitergehen, «du wirst fortan bei allen Taten des Königs anwesend sein! Bewahre im Gedächtnis, was da geschieht! Ich will, daß in deinem Wort das Vergangene dauert.»

Ares wunderte sich, daß Apollon nicht vor Freude, der Mühsal entbunden zu werden, hoch in die Luft sprang. Doch Apollon hatte – gleich Athene – ohne Jammern das Nötige getan, ja sich oftmals die schwerste Fron aufgebürdet. Es war ihm gewesen, als ob dieser Bau ein Stück seiner selbst sei, etwas, das sein Wesen so ausdrückte, wie man es ohne diese Massen von Gold einem anderen und auch sich selbst nie hätte klarmachen können. Denn diese Burg war ja mehr als Schutz vor Wetter und Kälte; dafür hätten auch die Höhlen genügt, so wie sie Bären und Wölfen und Tigern genügten, doch erst durch die Burg, das begriff Apollon jetzt, wurde seine Sippe zu Göttern. Darum hatte er sich ohne Pause geschunden und sogar mit dem verachteten Blutsäufer Ares zusammen Goldblöcke geschleppt.

Ähnliches hatte Athene erfahren. Zuerst war die Freude, dem Vater gehorsam zu sein, ihr Antrieb gewesen, doch dann hatte sie im Wachsen der Burg auch ihr eigenes Ich sich weiten gefühlt. Solche schönen und sinnvollen Dinge konnten ihre Hände schaffen! Es war ihr, als setzten sie mit der Burg dem Erdenrund eine Krone auf. Zugleich aber – und darin unterschied sie sich von Apollon – spürte sie immer beklemmender die Kälte dieses Metalls. Sie hatte Bedeutendes gewonnen, aber sie hatte auch eingebüßt. Statt des stinkenden Fells trug sie nun reines, strahlendes Gold auf der Haut, und um dieses Gold das der Burg, und beides war kalt. Sogar ihre Füße waren durch Gold von der Wärme der Erde getrennt. Sie sehnte sich nach etwas, das die trauliche Kuscheligkeit des Fells ohne den Gestank des Blutes besaß. Darüber grübelte sie beim Einerlei des Schindelspaltens, und so schwieg auch sie.

Apollon trat ans Ende des Zuges. Zeus schritt voran. Während des Wegs sprach er kein Wort, und der Weg war weit, er führte bis dahin, wo der Himmel auf der Erde lag, das war auf einem Bergstock im Westen Afrikas. Dort, auf der abgeplatteten braungelben Kuppe, hieß Zeus den Atlas vom Wagen binden, dann nahm er Kraft und Gestalt einer ungeheuren Schildkröte an, schob sich unter den Himmelsrand und hob ihn dem Titanen auf die Schulter.

«Hier steh», sprach Zeus, «und trage den Himmel! Wenn du zu entkommen suchst, erschütterst du das Gewölbe und weckst mich noch aus dem tiefsten Schlaf. Dann setze ich Kronos an deine Stelle, und dich sperre ich zu den Hundertarmigen! Also sei klug und füge dich!»

«Die Kante des Himmels drückt in meine Schulter»,

sprach Atlas. «Sie wird meine Knochen zerschneiden. Du bist grausam, Titanensohn.»

«Du sollst nicht leiden», entgegnete Zeus. Und er fügte hinzu: «Es ist gut, daß du gesprochen hast. Ich will, daß du mit mir übereinstimmst.»

Atlas stöhnte und schwieg.

«Du weißt wie ich, was Ordnung bedeutet und was der tut, der sie untergräbt. Du hast gegen mich, den Hüter der Ordnung, zum Aufruhr getrieben. Du müßtest dich selbst bestrafen, Atlas!»

Da wußte Atlas, daß ihn die eigenen Söhne verraten hatten. Sie hatten nicht nur den Überläufer gespielt, sie *waren* zu Zeus übergegangen. Das Reich der Titanen war zu Ende. Nun blieb ihm nur noch eines zu tun.

«Ja, ich habe versucht, deine Macht zu brechen», sagte er. «Deine Ordnung ist nicht die meine, aber deine Ordnung hat gesiegt. Ich will dir versprechen, mich zu fügen – unter einer Bedingung.»

«Du darfst um etwas bitten», sprach Zeus.

Atlas glaubte, seine Schulter zerbreche. Er stemmte sich der Last entgegen, und da er den Druck mit Druck erwiderte, fühlte er eine Spur von Erleichterung. Zugleich aber begriff er, daß er das Gewölbe nicht abwerfen konnte. Er hatte nur noch die Wahl, es zu tragen oder sich zerdrücken zu lassen.

«Erkennst du, daß deine Strafe gerecht ist?»

«Ich habe erkannt, daß du die Macht hast.»

«Und damit habe ich das Recht! Was ich tue, ist gerecht. Aber leiden sollst du nicht. Zieht euer Fell aus!» schrie er Kratos und Bia an. «Seht ihr nicht, daß die Last den Fürsten drückt?»

Die beiden streiften erschrocken ihr Fell ab; Atlas aber sagte: «Sie sollen mich nicht anrühren, Zeus. Ihr Fell stinkt. Es ist nicht das Blut, nach dem es so riecht.»

Da hob Zeus wieder den Himmelsrand an, und Apollon legte sein eigenes Fellkleid dem Titanen auf die geschundene Schulter.

Der schneidende Schmerz ließ etwas nach.

«Vergiß, wer du warst», sprach Zeus. «Du bist von nun an nur der, der den Himmel trägt. Werde Fels, und du wirst keinen Schmerz mehr spüren. Bei den Hundertarmigen littest du.»

«Kronos, mein Herrscher, leidet», sprach Atlas. «Du hast mir eine Bitte freigestellt. Ich bitte um Gnade für meinen Fürsten. Er hat nicht verdient, Spielzeug von Ungeheuern zu sein. Vergiß nicht – er hat auch euch gerettet!»

«Das ist nicht wahr», entgegnete Zeus scharf. «Die Götter gerettet, und euch dazu, habe ich allein. Darum bin ich der König. Doch ich werde Kronos gnädig sein. Demeter kennt ein Kraut, das vergessen macht. Hat sie wahr gesprochen, mag Kronos davon essen und sich dann zu den anderen legen. Und nun vergiß auch du, wer du warst!»

Er wandte sich um, zum Olymp zu fliegen, doch bevor er das tat, sprach er: «Ich werde dir Nachricht von deinem Fürsten geben, Atlas. Ich hoffe, ich kann es bald tun. Bis dahin wird mein Adler dir Speise und Trank bringen. Dann aber werde Stein im Stein!»

Sie stiegen ins Luftreich. Da war Prometheus mit Amalthea schon am Roten Meer angekommen und knetete mit Hermes Lehm. Die vier Fliegenden aber sahen ihn nicht.

«Was wird mit Mutter Hera geschehen?» fragte Apollon.

«Den ersten Tag hat sie mir geflucht», erwiderte Zeus, «diesen Tag stöhnt sie, und am dritten Tag wird sie um Gnade flehen. Die Nacht darauf soll sie frei sein. Bis dahin wage auch du nicht, sie anzurühren!»

Sie flogen dahin.

«Du schweigst, mein Sohn», sprach Zeus, als sie Kreta überquerten. «Du hast auch beim Burgbau geschwiegen. Was bedrückt dich?»

«Ich denke nach, mein Vater und König», entgegnete Apollon.

«Worüber, mein Sohn?»

«Über uns, mein Vater.»

Sie flogen den Olymp hinan.

«Was ist dir nicht klar an unserem Geschlecht, daß du nachsinnen mußt?»

«Ich kann es schwer sagen, mein König», erwiderte Apollon. «Es ist mir, als ob wir erst halb wären und noch nicht recht da. Das klingt lächerlich, ich weiß es. Ich suche die richtigen Worte und finde sie nicht.»

Nun landeten sie auf dem Olymp. Da stand die Burg, flimmernd und funkelnd im grünen Goldglanz, und vor ihr versammelt die Götter mit goldenen Helmen im schwarzen und hellen Haar. Auch Demeter war nun erschienen, nur Hades fehlte.

Hephaistos hinkte Zeus entgegen.

«Die Burg ist errichtet, König», meldete er.

Zeus nickte und stand im Glanz und sah auf die Burg und sah sie doch nicht und hörte die Worte und hörte sie doch nicht. Er wandte sich zu Apollon.

«Du sagtest, es fehle uns etwas», sagte er langsam. «Was ist es?»

«Ich weiß es nicht, Vater und König», erwiderte Apollon. «Ich könnte nur sagen: Ein Anderes.»

DIE MENSCHEN

Prometheus hatte sich gesputet, und er hatte auch Amalthea, die neunundzwanzigste Amalthea, nicht lange zu suchen gebraucht. Sie war ihm voll Freude entgegengesprungen und hatte ihn sofort eingeladen, mit ihren drei jüngsten Böckchen, wirklich allerallerliebsten Böckchen, zu spielen. Prometheus versuchte ihr beizubringen, was er von ihr wollte, doch das war schwierig, ja beinahe unmöglich. Wie etwa sollte man in der Ziegensprache – denn Amalthea sprach ja nicht Titanisch, sie verstand außer ihrer Muttersprache nur noch ein wenig Spätzisch, Wölfisch, Löwisch und Schäfisch – einen Ausdruck für «zu belebender Lehmgefährte» finden? «Eckermähmecker» hatte er zuerst gesagt, «so einer wie ich», da war Amalthea an ihm hochgesprungen und hatte versucht, ihm ihren Atem in die Nase zu blasen, so daß er schließlich ein Wortungetüm wie «Mühmähstreckermähmähreckermähmähmecker-meckermäckheckmeck» – das heißt: «einer, der sich nicht strecken und nicht recken kann, wiewohl er's gern möchte» – erfinden mußte. Zwar hatte die gute Amalthea auch danach noch keine rechte Ahnung, was sie eigentlich im «Land, wo's keine Hecken gibt» sollte, aber da es Prometheus war, der sie bat, fragte sie nicht mehr lang und duldete es, auf die Schultern genommen und über die Wüste geflogen zu werden.

Es ging mühsam.

«Laß mich nicht fallen», meckerte Amalthea, «laß mich nicht fallen! Flieg nicht so hoch!»

«Sei unbesorgt, Amalthea, halte nur still!»

«Mir wird aber schwindlig, Prometheus.»

«Dann schließ die Augen!»

«Da kann ich doch nichts sehen! Fliege niedriger!»

Prometheus gehorchte.

«Mir ist immer noch schwindlig. Bin ich ein Adler? Noch niedriger!»

«Ich streife ja fast mit den Zehen den Sand.»

«Meckmeck, eine Schlange! Kannst du nicht höher?» Und sofort danach: «Määhmääh häck! Nicht so hoch, määh määh, mir wird schwindlig!»

Aber schließlich waren sie doch wohlbehalten im Graben gelandet. Hermes erwartete sie schon. Er hatte die getrockneten Lehmfiguren zerhauen und von dem Ort, wo der Blitz eingeschlagen, neue Massen aufs Ufer geklatscht. Auch etwas Sand zur Härtung der Knochen und Zähne war beigemischt.

Die beiden walkten und kneteten.

«Und was tue ich?» fragte Amalthea.

«Ein bißchen warten und stille sein», bat Prometheus. Er wußte, daß er um schwer zu Erfüllendes bat, und so bat er inständig.

«Das kann ja schön langweilig werden», entrüstete sich die Neugierige. «Was für eine Öde! Nur Pampe und Sand! Und du hast recht gehabt, nicht mal eine Hecke!» Dann aber wartete sie geduldig, und Prometheus formte mit Hermes aus dem Lehm einen Mann und eine Frau.

«Vergiß nicht, die Nasenlöcher auch bis in die Rachenhöhle hinabzuführen», mahnte Hermes, der an den Ellbogengelenken drechselte. «Bei deinen ersten Stücken hast du sie viel zu eng gemacht.»

«Werden wir durch die Nase blasen?»

«Natürlich, wodurch sonst! Jeder durch ein Nasenloch, du durchs rechte, Amalthea durchs linke. Und jetzt paß auf! Der Ton wird olivgelb! Komm, Amalthea, schnell,

schnell, schnell! Holt Atem – tiefer, keucht nicht, ja, so! Warten! Wartet noch – jetzt!»

Da blies Amalthea ins linke, Prometheus ins rechte Nasenloch, und da durchlief ein Zittern den Lehmkloß, die Zehen begannen sich zur Sohle zu biegen, die Lippen zuckten, die Nüstern schnoben, der Unterkiefer rückte nach rechts und links und oben und unten, der Brustkorb kam rasselnd in Bewegung, Atem hechelte, die Bauchdecke bebte, die Finger schnappten, Schweißtröpfchen erschienen, ins Haar trat Glanz, auf die Lippen Feuchte, und jetzt blinzelte der Lehmkloß und hob die Lider, doch schon nach dem ersten Blick schlug er entsetzt die Hand vor die Augen und zuckte wimmernd am Boden herum.

Erschrocken war Amalthea einen weiten Satz zur Seite gesprungen.

«Mäh mäh», tadelte sie heftig, «määh määh! Schreckermäckschrecker! Mäh mähmäh, määh määh!»

«Meckre nicht, es wird schon werden mit ihm, gewiß wird es werden», rief Prometheus, «der hat doch jetzt Angst, das ist doch klar! Der weiß doch nicht, was mit ihm los ist!» Verzückt, mit sonnenhaften Augen, beugte sich der Schöpfer über sein Werk, das vor Angst nun gequetschte, tiefkehlige Töne herausstieß, die wie japsendes Bellen klangen. Verirrte Fuchsjunge heulen so; Prometheus aber klang es süßer als Nachtigallenschlagen und erhabener als das Donnern eines entstehenden Sterns. Unendlich sanft strich er dem Wesen über die Nase; es nieste. «Es ist gelungen!» schrie Prometheus und klatschte in die Hände und begann von einem Fuß auf den andern zu springen, doch Hermes packte ihn an der Schulter und schüttelte ihn.

«Komm zu dir», rief er, «die andre wartet! Tanz nicht herum, die Mischung verdirbt! Amalthea, hierher! Schnell, Atem holen! Schnell doch, zum Hades! Schneller! Tiefer!» Und Prometheus und Amalthea schöpften Atem, und Hermes schrie: «Jetzt! Jetzt!», und sie bliesen, der Titanensohn rechts, die Ziege links, und das zweite Wesen wuselte auf dem Boden. Es zappelte ein wenig anmutiger und nicht ganz so ängstlich und wimmerte leiser, aber es hatte auch die Hände über die Augen geschlagen, und in seinen Zügen stand Furcht und Schauder.

«Ich grüße euch, Gefährten», sprach Prometheus. «Nun seid ihr da!» Seine Hände zitterten, da er sie hob, um etwas ungemein Feierliches zu sagen, jedoch nach einem feierlichen Kickser setzte auch seine Stimme aus. Es war das Glück, das sie in einer jähen Umarmung erstickte.

«Na, und was nun?» fragte Hermes drängend. «Hier kriegen die ja einen Sonnenstich!»

Die Wesen lagen erschöpft und ächzten leise. Es war, als staue die Angst sich nun hinter ihren Lippen. Amalthea tripste heran. Die Neugierde war stärker als der Schrecken, und als sie die beiden winseln sah, rührte sie ihre Hilflosigkeit. Gewissermaßen waren es ja auch ihre Jungen! So zart sie nur konnte, leckte sie mit langer Zunge das Ohr dessen, der am verängstigtsten aussah. Das war der Mann, und der mußte im Wimmern nun gleichzeitig vor Kitzel lachen und vor neuem Schreck aufschrein, und all dies zusammen ergab ein fürchterliches Geheul. Darüber erschrak er nun nochmals. Außer sich vor Angst schlug und trat er um sich und hieb Amalthea auf die Nase, und da er, als die Hände die Augen verließen, ein gehörntes Gesicht über seinem erblickte, schlug er noch einmal mit letzter Kraft zu und fiel dann in Ohnmacht.

Das wäre der gutesten Ziege zuviel gewesen.

«Sie sind undankbar», sagte sie entrüstet. «Sie haben keine Lebensart. Määh määh! Määh määh! Es wird nie etwas aus ihnen werden!»

Hermes hatte andre und noch größre Bedenken.

«Wie willst du die auf deine Südinsel bringen?» fragte er. «Beide zusammen wirst du nicht fortschaffen; ich habe ja gesehen, wie schwer du dich mit der Ziege schon tatest. Aber wenn du einen allein trägst, läuft dir der andre in die Wüste, oder ein Löwe kommt und frißt ihn.»

Daran hatte Prometheus auch gerade, und mit Schrekken, gedacht. Der Kleine hatte recht: Beide zugleich würde er, Prometheus, niemals forttragen können, und nun gar noch auf eine ferne Insel, die er zu alledem erst suchen mußte! Die Schwere der Last war nicht so sehr seine Sorge, allein er mußte ja jedes seiner Geschöpfe festhalten, und womit sollte er dann fliegen? Mit einem Arm und den Beinen ging's so zur Not, aber mit den Beinen allein konnte man sich im Luftmeer nicht halten. Hierbleiben wiederum konnte man auch nicht, es fehlte an Nahrung und Wasser und Unterkunft, und zu alledem begann Amalthea zu quengeln, daß sie endlich zu ihren Kindern zurück müsse.

Ohne die Hilfe seines Freundes war wirklich alles umsonst gewesen!»

«Lieber Hermes», hob Prometheus zu bitten an, doch Hermes schüttelte entschieden den Kopf.

«Höchste Zeit, daß ich mich auf den Weg mache», sprach er, «meine Leute stehn alle schon um das Goldhaus. Die Stunde ist fabelhaft günstig; ich kann mir nicht leisten, sie zu verpassen.»

«Liebster, bester, allerbester Hermes –»

«Du magst mir versprechen, was du willst, es geht einfach nicht. Meine Stunde ist da, da kann man nichts machen. Lebt alle wohl!»

Und Hermes ergriff seinen Stock, zum Olymp zu wandern. Da versagte Prometheus ein zweites Mal die Stimme, Tränen traten in seine Augen, und als Amalthea das sah und fühlte, schluchzte auch sie.

Ihre Tränen rannen dem Mann auf die Backen, und nun schien es, als weine auch er.

Da begann auch Hermes zu schlucken, aber er schüttelte dabei den Kopf. «Es geht nicht», sagte er traurig, «es geht nicht und geht nicht!»

Voll Mitleid schaute er auf die Wesen. Der Mann, von Tränen betropft, lag reglos, und nur das leichte Heben und Senken der Brust und kleine Speichelblasen zeugten vom Leben. Die Frau lag seit dem Aufheulen ihres Gefährten wie vom Fieber geschüttelt und wimmerte offenen Munds in langgezognen, sehr hohen Tönen, und die aufgeworfenen Lippen zuckten, als wollten sie Worte bilden und könnten es vor Entsetzen nicht.

Prometheus vermochte nicht weiter zu bitten. Seine Tränen verbeißend, stand er vor dem aufbruchbereiten Kind, und seine Hand wies mit stummem Flehen auf das wehrlose Leben, das, eben geschaffen, schon wieder so grausam bedroht war.

Hermes verharrte unentschlossen, und seine Kinderstirn war von Schläfe zu Schläfe gefurcht.

«Gut», sagte er schließlich, «die einzige Möglichkeit: Bring sie nach Kreta. Das liegt direkt auf meinem Weg.»

«Aber Artemis hat mir verbo –»

«Papperlapapp Artemis!» rief Hermes wütend. «Was bist du nur für ein rechtschaffner Tropf! Du hast von Väterchen die Erlaubnis, dir ein Land auszusuchen, also such dir Kreta aus! Bringt ein Königswort Schlechtes, so bringt es auch Gutes. Also Kreta! Vorwärts mit uns!»

Er streckte sich zum jungen Mann und legte sich das weibliche Wesen wie eine Kette um den Hals, und er schloß auch Hand und Fuß mit einem Griff wie die Spange einer Kette zusammen.

«Komm!» befahl er und setzte den Stab in den Sand.

Amalthea wurde es himmelangst. Wenn sie auch die Sprache der beiden nicht verstand, so hatte sie doch nur zu gut begriffen, daß sie – zumindest für ein paar Stunden – zurückgelassen werden sollte. In dieser Öde, und noch dazu Schlangen! Und sicher kamen auch grausliche Tiger gesprungen! Mit flehenden Augen sah sie Prometheus an.

«Das kannst du doch nicht mit mir machen», sagten diese Augen.

Prometheus hatte tatsächlich überlegt, Amalthea später zu holen, aber nun brachte er's einfach nicht mehr übers Herz.

«Amalthea», sprach er, «ich trage euch beide, aber ich halte euch nur mit einer Hand. Versprich mir, ganz ruhig zu liegen und nicht zu quatschen! Ich fliege so niedrig, wie ich nur kann! Und leck ihn nicht ab, ich flehe dich an! Er ist jetzt so schön ruhig. Willst du das versprechen?»

«Fliegst du denselben langweiligen Weg zurück?» fragte Amalthea, und als Prometheus nickte, versprach sie auch, die Augen zu schließen, dann werde ihr sicher nicht schwindelig sein.

«Auf denn nach Kreta!» rief Prometheus. Er ging in die Knie, nahm Amalthea auf die linke und den Lehmmann auf die rechte Schulter, und da er sich aufrichtete, schloß er die Augen: Nun wollte er die Zukunft sehen. Er hatte es schon lange nicht mehr versucht, denn er hatte begriffen, daß ihm jedesmal nur so weit zu sehen vergönnt war, bis der Fortgang der Dinge von einer Entscheidung abhing, die dann nur er und kein andrer treffen konnte. Vor dem Kampf der Götter gegen die Titanen war es die Entscheidung gewesen, auf welche Seite er treten würde; auf Kretas Strand dann die Wahl zwischen Auflehnung oder Gehorsam – was würde ihm wohl diesmal zugedacht sein? Auf alles gefaßt, schloß er die Augen, da sah er sich, ein seltsames kleines Schwert zückend, vor einer Steinplatte mit einem getöteten Stier, und links von dem Stein standen seine Geschöpfe und rechts die Götter, an der Spitze Zeus. Das Schwert blitzte, sein Glanz wurde grell und stach von innen in die geschlossenen Lider, und den Fortgang kannte Prometheus: Der Glanz würde sich ins Unerträgliche steigern und ihn zwingen, die Augen zu öffnen. Also tat er sie freiwillig auf.

Eine Steinplatte, der Stier, ein winziges Schwert – was sollte das bedeuten? Das Bild war kaum mißzuverstehen: Er würde sich entscheiden müssen, einen Stier zu zerteilen. Allein was sollte sich daraus ergeben?

«Kommst du oder nicht?» rief Hermes. «Ich warte nicht länger.»

Prometheus stieg schwer in die Luft. Er mußte die Hand nun als Flosse gebrauchen und sehr schnell mit den Beinen treten und hatte trotzdem große Mühe, mit dem Schalenschlitterer Schritt zu halten. Zum Glück lag Amalthea ruhig. Die Sonne sank, und der Schatten der drei war langgestreckt wie eine seltsam gebuckelte Schlange. Da rief Hermes hinauf: «Wie willst du sie denn nennen, deine Geschöpfe? Es ist höchste Zeit, ihnen einen Namen zu geben. Wenn die Sonne den Horizont berührt, ist die günstigste Stunde dafür verstrichen.»

«Darüber habe ich noch nicht nachgedacht», gestand Prometheus. «Den Namen wollte ich mir besonders gut überlegen. Es soll der schönste sein, der sich finden läßt. Kennst du das Lied des Vogels Pirol?» Er wollte es pfeifen, aber er schnaufte zu sehr, und so brach er ab und sagte verlegen: «Na, etwa so sollte er klingen, nur schöner, versteht sich, und natürlich dazu einen Sinn haben, einen tiefen Sinn.»

«Überlege dir bald was, glaube mir! Die Hauptsache ist die Bedeutung, auf den Klang kommt's überhaupt nicht an.»

Prometheus dachte so angestrengt nach, daß er langsamer trat, und sofort sackte er ab und streifte, da er sich gerade noch fing, den Scheitel seines Unter-Wanderers. Der wollte schimpfen, da rief Prometheus: «Ich hab's, ich hab's! Schimpf nicht, hör zu! Amalthea hat behauptet, aus denen würde nichts werden, ich aber meine das Gegenteil, und danach werde ich sie nennen! Ich heiße sie ‹Määhntschen – die, aus denen was werden wird›!»

Da rümpfte Hermes denn doch die Nase.

«Klingt das nicht wirklich ein bißchen arg?» gab er zu bedenken. «Auf den Klang allein soll's ja nicht ankommen, aber –» Und er fügte, den Namen kopfschüttelnd wiederholend, hinzu: «Määhntschen, Määhntschen – es klingt sehr nach Matsch.»

«Sie sollen aber so heißen», sagte Prometheus trotzig, «das ist eine Mischung aus Titanisch und Ziegisch, und etwas von der Materie unserer Urmutter Gaia ist auch drin! Määhntschen, nun grade! Der Name ist richtig!»

Er strich Amalthea mit dem Kinn über die Blesse, und sie beleckte, die Augen tapfer geschlossen, mit der Zunge seine Oberlippe.

«Nicht wahr, Amalthea, du wirst mir helfen, die beiden zu nähren und tränken und aufzuziehen», bat er so unwiderstehlich rührend, wie er vor Urzeiten die erste Amalthea manchmal um einen Schluck Milch angebettelt hatte. «Die beiden müssen sofort was zu trinken kriegen. Nicht wahr, du gibst ihnen etwas ab?»

«Meckmäh», versicherte Amalthea.

«Ich wußte es ja», sprach Prometheus selig.

Das Meer erschien.

«Ach, und was nun?» fragte Prometheus bang. Noch einmal schien alles in Frage gestellt. Wie sollte der Landgänger übers Wasser kommen?

«Nun gar nichts», erwiderte Hermes lachend, «die Schalen werden uns schon tragen, es liegen ja auch große genug herum. Ich hab doch gesagt, man kann aus dem Zeug was machen.» Er wechselte die Schalen aus und betrat das Meer.

Die Wellen schaukelten zu ihm hoch, und er wandelte auf ihnen dahin und ruderte mit dem Eschenstab. Ein kluger Bursche, dachte Prometheus bewundernd. Diese Art, über die Wasser zu kommen, kannte er nicht, und er dachte sofort daran, sie für seine Wesen zu verwenden. Er dachte ja unablässig an sie, und nun schien ihm auch, daß Hermes mit dem Naserümpfen über den Namen ein ganz klein bißchen recht gehabt hätte.

«Es stimmt», sagte er, «es klingt wirklich ein wenig arg. Den Sinn will ich lassen, unbedingt. Den Klang aber müßte man doch etwas mildern.»

Kreta erschien. Sie landeten gleichzeitig, und die Sonne stand noch über dem purpurnen Saum. Da bettete Hermes seine Last vor Amaltheas Höhle ins Moos, und dort, im Duft der Erdbeeren und auf der weichen Kühle der Polster, ließ die Geängstigte ab zu wimmern und schlief mit beruhigten Lippen ein.

Prometheus legte den Gefährten neben sie, und nun blickten alle drei auf ihr Werk nieder: der Titan, der Gott und die Ziegenmutter.

«Na also», sagte Hermes zufrieden, «das Äußere scheint ja gelungen. Vergeßt nicht mein Geschenk, wenn ihr hundert seid! Lebt wohl, ihr Määhntschen, und Glück auf den Weg! Ich habe so das Gefühl, ihr könntet es brauchen.»

Er wurde ein Kind und schlurfte ins grüne Dunkel der Farne. Ehe Prometheus ihn noch umarmen konnte, war er verschwunden. Nur eine weiße Spur leuchtete im Dickicht wie frischer Schnee.

«Schlaft», sprach Prometheus, «ruht und schlaft! Ich werde euren Schlaf behüten. Ich habe viel mit euch vor, ihr zwei!»

Der Ohnmächtige schien zu erwachen, die Schlafende lächelte. Was mochten sie träumen? Prometheus war es, als habe er sie schon einmal gesehen, in tiefer Vergangenheit, da er noch ein Kind war. Und plötzlich wußte er, welche Züge sie trug: So war ihm Gaia vorm Gang in die Unterwelt erschienen.

Amaltheas Böcklein sprangen heran.

«Das sind eure neuen Spielgefährten», erklärte die Mutter. «Ihr werdet ihnen beibringen, was man im Wald so alles braucht. Stoßt sie nicht allzusehr, sie sind schrecklich empfindlich. Und habt viel Geduld mit ihnen, sie sind ein bißchen dumm und begreifen nur langsam.»

«So wie die Schafe?»

«Noch langsamer.»

Doch dann fügte sie, bei jedem Wort heftig nickend, hinzu: «Meckmäh! Mäh, meckmäh!»

«Hurra!» rief Prometheus, «nun sagst auch du es! Es wird schon was aus ihnen werden! Ich glaube an sie. Ach, Amalthea, ich glaube an sie, diese Lehmklöße, diese Erdklumpen, diese Schlammklopse, diese Tonkugeln, diese Pampebatzen, diese Wundergeschöpfe! Sieh, wie sie daliegen! Sieh, wie sie lächeln! Sieh, wie die Luft sie umarmt, wie das Moos sie umschmiegt, wie das Licht sie streichelt! Ach, Amalthea, wie bin ich glücklich! Unzählige Sonnen und Sterne und Monde kreisen, aber nur auf diesem einen lebt er, dem das Weltall gehören wird: Unser Mensch!»

«Na, na», sagte Amalthea, «na, na!» Und da sie merkte, daß der Menschmann zu blinzeln begann und jeden Moment erwachen konnte, stellte sie sich über ihn, daß er ihr Euter finde und, bevor er wieder brülle, erst einmal trinke.

Das mythische Element in der Literatur

> Was in einem Märchen vorkommen kann,
> muß doch Sinn haben.
>
> *Ludwig Wittgenstein*
> *Grundlagen der Mathematik*

Meine Damen und Herren, mein Thema lautet: Das *mythische Element in der Literatur*, doch ich möchte von vornherein betonen, daß diese Formulierung zu objektiv klingt und Sie nicht mehr erwarten dürfen als Selbstverständigungsversuche eines Schriftstellers über sein seltsames Treiben. Ich bin weder Philosoph noch Literaturhistoriker noch Mythologe; ich versuche nur, mir nach Art redlicher Handwerker bestimmte Phänomene und Merkwürdigkeiten der eigenen Art und deren Wirkung klarzumachen, und einige dieser Arbeitshypothesen teile ich Ihnen in der Absicht mit, von Ihrer Gegenmeinung selbst wieder zu profitieren. Sie hören also keine Vorlesung, als deren Ergebnis Sie dann schwarz auf weiß und frohgemut nach Hause tragen könnten: das mythische Element in der Literatur ist erstens, zweitens und drittens und so, und Sie wüßten's dann – hier bitte ich eventuelle Erwartungen drastisch herabzuschrauben. Ich bin mit den meisten Fragen durchaus *nicht* fertig, und ich bitte Sie, dort, wo ich Behauptungen aufstelle, in Gedanken immer ein «vermutlich» oder «vielleicht» oder «sagt *er*» und so ähnlich hinzuzufügen. Was Sie hören werden, ist ein öffentlich vorgenommener Selbstverständigungsversuch, und was sie von ihm erwarten dürfen, ist eine Einladung, bestimmte literarische Probleme unter einem für Sie vielleicht neuen Aspekt anzusehen. Ich möchte Ihnen als eine Art Ouvertüre unserer gemeinsamen Betrachtung drei Texte vorlesen – einen Ihnen wahrscheinlich bekannten und zwei wahrscheinlich unbekannte. Bitte, hören Sie diese Texte ganz unvoreingenommen an, ganz naiv, vielleicht mit geschlossenen Augen, und nicht nach Fallstricken suchend, es sind keine drinnen.

Matthias Claudius
Abendlied

Der Mond ist aufgegangen,
Die goldnen Sternlein prangen
Am Himmel hell und klar.
Der Wald steht schwarz und schweiget,
Und aus den Wiesen steiget
Der weiße Nebel wunderbar.

Wie ist die Welt so stille,
Und in der Dämmrung Hülle
So traulich und so hold!
Als eine stille Kammer,
Wo ihr des Tages Jammer
Verschlafen und vergessen sollt.

Seht ihr den Mond dort stehen? –
Er ist nur halb zu sehen,
Und ist doch rund und schön!
So sind wohl manche Sachen,
Die wir getrost belachen,
Weil unsre Augen sie nicht sehn.

Wir stolze Menschenkinder
Sind eitel arme Sünder,
Und wissen gar nicht viel.
Wir spinnen Luftgespinste
Und suchen viele Künste,
Und kommen weiter von dem Ziel.

Gott, laß uns dein Heil schauen,
Auf nichts Vergänglichs trauen,
Nicht Eitelkeit uns freun!
Laß uns einfältig werden,
Und vor dir hier auf Erden
Wie Kinder fromm und fröhlich sein!

Wollst endlich sonder Grämen
Aus dieser Welt uns nehmen
Duch einen sanften Tod!
Und, wenn du uns genommen,
Laß uns in Himmel kommen,
Du lieber treuer frommer Gott!

So legt euch denn, ihr Brüder,
In Gottes Namen nieder;
Kalt ist der Abendhauch.
Verschon uns, Gott! mit Strafen,
Und laß uns ruhig schlafen!
Und unsern kranken Nachbar auch!

Als nächstes den Schluß der zweiten Vorrede zur «Unsichtbaren Loge» von Jean Paul, den Sonnenuntergang auf dem
Fichtelgebirge. Jean Paul, der einen Sonnenuntergang in
möglichster Unvermitteltheit erleben will, läßt sich in
einer geschlossenen Sänfte auf den Schneeberg tragen, um
erst im Augenblick des Abendwerdens in die Natur zu treten, doch er malt sich im Gehäuse schon aus, was ihn draußen erwartet:

«... Nun tritt auch die Erdensonne auf die Erdengebirge
und von diesen Felsenstufen in ihr heiliges Grab; die
unendliche Erde rückt ihre großen Glieder zum Schlafe zurecht und schließet ein Tausend ihrer Augen um das andere
zu. Ach welche Lichter und Schatten, Höhen und Tiefen,
Farben und Wolken werden draußen kämpfen und spielen
und den Himmel mit der Erde verknüpfen – sobald ich
hinaustrete (noch Ein Augenblick steht zwischen mir und
dem Elysium), so stehen alle Berge von der zerschmolze-
nen Goldstufe, die *Sonne* überflossen da – Goldadern
schwimmen auf den schwarzen Nacht-Schlacken, unter
denen Städte und Thäler übergossen liegen – Gebirge
schauen mit ihren Gipfeln gen Himmel, legen ihre festen
Meilen-Arme um die blühende Erde und Ströme tropfen
von ihnen, seit dem sie sich aufgerichtet aus dem uferlosen
Meer – Länder schlafen an Ländern, und unbewegliche
Wälder an Wäldern, und über der Schlafstätte der ruhenden Riesen spielet ein gaukelnder Nachtschmetterling und

402

ein hüpfendes Licht, und rund um die große Szene zieht sich wie um unser Leben ein hoher Nebel. – – Ich gehe jetzo hinaus und sink' an die sterbende Sonne und an die entschlafene Erde.

Ich trat hinaus – –»

Als Letztes ein Stück aus dem Schluß des «Ulysses» von James Joyce, ein Konzentrat aus dem berühmten inneren Monolog der Frau Marion Bloom. Zur Situation: Späte Nacht eines kleinbürgerlichen Alltags, des 16. Juni 1904, eines Allerweltstags, an dem nicht das geringste Außergewöhnliche geschehen ist, und nun liegen zwei der drei Hauptakteure nebeneinander im Bett: er, Leopold Bloom, ein irischer Annoncenhändler; sie, Marion Bloom, eine unbedeutende Sängerin; er schnarcht, sie grübelt; beide haben einander während der letzten zwölf Stunden betrogen, er sie, wie so oft, in Gedanken, sie ihn, wie so oft, in der Realität, und nun liegt sie noch wach und kann nicht einschlafen, und der Tag und das Leben ziehn durch ihren Kopf, und da dieser Strom des Unbewußten, der Gedankenfetzen, Erinnerungen, Wünsche, Wachträume und heraufdämmernden Phantasmagorien interpunktionslos hundertundelf Druckseiten durchzieht, bin ich zu einer extremen Straffung gezwungen, die aber unserm Zweck vollauf genügt.

Also: Marion Blooms Monolog; ein Stückchen aus dem Anfang, und dann etwas gekürzt der Schluß:

«kannst du fühlen daß er versucht eine Hure aus mir zu machen er sollte es aufgeben jetzt in diesem Alter macht jede Frau einfach kaputt und keine Befriedigung dabei behauptet täte es gern bis er kommt und zum Schluß muß ich es doch noch selbst tun und die Lippen werden davon blaß doch einerlei jetzt ist es ein für alle mal vorbei was die Leute drüber reden es ist ja nur das erstemal dann ists nichts Besonderes mehr und man denkt nicht mehr dran warum kann man denn keinen Mann küssen ohne ihn erst zu heiraten manchmal liebt man zu wild wenns einem so durch den Körper geht daß man gar nicht anders kann [...] könnten ebensogut versuchen die Sonne morgen am Aufgehen zu hindern die Sonne scheint für dich sagte er an dem Tage als wir zwischen den Alpenrosen oben lagen an die-

sem Tag brachte ich ihn so weit mir als erster einen Antrag
zu machen ich gab ihm den Bissen Streuselkuchen aus meinem Mund ja vor sechzehn Jahren war es lieber Gott nach
dem langen Kuß ging mir fast der Atem aus ja er sagte ich
wäre eine Blume der Berge ja wir sind alle Blumen der Leib
eines Weibes ja und ich liebte ihn weil ich sah daß er verstand und fühlte was ein Weib ist und brachte ihn so weit
daß er mich bat ja zu sagen und zuerst wollte ich nicht antworten und sah hinaus auf das Meer und in den Himmel
ich dachte an so vieles an Mulvey und Stanhope und Hester
und an die Seeleute und die lachenden spanischen Mädchen
in ihren Shawls und die Juden und die Araber und der Teufel mag wissen an wen sonst noch von allen Enden Europas
und auch an die schönen ganz weiß gekleideten Mauren
mit Turbanen wie Könige und die Kastagnetten und die
Nacht als wir in Algeciras das Schiff verfehlten und der
Wächter heiter mit seiner Lampe einherging und O den
schrecklichen tiefliegenden reißenden Strom O und an das
Meer das Meer das oft feuerrot ist und die herrlichen Son-
nenuntergänge und die Feigenbäume in den Alamedagärten
ja und all die seltsamen Gassen und rosaroten blauen und
gelben Häuser und die Rosengärten an Jasmin und Gera-
nien an Kakteen und Gibraltar wo ich als Mädchen eine
Blume der Berge war ja als ich die Rose mir ins Haar steckte
wie die andalusischen Mädchen und wie er mich unter der
maurischen Mauer küßte und da dachte ich er so gut wie
ein andrer und dann sah ich ihn an mit meinen Augen mich
wieder zu fragen ja und dann fragte er mich ob ich wollte ja
sagen meine Gebirgsblume und dann umschlangen ihn
meine Arme ja ich zog ihn herab zu mir und er konnte
meine duftenden Brüste fühlen ja und ganz wild schlug ihm
das Herz und ja ich sagte es ja ich will sagte ich Ja»

II

Das waren drei Texte, die bei aller immensen Verschieden-
heit eines gemeinsam haben: sie üben auf dafür empfäng-
liche Menschen eine bestimmte emotional-geistige Wirkung aus, die man Kunsterlebnis nennt und etwa um-
schreibt mit Bewegtsein, Angerührtsein, Gepacktsein, Er-

griffensein und so fort, alles unzulängliche Benennungen, die aber alle in einer merkwürdigen Übereinstimmung ein gemeinsames Bild heraufbeschwören: eine Macht streckt ihre Hand aus und faßt uns an und wir erliegen – wer ist denn diese enorme Macht? Was ist es, daß einen da anrührt, bewegt, packt, fesselt, in Bann zwingt, ergreift, verwandelt, aufwühlt, verzaubert – was wirkt da, was ist das gemeinsam Mächtige dieser so unterschiedlichen Texte? Von dieser Frage wollen wir ausgehn.

Man ist geneigt, sofort zu antworten: Das, was da wirkt, das ist die Aussage der Texte – aber was *wird* denn nun eigentlich ausgesagt? Nehmen wir das Abendlied, nehmen wir's Zeile für Zeile, und wir werden zu unserem Erstaunen nichts finden, was wir nicht schon längst gewußt oder gekannt hätten. Da wird unter dem Titelhinweis, daß es sich um den Abend handelt, festgestellt, daß der Mond aufgegangen ist, daß Sternlein hell und klar am Himmel prangen und daß diese Sternlein golden sind, daß da, wo sich dieser Vorgang abspielt, ein Wald steht, daß dieser Wald zu dieser Zeit schwarz ist und keine Laute mehr aus ihm dringen und daß aus Wiesen, die wir uns wohl diesem Wald vorgelagert zu denken haben, weißer Nebel steigt – ein Naturbild, wie es allabendlicher wohl nicht sein könnte und das auch heute noch für jeden bereitsteht, der eine kleine Fahrt mit der S-Bahn nicht scheut. Ich könnte ihm bei meiner Laube in Märkisch Buchholz einen Flecken zeigen, an dem, bei geeignetem Wetter natürlich, genau das Gesagte zu finden wäre: der Wald, die Wiesen, der Sternenhimmel, der Nebel, die Abendkälte, und sicherlich gibt's solche Flecken in Schmöckwitz oder Bernau oder Strausberg, ja vielleicht auch noch im Plänterwald, auf jeden Fall jedem unschwer erreichbar.

Man brauchte also, so sollte man meinen, das Gedicht nicht, um das Ausgesagte zu erleben, ja das Gedicht wäre eigentlich überflüssig: Wozu sollte man zu etwas aus zweiter Hand greifen, wenn man das Originäre, das Erlebnis erster Hand, sich auf leichte Weise verschaffen könnte? Es ist doch ein Unterschied, ob ich Waldluft atme oder ob ich in Reimen und Jamben lese, daß die Waldluft frisch und würzig sei, und wenn ich dem Stadtqualm entrinnen will, fahre ich doch sonntags ins Grüne und nicht in die Bibliothek zu Mörike. Die Abendstille kann unzweifelhaft ein bewegendes Erlebnis sein, ein jeder von uns hat das erfahren, allein es ist nicht einzusehen, daß man dieses Erlebnis durch ein Gedicht statt durch die Natur selber erneuern sollte, und dazu scheinen, der Aussage nach, jene Strophen doch einzuladen.

Man ist nun versucht zu sagen, daß die Naturschilderungen bei Claudius nur dazu da seien, um das sogenannte Geistige vorzubereiten; sie schüfen, diese Naturschilderungen, gewissermaßen einen poetischen Raum für die Reflexionen – gut, schauen wir uns die Reflexionen an! Die Welt sei still geworden, vernehmen wir; sie sei, in der Dämmerung auf das Maß einer Kammer geschrumpft; in einer solchen Kammer verspüre man anheimelnde Trautheit, weil man dort des Tages Jammer verschlafen und vergessen könne – das ist, bis hin zur Sorge um den kranken Nachbarn, wiederum durchaus Geläufiges; und wenn, als einzige Ausnahme, die in ihrer Naivität heute von den meisten nicht nachvollziehbare Claudiussche Herzensfrömmigkeit uns merkwürdig anmutet, so ist gerade sie das am wenigsten wirkende Element dieser Strophen, ja man ist sogar versucht, sie mild zu belächeln. Was also wurde ausgesagt: Ein Alltagsabend Natur, den eine kleine Mühe originär verschaffen könnte; ein Alltagsbedürfnis nach Ruhe, wie es jeder kennt; ein zumindest nicht ungewöhnliches Solidaritätsgefühl, gegen das mancher zudem den Vorwurf bloß passiven Mitleids zu erheben nicht abgeneigt sein dürfte, und eine leicht verschroben erscheinende Gotteseinfalt – das also wäre jene Macht gewesen, die uns ergriffen? Sonderbar.

Sie fühlen alle, daß da etwas nicht stimmt; Sie werden – mit Recht – den Verdacht nicht los, daß Sie durch diese Art der Analyse manipuliert werden, aber gehen Sie nachher einmal selbst dieses Gedicht Zeile für Zeile durch, oder Sie könnten auch manches von Goethe wählen oder von Eichendorff oder von Brecht, und Sie werden auf die Frage, was denn nun eigentlich gesagt wird, Zeile für Zeile die befremdende Antwort erhalten: Eigentlich nur Altbekanntes, eigentlich nichts, was man nicht schon gewußt hätte, ja eigentlich nichts, was man nicht banal nennen könnte. In summa: nichts, was jene Wirkung auch nur einigermaßen plausibel erklärte – es sei denn, man hielte gerade die Wiederholung von Altbekanntem für das wirkende und erregende Moment in der Literatur, und dem widerspricht ja wohl manche Erfahrung.

Also wäre es die Form, die dieses Erlebnis bewirkte, der Rhythmus, der Wortklang, das Melos der Strophen – aber da gibt's eine ganz simple Probe. Lesen Sie dieses Gedicht jemandem vor, der nicht Deutsch versteht, so werden Sie merken, daß dieser Jemand vielleicht etwas vom Stimmungsgehalt dieses Gedichts mitbekommt, daß er fühlt, hier wird Inniges gesagt, Schlichtes, Stilles, vielleicht sogar: Abendliches – aber dieser Klang allein wird kaum bewegen, gewiß nicht ergreifen, und das Verlesen des Selbstgesprächs der Frau Marion Bloom ließe unsre Versuchsperson gewiß teilnahmslos. Die Form allein schafft also jenes Erlebnis auch nicht, sie ist ja nicht Musik, sie bedarf des Wortes – das aber, so haben wir wenigstens an diesem einen Gedicht festgestellt, sagt nur alltagshaft Geläufiges aus.

Wodurch also, zum Teufel, wirkt so ein Text? Gesagt wird Bekanntes, zum Teil Banales, ja in einem Fall sogar Verschrobenes; das mitgeteilte Naturerlebnis wäre mühelos originär zu haben; die Form an sich übt keine der Musik annähernd ebenmächtige Wirkung aus – vielleicht die Verbindung zweier Unvollkommenheiten? Einheit von Inhalt und Form, das klingt imponierend vertraut, doch vorstellbar ist's schwer. Ich wage nun eine Behauptung und stelle sie erst einmal als pure Behauptung vor Sie hin: Das, was in diesen drei Texten auf Sie wirkte, ist eben das, was ich als das mythische Element in der Literatur bezeichnen möchte.

III

Doch damit haben wir vorerst nur einen Namen, und der ist bekanntlich Schall und Rauch, und wenn man wissen will, was ein mythisches Element ist, müßte man ja zunächst einmal klären, was man unter dem Mythos versteht.

Ich habe dazu ein sehr einfaches Experiment gemacht, ich habe einige meiner Bekannten – Menschen verschiedener Herkunft und Bildungsstufen – gefragt, was ihnen beim Hören dieses Wortes einfällt, und die Antworten waren: «Na, Göttergeschichten und so» – «alte Sagen» – «Unwissenschaftliches» – «irgendwas Vorzeitliches» – «primitives Erklären von rätselhaftem Naturgeschehen» – «so zusammengesponnenes Zeug, also nichts Wahres» – «was man früher halt so geglaubt hat» – dies etwa das Definitionsbereich, das man mit diesen Antworten abstecken könnte. Die meisten versuchten eine thematische Erklärung, zusammengefaßt etwa so formulierbar: «Geschichten von Göttern, übermenschlichen Helden, Fabelwesen und Ungeheuern», und diese Antworten treffen in der Tat etwas Wesentliches. Lassen Sie sich konkrete Beispiele zum Stichwort «Mythos» einfallen, und Sie werden feststellen, daß all diese Beispiele – oder doch ihre überwiegende Mehrzahl – in diesem Bereich untergebracht werden könnten: Gilgamesch, Herakles, Helena, Prometheus, die olympischen Götter, Jupiter, der Stier Apis, was weiß ich.

Damit scheint eine klare Abgrenzung gegeben, nämlich die zur Realität hin: Der Mythos ist offensichtlich das, was die Wirklichkeit *nicht* ist, und erfahrbares Dasein mit seinen Gesetzen fängt dort an, wo der Mythos aufhört – auf diesen Zug deuten auch die Antworten von dieser Art hin: «zusammengesponnenes Zeug» – «unwissenschaftlich» – «unwahr» und Äußerungen ähnlichen Inhalts. Versuchen wir, davon auszugehen. Die drei Anfangstexte stelle ich erst einmal zur Seite – ich komme ausführlich auf sie zurück. Jetzt möchte ich nur den *einen* Aspekt, Mythos und Wirklichkeit, etwas näher betrachten, und dazu möchte ich den Mythos, um ihn faßbar zu machen, mit etwas vergleichen, das ihm verwandt ist, ohne mit ihm identisch zu sein, nämlich mit dem Märchen.

Ich glaube, ohne mich auf einen Abkunftsstreit einlassen zu wollen, daß *ihrem Wesen nach* Märchen gesunkene Mythen sind, Endfassungen von Mythenstories, aber in einer Qualität, die schon nicht mehr Mythos ist und daher einen Vergleich mit ihm erlaubt. Ich wähle das Märchen vom Kampf mit dem Zauberer, es findet sich im Märchenschatz vieler Völker, vor allem Osteuropas und Vorderasiens, im Deutschen klingt es bei Bechstein an. Es geht etwa so: Ein Zauberer – keine Hexe, das ist wichtig –, ein Hexenmeister also hat eine Jungfrau geraubt und stellt sie vor die Wahl: Hochzeit oder Tod. Die Jungfrau haßt den Zauberer und fürchtet das Sterben, und dieser Zwiespalt läßt sie verzweifeln, da dringt ein Jüngling in ihr Verlies, die beiden fliehen, der Hexer setzt ihnen nach, und da er sie zu erreichen droht, beginnt ein Zweikampf der Zauberei, denn auch der Jüngling versteht dies Handwerk. Er verwandelt sich in einen Teich und das Mädchen in eine drauf schwimmende Ente; der Zauberer wird zum Stier, um den Teich auszusaufen; der Jüngling verwandelt sich in eine Kapelle und das Mädchen in ein Altarbild; der Stier schnaubt Feuer, die Kapelle niederzubrennen; der Jüngling wird eine Tenne und das Mädchen ein Weizenkorn; der Zauberer schrumpft zum Hahn, um das Korn aufzupicken, da wird der Jüngling zum Fuchs, beißt dem Hahn den Kopf ab und führt das gerettete Mädchen ins Eheglück.

Soweit das Märchen, und nun der Mythos: die Hochzeit des Gewittergottes mit der Mondgöttin, wobei es mir – ich betone das mit Nachdruck – nicht um Einzelheiten historischer Genesis dieser beiden Gebilde geht, sondern um einen Vergleich ihrer Inhalte. Man könnte ein Konzentrat dieses Mythos etwa so fassen: Der Gewittergott begehrt die Mondgöttin und will sie auf sein Lager werfen; die Göttin weigert sich, und da ihr Gewalt droht, flieht sie in Tiergestalt durch die drei Reiche der Natur. Sie entschwimmt als Fisch, er verfolgt sie als Biber; sie flieht auf das Festland als Hindin, und er setzt ihr als Hirsch nach; sie steigt als Wildgans in die Lüfte, und der Gott folgt ihr als Schwan. In dieser Gestalt überwältigt er die bislang Unberührte, und hat das Märchen mit einer Hochzeit geendet, führt der Mythos das Geschehen fort. Die Göttin empfängt; der Gott verläßt sie; sie gebiert ein Ei, und dem wird eine Frau entschlüpfen, um deren Schönheit willen Zehntausende Männer fallen werden, auf daß die Schmach der geschändeten Einen am ganzen Geschlecht der Andern gerächt sei: Helena. Mit diesem Namen sind wir im griechischen Mythos, der Gott heißt hier Zeus, die Göttin Leda, und sie wird fortan Nemesis sein, die Rechtsschützerin, die den Frevel, vor allem das Unmaß, gnadenlos straft, ohne je nach mildernden Umständen zu fragen – Abbildungen zeigen sie in Gestalt einer Liebesgöttin, doch mit ernster Miene, den Blick gesenkt und ein Schwert in der Hand.

Ein Märchen; ein Mythos. – Ihr Gemeinsames ist klar: die Verwandlungskette; sehn wir nun zu, wie sie divergieren.

Was sofort ins Auge fällt, ist der Unterschied in der Zahl der Akteure: im Mythos sind es zwei, im Märchen sind's drei – dieselbe Jungfrau da wie dort, aber im Märchen *zwei* Männer statt des einen. Der Gewittergott ist aufgespalten: in den Zauberer und in den Prinzen, oder, wie ein Kind sofort formulieren würde: in einen Bösen und in einen Guten. Was durch diese Spaltung gewonnen wird, ist evident: Das Märchen läßt sich vollständig und gewaltlos in ein moralisches Koordinatensystem legen. Jede Frage, die ein Märchen aufwirft, ist moralisch eindeutig mit Ja oder Nein beantwortbar, und die Antwort ist gleichzeitig die Norm für das praktische Handeln – das moralisch Gute ist auch das Richtige, denn es erweist sich als möglich, ja als einzig möglich, und das mögliche Gute erweist sich als das Lohnende, ja einzig sich Lohnende – es ist eine heile Welt. Die so unsagbar tief ins Persönliche dringende, weil die ganze Existenz erfassende und auch nur mit der ganzen Existenz zu beantwortende Frage, die an jedes Mädchen einmal herantritt: Hingeben oder Verweigern?, sie wird hier in scheinbar äußerst konkreter, in Wirklichkeit aber dermaßen abstrakter Form beantwortet, daß die Frage als Existenzproblem verschwindet und die Antwort zum Kalenderspruch wird. Sollst du dich dem Bösen hingeben? Nein! Sollst du dich dem Guten hingeben? Ja. Darfst du dich dem Bösen verweigern? Ja. Dem Guten? Nein. Der Böse ist mächtig und der Gute armselig, wird dein Widerstand da nicht schlimm ausgehn? Sei unbesorgt: nein.

Das ist einfach und klar und vielleicht sogar wunderschön – aber so stellt der Alltag die Frage ja nicht, dort ist, von negativen Extremfällen abgesehen, Böse und Gut in Einem vereint, denn das, was dem Mädchen geschehen wird, ist doppelgestaltig: der furchtbarste Einbruch in ihr

Ich und zugleich dessen höchste Erfüllung. Der Mann ist im Leben der Hexer *und* der Prinz, er ist der Begehrteste *und* der Gefürchtetste, er ist der Feind, der eine unvorstellbare Wunde ins Selbst schlagen wird, aber diese Wunde, so ahnst du, oder besser: so weiß etwas in dir, diese Wunde ist zugleich das Tor in das Wunderbare, und nur durch dieses Tor trittst du als ganzes Ich aus dem Reich des Mädchens in das der Frau, in dem sich ein Teil deines Selbst, das Physische, ja schon seit der Reife befindet. Dennoch ist es ein Schritt in ein Ungekanntes, das im bisher Erfahrenen nichts Vergleichbares hat; eine neue Dimension schickt sich an, in dein Leben und im buchstäblichen Sinn des Worts in dein Ich zu treten: der Andere, in dem du einen Herzschlag lang aufgehst und der doch immer der Andere sein wird, und je inniger du dich mit ihm vereint fühlst, um so wehrloser bist du in seiner Gewalt. So schwankst du verwirrt in Angst und Verlockung, und das Ja und Nein in deiner Seele verkörpert der Mann, der um dich wirbt. Da gibt es nicht Böse und Gut in sauberer Trennung, da gibt es überhaupt weder Gut noch Böse, da gibt es auch nicht Frage und Antwort, da gäbe es nur eines, das dir hülfe, und das wäre Erfahrung, aber gerade diese fehlt dir ja. Bedrohnis und Lockung, Angst und Verlangen, Erschrecken und Reiz, Hingeben oder Verweigern: jede erste Liebesvereinigung ist zwischen solche Pole gespannt, und wenn heute die Akzeleration die Bewußtheit dieses Prozesses zugunsten des Triebhaften etwas zurückdrängt und die Möglichkeit sicherer Empfängnisverhütung das Angstmoment gewiß modifiziert, bleibt der Doppelcharakter dieses Urerlebnisses im Wesen heute wie gestern bestehen, ja seine Pole sind Pole einer *jeden* Umarmung, und dort, wo einer gänzlich fehlte, begönne das Pathologische: neurotische Verschließung oder nymphomanische Brunst.

Dieser – wenn auch nicht immer gefühlte oder gar bewußt werdende – Widerspruch allen Geschlechtserlebens: das Begehrte erschauernd zu fürchten und das Gefürchtete erschauernd zu begehren, dieser Widerspruch ist im Märchen getilgt, der Mythos aber gibt ihn wieder, und er weist mit dem Reigen der Tiergestalten auch auf die urtiefe Verwurzelung der Menschennatur im Reich all dessen, was Leben heißt, hin. Denn Natur- wie Gesellschaftswesen zu sein, das ist der Grundwiderspruch des Menschen, in diesem Spannungsfeld entwickelt sich sein Gattungsleben und formt sich seine individuelle Psyche, und die Frage nach der Übereinstimmung eines Stücks Literatur mit dem Leben (und als Literatur wollen wir das Märchen, und unter diesem Aspekt wollen wir den Mythos hier ansehen) müßte wohl auch die Frage nach der Abbildung dieses Grundwiderspruchs sein. Im Märchen sind die Widersprüche gelöscht, oder genauer: dort ist ihre Einheit ins Gegeneinanderstehen von zwei autonomen und in sich homogenen Gestalten auseinandergedrieselt: der gute Prinz da, der böse Zauberer dort. Damit aber ist der Widerspruch geschwunden, denn voneinander Geschiedenes ist selbst dann noch kein dialektischer Widerspruch, wenn es einander bekämpft und sich für diesen Kampf der Terminus «äußerer Widerspruch» eingebürgert hat. Die Akteure – ob Menschen, ob Fabelwesen – sind im Märchen frei von inneren Widersprüchen, und darum ist es dort auch die Gesellschaft – darin, und nicht in der Existenz von Zauberern und Feen und sprechenden Katern, besteht das, was man als die Märchenhaftigkeit, die spezifische Irrealität des Märchens empfindet und was einen zu dem Seufzer veranlaßt: Es wäre ja schön, wenn es so wäre, doch so war es nie, und so wird es nie sein! (In Klammern: Man zweifelt diesen Seufzer überdies gleich nach dem Ausstoßen an, denn man fühlt, daß in dieser Märchenwelt der Mensch nicht mehr Mensch sein würde und man auf sein ureigenstes Wesen Verzicht leisten müßte – ein Schlaraffenland wäre letzten Endes eben *doch* nicht wünschenswert!)

Der Mythos gibt den Widerspruch wieder, das Märchen aber schafft ihn weg; in einem Zug also, den wir wohl als wesentlich anerkennen müssen, stimmt der Mythos mit dem Leben überein. Und nun wollen wir einen Schritt weitergehn und ein Gedankenexperiment machen. Wir versuchen uns eine Literatur vorzustellen, die mit dem Märchen darin übereinstimmt, daß sie die Widersprüche des Lebens ebenfalls tilgt, ansonsten aber sich vom Märchen darin unterscheidet, daß sie alles im landläufigen Sinn Über- und Unnatürliche vermeidet, wobei wir davon absehen wollen, daß eine widerspruchsfreie Welt das denkbar Unnatürlichste wäre. Wir wollen uns also eine Literatur vorstellen mit einer Welt ohne innere Widersprüche, also Gut und Böse, Richtig und Falsch, Schädlich und Nützlich ganz sauber im Gegeneinander getrennt, dazu aber auch keine Kobolde und keine Hexen, kein Daumesdick und kein Menschenfresser, auch keine Könige und Prinzen und armen Köhler, sondern Personen unsres vertrauten Daseins: Brigadiere, Genossenschaftsbauern, Parteiarbeiter, Volksarmisten, Junge Pioniere, Verdiente Lehrer, was immer man will – eine solche Literatur wäre ja ausdenkbar, und die Frage wäre nun legitim, was denn dem Leben näher stehe: der widerspruchspiegelnde Mythos mit seinen phantastischen Gestalten oder die widerspruchsfreie Welt realer Berufs- und Standesbezeichnung. Ich würde ohne Zögern für den Mythos stimmen; ich halte den Gott als Ganter und die Göttin als Schwänin für unvergleichlich verwandter *dem* Paar, das gleichzeitig Gott und Göttin *und*, wie die Sprache so unbestechlich formuliert, das «Tier mit den zwei Rücken» ist – ich halte also Zeus und Leda für unvergleichlich dem Menschen verwandter als so manches Pärchen gewisser zeitgenössischer Gedichte oder Geschichten, die ununterbrochen ihre Menschenheimat beteuern, in Wirklichkeit aber irgendwo zwischen dem Dornröschenschloß und dem Haus der Frau Holle wohnen, nur daß sie dann mit dem Phantastischen auch jener naiven Anmut entbehren, die uns am Märchen so entzückt, und also einfach nur läppisch sind.

Nun könnte sich hier der Einwand erheben: Widerspruch hin, Widerspruch her, sagt unser Märchen aber nicht eine Lebenswahrheit, die uns der Mythos vorenthält, und zwar eine durchaus wesentliche, nämlich: Wähle den richtigen!? Gewiß – doch wer ist das, der Richtige? Hier ist nicht einmal im Extrem eine allgemeine Antwort möglich: Vielleicht begehrt dich der Prinz, und ihm entfliehst du, und der Hexer erreicht dich, und du gibst dich ihm hin. Denn die Frage, wer der Richtige ist, kannst letzten Endes wieder nur du beantworten: Den Richtigen *an sich* gibt es ja nicht, der ist ja schon eine Märchenfiktion, es kann nur den Richtigen *für dich* geben, und *daß* es «der Richtige» sein soll, das weißt du allein. Denn so wie das Märchen hat dich ja schon die Gesellschaft belehrt, vertreten durch die Mutter, die Eltern, die Schule, den Jugendverband: Wirf dich nicht weg, so warnten sie, prüfe, nimm nicht den Ersten, wähle den Richtigen – man brauchte das Märchen nicht, um *diese, an ihrem* Platz unentbehrlichen Stimmen zu hören, denn auch dies scheint mir ein Märchenzug: die Kongruenz mit der herrschenden Moral, und im reproduzierenden Moralisieren stimmt übrigens auch die fiktive Literatur unseres Gedankenexperiments mit dem Märchen durchaus überein.

Nun gut – so aber der Einwand hartnäckig weiter –, nun gut, also eine bekannte Lehre, aber doch immerhin *eine* Lehre – was aber lehrt uns denn dein Mythos, was nützt uns denn sein Widerspruch? Darauf gibt es eine klare Antwort: In *diesem* Sinn, dem des nachsprechenden Belehrens, gar nichts; aber – und ich will es jetzt vorwegnehmend sagen –, aber: der Mythos leistet hier etwas Anderes und unvergleichlich Anderes: Er macht es möglich, die individuelle Erfahrung, mit der man ja wiederum allein wäre, an Modellen von Menschheitserfahrung zu messen.

IV

Auch das ist natürlich vorerst eine These. Wir wollen, um sie zu begründen, zunächst das Wort selbst nach seinem Sinn befragen, und dazu bitte ich Sie abermals, auch den Gewittergott und die Mondgöttin in jener Kammer abzustellen, wo schon der Abendnebel und Jean Pauls Sänfte und Frau Marion Bloom geduldig warten, wir holen sie dann alle zusammen ab. Ich bitte um Entschuldigung, ich mute Ihnen hier im Gedanklichen etwas zu, was ich meinen Lesern zu oft stilistisch zugemutet habe, nämlich eine Art Schachtelsatzdenken, aber es ist mir nicht anders gelungen.

Also zur Etymologie: Was heißt «Mythos» wörtlich, was bedeutet dies Wort? Im Wörterbuch von Benseler-Kaegi finden Sie unter dem Stichwort «Mythos» folgende Entsprechungsvorschläge: Wort, Rede, Geheiß, Auftrag, Gespräch, Unterredung, Rat, Beschluß, Überlegung, Erzählung, Nachricht, Kunde, alte Sage, Sache, Grund – und weitere 13 Termini. Ähnlich jedes Nachschlagewerk. Wie soll man sich in diesen Vieldeutigkeiten zurechtfinden? Wir wollen uns bei dem folgenden Orientierungsversuch dem großen alten Mann der modernen Mythologie anvertrauen, dem vor kurzem verstorbenen Ungarn Karl Kerényi, von dem bei uns leider nur ein Stück seines berühmten Briefwechsels mit Thomas Mann veröffentlicht ist. Kerényi verweist in seinem Aufsatz «Werk und Mythos» auf die Verwendung dieses Wortes bei Homer im 2. Gesang, Vers 413 der «Odyssee», wo diese Vokabel im Akkusativ, in der Form «mython» auftritt:

«mía d' oíe mython akousen»,

zu deutsch: *eine allein hat den Mythos vernommen,* und die Frage wird aufgeworfen, welches deutsche Wort hier das Gemeinte am präzisesten wiedergäbe. Der Zusammenhang ist folgender:

Odysseus, König auf Ithaka, hat vor langer Zeit seine Insel verlassen, um am Kriegszug gegen Troja teilzunehmen; Troja ist seit zehn Jahren gefallen; die überlebenden Griechen sind längst schon heimgekehrt, oder es gibt Zeugen eines eventuellen Schiffbruchs, nur von Odysseus fehlt jede Spur. Seine Gefährten sind sämtlich umgekommen; er selbst treibt durch einen Strudel phantastischer Abenteuer, aber in Ithaka weiß man das nicht, und eine Schar von Schmarotzern, die sich auf der herrenlosen Insel festgesetzt hat, erklärt ihn für tot, um einen von ihnen als neuen König zu legalisieren. In dieser Not macht sich der Sohn des Odysseus, Telemach, heimlich auf, den Vater zu suchen. Er bestellt Gefährten zur Nacht auf ein Schiff und entdeckt ihnen dort seine Reiseabsichten wie auch deren Heimlichkeit: Niemand wisse von seinen Plänen, berichtet er ihnen, weder der Mutter noch jemand vom Dienstpersonal habe er sich anvertraut, nur eine Sklavin, die Schaffnerin, sei eingeweiht worden, damit sie ihnen die nötigen Lebensmittel bereitstelle, nur eine (Homer gibt wörtliche Rede, also Indikativ):

«mía d' oíe mython akousen»,

nur eine hat den Mythos, nämlich den seiner geplanten Abfahrt, vernommen, und Altmeister Voß hat dies so übertragen:

«nur eine weiß das Geheimnis»;

Schadewaldt:

«nur eine hat das Wort vernommen»;

der Literaturwissenschaftler André Jolles hat scheinbar am
freiesten übersetzt:

«nur eine weiß, wie sich die Sache verhält»,

doch gerade dieser Übersetzung stimmt Kerényi zu; sie
gebe, so meint er, am präzisesten die Bedeutung von
«mythos» wieder, nämlich: das Wissen um den Sachverhalt
eines bestimmten Vorgangs – wer den Mythos vernommen hat, weiß, wie der Berliner so herrlich schnodderig
sagt, «was Sache ist».

Wir wollen hier Gelegenheit nehmen, ein hartnäckiges
und das Verständnis unsres Problems erschwerendes Vor-
urteil aus dem Weg zu räumen – die Gleichsetzung des
Mythischen mit dem Mystischen oder gar Mysteriösen.
Der Mythos kann zwar *auch* rätselhaft sein, und mythische
Bilder können auch in verdunkelten Visionen auftauchen,
doch sie sind dann so dorthin gekommen wie Münzen und
Schmuck in einen Moorgrund, und auf das Problem, daß
die Form des Mythos, und gerade sie, für finstre Machen-
schaften mißbraucht werden kann, werde ich noch eingehn. Jetzt nur dies: Rätselhaftigkeit und Lichtscheu sind
nicht das Wesen des Mythos; «mythisch» und «mystisch»
sind schon von der Sprachwurzel her zwei verschiedene
Wörter, und sie bedeuten so ziemlich Entgegengesetztes.
Man hat das Mystische etymologisch gut als «augenschlie-
ßendes Innewerden» definiert, der Mythos aber tut Augen
und Ohren auf, und zwar immer in das Objektive; er pro-
klamiert sich als Kenntnisbesitz eines Vorgangs, der ganz
in der Realität zu denken sein soll. Die Sklavin, die den
Mythos von Telemachs Abfahrt kennt, hat sich ihr Wissen
nicht zusammengesponnen, und die Hochzeit von Zeus
und Leda wird dem Hörer berichtet, als sei sie in der Tat

geschehen, darum wird sogar ihr Ort überliefert: Rhamnos in Attika, nahe Athen. Zugleich aber handelt, wie wir ja festgestellt haben, der Mythos beinah demonstrativ von Nicht-Realem, von Götterhochzeiten und Metamorphosen, von Fabelwesen und übernatürlich begabten Heroen, und wenn auch der Vorgang in der Odyssee durchaus dem Erdenleben entstammen, ja sogar historisch belegbar sein könnte, so ist doch während der ganzen Szene die Göttin Athene gegenwärtig zu denken, und zwar, wie Homer mit Detailtreue schildert, unsichtbar am Steuerrad stehend und einen günstigen Fahrtwind herbeirufend – und das ist ja wohl kein Ereignis der Wirklichkeit.

Wie ist dieser Widerspruch zu lösen? Der Mythos verweist nachdrücklich auf die Realität und berichtet doch fortwährend Irreales – was ist da seine Realität, oder anders gefragt: was ist der Vorgang, von dem er kündet, was ist die Sache, die er weiß, kurzum: was ist sein spezifischer Gegenstand? Vielleicht ein historisches Ereignis, das durch die mündliche Tradierung phantastische Formen gewonnen hat? Vielleicht läßt sich, so könnte man denken, die Geschichte von Zeus und Leda auf irgendein dynastisches Vorkommnis in irgendeinem der frühantiken Königtümer zurückführen – und in der Tat gab es und gibt es wohl noch eine Richtung in der Mythologie, die sogenannte euhemeristische, die das im Prinzip durchaus versucht. Man rätselt, wer wohl das historische Vorbild des Odysseus oder des Tantalos oder des Siegfried gewesen sein könnte, doch so legitim diese Recherchen für die Geschichtswissenschaft sind, so wenig fördern sie das Verständnis für ein Mythologem. Denn gesetzt den Fall, es gelänge mit ungeheurem Scharf- und Spürsinn und mit noch ungeheurerem Glück tatsächlich der Nachweis, daß irgendeine rhamnitische Königin Leda geheißen und Schwäne gezüchtet habe und eines Töchterleins Helena mit Beinamen «die Wunderschöne» entbunden worden sei (und ein mächtigeres Indiz für eine Vorbildschaft wäre nicht zu erbringen) – was hätten wir damit für das Verständnis des Mythos gewonnen? Sie werden jetzt rufen: Sehr viel, denn dann wüßten wir ja seinen Ursprung; aber gerade das ist ein grandioser Irrtum!

Machen wir wieder ein Gedankenexperiment! Nehmen wir an, wir lebten in einem kommenden Jahr dreitausend, und zwar nach irgendeiner Weltkatastrophe, durch die uns der größte Teil der überlieferten Literatur derart abhanden gekommen wäre wie uns Heutigen das antike Schrifttum, und wir Zeitgenossen des Jahres dreitausend sammelten nun gierig die geretteten Reste und stießen irgendwo auf ein anonymes Gedicht, das so begänne: Der Mond ist aufgegangen, die goldnen Sternlein prangen, und so fort. Dieser altehrwürdige Text würde also aus irgendeinem Schutt gezogen; wir hätten – auch im Jahr dreitausend hingerissen – in ihm das am weitesten zurückliegende Zeugnis aller erhaltenen Abendlyrik entdeckt, und den modernsten Computern gelänge es tatsächlich zu eruieren, dieses – im Jahr 1774 geschriebne – Gedicht stamme von einem gewissen Matthias Claudius aus Wandsbeck bei Hamburg und der kranke Nachbar, der darin vorkomme, habe Ignaz Huber geheißen und an Asthma gelitten – hätten wir dann recht, wenn wir riefen: Heureka, jetzt sind wir am Ursprung des Abenderlebnisses, und mit Ignaz Huber kam der Mond in die Lyrik und die menschliche Solidarität in die Welt? Wir hätten vielleicht mit unsrem Jubel recht bis zu *dem* Tag, da wir ein älteres Zeugnis ähnlichen Empfindens fänden, und wenn wir den Ursprung jener Emotionen dann dorthin zurückverlegten und glaubten, jetzt wüßten wir's definitiv, dann hätten wir vielleicht wieder so lange recht, bis wir abermals ältere Quellen aufschlössen und nach denen abermals ältere Quellen, und dann müßte uns ja einmal die Erkenntnis dämmern, daß all dieses Mühen für unser Problem nichts andres geleistet hätte als den Nachweis, daß sich ein konkret datierbares Gefühlserlebnis in einen Strom gleicher Empfindungen fügte, der offenbar so weit ins Urdunkel der Menschheit zurückreicht, daß seine Quelle niemals chronologisch anders zu ermitteln wäre als eben mit dieser Zuordnung: «entstanden im Urdunkel der Menschheit», was sicher auch ein historisches Datum ist.

Um also zu unserm eigentlichen Fall zurückzukehren: Gesetzt, eine Ausgrabung ergäbe, daß eine schwanenzüchtende Königin Leda tatsächlich im 12. vorchristlichen Jahrhundert zu Rhamnos gelebt und ein bislang unbekannter Dichter namens Homer sie besungen habe, so würde daraus nur zu folgern sein: Diese historische Gestalt war auf ihre Zeit von solchem Einfluß, daß die Erzähltradition des Volkes sie mit dem uralten Mythos vom Gewittergott und der Mondgöttin verknüpft hat, so wie etwa die Mythe vom schlafend verborgenen Erretter an die Gestalt Kaiser Friedrichs II. und später von dieser abermals zurück an die Kaiser Barbarossas geknüpft worden ist, ohne daß sie darum mit diesen Gestalten begonnen hätte.

Wir sind mit einer solchen Zuordnung nicht am Ursprung eines Mythos, wir haben damit nicht seine Urform gewonnen. Wann aber sind wir dort, wann finden wir sie? Die harte Antwort lautet: Niemals.

V

Kein andrer als Kerényi hat geradezu als den Grundwiderspruch der Mythologie formuliert, daß der Mythos nie als Urform erscheinen könne, sondern immer nur konkrete Gestaltung einer bereits existierenden Vorlage sei, die sich abermals nur als Gestaltung von bereits früher Vorhandenem erweisen müsse, und es war kein andrer als Thomas Mann, der die Suche nach einer solchen Urform, die Suche nach dem Urbild seines Herzens- und Schmerzensmythos, der biblischen Josephsgeschichte, eine «Höllenfahrt» genannt und diesen Titel, «Höllenfahrt», auch über jene berühmten fünfzig Seiten gesetzt hat, mit denen der erste Roman seiner Josephs-Trilogie beginnt.

«Tief ist der Brunnen der Vergangenheit. Sollte man ihn nicht unergründlich nennen?» So hebt dieses Werk an, und der Autor vergleicht das Bemühen, zum Ursprung seines Mythos zu finden, mit dem Bemühen eines Wanderers, das Ende eines offen daliegenden Strandes zu erlaufen – ein Versuch, den wohl jeder schon angestellt hat. Man blickt die Küste hinab und sieht unzweideutig: Dort bei der vorspringenden Düne, dort schließt der Strand ab, dort ist sein Anfang, dort sei mein Ziel. Und nun geht man und geht, und das Ziel rückt auch näher, doch hinter ihm taucht neuer Strand auf, diesmal mit einer Kiefer als Schlußstück, und da man nun dorthin strebt, beginnt sich auch dieser Baum in die Landschaft einzugliedern, und abermals Neues tritt vor, und tritt ein, und hinter diesem abermals Neues – ein endloser Weg oder, denkt man sich ihn hinab in die Zeit, eine Reise in eine grundlose Tiefe, eben eine Höllenfahrt.

Der Schwefelhauch einer solchen Höllenfahrt habe ich bei der vergeblichen Suche nach der Urform eines Mythos selbst geschmeckt: bei der Suche nach einem Ur-Prometheus. Es ist lehrreich, das mitzuteilen. Der Kinderbuchverlag hatte die Absicht, eine Sammlung der großen Sagen der Völker herauszubringen, je eine Sage von je einem Schriftsteller unsres Landes erzählt, und ich hatte mich für die Prometheus-Sage entschieden, auf die ich schon in meiner Homeradaption andeutungsweise zurückgekommen war. Nun hatte ich indes weiterstudiert und stand vor *zwei* Fassungen dieses Stoffes – einer von Hesiod, einer von Aischylos –, und die Frage war: Welche soll man nehmen? Das war eine fürchterliche Frage, denn beide gestalten den Prometheus, aber beide erzählen Grundverschiedenes: Aischylos zeigt eine grandiose Auflehnung gegen einen Usurpator, Hesiod aber eine Art Mischung aus Betrüger und Schwarmgeist, einen Krummdenker, wie er ihn nennt, einen ungerufenen Menschheitsbeglücker, der sich mit einem ungleich Mächtigeren anlegt und die Menschen, die seine Intervention gar nicht wollen, in eine dumme Sache hineinreißt, an deren Folgen man heute noch leidet.

Welches war nun der «echte» Prometheus und welches der «falsche», welche Fassung war «legitim», welche «usurpiert»? Eine Mischung aus beiden schien nicht möglich, die Auffassungen schienen unvereinbar, man mußte sich wohl für eine entscheiden, welche aber sollte dies sein? Wäre die ältere Fassung die ursprünglichere gewesen? Dann wäre es die von Hesiod; dagegen wehrte sich bei mir damals alles, und ich rettete meine Skrupel in die Frage: Könnte denn Aischylos nicht auf eine Vorlage zurückgegriffen haben, die uns verlorengegangen ist, weil sie noch älter als Hesiod war? Es könnte doch sein, denn offensichtlich hat Hesiod ja auch nach einer Vorlage gearbeitet: der Prometheus-Mythos kommt aus dem Babylonischen, und vielleicht hat

Aischylos eine Fassung verwendet, die keiner mehr kennt! Das Problem wurde noch komplizierter dadurch, daß auch Plato einen Prometheus erzählt, im Protagoras-Dialog, und zwar wiederum einen völlig neuen: Er stellt den Feuerbringer als eine Art Konsumtionsideologen hin, der die Menschen zwar mit materiellem Komfort bedacht, jedoch das Wichtigste ihnen vorenthalten habe, nämlich politische Tugenden, die ihnen erst von den Göttern gewährt worden seien. Das war ja nun auch eine beachtenswerte Fassung, und dann fand ich beim Spötter Lukian eine vierte Prometheusgeschichte, diesmal eine Art Kabinettsintrige, einen Machtkampf zweier gleicherweise verrotteter und verkommener Cliquen – welcher Prometheus also war *der* Prometheus? Und wenn man schon einmal am Vergleichen war – warum sollte man den Kreis dieser Gestalten auf die Antike beschränken, warum nicht auch die Prometheus-Fassungen von Goethe oder Herder oder Shelley, ja Gide oder Wedekind oder Kafka einbeziehn? Zwischen ihnen und Hesiod lagen ja nicht mehr als kümmerliche sechsundzwanzig Jahrhunderte, zwischen Hesiod und Babylon aber vielleicht noch einmal soviel!

Sie sehen: wirklich eine Höllenfahrt des Gewissens, und ich habe mich mit entsetzlichen Skrupeln herumgeschlagen und war schon dran, das ganze Projekt aufzugeben, bis ich bei Goethe und Herder, und dann auch bei Kerényi, auf die rettende Einsicht stieß: Das, was man die Urform eines Mythos nennen möchte, das ist weder zu entdecken noch zu rekonstruieren, man kann nur aus den verschiedenen Fassungen die übereinstimmenden Elemente herauspräparieren, die aber dann in ihrer Gesamtheit nicht mehr als eine formlose Bereitstellung bestimmter Gestalten, bestimmter Handlungen und bestimmter Attribute sind, eine Bündelung, die durchaus verschiedene Ausdeutungen zuläßt, die erst durch die konkrete Gestaltung werthaltig werden. Der Gewittergott überwältigt die Mondgöttin und verläßt sie dann wieder – hier kann man Partei für ihn wie auch gegen ihn nehmen; man kann sagen: Was für ein Scheusal!, und man kann sagen: Was für ein Kerl! Im Mythos angelegt ist beides, und möglicherweise ein Drittes und Viertes – vielleicht hilft zum Verständnis auch ein be-

rühmtes Beispiel, das ein Begründer der modernen Sprach-
wissenschaft zur Darstellung seiner Theorien gebraucht
hat, das Beispiel vom Schach. Er stellt die Frage: Was ist
Schach? und meint, hier seien zwei Antworten möglich,
weil Schach in *zwei* Weisen existiere: Es sei einmal eine Beschreibung bestimmter Spielsteine und der Regeln ihrer
Verwendung – so gesehen ist das, was man «Schach»
nennt, in – sagen wir: zwölf Sätzen zu fassen und auf einer
Druckseite erschöpfend und eindeutig darzustellen –, und
«Schach» ist andrerseits die unendliche Vielfalt des
Schachspielens als Entfaltung dieser Anlage, und es ist so
lange im Prozeß seines Entstehens, bis die Summe aller Partien erreicht ist, die sich aus diesen zwölf Sätzen herleiten
lassen, und das wären alle Partien, die je gespielt wurden
und je gespielt werden könnten, also praktisch unendlich
viele und als Notierungen von keiner Bibliothek je auf-
nehmbar. Alle diese Partien, auch die simpelsten wie das
Narren- oder das Schäfermatt, sind einerseits Schach und
nicht Halma oder Mensch-ärgre-dich-nicht oder Skat oder
Mühle; andrerseits ist keine Partie gleich einer andern, und
wenn auch nicht jede den Geist des Schachspiels in gleich
überzeugender Weise verkörpert, so drückt doch jede, und
sei es parodierend, sein Wesen aus. Wenn wir nun den Begriff «Spiel» durch «Mythos» ersetzen und die konkreten
Spiele wie «Schach», «Skat» oder «Domino» durch konkrete
Mythen wie «Leda», «Prometheus», «Telemach», gewinnen
wir eine verblüffende Analogie.

Ein jeder konkrete Mythos ist mit wenigen Worten und
so skizzierbar, daß man ihn von jedem andern unterscheidet; bestimmte Figuren, bestimmte Regeln ihrer Gruppie-
rung, bestimmte Zugmöglichkeiten, bei «Leda» wären dies:
Gott und Göttin; bedrängendes Werben; Verwandlungskette durchs Tierreich; Eroberung und Verlassen der Er-
oberten; Geburt eines Eies mit der schönsten der Frauen,
um derentwillen Männer den Tod finden; die Rechtshüte-
rin Nemesis; ihre Unerbittlichkeit; ihr Schwert. Diese Aufzählung ist aber nun nicht etwa der Ur-Mythos von
«Leda», sowenig wie die Aufzählung der Schachsteine und
ihrer Gangarten die Ur-Schachpartie wäre, und wenn die
älteste uns überlieferte Spielnotierung eine Spanische Partie

zeigte und die allerjüngste ein Damengambit, so wären dadurch diese Eröffnungen nicht in ein Verhältnis von «ursprünglich» und «abgeleitet» oder gar «richtig» und «falsch» gesetzt, und Flachheit oder Tiefe dieser Partien wären kein chronologisches Attribut. Der «Prometheus» des Aischylos und der Hesiods waren grandiose Würfe, die Lukians Fassung trivialer erscheinen lassen und so die Annahme zu bestätigen scheinen, daß das Ältere zugleich das am meisten der Echtheit sich Nähernde sei. Aber dann kamen Goethe und Shelley, und deren «Prometheus» ist von Urgewalt wie am ersten Tag. Ein Mythos, das ist der Keim und *all* seine Entfaltung; gerade das Werden in stets neuer Gestaltung ist sein Leben; das Erstarren aber zu einem von nun ab als einzig gültig Bestimmten wäre sein Tod. Ein neuer «Prometheus», der nichts als einen Abklatsch der Aischylos-Fassung böte, wäre nicht bewundernswert treu, sondern absolut unnütz. Die Treue zum Mythos erfordert Untreue gegenüber allen seinen vorhandenen Fassungen, das klingt paradox, doch wir wollen zu unserer Rechtfertigung darauf hinweisen, daß im Mythos ja immer Widerspruch nistet.

Zum Mythos gehört nicht nur die literarische Fassung, sondern auch die Formung im Bild (unersetzliche Züge griechischer Mythologie finden wir in der Vasenmalerei; der Marsyas-Mythos ist wesentlich im Gemälde Tizians überliefert, und Rembrandt hat das Erwarten eines Gottes in seiner «Danae» mit gleicher Überwältigungskraft gestaltet wie die in ihrer komischen Drastik erschütternden Züge bei Ganymeds Raub), in anderen Kunstformen, im Ritus und Volksbrauch einschließlich des Aberglaubens, ja auch die Wiederkehr eines Mythos in jedermanns Träumen bei Nacht und bei Tag. Denn ein jeder von uns trägt Mythen in sich, in jenem Raum, den der Schweizer Psychologe C. G. Jung das kollektive Unbewußte nennt und das er von einer Art Mythenkonzentration durchwoben glaubt, vererbten Urtypen von Menschenhaltung, die, wenn sie in den Träumen, in Phantasien, in Dichtungen, in Visionen ins Bewußtsein treten, dort als immer wiederkehrende, allen Völkern aus ihrer gemeinsamen Wegstrecke vertraute Urgestalten erscheinen, als Archetypen wie etwa denen des Alten Weisen, der Großen Mutter, des Schattens, der

Schlange, des Göttlichen Kindes, aber auch als Urtopographien wie Paradiesgarten und Waldsee und Höllenfeuer, oder geometrische Urformen wie Gabelung oder Mandala. Ich kann mich der Überzeugungskraft dieser Theorie nur schwer entziehen, und wenn Robert Weimann in seiner «Literaturgeschichte und Mythologie» auf eine sehr noble Weise sein Erstaunen darüber ausgedrückt hat, daß so viele Schriftsteller unserer Zeit sich zu dieser Archetypus-Lehre bekennen, so fühle ich mich durchaus in diese Zahl eingeschlossen.

Wir haben nun wesentliche Definitionselemente für den Mythos beisammen, aber eines noch nicht: seinen Gegenstand. Wir haben zwar viel über einzelne Fassungen und deren Verhältnis zueinander gesprochen, doch wir wissen noch gar nicht, *was* sie denn fassen, *was* eigentlich ihre Perle ist. Ein gräßlicher Verdacht droht aufzukommen: Auf der Suche nach einer dann doch nicht existierenden Urform sind Sie bis ans Tor der Vorzeit gepilgert – sollte sich nun herausstellen, daß der Mythos auch gar keinen Gegenstand hat und nichts als blanke Willkür ist? Ich möchte Ihnen Hoffnung machen, wir werden den Gegenstand des Mythos entdecken, bis dahin aber muß ich Ihnen, wenn nicht eine Höllenfahrt, so doch eine kleine Wüstenpilgerschaft zumuten, nämlich durch eine Mini-Sahara der Abstraktion. Bitte halten Sie durch, ich mache es so kurz, als ich eben kann.

VI

Wir waren bei unserm Schachspiel schon mitten in einem komplizierten Problem, von dem Sie vielleicht fühlten, daß es für unsere Frage bestimmend sein könnte, dem Problem von Wesen und Erscheinung, einem jener Grundwidersprüche des alleralltäglichsten Lebens, auf den Lenin in seinem Bemühen, Dialektik ins Bewußtsein zu pflanzen, immer wieder hingewiesen hat. In seiner die Mühe des Studiums überreich lohnenden Schrift «Zur Frage der Dialektik» – sie ist in seinem «Philosophischen Nachlaß» enthalten – verlangt er für das Studium dieser Methode, ich zitiere: «Beginnen mit dem Einfachsten, Gewöhnlichsten, Massenhaftesten etc., mit *beliebigem* Satz: Die Blätter des

Baums sind grün, Iwan ist ein Mensch, der Spitz ist ein Hund und dergleichen. Schon hier haben wir Dialektik: *Einzelnes* ist *Allgemeines* ... Somit sind die Gegensätze (das Einzelne ist dem Allgemeinen entgegengesetzt) identisch; das Einzelne existiert nicht anders als in dem Zusammenhang, der zum Allgemeinen führt. Das Allgemeine existiert nur im Einzelnen, durch das Einzelne. Jedes Einzelne ist (auf die eine oder andere Art) Allgemeines. Alles Allgemeine ist (ein Teilchen oder eine Seite oder das Wesen) des Einzelnen. Alles Allgemeine umfaßt alle einzelnen Dinge lediglich annähernd. Alles Einzelne geht in das Allgemeine nur unvollständig ein usw. usw.»

Soweit Lenin. – Nehmen wir also den Satz «Iwan ist ein Mensch» und versuchen wir, seinen Widerspruch zu begreifen. Die eine Aussage dieses Satzes lautet umschrieben etwa folgendermaßen: Ein Wesen, von dem man sagen dürfte: *das ist der Mensch*, wird man nirgends finden, so eifrig man auch nach ihm suchte, denn was da ein Menschenangesicht trägt, das ist immer ein Iwan, ein Karl, ein Pierre, ein Joseph, ein Ali, ein Ho in seiner Einzighaftigkeit und Unwiederholbarkeit – aber, und dies ist die zweite Aussage dieses Satzes: dieser eine und einzige und unwiederholbare Iwan oder Karl oder Pierre oder Joseph oder Ali oder Ho ist dieses Einzelwesen gerade und *nur* dadurch, daß er Mensch ist, also jenes Abstraktum, das er dem ersten Teil unsres Satzes nach gar nicht sein kann. Ich möchte Sie darauf hinweisen, daß in der artikellosen russischen Sprache dieser Widerspruch viel sinnfälliger als im Deutschen erscheint: IWAN – TSCHELOWJEK: Hier stehen Einzelnes und Allgemeines als zwei Wörter einander gegenüber wie Recken in einem Heldenlied.

Die Einheit dieses Widerspruchs steckt in jedem Aussagesatz, weil sie in jedem Stückchen der Realität steckt, und dieser Widerspruch, auf den wir in der Alltagspraxis bei jedem Schritt und in jeder Sekunde stoßen, dieser Widerspruch ist uns so vertraut, daß wir ihn gar nicht mehr bemerken. Denn wir lösen ihn ja in unsrer Alltagspraxis auch unaufhörlich wieder auf, indem wir uns unaufhörlich jener beiden Methodensysteme bedienen, die sich die Menschheit im ewigen Entfaltungs- wie Bewältigungsprozeß gerade dieses Widerspruchs geschaffen hat, nämlich der Wissenschaft und der Kunst. Würden wir im Leben nur das Einzelne sehen, so könnten wir keine Erfahrungen sammeln, denn jede Begegnung mit einem besonderen Einzelnen wäre ja dann auch nichts als ein Einzelfall und würde sich niemals wiederholen. Nur wenn wir das Einzelne verallgemeinern, aus dem Einzelnen das Allgemeine ziehen, können wir lernen, daß heißt Erlebnisse in Erfahrungen umschmelzen, und nur wenn wir das Einzelne *richtig*, daß heißt seinem objektiven Wesen gemäß verallgemeinern, können wir erfolgreich lernen und unsern Erfahrungen vertrauen. Eben dieses Erfahren der Welt, zu dem auch das eigne, unser Leben lang uns rätselhaft fremde und im Erfahrungsprozeß sich und die Welt verändernde Ich zählt, geschieht durch Wissenschaft und Kunst; der Bewältigungsweg von Erfahrungen verläuft in zwei Richtungen, doch beide haben einen Ursprung, das ist die menschliche Daseinsform mit ihren vorwärtstreibenden Widersprüchen. Diese Daseinsform aber ist nicht das Denken allein, sondern die gesamte menschliche Existenz im Bewußten wie Unbewußten, und auch das Erfahren geschieht nicht nur durch Denken, sondern durch den Menschen in seiner Gesamtheit, und dazu gehört die Tat wie der Traum, und dazu gehört das Werk des Genies wie das milliardenfache Alltagsgeschehen.

Ich glaube, daß es die schon jetzt welthistorische Leistung der sich herausbildenden marxistischen Ästhetik ist, die Kunst wie die Wissenschaft aus der menschlichen Alltagspraxis von Jahrhunderttausenden entstanden zu zeigen und beider Wesen aus ebendieser Praxis zu destillieren. Wir wollen versuchen, das in gröbster, allergröbster Andeutung paradigmatisch bei der in ihrem Herausbildungsprozeß zum Unterschied von der höchst kompliziert und mäanderhaft sich emanzipierenden Kunst sehr viel direkter und grader vorangekommenen Wissenschaft nachzuvollziehen, und zwar zum Teil mit Hilfe der leider – und unverständlicherweise – bei uns noch immer schwer zugänglichen unvollendeten «Ästhetik» von Georg Lukács. Dieser bedeutende marxistische Philosoph verweist darin auf den entscheidenden Schritt, den Lenin über Hegel hinaus tut, um zu einem Verständnis des Entstehens von Wissenschaft, speziell der Logik, zu kommen: Hegels Verdienst sei es gewesen, die Figuren des logischen Schließens, die sogenannten Syllogismen – das sind jene Formeln, die in traditioneller Schreibweise aus den Buchstaben S, P, M und a, e, i, o gebildet werden –, Hegels Verdienst sei es also gewesen, diese Syllogismen in ein Verhältnis zur menschlichen Praxis gebracht zu haben, doch für ihn, Hegel, seien die Syllogismen zuerst im Denken des Weltgeistes dagewesen, um sich dann im menschlichen Handeln zu verwirklichen; Lenin aber habe diesen Gedanken vom Kopf auf die Füße gestellt und die Syllogismen als abgeleitet aus dem menschlichen Tun begriffen. Dieser Gedanke ist von entscheidender Wichtigkeit, und er lautet bei Lenin folgendermaßen: «Für Hegel ist das *Handeln*, die Praxis, ein *logischer ‹Schluß›*, eine Figur der Logik. Und das ist wahr! Natürlich nicht in dem Sinne, daß die Figur der Logik ihr Anderssein in der Praxis des Menschen hätte» – Lenin fügt hier in Klammern hinzu: «absoluter Idealismus» –; «sondern», so fährt Lenin fort, «sondern daß vice versa die Praxis des Menschen sich dadurch, daß sie sich milliardenmale wiederholt, im Bewußtsein des Menschen als logische Figuren einprägt. Diese Figuren haben gerade (und nur) kraft dieser milliardenmaligen Wiederholung … axiomatischen Charakter.»

Ich wiederhole den entscheidenden Satz: «… daß … die Praxis des Menschen sich dadurch, daß sie sich milliardenmale wiederholt, im Bewußtsein des Menschen als logische Figuren einprägt. Diese Figuren haben gerade (und nur) kraft dieser milliardenmaligen Wiederholung … axiomatischen Charakter.» Soweit Lenin, und Lukács, der vorher auf die Bedeutung des Typischen als die für das Ästhetische entscheidende Vermittlung zwischen Einzelnem und Allgemeinem hingewiesen hat, Lukács fügt diesem Zitat hinzu: «Das ist das methodologische Vorbild für jede Theorie der Künste, der Genres in der Ästhetik», und ich möchte konkretisierend sagen: Dieser Satz Lenins ist auch der Schlüssel zum Öffnen jenes Tresors, in dem der Gegenstand des Mythos verwahrt liegt.

Doch bleiben wir vorerst bei der Wissenschaft, und versuchen wir uns den Gedanken Lenins zu veranschaulichen.

Eine der klassischen Schlußfolgerungen, der erste aristotelische Syllogismus, zu Ehren meiner Tochter BARBARA genannt, lautet folgendermaßen: Alle M sind P; alle S sind M; folglich sind alle S auch P. Formalisiert: MaP; SaM; SaP. – Ich bringe sofort ein konkretes Beispiel: Alle Menschen sind nahrungsbedürftige Wesen; alle Studenten sind Menschen; folglich sind alle Studenten nahrungsbedürftige Wesen. – Ein anderes: Alles Menschenwerk (M) ist unvollkommen (P); alle Lehrbücher (S) sind Menschenwerk (M); also sind alle Lehrbücher (S) unvollkommen (P). Weitere suchen Sie bitte selbst.

Der Mensch hat milliardenmal am konkreten Einzelbeispiel die Feststellung eines bestimmten realen Zusammenhanges bestimmter realer Dinggruppen und Eigenschaften machen und diese Art des Zusammenhanges milliardenmal bei beliebigen anderen Dinggruppen und Eigenschaften wiederkehren sehn müssen, bis er diese Erfahrungen zu einem logischen Schluß und Milliarden solcher Schlüsse zu einer Syllogismusfigur verallgemeinern konnte. Wieder konkret: Der Urmensch machte milliardenmal die Erfahrung, daß man mit einem Steinsplitter einen Tierbalg zertrennen kann, und er hat sie milliardenmal mit jedem Steinsplitter immer wieder neu machen müssen, bis er zu dieser Erfahrungskonzentration gekommen ist: Mit einem Steinsplitter kann ich einen Tierbalg zertrennen; diese Dinger, die da herumliegen, sind Steinsplitter; also werde ich mit diesen Dingern da auch einen Tierbalg zertrennen können. Das aber ist ein Syllogismus, und zwar Figur BARBARA. Oder, scheinbar ganz anders geartet, wiederum milliardenmal: Aus den Wolken fällt Regen; die Winde vom Sonnenuntergang her bringen Wolken; wenn Wind vom Sonnenuntergang her weht, wird Regen zu erwarten sein. – Das schaut nun ganz anders aus als das Tierbalgbeispiel, aber es ist genau dieselbe logische Struktur, und solche Strukturen kann ich abstrahierend als Schemata allen richtigen Schließens gewinnen: die Syllogismen.

Natürlich hat unser Pithekanthropus nicht vor jedem Steinsplitter und unser Nachfahre Abels nicht vor jeder Wolke so reflektiert, er hat probiert, hat Erfolg oder Mißerfolg erlebt und nach dieser Erfahrung erneut gehandelt und durch dieses Handeln abermals Erfahrung gewonnen, die wiederum in sein Denken einging, und diese Erfahrungskette hat sich in das Denken von Generationen eingeschliffen, so eingeschliffen, daß spätere Ur-Urenkel aus dieser und zahllosen andern ebenso strukturierten Ketten einmal deren Gemeinsames als logische Figur herauspräparieren konnten. Es waren die Erfahrungsspuren von Jahrhunderttausenden, es war ihre eigene Geschichte und Vorgeschichte, es war das Konzentrat ihrer Ahnenerfahrung im Hirn, auf das diese Ur-Urenkel beim Entwickeln logischer Kategorien stießen, und unser aller Denken verläuft in solchen seit Urzeiten geprägten Spuren, wie etwa das Regenwasser in Spuren sich sammelt, die Räder in einen Weg eingefahren haben. Alltägliche Überlegung in jeder Kaufhalle: Uwe trinkt gern Tomatensaft; ich werde etwas kaufen, was Uwe gern trinkt; und die Conclusio aus diesen Prämissen geschieht duch das Hinzählen von einer Mark dreißig an der Ladenkasse: Ich habe Tomatensaft gekauft. Und der Logikstudent Uwe memoriert indes fluchend die Formel: Wenn alle M P sind und wenn alle S M sind, dann sind alle S auch P.

VII

Daß nun gerade solche Erfahrungen zu Erfahrungsketten sich einschliffen, während unzählige andere zusammenhanglos ins Vergessen fielen, war natürlich nicht zufällig. Es waren für den Menschen in seinem langwierigen, durch alle Himmel und Höllen und doch nie an ein Ende führenden Prozeß des Kommens und Findens zu sich selbst – dem Prozeß seines Sich-Formens zum gesellschaftlichen Wesen, das er ganz doch nie sein wird, und seines Sich-Lösens von der Natur, die er ganz doch nie verlassen wird –, es waren für diesen Prozeß notwendige Erfahrungen: Sie befähigten ihn zu zielstrebigem Handeln. Ohne sie wäre das Wesen, das Mensch zu sein strebte, seiner Umwelt stets unterworfen geblieben und also niemals der Mensch geworden, der Werkzeug schafft und Wüsten bewässert und schließlich einmal in den Kosmos stößt. Ich will diese Art Erfahrungen, die in ihrer Gesamtheit die Basis aller Wissenschaft bilden, die objektiven Erfahrungen nennen, weil ihre Gegenstände ganz im objektiv Gegebnen liegen und vom Subjekt des Erfahrens, also vom Menschen, ihrem Wesen wie ihrem Zustand nach unabhängig sind (zumindest im makrophysikalischen Raum, aber darin bewegt sich ja durch Jahrhunderttausende alle bewußte Begegnung mit der Natur). Ob ich die Wolken wahrnehme oder nicht, und ob ich sie beglückt oder mißmutig, als König oder Bettler, als Erwachsener oder als Kind betrachte: sie ziehen da hoch über mir am Himmel und haben die Eigenschaften, Regen zu spenden, und der Steinsplitter liegt unabhängig vom Finder auf der Halde und ist stoffzertrennend scharf selbst dann noch, wenn keine Hand ihn führen wird. Doch zu dieser objektiv gegebnen, von der Urhordenheimat des Walds bis zur Menschenheimat des Kosmos sich weitenden Umwelt, deren Bewältigen durch Erfahrung eben das Menschsein ausmacht, gehört der Mensch ja auch selbst, als Einzelwesen wie als Gattung, und nun verknäulen sich sämtliche Widersprüche, und Objekt und Subjekt durchdringen einander, ja sie identifizieren sich.

Wenn der Mensch den Menschen in Gestalt des ihm durch nichts verbundenen Andern untersucht, können Mensch und Menschliches für den Menschen ebenso Objekt der Wissenschaftserfahrung wie ein Stein oder eine Wolke werden, und die Psychologie und das Heer der Sozialwissenschaften treten so und mit solchem Recht auf den Plan wie die Wetterkunde oder die Mineralogie. Die Sache ändert sich aber sehr, wenn Erfahrender und Erfahrungsgegenstand in einer Person zusammenfallen, wenn ich Subjekt und Objekt zugleich bin, wobei das «Ich» in der Regel über die Körperbegrenzung hinausreicht und von meinem leiblichen Bruder und meiner leiblichen Schwester bis zum Menschenbruder und der Menschenschwester sich weiten kann. In all diesen Fällen bin ich nicht mehr das, was man objektiv nennt, und ich bin es schon gar nicht in bezug auf mein Selbst, wiewohl ich dies, und in kleinen Fällen wohl annähernd erfolgreich, versuchen kann. Eine Biene hat mich in die Zehe gestochen, und nun könnte ich mit wissenschaftlicher Hingabe beobachten, wie die Einstichstelle sich rötet, die Zehe schwillt, sich verhärtet, wie der Schmerz von einem Brennen zu einem Pochen wird, den Rist hinaufzieht, den Knöchel umkreist und so fort. Aber ganz wird mir diese angestrebte Sachlichkeit nicht gelingen: Ich erfahre nicht nur einen Bienenstich als objektiven Vorgang, den ich definieren könnte als die Einwirkung bestimmter Aminosäuren auf menschliches Zellgewebe mittels subkutaner Injektion, ich erfahre zugleich den Schmerz dieses Stiches, und an der Art, wie ich auf ihn reagiere, erfahre ich Züge meiner eigenen Seele und offenbare sie vielleicht anderen Menschen, die wiederum auf meine Reaktion reagieren, was wiederum auf mich zurückwirkt, und so fort und vielleicht bis zur Grenze des Alls. Ich meine dies ganz wörtlich: Für ein Kind, das zum ersten Mal von einer Wespe gestochen wird, ist dies ein ungeheurer Vorgang; es erfährt in ihm alle Schrecken und Greuel des Nicht-Ich, des Andern, der Welt, des Schicksals, das sich in die Gestalt dieses stechenden Ungeheuers zusammenzieht, und seine Wunde ist um nichts geringer als die Philoktets. Hier ist das Subjekt des Erfahrens vom Objekt der Erfahrung nicht zu trennen; das Erfahren geschieht nicht nur intellektuell, sondern mit dem ganzen Ich; das WAS und das WIE der Erfahrung verschmelzen, und ihr Gegenstand wird unbestimmt und ist am besten als eine Art Feld darzustellen, zu dem die Wirklichkeit der Außenwelt wie die Wirklichkeit der Seele gehört. Ich mache ja Erfahrungen nicht nur im Außen, sondern auch im Innen; Äußeres wie Inneres wirkt auf mich ein, und nun geschieht das Merkwürdige, daß diese Wirklichkeiten aneinander darstellbar sind. Ich kann entdecken, daß Wespenstiche nicht nur ins Fleisch, sondern auch in die Seele geschehen; ein höhnisches Gelächter kann mich solcherart treffen, die Einstichstelle in meine Psyche kann schwellen und sich verhärten und zu hämmern beginnen, und wenn ich dann Wut in mir brausen fühle, schwirrt sie vielleicht wie ein Wespenschwarm. Kurzum, ich kann einen an sich ja ungreifbaren Vorgang seelischer Innenwelt an Vorgängen der Außenwelt sichtbar und durch solches Sichtbarmachen auch verständlich machen und also erklären – eine merkwürdige Entsprechung, die man nie genug staunend durchdenken kann, und schließlich erfährt man im All seine Seele und in seiner Brust das gestirnte All.

Solche Erfahrungen, bei denen auf eine geheimnisvolle, nie ausschöpfbare und nie bis ins letzte darstellbare Weise das Subjekt des Erfahrenden als Innen wie Außen ebenso untrennbar mit dem Objekt der Erfahrung verschmilzt wie das Was mit dem Wie des Erfahrens selbst, will ich subjektive Erfahrungen nennen. Sie sind in jedem Fall Selbsterfahrung, doch sie weiten das Ich in das Alles der Welt, und sie sind in jedem Fall Welterfahrung, doch sie ziehen die Welt in die Tiefe der Seele. In solchen Erfahrungen sind Subjekt und Objekt, Außen und Innen, Leib und Seele, Ich und Welt und beide im Doppelcharakter von Natur und Gesellschaft auf eine solche Weise miteinander verbunden, daß sie sich gegenseitig bedingen und Eines auf unerklärliche Weise im Andern sich spiegelt und darum Eines im Andern abbildbar ist. Auf dieser ununterbrochen als selbstverständlich hingenommenen und doch höchst geheimnisvollen Fähigkeit des Einander-Entsprechens von phsychischer und physischer Realität beruht auch die spezifisch ästhetische Mimesis. Die Kunst spiegelt ja nicht nur einfach Äußeres, sondern untrennbar davon auch Inneres wider, sie bildet mit dem Objekt auch das Subjekt, mit der Landschaft der Natur auch die Landschaft der Seele, mit den Rängen der Gesellschaft auch die Ränge des Bewußten und des Unbewußten ab, wobei sich das Subjekt in diesem Objektivierungsprozeß selbst als sich selbst Erfahrendes erfährt und so fort ohne Grenzen, Spiegel im Spiegel, und sie kann, die Kunst, dieses Wunder nur deshalb leisten, weil Inneres und Äußeres bereits vor dieser Kunstwerkwerdung Abbildungen voneinander sind.

«Aber sage, um des Zeus willen, Sokrates, glaubst auch du, daß diese Geschichte wahr ist?» läßt Plato den wißbegierigen Athener Phaidros anläßlich einer Mythe vom menschenraubenden Nordsturm fragen, und Sokrates antwortet mit Platos Worten: «... annehmend, was darüber allgemein geglaubt wird, ..., denke ich nicht an diese Dinge, sondern an mich selbst, ob ich etwa ein Ungeheuer bin, noch verschlungener gebildet und ungetümer als Typhon ...» Der Sturm draußen tost auch drinnen; die Ungeheuer blecken aus den Klüften des Meeres wie denen der Seele ihre schrecklichen Hauer: Was sich hier als Einheit des Subjekt-Objekt-Widerspruchs auftut, ist der Abgrund allen Denkens weil Existierens, und da ich ihn zu artikulieren oder im Gleichnis zu fassen versuche, wird mein Gefühl immer dringender, daß ich mich an den äußersten Rändern von etwas bewege, das sich mir in dem Maß entrückt, in dem ich mich ihm zu nähern glaube.

Es ist, auch hier, jene Küstenwanderung.

VIII

Zu den objektiven Erfahrungen treten also von Anfang der menschlichen Gattungs- wie Individualentwicklung an die subjektiven Erfahrungen, und die sind nun nicht mehr so einfach im Beispiel zu fassen, und der Menschheitsprozeß ihrer Bewältigung durch Verallgemeinern, der identisch mit der Menschheitsgeschichte von Kunst ist und dessen erste Voraussetzung das Objektivieren dieser Erfahrungen, ihr heraus holen aus dem subjektiven Charakter wäre, ist nicht mehr so simpel darstellbar wie das Entstehen der logischen Formen, deren hinreißende Axiomatik schon unsre Vorschulkinder entzückt. Die Schwierigkeit beginnt mit dem Gegenstand. Denn das Was dieser subjektiven Erfahrungen, die als Entdeckerglück, Wohlgefallen, Stolz, Genugtuung, oder Scheu, Furcht, Unruhe, Beklommenheit und ähnliche Phänomene des Anteilnehmens, ja des bloßen Beteiligtseins auch in jeder objektiven Erfahrung mitschwingen (woraus sich die Tatsache erklärt, daß in jeder Wissenschaft ein Element Kunst enthalten ist), das Was dieser subjektiven Erfahrungen ist, selbst wenn sie am konkreten Objekt, etwa beim Finden eines besonders schön gezackten Steinsplitters geschehen, ja nicht augenfällig da wie ein Stein oder eine Wolke, wiewohl es, dies Was, mit solcher Mächtigkeit dasein kann, daß es die Brust zu sprengen droht. Und noch ungreifbarer wäre das Wie. – Den Steinsplitter kann ich hochheben und zeigen, und jeder erkennt ihn als Steinsplitter an, doch das Glück, das mir sein Finden bereitet, wie teile ich das meiner Umwelt mit? Und wie erst Überwältigungen, die mir scheinbar unvermittelt geschehen: Grauen, Angst, Scham und Seligkeit? Doch daß ich sie mitteile, um mich zu vergleichen, ist für das Menschsein unabdingbar – erst am Andern erfahre ich, was ich bin. Dieses Sich-als-Mensch-Erfahren, dieses Begreifen: ICH – MENSCH ist ein ständiger Faktor allen Menschseins; es vollzieht sich als unabdingbares Element aller Menschwerdung bei jedem Einzelnen von neuem; es ist die Eingliederung in die Gattung und damit auch die Eingliederung in die jeweilige Gesellschaft wie das Konstituieren des Selbst als Person. Ohne diese Vergleichsmöglichkeit würde der Mensch im Tierreich verharren, und dies Sich-selbst-Erfahren am Andern beginnt granz drastisch im Körperlichen: Jeder Junge vergleicht in einem bestimmten Alter die Mächtigkeit aller seiner Organe, seines Bizeps, seiner Stimmkraft, seines Lungenvolumens, seines Urinstrahls, und solche körperlichen Kraft- und Funktionsvergleiche setzen sich dann fort im Sport, und das Ich (hier im Aspekt seiner Einheit von Natur- und Gesellschaftswesen erscheinend) ist erweitert zum Verein oder zur Nation.

Die Physis nun läßt sich leicht vergleichen, da gibt es objektive Kriterien, wie aber vergleiche ich Psychisches? Hier zeigt sich der tiefe Widerspruch der subjektiven Erfahrungen: Da es *meine* sind, habe ich sie ganz und als ganzer Mensch, ich habe ihr Was nicht nur geistig, ich *bin* es, und auch ihr Wie verkörpere ich. Man könnte mir das Was und das Wie nicht nehmen, wie man mir etwas Gefundenes wegnehmen kann, doch als *mein* sind diese Erfahrungen eben auch *nur* die meinen, und ich bin gänzlich außerstande, sie wie etwa ein Fundstück zu demonstrieren. Sie sind für mich da und nicht für die anderen, die unter diesem Aspekt die Anderen sind, doch damit sind diese Erfahrungen nicht einmal für mich da, denn eigentlich weiß ich ja nicht, was sie sind. (Ich bitte Sie, sich immer vor Augen zu halten, daß ich einen Entstehungsprozeß zu schildern bemüht bin und daß Sie daher, wenngleich dies schwerfällt, das Resultat nicht von vornherein mitdenken dürfen.) Ich habe etwas ganz und nur als das Meine, und eben damit habe ich es nicht: ich brauche notwendig einen Vergleich. Daß dieses Ding da ein Stein ist, weiß ich aus Vergleichungen mit anderen Dingen, die Steine sind, womit aber ver-

gleiche ich das mir Widerfahrene, hier also mein Entdek-
kerglück? Ich weiß nicht, ob andre es auch erfahren, und
selbst wenn sie davon sprechen, weiß ich noch immer
nicht, ob sie es *so* erfahren und, da ja das Was durch das
Wie mitbestimmt wird, ob sie dasselbe erfahren wie ich.
Das Einzige, das ich zur Vergleichung habe, das ist mein
früheres Erleben; ich werde immer wieder auf mich zu-
rückverweisen, und mit mir selbst bin ich doch so grauenvoll allein. «Vergleiche dich, erkenne, was du bist!»

Empfinde ich so wie die andern Menschen, bin ich wie
sie, sind sie wie ich? Im Alltagsgeschehn gesellschaftlichen
Umgangs, bei der Arbeit, auf dem Markt, im Ritus, beim
Fest werden solche Fragen sofort durch gleich- oder ähn-
lichgeartetes gemeinsames Reagieren beantwortet, und diese
Umgangsmodalitäten genügen einer Vielzahl von Alltags-
ereignissen so, daß die Gesellschaft funktionstüchtig
zusammenhält. Dem Einzelnen aber, dem Ich, das ich bin,
genügen sie dennoch und eben dann nicht, wenn er die
Sphäre des WIR verläßt. Denn bestimmte Ereignisse heben
mich mit solcher Macht aus dem Alltag, daß ich die Mit-
menschen nicht mehr spüre, und dieses Alleinsein ertrage
ich nicht. Ich habe ein Kind zur Welt gebracht; mein Liebster ist gestorben – dieses Glück, dieser Schmerz ist zuviel
für die einzelne Brust. Hier bricht der Grundwiderspruch
der Gattung Mensch elementar auf, hier möchte das Ich
seine Grenzen sprengen; bestimmte Erfahrungen rühren so
heftig an das Menschsein, daß sie es erschüttern; ich kann
danach nicht wie vordem mehr weiterleben, ich brauche,
schon daß ich sie überstehe, die Hilfe der Nachbarn, doch
diese Erfahrungen sind eben von solcher Art, daß sie zu be-
schreiben schwer, ja unmöglich ist, und diese Kommunika-
tionsqual gehört wesentlich mit zu ihrer Wucht. Ein jeder
kennt solche Augenblicke, da man es nicht aushielte, allein
zu bleiben, weil man im Ich wenn auch nicht das All, so
eben doch die Menschheit erfährt. Es sind dies nun, und
das ist das scheinbar Sonderbare, nicht irgendwelche ein-
maligen Sensationen, die da niederfahren, sondern Begeb-
nisse elementarster Alltagsexistenz: Leben und Tod, Erfüllung und Scheitern, Ich und Du, Heim und Welt, Glück
und Unglück, Gebären und Sterben, Recht und Unrecht,

Schmerz und Beglückung – Elementarereignisse von jedermann, die milliardenfach und milliardenfach Minute für Minute geschehen und doch für jeden einzig und einzigartig und zumeist auch unwiederholbar sind. Denn jeder hat sein Leben nur einmal, und jeder repräsentiert die Menschheit damit. Nur dadurch, daß ich als Mensch der Diese, Iwan, und als der Diese ein Einziger bin, kann ich die Menschheitsprobleme unmittelbar als die meinen erfahren, doch der Preis ist eben die Vereinzelung, der ich nur in höchsten Augenblicken entrinne, und immer sind es dann nur Augenblicke gewesen, und was ihnen stets folgt, ist aufs neue die Spannung des Ich. Hier haben Sie den ungeheuerlichen Widerspruch jenes IWAN – TSCHELOWJEK, über den Sie vorhin vielleicht still gelächelt und bei dem Der und Jener gewiß gedacht hat, daß es wohl ein bißchen *zu* spitzfindig sei, in solche Selbstverständlichkeiten Philosopheme hineinzugeheimnissen. Aber das Selbstverständlichste ist gewöhnlich das Problematischste: Jener Widerspruch von Einzelnem und Allgemeinem, der zunächst einmal jede Erscheinung aus dem Gestaltlosen treibt und im Menschengeschlecht das Ich hervorbringt, umlagert den spezifischen Gattungswiderspruch von Natur- und Gesellschaftswesen, und wenn *der* dann diese Verhärtung aufbricht, erschüttert er die Existenz.

An dieser Stelle sei mir ein Exkurs gestattet. Es ist nämlich ein Irrtum, jene beiden Widersprüche für miteinander identisch zu halten, und ein noch größerer Irrtum wäre es, den Widerspruch von Natur- und Gesellschaftswesen als verschiedene Stadien der Menschheitsgeschichte anzusehen, also so, als ob der Naturwesen-Aspekt der Gattung Mensch nur für ein fernes Urgeschichtsstadium gegolten habe und dann mit dem Eintritt in die Geschichte durch den gesellschaftlichen Charakter dieser Gattung abgelöst worden sei, welcher gesellschaftliche Charakter wiederum mit einem Schritt vom ICH zum WIR eine neue Qualität annehmen und etwas völlig Neues jenseits individueller Strukturiertheit inaugurieren werde. So einfach aber liegen die Dinge nicht, wenngleich das Ich und das Wir in ihrem Umfang und in Erscheinungsmerkmalen sicherlich *auch* historische Kategorien sind, denn der gesellschaftliche Cha-

rakter der Menschheitsspezies kommt eben auch als historische Determiniertheit zum Ausdruck. Doch sie sind es
auch, und nicht *nur*. Der Mensch ist eben dadurch ein gesellschaftliches Wesen, daß er ein Ich ist, daß er als Gattung
der Natur ein individuelles Ich sein kann, dessen Wesen ein
Sichentgegengesetzt-Fühlen zum Anderen, doch damit
auch zu den anderen innerhalb der Gattung ist. Gesellschaft wird ja gerade dadurch Gesellschaft im sozialen, also
im qualitativen und nicht im quantitativen Sinne, daß sie
sich der Natur gegenüberstellt, und das beginnt mit der
Empfehlung des ICH, und mag dies ICH am Anfang der
Menschheit auch einen großen Teil der Natur umfassen, es
ist das Ich gegen das Andere. Der Ameisenhügel, obwohl
hochdifferenziert und vortrefflich funktionierend, ist keine
Gesellschaft, weil seine Bewohner keine Ichs sind, sie sind
widerspruchslos Natur und nichts als Natur; sie stehen als
Einzelne wie als Gattung in der Natur, aber sie stellen sich
weder als Einzelne noch als Gattung der Natur gegenüber,
das tut nur der Mensch. Auch das Tier erbt Erfahrung und
erwirbt Erfahrung, doch diese Erfahrung wird auch als Erfahrung des Einzeltiers nie «meine Erfahrung»; auch dieser
Begriff ist an den Menschen gebunden und damit von Anfang an auch das Problem, wie «meine Erfahrung» zu der
eines Anderen werde.

Damit sind wir zu unserer Fragestellung zurückgekehrt,
die lautet: Ich habe im Ich mein Menschsein erfahren, und
nun muß die Menschheit mein Ich erfahren – aber wie
könnte das geschehen? Wie teile ich meine Erfahrung mit,
daß sie zu der des Andern werde – und dadurch auch die
des Andern zur meinen – und wir uns, einander und aneinander vergleichend, uns selbst erkennen und damit doch
wirklich erst ein Ich sind? Durch Mitteilung, sicher, allein
wie artikuliere ich etwas, das sich auf Sprache oder Gestik
nicht reduzieren läßt, weil es mich ganz erfüllt und erfaßt?
Die Wissenschaft kann hier nicht weiterhelfen, obwohl
das, was mir geschieht, milliardenfach geschieht und also
zur Verallgemeinerung drängt nach dem Schema: alle S
sind M – aber in dieser Verallgemeinerung geht ja gerade
die Einzigartigkeit des Ichs verloren, das heißt, die subjektive Erfahrung wird ausgelöscht. Das Ich ist eben einzig

und nicht millionenfach, wiewohl Milliarden Ichs existieren. – Daß Weiber Kinder zur Welt bringen, weiß man, das ist nichts Besonderes, und man macht ja auch kein Aufhebens davon, aber daß *ich mein Kind*, daß ich *dies* Kind geboren habe – da hielt die Sonne für einen Moment in ihrem Lauf ein, und es ward Stille im All, und ein Schrei klang, der Schrei meines Kindes, und bis zu allen Sternen hin war nur Eines in der Welt: seine Augen, und *diese* Hand, und *diese* Härchen, und daß es *mein* Kind war und nicht die Millionen Billionen Trillionen gewöhnlicher Bälgerchen. *Das* ist mein Erlebnis, das muß ich mitteilen, um es selbst zu fassen, doch wenn ich es auch mit all meinem Ich wiederholen und vor deinen Augen jetzt abermals niederkommen könnte – es wäre doch wieder nur *mein* Erleben; das Einzigartige fühltest du nicht! Am besten wäre es, wenn ich sänge, da könnte ich's noch am ehesten sagen, und jede junge Mutter singt zu ihrem Kind, und ihr Kind versteht sie.

Das ist in den meisten Fällen Kommunikation genug; doch nun nimm den Tod: Wenn einer stirbt, dem mein Herz gehört – nehmen wir an, daß er Gajus heiße –, dann kann mich dieses Ereignis so treffen, daß mein eigenes Leben fragwürdig wird – was soll ich allein noch auf der Welt? Hier wird Beistand lebenswichtig im wörtlichsten Sinn, und gerade da kann mir die Wissenschaft mit dem Syllogismus am wenigsten helfen: Alle Menschen sind sterblich; Gajus war ein Mensch; Conclusio: Auch Gajus war sterblich, und nun hab dich gefälligst nicht so! So unanfechtbar dieser Schluß ist, er kann mich vor dem Tod nicht trösten, denn *meine* Erfahrung ist nicht darin. Daß alle Menschen sterblich sind, habe ich gewußt, aber eben das ist ja nicht meine Erfahrung gewesen: Nicht «alle», *mein Gajus* ist gestorben, und etwas ganz Anderes als Erkenntnis ist mir widerfahren: Etwas Schwarzes ist in mein Leben getreten, eine knirschende, grinsende Sinnlosigkeit, eine Macht, die mit meinem Hirn auch mein Herz überwältigt und meine Milz, ja sogar meine Haare, die braun waren und nun weiß geworden sind, eine Macht, die auf meine Schultern gelegt ist und mich niederdrückt und zermalmt – Hiob schrie so: «Wenn doch mein Gram, mein

Leid gewogen würde auf einer Waage, ganz genau, so wäre es schwerer als aller Sand, der an den Küsten der Meere liegt.» *Der* versteht mich, nicht der Syllogist. *Der* weiß, wie mir zumute ist, *der* hat mein unwägbares Leid gewogen, ganz genau hat er es gewogen, und siehe, es ist so schwer, nein: schwerer als aller Sand, der an den Küsten der Meere liegt! So ist es; doch woher diese Zustimmung und ihre innere Sicherheit? Was ich bei Hiob lese, ist doch nur ein Gleichnis und als solches eine Fiktion. Es gäbe keine Waage, die groß genug wäre, alle Küsten der Meere zu fassen, und gäbe es sie, könnte man sie nirgends befestigen, und gelänge selbst dies, wäre es doch niemals möglich, alle Küsten der Meere auszugraben und Korn um Korn auf ihre Schale zu packen, und wenn selbst dies zu leisten wäre, so sänke der Sand ohne Gegenlast ins Bodenlose, denn Leid kann nicht gewogen werden; es ist nichts Substantielles, und nicht einmal ein Gedankenexperiment könnte es materialisieren.

Das Gleichnis ist, wissenschaftlich gesehen, eine unwahre, eine unsinnige Aussage – wie kommt es, daß ich sie dennoch als wahr, ja als einzig adäquat empfinde, so daß ich von ihr sage, sie *habe* mein Leid gemessen, und daß ich an dieser Wahrheit einen ersten Trost, die notwendige Hilfe finden kann? Es kommt zunächst daher, daß meine subjektive Erfahrung *nur* im Gleichnis objektivierbar ist, und ein Gleichnis wiederum ist nur deshalb möglich, weil Inneres und Äußeres abbildbar ist. Ein Mitmensch, ein Nicht-Ich, hat Gleiches erfahren und sagt diese seine Erfahrung so, daß ich, da er die seine in Worten materialisiert, auch die meine darin wiedererkenne, und zwar in ihrem subjektiven Charakter, nicht in einem anonymen «Alle Menschen sind …» aufgelöst. Dies aber kann nur vermittelnd geschehen, und dieses Vermittelnde (und Vermittelte) ist eben das Gleichnis. Denn sagte der andere seine subjektive Erfahrung auch nur so unmittelbar, wie ich die meine sagen könnte (und wodurch sie auf die Mitteilung einer objektiven Erfahrung reduziert worden wäre, aber anders könnte *ich* sie nicht sagen), sagte er: «Mein Titus ist gestorben», so ließe mich das unbeteiligt: Wie könnte *sein* Titus *mein* Gajus sein? So aber spricht er vom Leid, das schwerer wiegt als all der Sand an den Küsten der Meere, und das versteh ich: Es ist das Leid, das ich um meinen Gajus spüre, und ich brauche von Titus – von dem er ja ausgeht – gar nichts zu wissen, um zu begreifen: Jener leidet so wie ich. *Wie ich:* Ich bin nicht mehr allein; das Gleichnis ist der dritte Ort, wo sich meine und seine Erfahrung als gemeinsame treffen; es ist für die subjektive Erfahrung das verbindende Stück, das der Mittelbegriff (M) der Syllogismen für die wissenschaftliche Vergleichung ist. Ins Gleichnis eintretend, erweitere ich mein Ich um das Ich eines Andern, und dieser Andre wird als Meinesgleichen nun mein Halt. Das Gleichnis überzeugt mich, daß ich nicht allein bin, und zwar eben nicht dadurch, daß es beteuert, es gehe allen Menschen so wie mir, noch gar, daß es mich um meine Erfahrung zu bringen versucht, indem es mir einreden wollte, sie sei ja gar nicht so hart und es gebe sich schon, am besten mit gehörigem Bewußtsein. Das Gleichnis will mich nicht manipulieren, denn der, der es schuf, dachte nicht an mich. Ihm war ja sein Titus gestorben, nicht mein Gajus; er wollte die Wirklichkeit *seines* Leides bewältigen, indem er sie im Gleichnis zusammenzog, um sie fassen zu können, und da er sie also im Abbild bewältigte, befreite er sich auch real von ihr. Zumindest tat er dazu den entscheidenden Schritt. Es ist, auf der Stufe sichersten Bewußtseins, die magische Macht des Namensnennens, die im Wort das Wesen zu fassen vermag. «... und als bald hernach das Männlein hereintrat und fragte: ‹Nun, Frau Königin, wie heiß ich?›, fragte sie erst: ‹Heißest du Kunz?› – ‹Nein.› – ‹Heißest du Heinz?› – ‹Nein.› – ‹Heißest du etwa Rumpelstilzchen?›» – und da riß, wie wir wissen, das Männlein sich wütend selbst entzwei, und die Müllerstochter war erlöst. Sie hatte den verborgenen Namen ausgesprochen, aber um ihn finden zu können, war sie dem Männlein bis in die schaurigsten Gründe des Waldes gefolgt. Sie hatte sich nicht gescheut, der Wirklichkeit ins Auge zu sehen, darum hatte sie sich durch die Wahrheit des Sagens «was ist» befreit.

In dieser befreienden, dieser kathartischen Funktion der Kunst liegt der Keim all ihres gesellschaftlichen Daseins: Der sein Gleichnis formt, um *sein* Leid zu bewältigen, stellt es zugleich zum Gebrauch für seine Brüder und Schwestern bereit, die der Gabe solchen Artikulierens nicht teilhaftig

sind, und er hilft ihnen in ebendem Maße, in dem er rück-
haltlos sagt «was ist». Welche Gnadenlosigkeit im «Don
Quijote», welche unbarmherzige Rigorosität in den Alters-
bildnissen Rembrandts, welche Schonungslosigkeit im Untergang Gretchens, im Wahnsinn Ophelias, in des Ödipus
Schicksal – und wie viele Bekenntnisse zu diesen Werken
sprechen gerade von dem solidarischen Beistand, den diese
nichts ersparende Wahrhaftigkeit leistet. Hier könnte vielleicht ein Grund für den sonst schwer erklärbaren Umstand des «Vergnügens an tragischen Gegenständen» liegen,
für die spontane Bereitschaft beinah aller Ästhetik, das Tra-
gische prinzipiell ranghöher als das Komische anzusetzen.
Doch dies alles nur als fragende Andeutung.

In der Konsequenz des Willens zur Wahrheit liegt übrigens auch ein Wesensunterschied von Mythos und Märchen. Der Mythos kennt kein Happy-End und kein
Wunschdenken, und manche Mythen, etwa die des geschundenen Marsyas oder des rasenden Ajax, sind von
einer solchen Härte, daß sie uns abweisend machen könnten, spürten wir nicht auch noch im Krassest- und Gräßlichsten jene tapfre Wahrhaftigkeit, die uns die eigne Erfahrung bestätigt und am Beispiel ihres Gestaltetwerdens die
Möglichkeit ihrer Bewältigung zeigt. Freilich muß man
dazu die Wahrheit wollen. Wer in der Kunst nur seine Illu-
sionen bestätigt finden will, der will im Grunde genommen
Kunst gar nicht, auch wenn er beteuert, sie sei ihm heilig.
In einem gewissen Sinn ist sie ihm das sogar, etwa in dem
von Naturreligionen: Man betet das Heiligtum an, daß es
Regen bringe, und kommt dann keiner, verprügelt man es.
Diese Art des Heiligen nennt man Fetisch, und Marx hat
das Fetisch-Denken der kapitalistischen Gesellschaft im
Raum der Ökonomie gezeigt. Es gibt auch ein Fetisch-Den-
ken im Raum der Kunst.

IX

Ein Vergleich also, das war die erste Vorbedingung, denn
nur im Gleichnis kann ich meine subjektive Erfahrung unter Beibehaltung ihres subjektiven Charakters objektiviert
wiederfinden. In diesem Sinn hat jedes Werk der Literatur

441

Symbolcharakter und ist dadurch offen für Identifikation und Interpretation. Damit ist die zweite Vorbedingung bereits ausgesprochen: die Existenz eines, der Gleichnisse schaffen, und als die dritte Bedingung die Existenz jemandes, der dies Gleichnis auf seine Erfahrung beziehen kann. Eine subjektive Aussage wird nicht dadurch Kunst, daß der Mitteilende sie als solche behauptet, sondern daß ein Anderer als der Schöpfer sie anerkennt. – Barlach hat es so formuliert: «Zur Kunst gehören zwei – einer, der sie macht, und einer, der sie braucht.» Dies Gebrauchtwerden hat sicherlich viele Aspekte; Kunst ist nicht nur in einer Richtung wirksam, doch das Kriterium ihrer Anerkennung ist letzten Endes eben doch das Übereinstimmen von Erfahrung, wobei diese Erfahrung auch vorweggenommen, aus Verallgemeinerung erst einiger weniger verborgener oder tabuierter Züge des Lebens erahnt sein kann. Dann allerdings heißt es: Die Zeit dieser Dichtung ist erst später gekommen, und Kleist und Kafka fallen einem ein.

Je mehr Menschheitssubstanz erfahrener Welt in ein Kunstwerk eingegangen ist, um so größer seine Mächtigkeit. Hier liegt der Grund, warum Kunst nicht durch Dekretieren herbeischaffbar ist: Dort, wo das Substrat der Erfahrung fehlt, hilft auch der beste Wille nicht weiter, und hier liegt die Erklärung des merkwürdigen Umstands, daß aus einem ganz individuellen Anlaß Menschheitsaussage wachsen kann. Vieltausendfache subjektive Erfahrungen widerspruchsgetriebener Prozesse wie widerspruchsvoller Konstellationen haben sich in die Seelen als Anlage künftiger Gleichnisse derart und dermaßen eingeschliffen, daß das Aussprechen der Gleichnisse dann selbst das Gefühl des SO IST ES hervorrufen kann: das Gesellschaftliche erscheint als das Elementare. SO IST ES – man hat es ja schon immer gewußt, es hat einem auf der Seele gebrannt, nur konnte man's nicht in Worte fassen, darum hat der Menschenbruder, hat die Menschenschwester für einen gesprochen, und siehe, sie haben es gesagt. Mensch Iwan redet zu Iwan dem Menschen, und der fühlt in den Worten des Sprechers das gattungsweite Seinesgleichen.

Vieltausendfache, und in ebendieser Vieltausendfachheit ins Typische überführbare Einzelerfahrungen mit sich

selbst, der Gesellschaft und der Natur bilden einen nie aus-
schöpfbaren Fundus von Gleichnismöglichkeiten heraus,
deren menschheitsfrühe Objektivierung gewöhnlich gleich
unübertreffbar geschieht, weil jenes dem Menschengeschlecht von Anfang bis wohl an das Ende Zugehörige
darin so gefaßt wird, daß Jedermann es für sich nehmen
kann. «Schwerer als aller Sand an den Küsten der Meere»:
SO IST ES – man könnte es nicht einfacher sagen, aber
eben darum auch gültiger nicht. Im Gleichnis der Waage ist
das Unsagbare ausgesprochen, das tiefste Leid ist zum Wort
geronnen, und ich glaube, daß diese einfachsten, zwingend-
sten, am meisten «das Wesen der Sache treffenden», die er-
fahrungsschweren uralten Bilder in ihrer Gesamtheit die
Mythen sind. Wissen, wie sich die Sache verhält, und zwar
im Menschheitsaußen *und* Menscheninnen. – «Geschah
dies im Land mit den Truppen und Städten oder in meinem
Herzen allein?» Hier fragt Majakowski nach dem Ort des
Mythischen auf eine Weise, die dich in die Knie zwingt. Immer geschieht «es», wenn es das Menscheneigene ist, im
Land mit den Truppen und Städten *und* in deinem Herzen
allein. Das Mythische ist Gleichnis für die Verschränkung
dessen, was sowohl draußen wie drinnen ist, von histo-
risch-sozialen wie von psychischen Realitäten. Die Waage
wägt auf dem Markt wie im Herzen; ein Vorgang mythischen Charakters, und im Gleichnis ein mythisches Bild.
Der Wäger, seine Waage, sein Ort, seine Herkunft – ein
Mythos, genauer: *dann* ein Mythos, wenn diese Verbin-
dungen nicht mit dem willkürlichen Knüpfen eines Kausal-
netzes der äußeren Vorgänge sich begnügender Art sind,
sondern insgesamt wieder einem vieltausendfach elementaren Draußen wie vieltausendfach elementaren Drinnen
darum entsprechen, weil sie diesen beiden entwachsen sind.
Der Mythos ist nie zur Erklärung geschaffen, wiewohl er,
um eine Formulierung Kerényis zu gebrauchen, «die Eigen-
schaft hat, erklärend zu sein». Deshalb ist er keine primitive
Vorstufe der Wissenschaft, gebastelt von Leuten, die es halt
nicht besser gewußt haben, und er ist weder ätiologischer
noch allegorischer Art. Er ist untheoretisierte Erfahrung
und Bestätigung meines Erfahrens, doch dieses Bestätigen
hat übergreifend auch erklärende Gewalt, wenngleich in

einem besonderen Sinn: Es erklärt Dinge, die wissenschaftlich unerklärbar sind.

Lassen Sie mich dafür wieder ein simples Beispiel alleralltäglichsten Alltags bringen. Ein junger Mann sieht ein junges Mädchen, ein junges Mädchen einen jungen Mann (es kann sich auch um Steinalte handeln), und jenes merkwürdige Phänomen, das Liebe auf den ersten Blick heißt, hebt an. Was ist da mit mir geschehen? Hunderte sind vorübergegangen und haben mich teilnahmslos gelassen, und dann überwältigend dies – was geschah? Die Wissenschaft antwortet allgemein; das Ich aber will gerade die individuelle Antwort: Was ist *mir* da geschehen? Und so in ein letztlich unentwirrbares Gestrüpp einzelpersönlicher Unbestimmbarkeiten gestellt, scheint die Frage niemals beantwortbar. Doch ins Schweigen der Wissenschaft antwortet ein Schlager mit Ciceros Worten: Das war Amors Schuß, der hat dich getroffen! – boing! und ein schwirrender Akkord. Diese Antwort ist nun auch nur allgemein und obendrein offenkundig phantastisch, doch ihr folgt etwas Erstaunliches: Sie scheint dem Individuum zu genügen, und sie genügt ihm, wiewohl jeder weiß, daß Amor oder sein Blutsbruder Eros nicht mehr die Parks zu durchpirschen pflegt. Doch das mythische Gleichnis macht Außen und Innen dieses Phänomens so überzeugend deckungsgleich, daß es sich trotz unseres Unglaubens an eine objektive Existenz von antiken Göttern als eine erklärende Kraft bewährt und mit dieser Erklärungskraft selbst bis dorthin reicht, wo sich individuelle Kausalketten kreuzen und also der Zufall sein Wesen treibt.

Solche Überzeugungskraft mythischer Substanz hat die Gottheiten als Inkarnationen vieltausendfacher Erfahrung geschaffen, und solche Erfahrungsschwere, solcher Weltgehalt, solches Menschheitskonzentrat wird als allgmeine wie individuelle Erklärung akzeptiert, denn durch sie fühle ich mich und meine Existenz überzeugend nicht nur in den Seinszusammenhang der Menschengattung, sondern auch in einen großen Sinnzusammenhang gestellt. Ohne den aber könnte ich menschlich nicht leben, denn die Frage nach dem individuellen Warum ist nichts anderes als eine Umkehrung der ewigen Menschheitsfrage nach dem Sinn, also nach dem Warum ihrer Existenz. In dieser teleologischen Frage spiegelt sich der Grundwiderspruch des Menschen als Natur- und Gesellschaftswesen auf besondere und besonders eindringliche Weise. Die Natur ist nicht auf einen Endzweck hin angelegt, und da der Mensch ein Stück Natur ist, ist es seine Existenz als Ich wie als Gattung ebenfalls nicht; da aber der Mensch zugleich und immer und in jedem Bezug gesellschaftliches Wesen ist und die Gesellschaft, um jedem ihrer Mitglieder die als unabdingbar geforderten Opfer an Eigensubstanz zu erklären, sich final bestimmen *muß*, sucht das gesellschaftsbestimmte Ich auch Antworten auf diese beiden wissenschaftlich unbeantwortbaren Fragen: «Wozu dies alles?» und: «Warum gerade mir?» Diese Fragen schwingen in jeder Existenzerkundung von Gattung und Individuum unüberhörbar mit. Schon die Frage, die der Mensch an die Wissenschaft zu stellen wohl das größte Recht hat, die Frage nach sich selbst, geht in einer anatomisch-biologisch-physio-psychologisch-historischen Antwort nicht auf, weil die Frage: «Was ist der Mensch?» die Frage einschließt: «Wozu ist er, was er ist, wozu ist er da?» Die Wissenschaft kann diese Frage als unwissenschaftlich, als metaphysisch ablehnen, aber der Mensch wird drum nicht aufhören, auf Antwort zu pochen, und daß und wie diese Frage gestellt, und vor allem: wie sie vom Leben beantwortet wird, gehört ebenfalls zur Menschenerfahrung, und auch sie schleift sich ins Bewußtsein ein. Dem Tier ist alles Fragen verwehrt; die Fliege kann weder forschen, was sie anatomisch-physiologisch als Fliege sei, noch kann sie im Spinnennetz darüber grübeln, warum gerade ihr solches Leid geschehn ist und nicht der Gefährtin, die draußen vorbeisummt. Der Mensch aber stellt alle diese Fragen, und wenn seine Zellen Krebs überwuchert, schreit er nicht nur die Frage nach dem Was und Woher, sondern auch nach dem Warum gerade *seines* und dem Wozu *allen* Geschlagenseins in die Welt.

Auf diese wissenschaftlich unbeantwortbaren Fragen antworten die Mythen. Darum sind sie heute, da Wissenschaft und Kunst sich längst voneinander geschieden haben, kein Wissenschaftsersatz, und man verfehlt ihr Wesen gründlich, wenn man sie nur als solchen auffaßt und darum ihre

Gültigkeit auf die historische Frühe beschränkt. Dort waren sie sowohl Kunst wie auch Wissenschaft, und im Aspekt des Wissenschaftsfortschritts sind sie zweifellos eine Vorstufe der Wissenschaft und als *solche* nur noch von historischem Interesse; als Kunst aber sind sie so unvergänglich, wie es alle Kunst ihrem Wesen nach ist.

X

Damit hätten wir meiner Meinung nach die wesentlichen Bestimmungselemente des Mythischen zusammengetragen, doch ich wage keine Definition. Meine Erklärversuche sind zu fragmentarisch, und zudem hat kein andrer als Lenin vor solchen Definitionen gewarnt. Man müsse, so meinte er, die Hauptelemente aufzählen, die zum Wesen einer komplizierten gesellschaftlichen Erscheinung – und das ist der Mythos ja zweifelsohne – gehören; ich möchte also diese Elemente noch einmal in Erinnerung bringen:

Jahrhunderttausende-, vielleicht jahrmillionenalte eingeschliffene Menschenerfahrung im Prozeß des Findens seiner selbst als Entfaltung seines Existenzwiderspruchs von natürlichem und gesellschaftlichem Wesen;

ein Fundus als typisch anerkannter, gleichnishafter Modelle als verallgemeinernde Widerspiegelung objektiver widerspruchsvoller Prozesse des Menschheitsaußens *wie* Menscheninnen;

der Doppelcharakter dieser Fundusstücke als Anlage wie als Entfaltung;

die unbegrenzt scheinende Quell- und Keimkraft der Anlage und ihre Fähigkeit, sich in den verschiedenen Medien der Kunst zu konkretisieren;

die Darstellung gesellschaftlicher, und darum in der Realität immer jeweils historisch konkret erscheinender Prozesse als elementarer;

der erklärende, aber nicht Wissenschaft ersetzende noch Wissenschaft beabsichtigende Charakter;

als historischer Aspekt die Tatsache, daß ein hervorragender und als besonders repräsentativ empfundener Teil dieser Entfaltungen aus den Vorbereitungs- und Entstehungszeiten der Klassengesellschaft herrührt, und das dort vollzogene Erheben menschlichen Erfahrens des Außen

und Innen ins sowohl historisch wie psychologisch Über-
höhte des Götter-, Heroen- und Ungeheuerreiches;

die Gültigkeit der Mythen weit über die Entstehungszeit
hinaus, ja vielleicht bis ans Ende des Menschengeschlechts.

Dies, wie gesagt, keine Definition, es sind Bestimmungselemente, denen ich, hier abbrechend, noch als Wesensbe-
standteil den Grund dieses Innehaltens hinzufügen möchte:
Der Mythos ist nicht nur vom Beschreibenden und Defi-
nierenden her bewältigbar, man muß seine Wirkung so erfahren, wie man die von Kunst erfahren muß. Möge Ihnen
Hesiod oder Aischylos oder die Helena-Szene im «Faust»
dann begegnen, wenn Sie sie brauchen, und Sie werden es
besser wissen als aus zehn Lektionen.

Und hier möchte ich noch ein Wort zu den Märchen sagen, die bisher, so werden Sie gefunden haben, ein wenig zu
schlecht weggekommen sind. So schlecht meine ich es gar
nicht mit ihnen, und meine Schroffheit ist wahrscheinlich
nur der Pendelausschlag nach der anderen Seite. Wie sollten mir die Märchen nicht teuer sein; sie sind ja eine der
verwunschenen Formen, in denen die alten Mythen schlafen, und man kann die Schläfer wiedererwecken wie Dornröschen in ihrem Rankenschloß. Wir müssen allerdings an-
stelle des Happy-Ends die Widersprüche in die Märchen
zurückdenken, und das könnte mit einem Blick in den al-
lernächsten Alltag wie mit jener Fragestellung Platos beginnen, was denn von dem berichteten Fabelhaften in der eigenen Seele Wirklichkeit sei. Auch dort schläft Dornröschen,
und auch dort verbluten die zur Unzeit gekommenen Retter im spitzen Gestrüpp, doch einer davon wäre dann der
Befreier, für den die Zeit längst gekommen war. Und der
schlechte Schlaf des Entwicklungslosen, des «Wie es ist, so
muß es bleiben», gibt sich mancherorts als Erstrebtes aus
und schützt sich gegen Ruhestörer. Hier hätten Sie bei-
spielsweise einen Weg aus dem Happy-End in den Widerspruch. Es lohnt sich auch, darüber nachzudenken, ob die
Hexe und die Mutter in «Hänsel und Gretel» nicht miteinander identisch sein könnten und welche Welten die Spiegel spiegeln, in die Schneewittchens Stiefmutter schaut.

Bemächtigen Sie sich solcherart unerschrocken der holden Märchen, und fürchten Sie nicht, den Zauber der Poe-

sie zu zerstören. Sie zerstören Dornen, daß Dornröschen lebe, und Sie erwecken Kore in ihr.

Der Mythos hat unzerstörbare Kraft.

XI

Gerade hier wäre es an der Zeit, sich – wenn auch nur andeutungsweise – dem unleugbaren Widerstand zu stellen, der den Wörtern «mythisch» und «Mythos» so oft begegnet und der selbst Mythenfreunde wie unsereinen die Begriffe manchmal abschätzig gebrauchen läßt. Diese Tatsache wird nicht allein mit dem Hinweis erklärt sein, daß bestimmte Wörter gerad dieser Bereiche widerspruchsvollen Charakters sind – das lateinische «sacer» etwa heißt «heilig» *und* «ruchlos», und im Deutschen kann die Wendung «ich bin verzaubert» die höchste Glückseligkeit ebenso bedeuten wie das Los der Gefährten des Odysseus, die Kirke in Schweine und Hunde verwandelte.

Warum also sollte es nicht auch so um das Wort «Mythos» bestellt sein, doch ich glaube, das geschilderte Unbehagen wurzelt vor allem darin, daß der Mythos leicht, und leichter als manches andre Menschengebilde, mißbraucht werden kann. Diese Feststellung ist kein Werturteil; ein Seismograph ist störanfälliger als eine Ramme, und von einem Thron herab kann man mächtiger Heil oder Unheil wirken als von einem Schneidersitz. Diese Wesenseigenschaften sprechen weder für noch gegen ihre Träger, man muß sie nur kennen. Die Anfälligkeit des Mythos liegt in seinem Gleichnischarakter; der ist sein Vorzug wie seine Schwäche, und beides teilt er mit jeder Kunst. Wenn seine Aussage nur ein Gleichnis und sein Gegenstand nicht exakt bestimmt ist, scheint es ja jedem freigestellt, beliebige Mythen in die Welt zu setzen, und von manchen freischwebenden Theoremen, die sich als fundierte Wissenschaft geben, sagen wir ja auch naserümpfend, sie seien ganz mythisch.

Nun scheint der Mythos vor solcher Willkür durch sein Kriterium des Anerkanntwerdens geschützt, aber gerade in dieser Panzerung liegt die Lindenblattstelle: Das menschliche Streben nach bequemster Erklärung der unbequemen

Dinge des Alltags – und uneingestanden gerade des Innen – kann in bestimmten Notzeiten zu massenhafter und gieriger Anerkennung all dessen führen, was nach dem Mund redet, um den Bart geht, Honig ums Maul schmiert – kurzum: aller Demagogie. Die macht es ihrem Publikum leicht; die fordert nicht auf, Erfahrung nüchtern und klar zu durchdenken und den argen Weg des Erkennens zu gehen, sie bildet gewissermaßen absichtlich Kurzschlüsse, durch die der Strom der Gefühle dann widerstandslos rast.

Machen wir's am ruchlosesten aller Beispiele praktisch, an der Nazi-Demagogie. Es gibt Böses in der Welt, und es schläft Böses in der Seele, und der Mythos hat die Gestalt des Teufels geschaffen, doch wenn diese myhtische Gestalt aus dem Gleichnis genommen und einer konkreten Menschengruppe, im «Stürmer» also den Juden, gleichgesetzt wird, ist der Mythos mit der äußeren Realität kurzgeschlossen; er hat mit dem Gleichnischarakter sein Wesen verloren; sein Erfahrungsgehalt zerstiebt; sein Widerspruch erstarrt auseinandergerissen zu absurden äußeren Gegensatzpaaren, und falscher Mythos, Wahn, entsteht. Konsolidiert er sich, wird er zu falschem Bewußtsein, und er konsolidiert sich vor allem dadurch, daß eine reaktionäre Politik sich seiner bemächtigt und ihn als Wissenschaft deklariert, mit welcher sich dann diese Politik selbst wieder begründet. Hier wird das Bewußtsein ideologisch auf jene prähistorische Stufe zurückgeworfen, da Wissenschaft und Kunst noch voneinander ungeschieden in den Händen der Schamanen waren. Darum die Vorliebe aller Faschismen für das Primitive und das, was sie für dessen Verkörperung halten: das Dumpfe, Urige, Chthonische, Blutige, Dampfende, Neblige, Brodelnde, Gärende, für den Hexenkessel voll trübem Gebräu des ineinandergekochten Kunst- und Wissenschaftswahren, wobei beides mit seiner Spezifik seine Wahrheit verliert. Darum die Feldzüge gegen das Denken, gegen die Anstrengung der Begriffe, gegen Klarheit, gegen Differenziertheit, gegen Kalkül und Nuancen, daher die Vorliebe für alle die Vorgeschichte beschwörenden Phrasen: BLUT UND BODEN etwa – das sollte die magische Mystik der Urzeit beschwören und strafte sich schon dadurch Lügen, daß es von Lautsprechern durch

Werkhallen scholl und die Schamanen im Auto und Flugzeug angereist kamen.

Der gefährlichste Zug all dieser – und wahrscheinlich aller – Demagogie, bei der immer ein Gleichnis zur primitiven Gleichung umgefälscht wird, ist eben das Jonglieren mit verschiedenen inkommensurablen Wahrheiten und damit der scheinbare Realitätsgehalt dieser Demagogie. Denn es ist ja nicht so, daß ein Wahngebilde vollständig aus Lüge bestände – ein solches System wäre schon logisch unmöglich, wie jenes berühmte Beispiel: «Alle Kreter lügen, sagte der Kreter», beweist. Doch in diesem System funktioniert jeder Satz im Sinn der beherrschenden Lüge, und jedes Stück Wahrheit ist in sie integriert. So auch in jenem Teufelsbeispiel. Da in *jeder* Brust ein Stück Böses angelegt ist, nämlich jenes naturhaft ethisch an sich Indifferente, das im Gesellschaftlichen als böse erscheint, kann man diesen Menschenzug in *jeder* ethnischen Gruppe entdecken, sie fällt dadurch nicht aus der Menschengattung; doch wenn ich mich als makellos ansehe und alle Schwärze auf den Anderen häufe, entkleidet der Wahn mich meines Menschenseins in eben dem Maße, in dem ich mich als der rassisch oder ethnisch Höhergeartete über Menschenbrüder erheben will. Ich wähne mich als ein real existierendes mythisches Wesen, als ein Übermensch, und handle wahnhaft, aber real und mit schrecklich realen Folgen, und aus dem Kurzschluß im Bewußtsein schlagen die Flammen der Krematorien.

Kein Wunder, daß nach dem Mißbrauch des Mythos durch Rosenberg, Streicher und Konsorten gerade der streitbare Antifaschismus diesen Begriff sehr skeptisch ansah, und hier sollten wir uns tief vor der Leistung Thomas Manns verneigen, der wesentlichen Anteil hatte, wenn dieser Begriff den Händen des Feindes wieder entwunden wurde, denn dem Feind hat niemals der rechte Mythos, dem hat immer nur der Wahn gehört. Ich kann auf Thomas Manns Mühn hier nicht eingehn, doch sein hundertster Geburtstag wäre ein guter Anlaß, diese Leistung gründlich zu würdigen. Die Wissenschaft könnte an dem lauteren Werk dieses humanistischen Schriftstellers aufs neue zeigen, daß der Mythos der schöpferischen Menschheit und nicht ihren eingefleischten Feinden gehört.

XII

Was ist nun das mythische Element in der Literatur?

Wir müssen uns zunächst dahin verständigen, unter Literatur nicht die Summe alles Geschriebenen, sondern Kunst im Medium Wort zu verstehen, und hier abermals wieder nur jene Werke, die nicht nur die Form von der Dichtung leihen. Ich glaube nun, daß auch so verstandene Literatur nicht einfach mit Mythos gleichgesetzt werden dürfe und daß es Genres, zum Beispiel das Lehrgedicht, gibt, die ihrer Anlage nach a-mythisch sind. Aber zweifellos ist der Mythos ein Wesenskern von Literatur, und dieser mythische Zug in einem Stück Epik, in einem Drama, in einem Gedicht ist wohl aspekthaft identisch mit dem, was man das Geheimnis der Dichtung nennt. Das mythische Element ist jenes Ingrediens, das bestimmte Worte und Handlungskompositionen so überwältigend wirken und zugleich das Was und Wie dieses Wirkens begrifflich unerklärbar macht. Es ist, zum Unterschied vom Rätsel, das mit seiner Auflösung abgetan ist, jener Rest, der im intellektuellen Begreifen nicht aufgehen will, jenes Gleichnishafte, in dem wir Außen und Innen zu einem SO IST ES verschmelzen fühlen, ohne daß wir genau sagen könnten, *was* denn nun eigentlich so ist, es sei denn, man spräche das soeben Gehörte wortwörtlich noch einmal aus.

Wir wollen gleich ins Konkrete gehen und kehren zu unserem Anfang zurück. Welchen Aspekt des Außen und Innen faßt Claudius? Meiner Ansicht nach die entsetzliche Ahnung, daß eine Welt, die allen noch heil scheint, einen Riß hat, durch den Kälte strömt. – Es wird kalt in dieser trauten Welt, und in der Seele beginnt ein Frieren, so sagt das Lied, und ganz deutlich wird das, wenn Sie die Schlußstrophe des Claudius-Gedichts mit der seines paraphrasierten Vorgängers vergleichen. Denn Claudius hat auf ein Muster zurückgegriffen, auf das Abendlied seines hundertfünfzig Jahre älteren Theologiekommilitonen Paul Gerhardt, der übrigens in Lübben begraben liegt. Dort hebt es so an:

> Nun ruhen alle Wälder,
> Vieh, Menschen, Städt' und Felder,
> Es schläft die ganze Welt ...

Und die letzte Strophe lautet bei Gerhardt:

> Auch euch, ihr meine Lieben,
> Soll heute nicht betrüben
> Kein Unfall noch Gefahr.
> Gott laß euch ruhig schlafen,
> Stell euch die güldnen Waffen
> Ums Bett und seiner Helden Schar!

Das ist gedichtet im Dreißigjährigen Krieg, aber da ist die Welt noch heil, und die Seele fühlt sich geborgen in Gottes Hand.

Und nun hören Sie noch einmal die letzte Strophe des Matthias Claudius:

> So legt euch denn, ihr Brüder,
> In Gottes Namen nieder;
> Kalt ist der Abendhauch.
> Verschon uns, Gott! mit Strafen,
> Und laß uns ruhig schlafen!
> Und unsern kranken Nachbar auch!

Sie merken den Unterschied; es sind zwei Welten. Gerhardts Gedicht soll man nicht geringschätzen, es ist schön, hold, lieb, ein Juwel in der Schatzkammer unsrer Dichtung, allein es fehlt ihm eben das, wodurch wir ein Stück Literatur unsterblich in der Gewißheit nennen, daß sein Wort auch in kommenden Zeiten die Leser überwältigen wird. Ich glaube, es fehlt ihm das mythische Element. Und nun beachten Sie bitte, wie dieses Element – die Ahnung eines Kälteeinbruchs – bei Claudius das ganze Gedicht durchdringt und nicht etwa nur in der viertletzten Zeile als Behauptung gesagt wird. Wäre es nur diese Feststellung, dann spürten wir nicht die Kälte, die so schauerlich – weil kaum wahrnehmbar und doch durchdringend – die Innigkeit dieses Gebildes durchzieht und die in *jeder* Strophe da ist, als *Einheit* eines Widerspruchs da ist und nicht als märchenhaftes Auseinandergerücktsein eines Gegensatzpaares. Hören wir die erste Strophe:

> Der Mond ist aufgegangen,
> Die goldnen Sternlein prangen
> Am Himmel hell und klar.

Der Wald steht schwarz und schweiget,
Und aus den Wiesen steiget
Der weiße Nebel wunderbar.

Diese Strophe scheint mich Lügen zu strafen – es *ist* doch
in ihr alles innig und heil: Vollmond, und die hellen, klaren
goldnen Sternlein, der Wald, die Wiesen, der weiße Nebel
– aber sehen Sie doch, wie der Nebel, der da heranwallt
und steigt, sich anschickt, die Sterne auszulöschen – sehen
Sie's? – Der eine Frieden hebt den anderen auf, das ist es.
Der Nebel steigt, und nun geht es in die zweite Strophe,
und da steht die trauliche Kammer in einer Schwärze,
durch die langsam ein Brodem herankriecht, und diese holde
Kammer Welt ist wie die holde Kammer Seele voll von allem Jammer der Menschheit – draußen ist's still, aber drinnen stöhnt es, in dieser Kammer, aus der man noch den
Mond gesehen hat und die sich jetzt schließt, die dicht wird
– und Sie mögen es nicht für ein Hirngespinst halten,
wenn mir das Wort GASKAMMER da einfällt, natürlich
hat Claudius das nicht gekannt und nicht gewollt und nicht
geahnt, aber daß man Auschwitz in sein Gedicht einfügen
kann, zwar mit Entsetzen, doch ohne ihm Gewalt anzutun,
eben das ist die Quell- und Keimkraft eines mythischen
Elements. Es wirkt wie ein Sauerteig, es macht das Gedicht
weit auch für unsre Erfahrung; darin besteht die sonst
unbegreifliche Wirkung der Kunst über Jahrhunderte, und
wem das zu hergezogen scheint, der mag ein Abendlied des
zeitlich viel näher bei Claudius als bei uns stehenden, des
fälschlicherweise so gern als «still und schlicht» idyllisierten
Mörike lesen, das fängt so an:

Am schwarzen Berg da steht der Riese,
Steht hoch der Mond darüber her;
Die weißen Nebel auf der Wiese
Sind Wassergeister aus dem Meer;
Ihrem Gebieter nachgezogen
Vergiften sie die reine Nacht,
Aus deren hoch geschwungnem Bogen
Das volle Heer der Sterne lacht.

Da haben Sie die heile Welt hundert Jahre vor Auschwitz – durch den Riß zischt das Gas, und die Sterne lachen.

Und nun möchte ich Sie bitten, das Claudius-Lied noch einmal Wort für Wort durchzugehen, und ich hoffe, daß einige von Ihnen zu fassen vermögen, was Dichtung heißt, wenn Sie Zeile für Zeile auf das Mythische dieses Abendlieds stoßen, auf die Einheit seines Widerspruchs gefährdeter Trautheit und trauter Gefährdung: *der Wald steht schwarz und schweiget* – dieser schwarze, schweigende, reglose Wald ist *beides*: Anheimelung *und* Schrecken, und schon das Wort «Wald» ist beides zugleich. Noch die geringste Partikel und Konjunktion aller Sprachen ist solcherart durchtränkt mit Erfahrung von Jahrhunderttausenden, doch daß diese Erfahrungen sich mitteilen können, bedarf es jenes Sachverhalts, den Sie Literaturwissenschaftler einmal mit dem gräßlichen Wort «Kontext» bezeichnen werden. Karl Kraus, der nicht müde wurde, das Geheimnis der Dichtung gerade in den schlichtesten Zeilen zu zeigen, hat es so gesagt: «Das Geheimnis besteht nur darin, wer die Zeile schreibt, in welchem Gedicht sie steht, in welcher Luft sie lebt und atmet. Mit dem Vers geht's da nicht anders zu als mit dem Wort selbst, das allen gehört und das alle treffen.» Nur im Kosmos des gestalteten Werks wird Menschheitserfahrung so wieder lebendig, wie Gerstenkörner aus den Pharaonengräbern in unsrer Zeit wieder zu keimen beginnen konnten. – Eichendorff hat es gewußt:

> Schläft ein Lied in allen Dingen,
> Die da träumen fort und fort,
> Und die Welt hebt an zu singen,
> Triffst du nur das Zauberwort.

Es schläft in den Dingen, weil es in der Seele schläft, und der Mensch hat es jahrhunderttausendelang in die Dinge hineingeschaut wie aus den Dingen herausgenommen. «Mond» – «aufgehen» – «golden» – «Sterne» – «Himmel» – «Wald» – «schwarz» – «Wiesen» – «steigen» – «Nebel» – «Jammer» – «Mensch» – «schlafen» – «vergessen» – «Gott» – «Strafe» – «verschonen» – «und» – «unser» – «krank» – «Nachbar» – «auch» – jedes Wort wird zum Zauberwort in jenem Verein, der Wörter zu Dichtung zusammenfügt. Ein jedes dieser Wörter ist ganz alltäglich, und jedes kann gänzlich Geläufiges sagen, doch in jedem Wort lebt auch das Uralte, und das Geheimnis des lebendigen Feuers und Wassers, das Geheimnis von Wolke und Sternnacht und Weidenbaum wirkt in den Sprachen wie in den Gründen der Seele fort. Das Wort ist das Grundmaterial der wissenschaftlichen Aussage *wie* der Dichtung, die Sprache ist die Mutter des Logos *und* des Mythos, darum kann ein und derselbe Satz völlig verschiedener Botschaft sein. «Es wird kalt» – da schaue ich aufs Thermometer und nicke und nehme Hut und Mantel; «es wird kalt» – und da kann der Juli glühen, und draußen ist Flirren und Leichtgeschürztes, doch ich habe die Zeitung gelesen und mich schaudert: Kälte bricht ein. Worte sind nicht identisch mit Wörtern, Dichtung nicht mit Wissenschaft, und beide nicht mit Alltagskommunikation. «Lebt wohl!» – Karl Kraus wies immer wieder auf dies Beispiel hin –, «Lebt wohl!» kann eine Phrase sein, und das «Lebt wohl!» als Schlußwort der «Iphigenie» ist das größte Abschiedswort deutscher Dichtung; «auf einer Schanze zu Straßburg» ist eine sachliche Ortsbestimmung, durch deren poetische Fassung «Zu Straßburg auf der Schanz» ein Grenzort des Menschheit beschworen wird, und im «Ach!» von Kleists Alkmene wird die abgedroschenste Allerweltsfloskel zur seelischen Elementargewalt.

Spätestens hier werden Sie auch begriffen haben, worin das zutiefst Unerlaubte, das Verwerfliche Ihrer Manipulierung bestand, als ich Sie nach der Aussage des Claudiusschen Gedichts befragte und wir scheinbar keine finden konnten, die nicht eine Banalität gewesen wäre. Wir haben ein Gebilde der Dichtung befragt, als ob es eine wissenschaftliche Widerspiegelung wäre, *das* war das Unerlaubte, nicht das genaue Abklopfen eines Gedichts. Ich glaube, es war Goethe, der ein gutes Gedicht mit einer Frau verglich, die sich zur Prüfung ihrer Körperschönheit nackt müsse dem Sonnenlicht stellen können. Freilich will dann die Schönheit geprüft sein und nicht etwa historisches Wissen. Ein Gedicht muß ich als ein Gedicht befragen, dann aber muß es standhalten und, wenn es wirklich dicht ist, bis in die Silben, bis in die Interpunktion hinein. Machen Sie das ruhig einmal bei Claudius, schauen Sie sich ruhig an, wie zum Beispiel die Rufzeichen in der letzten Strophe auf Gott einhämmern – das sind Schreie, die der sanfte Sänger da ausstößt: «Verschon uns, Gott – Rufzeichen – mit Strafen, und laß uns ruhig schlafen – Rufzeichen – und unsern kranken Nachbar auch – Rufzeichen – und damit schließt das Abendlied, mit einem Schmerzensschrei, nicht mit einer Bitte, und ist doch geflüstert; bis in die Interpunktion hinein kann man so fragen, aber man muß das Gedicht seiner Art gemäß befragen, sonst erficht man mühelos den billigsten Triumph über jede beliebige Dichtung, doch man hat damit nicht das Gedicht, man hat damit nur sich selbst widerlegt, und es wäre auch ein Irrtum zu glauben, man habe seiner Gesellschaft dadurch gedient.

Meine Damen und Herren, ich möchte hier mit Engelszungen reden können, um Sie vor solchen billig dummen oder billig ruchlosen Triumphen in Ihrer künftigen Tätigkeit zu warnen. Sie werden ja einmal wesentlich Anteil daran haben, ob der nächsten Generation der Weg zur Dichtung geweitet oder noch mehr verengt wird, und ich möchte nichts mehr wünschen, als daß Sie *eben* als Wissenschaftler, *eben* als Analytiker, *eben* als kritischer Foscher und strenge Lehrer einmal unsre Verbündeten sind. Nochmals: Nicht, daß man ein Stück Literatur nicht wissenschaftlich befragen dürfe, das darf man, das soll man, daß muß man, das tut man entschieden zu wenig; ein Gedicht ist wie jedes andre Objekt dieser Welt ein Gegenstand auch der Wissenschaft, doch man darf eine Dichtung nicht *so* befragen, als ob sie eine wissenschaftliche Aussage sei. Das eben ist das Unerlaubte, das noch so häufig praktiziert wird.

Aber Schluß damit, ich habe Sie lange genug strapaziert, und wir müssen ja noch die beiden abgestellten Texte erlösen – ich mache es ganz kurz, und dann noch einen Hinweis zum Schluß.

Was also ist das mythische Element im Text Jean Pauls? Ich glaube, das Wiedererfassen des Erdballs als Menschenheimat – die gläubige Ahnung auch *nach* Kepler und Galilei, daß dieser Planet, den die unerbittliche Wissenschaft seiner Stellung als Mitte des Kosmos beraubt hat, daß dieses durch die Kälte und Leere des Weltalls treibende Stäubchen nicht eines unter Milliarden ist – was es *auch* ist –, daß dieses *eine* die Heimat des Menschengeschlechts war, ist und sein wird. Menschenheimat, auch im Flug durch die Schwärze, und gesehen von einem Allerweltsberglein, nicht vom Pamierplateau, nein, vom Fichtelgebirge überm Kirchturm eines jämmerlichen Residenznestes, von einem Staatspartikelchen Kuhschnappesweiler oder Plundershausen: *Goldadern schwimmen auf den schwarzen Nacht-Schlakken* – denn es ist ein Sonnenuntergang, der geschildert wird, und die Sonne geht auch in der Seele unter, vergessen Sie das dabei nicht.

Und das mythische Element im Monolog der Frau Marion Bloom ist eines der am schwierigsten gestaltbaren, weil es eines der elementarsten ist: der Geschlechtswiderspruch; Sexualität und Erotik, Körper und Seele, Gott und Tier, aber all dies sind eben Gegensatzpaare, erst die Einheit macht den Widerspruch. Manche Epochen und Schulen sind geneigt, diese Gegensatzpaare moralisch als erlaubt-unerlaubt, normal-pervers, sauber-schmutzig zu fassen; andere wieder suchen den Gegensatz von körperlicher und geistiger Liebe solcherart absolut zu nehmen, und da scheint es ja manches zu geben, was dafür spräche: Körperliche Liebe ist etwas, das den Unterleib angeht, das schmierig ist, übelriechend, das «Afternahe», wie Benn einmal sagte, etwas, das mit Ausscheidungen zu tun hat, die durchaus der gleichen Natur wie andere Drüsensekrete auch sind, ja sogar wie Körperexkremente, die in diesen hundertundelf Seiten ebenfalls nicht verleugnet werden, und die physische Liebe wird dort auch *so* dargestellt – doch dieselbe körperliche Liebe erwies sich an Marion Bloom zum milliardenstenmal als das Beglückendste, das ein Mensch je erfahren konnte, als – um den Katholiken Heinrich Böll zu zitieren – «etwas, worum uns die Engel beneiden»; etwas Himmlisches, oder hier: Blumenhaftes. Die Menschheit blüht auf in ihr, wie es die Wörter in diesem Text tun – doch auch die Liebe im Geist ist dort *beides*: ein armer Abklatsch des Körperlichen und der innigste Abglanz des Engelhaften. Symbol dieses Widerspruchs ist die Blume: das Reine, das aus dem Kot wächst, das Zeichen der Unschuld, das doch nichts andres ist als ein demonstratives

Geschlechtsorgan – die Menschen haben schon Gründe gehabt, einen Urwiderspruch ihres Lebens in dieser Gestalt zu fassen, und dies lange, bevor sie Botanik trieben. – Frau Marion Bloom ist Maria die Blume; sie heißt nicht nur so, sie *ist* es in *beiden* Marien, der Madonna und der Sünderin, und sie vollzieht, nach ihrem Ehebruch, mit dem schnarchenden Mann an ihrer Seite, noch einmal die glücklichste aller Vereinigungen – im Geist, im Erinnerungsstrom durch die Tage: *Da ich eine Blume der Berge war.* –

Und nun haben Sie recht, wenn Sie feststellen, das ist ja kitschig – ja, das ist *auch* Kitsch. Frau Marion Bloom, die Schnulzensängerin, denkt in der Sphäre und der Terminologie ihrer Lieder, aber in *diesem* Kitsch – nicht in jedem – lebt in heruntergekommenster Form der Mythos fort. Er ist der Menschheit nicht auszutreiben; er lebt fort in den Liedern der Küchenmädchen und den Moritaten der Bänkelsänger, im Kasperletheater, in den Karussells, in alten Balladen und den sinnlosen Reimerein Verliebter, in den Bildern abgegriffener Skat- und Tarockkarten, in Abziehbildchen und auf Plakaten, er tollt durch den Rosenmontag und schweigt in den Steinen und Statuen über den Gräbern; die Kinder hüpfen ihn als Himmel und Hölle; er ist wie ein Gießbach durch den alten Kintopp geschossen, er flackert immer wieder auf in den Schlagern, und Marion Bloom ist in ihrem Einschlafgebrabbel eine Blume der Berge, und ein großer indianischer Mythos heißt ebenso. Darum ist das Bedürfnis nach Vogelwiesen und Weihnachtsmarkt und Schnulzen und Rührstücken unausrottbar, und darum kann es kein Zufall sein, daß Kunstrichtungen divergierender Programmatik in diesem «wissenschaftlichen Zeitalter» die Jahrmarktbuden und Leierkastenlieder wieder neu entdecken – nicht, weil eine feindliche Kommerzwelt ein Verlangen nach Kitsch in die Massen trägt (was sie tut), sondern weil das Bedürfnis nach dem Mythos ungestillt ist. Zur Dichtung findet nicht jeder den Zugang; mancher wird von den Lotsen dorthin mehr abgeschreckt als eingeladen, und wenn man den Mythos nicht anders bekommt, nimmt man ihn in der schäbigsten Form. Der Kommerz nützt das schamlos aus, das ist wahr, doch auf *andre* Art nicht weniger schlimm scheint mir zu sein, dies

Verlangen zu ignorieren oder gar zu verachten; auf andre Art schlimm, vor allem dumm, denn aus der Welt schaffen läßt es sich nicht. Eine jede Gesellschaftsordnung hat auf ihre Weise diesem Bedürfnis Rechnung getragen; eine große Rolle spielten dabei die Riten der Religionen; die kommerzialisierte Unterhaltungswelt des Imperialismus bietet Surrogat, das zugleich Gift ist, aber wenn auch nur ein Splitterchen des Mythischen darin aufglänzt, dann übt dieser Glanz eine Faszination aus, vor der wir mit angestrengter Ideologie und dem besten Willen zum Besten immer wieder verdattert stehn und schimpfen, statt es recht zu machen. «Am Tag, da Conny Cramer starb – und alle Glocken klangen – und alle Freunde weinten um ihn» – ja, ja, gewiß, ich weiß: rührselig, und kitschig, und ein Fixer, und außerdem, alles zugegeben, aber Hunderttausende junge Menschen haben es ergriffen gehört und ergriffen gesungen, es *hat* sie etwas ergriffen, und ich wünschte manchmal, die besten Absichten ergriffen sie auch nur annähernd so. Daß an dem Tag, als Conny Cramer starb, alle Glocken klangen, daß es ringsum zu läuten begann, so wie die Geschichte des armen Sünders Gregorius bei Thomas Mann mit dem Läuten aller Glocken anhebt, darin glänzt ein Splitterchen des Mythos, und was das mythische Element vermag, möchte ich Ihnen als Schluß mit einem Hinweis noch schildern.

Eine der großen alten Mythenerzählerinnen unter uns ist Anna Seghers, und es gibt eine Geschichte von ihr, die immer wieder zitiert und gelesen und vorgelesen wird, obwohl sie eigentlich doch gar keine sonderlich starke Geschichte zu sein scheint, und die zudem noch einen schrecklich anmutenden Lapsus enthält – das ist die Geschichte mit dem Schilfrohr. Ein ganz einfacher Zusammenhang: Ein verfolgter Antifaschist wird von einer Unbekannten in einem märkischen See verborgen, und zwar mit einem Schilfrohr im Mund, damit er während dieser Stunden auch Luft bekommt – nur: durch ein Schilfrohr bekommt man nicht Luft, das ist innen von Knoten zugewachsen – ein schrecklicher Fehler, nicht wahr? Aber seltsam – dennoch, und ich wage zu sagen: gerade deshalb blüht die Erzählung auf und wird groß. Denn statt des langweiligen und für die Dichtung hier gänzlich gleichgültigen botanisch Richtigen der Schilfhalmanatomie ist etwas unvergleichlich Anderes, Größeres, Unsterbliches in diese Prosa gekommen: die Natur selbst nimmt diesen Flüchtling auf, sie schließt ihn in ihrem mütterlichsten Reich ein, im See, im Wasser, im Uterus, das ist ein uraltes Mythenmotiv, in zahllosen Märchen kommt es vor, der Held, der sich am Grund des Sees versteckt – Mutter Erde selbst verbirgt ihn, *so* gerecht ist die Sache gegen die Nazis, *so* groß ist die Kraft der Schwachen –, es ist ein Unsterblichkeitszug. Das botanisch Richtige ist etwas ganz Anderes – und das kann man in jedem Lehrbuch finden, und in diesem Zusammenhang darf an das Wort Goethes zur Literatur erinnert werden: «Das Richtige allein ist nicht sechs Pfennige wert, wenn es weiter nichts zu bringen hat!»

Meine Damen und Herren, ich bin am Ende, nicht mit dem, was ich sagen wollte, das wäre viel mehr, doch mit dem, was ich Ihrer Geduld zumuten konnte. Es war eine mythische Geduld, um im Thema zu bleiben; ich möchte daraus die Hoffnung ziehen, daß wir unsre Anstrengungen einer gemeinsamen Sache widmen, einer Sache, die das Nichtigste und das Wichtigste dieser Welt ist, der Dichtung – meine Damen und Herren, Kollegen und Freunde, lassen Sie uns darin Verbündete sein.

Nachwort

Vom Märchen zum Mythos

> Das Märchen lehrt träumen; der Mythos lehrt leben.
> Das Märchen gibt Trost; der Mythos Erfahrung
> Mythen sind Prozesse, Märchen Resultate
> Ich rieche, rieche Menschenfleisch –
> tua res agitur
>
> *(Aus: Franz Fühmann,*
> *Zweiundzwanzig Tage oder Die Hälfte des Lebens)*

I

Franz Antonia Josef Rudolf Maria Fühmann wurde am 15. Januar 1922 in Rochlitz an der Iser geboren, einem kleinen böhmischen Ort im Riesengebirge; gestorben ist er am 8. Juli 1984, sein Grab befindet sich in Märkisch-Buchholz, nahe jener waldentlegenen Hütte, die er zum spartanischen Refugium seines Schreibens gewählt hatte.

Bereits mit fünf Jahren lernt der Knabe Franz im Privatunterricht lesen und schreiben; der Vater, Besitzer einer Apotheke und einer kleinen pharmazeutischen Fabrik, hat es zu einem bescheidenen Vermögen gebracht und ist sehr auf die Bildung des Sohnes bedacht. Später gelingt es ihm, den Zehnjährigen in die «Diplomaten-Kaderschule des süddeutschen Katholizismus» aufnehmen zu lassen, in das Jesuiten-Konvikt Kalksburg bei Wien. Die Anekdote aber will ihr Recht: auf Fühmanns Abschlußzeugnis von 1939 befinden sich mehrere «Ungenügend», 1941 legt er an einem Privatgymnasium, «wo man nicht durchfallen konnte», sein Notabitur ab und läßt sich an der Universität Prag immatrikulieren: Fachrichtung Mathematik.

Das, «was man dichten nennt», zeigt sich früh: schon als Rochlitzer Volksschüler beginnt Franz Fühmann mit einem «völlig unkontrollierten und unkorrigierten Schreiben von Gedichten, Erzählungen, Szenen, Tagebüchern», was bis zur Kriegsgefangenschaft tägliche Gewohnheit bleibt. Die provinzielle Abgeschiedenheit des Riesengebirgstales, noch heute ist Rokytnice nad jizerov eher ein Dorf als ein Städtchen, prägt die Kindheit, ein überschaubares Wertgefüge, mit dem sich der Heranwachsende eins fühlt. Die dunklen Wälder und grasbewachsenen Hänge reizen die Phantasie des Jungen zum Fabulieren; offenbar wird hier bereits etwas – auf kindlich-naiver Ebene – erprobt, das für das Werk des Dichters von immenser Bedeutung werden soll: die freie Adaption. Schwabs Sagen des Klassischen Altertums und die großen Märchensammlungen, auch bunte Abenteuerheftchen, die Illustrationen der Bibel und einer Prachtausgabe von Shakespeare-Dramen liefern die Motive für kleine Geschichten und Stücke – Themen und Stoffe, die Fühmann nicht mehr loslassen sollen. Die sudetendeutsche Provinz bietet indes nicht nur «diese Urlandschaft» der Kindheit, sie ist auch eine «rüde nationalistisch-faschistische Lebenssphäre» mit «Heim ins Reich»-Mentalität bis in die Familie hinein: der Vater ist stolz darauf, Begründer der Ortsgruppe der NSDAP gewesen zu sein.

Die seit Anfang der vierziger Jahre veröffentlichten Gedichte Fühmanns, eine merkwürdige Mischung aus verquast-schwülstiger Mystik («Laß uns ins Morgenrot bauen / Gott mit dem goldenen Haar!») und düsteren, apokalyptischen Bildern («… doch keiner / trat ein als der Tod»), lassen spüren, daß der Dichter wohl etwas ahnte, was der durch HJ, SA und Wehrmacht (mit siebzehn erste freiwillige Meldung) Getrimmte nicht wahrhaben wollte: der später für die Nachkriegsjahre beschriebene Zwiespalt zwischen «Doktrin und Dichtung» existiert von Beginn an. Noch im Mai '45 erörtert der Obergefreite mit seinem Vater wunderwaffengläubig den bevorstehenden Sieg über «Yankee und Iwan», auf der mit dem Ziel Fremdenlegion begonnenen Flucht – verschollen vor Dien Bien Phu oder Algier sind durchaus ernstzunehmende Lebensvarianten – wird Fühmann am 8. Mai 1945 von den sowjetischen Truppen gefangengenommen. Die «Ära des Wojennoplenny» in einem kaukasischen Lager und auf einer Antifa-Schule bei Moskau prägt «in jenen Schüben moralischer Katharsis» sein Selbstverständnis für lange Zeit, im Dezember 1949 wird Fühmann in die eben gegründete DDR entlassen: «Die neue Gesellschaftsordnung war zu Auschwitz das

Andere; über die Gaskammer bin ich zu ihr gekommen und hatte es als Vollzug meiner Wandlung angesehen, mich ihr mit ausgelöschtem Willen als Werkzeug zur Verfügung zu stellen.» Der Bruch mit der Vergangenheit schloß die Abkehr von der Heimat ein; abgestoßen vom Treiben der Landsmannschaften verbietet er sich jene «gefährliche Farce falschen Erinnerns». In einem der größeren jener rund hundert Artikel und Aufsätze, die Fühmann in den fünfziger Jahren als hauptamtlicher Funktionär für die Presse der National-Demokratischen Partei Deutschlands schrieb (Mitglied 1949–1972, höchste Funktion Leiter der Hauptabteilung Kulturpolitik), versucht er gar, unter der Thematik «Herder und die nationale Frage» Heimat gänzlich auf einen Ort der «guten Verfassung» zu reduzieren (*Die Nation*, 12/1953).

In einer Art zweitem Debüt tritt Franz Fühmann 1950 mit Gedichten an die Öffentlichkeit, Texte, die eher mit historischem Interesse als ästhetischem Genuß zu lesen sind. Sie belegen seine Befindlichkeit als «frisch Konvertier-ter, als Neophyt, [...] als ‹Umgedrehter›»; zwei Jahrzehnte später bedankt sich Franz Fühmann ausdrücklich bei «jenem Zeigefinger aus einer ganz anderen Landschaft», der diese Gedichte mit den Worten «Da drin steckt noch die ganze HJ» abfertigte: «Es war noch hämischer gesagt, aber der Hämische hatte recht [...]; er hatte auf die richtige Stelle gezeigt; nicht auf eine schmerzende Stelle, die findet man selbst, nein auf jene, die man heil glaubt.» Der «Hämische» ist Marcel Reich-Ranicki, sein Richterspruch, gern zitiert und in Sammelbänden immer wieder aufgelegt, soll das Fühmann-Bild im westlichen Deutschland für lange Zeit festschreiben.

Die «heil geglaubte Stelle» beginnt zu schmerzen; das Gewissen stellt neben die Erinnerungen des Schuldigwerdens als faschistischer Soldat – «ein vereister Viehwaggon voll singender ukrainischer Frauen» – neue, vom eigenen Versagen Zeugnis ablegende Bilder: z. B. jene Verachtung im Blick der Frau des verhafteten Kollegen, die auf der verzweifelten Suche nach ihrem Mann nur auf betretenes Schweigen stößt. Die «gestockten Widersprüche» treiben Fühmann in eine tiefe Krise: «Kritisch mit meiner Vergangenheit beschäftigt, nahm ich kaum wahr, wie ich meiner Gegenwart auswich [...]: Ich projizierte eine verheißene Zukunft auf mein Alltagsbewußtsein und begriff dies als heute: Glück der Ferne leuchtend nah! Und zugleich begann ich zu trinken und schrieb nachts dann Fragen ins Tagebuch, die ich am Morgen beschämt wieder löschte, da ich sie als Keime von Zweifeln empfand, Unglauben an die Kraft der neuen Gesellschaft, als das wahrhaft Neue auch der Erfüller der Ideale zu sein, die ins Leben zu bringen sie verhießen, in deren Namen sie Opfer verlangte und die sie um so eifernder als schon erfüllt dekretierte, je krasser der Alltag ihnen widersprach ...» *(Vor Feuerschlünden. Erfahrung mit Georg Trakls Gedicht* [1982])

Nach dem Bruch mit dem Parteivorstand der NDPD – «es gab da eine lange Anklageliste mit – ich glaube – 41 Verfehlungen, die man mir anlastete» – entscheidet sich Franz Fühmann 1958, als freier Schriftsteller zu leben; aus dem Vorstand des Schriftstellerverbandes tritt er 1966 aus (wird jedoch bis 1978 weiter als Vorstandsmitglied geführt). Irgendwann hilft dann auch der Alkohol nicht mehr; das Prozedere des Entzugs (die Ärzte gaben ihm nur noch wenige Jahre) scheint Ende der sechziger/Anfang der siebziger Jahre einen Neuansatz zu ermöglichen; das Exerzitienbuch *Zweiundzwanzig Tage oder die Hälfte des Lebens* (1973) bezeichnet Fühmann als den «eigentlichen Eintritt in die Literatur». Er befragt die in den frühen Erzählungen (von *Kameraden* [1955] bis zu *König Ödipus* [1966]) immer wieder thematisierte «Wandlung vom Faschisten zum Nicht-Faschisten» unter ihrer schlimmsten Voraussetzung; Auschwitz wird zum Synonym für das Entsetzen über die mögliche Dimension des Schuldigwerdens: «Du hättest in Auschwitz vor der Gaskammer genau so funktioniert, wie du [...] hinter deinem Fernschreiber funktioniert hast.» Mit dieser schonungslosen Selbstabrechnung läßt Fühmann noch einmal Hoffnung auf tätige Mitgestaltung der Gesellschaft, in der er lebt, zu – bald aber bleibt nur noch, eine Formulierung Wolfgang Hegewalds zu gebrauchen, «furchtloser Pessimismus». Ein Auszug aus dem Testament (1983) läßt die Tragik dieses Lebens erahnen: «Ich habe grausame Schmerzen. Der bitterste ist der, gescheitert zu sein: In der Literatur und in der Hoffnung auf eine Gesellschaft, wie wir sie alle einmal erträumten.» Seit wann er mit solch einer Erkenntnis lebt, läßt sich schwer bestimmen; im Januar 1977 schreibt Fühmann einen Brief an das Kulturministerium voller Bestürzung, daß «das Mißverständnis zwischen euch und uns – doch größer und gefährlicher ist, als ich geglaubt habe». Zwei Jahre später scheint ihm sogar die Arbeit in der Akademie der Künste «nicht mehr für sinnvoll», ein «letztes Schreiben solcher Art, mit dem ich meine Behörden belästige», zeugt von tiefen Verletzungen: «Wenn ich irgendwo nicht mehr leben kann, dann gibts immer noch die Feiheit der Wahl, nicht mehr *da* zu leben und nicht mehr da zu *leben*.» Von schwerer Krankheit gezeichnet, Seh- und Bewegungsfähigkeit sind stark beeinträchtigt, arbeitet Fühmann an Hörspielen nach Homer und den Gebrüdern Grimm, es entstehen Kasperlstücke und Erzählungen zur griechischen Mythologie; in seinem Charité-Zimmer hängt der Grieshabersche «Totentanz».

Fühmanns Nachlaß wird im Archiv der Akademie der Künste verwahrt, «Briefe und Tagebücher sind laut Testament auf 20 Jahre für die Veröffentlichung gesperrt; die Klausel wurde von den Erben verschärft im Sinne eines Verbots jeglicher Einsichtnahme» (Nachwort zu *Im Berg* [1991]). Wie eine Vorahnung lassen sich die Sätze aus dem Trakl-Essay lesen: «Solange ein öffentlich Wirkender lebt, hat nur er das Ausmaß seiner Intimsphäre zu bestimmen, und er bestimme auch das Ausmaß an Zeugnis, das er davon zu überliefern gedenkt (*er*, nicht seine Familie). [...] Man soll nicht Alles überall edieren, aber Alles soll Jedem zugänglich sein ...» Klammer und Hervorhebung stammen von Franz Fühmann.

Brüche und Abbrüche, Fragmentarisches und noch Einzulösendes scheinen diese Vita über den Tod hinaus zu bestimmen; «ein Ganzes daraus herstellen im Angesicht des Abbruchs» bleibt die von Uwe Kolbe am Grabe Fühmanns formulierte Aufgabe.

«Jede Frage, die ein Märchen aufwirft, ist moralisch eindeutig mit Ja oder Nein beantwortbar [...] – es ist eine heile
Welt. [...] Im Märchen sind die Widersprüche gelöscht,
oder genauer: dort ist ihre Einheit ins Gegeneinander von
zwei autonomen und in sich homogenen Gestalten auseinandergedrieselt ...» Sind die Widersprüche erst einmal «auseinandergedrieselt», so sind sie auch «ganz einfach», überschaubar liegt die Welt ausgebreitet. «Wir, die von den Völkern Verfluchten; und damals begriff ich jäh die Märchen:
Der aus dem Wolfsein erlöste Held», beschreibt Fühmann
in den *Zweiundzwanzig Tagen* die Erfahrung der Antifa-
Schule. Als «theoretisch-philosophische, weltanschaulich-
existentielle Konzeption» wird die «Märchenkonzeption»
Fühmanns Poetik für lange Zeit bestimmen: Von jener
«Erlösung aus dem Wolfsein» erzählen die frühen, «retro-
spektiv» angelegten Prosatexte zur Kriegsthematik, die
trotz ihrer didaktischen Intention zu fesseln vermögen. Ein
Gedicht, das Fühmann später gleich zweifach widerrufen
wird, trägt den Titel *Die Weisheit der Märchen*: «Immer hat
der Held Angst» heißt es da, daß es im Märchen dialektisch
zugeht, lautet die Verkündigung. Beides wird in den *Zweiundzwanzig Tagen* ausdrücklich zurückgenommen: «Im
Märchen haben die Helden sonst eben *nie* Angst, die ist in
der ausgesparten Dimension zu Haus [...]. Die Dialektik
im Märchen ist ein Abglanz der Dialektik des Mythos; Ergebnis der Dialektik, nicht Dialektik als Prozeß. Mythen
geschehen; Märchen sind das Gewordene, das nie geschehen ist [...]. Vom Märchen zum Mythos heißt: zum vollen
Leben, zum ganzen Menschen, zur dialektischen Realität.»
Daß Fühmann am Ende der fünfziger Jahre letztmalig neue
Gedichte veröffentlicht, zeigt augenscheinlich das Scheitern der «Märchenkonzeption» an, nur als Nachdichter
und Essayist widmet er sich noch diesem Genre. In den
Lyrikband der Werkausgabe (*Gedichte und Nachdichtungen*
[1978]) findet nur ein Bruchteil seiner Gedichte Aufnahme.
«Vom Märchen weg heißt die Richtung ändern, aber habe
ich noch die Kraft dazu? Die Dimension ändern heißt
weder vorwärts noch zurück, es heißt, was es heißt: ins

Andere ...» Märchen schreibt Fühmann nur noch für Kinder: «Märchen nach Shakespeare», «Märchen auf Bestellung» und Kasperlstücke. Erst kurz vor seinem Tode entstehen noch einmal «Märchen für Erwachsene», die Hörspiele *Das Blaue Licht, Rumpelstilzchen* und *Von dem Machandelboom* nach den Gebrüdern Grimm. In ihnen regiert die Angst, diese Märchen gehen *nicht* in Erfüllung; ihre Figuren, egoistisch bis zur Brutalität und voll dummdreister Anmaßung, haben keine Chance, sie verdienen sie auch nicht. Moral hat hier nichts verloren; sie setzte, wie auch immer geartet, Reflexion voraus, doch dazu sind diese Geschöpfe nicht fähig. Die Frage dieser Märchen lautet nicht «Wie siegt das Gute», sondern «Wer rädert wen»; Macht, und sei sie noch so gering, dient allein der Laune des Augenblickes. Wer in dieser Welt nicht mit solcherart «Tugenden» ausgestattet ist und überlebt, hat das Grauen erfahren, wie jene Hexe aus dem *Blauen Licht* –

> HEXE: [...] – Habt Feuer gemacht mit meinem Hausrat, habt im Feuer mein schwarzes Böcklein gebraten, habt am Feuer mein schwarzes Böcklein verschlungen, und seid dann über mich hergefallen, und das Feuer hat euch geleuchtet. Warst du dabei?
> SOLDAT: Weiß nicht. Kann schon sein. Das geschieht alle Tage. Wir haben Krieg.
> HEXE: Zwanzig Männer über ein Weib. Merkt ihr euch denn so etwas nicht?
> SOLDAT: Nö. – Das kommt vor. Weiber sind rar. –

Das Volk schaut gern zu, werden die Hexen verbrannt: «... da steht die Schwangere. Das wird lustig, wenn ihr der Bauch platzt und das Teufelsbalg ins Feuer plumpst!»

Diese späten Märchenvariationen aus dem Nachlaß Fühmanns sind durchaus als schauerliche Verkehrung der früheren «Märchenkonzeption» deutbar, von einer «Erlösung aus dem Wolfsein» ist der Mensch noch weit entfernt.

Das «Schauerliche» als dichterische Möglichkeit entdeckt Fühmann in den Texten E. T. A. Hoffmanns; *Fräulein Veronika Paulmann aus der Pirnaer Vorstadt oder Etwas über das Schauerliche bei E. T. A. Hoffmann* (1979) heißt ein

Essay über den so oft als «Märchenerzähler» und Operetten-Hoffmann abgetanen Dichter. Was aber ist so schaurig an Fräulein Veronika und ihren Schwestern? «Nicht daß sie am Kreuzweg hexen, ist das Schauerliche, das ist schlimmstenfalls gräßlich, und auch das noch charmevoll, sondern daß sie ein Weinen weinen, in dem alles Leid der Menschheit aufschluchzt, wenn ihr neuer Hut nicht zum Fest fertig wird, und daß sie ein Lächeln lächeln, voll der Unschuld eines spielenden Lämmchens, wenn sie ein Genie zur Strecke bringen, nicht wissend, was sie tun [...]. – Sie ahnen nicht, was ein Genie ist, doch sie wissen, daß man es auf ihr Maß bringen muß ...» In Hoffmanns Märchen steckt «das Grauen der nächsten Nähe»; der Mitmensch ist nur noch Mittel zum Zweck. Relikte – «das Abgelebte, das trotzdem noch immer am Leben ist, und in einer Weise lebendig da ist, die vom Lächerlichsten bis zum Gräßlichsten reicht» – und der «Höllenbezirk der Surrogate» sind Alltagserfahrung Hoffmanns. Sie in Modellen gefaßt zu haben, eben gespenstisch zu schildern, was gespenstisch ist, macht für Fühmann die Größe dieses Erzählers aus. Es sind, aufs Sozialhistorische projiziert, höchst ergiebige Kategorien für den Umgang mit Geschichte und Gegenwart, mit Utopieentwürfen und -verlusten: «Erzeuger der Sehnsucht nach etwas [zu sein], das sie ihrem Wesen nach nicht sind [...] – Doch nicht die Automatin ist das Schauerliche, sondern daß sich einer bis zum Wahnsinn in sie verliebt.»

Fühmann gesteht Hoffmanns Texten ausdrücklich eine mythische Dimension zu; als er diese Sätze schreibt, hatte er sich längst von seiner Liebe zur Androidin verabschiedet: «Söhnchen, siehe das Sigel des Glaubens, man hat es dir zweimal abgetrennt», raunt Moira, die unentfaltete Dreiheit, in einem der Traumtexte, «Söhnchen, doch ein drittes Mal löst es sich nicht mehr! – und da sehe ich die Föten in das Tuch hineinziehen und sehe ahnend an mir hinunter, und sehe rohes, hautloses Fleisch, und Moira murmelt, im Tuch versinkend: Siehe die Gnade!, und sanft legt sich der wallende Stoff um meine geschundenen Füße und kriecht, das schiere blutige Fleisch behäutend, unaufhaltsam an mir über Knöchel, Waden, Schenkel, Glied und Hüften bis zur Brust und weiter zum Kinn hinauf ...»

III

Hier ist nicht der Ort, dem «mythischen Element in der Literatur» als Theorem beikommen zu wollen, zudem die wesentlichen Auffassungen Fühmanns im vorliegenden Band nachzulesen sind. «Interpretenwahn» zu meiden, so ein Vorschlag Franz Fühmanns, solle man Dichtung wenigstens an einer jener Stellen zu fassen suchen, «wo im Teil besonders exemplarisch das Wesen ihres Ganzen erscheint (aber eigentlich wäre dies allerorten)». Die angestrebten Momentaufnahmen vermögen das Panorama kaum anzudeuten, sie wollen einige Umrisse vage ahnen lassen und Anregung, weniger Erklärung sein.

Beginnen wir mit dem Gewöhnlichen, dem in Kunstwerken wie Gerichtssälen so oft verhandelten: der Beziehungen zwischen Mann und Frau, *dem ewigen Thema* von der steinzeitlichen Fruchtbarkeitsplastik bis zum medienfüllenden Serienschinken; hier kann jeder mit- und dreinreden, seine Erfahrungen einbringen, sich be- und hinterfragen – also das betreiben, was Lesen u. a. ausmacht. Im günstigsten Fall: Gelebtes (oder auch – und öfter: nicht Ausgelebtes) als Erfahrung begreifen in der Bestätigung oder eben im Anderen; Fühmann spricht vom Betroffensein als *dem* Wertkriterium jeglicher Kunst. Tröstliches, Erbauliches gar wird nicht zu finden sein, «gnadenlos» ist eines seiner Lieblingsworte, das «Ertragen der ganzen Wahrheit» oberstes Prinzip. In Fühmanns Texten hocken, mißtrauisch und wachsam, der weise Alte und der grinsende Alp, und beide sind derselbe und des Entsetzens noch immer fähig. Richten wir also zunächst unseren Blick auf jene knappen, fast beiläufigen Sätze zum Thema, fast gehen sie ob der Tiefenschwere der Fühmannschen Dichtung verloren und doch vermögen sie «alle Erfahrung des Lesers» aufzurufen; «jäh» (/«jählings») heißt es bei Fühmann.

Der Schmied Hephaistos, der Krüppel, erfährt vom Ehebruch seines Weibes Aphrodite (*Das Netz des Hephaistos*) – ein Sujet des Groschenheftes, das dort freilich nur zwei Varianten kennt, den billigen Witz oder die pathetische Rache. Vielfach bitter ist des Hephaistos Ohnmacht, den

«Starken», Ares, auf seinem Lager wissen zu müssen. Seit langem schon, seit Zeus ihm «die Schönste» zusprach, lebt der Lahme mit den dünnen Schenkeln und siechen Hüften ahnungsvoll dem Unvermeidlichen entgegen – auf die Bestätigung solcher Gewißheit zu warten und sich gut genug zu kennen, um sehenden Auges dieses Los anzunehmen: welch ein Schicksal. In einem Satz zieht sich die ganze Qual zusammen: «Es schmerzte ihn nicht so sehr, daß es sein leiblicher Bruder, als daß es wieder ein Dümmster war.» Wie hoffnungs- und trostlos, weil um die Austausch- und also Wiederholbarkeit wissend. Der geschiedene Vater, der auf seine Kinder zu verzichten hat, erleidet durchaus ähnliche Erfahrungen, auch wenn seine Verkrüppelung nicht sichtbar ist; den Buckel schleppt seine Seele mit sich herum, allerdings: seine Sehnsüchte sind anderer Natur. Der Fluch des Empfindsamen, verletzbar zu sein: nie wird Hephaistos diese sichere «Tiefe ihres unerschütterlich in sich ruhenden Gemütes», die «dem Wesen der Oberen so gemäß ist», teilen können, um so vieles reicher und unermeßlich ärmer zugleich. In seinem Kunsthandwerk sucht der Schmied Ersatz für die ihm versagte Liebes-, für eine wirkliche Lebenserfüllung; er wird die Verdrängungsmechanismen zu lernen haben, der Sohn von Hera und Zeus ist unsterblich. Irgendwann ist er dann soweit, seinen einzigen Freund, Prometheus, auf Geheiß des Göttervaters an den Fels zu schmieden. Willfährig und widerspruchslos.

Ares, der Kriegsgott: grobschlächtig, vulgär, brutal, Männlichkeit pur in der Schlächtervariante und doch der, «mit dem jede Rosenfingrige einmal schläft». So auch Eos, die Göttin der Morgenröte, welche dafür von Aphrodite damit bestraft wird, die Liebe Sterblicher zu begehren – sie begegnet Tithonos; er «liebte Morgenröte, das war Werk genug». Ein solcher Zustand indessen, ist er alles und soll gar unendlich währen, ist wider die Natur, das idyllisch stille Glück zeugt Erschreckendes. Die vielklischierte Selbstvergessenheit wird in ihrer Konsequenz vorgeführt: den Trojerprinzen interessiert nicht, daß seine Stadt zertrümmert wurde, «er beweinte auch seinen Sohn nicht». Auch Eos versieht ihr Amt schlecht, das nicht erfüllte Werk fordert seinen Tribut: «... das waren die Stunden der

Fehlgeburten und der wüsten Grausamkeiten. An solch einem Tag wurde Hektor geschleift ...»

IV

Fühmanns Mythosverständnis meint alle Menschheits-mythen, neben der griechischen Antike werden vor allem die biblischen Mythen wichtig. Der wichtigste Unterschied wurzelt im poly- bzw. monotheistischen Ansatz. Der «Grundzug der klassischen Sagen» liegt für Fühmann im «Zusammenprall zweier gleichrangiger Werte, personalisiert in zwei gleichrangigen Göttern», was die «unabdingbare Vernichtung des Helden» zur Folge hat; an der Bibel interessiert den Dichter die einzigartige Stellung des Menschen, «nicht Opfer unabwendbaren Schicksals, sondern Kämpfer für die Idee» zu sein. Vor allem in der vielfältigen und verstreuten Quellentradition der griechischen Mythologie (unterschiedliche Autoren, Zeiten und Genres – auch die bildende Kunst ist ihm wichtig) sieht Fühmann einen weiteren wichtigen Kontrast gegenüber der trotz ihrer komplizierten Tradition literarisch geschlosseneren Bibel. Doch auch mit dem «Buch der Bücher» verfährt er analog den antiken Mythen: die Bücher des Buches vergleichend, sucht Fühmann nach dem Entwurf vom Menschen. Das Verbindende überwiegt, die Mythen sind für ihn Modell gewordene Menschheitserfahrung. Die Annäherung an die ihm bedeutsamen antiken bzw. biblischen Themen haben stets zum Ziel, aus den unterschiedlichen Fassungen das zu gestaltende «Erfahrungsmodell» herauszufiltern. Zu beiden Mythologien arbeitete Fühmann an Nacherzählungen für Kinder, für die Bibel allerdings konnte er dieses Vorhaben nicht mehr verwirklichen.

Als «Kondensationskerne» für seine Geschichten wählt Fühmann relativ unbekannte Episoden der Überlieferung, es sind die vom trojanischen Schlachtenlärm und den tosenden Wogen der Odyssee übertönten Randglossen des mythologischen Alltags, die um so mehr auf das Wesen zielen. Der Erzähler entscheidet sich stets für die schlimmste der in den Quellen angelegten Möglichkeiten, sie ist, so lehrt die Erfahrung, die wahrscheinlichere; «dem Menschen das Ertragen der Wahrheit zutrauen – ich wüßte keine humanere Bestimmung von Dichtung».

«Der Traum sieht – oder besser: weiß, oder noch besser: hat vorrätig alle Gestalten in einer», notiert Fühmann im Trakl-Essay, «ebendies *ist* ja die Traumgestalt zum Unterschied von der realen, und der Träumer schaut eine durch die andere: im Maßwerk die Faser, in der Ranke den Stein, in beiden ein Gedankengebilde, und analog verfährt das Gedicht. Die einem Zweiten letztlich sowieso unerschließbare Absicht seines Schöpfers stets übersteigend, kann es ähnlich jener besonderen Weise, in der ein Traum Bild, Gefühl und Begriff mischt, alle Erfahrung des Lesers [...] beschwören.» «Gedicht» steht hier, wie oft auch «Mythos», synonym für Dichtung. In der Literarisierung des Traumes wird die Entwicklung dieses Dichters ebenso deutlich wie in der Verwendung mythologischer Bezüge; lange Zeit ließ Fühmann Traum und Mythos nur zur didaktischen Illustration zu. Die gesamte Prosa der fünfziger Jahre war davon geprägt, man lese nur den *König Ödipus*; dem *Traum 1958* wurden gar Hinweise zur Entschlüsselung beigegeben. So nimmt es nicht wunder, daß neben dem Mythos vor allem der Traum in Fühmanns *Zweiundzwanzig Tagen*, dem Buch der Standortsuche, eine wichtige Rolle spielt. Ahnungsvoll ist sein Zögern: «Die Reise ins versperrte Land der Erinnerung antreten, ins wahrhafte Tibet – will man das wagen? Im Traum schaue ich ja schon über die Grenze. Will ich?» Bald steht als Vorhaben «ein Bändchen Träume» fest, das aber ebenfalls fragmentarisch bleibt; für den vorliegenden Band wurden vor allem jene ausgewählt, die den Mythologemen der Antikeadaptionen am nähesten scheinen, mit diesen korrespondieren.

In den siebziger Jahren hatte der Essayist den Vorrang gegenüber dem Erzähler Fühmann; neben den kurzen, bitterselbstironischen Texten der *Bagatelle, rundum positiv* und den «in einer bösen Krise» geschriebenen *SAIÄNS-FIKT-SCHEN-* Erzählungen eröffnet sich vor allem im antiken Mythos ein Raum zum Erzählen. Am Anfang stehen zwei Bücher für Kinder: *Das hölzerne Pferd* (1968) und *Prometheus* (1974). Während sich das Buch der Odyssee noch stark an die Vorlage hält und ausdrücklich zu Homer hinführen will, zwingt die Arbeit am *Prometheus* zu einem neuen Umgang mit der tradierten Vorlage – auf der Suche nach dem «Urprometheus» stößt Fühmann auf rund siebzig Fassungen, so daß er sich zu einer eigenen, freien Version entschließt: die überlieferten Mythologeme sind «Fundusstücke als Anlage wie als Entfaltung». Im *Prometheus* entwickelt Fühmann *sein* mythologisches Personal, die gefundenen Psychogramme behalten in allen späteren Texten ihre Gültigkeit, werden allenfalls verfeinert: Zeus, der machtgierige, die einstigen Ideale des Umsturzes verratende Diktator; Poseidon, nach des Zeus' Thron schielend und doch zur Tat zu feige; der blutsaufende und grobschlächtige Ares, selbst zum Macho zu dumm und doch in seiner einfältig-muskulösen Männlichkeit begehrt; das intrigante und rechthaberische Eheweib Hera; die dummgeile Aphrodite; die jungfräuliche Athene ... Hephaistos, der Schmied, der Krüppel, der Künstler; schließlich Prometheus selbst: voll Wißbegierde und schöpferischem Drang, seine Geradlinigkeit läßt kein Taktieren zu, allenfalls die List des Moments, so muß er unterliegen. Ein edler Tor, der sich, Zeus vertrauend, wider das eigene Titanengeschlecht stellt und bald der Errichtung einer neuen Tyrannei zusehen muß, auch gegen diese wird er antreten. *Prometheus* ist weit mehr als eine bloße Einführung in die antike Götterwelt, das Buch erzählt über das uralte Thema von illusionärer Utopie und verratener Revolution, von Diktatur und Demagogie, von betrogener Hoffnung und falscher Freundschaft, von Erniedrigung und Niederträchtigkeit. Es ist auch ein Buch über die Frage, ob und wie die *Ordnung* – in der Gesellschaft / in der Natur – gestört werden darf: als Prometheus in der Titanenschlacht im Augenblick höchster Bedrängnis den unsichtbaren Gürtel aus purer Schwere zerreißt, einen Sieg des Kronos-Systems zu verhindern, befreit er damit zugleich die Hundertarmigen, die Ungezügelten, Allesverschlingenden, Ungeheuerlichen. Kronos wirft sich den Entfesselten in die Arme und bannt sie somit, wohl wissend, daß seine Qual ewig währen wird; nur die Selbstaufopferung des Titanenherrschers, der den Status quo zur Staatsphilosophie erhoben hatte und deshalb gestürzt werden mußte, verhindert den Untergang aller. Das rechte

Maß zwischen notwendigem Konservatismus und tyrannischer Stagnation, das «Gemäße», beschäftigt Fühmann auch in einem geplanten Antigone-Projekt, wie uns seine langjährige Lektorin, Ingrid Prignitz, mitzuteilen weiß: «Sein Kreon würde nicht [...] als Despot erscheinen: das kreatürliche Recht des Individuums auf Brüderlichkeit sollte mit dem ebenso gerechtfertigten, weil im Wohl des Stadtvolks begründeten Anspruch des Mächtigen auf Einhaltung von Gesetz und Ordnung kollidieren.» Andererseits birgt der konservative Zug der Machtstrukturen in sich auch die Neigung zum Kreis: «Der König ist tot, es lebe der König!» Diese Erfahrung Fühmanns prägt vor allem die dramatischen, kurz vor seinem Tod entstandenen Versuche. Der Entwurf einer Rockoper trägt diesen Ansatz ebenfalls in sich: *Alkestis* (1989). Fühmanns Alkestis-Fassung konzentriert sich ausschließlich auf die erste Handlungshälfte der Euripides-Vorlage. Indem auf Herakles verzichtet wird, entfällt auch das Happy-End des antiken Originals: die Suche des Admetos nach einem Stellvertreter, der wirklich und nicht befohlen freiwillig für ihn in den Tod geht, wird also nicht von außen tröstend aufgelöst. Die Konstellation gerät zur Groteske, der Machtapparat ist nur noch Phrase seiner selbst: die Alternativen sind Festigung der Strukturen oder Zusammenbruch als Voraussetzung einer neuen Diktatur. Das Stück hat, wie auch die Hörspiel-Märchen, durchaus originelle Einfälle zu bieten, eine den mythologischen Erzählungen vergleichbare Tiefendimension aber wird nicht erreicht; Fühmann bricht die Arbeit an *Alkestis* ab und versieht sie mit «einem handschriftlichen Vermerk, der das Konvolut für die allgemeine Benutzung sperrte» (I. Prignitz). Die Tücke des Objekts liegt offenbar darin, daß in den Machtstrukturen zwar das Grauen wohnt, zugleich jedoch auch die Tendenz zur Selbstkarikatur. Beides literarisch zu fassen, ist kaum möglich, vordergründiges Kabarett verträgt sich nicht mit einem auf Tiefe zielenden Betroffensein.

Der Zeus des *Prometheus* reduziert sein Bestreben nach Ordnungsbewahrung ausschließlich auf die Bedürfnisse des Machterhaltes, von der Weisheit Gaias, der alten Mutter Erde, hat er sich längst getrennt. Eines ihrer tiefsten Geheimnisse erhält der olympische Herrscher von seinem einst verstoßenen Sohn Hephaistos, der sich mit der Waffe des Blitzes die Rückkehr zu den Göttlichen erkauft. Die Willkür als allumfassendes Prinzip tritt endgültig auf den Plan, in purem Übermut erprobt Zeus sein neues Spielzeug, er begreift nicht, was er anrichtet: ein atomares Inferno.

Prometheus bleibt, wie so vieles, unvollendet; die drängenden Bilder sprengten bald das in einem Kinderbuch Machbare. Der Stoff aber wucherte, die Erzählungen zum antiken Mythos in den Bänden *Der Geliebte der Morgenröte* (1978) und *Das Ohr des Dionysios* (1985) weisen den Dichter Franz Fühmann als einen Erzähler von Rang aus.

V

Eine der eindringlichsten Erzählungen, den kathartischen Impetus des Fühmannschen Œuvres voll entfaltend, ist *Marsyas*. «Man müßte den Marsyas-Mythos durchdenken. Aber wo findet man seine Quellen», notiert Fühmann in den *Zweiundzwanzig Tagen*, er fand sie in Diodors Historischer Bibliothek und Apollodors Mythologischer Bibliothek, auch «gemalt und in Stein gehauen» wurde die Geschichte überliefert.

«Dieses Motiv des Befreiens durch Töten, Zerstückeln, mindestens Schmerzzufügen» ist in den Märchen aller Völker zu entdecken: «Erlösung durch Kopfabschlagen; Erlösung durch Aus-der-Haut-Peitschen; Erlösung durch Feuer; Erlösung durch An-die-Wand-Werfen. Es ist eine Menschheitserfahrung»; anders überwindbare Erfahrungen betrafen nie wirklich das innerste Wesen. «Der Wahrheit nachsinnen. Mehr Schmerz? Wir werden es erfahren. Aber es kann wohl nicht anders sein», endet Fühmanns Vermächtnisbuch zu Trakl ahnungsvoll.

Zwei Träume Fühmanns mit einem Marsyas-Motiv sind überliefert, beide werden Anfang der siebziger Jahre notiert: der schon erwähnte Traum von Moira (erst rund ein Jahrzehnt später, in dem bibliophilen Band *Dreizehn Träume* veröffentlicht) und ein kurz vor der Abfahrt aus Budapest niedergeschriebener, welcher von der Gefährdung der sicher gewähnten, eben erreichten Konstitution kündet:

Ich liege auf meiner Chaise und sehe am Fenster den ge-
wohnten roten Vorhang und denke: Der soll jetzt grün
sein!
Im Traum kannst du doch alles.
Der Vorhang wird auf der Stelle grün.
Ich lache und sage fröhlich: Jetzt blau! Jetzt gelb! Jetzt
schwarz!, und immer gelingt es. Ich richte mich auf und
sage: Und jetzt rot und grün gepunktet!, und siehe da, auch
das gelingt. Ich überlege, was ich nun wünschen soll; mir
fällt nichts mehr ein, und da löst der Vorhang sich auf. Ich
eile ans Fenster; der Vorhang ist verschwunden, das Fenster steht offen, und da ich hinausschaue, fährt unten ein
planenüberspannter LKW vor, der LKW hält; ich spüre
eine tödliche Gefahr, da erheben sich unhörbar murmelnd
durch die Plane zwei geschundene Männer, deren blutige
rotbraune Körper zwischen den Schultern und an den Hüften mit Eidotter bepinselt sind. Ich will zurückfahren, aber
ich kann mich nicht mehr bewegen; die Männer heben
langsam die Köpfe, und da ich in den gehäuteten Muskel-
gesichtern die heilen runden Augäpfel erblicke, schreie ich
auf und erwache schreiend

«Marsyas war einer, der sich vermaß, mit Apollon in einen
Wettkampf zu treten, und mit einem Instrument, das Athene
verflucht hatte. – Er war ein Silen – », so hebt der Text an
und führt sofort in das Zentrum: als Marsyas die Doppelflöte am Strand fand, war sein Schicksal besiegelt. Marsyas,
das zottige, arglose Geschöpf, weiß nicht, was er tut, als er
den Gott zum Zweikampf fordert, er kann es nicht wissen.
Apollon warnt ihn mit zwei Träumen, Marsyas vergißt. Im
Kampfpreis werden die Grenzen des Silenen schnell kund,
eine Höhle voll Wein ist sein Maß. Der Preis sei nichts
Drittes, so der Gott, Marsyas denkt an «Aufspielen, Aufwarten, Possenreißen», eben das, was ihm gegeben ist. Hier
steht nicht nur Bauch gegen Kopf, wie eine Aufführung des
Kammermusiktheaters Leipzig dies zu fassen suchte, auch
die Mode Matriarchat contra Patriarchat faßt zu kurz –
zwei Sätze stehen, fast gleichlautend, an entscheidender
Stelle: «Athene war fern», als Marsyas zum ersten Male
zum Flötenspiel anhob, und, als der Wettkampf verloren
war: «Kybele war fern.» Marsyas hat seine Haut zu Markte
getragen, sein Heulen zur Häutung (er)hören beide nicht.

Die Süße des marsyanischen Flötenspieles birgt «als Unfaßliches Allgestalt» und bedroht «damit der Ordnung Kontur»; der Frevel lag darin, die Gottheit gezwungen zu haben, daß sie sich offenbare, «denn wenn dies geschehe, so geschieht dies ganz». *Marsyas* ist auch – aber eben nicht nur – der Mythos vom Kampf der «Ordnung» mit dem zu dieser Ordnung «Anderen», Fühmann wehrte sich vehement gegen eine einlinige Interpretation als «Schlüsselgeschichte». Ein interessanter Ansatz ergibt sich, besinnt man sich Appollons, welcher in allen mythologischen Dimensionen gezeigt wird: als Gott der Reinheit, des allwirkenden Lichts, als wölfischer Gott und unbarmherziger Ordnungshüter, aber auch als Gott der Weissagung und als Gott der Dichtkunst. Nimmt man Apollon auch als solchen ernst, so fügt sich Fühmanns Anspruch – «Dichter sein heißt aufs Ganze aus sein, was voraussetzt, sich selbst ganz zu haben, genauer: sich selbst finden zu wollen» – zur Gnadenlosigkeit Apollons. Ein solches, aufs Ganze gerichtete Streben, ist Marsyas fremd, so muß die Kunst selbst den Ort seiner Seele suchen: «Der, den Apollon ergründet, erkennt sich selbst, in seinen Grenzen und nach seinen Maßen.»

«Aus meiner Haut werde ich nicht können, konnte ich nie» – die Erkenntnis der *Zweiundzwanzig Tage* führte Fühmann zu einem neuen Selbstverständnis; solches war Marsyas nie gegeben. «Wenn ein Dichter ein Dichter ist», schreibt Fühmann über Trakl, «geht die Summe seines Lebens in jede seiner Dichtungen ein, aber nichts von dem geschilderten Leben muß dem Leben entsprechen wie ein Protokoll einem Sachverhalt.» Die Erfahrung im Umgang mit Kunst: eben «*doch* aus seiner Haut fahren zu können» – oder, so Marsyas: zu müssen.

Die Marsyas-Erzählung widmet Fühmann Heinrich Böll, das hinzugesetzte Datum verrät – eine Ausnahme – den Zeitpunkt der Niederschrift: man schreibt den 17. Oktober 1977; Fühmann hat noch sieben Jahre zu leben, Böll noch acht. Zu dieser Zeit stellt Fühmann bewundernd-sarkastisch an E. T. A. Hoffmanns *Klein Zaches genannt Zinnober* den «unglaublichen Sieg eines Realitätssinnes über die Alltagseitelkeiten» fest; ist *Marsyas* der *Zaches* Franz Füh

manns? Werden seine vernichtenden Selbsturteile zu Rate
gezogen, so ist die Sicht auf *Marsyas* als schauerlich-persi-
flierende Infragestellung der in den *Zweiundzwanzig Tagen*
eben gefundenen Standortbestimmung eine durchaus legi-
time Lesart. «Was wäre gewonnen, wenn man dem folgte?»
fragt Fühmann – und antwortet: Ein *auch*. Es zeigt eine
der Möglichkeiten, dem «Betrachtenden den Weg freizu-
legen, Klein Zaches in sich selbst zu sehen», die «Stücke am
Weg» zu bemerken, Fetzen des Marsyas, der «unverwüst-
lichen Haut», und zu erahnen:

> «Und die Süße der Flöte, unbegreiflich.
> Und das Erinnern.
> Und der Fluch.»

Jürgen Krätzer

Quellen- und Rechtsnachweis

Marsyas, Der Geliebte der Morgenröte, Das Netz des Hephaistos, Hera und Zeus aus:
Franz Fühmann: Der Geliebte der Morgenröte. Erzählungen, © Hinstorff-Verlag, Rostock 1978

Baubo, Nephele, Das Ohr des Dionysios aus:
Franz Fühmann: Das Ohr des Dionysios. Nachgelassene Erzählungen, © Hinstorff-Verlag, Rostock 1985

Franz Fühmann: *Kirke und Odysseus*. Ein Ballett, © Hinstorff-Verlag, Rostock 1984

Franz Fühmann: *Die Schatten*. Ein Hörspiel, © Hinstorff-Verlag, Rostock 1986

Der Traum von Moira, Der Traum von der Metamorphose, Der Traum von der herrischen Frau, Der Traum vom Wassertheater, Der Traum von der Arena, Der Traum vom Raben, Der Traum von der Steppe aus:
Franz Fühmann: Unter den PARANYAS. Traum-Erzählungen und -Notate, © Hinstorff-Verlag, Rostock 1988

Franz Fühmann: *Prometheus*. Die Titanenschlacht, © Der Kinderbuchverlag, Berlin 1974

Das mythische Element in der Literatur aus:
Franz Fühmann: Erfahrungen und Widersprüche. Versuche über Literatur, © Hinstorff-Verlag, Rostock 1975

Inhalt